U0330078

罗兰·巴特传

Roland Barthes

[法] 蒂费娜·萨莫瓦约（Tiphaine Samoyault） 著

怀宇 译

华东师范大学出版社

VI HORAE

华东师范大学出版社六点分社　策划

本书出版得到法国对外文化教育局版税资助计划资助

▐ Cet ouvrage a bénéficié du soutien des Programmes d'aide à la publication de l'Institut français. ▐

目　录

致　谢

这本书,是在贝尔纳·科芒(Bernard Comment)极力建议之下写成 9
的。多亏了他对于巴特著述的深刻了解,多亏了他广泛和细致的反复阅
读,也多亏了他对于我的一再鼓励,在本书出版之际,他是第一位我要感
谢的人。

来自埃里克·马蒂(Éric Marty)和米歇尔·萨尔泽多(Michel Salze-
do)的帮助与支持,也是决定性的。没有他们的信任,没有他们与我的多
次恳谈,没有他们为我提供或允许我参阅的大量资料,这部传记是不可能
问世的。我向他们表示诚挚的谢意。我尤其要感谢埃里克·马蒂在某些
方面为我提供的宝贵意见。

一部传记不能自然成书。它需要具备理论的和口述的知识。它属于
一种记忆,既闪烁着光芒,也不无缺漏。我愿首先感谢所有向我谈起过他
们所认识的罗兰·巴特并接受我约谈的人们,他们是:让-克洛德·博内
(Jean-claude Bonnet)、安托万·孔帕尼翁(Antoine Compagnon)、若纳
唐·屈莱尔(Jonathan Culler)、雷吉斯·德布雷(Régis Debray)、米歇尔·
德吉(Michel Deguy)、克里斯蒂安·德尚(Christian Deschamps)、帕斯卡
尔·迪迪埃(Pascal Didier)、科莱特·费卢(Colette Fellou)、吕塞特·菲纳
(Lucette Finas)、弗朗索瓦丝·加亚尔(Françoise Gaillard)、阿努克·格兰
伯格(Anouk Griberg)、罗兰·阿瓦(Roland Havas)、茱莉娅·克里斯蒂娃
(Julia Kristeva)、马蒂厄·兰东(Mathieu Lindon)、亚历山德吕·马泰(Al-
exandru Matei)、让-克洛德·米尔纳(Jean-Claude Milner)、莫里斯·纳多
(Maurice Nadeau)、多米尼克·诺盖(Dominique Noguez)、皮埃尔·帕谢
(Pierre Pachet)、托马斯·帕维尔(Thomas Pavel)、莱拉·佩罗纳-莫瓦塞

（Leyla Perrone-Moisés）、乔治·拉亚尔（Georges Raillard）、安托万·勒贝罗尔（Antoine Rebeyrol）、菲利普·索莱尔斯（Philippe Sollers）、弗朗索瓦·瓦尔（François Wahl）。

接着，我要感谢几位批评家和研究者，他们的劳动成果是我了解巴特作品和巴特其人的难得和不可或缺的基础：先是在我之前写过巴特传记的路易-让·卡尔韦（Louis-Jean Calvet）和玛丽·吉尔（Marie Gil）①；后是塞西莉亚·贝纳格里亚（Cecilia Benaglia）、托马斯·克莱尔（Thomas Clerc）、克洛德·科斯特（Claude Coste）、亚历山大·热芬（Alexandre Gefen）、安娜·埃施伯格·皮埃罗（Anne Herschberg Pierrot）、蒂亚娜·克尼特（Diana Knight）、马里耶勒·马塞（Marielle Macé）、帕特里克·莫列斯（Patrick Mauriès）、雅克·内夫斯（Jacques Neefs）、菲利普·罗歇（Philippe Roger）、苏姗·桑塔格（Susan Sontag）、玛丽-让娜·泽内蒂（Marie-jeanne Zenetti）。

至于管理机构方面，我向那些为我的研究慷慨提供方便的人员谨致谢意，他们是：铸造工业标准局（BNF）手稿部的玛丽-奥迪勒·纳塔莉·热尔曼（Marie-Odile Germain）和吉尧姆·福（Guillaume Fau）、当代版本储存所的娜塔莉·莱热（Nathalie Léger）和桑德里娜·桑松（Andrine Sanson），以及多次接待过我的阿登修道院②的所有人员。

色伊出版社（Seuil）方面，弗洛尔·鲁曼（Flore Roumens）以其天才和热情始终伴随着这本书；让-克洛德·巴约伊（Jean-Claude Baillieul）为书稿做了必要的和缜密的修改。我向这二位致以诚挚的谢意。

我向在我的周围关注这一写作工程的所有人表达我的感谢，而尤其要感谢贝尔纳·伊尔施（Bernard Hirsch）、莫里斯·特龙（Maurice Théron）和达米安·扎诺纳（Damien Zanone）；我还要感谢玛丽·阿尔贝罗·让雅克（Marie Alberro Jeanjacques）、克里斯蒂娜·安戈（Christine

---

① 前者出版了《罗兰·巴特：1915—1980》（*Roland Barthes*：1915—1980），Flammarion，1990；后者出版了《罗兰·巴特：就是生活》（*Roland Barthes*：*au lieu de la vie*），Flammarion，2012。——译注

② 当代版本储存所（IMEC：Institut Mémoires de l'édition contemporaine），是在法国文化部支持下成立于 1988 年以存放主要出版公司、杂志社和作家版本及手稿的一个机构，最初设在巴黎第七区里尔街（rue de Lille）25 号，1995 年搬迁至卡昂城（Caen）阿登修道院（l'abbaye d'Ardenne）。

Angot)、阿德里安·科希(Adrien Cauchie)、夏洛特·冯·艾森(Charlotte von Essen)、托马斯·伊尔施(Thomas Hirsch)、杨·波坦(Yann Potin)、扎亚·拉玛尼(Zahia Rahmani)、玛丽-洛尔·吕塞尔(Marie-Laure Russel)、马丁·吕夫(Martin Rueff)。

说　明

书中引文,均出自经埃里克·马蒂重新审阅、勘误和作序、由色伊出
版社于 2002 年出版的新版五卷本的罗兰·巴特《全集》(*Œuvres complètes*)。

第一卷:书籍、文章、访谈录,1942—1961。

第二卷:书籍、文章、访谈录,1962—1967。

第三卷:书籍、文章、访谈录,1968—1971。

第四卷:书籍、文章、访谈录,1972—1976。

第五卷:书籍、文章、访谈录,1977—1980。[①]

罗兰·巴特其他被引用的作品是:

《中国行日记》(*Carnets de voyage en Chine*):安娜·埃施伯格·皮埃罗(Anne Herschberg Pierrot)整理、作序和注释,Christian Bourgeois,2009。

《如何共同生活:某些日常空间的故事性模拟》(*Comment vivre ensemble. Simulations romanesques de quelques espaces quotidiens*):法兰西公学 1976—1977 年度研讨班讲稿,克洛德·科斯特整理、注释和作序,Seuil/IMEC,coll. «Traces écrites»,2002。

《恋人话语》(*Le Discours amoureux*):高等研究实践学院(L'École pratiaue des hautesétudes)1974—1976 年度研讨班讲稿,后面收录有(未

[①]　在后面译文和注释中,这几卷分别以《全集 I》《全集 II》《全集 III》《全集 IV》和《全集 V》出现。——译注

发表过的)《恋人絮语》片段,埃里克·马蒂写的《前言》,克洛德·科斯特作序和编订,Seuil 出版社,2007。

《哀痛日记》(*Journal de deuil*):娜塔莉·莱热整理、注释,Seuil/IMEC,coll. «Fiction & Cie»,2006。

《作者的词汇》(*Le Lexique de l'auteur*):高等研究应用学院 1973—1974 年度研讨班讲稿,后面收录有《罗兰·巴特自述》未发表过的片段,埃里克·马蒂写的《前言》,安娜·埃施伯格·皮埃作序和编订,Seuil,2010。

《中性》(*Le Neutre*):法兰西公学 1977—1978 年度课程讲义,托马斯·克莱尔整理、注释和作序,Seuil/IMEC,coll. «Traces écrites»,2002。

《小说的准备 I 和 II》(*La Préparation du roman I et II*):法兰西公学 1978—1979 和 1979—1980 双年度课程讲稿,娜塔莉·莱热整理、注释和作序,Seuil/IMEC,coll. «Traces écrites»,2003。

《巴尔扎克的〈萨拉辛〉》(*«Sarrasine» de Balzac*):高等研究应用学院 1967—1968 和 1968—1969 双年度研讨班讲稿,埃里克·马蒂撰写的《前言》,克洛德·科斯特、安迪·斯塔丰(Andy Staffond)作序和编订,Seuil,2011。

有关参考书目的注释包括 *OC*(《全集》)这样的缩写,后面是用罗马数字标出的卷帙编号、再后面是引语原来所在页码。最为常见的情况是,巴特成册出版的文本都提前在一家杂志或一本汇集多人文章的书籍中发表过,因此我们将标明其首次出现的地方与时间。对于未出现在《全集》中的遗作文本,我们会标明其名称和页码。

所有的档案都是根据国家图书馆手稿部保存的罗兰·巴特遗赠手稿的编号——NAF28630——来引用的,后面有所参考卷宗的名称。某些资料上面带有先前的在当代版本储存所那里的编号,巴特的遗赠手稿曾在那里保存到 2012 年。

其他不曾发表过的资料来源均在注释中得到了标注。

对于所有出现在注释中的参考书籍和资料,我们不再注明其出版情况。对于那些完整的说明性文字,我们谨请浏览本书最后带有注释的索引。

开篇 罗兰·巴特之死

罗兰·巴特逝于 1980 年 3 月 26 日。除了他因车祸而导致肺部问题复发的后遗症之外,又增加了住院期间常会患上的源于各种疾病、有可能就是致命的感染。这种感染大概就是他死亡的直接原因。人们通常记住的,就是他死于车祸,因为他就在学府街(rue des Écoles)人行横道线上被来自蒙鲁日(Montrouge)的由一位洗染工驾驶的小卡车撞倒了。这也确实是真的。2 月 25 日这天,他离开了由雅克·朗(Jack Lang)做东组织的一次午餐,踏上了回程之路,当时还说不好此人与一年多之后的总统选举有无关系。雅克·朗,这位后来的文化部部长希望看到密特朗身边活跃着几位有分量的知识分子和艺术家。或许,密特朗也喜欢如此,他寄希望于雅克·朗经常组织一些聚会。时间,接近下午 4 点钟了。巴特过了圣母桥(pont Notre-Dame),徒步从布朗-芒托(Blancs-Manteaux)街走来,再一次爬坡上了圣热纳维耶沃山街(rue de la Montagne-Sainte-Geneviève),这不,他现在已经到了学府街,这里距离蒙日街(rue Monge)拐角处不远了。他继续走在右侧便道上,几乎就要到专售旅游用品的"老野营家"(Vieux Campeur)商店了。他准备穿过街道走到左侧便道上去。他返回法兰西公学,不是去上课,而是为下一次的研讨班内容安排一些技术性细节,因为他打算讲一讲普鲁斯特、讲一讲摄影,为此他需要一台投影仪。一辆在比利时注册的小轿车与他平行地停靠在路边。于是,部分便视线被遮挡住了。可是,他还是向前走着,就在这时,车祸发生了。小卡车速度并不是非常之快——不过也还是快了些,因此撞击是猛烈的。他躺在了路面上,不省人事。洗染工停下了车,交通被阻塞了,救护车和警车(附近莫贝尔[Maubert]广场就有一个警局)都很快来到了现场。在伤者身上，人们没有发现任何身份证件，只有他的公学出入卡。有人马上向对面的公学询问。有一个人（某些证词说是米歇尔·福柯，其实，那是索邦大学的罗贝尔·莫齐[Robert Mauzi]教授，他长久以来就是巴特的密友）确认伤者就是罗兰·巴特。他的同母异父的弟弟米歇尔·萨尔泽多得到了通知，还有他的两位朋友——尤瑟夫·巴库什（Youssef Baccouche）和让-路易·布特（Jean-Louis Bouttes）——也都知道了。他们都来到了罗兰·巴特被送住的皮蒂耶-萨勒佩特里耶尔（Pitié-Salpêtrière）医院。他们看到他是被撞伤了，但意识还是清醒的，身上虽有多处骨折，不过表面上看并不严重，于是多少放心了些，然后就回家了。

那天上午，巴特是接受恳请准备去吃这顿午餐的。像每天一样，他很早就开始伏案工作。那一天，他要撰写为下周在米兰召开的研讨会提交的一份发言稿。那是一篇有关司汤达和意大利的发言，他取名为《人们总是不能成功地谈论其所爱》。他在这方面的思考，恰好与他在法兰西公学刚刚结束的有关《小说的准备》课程的思考相一致，因为他所探讨的正是从司汤达、从日记到小说的过渡。司汤达当时无法在日记中表白他对于意大利的激情，他最终便在《帕尔玛修道院》（La Chartreuse de Parme）中做到了。"在旅游日记与《帕尔玛修道院》之间发生的事情，是写作（écriture），那么，写作又是什么呢？是一种力量，大概是一种长时间启蒙授受的结果，这种力量破坏了恋情想象的无益的死寂，而赋予其探险一种象征的概括性。"[①]巴特用打字机打好了第一页和第二页的开头文字。随后，他便为赴邀做准备，当时他心里不一定很清楚使接受这次午餐的原因。他对于符号和世人行为表现的兴趣，已经促使他于1976年12月参加过瓦莱里·吉斯卡尔·德斯坦（Valéry Giscard d'Estaing）在埃德加[②]和吕西·富尔[③]家里组织的这类午餐。他的一些朋友曾经为此责备过他，说这样做会让人以为他是向右倾斜。对于这一次的邀请，他个人的同情心

---

① 《人总是无法成功地谈其所爱》（«On échoue toujours à parler de ce qu'on aime»），见于《原样》（Tel Quel）杂志，1980年秋季号（《全集 V》，p. 905—914，p. 914）。

② 埃德加（Edgar）：应该是埃德加·莫兰（Edgar Morin, 1921— ），法国著名社会学家。——译注

③ 吕西·富尔（Lucie Faure, 1906—1977）：小说家、杂志主编。——译注

和他身边朋友们的同情心使他的参加变得自然了不少。不过,他对时任法国驻突尼斯大使的菲利普·勒贝罗尔(Philippe Rebeyrol)悄悄说过,他并不愿意去,感觉自己就像是被卷入了密特朗竞选活动之中似的。那么,这一次与他一起就餐的,都是哪些人呢? 人民阵线的前议员菲利普·塞尔(Philippe Serre)当时并不在家,不过他为这一次聚会让出了房子,因为密特朗位于比耶弗尔街(rue de Bièvre)的住房太小,不足以安排这类邀请,并且那处住房实际上属于达妮埃勒·密特朗(Danielle Mitterrand)①,而不属于未来的总统。前来就座的有作曲家皮埃尔·亨利(Pierre Henry)、女演员达妮埃勒·德洛姆(Danielle Delorme)、巴黎歌剧院经理罗尔夫·利伯曼(Rolf Liebermann)、两位历史学家雅克·贝尔克(Jacaues Berque)和埃莱娜·帕姆兰(Hélène Parmelin),再就是雅克·朗和弗朗索瓦·密特朗。兴许,还有其他被邀客人也到场了,不过,没有谁记住了他们的姓名。正像大家可能期待的那样,密特朗非常爱读巴特的《神话》(*Mythologies*)一书,但他大概不曾阅读过同桌就餐的其他哪位知识分子的书籍。那次午餐非常愉快,不时出现对于法国历史的巧妙赞誉和激起开怀大笑的粗言秽语。巴特很少插话。聚餐的人们在大约下午 3 点时散去。巴特决定步行返回法兰西公学。他时间充裕,只在傍晚时与头一天从突尼斯回来的勒贝罗尔有约会。车祸,就发生在快要走完这一段路程之际。

　　罗兰·巴特在皮蒂耶-萨勒佩特里耶尔医院里醒了过来。他的弟弟和朋友们也都到了医院。法新社(AFP)在 20 点 58 分时发布了一条短讯:"大学教授、随笔作家和批评家罗兰·巴特,现年 64 岁,星期一下午在第五区学府街的一次车祸中受伤,被送至皮蒂耶-萨勒佩特里耶医院,人们在医院总部办公室等候消息,但该医院至 20 点 30 分时还没有提供任何有关这位作家身体状况的信息。"第二天,法新社 12 点 37 分时发布的消息让人较为放心:"罗兰·巴特一直住在皮蒂耶-萨勒佩特里耶医院里。该医院明确地说,巴特一直处于观察之中,他的身体状况还是稳定的。他的出版商指出,这位作家的身体状况不会引发不安。"就像罗马里克·叙尔热-比埃尔(Romaric Sulger-Büel)当时所说,或者像菲利普·索莱尔斯

① 即密特朗总统的夫人。——译注

至今仍在断言的那样①,那是弗朗索瓦·瓦尔一手策划的低调说辞。巴特的身体状况是在惊人地越来越坏吗?各种说法似乎表明,有两种因素起了作用。最初,医生们并不担心,他们也许没有足够地重视他们这位患者肺部情况的严重性。他呼吸困难,不得不为他插管输氧。随后,他又承受了气切手术,这就使他的健康每况愈下。索莱尔斯在《女人们》一书里对于这次车祸持另一种更为悲观的说法,在书中,巴特被叫作韦尔特(Werth),车祸一过,这个名字就立即出现了,他身上到处是被猛烈撞击的痕迹,身边满是抢救的仪器设备:"电线交错。无数插管。无数旋钮。红灯和黄灯不停地闪动……"②。许多在现场的人都认为,这一突发事件所带来的恐惧让人们将其与对一种必然性的感觉联系在了一起。就好像自从母亲去世后,巴特就听凭自己堕落那样。"在其生命之末,就在其出事之前,我又一次看到了韦尔特……他的母亲,即他的最大至爱,在两年前离世……他独自一人……他越来越听凭自己落入单身男子的痛苦沮丧之中,在这种下坡路上,滑动突然地加速了……他不想别的,而只想着这一点,同时梦想着与前面决裂,梦想着苦修,梦想着开始一种新的生活,梦想着要写什么书,梦想着从头开始……"③。他给人的印象是,他已经不能做任何事情,已经无力满足人们对他的所有恳求。甚至连那些不肯直言同性恋男子必须相互依赖的朋友或身边的人也一再指出,他在人们的请求、处理来往信件和接打电话等重压之下自感招架不住了。他弟弟米歇尔·萨尔泽多简单地概括了他的情况:"他已经不懂得说不。事情越是让他烦恼,他就越是觉得必须去做"。某些人不乏回溯性地假设,说他当时可能就是因为母亲过世带来的重大悲伤也想让自己慢慢地死去:这种假设或者是过分心理性的,或者是为了使一种生存成为完美叙事而编造的故事。他所感觉到的疲惫起因于他的痛苦,并且带有着抑郁症的所有特征,这是完全可能的。但是,巴特肯定不大相信他可能会在某处天空重新见到母亲的想法。他不会自愿地让自己死去,即便他的目光像他审视他的朋友

---

① 按照菲利普·索莱尔斯的说法,弗朗索瓦·瓦尔和色伊(Seuil)出版社的其他编辑不曾想真实地通报巴特的身体状况,因为记者们曾一个劲儿地将巴特与密特朗共进午餐一事和巴特的车祸联系起来,而这种联系有可能会影响此后的竞选。引自菲利普·索莱尔斯与本书作者2013年9月3日的谈话。

② 菲利普·索莱尔斯《女人们》(*Femmes*), Gallinard, 1983, p. 133。

③ 菲利普·索莱尔斯《女人们》,同上, p. 126。

埃里克·马蒂时那样让人觉察出了一种绝望："就像他已经被死亡所俘虏那样"①。这并非因为他不想显示他与病魔和死亡做顽强斗争的所有外在标志,才依随为他安排的一种可能的短暂歇息。正像米歇尔·福柯在与马蒂厄·兰东谈到巴特之死时说的那样,是他没有意识到在医院里该做什么努力才能活下去："听凭死去是住院过程中的中性状态"②,必须奋力争取活下去。"为了支持他的解释,他还补充说,相反,对于巴特,有人却想象他会像一位中国圣人那样,老来长寿快乐。"不过,他自愿选择听凭命运安排,这却是他留给茱莉娅·克里斯蒂娃的感觉,一如她在《武士》(Les Samourrais)一书中所明确的那样——在书中,她以奥尔加(Olga)的名字出现,而赋予巴特以阿尔芒·布雷阿尔(Armand Bréhal)的名字。茱莉娅·克里斯蒂娃至今还是这么认为。一位曾经与她有过特殊关系的人,一位曾经是那样欣赏她的人,一位曾经主持过他的博士论文答辩的答辩委员会的人,一位她曾在 1974 年陪伴着去过中国的人,就这样不再对她说话了。她现在还在回想他说话的声音。他的眼睛似乎在说着放弃,而他的举动则表明诀别。"当拒绝活下去是在毫无歇斯底里状态下表明的时候,就没有比这种拒绝更有说服力的了:对于爱已经毫无要求,只有深思熟虑的放弃,甚至不是对于生存的哲学思考的放弃,而是一种动物性的和最终的放弃。人们自感无力留住被称作'生命'的那种动颤,而垂死之人则从容将其放弃。奥尔加非常爱阿尔芒,她不理解是什么促使他下了如此淡定而不可争辩的决心去面对死亡,可是他却在自己的毫无拘束、毫无抗拒表现之中泰然自若。她对他说一直很崇拜他,她感谢他为自己在巴黎找到第一份工作,感谢他教给她如何阅读,她还说他们一起出游日本、印度,或是一起到大西洋岸边,岛上的风对于养肺是很好的,而阿尔芒将留在花园里的天竺葵下……"③。缺少空气,渴望死亡,在德尼·罗什

---

① 埃里克·马蒂:《罗兰·巴特的写作职业》(Roland Barthes, le métier d'écrire), Seuil, coll. «Fiction & Cie», 2006, p. 102。

② 马蒂厄·兰东:《爱意味着什么》(Ce qu'aimer veut dire), POL, 2011, p. 242。

③ 茱莉娅·克里斯蒂娃:《武士》(Les Samourrais, Gallimard, coll. «Folio», p. 405)。今天,同时阅读巴特在《女人们》一书中与在克里斯蒂娃这部小说中的两种死亡情况,是非常令人感动的。所使用的假名是不同的,但是韦尔特与布雷阿尔是对同一个人的两个可感形象,这些形象是塑造其作者的情感与人格的结果。在索莱尔斯的小说中越是模糊,在克里斯蒂娃的作品中就越是诱人和叫人难以捉摸。

18　(Denis Roche)文笔优美的《就黄萤的消失写给罗兰·巴特的信》(«La let-
tre à Roland Barthes sur la disparition des Lucioles»)一文中也有所提及：
"……我听说的第一件事，是您脸朝下被撞倒了，您的脸满是创伤；一位大
家都熟悉的朋友告诉了我他去医院看过您。说他无法承受您的手伸向维
系您生命的那些管子的举动，而那种举动似乎在说：'拔掉吧，没有必要
了'"①。就像弗朗克·富尔蒂尼②在相同的时刻表现出的情况一样，德
尼·罗什想到了帕索里尼(Pasolini)之死，就在几个月之前，巴特还曾想
写一部小说："关于判官的小说。想法是从一种习惯的谋杀开始（'一劳永
逸地'排除暴力）：寻找杀害帕索里尼的（我认为，是被释放的）凶手"③。德
尼·罗什不能不想到这种死亡中的帕索里尼成分，因为在这种死亡中，人
深入到了"在死亡方面*最终才被发现*的性别因素的黯淡光亮之中"。他把
这种成分与摄影联系了起来，重申《明室》(*La Chambre claire*)只包含着从
正面拍摄的肖像；他把这种成分与7月份的一个夜晚在托斯卡纳(To-
scane)一地众多黄萤的出现-消失联系了起来：光亮-熄灭……光亮-熄
灭……光亮-熄灭……

　　巴特在他出事的那天打出的文稿中，提到过前些日子他在米兰火车
站黄昏下脏乱的灰色站台上做过的一个白日梦。那是在1月份，刚好就
在一个月前，是在向米开朗基罗·安东尼奥尼④颁发一个什么奖的机会。
1月27日，多米尼克·诺盖来火车站接巴特，然后把他安排在了卡勒通
(Carlton)旅馆，"（与美国豪华旅馆一样的全新和灭菌装修，宽大而空寂：
塔蒂[Tati]⑤+安东尼奥尼……，再就是安东尼奥尼就下榻于此，而他也
19　在那里）"⑥。他在日记中写道，巴特"真是城市——夜间城市——的情人，

───────────
①　德尼·罗什(Denis Roche)：《就黄萤的消失写给罗兰·巴特的信》(«La lettre à Roland Barthes
　　sur la disparition des lucioles»)，in *La disparition des lucioles*，Éd. De l'Étoile，1982，p. 157。
②　弗朗克·富尔蒂尼(Franco Fortini，1917—1994)：意大利作家和诗人。——译注
③　见铸造工业标准局(BNF)1979年9月编号为NAF28630的文件。在弗朗克·富尔蒂尼
　　(Franco Fortini)以《黄昏之教益》(«Leçon de crépuscule»)为题写的向罗兰·巴特致意的文字
　　中，他提及根据他的看法，在巴特与帕索里尼之间存在着惊人的联系。In *Insistenze*，Garzan-
　　ti，1985。
④　米开朗基罗·安东尼奥尼(Michelangelo Antonioni，1912—2007)：意大利著名电影导演。——
　　译注
⑤　即雅克·塔蒂(Jacques Tati，1907—1982)：法国电影导演。——译注
⑥　多米尼克·诺盖：《罗兰·巴特1980年1月在博洛尼亚(日记摘录)》(«Roland Barthes à Bo-
　　logne en janvier 1980[extraits de Journal]»)，出于友谊而交由本书作者第一次发表。

就好像他已经在尽力做好准备、在尽力评估城市将会使其获得的好处、在尽力准备(谁知道呢?)他刚刚开始的退避,我们就让他自己去干吧"。但是,巴特还是梦想着出远门。当他为赶赴博洛尼亚而不得不有所变动的时候,就曾看到一列火车开向很远的南方的布伊(Pouille)地区。在每一节车厢上,他看到了这样的文字:米兰至莱切(Milan-Lecce)。"乘这列火车,整个夜间都在旅行,第二天早晨还身处一座远方城市的灯火之中、柔美之中和静谧之中"①。远游可以让人看到在隧道出口处展现的景致,这种意象并非只是对于一种死亡的幻觉,它还是从灰蒙到光明的一种过渡,而这种过渡似乎可以显示从一种没有生气和平庸的生活过渡到一种获得改变的生活,即**新生活**(vita nova)、**工作型生活**(vie-oeuvre)。这种意象表明的是与黄萤的活动相反的一种活动:熄灭-发光……熄灭-发光……熄灭-发光……,因此,它回应了德尼·罗什后来为纪念他这位逝去的朋友而谈论摄影时所说的话,即在一个句子中进行切分,为避开求助于死亡这种重大的检查而找到一种小小的连续性解决办法。照片"就像是记忆的飞沫,就像是在其他人死亡(指的是从帕索里尼到您自己的死亡、从庞德②之死到我的死亡,照片可以推迟表明标志其死亡的另一个日期)之外,先于我们每个人而在他没完没了的说话中自空而下的一种轻微爆炸,那是在从**正面**不会伤及众多所爱之人面孔的范围内,被无限重复使用的一种湿弹的轻微爆炸,那个范围被他们的嘴唇与其他人的嘴唇相互叠印所困扰、被他们的嘴唇与湿润自身的叠印所困扰,因为这种湿润总是在坟墓的更为普遍的潮湿中自我损害"③。这就遇到了正面问题,人们从正面为人照相,但是人们无法很好地正视死亡④。

巴特 1980 年 3 月 26 日在靠近奥斯特里兹火车站(gare d'Austerlitz)的皮蒂耶-萨勒佩特里耶尔医院去世。医生们都不把车祸当作其死亡的直接原因,而认为他的死亡是由"因慢性呼吸困难状态所导致的患者的特殊"肺部并发症所直接引起的,这便解释了巴黎检察院 4 月 17 日决定不

---

① 巴特:《人们总是不能成功地谈论他之所爱》,同前,p. 916。

② 庞德(Ezra Loomis Pound, 1885—1972):曾长期在欧洲生活的美国诗人和随笔作家。——译注

③ 德尼·罗什:《就黄萤的消失写给罗兰·巴特的信》,同前,p. 164。

④ 这里是本书作者援引的一句话,经与作者沟通,作者明确说,就是指被浸湿了的炸弹爆炸无力的意思。

20　追究小卡车司机责任的原因。巴特的呼吸停止了。他的生命停止了。他的光亮熄灭了。他的遗体两天之后被放入一口棺木之中，在近百位朋友、学生和著名人物的目光下于巴黎法医检验学院的院子里举行了简单的告别仪式。伊塔罗·卡尔维诺是这样讲述的："包括我在内的一群人悲痛万分，我们大部分都是年轻人（在这群人之中，没有多少知名人士；我认出了福柯的光秃头顶）。教学楼门口上方的文字不再是大学里通常的命名——阶梯教室，而是'感恩堂'。"①人们甚至对于宗教仪式不进行世俗的模仿，这种模仿在于宣读一些悼词或对于死者歌功颂德和表达哀婉悲切。某些人凝视了一下巴特的遗体，发现遗体已经变得很小。其他人都是很快地说了几句话，比如米歇尔·肖德吉耶维奇②，曾于1979年接替保罗·弗拉芒(Paul Flamand)担任色伊出版社的经理。还有米歇尔·萨尔泽多和拉谢尔·萨尔泽多(Rachel Salzedo)③、菲利普·勒贝罗尔和菲利普·索莱尔斯、伊塔罗·卡尔维诺和米歇尔·福柯、阿勒吉尔达·格雷马斯(Algirdas Greimas)和茱莉娅·克里斯蒂娃、弗朗索瓦·瓦尔和塞韦罗·萨尔迪(Severo Sarduy)、曾经在其1978年的《布隆泰姐妹》(*Les Soeurs brontés*)电影中让巴特扮演威廉·塔克莱(Wililiam Thackeray)的安德烈·泰希内(André Téchiné)和维奥莱特·莫兰(Violette Morin)、住在尼古拉-乌埃勒街(rue de Houël)的朋友们——巴特曾在那里度过了无数夜晚，并且这条街道就位于奥斯特里兹火车站对面。随后，还有一些人乘火车去了他将在那里下葬的于尔特村(Urt)。这便是埃里克·马蒂的情况，他提及了他们因为喜欢乘火车而作这次奇异旅行的事情。"在那里，我回想到，天下着雨，近乎疯狂和暴烈，冰冷的风包围着我们，我们像森林中的

21　一小队人马挤在一起人们把棺木放进坟穴中的情景是难以忘怀的。"④怀

---

①　伊塔罗·卡尔维诺(Italo Calvino)：《怀念罗兰·巴特》(«En mémoire de Roland Barthes»), in *La Machine littéraire*, Seuil, 1984, p.245。

②　米歇尔·肖德吉耶维奇(Michel Chodkiewicz)：《研究与历史》(*La Recherche et L'Histoire*)杂志主编，最终皈依了伊斯兰教，曾担任高等研究学院(Écoles des hautes études)教授，讲授穆斯林苏非派教义和神话。他在色伊出版社主编"微观世界"(«Microcosme»)丛书，曾被人们冠以"最为严厉读者和强势企业家"的美誉。参阅让·拉库蒂尔(Jean Lacouture)：《保罗·弗拉芒：出版家。色伊出版社的伟大经历》(*Paul Flamand, éditeur. La grande aventure des Éditions du Seuil*), Les Arènes, 2010。

③　他们是巴特的弟弟和弟媳。——译注

④　埃里克·马蒂：《罗兰·巴特的写作职业》，同前，p.105。

念文章随处可见。《世界报》(Le Monde)发表了多篇。巴特去世之后几天,苏珊·桑塔格在《纽约书讯》(New York Review of Books)杂志上就巴特与快乐及悲痛的关系和其将阅读当作幸福一事发表了一篇精彩的文章。对于巴特,人们简直无法揣测其年龄,因为他通常都是与比自己年轻很多的青年人混在一起,而不寻求自己也变得年轻,他一直"与表现出时间差异的一种生活和谐共处"。他的身体似乎懂得休息是什么。他自身总是表现出一种有点深藏、又有点表露的哀婉成分,这种成分"使得他过早的和令人心碎的辞世对于今天的我们来说,变得更具刺激性"①。就像克里斯蒂娃后来做的那样,让-鲁多在《新法兰西杂志》上发文提及巴特说话的嗓音、他的语句节奏、他解决矛盾的方式、他对于音乐的挚爱——这种挚爱在他嗓音的微粒中得到了反映。他还提到了他吸"帕尔塔加"(Partagas)牌短雪茄的方式。他特别谈到了他看待生活与写作孰重孰轻的问题。"对于他来说,看不出哪一方面是重要的。但是,可以通过是哪一方面使他让人认识和被人承认来判断。在他的文本中,更为重要的,是一种人生使一种理论出现震撼的方式:一种声音在寻找其身体,然后才迟迟地潜入最后一批书的令人激动的'我'之中。如果写作就是为了被人喜欢,那么,所写就应该符合其所是的那个人;但愿这种缺席、这种空荡的却对人产生呼喊声的场所在写作身上留下痕迹。"②巴特或模棱两可:当他出现的时候,他是在哪一方面呢?而当他不出现的时候,他又将如何呢?死亡向其他人展示了所选择和所表现出的生命不再掩饰一些完全的空荡和缺席的方面。寻找一个身体的这种嗓音,还将以何种方式发出鸣响呢?有好几个人同时将怀念巴特与重读《明室》结合了起来,尤其是卡尔维诺。 22
面孔的固定,便是死亡,由此抗拒被人照相。那本书变成带有预兆的文本,其特点就是期望死亡。虽然这样的解释显得有点随机且像是押宝,不过,它还是表现出真实的一面,而在这一点上,《明室》起着一定的作用。实际上,除了内心的孤独,那一时期他又产生了与社会隔离和被边缘化的

---

① 苏珊·桑塔格(Susan Sontag):《我想起了罗兰·巴特》(«Je me souviens de Roland barthes»),in New York Review of Book,15 mai 1980,trad. Robert Louis;后收入《在饱和的符号之下》(Sous le signe de Sature),Seuil,coll. «Fiction & Cie»,1985。

② 让·鲁多(Jean Roudaut):《罗兰·巴特》(«Roland Barthes»),in La Nouvelle Revue française,n°329,juin 1980,p.103—105(p.105)。文章之末所署日期正好是1980年2月28日,这意味着该文写于巴特遭遇车祸几天之后和他实际去世一个月之前。

感觉。《恋人絮语》的巨大成功和人们对于法兰西公学课程的趋之若骛，并不是没有负面效果的。由于他被一部分知识分子所抛弃，因为那些人在他的自传叙事、在他倾向于小说和摄影的形成过程中，看出了某些人认为的他有点随波逐流和在选择上的世俗之见，所以他也必须承受疏远，甚至承受来自一部分非学院批评界的蔑视。比尔尼耶和朗博合写的《无忧无虑的罗兰·巴特》[①]一书，不折不扣地为其制造了忧虑；他1977年在其《开课演说》(Leçon)中大声喊出"言语活动是法西斯主义的"，这种断言损害了他在具有战斗性的哲学家或理论家那里的形象，那些人指责他禁不住时尚的诱惑，同时还武断地说他无视他人和也许是想与他人保持区别。他尤其在最后的著作《明室》一书之中，过多地加入了自己。这本书是为他母亲勾画的坟墓，而他则可以与母亲同闭于一室。这本书引起了争议。人们并不严肃地对待他有关摄影的言论。不管怎样，人们并不赋予他理论家的地位，也不冒险直面更为私密的言辞。作为对于这样一种表白的答复，不闻不问是最让人痛苦的。这种态度会在任何作家那里阻止生活的愿望。即便不是所有的作家都会因此而死，但他们都会受到打击。

那么，巴特死于什么原因呢？尽管医院诊断书上写得很明确，但我们看得出，这个问题依然被不断提出。雅克·德里达更愿意提前将"罗兰·巴特之死"说成是多种情况的。"死亡可以直接地为自己写出名称，但是转而就在名称中消散。为的是将一种古怪的句法插入其中——以一个人的名义来回答多数人。"[②]而他后来又详细地阐述了这些情况："罗兰·巴特的多种死亡情况：他的多种死亡情况，那些死去的男人和女人以及他的家人，他们的死很可能就常驻在他身上，并定位了一些场所或一些严重的阶段，而在其内心中确定了坟墓的朝向(他的母亲作为最后，无疑也是作为开始)。他的多种死亡，他所经历过的多种情况的死亡……对于死亡的这种想法开始了。作为活着的作家，他已经亲自写出了罗兰·巴特的一

---

① 米歇尔-安托万·比尔尼耶(Michel-Antoine Burnier)、帕特里克·朗博(Patrick Rambaud)合著：《无忧无虑的罗兰·巴特》(*Le Roland Barthes sans peine*)，Balland，1978。

② 雅克·德里达(Jacques Derrida)：《罗兰·巴特之死》(«Les morts de Roland Barthes»)，in *Poétique*，n°47，septembre 1981，p. 272—292；后收入《精神状态：关于他者的诸多发明》(*Pshyché. Inventions de l'autre*)，Galilée，1998，p. 290—304(p. 273)。

种死亡。最后，就是他的多种死亡，他有关死亡的多种文本，还有他在旅途中坚持写的一切有关死亡、有关如果想死和如果已经处于死亡状态的主题的文字。从小说到摄影、从《写作的零度》(*Le Degré zero de l'écriture*,1953)到《明室》(1980)，某种有关死亡的思想已经使一切都活动了起来……"①生活中的这种死亡大概就是起因，而这种死亡使同时代性变得困难。或着就像是德里达提出的那种时间差状态，德里达曾说他是在旅途中真正认识巴特的，他们曾面对面坐在开往里尔的火车上，也曾隔着走道并排地坐在飞往巴尔地摩的飞机里。这种相异的同时代性，也是可供解读普鲁斯特、解读某些照片中的故事或在最后课堂上进行解读的同时性。"我只跟随着我个人现时想象中的同时代人：与他的语言、他的幻想、他的系统(即他的虚构)相一致的同时代人，简言之，是与他的神话学或他的摄影学相一致的同时代人。而不是与他的历史相一致的同时代人，因为我只生活在其不稳定的反光即**幻影**之中"②有关死亡的某种东西已经侵入他的生活之中，并促使着他写作。有关作品之死亡的某种东西已经深深进入他最后的课程中了。1980年2月23日，巴特甘愿不把他结束的课程与他跟学生们一起完成的作品的真正出版时间放在一起。"遗憾啊，在我这方面，不存在问题：我帽子里已经变不出任何作品，而尤其明显的是我想分析其**准备过程**的这部小说。"③他在1979年写的说明中承认，由于他对世界的欲望已经被母亲之死所深刻地改变，所以完全不再确信自己还能写作。乔治·拉亚尔说过，他曾在巴特出事的前几天开车接他到综合理工学院(Polytechnique)，让他参与他当时在那里承担的几门中一门课程的讲授。在当天下午将巴特带回塞尔旺多尼街(rue Servandoni)的时候，他曾向巴特提出过这个问题，这在两位教师之间显得是那么庸俗：

> 您明年讲什么课程？
> 我将展示我母亲的一些照片，到时，我会缄默不语。

---

① 雅克·德里达：《罗兰·巴特之死》，同上，p. 290—291。
② 《全集 IV》，p. 638。
③ 《小说的准备 I-II》，p. 377。

就在一年前的 1979 年 1 月 15 日,他曾在《新观察家》(*Nouvel Observateur*)杂志上把他《逸闻杂陈》中的一条解释文字取名为"庸俗与特殊":"一辆疯跑的轿车撞到了东环线的一堵墙上:(遗憾)这真是庸俗的。无论是车祸原因,还是车里的 5 名年轻的乘车人,死亡或几乎死亡,都无法鉴别:这是特殊的。这种特殊性便是一种可以说是完全死亡的特殊性,因为它连续两次破坏了可以平息死亡之惧怕的东西:是谁和为什么。一切都阻碍着——不是阻碍着虚无(néant),而是阻碍着**无意义**(nullité)。由此,人们明白了社会围绕着死亡所建立的野蛮的阻塞:年鉴、年表、历史,一切可以命名和解释、引起记忆和意义的东西。这是比但丁的地狱还慷慨的地狱,在这种地狱里,死者都带有他们的姓名并根据他们的错误而得到评论。"①死亡不仅需要一种年表,而且也呼唤一种叙事。

实际上,死亡是唯一抗拒自传的事件。死亡使传记行为具有正当性,因为恰恰是由某位别人来负责这种事情。"我出生"这句话之所以在自传中只能是次要的,那是因为我们的生存在做证明,是因为有身份证等证件,是因为有人向我们讲述过从前发生和怎样发生的事情,不过还是可以说"我出生"这样的话:比如"我出生在哪一年"、"我出生在什么家庭"、"我是在什么天气下出生的"。不可能说出"我死在哪一年"、"我死于什么原因"、"我死于什么天气"。必须有某个人代替我们说出这样的话。如果说"我出生"只是从间接的或媒介的方式上是自传性的,那么,"我死于"就构成了对于任何陈述活动的不可能的界限,因为死亡从来不能以第一人称说出。巴特被所有能够突破这种不可能性的虚构所吸引:由此产生了他念念不忘爱伦·坡的短片小说《瓦尔德玛尔案例的真实》(*«La Vérité sur le cas de M. Valdemar»*),这篇小说的同名人物在最后就声称"我死了":"……这个句子("我死了。")的内涵具有无可穷尽的丰富性。当然,在不少神话文本中有死人说话;但是,那是为了说出'我是活着'的意思。在此,这真是叙述语法中只见一例的情况,这种语法展现的是作为言语的不可能的言语:我死了。"②在这种属于梦幻状

① 《全集 V》,p. 634—635。
② 《对于爱伦·坡的一篇短篇小说的分析》(«Analyse textuelle d'un conte d'Edgar Poe»), in *Sémiotique narrative et textuelle*, Larousse, 1973,(《全集 IV》,p. 434—435)。

态的死亡情况里,让人听到的说话声音是内心的声音、深在的声音、他者的声音①。生平上的理性(或非理性)也许就在这里,即就在由他者也就是第三人称对于死亡叙事的承担之中。夏多布里昂的作品对于巴特也很有吸引力,这便是在其《朗西的一生》中的情况:作者和其人物均在其生命之后工作过:作者是因为在其漫长的衰老过程中感到生活在抛弃他;其人物是因为他情愿放弃生命:"……因为自愿放弃世界的人可以毫无痛苦地与世界所抛弃的人混同:梦幻(无梦幻便没有写作)能破坏主动话音与被动话音之间的任何区别:在这里,抛弃者和被放弃者只不过是同一个人,夏多布里昂可以就是朗西。"②这种并不虚无和人在其中不再仅仅是时间的死亡状态,巴特在很年轻的时候就对其表现的两种倾向都有所了解:烦恼和记忆都为生存提供了一种完整的再现系统。这两种倾向都在保护焦虑免遭死亡的破坏,而写作则始终不渝地在与死亡作斗争。1977 年在于尔特写的日记中有一个片段恰恰就被命名为《虚构不会死亡》(«Le fictif ne meurt Pas»)。文学就是来保护您不受真实死亡之威胁的。"在任何真正生活过的**历史人物**(或个人)身上,我只会直接地看到这种情况:他死去了,他被真实的死亡所击垮,而这对于我来说总是残酷的(一种难以说出的感觉,因为面对死亡,我会心乱而黯然)。相反,一个虚构人物,我总是会惬意地消费他,这恰恰因为这个人物不曾真实地生活过,他不能真实地死去。尤其不应该说他是永远不死的,因为永远不死继续会受范式③的限制,它仅仅是死亡的相反项,它并不破坏死亡的意义,即它所带来的痛苦;最好说:没有粘上死亡。"④不过,有时候,即便是对于文学,痛苦也会出现。

26

---

① 1972 年,巴特在斯特拉斯堡曾经对有关菲利普·拉库-拉巴特(Philippe Lacoue-Labarthes)和让-吕克·南希(Jean-luc Nancy)的符号与文本理论研究小组的谈话中这样提及过(《全集 IV》, p. 141);说话的死者的噩梦,也与贝尔纳·雷基绍(Bernard Réquichot)的绘画有关(《全集 IV》, p. 378),亦见于《文本带来的快乐》(《全集 IV》, p. 245)。译者补注:在这里,巴特借用了结构精神分析学家雅克·拉康关于他者(Autre)的理论。根据拉康的理论,他者是在"镜面期"中除了与自我相像的"另一个"外,外在于自我的另一个人,这个人一般是指父亲。他者是构成自我潜意识的重要成分。

② 《夏多布里昂:朗西的一生》(«Chateaubriand: Vie de Rance»), Préface, 1965, in *Nouveaux essais critiaues*(《全集 IV》, p. 56)。

③ 范式(paradigme),又译"聚合体",在符号学上,指的是由对立关系联系起来的两个词项所组成的结构,此处为"生/死"的范式,"永远不死",就是"生"。——译注

④ 见铸造工业标准局编号为 NAF28630 的文件,罗兰·巴特遗赠,1977 年 7 月 13 日于尔特日记"深思熟虑"(«délibération»)。

这便是在一个人物的死亡可以表达最为强烈之爱,而这种爱又可能在两个人之间存在的那些时刻:在《战争与和平》中,与其女儿玛丽说话的波尔孔斯基(Bolkonski)亲王之死;《追寻逝去的时光》中叙述者的祖母之死。"文学(因为所涉及的正是文学)突然完全地与一种情绪悲痛、一种'呼喊'结合在了一起。"①死亡使通常被人贬低的**感人法**(pathos)变成一种阅读的力量;死亡说出它用以慰藉人的赤裸裸的真实。

死亡最终导致写作,并且它用生命来验证叙事。它使过去开始和重新开始,它使得出现新的形式和新的外在形象。正是因为某种死亡,有人才着手讲述他的生活。死亡是概括性的和汇总性的。这正是我所借助来讲述开始这种**生活**的原因所在。如果死亡与生命割裂,而且是以与之对立的方式来割裂的,那么,死亡便同时等同于作为叙事的生命。两种东西都是某个人的余物,这种余物同时是一种补加之物,可是它并不取代。"那些喜欢同一个逝者的人,在受到逝者所带来的公开创伤之后继续生活,同时保持逝者与己同在和活着的样子。这个时候,记忆就占据着一种无处不在的时间;被隔断的过去和不可能的未来,两者便混同在一种很强的常态之中,而在这种状态里,我虽在回忆,却在其中和借助这种状态于不眷顾逝者的情况下肯定了自己。"②再就是,茱莉娅·克里斯蒂娃的这段话,是在巴特因母亲辞世而服丧的那段时间里写的,说明了这种叙事在何种程度上是异乎寻常的:这种叙事并非是回忆的一种义务。而是对于延续生活的一种限制。它占据着逝者留下的空荡位置。在诸多方面,这种对于任何传记的限制因为巴特而仍在增加着。他因为自己造成的一些原因,也因为当然与他有关但不管他是否情愿都几乎会突出的其他一些原因,而不鼓励传记写作的人。因为一位作家的死亡,并不是他生命的一部分。人死,是因为人有一个躯体,而人写作仅仅是为了中止这一躯体、减轻这个躯体的压力、增加它的重要性、减少它所引起的不适。正像米歇尔·施奈德在《想象死亡》中所写的那样:"因此,应该阅读作家们写的一

---

① 1978 年 10 月 19 日在法兰西公学的报告内容:《长时间以来,我都睡得很早》(«Longtemps, je me suis couché de bonne heure»),Conférence au Collège de France, 19 octobre 1978(《全集 V》, p. 468)。

② 茱莉娅·克里斯蒂娃:《巴特的声音》(«La voix de Barthes»), in *Communication*, n°36, 1982, p. 119—123(p, 119)。

些书:正是在这些书籍中,他们的死亡得到了讲述。一位作者是这样的一个人:他一生中都在长句子、短词语中死亡。"①一位作家之死,并非真正是他生存的逻辑续接。他的死并不与"作者的死亡"②相混同。但是,一位作家之死会使得作者的生命成为可能,也会使得对于安排在其作品中的死亡符号的审视成为可能。酣睡之死(在这种死亡中"不动性躲避改变")和具有揭示功效的阳光之死,它们都不能"显现一种生存的意义",根据在《米舍莱》③一书所作的区分,死亡从最初就是任何全新的开始。

①　米歇尔·施奈德(Michel Schneider):《想象的死亡》(*Morts imaginaires*),Grasset,2003,p. 17。
②　这是罗兰·巴特1968年发表的一篇文章的名称。按照作者的观点,"一件事一经叙述……作者就会步入他自己的死亡,写作也就开始了"(《全集 III》, p. 40)。——译注
③　巴特:《米舍莱》(*Michelet*),《全集 I》, p. 352。

29

"请开得慢一些，不然，您会轧死罗兰·巴特的。"

导　言

嗓　音

　　罗兰·巴特身上所不死的东西,是他的说话嗓音。这种现象有时是很怪的,因为没有比一种嗓音更具有时间性的了。只须听一听过去的录音就清楚了。一种嗓音会很快过时,它为说话的身体"标注时间"。纪德在其《日记》中为自己说明了这一点:"我个人方面最为脆弱的,也是我自己身上最为老朽的,是我的嗓音。"[①]然而,当我们听到巴特表白自己的时候,会有一种非常强烈的现时感,他的嗓音拒绝过时。听他在法兰西公学的课程录音、听他参与的在电台和电视台的众多直播节目,都将作者置身于一种亲密热烈的环境之中。深沉而温柔的声色包裹着话语,赋予了他富有音乐感的声调变化。巴特不曾偶尔地对于"嗓音之微粒"做过理论化论述,但是他知道他的嗓音具有一些感人的性质,这种嗓音能证明一种可以在现在时中发挥作用的持续过去时的存在,证明一种连续回忆、一种提前的记忆的存在。因此,那种以一枚可变质的和过渡性的印章来标志人的东西,在巴特那里是一种相反的符号。这种符号确保了一种死后余生的形式。当然,当他说话的时候,这种符号也依赖于他之所言。不单是嗓音,他说出的话,在把为所有人考虑的一般性和为每一个人安排的真实性结合起来的同时,今天继续打动和说服着人们。因此,嗓音是重要的,因

[①]　安德烈·纪德(André Gide):《日记》(*Journal*), 12 juillet 1942, Gallimard, coll. «Pléiade», 1997, t. II, p. 827。

为它从多种、且相矛盾的源泉中汲取真实:这包括才智和感觉、过去的价
值和现时的口号语汇。所取态度不是没有风险的。态度通常会把主体置
于一种假象的感觉之中。巴特一生中都有这种感觉:在多种时间和场合
下属于这种情况,它会使您成为在一个无场合中一直处于运动中的人。
有一天,巴特听到一位主持人在结束有关他的节目时说道:"孩子们,现
在,19 世纪结束了!"他随即在一个卡片上写上了这样的话:"是的,我是
19 世纪的人。不过,我的整个感觉都与这一点有联系(但从来没有被人
看出来),我赞同那个世纪的小说,我喜欢那个世纪的文学语言。这就使
得我进入了一种残忍的范式之中:一方面是'自我'(内在的自我、未被表
白的自我)——情感上的想象、惧怕、情绪、情爱、在一种有关关怀、甜蜜、
温柔的伦理学中无法处理的信念、对于这种伦理学是无法解决的令人心
碎和令人焦虑(使甜蜜胜出意味着什么呢?)的意识;另一方面是世界——
政治、声誉、侵犯、流言蜚语、现代性、20 世纪、先锋派、我的'著述',总之,
甚至在某些方面也包括朋友们的某些实践。→注定要有一部'虚伪的'作
品(关于假象的主题)或者注定要导致这种著述的沉没(由此产生了在最
后几本书中尝试过的令人无望的原地兜圈子的空间)。"[1]在这两个世纪之
间,在这两种假设——自我与世界——之间,在内心与政治观念之间,巴
特感觉左右为难;就像他说话的嗓音那样,是矛盾的。正是这一点赋予了
他的作品以预示的能力。先锋、反叛在变化;过去时在重现,现时性在定
型。不明确和反常姿态与明确的举止不相符合。相反,这种姿态在激起
一种不适感、一种不适宜的方式,这种方式仍然需要为了生存、范围的扩
大,为了不顾一切而属于他所处时代,从而导致去寻找一些前所未有的解
决办法。这种寻找,有时是采取一些堪称猛烈的形式,以便在巴特身上权
衡是应时而生的指责还是摇摆不定的指责。这种寻找,在确定先驱者即
在前面跑动的人的条件。他完全地先于时尚、先于倡议、先于运动。更为
抽象地讲,他也开启了对于世界和一些知识进行思考的一种新秩序。书
的结尾、传记片段、逻辑论证的取消、超文本(hypertexte)、对于回忆的新

---

[1]　间铸造工业标准局编号为 NAF28630 的文件,罗兰·巴特遗赠,1977 年 7 月 13 日于尔特日记
　　"深思熟虑",同上,大部分第一次发表(一些节选曾发表于 1979 年《原样》杂志,《全集 V》,p.
　　668—681)。

的机械处理：这些都是巴特思考过的问题，并且它们使得他的作品变成了今天我们需要探讨的领域。像所有大思想家一样，他的预见能力和他为其时代所留下的标志一样强大：人们之所以在今天还继续阅读他的作品，那是因为他将他的批评带进了新的方向。

在巴特身上，说话时的嗓音是一种常在的生平特征。这种嗓音将所有认识他的人都聚集在了一个群体之内，而这个群体都一致承认他有一副"漂亮的嗓音"。他说话的嗓音变成了他的标志，变成了他特有的签名形式。这种符号的优点是，它既表示不出现又表示出现，既表示身体又表示话语。它概括了对于我们时代进行一种批评思考的余音长存的共鸣。实际上，在巴特看来，大多都是要么恰到好处、要么是带有音色的事情。他不仅仅是与他所处时代不妥协，那将会引起不和谐。喜爱 19 世纪和古典作品，感受情感与浪漫，这是一回事情；但是敏于现时的言语活动、同时指出这种言语活动不再或不太接受过去的事物，这又是另一回事情。罗兰·巴特智力事业的全部意义，他行程的全部戏剧性，都依赖对于时代的语言、对于这些语言的区别和它们所建立的各种排斥的听取方式。因此，问题不是放弃喜欢人们对于过去所喜欢的东西：或者复活其现代性力量、其上游活力的生命，或者迫不得已承受某种孤独。在肯定与退缩、侵犯与温柔之间，摆动总是相同的。1979 年 9 月 21 日，巴特在回到其路线的时候，注意到："我有效的智力生活的唯一问题，曾经是使智力创作（其兴奋）与现代人的局限性等以及母性价值汇合在一起，而母性价值应该叠印在其中：一如语音与语义的覆盖方式。"①另外，这一问题既完全地确定了他在其时代中的地位，也确定了他在其对总是身处边缘的感觉之中的地位。对于一种深在的孤独的反论也说明，巴特曾改变了对知识的建立。在福柯看来，这种重大的贡献就是使他的先驱者地位合法化的东西："他肯定就是曾经最大限度地帮助我们撼动某种学派知识形式的人，而学派知识则属于非知识（non-savoir）……我认为，他就是对于理解 10 年以来发生的重大变化的非常重要的那个人。**他曾经是最伟大的先驱者。**"②

34

---

① 见铸造工业标准局编号为 NAF28630 的文件，罗兰·巴特遗赠，"大卡片库"（《Grand fichier》），21 septembre 1979。

② 米歇尔·福柯：《X 光透视》（《Radioscopie》）。与雅克·尚塞尔（Jacaues Chancel）的谈话，1975 年 3 月 10 日，法国国际广播电台（*France Inter*）。我们要特别强调。

"生 活"

为了介绍罗兰·巴特的智力规划和智力贡献,根本不需要去讲一通巴特的生活,而且,我们可以考虑是否还有必要来撰写一部新的传记。首先能列举的记述他生活的诸多困难之一,就是感觉到在今天来讲述他的生活不会从中了解到什么更有价值的东西。埃里克·马蒂从 1990 年开始进行的对于巴特未发表文字的宏伟出版工作,已经极大地丰富了巴特作品中的自传总量。《小说的准备》《哀痛日记》《作者的词汇》,这些巴特生活的不同方面已经逐步得到了明确。如果写作传记的主要理由就是去除模糊、找出缺失和揭示隐藏之处的话,那么,对于一位不断追寻明确的作者来说,搞这样的传记还有什么意义呢? 阅读大量档案,参考众多记事簿和日记,今天已可以让我们这样说,对于巴特成为巴特的那个时期,他的生存的每一个时间段均已被人洞悉。对于亲自考虑过明确性,并且是在不曾幻想过综合也没有幻想过继续讲述的一位作者来说,让人们从一开始就看到缺陷和片段,这样做合适吗? 有三种解决办法,它们既是不完美的,也是令人失望的。第一种在于进一步丰富细节、改正一些讲述、更

35 正一些事实,这种做法毫无竞争性意义。这样做有可能说明在其著述的某些地方,作者将其生活变成了一种传奇,而在其他地方,他曾自愿地掩盖了某些重要的方面。但是,这种讲述从来不可能压过作品中的讲述,因为就像生活一样,如果它并非总是人们所说的情况,那么它便仍然是人们所经历的情况。弥补的方法并非是更令人满意的。传记文字,在事实、情绪或文本等片段之间一再增加时长的情况下,也会违背生活的内在真实性,因为这种生活通常是由一些重叠的时刻,由充满事件、充满或重或轻的精神决裂和忘却所构成的。借助作品来说明生活也不是一种办法。这种做法合并了两种相异的现实,使其中一种并入进了另一种,同时忘记了说明这两种现实是怎样可以相互并存的,是怎样互不相容和有时是怎样相互破坏的。虽然阅读传记可以相互印证,并且可以带来说明问题的结果,但是这种阅读并不足以理解在一位作家和一个知识分子的生存中活着与写作之间有时出现的冲突性。

当然,我们不能完全放弃这三种做法,我们的研究工作本身也将属于

这些方法并将带有着它们的不足。但是同时,我们将在他走过的历程和他作品方面继续保持其特有的明确性,并指出这种明确性是怎样在提升、在发挥和在充溢。讲述是依靠漏洞和缺失的符号进行的,而论证将尽力考虑到各种苦难。对于与个人的温存表现(在这一点上,所有证据都毫无例外地一致)和与生活中相对平平的表现严重矛盾的作品,必须采取果决的手段。因为,巴特的一生,并不是一部探险小说。他的一生在其所包含的有可能赋予其生平一种社会和文化价值的普遍性和规范性方面,甚至不是典范性的。那么,如何写出完全只被写作来占据的一种生命呢? 还有什么东西没有被文本留下痕迹以及人们有权可以期待什么样的揭示呢? 无疑,第一种方法就是这样的情况,即一位作家的生命包含着构成其生活基础的一些缺失。

　　有一种困难依赖于巴特自身与其生平的双重关系,这种关系是他在与让·蒂博代对话的前言中大声声明的:"任何传记都是一部不肯说出自己名称的小说。"[①]这并不像是他先前经常蔑视小说的样子,或者也不像他参照布尔迪厄[②]的样子揭示过其幻觉的情况。的确,他放弃"作为个体的拉辛",不过,却塑造了一些作者(米舍莱、拉辛、萨德……)、一些实验和聚集场所。他从始至终在他的文本中对于生活的符号表现出一种欲望,而那些符号在很大程度上都决定着他对于文学的近似淫荡之爱。他从1971年开始在《萨德,傅里叶,罗耀拉》一书中所做的他称之为"生平素"(biographèmes)的那些标记,正是指向被提及的主体之身体所具有的生命与特殊性的闪光点。一个人离不开细节,离不开细节的分散,"有点像是在谢世后撒在风中的骨灰"[③]。这些生平素确定着有关回忆的一种艺术,而与这种艺术密切相连的则是被巴特的消费者们经常提起的有关生平的一种伦理学:"……我要是作家,而且是死去的作家,由于我愿意我的生命在一位友好而无私的传记作家的关心下减缩为一些细节、一些追求、一些转变,那么,我们就会说;那是些'生平素',它们的区别与活动性可以在任

36

---

①　巴特:《答复》(«Réponse», entretien avec Jean Thibaudet, in *Tel quel*, automne 1971),《全集 III》, p. 1023。

②　皮埃尔·布尔迪厄:《生平幻觉》(«L'illusion biographique», in *Raisons pratiques. Sur la théorie de l'action*, Seuil, 1994)。这篇文章所揭示的,是有关被连续性和文学性所标志的主体的历史性观念。

③　巴特:《萨德,傅里叶,罗耀拉》(*Sade, Fourier, Loyola*),《全集 III》, p. 705。

何命运之外游历,并以享乐成性的原子的方式来触及预计也会分散的某个未来的躯体。"[1]这个著名的句子提供了有关生命的一种叙事程序,这种程序不是一种传记的程序,而是有关《罗兰·巴特自述》中的那种"既往性"自传的程序,在那本书中,与传记对立的既往性回想被确定为"反-前进"或"反-下行":"……否定(反对)时间顺序、反对逻辑-时间顺序即*自然顺序*的伪理性;这是一种*人为的顺序(倒叙)*"[2]。出现的都是无联系、无连字符的,都是以碎屑状态或痕迹状态出现的。都是复调的,都是开向无限重组的,它使连续的叙事都成为一种"邋遢状态"(cochonnerie)(该词曾在《萨德,傅里叶,罗耀拉》一书中谈到连续话语的流动特征时使用过):这是因为这种叙事固定一种意象,是因为它忘记了自我会不停地移动和自动创造。在将巴特自己的自画像变成一种偶像文本的情况下,许多读者便在传记中看到了出色的反-巴特式的举动[3]。

　　不过,巴特以寻求一种一体性(unité)来反对连续性。对于米舍莱,他写道:"我只寻求写出一种一体性,而不寻求在历史和生平中挖掘起因。"[4]反过来说,正是在使巴特多元化的过程中,我们将平衡在对于一种生命的叙事中固有的连续性精神,同时不去寻找生存与作品之间的一致性,而是将这两方面都放入诸多历史之中(这一方面也是多元的)、诸多背景之中、诸多关系之中,同时描述不同的发生原因——档案资料的层级、生命在真实资料中的沉积、作品的各种母题[5]及重复。如果生平素对于传记就像是摄影对于历史那样,即像巴特在《明室》中似乎暗示的那样[6],那么,我们就将通过传说、建立网系或联系而特别是建立思想网系来补充生平素。剩下的就是:各种事件、各种文字资料和写作痕迹,它们只在写作之中,即在

左侧页码标注:37

---

① 巴特:《萨德,傅里叶,罗耀拉》,同上,p. 706。
② 巴特:《作者的词汇》,同前,p. 183。
③ 有关在法国对于巴特传记的主要反对声,请参阅戴安娜·奈特(Diana Knight)的文章《人-小说,或巴特与犯禁的传记》(«L'homme-roman, ou Barthes et la biographie taboue»), in *French Studies Bulletin*, n°90, printemps 2004, p. 13—17。
④ 《米舍莱》,见于《全集 I》,同前,p. 295。
⑤ 母题(motif):在符号学上,指形象类型或一种形象单位,在文学作品中具有移动和重复特征。——译注
⑥ 《全集 V》,p. 811。"我喜欢某些生平特征,因为它们在一位作家的生活中就像某些摄影术那样使我快乐;我把这些特征叫作'生平素':一如生平素对于传记那样,摄影术对于历史具有相同的关系"。

一种思维的运动中才可以获得。

还有其他一些原因可能会妨碍传记写作，这要从为作者付出巨大劳动，从他活着到他死后，从他在法国到他在国外说起。给人强烈印象的是，巴特对于传记所表达的保留看法反过来却引起了批评家、评论家和作家们对他的一生的真正激情。甚至有人谈论起"罗兰主义"（rolandisme），以此来说明把作者当作小说人物或讲述其一生的这种冲动。在他 1978 年 10 月 19 日于法兰西公学做的名为"长时间以来，我都睡得很早"的非常漂亮的报告中，就建议把读者对于马塞尔·普鲁斯特的一生的特殊兴趣叫作"马塞尔主义"，而这种兴趣有别于读者对于普鲁斯特的写作风格和作品的爱好①。对于作者的这种富有磁性的靠近，借助于作者在其作品中对于自己的一生所给出的*被转向的*叙事。同样，人们也可以把与一位主体的这种关系称之为"罗兰主义"，因为它不停地返回到主体个人的生活方面，就像返回到一种连续的外在形象上那样。生命与在书籍中、在报告中、在课程中毫不疲倦地展现的写作之间的深刻关系，是许多读者对于巴特一生感兴趣的首要解释：它就像是一把钥匙、一种秘诀，可以让我们同时打开多扇大门，包括他所寻找的自己的大门和每一个人写作欲望的大门。使自己的一生成为一种"生平"欲望的另一种原因，大概在于这样的情况，即巴特的生存累计了所有的想象缺陷，而这些缺陷则需要填补。最早的缺失：父亲的死亡，例外事件，疗养院，隐秘行为——同性恋，不连续性——片段写作，最后的缺憾——愚蠢的车祸。这些漏洞，这些空缺，都在呼唤讲述、呼唤填补和说明。

传记、见证、批评路数，它们也都是生存的走向，即小说：人们已不再考虑那些提到过巴特的书籍。在巴特去世 35 年之后，现在的这部传记已经是第三本了。1990 年，路易-让·卡尔韦曾出版过罗兰·巴特的第一部完整"生平"②。这一做法的同时代性使他得以将其研究工作建立在许多见证基础上。各种领域，包括家庭范围、知识领域和朋友圈，均获得了详细和具体的介绍。说真的，那算不上一种智力传记：如果作品的产生也成

38

---

① 《长时间以来，我都睡得很早》，同前，《全集 V》，p. 465。

② 路易-让·卡尔韦：《罗兰·巴特（1915—1980）》（*Roland Barthes*；1915—1980），Flammarion，1990。该书已经被翻译成德文（Suhrkamp，1993）和英文（Indiana University Press，1994）。

为一种思考和多种解释尝试之对象的话，那么，这种产生便不能被理解为是一种思维和写作计划。玛丽·吉尔写的第二部传记于 2012 年出版。作者严格地取用了把生命当作一种文本的观念，而这种生命尤其复现在所有研讨会中，与日记有一定的关系[1]。在这部传记中，连续性并不是构39 成带状、只须打开的一种生命的自然连续性，而是在文本与一种只叙事实生存之间建立的同质性中出现的连续性。因此，根据这种观点，关键在于显示一种生命的"书写标志"(graphie)[2]，这就要考虑在同一层面上安排书写与生平，同时注意"所有素材的同质性……事实、思想、写成的文字和未说出的东西即沉默"[3]。在这些生平内容之上，还要加上那些众多的见证：1991 年，帕特里克·马里耶出版了一部反映巴特作为教授和年轻人思想大师各个方面的回忆录[4]。2006 年，埃里克·马蒂在色伊出版社出版了《罗兰·巴特的写作职业》[5]。该书就像一部随笔，而实际上它汇总了由一些论证性文字构成的文本，那些文本对于作品概念和有关意象的思考做了非常明确的阐述。但是，巴特的著述活动也在其进展之中、在其接续之中被考虑，这便说明了其智力产生的原因。第一部分，即"对友情的回忆"，是对于罗兰·巴特晚年的非常有力的见证。花费多年时间编纂其全集的人，今天同样也是他的生命和思想的帮工。在一些访谈和纪念书籍中，茨维坦·托多罗夫和安托万·孔帕尼翁都长时间地忆记他们所了解的巴特。热拉尔·热奈特在《巴尔达德拉克》中也描述过巴特，而巴特也是马蒂厄·林东有关福柯的书籍《爱意味着什么》[6]中第二等级的众多人

---

① "如果不明确的话，生命就像是一种文本：这样说将会变得庸俗（也许已经庸俗）：这是一种需要产生的文本，而不是需要破解的文本。——这样生活，至少有过两次：1942 年：'并不是爱德华的日记与纪德的日记相像；相反，纪德的日记中有许多话已经具有了爱德华日记的自立特征'《关于安德烈·纪德和其〈日记〉的批注》(《Notes sur André Gide et son journal》,1942)，1966 年：普鲁斯特的作品并不反映他的一生；正是他的一生是其作品的文本《平行的生命》(《Les vies Parallèles》,1966)"(《作者的词汇》, p. 324)。

② 玛丽·吉尔：《罗兰·巴特：就是生活》，同前，p. 23。

③ 玛丽·吉尔：《罗兰·巴特：就是生活》，同前，p. 18。

④ 帕特里克·马里耶：《罗兰·巴特》(Roland Barthes, Le Promeneur,1992)。

⑤ 同前书。

⑥ 茨维坦·托多罗夫：《义务与享受：一种帮工的生活》——与卡特琳娜·波特万的谈话(Devoirs et délices. Une vie de passeur. Entretien avec Catherine Portevin, Seuil,2002)；安托万·孔帕尼翁：《一种学科问题》——与让-巴蒂斯特·阿马蒂厄的谈话(Une question de discipline. Entretien avec Jean-Batiste Amadieu)；热拉尔·热奈特：《巴尔达德拉克》(Bardadrac, Seuil, coll. 《Fiction et Cie》,2006)；马蒂厄·林东：《爱意味着什么》，同前。

物之一。科莱特·费卢在《生活的准备》一书中,对于至今仍然是其生活向 40
导的那个人的肖像做了非常可爱的描述(充满多种少有的气息——巴特母
亲使用的香水,还有他本人说话的音色),这要从有一天在离开研讨班(她
曾经在 1972—1976 年间没有间断地来听课)时巴特告诉她要学会说"我"和
学会以自己的名义来说话的时候算起。她写道:"我顺着他的嗓音,重新发
现了巴黎的气息,重新发现了拿破仑、巴尔扎克、萨博街(rue de Sabot)、圣
叙尔皮斯街(rue de Saint-Sulpice)、小个子华人、图尔农街(rue de Tourn-
on)。在他寻找一个句子的时候,我还重新发现了眼皮的皱褶……"①

　　一种也许更说明问题的现象是,巴特自去世后还是多部小说中的人
物②。在此,这种事实仍然可以用人们很想赋予他生命既是接续的也是延
续的一种连续性的愿望来解释。但是,也许还可以借助于巴特在随笔、自
传体片段和写小说欲望之间建立的关系来解释。他在有关普鲁斯特的报
告会上把"与小说的炙热接触"介绍为表达一种情感秩序的能力,他在《罗
兰·巴特自述》一开始就说道:"这一切都应该被看作出自一位小说人物
之口",他也把传记作品称为"第三种形式",他把故事性当作切分真实的
方式、当作对于生命的书写。这些主张同样构成一种呼吁和一种神秘。
索莱尔斯 1983 年出版的《女人们》,雷诺·加缪(Renaud Camus)于同一年
出版的《小说王》(Roman roi),克里斯蒂娃 1990 年出版的《武士》,托马
斯·克莱尔 2010 年出版的《杀死罗兰·巴特的人》(L'Homme qui tua Ro-
land Barthes),若尔热·沃尔皮(Jorge Volpi)2003 年出版的《疯癫之末》
(La Fin de la folie),还要加上两部讲述巴特晚年和早年生活的故事性书
籍、一部讲述其在某个夏天经历的书籍③,这些作品都延长了见证过程、强
化了传奇性。某些人以明显是假名的方式来展示巴特;还有一些人就以

① 科莱特·费卢(Colette Fellous):《生活的准备》(La Préparation de la vie),Gallimard,2014,
p. 44—45。
② 参阅娜塔莉·皮耶盖-格罗(Nathalie Piégay-Gros):《罗兰·巴特,小说人物》(«Roland Bar-
thes, personnage de roman»),in Daniel Bourgnoux (dir.),Empruntes de Roland Barthes,
Nantes,Cécile Defaut/Paris, INA, 2009,p. 185—202。
③ 埃尔韦·阿尔加拉多(Hervé Algalarrondo):《罗兰·巴特最后的日子》(Les derniers jours de
Roland Barthes, Stock, 2006)、克里斯蒂安·居里(Christian Gury):《罗兰·巴特早年的日
子》(Les premiers jours de Roland Barthes, précédé deBarthes en Arcadie, Non Lieu, 2012);
让·埃斯彭德(Jean Esponde):《罗兰·巴特,一个夏天(在于尔特)》(Roland Barthes, un été
(Urt), Bordeaux, Confluence, 2009)。

41 他的名字来作为人物,却将其放进了虚构作品之中去充当与虚构事物沾
边的历史人物。在所有这些情况之中,这些文本都使得传记、故事、历史
小说和见证之间的界限变得模糊。

即便是批评性研究,也乐于在思想、生平和小说之间游移交融,并通
常建立在重新采用一种智力轨迹的基础之上,而这种轨迹也是不得已承
担起对于生命的讲述。从 1986 年开始,菲利普·罗歇的《罗兰·巴特,小
说》(*Roland Barthes*, *roman*)一书,就在对其年轻时的文本表现出浓厚兴
趣的同时,记录下了巴特的连续性,并强调了巴特的重大文学计划无处不
现的情况,这就使得为他的著述做历史分期的任何努力都变得毫无意义。
1991 年,贝尔纳·科芒的《罗兰·巴特:走向中性》也将主体的一体性建
立在一项计划的连贯性基础上,而这一次则是"**中性**的计划,这种中性不
被理解为是一种折中、一种减弱的形式,而是被理解为旨在避开语言即**话
语**之义务和限制所做的一种尝试"①。对于一位知识分子的这种描述是在
尽力消除区别性,这种描述注定是划时代的②。他的文本的计划性维度,
文本与片段、与批注的关系,对于飘忽性和反论的爱好,这些都使得这种
连贯性与矛盾、犹豫,甚至反复无常并行不悖。将权威性建立在幻象基础
上,便是摆脱非-矛盾原则,便是引起回旋和在回旋中自我引导,因为在这
种回旋之中,人们很难找到一种归宿。巴特就是在不形成任何系统、不形
成任何"强力思想"的情况下,使他的学生和读者们适应使知识呈现出张
力的必然性、适应摆脱、适应一种情感文化、适应与未必性的相遇。最后,
但愿他们能形成对于一位连贯一致的巴特的设想,而这种设想的做法就
位于一种主导线索的符号之下,就像菲利普·罗歇、贝尔纳·科芒,也像
热拉尔·热奈特、克洛德·科斯特、戴安娜·奈特、马里耶勒·马塞(Ma-
rielle Macé)或者像是万桑·茹夫(Vincent Jouve)那样;或者,但愿他们形
成对于一位被分成两部分的巴特的设想,这位巴特为了进入怀疑论和自
我崇拜论(这是茨托多罗夫的观点)而放弃 20 世纪 60 年代的重大科学计

---

① 贝尔纳·科芒:《罗兰·巴特:走向中性》(*Roland Barthes*, *vers le neutre*),Christian Bour-
geois,1991。

② 这一点,因在法兰西公学有关《中性》(*Le Neutre*,établi par Thomas Clerc)的讲稿的发表而得
以确定,而且也被同一位托马斯·克莱尔的文章《中性人罗兰》(«Roland le neutre», in *Revue
des sciences humaines*,n°268, 4/2002)所确认。

划；或者但愿他们还可以形成对于一位以**复数**出现的巴特的设想，其走过 42
的路径被分为一些连续的时刻（安妮特·拉韦尔[Annette Lavers]、斯蒂
芬·希思[Stephen Hearth]、史蒂文·昂加尔[Stevein Ungar]、帕特西
亚·隆巴尔多[Patrizia Lombardo]）。他们都说，一部作品的复杂性是难
以与该作品赖以被构思和被写成的生活相分离的。

　　我们在尽力考虑到生活、思维和写作之间区别的前提下，设定巴特围
绕着写作的欲望而走过的历程具有一体性特征，而这种一体性需要在智
力计划方面有一种力量，也需要一种性情冲动（例如对于变化的追求）。
但是，这种一体性依赖于制造断裂或急剧变化的一些停顿和缺失。它还
需要服从于一些不协调现象，而这些现象则使巴特同时成了多个时间段
的同时代人。在更接近雅克·德里达的"耳纳生平"计划和他的考证性听
力编剧理论的情况下[①]，我们将认真听取说话的声音，以便理解其音色是
如何同时影响所写文字，但却是以彻底不连续的方式来进行的。在提供
众多可供阅读和理解的原始事实资料（卷帙浩繁的档案，未发表过的手
稿、信件，记事簿上的记录等）的情况下，我们将使作品在外部传闻的影响
下发生变化。作为回应，作品将经常地改变对生活的叙事，它在明确的生
活与在使其变得晦涩之间经常变化，有时赋予其一种形式，有时则使其重
回无形式状态。有些词语将为我们充当主导线索：温柔，精巧，撕心裂肺
等，或是把母爱当作整个路径的隐蔽导索。在另一端，则是死亡之顽念，
这种顽念推动着写作，但也经常伤害生活。在引导我们叙事的多种原则
之中，有一种原则是重新赋予写作的节奏与活动以活生生的动力，而这种
动力就属于生存的愿望、身体和偶发事件。这就涉及到离开我们通常借
以考虑巴特各种书籍给出的逻辑，以便进入到思想和文本产生的那种时
间之中。一部书籍，如果该书在巴特所处时代并不是传播思想和寻求承
认之重要工具的话，那么作为完成的和在自身封闭的对象，巴特对其并不
十分看重。他曾预言书籍会以某种方式消失，或他与写作的关系至少预 43
示着会有其他方式来表达思想和传播文本。他的大部分书籍都是多年前
在杂志上发表的文章的汇编，而在它们成熟出版时，巴特通常又在思考其

---

① 　雅克·德里达：《耳纳生平：尼采的教诲与专有名词的政策》（*Otobiographies. L'enseignement
de Nietzche et la politiaue du nom proper*），Gallimard，2005。

他的问题。以这种方式将自己定位在写作的时间里,有时可以靠另外的方式来明确作品,可以在显示其对于我们时代的思考能力的同时从内部感知一种智力历史。书籍就是依随这样的时间顺序来展开的;但是,为了消除书中的伪明显性所带来的效果,年代的顺序就会因其他原则而变得灵活:巴特与其生存中的决定性伙伴们之间的一些平行性,恰好可以让我们根据一些约会而不是年代顺序来全面地浏览某些动因。某些主题有时可以汇集文本与事实。因此,某些年份有可能在不同的章节里被重复提及。但这总是为了赋予其一种新的明确性和一些有别的重要性。

我们已经具备绝对足够多的全新资料来写作这部传记:相当多的一部分书信,全部的手稿,而尤其是巴特一生中都在不停地丰富、认真分类和细致调整的那一套资料卡片库。这一套资料卡片库,是巴特上大学时就开始建立的,先是把它当作图书资料库,随后当作词汇库,这套卡片库便逐渐收纳了他的主要生存内容。巴特在这套卡片库中汇集了他的所见所闻、旅游感受、他所喜欢的语句,还有一些想法和计划。在他生命的最后两年里,卡片库变成一种真正日记:为了定名在巴特遗赠资料中被称作"大卡片库"的东西,我们也经常使用"日记-卡片"这样的叫法,这种叫法似乎符合他过去经常进行的混杂实践,而这种实践正是他的发明。巴特的同母异父弟弟米歇尔·萨尔泽多曾为我打开过巴特在塞尔旺多尼街的办公室,并允许我翻阅那些记事簿,我们从中看到,巴特从 1960 年开始到去世之前一直进行着一种特殊的和不间断的记事。他并不是出于对未来有什么考虑才记录约会时间和随后日子中的的义务才使用这些记事簿,而是把记事簿当作一种事出有因的书籍,其中,他还会在先前记录的事情上补述后来完成的内容和在其前一天会见的人[①]。这些厚厚的记事簿,一如卡片库,让我们看到了那种新颖的和完全让人情绪激动的个人写作的一种时间活动。这些资料,大部分未曾发表过,为讲述他的一生提供了重要支撑。由于记录其一生的顾虑有可能会使写作传记的工作前功尽弃,所以,这些档案有时也显得碍手碍脚。

44

---

① 这些记事簿如今保存在铸造工业标准局(BNF)手稿部罗兰·巴特遗赠库中(2013 年放入)。这些档案曾经长时间保存在位于卡昂城附近的阿登修道院的当代版本储存所(IMEC:)内和被人使用。按照米歇尔·萨尔泽多的愿望,这些档案曾于 2011 年全部存放在法兰西国家图书馆内。

　　我与罗兰·巴特不是同时代人。他去世的时候我刚 11 岁,我是在 6
年之后才第一次听说他的名字,因为在一堂哲学课上老师让我读一读《文
本带来的快乐》一书。因此,我并没有听过他的课程,而且他的大部分经
验对于我来说都是陌生的。不过,由于我知道我是从他那里学会阅读文
学的,我是从他那里懂得我在批评与真实之间编织的关系的,我是从他那
里建立起思想来源于一种写作的信念的,所以,罗兰·巴特也还是我的同
时代人。在讲述他生存的、智力的和文学的历程之历史的过程中,我想搞
清曾经培养过我的那一部分东西,同时搞清使这种培养成为可能的东西。
在巴特去世的那个时间,他曾经感觉到达了他生命的一个转折点上,但
是,他不曾想以自己的生命去差不多完成这种转折。对于**新生活**(vita no-
vo)的迫切需要,曾经那么频繁地出现在他最后的研讨班上和因母亲的去
世而带来的严重影响之中,但是这种要求并没有导致一种堕落的念头,而
是产生赋予各种计划以一种新的变化的思考,亦即一种需要找到的最后
的生活。在他 1978 年 10 月 19 日做的有关普鲁斯特的报告中,他对影响
"生活环境"的那些重大决裂做了思考:朗塞(Rancé)的决裂,他曾在发现
他的女情人被斩首的躯体后放弃了尘世而隐居特拉伯修道院(Trappe);
普鲁斯特,当他失去了他生身母亲的时候出现的决裂:这一点,在他的文
章中,验证了写出"普鲁斯特与我"的可能性,因为这文章将两位母亲的逝
去放进了同一种事件之中:"对于我来说,一种残酷的哀痛、一种从未有过
的和不可压缩的哀痛,可以构成普鲁斯特说过的'特殊性的顶峰';尽管是
迟来的哀痛,但对于我来说,这种哀痛将是我生命的中心;因为'生命的中
心'从来就不是什么别的东西,而仅仅是人们发现死亡是真实的并且不只
是可怕的那种时刻。"[1]在我 2009 年 2 月阅读《哀痛日记0》的那一天,我也
失去了自己的母亲。我感觉到我自己也身处路程之中。这种符号足以使
得这部传记写作可以动笔了。

45

---

[1]　巴特:《长时间以来我一直睡得很早》,1978 年 10 月 19 日在法兰西公学的报告(《全集 V》, p.
467)。

1. 从头说起

在铸造工业标准局罗兰·巴特遗赠档案的生平和行政资料中,有
7 页手稿是被撕成两半随后又用胶纸大体重新粘合在一起的。手稿上
有对一种自传写作意图的冷静编写,或者也可以看作是对一种有残缺
的回忆即像其副标题所说的"片段式回忆"的生动记忆:正像安娜·埃
施伯格·皮埃罗在《作者的词汇》①一书中发表这些手稿时所指出的那
样,它们是在《罗兰·巴特自述》②中出现的对"回想症"的首次表白。
但是,我们也可以认为,它们是《罗兰·巴特自述》的相反形式、对立形
式,它们是作者在与自身有联系的自传叙事方面曾经做过的唯一一种
努力。这种回想症,由于被确定为像是一种令人心碎的过程并且标志
着主体的分裂,所以,它实际上涉及到对连续性的一种脱离。它在叙事
之中被提取,在某种程度上被切分,并在有关生命的时间顺序之外被
移动。

1915 年:据说,我 11 月 12 日上午 9 时出生于谢尔堡(Cher-
bourg),正值父亲的短暂驻防期间,他此前是一位商船海员,应征时
军阶为尉官。

1916 年:我父亲在北海地区指挥一艘巡逻艇("蒙田号"[Mon-
taigne]);10 月 28 日(原文如此),到达格里-内(Gris-Nez)海角时,他
的船被德国人击沉。

---

① 《作者的词汇》,同前,p. 248—257。
② 《全集 IV》,p. 683—685。

1915(原文如此)—1924 年:作为寡妇的母亲回到巴约纳(Bayonne),那里住着属于巴特家族的我的祖父母(祖父、祖母和作为钢琴教师的我的姑姑爱丽丝);……我与母亲住在玛拉克(Marracq),当时为巴约纳市尚属农村的一个居民区。每个星期天,我们都去祖父母家吃午饭;晚上,我们乘有轨电车返回,母子俩就围着木火、喝着粥、吃着烤面包片:一位年轻的巴斯克姑娘玛丽·拉特扎格(Marie Latxague)照看着我。我与居民区的富家孩子让和利奈特·德·利尼耶罗尔(Linette de Lignerolles)玩,与利姆(Rime)、朱利安·加朗斯(Julien Garance)、雅克·布里苏(Jacques Brisoux)玩;我换上装束,徒步量着小小的玛拉克田野。我那时有一辆童用三轮小车。无数美丽的夏天夜晚。在巴约纳新教教堂里,圣诞节时,满是蜡烛和橘子的气味。人们唱起《我美丽的圣诞树》(*Mon beau sapin*),我的教父尤瑟夫·诺加雷(Joseph Nogaret)的妹妹弹着风琴。教父经常会给我一袋子核桃和一个 5 法郎的硬币。

我进了玛拉克的幼儿园,后来又进了很近的巴约纳中学。首先,小学二年级,是女教师拉丰夫人(Mme Lafont)教课;她的服饰是套头上衣、衬衫和狐皮大衣;她会给你带蓝莓口味和形状的糖果作为奖赏。上三年级的时候,是男老师阿鲁埃先生(M. Arouet)。他嗓音沙哑,带点酒气;到年终的时候,他有时在学校的花园里讲课,紧靠着玛拉克的那座旧城堡,在那座城堡里,拿破仑曾与我不知道的哪位西班牙国王举行过什么会谈。

每一年,我母亲都到巴黎住上一个月的时间,我跟着她一起去。我们晚上出发,先是坐达里格朗(Darrigrand)家的双蓬四轮马车到巴约纳火车站,在等待火车时玩一会儿黄衣小矮人牌(nain jaune),我们到了奥赛(Orsay)地下火车站。在巴黎,我们住在一套家具齐全的公寓房里,不过,更多时候,我们是住在位于拉莫特-皮盖(Lamotte-Piquet)居民区阿弗尔街(rue de l'Avre)的路易·贝特朗牧师家中。他很慈善,说话时郑重地闭起双眼。他的教区是一个贫民区。每当吃饭的时候,人们都缓慢地朗诵《圣经》——如果你那天晚上要出门的话,甚至会让你赶不上火车——《圣经》上盖着毯子,茶壶上也是如此;有一些寄宿人:一位瑞典女医生贝尔戈夫小姐(Mlle Nerghoff),

她通过颞骨按摩来治疗偏头疼①。

童年时的有轨电车的白色车头、今天已经被毁掉的位于林荫道上的房子、祖父母和姑姑爱丽丝，这些在《罗兰·巴特自述》中都是以照片出现的。另有一个战争孤儿叫克洛德·西蒙②，他早于巴特两年出生，是在南部被抚养长大的，他使有轨电车变成了他童年时代的主要生平素。他回想起在把乘客从城里带向附近海边的有轨电车驾驶室内走过的那些路线。有轨电车运载着旅客，也运载着记忆。它的存在既求助于习俗也依靠习俗，既求助于事物的运动也依靠事物的稳定……"在获准发车之后，车头就进入城里，首先从通向公园的长坡上向下奔走，沿着公园的长墙在逝者纪念碑那里向左拐，又沿着威尔逊总统大街前行，顺着栗子树林荫道逐渐缓缓慢了下来，最后结束了全程。这几乎就到了城中心，电影院就在对面，它的门前有一个玻璃挑棚，上面贴满了诱人的海报。那些海报色彩强烈，向潜在的观众展示着发式狂乱的女人大面像，那些女人都扭着头，张开着大嘴，可怕地喊叫着或者求一个热吻"③。同一时代，同一种电车，在同一个地区即西南部，而巴特则将其变成了一种祖籍地，他喜欢这样说："我的童年和我的青少年时度假的地方"④。有时，在电车后面增加一个打开的车厢，大家都想上去："沿着很少有所补加的景致，人们可以观赏全景，也可以享受运动感和新鲜空气"⑤。这种有轨电车现在没有了，但是，人们对于一种享受的和闪亮的快乐的记忆被保留了下来。这种电车从巴约纳开向比亚里茨(Biarritz)，又从比亚里茨开回巴约纳。"巴约纳，那里住着我的祖父母，它是在我过去时间里曾经起过一种普鲁斯特作用——也还有巴尔扎克作用——的一座城市，因为正是在那里，在人们的互访过程中，我听到了某种乡下富人的交谈，而这种听很早就叫我心情愉快，而不是使我感到压力"⑥。

49

---

① 铸造工业标准局编号为 NAF28630 的罗兰·巴特遗赠："生平"（«Biographie»）。为的是构成《罗兰·巴特自述》中的"回想"，那些记忆曾被重新书写过。
② 克洛德·西蒙（Claude Simon, 1913—2005）：法国新小说派作家，1985 年诺贝尔文学奖获得者。——译注
③ 克洛德·西蒙：《有轨电车》(*Le Tramway*)，Minuit, 2001, p.14。
④ 《答复》，同前，《全集 III》，p.1024。
⑤ 《罗兰·巴特自述》，《全集 IV》，p. 629—630。
⑥ 《答复》，同前，p.1024。

普鲁斯特对于他的感觉的作用——那些感觉让他可以保留与童年的接触,而对于在两端之间,即在皱褶的短裙与房屋的气息之间散步的作用使他发现了知己;巴尔扎克的作用则在于使他学懂了一些社会编码,即一些阶级编码:他产生了两种希求即向内和向外的希求,还有一种对在两种情况里表现出的各种符号的关注。

50　　　　直系先祖属于世袭的小资产阶级,有其规矩和对于自身的意识,但却是没有文化的资本,也没有经济的资本。"我认为,我所属的阶级是资产阶级。"①这其中还有一种疑问。在那个年代,最能体现资产阶级的,是社会地位上升的征象,罗兰·巴特所在的家庭不大具有代表性。贫困冲击着这个家庭承袭关系的两个方面,尽管承袭关系并不一定会降低等级。但是,这种贫困长时间地将该家庭置于生存条件窘迫的人群之中,这至少是因为这个家庭的情况和后来罗兰与其母亲和弟弟构成的家庭的情况。"总之,在我的社会出身中,四分之一是属于拥有土地的资产阶级,四分之一是属于早先的贵族,四分之二是属于自由资产阶级,这一切都被一种全面的贫困过程所融合与统一:这种资产阶级,实际上或者并不宽裕,或者贫困不堪,有时甚至拮据难忍;这就使得我的母亲在成为'战争寡妇'和我成为'由国家抚养的战争孤儿'后,母亲学会了一种手工职业,即装订工。我们就靠这种职业,在我10岁的那年就开始在巴黎艰难地生活着。"②虽然母亲娘家那边明显地在资金方面更为宽裕,但他们同时也不大容人和不大怜悯人。母亲和儿子所收到的漠视目光,说明了巴特对于其身世的叙事更多地关注父系方面的区别特征(外省,南方,习俗和贫困)的原因。当他在文章和谈话中谈及这个家族时,他总是强调存在于这个阶级的成见、反动意识"和其(有时是悲剧的)经济地位"③之间的畸变状态。他在西南方地区之中解读出了社会分析很少去描述的一种历史古怪性。

葬身海上的父亲

51　　　　一开始,先谈大海。大海就在孩子的脚下。大海就其出生地谢尔堡,

---

① 《答复》,同前,p.1023。
② 《答复》,同上,p.1024。
③ 《西南方的光亮》(«La lumière du Sud-Ouest»),《全集 V》,p.334。

就在其童年时代的巴约纳。大海还是巴特一生中出现第一次重大割裂的工具,因为它就是夺去父亲生命的大海。在法语中,大海(la mer)与母亲(la mère)的发音相同,从而把这个两个单音节词变成了具有相同联系与相同分离的一个词①。巴特不可能与每一个孩子和他的母亲建立的首要的和最初的联系割裂开,而这种不可能性就在大海的中心找到了解释。近音关系取代了家庭谱系。这种联系的历史,从此便在语言之中结合在了一起。

1915 年 11 月 12 日,罗兰·热拉尔·巴特就出生在谢尔堡比卡伊街 51
(rue de Bucaille)107 号的房子里,孩子的父母是临时地落脚在这里的。这一对夫妇是 1913 年在开往加拿大的一条船上结合的,当时孩子的父亲是个上尉,而母亲是去看望到远处碰运气发大财的哥哥的。巴特曾经对让·蒂博多说过,他出生在一个他几乎不知道的城市,"我在离开那里之前只呆过两个月,严格地说,我不曾在那里落过足"②。不到一年之后,当父亲路易·巴特指挥着因战争需要由渔船改装成的"巡逻艇"出行时,他的船被 5 艘德国驱逐舰击中。船上仅有的一门火炮被摧毁,他本人也受伤致死:这一天,是 1916 年 10 月 26 日,就是在北海的格里-内海角,就是在分开法国海岸和英国海岸的加莱海峡,就是在"蒙田号"巡逻艇的残破碎片之中。路易·巴特死时 33 岁。罗兰·巴特成了一个孤儿,他的父亲后来获得了部队的表彰,并被追认为荣誉勋章骑士。这个孤儿在 1925 年 11 月 30 日被巴约纳民事法庭判定为"国家抚养孤儿"。于是,国家补贴了一部分他的抚养费用和全部的教育开支,从而间接地把对父亲的继承归属给了这个孤儿,并承认国家对他应当承担的义务。他的父亲和巴特家族的历史并不显赫出众。

52

路易·巴特 1883 年 2 月 28 日出生于洛-埃-加龙河(Lot-et-Garonne)地区的马尔芒德镇(Marmande)。他的父亲莱昂·巴特(Léon Barthes)是南方铁路公司的检查员,这家公司在一个时期内本身就是一种神话。南方铁路与加龙河侧面运河运输公司(有时也被称为"南方铁路公司"或简单地称为"南方公司")与另外 5 家私营公司从每家分管一条路线的原有

---

① "大海"与"母亲"的发音均为[mɛːr],所以,听起来是一个单词。——译注
② 巴特:《答复》,同前,p. 1023。

30 来家铁路公司中脱离出来,由佩雷尔兄弟于 1850 年创立。该公司承担着法国西南部加龙河与比利牛斯山脉之间的运输,在世纪初拥有 4300 公里的运输网。该公司于 1934 年兼并了巴黎-奥尔良铁路运输公司(PO),于 1938 年被国有化后并入法国国营铁路公司(SNCF)①。这一历史,集中了罗兰·巴特的历史所特有的多种特征:除了他祖父曾在该公司服务过,这家公司还一方面紧密地联系着他曾度过童年和赋予其一种谱系价值的西南方这块土地,另一方面也紧密地联系着属于信奉法国少数宗教的一种商业资产阶级。埃米尔·佩雷尔和伊萨克·佩雷尔(Émile et Isaac Rereire)兄弟是波尔多的犹太人,他们也靠近与之一起工作的新教教徒的商业领域②。然而,我们在下面会指出,与这两种少数人群的联系在构筑巴特身份方面具有重要作用,他的外祖母方面属于新教,同时他的同母异父的弟弟的父亲方面属于犹太教,而他小的时候经常见到弟弟的父亲——尽管他很少公开提及此事。另外,人们应该感谢佩雷尔兄弟在规划大部分巴斯克海岸这一地区方面所做出的贡献,而这一地区就构成了巴特童年时代成长的土地。铁路在夏天载满游客,而在冬天则收益很低,因此这种线路必须提高效益。正是为此,商人们在对朗德地区(Landes)重新植树造林之后,便决定建设冬季的阿卡琼城(Arcachon)。该城良好的空气质量可以接待结核病患者(这是巴特的另一主要特征),而所有人都渴望阳光和有生命活力的风。在建筑设计师保罗·勒尼奥(Paul Regnault)的推动下,一座美丽、安全、舒适的多功能城市很快就建成了。1865 年,拿破仑三世、皇后欧仁妮和他们的孩子们出席了疗养站的启用仪式,场面宏大,巴特家族的成员未能进入现场。原因是这个家族在塔恩省(Tarn)的马扎梅镇(Mazamet)培养了一支贵族,但这个家族后来逐渐又贫困了下来。正是因为他们生存条件的持续下降,致使巴特的祖父成了铁路上的小职员。

---

① 关于这一点,请参阅克里斯多夫·布诺(Christoph Bouneau)的文章:《1852—1937 年法国铁路与在地区的发展:南方铁路的贡献》(«Chemin de fer et développement régional en France de 1852 à 1937 : la contribution de la Compagnie du Midi»), in *Histoire, économie et société*, 9ᵉ année, n. 1, «Les transports», 1995, p. 85—112。

② 关于这一点,请参阅塞弗丽娜·帕克托·德·吕兹(Séverine Pacteau de Luze)的文章:《波尔多的新教教徒与犹太教徒:两种少数,同一种行程》(«Protestants et jufs de Bordeaux. Deux minorités, un même parcours», 〈ha. 32. *org/spip/IMG/pdf/Protestants-juifs-By-web. pdf*〉),2013 年 7 月 30 日我曾看过这一文章。

祖母叫贝尔特·德·拉帕吕(Berthe de Lapalut),尽管是贵族后裔,但只有卑微的外省小资产阶级教养。按照罗兰·巴特的说法,这个家族的成员们都是(塔布地区[Tarbes]的)"外省贫困贵族"①。巴特正是在这样的家庭里、依靠他们度过了童年早期。这个家族成员都是天主教徒,但很少遵循教规。这便解释了,最早影响巴特的宗教是新教或加尔文教的原因,以他自己的说法,他承认新教是他自己信奉的宗教。的确,他既不是在教堂的香火气味之中、也不是在教袍的神秘之中或忏悔的谎言之中长大的。这就使得他的历史与其他知识分子或作家的历史有着一种区别,并使他接近于纪德。

　　他童年时代表现出的普鲁斯特特征,在很大程度上与这位祖母有关,他曾在《罗兰·巴特自述》的照片说明中写道,这位祖母"满脑子资产阶级意识——无贵族姿态却是贵族出身——她很是注重社会叙事,她使用的法语都是修道院不乏虚拟式未完成过去时的、非常讲究的法语;上流社会的喧闹像热恋中的激情那样使她冲动;欲望的主要对象是某位勒博夫夫人,那是一位药剂师(曾因发明一种煤焦油而大发横财)的遗孀。那位药剂师上身满是黑毛,他戴着戒指,蓄着小胡子。只需每月约他喝一次茶即可(剩下的内容,在普鲁斯特的作品中均有描述)"。随后的情况,便是莱奥妮姑姑(Léonie)在孔布拉伊(Combray)②的狭隘世界了,包括她的房间和她著名的椴树。"在另一侧,她的床靠着窗户,她可以看到街上,为了消愁解闷,她以古代波斯王子的方式从早到晚解读着在孔布拉伊每一天的、但却是不动的时间,随后,她与弗朗索瓦丝(Françoise)一起评论一番。"③房间里的多种气味似乎从一栋房子传到了另一栋房子,从一个文本传到了另一个文本。已经无法区分(普鲁斯特的)布伊勒博夫夫人(Bouilleboeuf)和(巴特的)勒博夫夫人了。人们给罗兰这个孩子的,是一枚同样的5法郎硬币。

　　路易-让·卡尔韦从海军历史资料处那里获得了许多有关路易·

54

①　《答复》,《全集 III》,p. 1024,亦请参阅与让·蒂博多一起为"20 世纪档案"(«Les Archives du XXe siècle»)节目所做的录像谈话。

②　《罗兰·巴特自述》,《全集 IV》,p. [592]。

③　马塞尔·普鲁斯特:《追寻逝去的时光》(À la recherche du temps perdu),Jean-Yves Tadié (éd.), Gallimard, coll. «Pléiade», 1987, t. I, p. 51。

巴特服役和他死亡情况的资料,是重塑路易·巴特短暂而平凡生涯的第一人①。路易·巴特1903年1月开始在"库尔贝上将号"(*Amiral-Cour-bet*)轮船上当过差不多3个月的长途航运驾驶员见习生。随后,他有段日子在码头上干过:1903—1904年在土仑港,1906年在波尔多港,1909年在阿弗尔港;有些日子就在海上,有时担任二副,有时就是一般海员。按照路易-让·卡尔韦的推算,"从1903年1月10日到1913年2月13日,即10年又33天中,他有多于7年的时间在不同的汽轮上工作过:'布列塔尼号'(*Bretagne*)'蒙特利尔号'(*Montréal*)'魁北克号'(*Québec*)'菲尔迪南-德-勒塞普号'(*Ferdinand-de-Lessep*)'墨西哥号'(*Mexico*)等等"。1909年,他去了马提尼克岛的法兰西堡(Fort-de-France),随后返回到了阿弗尔港。根据国家海军注册簿上的说法,他1913年被命名为"一级远洋海轮船长",并以"预备役海军中尉"进入军队系列。当战争开始的时候,他晋升为预备役海军上尉。他1916年初正式服役,并把他的家眷带到了加莱海峡。人们无法准确地知道他曾安家在哪一座城市。战斗发生在10月,他在10月26日夜间受伤身亡,而不是在本章开头誊写的巴特自传草稿中所说的28日。"蒙田号"沉没之后,巴特父亲的身体也被海水吞没,再也没有浮上来。保罗·夏克在其1927年发表的《在佛兰德的长椅上》一书中,曾用了很多笔墨提及10月26—27日那一夜。那一夜,有12艘鱼雷艇从奥斯坦德(Ostende)出发,并击沉了"蒙田号"。当时,其中6艘去了多佛尔(Douvres),击沉了多艘英国捕鲱船,造成多名军官和水手身亡;第二支队则直奔格里-内海角:"然而,在这一海域,即在法国海域,担任巡逻任务的,只有由海军尉官巴特指挥的从拖网渔船改装的'蒙田号'巡逻艇和由甲板长阿蒙担任船长的陈旧的'阿尔巴特罗号'(*Albatros*)渔业护卫艇。巴特尉官刚刚来到海军少将维尼奥的分舰队。这是他第一次巡逻,也是最后一次……"②午夜20分,他受了重伤。他的副手——甲板长勒·菲尔代替他

---

① 路易-让·卡尔韦:《罗兰·巴特(1915—1980)》,同前,p.26—27。

② 保罗·夏克(Paul Chack):《在佛兰德的长椅上》(*Sur les bancs de Flandre*),Éditions de France,1927,后被收入《作家们的大战:从阿波利奈尔到茨威格》(*La Grande Guerre des écrivains*, *d'Apollinaire à Zweig*, textes choisis et presentes par Antoine Compagnon, Galli-mard, coll. 〈Folio classique〉, 2014, p.303—311)。保罗·夏克曾在1915—1917年间担任过"马叙号"(*Massue*)鱼雷艇的指挥官,此后,他在海军中从事了一项重要的工作,并出版了多部有关战争和海战的书籍(纪事体书籍、纪实性作品、小说)。

指挥,但是,船体很快在桑加特海域(Sangatte)沉没。勒·菲尔在他的报告中明确说,在离开船体之前,他曾扶起了指挥官巴特,把他的头放在了指挥台左舷门的门口。"您见过比这位老甲板长的动作更让人感动的动作吗? 他当时扶起了刚刚在岗位上死去的年轻军官的身体,又将他放在了指挥台上,摆出一副光荣牺牲的指挥官的姿势。"①保罗·夏克这种动情的评论和他的整个叙事,将巴特父亲之死铭刻在了历史之中。

不过,母亲和儿子不得不在活不见人死不见尸的日子中相依为命。当巴特对于皮埃尔·洛蒂(Pierre Loti)的作品感兴趣并发文评论《阿齐亚德》(*Aziyade*)的时候,他常有所回想,这是可以理解的:巴特父亲的命运在许多方面与洛蒂在马拉卡海峡(Malacca)被淹死的哥哥居斯塔夫的命运相似,而这位《我的兄弟伊夫》(*Mon frère Yves*)的作者的多部叙事作品可以代替对于他失去的父亲的叙事。此外,母亲在选择生活在丈夫家族之中的同时,也在某种程度上使她的儿子更有了父辈之气,她在儿子的童年时代就赋予了他父亲的标志,尽管父亲不在了。对于儿子来说,各种符号都该在作品中寻找,尽管在这一方面的明确话语很少。有三种要素是决定性的:忘却、海上遇险、与母亲合为一体。

忘却,从《罗兰·巴特自述》一书的黑板寓意中就可以看得出来,这一黑板经常被人分析。事情发生在巴黎路易大帝中学里,初中四年级的老师 M.B 是"社会党人和民族论者",他在黑板上写上了"在战场上光荣牺牲"的学生的亲人姓名:巴特这位少年因其特殊情况而感到局促(很多同学说出的都是他们的舅舅或叔叔、堂兄弟或表兄弟,而他是唯一说出父亲的孩子),他也因老师表现出的令人发颤的爱国主义和哀婉的家庭观而感到局促。他只想保留忘却,因为这是他记住的和在相同运动中消失的符号。"可是,黑板一经擦过,这种当众表露的悲哀就荡然无存了——除了在实际生活当中(因为实际生活总是悄然无声的)呈现出一个没有社会锚地的家庭形象:没有可杀的父亲,没有可憎恨的家庭,没有可谴责的场所——这完全是俄狄浦斯式的剥夺!"②所缺少的东西,便是那些**权威形**

---

① 同前,p.310。

② 西方人的这种意识,源于古希腊神话俄狄浦斯杀父娶母的故事,弗洛伊德据此总结出男孩子具有恋母和杀父的情结,女孩子具有仇母和恋父的情结。——译注

象,因为它们在*法律与意义*的形式作用下出现了颓势。回过头去看,巴特在童年时代和青少年时代似乎缺少了一种对立场所。正是因为这样的原因,弗朗索瓦丝·加亚尔在其《巴特判断罗兰》(«Barthes juge de Roland»)一文中分析这一段时指出,他的举动,由于几乎都与对反应性幻觉的这种不出现有联系,所以更属于模仿,而不属于对立。她继续在这一论题上做了展开,根据这一论题的说法,巴特不同于他同代人中基本上是对立者的大部分知识分子,因为那些人都是在斗争中获得对已建权力的合法性的,而巴特则创立了软弱无力的知识分子的形象,他是内部的持不同政见者,也不是对于外部的攻击者。"所说的这种角色,便是延续了从启蒙时代而来的对合法性进行分解的分解者的角色,便是对仅仅通过实施权力而获得合法性的那些教条进行破坏的破坏者的角色。"①根据她的说法,借助对于这种忘却的叙事,巴特可能会更好地自我承担这种角色,因为他不仅仅被剥夺了象征性父亲,同时也是没有父亲的人,而回想父亲则因牵连到从最初就获得了解放便具有合法功能,这种功能将黑板上的片段与"分解与破坏"②的片段联系起来,因为在后者中,巴特提到"知识分子的历史任务,在今天就是加强对于资产阶级意识的**分解**",也因为巴特将来自外部的破坏与在内部形成的分解(与颓败、消沉、颓靡属于同义词,这三个词以其动词形式出现)对立起来③。弗朗索瓦丝·加亚尔更有理由做这样的拉近,因为巴特在"政治与道德"片段中平心静气地说"我所认识的(即我所效忠的)父亲曾经是政治父亲"④,即便人们后来看到对于这种权威的服从本身也是漫不经心的。

　　但是,人们也可以从另外的角度来解读这种忘却论题。例如在《罗兰·巴特自述》这种家庭小说中,巴特找到了一种替代形式。表明巴特只有16个月大的照片,将他与已经提及的、不断复现的另一种谱系,即出色的家庭小说结合了起来:"是同时代人吗? 我开始走路,当时普鲁斯特还活着,而且正在完成《追寻逝去的时光》。"⑤这种操作是滑稽的。它也求助

---

① 弗朗索瓦丝·加亚尔(Françoise Gaillard):《巴特判断罗兰》(«Barthes juge de Roland»), in *Communication*, n°36, 1982, p. 75—83(p. 78)。
② 这是《罗兰·巴特自述》中的一节。——译注
③ 《全集Ⅳ》,p. 642。
④ 《全集Ⅳ》,p. 701。
⑤ 《全集Ⅳ》,p. [603]。

于循环。与其死去,巴特不得不组织关于普鲁斯特和摄影的研讨班。在他选择的保罗·纳达尔(Paul Nadar)的形象中,在一幅儿童时期的加布里耶尔·施瓦茨(Gabrielle Swartz)的照片上出现的是有点迷茫的大大眼睛和一副歪着脑袋带点沉思的神情,这种神情无不让人想及小罗兰的照片。他为了说明《追寻逝去的时光》而为 1883 年 2 月 19 日的这幅肖像提供的证明,并非是与"弱小的"普鲁斯特有联系:"我拿出这幅照片,是因为我非常喜欢这副小姑娘似的面孔。"①忘却搞乱了性别。它也搞乱了社会阶层。作为一切之起因的母亲动摇了父系方面牢固的和习俗化的社会地位。"实际上,在我年幼时,我没有社会地位,因为我只依赖我的母亲,她是我唯一的归宿……于是,在没有真正社会地位的情况下,我尝试体验某种孤独。"②或者还可以说:"他不属于任何社会阶层"③。

　　不过,承袭一种缺失并不意味着缺少遗赠。忘却父亲的形象也在一些更为散在的符号方面看得出来,甚至在一些笔误中表现出来,例如使他写出母亲从 1915 年就成了寡妇的口误,这一年是他出生的那一年,而且是在他父亲战死之前的一年。"生平"中的这种第二个日期错误,出现在巴特的不同谈话之中和对各类对话者的明确话语中,对此,他并不十分重视。重要的是,他自己确定了自己的祖籍、生活区域,确定了自己就是自身的规则。罗兰·巴特通过罗兰·巴特来确定。自己通过自己来确定。随着时间的推移,父亲的形象有时也再次出现——当然是带有了神话色彩,但是伴随着可能会是或可能会想的东西出现。1978 年 3 月 9 日,巴特在列席海洋学院一次报告会时,在阶梯教室里看到"一幅很大的现实主义绘画",一些水手在一条船甲板上忙碌着。他写道:"被水手们的衣服(因此属于形态学)所吸引。1910 年。我父亲少年时代;他应该就是如此。"④8 月 1 日,在于尔特,当母亲的去世最终也唤醒了他对于父亲回忆的时候,他为自己日记卡片中的一个片段取名为"我的父亲之死",其中,他抄录了莎士比亚的《暴风雨》中阿里尔(Ariel)唱的歌曲:"你的父亲躺在五英寻(brasse)深的水中,他的骨头已经变成珊瑚礁;然后他的眼睛又变成了珍珠。他身上没有

58

----

① 《小说的准备 I-II 卷》,p. 447。
② 1975 年 2 月 17 日《X 线透视法》(«Radioscopie»),《全集 IV》,p. 899。
③ 《罗兰·巴特自述》,《全集 IV》,p. 625。
④ 见铸造工业标准局编号为 NAF28630,"大卡片库",同前,1978 年 3 月 9 日。

任何可腐烂的东西,而大海将其都变成了珍奇财富"(I,2)。

　　海上遇难,虽然仅仅是巴特作品中的一种隐喻性母题,但对于他一生来说,却是一个决定性的事件。父亲在海上遇难,不仅使巴特失去了应有的对立权威和对立力量,而且也使他失去了平衡。他使巴特和母亲随海飘荡。他使巴特注定要适应摆动的动作,而这种动作迫使人必须具有水手的脚步。巴特并没有直接地使这一点成为一个主题,但是我们在乔治·佩雷克(Georges Perec)的《W 或童年的记忆》一书中看到了其将各种母题放在一起的情况。小个子加斯帕德·温克勒(Gaspard Winckler)在海上遇难,直接地联系着对于父亲的追忆。第七章最后两个单词是"昏暗的船",而第八章开头的话是"我有一张父亲的照片"[①]。在佩雷克那里,失去的是母亲,但是,两个遇难单词既联系着父亲,也联系着母亲。由此,产生了对于他们之死的一种冷漠,而这种冷漠却长时间地妨碍着去回想他们的失去和对之提出疑问。"我不知道,如果父亲活着,他可能会干什么。最叫人好奇的是,他的死亡,以及我母亲的死亡,在我看来过于寻常地就像是一件显然的事情,已经进入了事情的顺序之中。"[②]在巴特身上,我们看到了对同一种冷淡即对一种距离的求助,这种距离完全可以变成为漠视。"我父亲是海军军官;他 1916 年死于加莱海峡的一次海战之中;当时我 11 个月大。"[③]在《罗兰·巴特自述》中,代表父亲的那张照片带上了更为亲密的色彩,用词稳静,轻描淡写,不过,带有否定性的标志则将要说的内容置于了忘却符号之下:"父亲很早就死了(死于战争),他从不在回忆或祭祀的话语中被家人提及。由于靠母亲抚养长大,他的回忆从来都不受什么压制,他只以一种几乎是默不作声的满足感一带而过地提及童年。"[④]没有父亲可杀,也带来一些好处。但是,这也确定了与对抗和颠覆之间的一种有倾向性的、复杂的关系。茱莉娅·克里斯蒂娃说过,他总是把自己置于学子地位的方式表明,父亲方面的某种东西在他身上肯定是缺失的,因此,他便有时将这种缺失与语言结合了起来[⑤]。置身他处,就会

————————

①　乔治·佩雷克(Georges Perec):《W 或童年的记忆》(*W ou le Souvenir d'enfance*),Denoël,1975),p. 39 et p. 41。

②　乔治·佩雷克:同上。

③　《答复》,《全集 III》,p. 1023。

④　《全集 IV》,p. [595]。

⑤　2013 年 8 月 25 日于茱莉娅·克里斯蒂娃的谈话。

有惧怕："我惧怕,因此我活着。"①然而,巴特恰恰将惧怕与他的出生、与婴儿时期的内心不安感、与"深感不安"和与男人们都有但通常又不敢承认的"深感威胁"联系了起来。

　　海上遇难,既是直落又是沉没,既是含混又是不稳定。我们在巴特的文本中可以看到所有这些分散出现的母题。《罗兰·巴特自述》中有一个片段,名为"对童年的记忆",该片段讲述了巴特落入一个深坑底部的故事。那件事发生在玛拉克,是他在巴约纳的一个居民区度过童年的时候。孩子们在工地上玩耍……"黏土地上挖了许多大坑,用来为房屋打地基。有一天,我们在一个大坑里玩,后来所有的孩子都上去了,唯独我上不去。他们从高处地面上嘲笑我:找不着了! 就只他一个了! 都来瞧啊! 离群了!(离群了,并不是置于外边,而是指一个人呆在坑里,是指在露天下被封闭了起来:那正是被剥夺权力的人的处境)。"大开着的坑穴,很可能像是他父亲的坟穴。成年后的他这样回忆说,由于各种剧情的需要,童年时的他经常不断地重演海上遇难的场面。但是,母亲并不远,她的出现使得海上遇难的噩梦变得不那么强烈:"我看到妈妈跑来了。她把我从坑里拉了上来,抱起我离开了那群孩子。"②由此,产生了两种根本性的惧怕,惧怕茫然与惧怕离群。茫然距离柔弱不远,不过,它表现出某种固执。它存在于某些单词之中,存在于对于言语活动的一种陪伴之中,因为在那些情况里,人们更多地是分解,而不是破坏。"在分解的同时,我陪伴着这种分解,同意逐渐地自我分解:我失去控制,我仅仅抓住,我在拖延。"③于是,我们又在书写之中、在对言语活动的具体实践之中发现了遇难的情景。它是各种结构、各种对立关系的摆动,而在这些结构关系中,不应该做出选择。它还依赖这样的感觉,即感觉到曾经脱离编码和被编码排斥在外,并且"总是去代替证人,因为我们知道,证人的话语仅仅服从于脱离编码:或者是叙述编码,或者是说明编码,或者是争议编码,或者是讽刺编码,但从来不是抒情编码,从来不是与他应该在其之外寻找自己位置的感人法相一致的编码。"④遇难是分离的另一个名

---

① 《借口:罗兰·巴特》(*Prétexte: Roland Barthss*),1977 年 6 月 22—29 日在由安托万·孔帕尼翁主持的在色里齐(Cerisy)举办的研讨会文件,Christian Bourdeois,2003,p. 333。

② 《罗兰·巴特自述》,《全集 IV》,p. 697。

③ 同上,p. 645。

④ 同上,p. 662。

称。它剥夺人的原地性和与土地的关系。它既在人的日常情境之中,也在语言的空隙之中留下一种威胁,因为它将主体置于不一定是被选择的一种常态的脱离区域的情境之中,巴特为了对抗这种固有的不稳定性,便决意将自己置身于阿尔戈(Argo)大船的寓意之中。阿尔戈大船,便是反-蒙田号的大船——那是他父亲的舰船,便是常态的大船、可替代的大船、不会沉没的大船,便是"经常出现的画面:即阿尔戈大船的画面(明亮而呈白色),船上的英雄们一点一点地替换着每一个部件,以便最终能搞成一艘全新的大船,而不需要改变其船名和形状"。这艘大船与常见的谱系不同,因为它是从自身诞生的。它产生于"两种不起眼的行为(这两种行为在任何神秘创造中都无法理解):替换(一个部件换掉另一个,就像在一个聚合体中那样)与命名(这个名称与部件的稳定性无任何联系):当在同一个名称的内部进行结合的时候,起源就荡然无存了。阿尔戈大船是一个只有名称但无原因而存在的客体,它也是一个只有形状而无其他身份的客体"[①]。如果这艘大船在某个时刻变成了对于《罗兰·巴特自述》这本书自身的一种隐喻,因而我们可以一点一点地改变每一个片段的话[②],那么,这艘大船便是讲述一部反-历史的摇篮。如果起因在风中消散的话,那么,名称便仍然是同一个。这艘大船不会沉没,因为它总是新的。如何来更好地说明表现不出现之符号的颠倒呢?大船就是一种反-谱系的摇篮,因为这艘大船确定着这位天才的个人生存状况,这种生存状况本身就是他自己的起因。

母 亲 当 家

没有稳定的落脚之处,与本地性的困难关系,并不意味着与血缘关系的决裂。母亲亨丽埃特·巴特在决定与儿子离开西南部的时候,巴特当时还既不会走路,也不会说话。虽然母亲不能完全填补缺失,不过,她还是坚定地建立起了血脉谱系的四种支柱,即那些必要的标记。所有的文本都在介绍这四种支柱,它们有时同时出现,有时也会以对比的方式出

---

① 《罗兰·巴特自述》,《全集 IV》,p. 626。
② 同上,p. 736。

现。在与让·蒂博代的谈话中,有一点详细介绍了《罗兰·巴特自述》中 62
涉及到的相关内容,这一点证明了巴特血脉谱系在建构上的含混特征:
"我认为,我所属的阶级,是资产阶级。为了让你来判断,我告诉您我的四
位祖辈(这也是当年维希政府在纳粹统治时期为确定一个人身上犹太人
特征数量所做的事情):我的祖父是南方铁路公司的职员,出身于在塔恩
省一个小城(有人告诉我是马扎梅城)的公证员家庭;我祖母的父母亲曾
经是(塔布地区)穷困潦倒的外省贵族;我的外祖父班热(Binger)上尉出身
于阿尔萨斯一个生产玻璃制品的家庭,他是一位探险家,曾在1887—1889
年期间到过尼日尔河弯道处探险;至于我的外祖母,她是这几个人当中唯
一有钱的人,她的父母亲来自洛林地区,曾在巴黎开办过一个小型炼铁
厂。在我父亲这一边,信仰的是天主教;而在我母亲这一边,信仰的是新
教;由于父亲死了,我接受的则是母亲方面的属于新教的加尔文教义"①。
当我们转入某个方向的时候,从谈话到发表过的自传文本,通过那些未曾
发表过的文本,我们从中再次看到了这两个方面,它们既在家庭谱系定位
之中,也在社会定位——贫穷的或富有的资产阶级——之中平衡地混合
在了一起。由于这种平衡并不符合实际,所以对于平衡的一再关心就变
得非常明显,而这种关心则说明了对于先辈们的叙述是如何成为小说的。
相反,长辈方面境况的不平衡在很大程度上则成了语言得以形成的基础。
与母亲的结合——这种结合收到了来自大海深处的默默庆贺,由于它成
了一种需要和一种欲望的符号,而又以另外的方式与表示一种缺失的形
式结合在了一起。

　　我们前面说过,母亲给予了巴特像父亲那样的关爱和为其定向。这
不仅仅因为她把孩子安排在父亲出生的土地上。她还在赋予孩子一种母
性语言的情况下,使他同时成为父亲和母亲,亦即同时成为法则与特殊
性。即便巴特很注意区分母性语言与国语,但他使这两者成为一种双重
天赋,就像他在一篇谈及音乐的批评随笔中所证明的那样:"我认为,母性 63
语言对于音乐文本的侵入,是一种重要的现象。为了停留在舒曼方面(他
是有两个女人——即两位母亲——的男人吗? 第一个女人在歌唱,第二
个女人即克拉拉[Clara]则明显地赋予他丰富的歌词:他在1840年创作了

---

① 《全集 III》,p. 1023—1024。

100 首浪漫曲,那一年是他结婚的年份),母性语言(*Muttersprache*)对于音乐写作的侵入,确确实实是对于身体的明确代替"[1]。就像他在《罗兰·巴特自述》中所说的那样,这显然是因为母语在规划最初生命的领地,不过这也因为母语在划分领地的同时在继续去除领地化。母语在告诉我们,从父亲-母亲方面来讲,在巴特身上有一种非-属于的形式存在。从这种母语方面,我们感受到"残忍的缺失",而且就在母语方面,我们重新看到了那种"威胁人的分割现象"[2]。母亲也还是剥夺状况之未来。我们在阅读《明室》时所感受到的那种伤悲,就来自于母亲变成了小姑娘,并且,当巴特在回想母亲病逝的时候,他使用了父母失去孩子时使用的词语。"在她生病期间,我照顾她,为她端上她所喜爱的饮茶水碗,因为这比使用茶杯喝茶更方便,她变成了我的小女儿。在我看来,这基本上就是在其第一张照片上出现的那个女孩"[3]这种替换,可不是阿尔戈大船的那种快乐的和修复性的替换。这种替换让人想到,一种事件、一种遇难可以在不破坏血缘关系的情况下中止这种关系。但是,唯独死亡可以实际地切断这种关系。

　　母亲方面的家庭也给予了巴特某种海洋方面的东西。我们都会想到,巴特的父母就是在开往加拿大的一艘轮船上相识的。罗兰的母亲亨丽埃特的父亲路易-居斯塔夫·班热(1857—1963)曾是海军陆战队的军官,曾经先是在塞内加尔随后在科特迪瓦长时间从事殖民活动。大海没有成为吞没他的空间,而是表现为像是对于探险、对于未来和对于*南方*的无条件的开放。班热在保持其作为殖民地行政管理人员地位的同时,经历着这种经验,大概正因为如此,他得以向他的外孙讲述就像是探险小说一样的事情。他由于迷恋地理学,便于 1887 年进行了大规模的探险,旨在最终验证当时地图上尚未确定的对于尼日尔河、塞内加尔河以及另一条河流即沃尔特河(Volta)的区分设想。他在其著述的开头写道:"我一点一点地产生了去填补非洲地图上那些重大空白之地的梦想"[4]。在他长

---

① 巴特:《快速》(«Rasch»),《全集 IV》,p. 836。

② 巴特:《罗兰·巴特自述》,《全集 IV》, p. 691。

③ 巴特:《明室》,《全集 V》, p. 845。

④ 路易-居斯塔夫·班热上尉:《经孔地区和摩西地区从尼日尔河到几内亚湾(1887—1889)》(*Du Niger au golfe de Guinée par le pays de Kong et le Mossi*[1887—1889]),这部著作包含着一幅总体地图、许多细节描述和 173 幅根据里尤(Riou)的草图所做的木刻画,两卷,1992, vol. 1, p. 1。

途跋涉的过程中,结识了马林盖族(Malinké)人首领萨摩里(Samori)。萨摩里在 1883—1889 年期间一直抵抗殖民军入侵,尽管此前曾经签订过规定萨摩里的所有联邦部族都属于法国保护领地的协约。班热似乎在萨摩里与法国政府之间充当中间人,尽管他的书在对待萨摩里的盛世和其专制政府方面表现出了深刻的不信任。

这本名为《经孔地区和摩西地区从尼日尔河到几内亚湾》的书分为两部,讲述了沿着沃尔特河流域所进行的探险,全书贯穿着殖民思想、家长思想和几乎可以说是解放者的思想。同时,这本书也是对于关心沿途地区和所遇各种人的一种游记叙事,该书讲述明确,其文本属于人种学话语。为说明他的讲述方式,我们仅举他对于乌欧洛塞布古村(Ouolosébougou)市场的描述为例:"今天是星期五,是乌欧古塞布古村赶大集的日子。福内·马穆鲁来看我,对我说,我在这里的出现将会吸引周围村庄的许多人前来赶集。早晨 8 点左右,卖东西的人陆陆续续地来了,大约 11 点钟的时候,大集上人群云集。由于我想避开一种错误的翻译,我便不使用'市场重要''商业中心''大市场'等这样的说法,因为这些说法会使所有人产生含混的理解。于是,我便局限于在下面忠实地列举市场上所见的东西"[1]。他随后列举了各种产品的清单(黍子、山羊、柚木黄油——他在书的后面介绍了这种黄油的榨取方法、各种针、火石、白布等),上面附有它们的数量和价格。正像为歌颂他而写出专著的克洛德·奥布安所说:"他从植物学角度、动物学角度、人种学角度、社会学角度、地理学角度、地质学角度出发,充分利用了他的旅行,并利用了照相技术的发展成果"[2]。但是,对于"黑人"和不文明的习俗,他从来没有放弃过他的

65

---

[1] 同前,p. 27。

[2] 克洛德·奥布安(Claude Auboin):《殖民统治时期:西非探险家班热》(*Au temps des colonies. Binger explorateur de l'Afrique Occidentale*, Nice, Bénévent, 2008)。这部著作在为殖民征战歌功颂德的同时,用了部分影像资料。克洛德·奥布安对这位著名的行政管理人员与他的外孙罗兰·巴特之间不做任何联系。可是,书中却提到了他女儿的婚礼:"2 月 11 日,在圣梅达尔-德-米西当(Saint-Médard-Mussidan)市政府,他的女儿亨丽埃特与远海船长路易·巴特结婚。路易·巴特是已退休的原南方铁路公司总检查员莱昂·尤瑟夫·巴特和住在巴约纳的、后来成为他妻子的玛丽·贝特·巴特之子。婚礼仪式是在其母诺埃米·勒佩(Noémie Lepet)不在场的情况下举行的,母亲已提前通过其在巴黎的公证员所出具的公证书表示了同意(巴黎公证员萨勒先生的公证件)"(p. 245)。位于多尔多涅的圣梅达尔-德-米西当,其父亲 1910 年在那里购买过一处农业耕地,他与第二任妻子、女儿和三个儿子就在那里定居了下来。

偏见,这就使得历史学家们今天都倾向于对照参考地看待他亲历经验的重要性,即便他们承认他的事业具有开创性。历史学家们尤其看重其相当早地开拓与西部非洲的经济关系,而不是考虑付诸纯粹的军事行动①。他在地形测绘方面做的工作,对非洲多种语言的了解(他曾发表过一篇有关邦巴拉语的论文),与非洲某些部落首领之间的亲密关系,这些也都使他获得了人们的认可。

从 1893 年到 1896 年,班热被命名为科特迪瓦的总督,但是,他是在等着女儿亨丽埃特 1893 年 7 月 18 日在切纳维耶夫尔-苏尔-马恩(Chennevière-sur-Marne)出生之后(他的长子菲利普生于 1891 年)才去赴任的。他在这一日期两天之后从波尔多上船,8 月初到达大巴桑(Grand Bassam)。他因为身体原因经常返回法国(经常遭受疟疾的折磨),但是,他被看作是一位很好的行政管理人员,他建造了所有必要的办公楼,组办了学校、邮政和法院。从 1895 年起,他力图返回法国,并决定从对外事务部门退休。但是,新的殖民地部长安德烈·勒邦(André Lebon)将其任命为非洲事务局局长,他在这个职务上一直呆到 1907 年。1899 年,他曾秘密去过塞内加尔,当时正值法国与英国因法肖达事件②而发生冲突不久。他于 1900 年与第一任妻子即罗兰·巴特的外祖母离婚,娶了玛丽·于贝尔为妻,于 1905 年有了儿子雅克。从 1900 年开始,科特迪瓦的首都便成了班热维尔(Bingerville)。1934 年。在阿比让成为科特迪瓦新首都后,"班热维尔"这一名称并没有因此而被取消,至今那座城市仍然以这个名称存在着。班热于 1907 年从殖民地事务部退休,遂进入法国非洲西部公司,因为他是股东之一。该公司于第一次世界大战前夕倒闭,这使他濒临破产。于是,他退居小城利斯勒-阿达姆(L'Isle-Adam),直至 1936 年去世。在罗兰·巴特与母亲定居巴黎后,他们经常在星期天去

---

① 非洲学者伊夫·佩尔松(Yves Person),是一部有关萨摩里的国家博士论文《萨摩里:一种迪乌拉人的革命》(*Samouri. Une révolution dyula*, Mémoire de l'Institut fondamental d'Afrique Noire, n。80, Dakar, IFAN, 3 vol., 1968, 1970, 2377 pages)的作者,他为班热安排了整整一章的内容(t. III, Ve partie, chapitre 2b:«Le règne de Binger»)。关于法国人反抗马林盖征服者萨摩里的这一段历史,可参见《萨摩里:一个帝国的建立与衰败》(«Samori, construction et chute d'un empire», in *Les Africains*, Paris, Éd. Jeune Afrique, 1977, t. I, p. 249—286)一文对其做的综合介绍。

② 法肖达事件(affaire de Fachoda):是指发生在 1889 年 9 月间法国与英国为争夺尼日尔河上游地区而在今天的南苏丹克达克(日为法肖达)地区发生的军事对峙事件。——译注

利斯勒-亚当的圣拉撒街(rue Saint-Lazare)53 号去看望他。

因此,路易-居斯塔夫·班热是一位名望很高的外祖父,1932 年获授大军官勋位,享有国葬待遇。在利斯勒-亚当的一个广场上,立有纪念他的半身塑像。两枚邮票上印有他的肖像,其中一枚上他的肖像就挨着乌夫埃特-博瓦尼①。作为殖民英雄,他的角色有可能妨碍过巴特这位知识分子,因为他就是在各个帝国衰败之际开始写作和被人承认的。但是,班热远不止如此。他还是一位科学家和一位作家,尽管他的那些非学术文字在其身后只具有很弱的一点影响②。所有专家都高度评价他出众的素描天赋以及他为推广苏丹和马里艺术所作的贡献。他还被身体艺术所吸引,特别是他非常准确地描述了在皮肤上的划痕过程,而他则是从家庭艺术和占人习俗方面承认划痕既对应于一种社会编码又对应于一种笔法的先人之一③。

罗兰·巴特的《神话》中有两篇文章可以让我们解读出他与这位外祖父的一种心绪矛盾的关系。第一篇显然是《比雄在黑人国度》(«Bichon chez les nègres»),巴特在这篇文章中对发表于 1955 年 1 月《巴黎竞赛画报》上、署名为乔治·德·科纳(Georges de Caunnes)的一篇文章做出了回应。"一个法国家庭在红色黑人家里",这篇故事讲述了莫里斯和让内特·菲耶韦远征至"非洲最原始部落"时发生的事情。这个家庭在记录、在素描,还在着色绘画。一个孩子出生了,"食人者们因孩子的微笑而心地变软。孩子成了他们的崇拜偶像"。当然,巴特揭露了这篇文章公开的种族论特征和这部殖民探险小说开头部分的可怜的英雄主义。他写道:"首先,没有比一种无对象的英雄主义更令人发怒的了。对于一个社会来

67

---

① 乌夫埃特-博瓦尼:全名菲利克斯·乌夫埃特-博瓦尼(Felix Houphouet-Boigny, 1905—1993),时任科特迪瓦总统。——译注
② 他 1904 年出版过一部"非洲"探险小说:《开拓者的誓言》(*Le Serment de l'explorateur*, Tallandier)。他和儿子雅克一起撰写的《回忆录》更让人感兴趣,该回忆录在其去世两年后出版,名为《路易-居斯塔夫·班热作为开拓者的一生:旅途日记摘抄》(*Louis-Gustave Binger, une vie d'explorateur. Souvenirs extraits des Carnets de route*, René Bouvier et Pierre Deloncle, Fernand Sorlot, 1938),由其子雅克·班热评注。
③ 关于这一点,请参阅阿兰-米歇尔·布瓦耶(Alain-Michel Boyer)的文章《班热在艺术交叉点上》(«Binger à la croise des arts»), in *L'Afrique en noir et blanc , du fleuve Niger au golfe de Guinée* (1887—1892), *Louis Gustave binger explorateur*. Musée d'art et d'histoire Louis Selencq de l'Isle-Adam, Somogy éditions d'art, 2009, p.75—88。

说,无根据地发展有关其道德的各种形式,是一种严重的情况。如果年少的比雄所经历的危险(激流、野兽、疾病等)是真实的话,那么,以去非洲写生为唯一借口和为了满足因在画布上固定'一片五彩缤纷的阳光和亮度'所带来的可疑的威风神态,而将这些危险都强加给比雄,那就真是太愚蠢了"①。有关素描的评语可以看作是班热花园中的一块山石。但是,对于文本的认真阅读反而需要人们深入地解读一种确认形式。巴特不仅将学术探险与像菲耶韦家庭所进行的那种探险一样的纯粹广告探险对立起来,在文章收尾的时候,他还将科学与神话对立了起来:"如果有人很想根据这种总体的形象(《巴黎竞赛画报》:有大约 150 万的读者),把人种学家们为破解黑人现象之神秘所作努力,与当他们为必须驾驭那些含混的'远古的'或'古代的'概念而长期采取的各种严格预防措施、与像莫斯(Mauss)、列维-斯特劳斯(Levi-Strauss)或勒鲁瓦·古朗(Leroi-Gourhan)等人在采用陈旧的经过伪装的人种学术语方面表现出的智力上的诚实态度相比较的话,那么,人们就会对我们所受的主要限制中的一种有更好的理解:那便是认识与神话学之间严重分离的情况。科学进步很快,并在其前进道路上长驱直入;但是那些集体表象并未紧紧跟随,它们滞后几个世纪,被权力、主流新闻媒体和各种等级规范将其维持在不动状态之中"。在《神话》中,对于那些成见和无意识表象所做的解构工作,在此找到了其智力的和伦理的程序:那就是要同时捍卫耐心的和持久的科学,而反对小资产阶级的神话。班热之所以未出现在那些重要人种学家名单之列,毫无疑问是因为巴特将其研究与观察工作放在了知识领域之内。

可以说明与班热有关系的第二个"神话",是巴特为儒勒·凡尔纳以"'鹦鹉螺号'与'醉舟'"("Nautilus"et"Bateau ivre")为题所写的神话。**鹦鹉螺号**既不是蒙田号(该舰船面临真实的危险),也不是作为替代寓意的阿尔戈号大船。**鹦鹉螺号**不是出发和探险的一种象征,而是对于封闭和不可外出的隐喻。那篇文章谈到的是孩子对于隐藏、对于帐篷、对于地下的激情。"儒勒·凡尔纳的所有船只都恰恰是一些完美的'亲热的角落',

---

① 《神话》(*Mythologies*),《全集》, p. 719—720。由雅克利娜·吉塔尔(Jacqueline Guittard)整理的插图本(Seuil, 2010)重现了《巴黎竞赛画报》上的文章、它的插图和它感人的传奇故事,p. 82—91。

而它们异乎寻常的远航更增加了其封闭带来的快乐,更增加了它们内在的人性的完美。在这一点上,**鹦鹉螺号**是令人爱慕的藏身之穴"[①]。船只就像是一个保护性的肚子,而在曾经是父亲的空间(**蒙田号**)或儿子的空间(**阿尔戈大船**)之后,这一次,它是母亲的肚子。巴特将船-母亲这种想象与神秘岛的想象联系了起来,"在那里,以成年人自持的男孩子重新创造世界、充实这个世界、封闭这个世界、把自己限制在这个世界之中,并通过以占有为目的的资产阶级姿态来彰显这种知识渊博的努力:拖鞋、烟斗和亲热的角落,而在外面,则是无尽的暴风雨在无用地肆虐着"[②]。除了在航行路线上让人明确地想到班热的生活外,船只也指向了巴特1969年在拉巴特讲授的有关《神秘岛》(*L'Île mystérieuse*)的课中所进行的全部思考,并且在其思考当中将这种神话建构与殖民化联系了起来[③]。这就是与凡尔纳[④]和殖民地有联系的外祖父占据的位置,这就是在父亲方面和母亲方面都有的男性长辈和女性长辈的形象:就像在《海底两万里》中那样,一位男性船长与由船只构成的保护性肚子实现了结合。

外祖母诺埃米·勒佩-雷韦兰(Noémie 有时写为 Noémi Lepet-Révelin),在幼年的巴特认识她的时候,她已经与丈夫离婚。在有关班热的文章中,她就像是一位身体有点纤弱的女性,经常利用她的条件在丈夫占有的殖民地宅邸举办大型聚会。当她去科特迪瓦消遣的时候,就把两个孩子留在法国。诺埃米·爱丽丝·若尔热特·勒佩(Noemie Elise Georgette Lepet)1872年出生在一个富裕的工厂主家庭。她与班热组成的夫妇关系于1900年解除,随后她与圣巴布(Saint-Barbe)中学的一位哲学教师路易·雷韦兰结了婚,后者在罗兰·巴特的象征建构中也是一个

[69]

① 《神话》,《全集 I》,p. 733。

② 同上,p. 732。

③ 见铸造工业标准局(BNF)编号为 NAF28630 的文件:《在摩洛哥的课程说明》(«Notes des cours du Maroc»)。巴特在1972年出版的《新文艺批评文集》(*Nouveaux essais critiques*)中的一章《从哪儿开始?》(«Par où commencer?»)中重新采用了其主要内容。

④ 班热曾在1889年结识过儒勒·凡尔纳。米歇尔·凡尔纳是儒勒·凡尔纳之子,他在父亲弥留之际完成了父亲未结稿的小说《巴尔萨克使团的惊人探险》(*L'Étonnante Aventure de la mission Barsac*),而在这一过程中,他使用了路易-居斯塔夫·班热的文字。埃德蒙·贝尔尼(Edmond Bernus)曾对此做了研究,见《从 L.-G. 班热到儒勒·凡尔》一文(«De L.-G. Binger à Jules Verne»,*Journal des africanistes*, vol. 67, n. 2, 1977, p. 172—182)。感谢玛丽·吉尔为我提供了这种参考,因为在她的《罗兰·巴特:不顾生活》一书中对巴特有关凡尔纳的想象与他外祖父的形象之间做过精确的阐释学分析。

重要的形象。路易·雷韦兰在高等师范学院读书时,就与佩吉(Péguy)和
《双周手册》(*Cahier de la Quinzaine*)以及莱昂·布卢姆(Léon Blum)保持
着密切的政治与智力联系。他在社会党的机构中扮演着一定的角色。于
是,他的妻子开始主持沙龙活动,开始接待一些诗人和知识分子(尤其是
瓦莱里,也有保罗·朗热万、亨利·福西永、莱昂·布伦瑞克和夏尔·
塞尼奥博斯)。在妻子的协助下,路易·雷韦兰展现出一种先锋派知识分
子的面貌,这种面貌与由乔治·索莱尔(Georges Sorel)创办的高等社会
科学研究学院(École des hautes études sociales)、继而与社会科学自由公
学(Collège libre des sciences sociales)有着密切联系①。在巴特看来,这种
对于第三共和国的热情,在捍卫过德雷福斯②、其口号均直接来自这一事
件的阶层里,是明显的,尽管仅仅是虚妄的。半个世纪之后,当巴特进入
高等实践研究学院教书的时候,想必他会想起在大学教学机制的边缘之
处先于他的那位路易·雷韦兰。他在《童年的读物》一文中,曾明确指出,
他自感应该属于的那个时代,更多地对应于战争之前的那些年,而不是对
应于他的实际童年所处的那个年代。"如果说有某种怀念的话,正是因为
在那段时间里我甚至没有借助于动词来认识决定性的情况。在对于家庭
机制的分析中,在我看来,人们似乎不怎么看重对于祖父母和外祖父母那
一辈人的想象性作用:他们既不是阉割者,也不是外来人,而只是真正的
神话传递人"③。

　　这种神话的一个决定性成分,很可能具有瓦莱里的形象,因为当巴特
还是孩子的时候,他在外祖母那里见过瓦莱里,那是由于瓦莱里经常光顾
外祖母先是在沃克兰(Vauquelin)、后来在先贤祠广场1号那里开办的文
艺沙龙。这一次,瓦莱里成了早于他而进入法兰西公学的先驱者(巴特在
其就职演说中说他听过瓦莱里的课程,尤其在1937年12月10日那一天,

---

① 　关于这一点,请参阅克里斯托夫·普罗沙松(Christophe Prochasson)的文章《关于乔治·索莱
　　尔的智力环境》(«Sur l'environnement intellectuel de Georges Sorel (1889—1911)»), in *Cah-
　　iers Georges Sorel*, vol. 3, n°1,1985, p. 35。
② 　德雷福斯事件:德雷福斯(Alfred Dreyfus,1859—1935)是具有犹太血统的法国军官,他因书写
　　字迹与他人字迹相似而被怀疑向德国驻法国使馆武官提供情报,于1894年10月被捕,并被放
　　逐到拉丁美洲法属殖民地圭亚那,此举遭到了当时以左拉为首的知识界的强烈反对,1906年,
　　德雷福斯平反后恢复了军职。——译注
③ 　《童年的读物》(«Lecturesde l'enfance»), in *H. Histoire*, 5 juin 1980[Entretien réaliséle 31 jan-
　　vier 1980],《全集 V》, p. 947。

他出席过瓦莱里的开课演说,并在 40 年之后自己开课演说词的起始部分
提到了瓦莱里),而且更为明显的是,瓦莱里在其写作之中、在其批评文字
之中都表明他曾经与巴特的外祖母诺埃米·雷韦兰有过人们所谓的友好
的联系。米歇尔·雅勒蒂在其关于瓦莱里的传记中证明了这一点,而且他
所引用的资料表明,他们之间的关系实际上是很亲密的。瓦莱里这位作
家,在其 1945 年 7 月写给巴特外祖母的最后几封信件的一封中,对于外祖
母失去最小的儿子表示了哀悼。这个女人非常漂亮,富有奇思妙想和文化
素养,但巴特却因为她与自己母亲和与自己之间紧张的关系而总是与之保
持着距离。她很懂得将自己的文艺沙龙搞成一处引人注目和令人惊奇的
场所,以至一些哲学家,甚至科学家都愿意常来光顾。人们在沙龙里谈论
文化、谈论政治。在沙龙的常客之中,米歇尔·雅勒蒂也提到了安德烈·
勒贝(André Lebey)、让·巴吕齐(Jean Baruzi)(巴特将其对于米舍莱的发
现归功于他)、勒内·拉鲁(René Lalou)。"也正是在这个左派沙龙里,瓦
莱里认识了在巴黎学院讲授概率计算的数学家埃米尔·博雷尔(Émile
Borel)教授和刚刚被选为科学院院士的物理学家让·佩兰(Jean
Perrin)"[1]。因此,我们应该将瓦莱里看作是典范吗?虽然他不属于巴特最
为经常提到的作家(我们会看到纪德起着更为重要的培养者的作用),但
是,那些谈到他的文本还是使他成了一个相当具有决定性的形象,尤其在
对"自我"的思考方面[2]。《泰斯特先生》(*Monsieur Teste*)一书以其与在其
中发挥作用的自我之间的诱人关系,被介绍成像是"一部绝对反因循守旧
的书"[3],并且非常超脱于社会规范。他说,瓦莱里属于他的"第一记忆范
围",即对于曾经培养过他的爱好和他从来没有真正脱离开的那些读物的
记忆——即便他很少去写出那些记忆[4]。巴特经常回到这些读物方面,特
别是在涉及他将其当作主导思想的某些关键主题的时候:例如只想借助单
词和句子来工作的想法,即"句子思想";再例如"在自然界中,不存在等等"
的想法,而只有人认为不应该说出来。在把瓦莱里归于古典修辞学的同
时,巴特也在其著作中看到他致力于构筑一种有关语言的思想,而这种思

71

---

① 米歇尔·雅勒蒂(Michel Jarréty):《保罗·瓦莱里》(*Paul Valéry*),Fayard, 2008, p. 550。
② 《全集》中的索引不下 60 次列有关于瓦莱里的附注,那些附注经常见于各个年份。
③ 《中性》,p. 134。
④ 《童年的读物》,同前,《全集 V》,p. 949。

想非常接近索绪尔和雅各布森有关语言的思想。他在文章中涉及索绪尔或是雅各布森时,经常提到瓦莱里。"在瓦莱里看来也是如此,商业、言语活动、货币和权力,都是借助于一种相同的体制即相互性来确定的:它们在无一项契约的情况下就不能成立,因为唯有契约可以修正标准的不足"[1]。因此,巴特惋惜以瓦莱里为目标的贬值现象,而这种现象也曾将瓦莱里本人置于与其时代脱节的状况[2]。恰恰在此,有一种从祖父母、外祖父母一辈人直接传递下来的智力承袭,这种承袭培养了巴特称之为"对于祖父母、外祖父母的想象"的东西,并且在其一篇有关通布利(Cy Twonbly)的文章中与他和瓦莱里都有的对于南方家屋的热爱联系在了一起[3]。

可以看得出来,我们远没有使用一些简洁和少有的表述方式,来矮化以清一色没落资产阶级形象出现的家庭历史。传记的实际情况是多种多样的,虽然巴特并不直接地需要承袭,不过他还是保留了这种承袭的一些痕迹。他以拾荒者瓦尔特·邦雅曼(Walter Benjamin)的方式,操纵先于他的一种历史的碎屑和残渣,而他则与这种历史保持着和我自己对于他的相同的时间间距。正是因为如此,显示这些碎屑和残渣是让人饶有兴趣的:为的是获得与先于我们的那些形象的一种新的和变化着的关系。他还被一种缺失所决定,他同时又把这种缺失归因于自身的成长和历史。于是,被《罗兰·巴特自述》一书所放弃的一个片段围绕着他出生的那一年描述了一种光怪陆离的空缺:"1915 年:我无法承受我出生的那一年(那一年的重要性在于:在一生中,必须无数次地拒绝它;那一年莫名其妙地构成我们的身份)。……从历史上讲,1915 年是微不足道的一年:由于战败,无任何事件使其突出;无任何知名人士在那一年死亡或出生;而且,那一年,不是人口短缺,就是时运不佳,因此可以说,我没有结识任何与我同年出生的人,就好像——说得严重一点——我是唯一具有我这个年龄的人"[4]。这

---

① 《索绪尔,符号,民主》(«Saussure, le signe, la démocratie»),*Le Discours social*, avril 1973(《全集 iV》,p. 332)。

② "他没有在现代性中被考虑进去,遗憾的是,在他仍然说出一些重要事情——在我看来是非常正确的事情——的时候……不管怎样,总还有包括我在内的一类主体,他们借助于词语来思考,他们具有某种词语思想,从个人角度来说,这正是我想做的事情"(Entretien avec Abdallah Besmaïn,*L'Opinion*, Rabat, 6 février 1978),《全集 V》,p. 536。

③ 《艺术的智慧》(«Sagesse de l'art»),《全集 V》,p. 318。

④ 《作者的词汇》,p. 318。

显然是不对的。巴特有不少出名的同时代人,而在他经常往来的人当中,有不少就是与他同年出生的。他把触动他的那种消失变成了具有普遍消失含义的一种现象,而在这种现象中,他的出生年代,由于"在战争中消失",而具有在战争中失去的他的生父的命运。

73

路易-居斯塔夫·班热:"打猎归来"

外祖母诺埃米·班热。她在第二
次结婚后成为了诺埃米·雷韦兰

路易-居斯塔夫·班热总督在科
特迪瓦阿西尼(Assinie)的屋舍

祖父莱昂·巴特

74

祖母贝特·巴特与她的小猫

外祖母诺埃米·班热与她的两个孩子：
菲利普·班热（Philippe Binger）和亨丽
埃特·班热（她后来成了罗兰·巴特
的母亲），大约摄于 1895 年

75

亨丽埃特·班热,大约摄于 1903 年

路易·巴特,罗兰·巴特未来的父亲,
大约摄于 1912 年

路易·巴特在一艘海军舰船的甲板上。他
1916 年 10 月 26 日或 27 日夜里死于北海

1979 年 8 月 1 日的卡片："我
的父亲之死"

76

罗兰·巴特与他的母亲
1916 年在谢尔堡

77

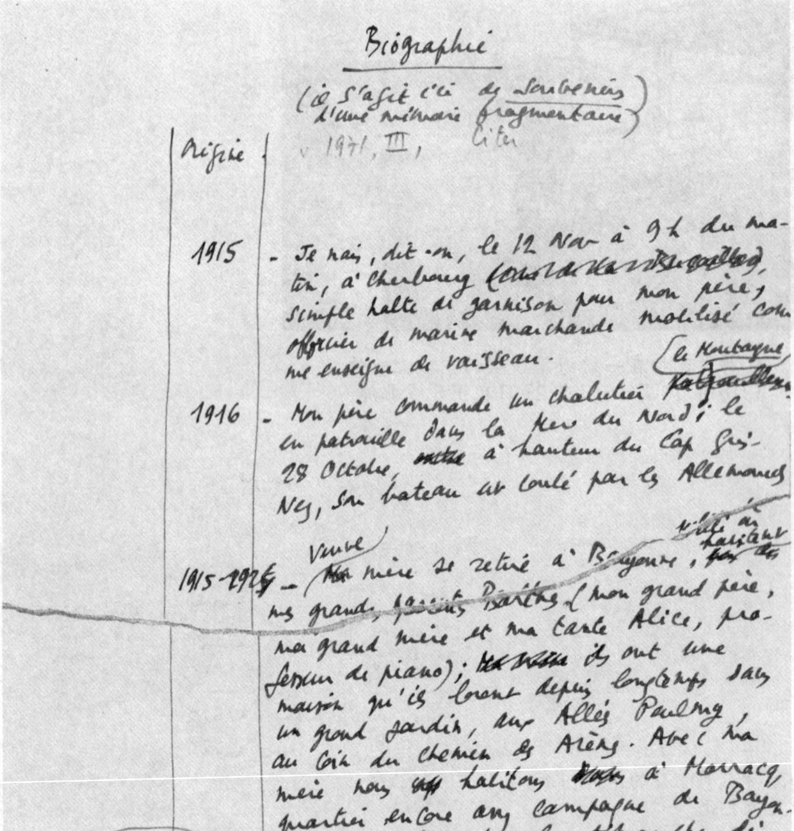

1972 年为准备《罗兰·巴特自述》而写的一种"传记"尝试手稿,"回想"
（Les "anamneses"）便是由此产生。

2. "无所事事"

> 当我还是个孩子的时候,我为自己搞了个隐
> 蔽之处,即简陋小屋和高处凉亭,它位于外部楼梯
> 顶端的平台上,下面就是花坛;我在里面读书、写
> 点什么、粘贴蝴蝶、胡乱作点什么;(在巴斯克语＋
> 拉丁语中)这叫作"无所事事"("Gochokissime")。
>
> "大卡片库",1978 年 5 月 1 日

从海边说起……

童年是在距离大海不远的地方度过的。巴约纳是一个不足 3 万人口的小港,巴特在那里过了第一年,直至 9 岁。整个短暂的童年都呆在了这座西南部的城市里,阿杜尔河(Adour)与尼夫河(Nive)穿城而过。祖母贝特和他的女儿爱丽丝住在保勒密街(Paulmy),那是始建于 17 世纪的沿沃邦堡(Vauban)城墙而形成的一条美丽步行街,街道直下码头。城里的主干道取用了保勒密侯爵(1722—1787)的姓名安托万-勒内·瓦耶·达尔让松(Antoine-René Voyer d'Argenson)。保勒密侯爵那时作为战时国务秘书,允许巴约纳市在面对沃邦堡的斜坡上修建一条步行街,并在街道两侧种上树木,这在当时是违反有关要塞法律的[①]。亨丽埃特·巴特在丈夫

---

① 来源:玛丽·沙博(Marie Chabaud)和雷蒙·沙博(Raymong Chabaud)合著的《巴约纳的街道》 (*Les rues de Bayonne*), Biaritz, Atlantic, 2010, p. 100。保勒密侯爵的藏书今天以其姓名保存在阿塞纳尔(Arsenal)图书馆。我们要指出的是,巴约纳一直没有罗兰·巴特街,这本书的两位作者对此深感遗憾,尽管那里有一条"巴特"小道。"巴特"这个加斯科尼语单词指的是在河流附近可被淹没的土地,并引申为任何地方的沼泽地。

死后就与儿子住在这里,直到 1919 年。对于孩子来说,上学之前的那些年是记忆全无的几年,而这种忘却也将那几年变成了天堂。必须说,在随后的几年,罗兰·巴特与母亲和一位矮个子保姆单独生活在玛拉克(1919—1924),那里不在市中心,而每个周四和周日他们就去祖母家,有时他也在放学后去那里饱餐一顿。因此,**童年时期家**的所有价值便都交给了在《罗兰·巴特自述》中描述过的"带有三个花园的"那栋房子,它具有着属于故事的所有特性,既是木屋又是城堡。这种完美是慷慨的。它覆盖了整座城市:"巴约纳,巴约纳,完美的城市:依河傍水,四周热闹非凡(姆斯罗尔镇[Mousserolles]、玛拉克镇[Marrac]、拉什帕耶镇[Lachepaillet]、贝里斯镇[Beyris])。然而,它却是一个封闭的城市、富有传奇故事的城市:普鲁斯特、巴尔扎克、普拉桑(Plassans)。童年的主要想象物:外省就是场景,故事就是气味,资产阶级就是话题"①。这是在书的开篇就唱出的情歌,因为它构成了对于第二张照片的说明,这种情歌带有着童年时代的矛盾情绪:快乐与烦恼、开向未来的一种时间的无限可能性与封闭特征。那个时代巴约纳市经历了巨大变化。从 1897 年起,国家准许市政府可以逐步毁掉沃邦要塞某些围住城市的地方,该城周围有 58 公顷的军事用地,而城市本身则只占 40 公顷。这种准许带来了重大的后果:军人对于城市的建设不再有决定权,而重大的工程有时则使城市的生活变得混乱无序。内堡和一些掩体在 1905—1910 年期间被拆除,取而代之的是一处公园,里面种满了能够抗拒强劲西风的枫树和银色的椴树。但是,战争爆发了,巴约纳复又变成了一处军事要地,外籍军团到这里来组建,尤其是捷克军团。房地产开发与投机暂时中止了。战后,土木工程重振,不过速度慢了下来。位于老城堡与公园之间的一部分旧要塞最终在 1923 年被铲平,而另一部分当时则正在被登记分类②。城市扩大了,市容也改变了:街道加宽了,市府广场周围是高大的建筑物,在那些建筑物之间是现在的朱尔-拉巴(Jules-Labat)街、莱昂-博纳(Léon-Bonnat)街和保勒密林

---

① 《罗兰·巴特自述》,《全集 IV》,p. 584。
② 巴约纳的要塞后来于 1929 年 11 月 6 日年被登入了历史古迹的补充名单。市政府某些成员对此十分恼火:"最简单的常识要求巴约纳城的行政管理者们不能牺牲现代生活的需要,而适应某些考古学家的过分要求……"。援引自莫尼克·拉朗(Monique Laran)和雷蒙·沙博合著的《100 年前的巴约纳》(*Il y a 100 ans, Bayonne*), Anglet, Éditions. Lavielle, 1997, p. 57。

荫小路,广场尽头是 1924 年 11 月揭幕的烈士纪念碑,那正是巴特和母亲去巴黎的月份。人们开始谈论“新巴约纳”,而它的市中心在两次大战期间就位于新的演出大厅费丽雅(Feria)旁边,开向比亚里茨的有轨电车车站简单说就位于距巴特祖母居住的林荫小路很近的地方。大型电影院“殿下”(Le Majestic)1926 年开始营业。但是,老城区并不远,而且拥有多处散步场所:竞技场周围的漂亮别墅,海员林荫小路,阿杜尔河沿岸,围绕着圣玛丽大教堂的那些狭小的街巷。靠近保勒密林荫小路,拥有 7000 个座位的竞技场是 1893 年由银行家萨尔泽多创立的公司和城里的一些富商出资建造的。1919 年 8 月 14 日那一天,观众因抗议 6 头葡萄牙斗牛晚到而点燃了一大堆椅子,致使竞技场从此停止营业。后来,萨尔泽多因破产而出售了竞技场。作为孩子的巴特想必每一天都会看到被烧焦和被弃置多年的竞技场建筑物。对于这个时期,巴特记住的尤其是感觉,这种感觉后来短暂地重新赋予了他对于过去的记忆:城堡暗道的气味,“好味道”商场(Bon Goût)买来的甜点和糖果,在阿杜尔河多处码头附近公园里“游荡”的性欲表现,这些感觉经久不衰地与一些场所联系着。

拉纳(Lanne)的房子,即林荫小路那里的房子,因其“三个花园”而继续成为巴特童年时代的换喻或篱笆小院。尽管是连在一起的,但它的花园包括三个空间。巴特将其区分成“社交花园”“守舍花园 ”和“野性花园”。第一个花园用来迎送客人,需要“慢步长歇”;第二个花园被整理成像是一栋房子,有小路、草坪、花卉,“玫瑰花、绣球花(西南地区不讨人喜欢的花)、路易斯安娜花(louisiane)、大黄、种在旧箱子里的家养花卉、高大的木兰花——其白色的花就开在了二楼的房间之外”,一株无花果树是“情爱”记忆的对象:由“一段竹子和一个剪成花叶状的白铁漏斗做成的”摘果器可以让人摘到最高树梢上的无花果①;最后一个花园,即“野性花园”,其空间“无确定内容,有的地方是荒地,有的地方种着一般的蔬菜”②。由这三部分组成的空间所提供的移动可能性,可以方便对可能世界的适应(这便与儒勒·凡尔纳和傅里叶的乌托邦建立起了关系,而在那些空想之中,作者可以轻松地循环往复)和对社会不同范围的适应。这同样也是

82

---

① 《恋人絮语》(*Fragments d'un discours amoureux*),《全集 V》, p. 267。
② 《全集 IV》, p. 586。

没有场所的方式。在这个花园里,一如在家庭结构之内,作为孩子的巴特在体验着某种孤独和一种真实的烦恼;在他对童年时代的不可减缩的感觉之中,他曾两次提到过这种情况,并带有着失望倾向和脆弱性。幼年时的这个男孩子在很大程度上成了小范围女人们的关注点,因此,对于得到悉心关照的快乐幼年时代的记忆,便是在名为"如何共同生活?"的研讨班上对于贝居安修女会的研究工作所形成的记忆。这种记忆也贯穿着一些忧伤时刻,而那些时刻并不仅仅是记忆的一种抑郁符号。"我说过,我曾经快乐过,那是因为我身边围绕着爱,是因为在这种非常重要的方面,我是很满意的。但是,我也在童年和青年时代有过一些困难的时刻"[①]。总是有黑暗的部分来扰乱有关童年话语的光明部分,唯一的黑暗部分就是他的父亲之死即从他的生命一开始就遭遇到的父亲的突然之死。但是,明确的记忆也存在着,那些记忆几乎都与这栋房子对于一个孩子来说所构成的理想范围相联系,包括在这栋房子里孩子可以玩耍和藏身的那些隐蔽场所。巴特在其生命后期回想起他曾为自己制造过一个小屋:"当我还是个孩子的时候,我曾为自己搞了个隐蔽之处,即简陋小屋和高处凉亭,它位于外部楼梯顶端的平台上,下面就是花坛:我在里面读书、写点什么、粘贴蝴蝶、胡乱做点什么;(在巴斯克语 + 拉丁语中)这叫作'无所事事'"[②]。他的祖母和姑姑帮助他安排了一切,也为他所在之地取了名字,那个名字受了巴斯克语的启发,意为"温柔",后来则改为"养心之地"。祖母和姑姑再加上他的母亲对他都非常好。在这一方面的记忆是没有含混的。"想到祖母、姑姑和母亲,她们都非常和蔼、可亲、慷慨(无任何小气,也无任何嫉妒等);于是又古怪而迂回地想到或'发现':总之,弗洛伊德从来没有去研究过长辈们的'和蔼'。好与坏,在他面前都是平等的。不过,这种和蔼可能是'决定性的'"[③]。根据认识巴特的人们的几乎全部证词判断,这种和蔼大概从过去就是巴特的一种主要品质。今天,每当弟弟米歇尔·萨尔泽多回想起巴特的时候,形容词"和蔼的"仍然频频出现在他口中。虽然这个词有时带有一点轻微贬义的内涵,但是,在这里则应该赋予

① 《全集 IV》,p. 898。
② 见铸造工业标准局(BNF)编号为 NAF28630 的文件"大卡片库",1978 年 5 月 1 日。
③ 同上。

其一种通常是善意表现的全部力量:巴特随后又将这个词变成了在"关怀"(délicatesse)名下的一种价值。在《哀痛日记》的"关于母亲的点滴记录"中,他写道:"她的关怀(从社会观点来看)是绝对地无场域要求的:超越阶层,没有标志"①。后来,人们对于这种品质在所遇到的人身上的表现,进行了极富热情的研究。这种品质以极大的温柔覆盖了人的整个童年时期:这是巴特不知道什么是惧怕的时期。

除了周日去海滩和去祖母家,有时,他也兜售他在《萨德,傅里叶,罗耀拉》一书中提到的爱心善德。他在这种善德之中沉思那些有生命力的伟大画面,"例如**睡林美人**(*La Belle au bois dormant*)"②。这一时期,也同是他初步学习语言和音乐的时期("我早在写作之前就创作过一些短剧"③)。姑姑爱丽丝是钢琴老师,在家里教钢琴课——房屋里回绕着旋律和走板的音调,巴特沐浴在家庭的音乐氛围之中——在这个普通家庭里这当然也是养家糊口的手段,他听到的是艺术与教育、旋律与无休止的艰难练声的交叉与混合。他在去世之前于其最后一篇完整的文章《钢琴与记忆》(«Piano-souvenir»)中对此有所吐露。文章中的动机与帕斯卡尔·基尼亚尔在《视唱练耳与钢琴课程》中提到的动机相交叉,而在这部作品中,作者谈到了他的三位姑奶奶:朱丽叶特、玛尔特和玛格丽特。当时,年少的路易·普瓦里耶(Louis Poirier)即后来的朱利安·格拉克(Julien Gracq)常到三位姑奶奶在安塞尼(Ancenis)的家中学习音乐。那是一栋破旧的房子,不过"在每一层都有一架钢琴,到处随便地放着弦乐器、坎通琴、管乐器。然而,其他的,便什么都没有"④。巴特写道:"从我的房间看去,或者最好说,穿过花园进到家里,我听到的是古典乐曲的音阶和片段:然而,对于我来说,既不是对于教学活动的脱离,也不是教学活动总是有点令人扫兴的特征才让我感到不悦,完全相反;似乎是钢琴在准备好变成记忆;因为每当我从远处听到有人弹奏钢琴,那便是我的整个童年,那便是在 B 的房子,甚至让我想到那闯进我的感受习性之中

84

---

① 《哀痛日记》,p. 264。
② 《萨德,傅里叶,罗耀拉》(*Sade, Fourier, Loyola*),《全集 III》, p. 835。
③ 《答复》,《全集 III》,p. 1024。
④ 帕斯卡尔·基尼亚尔(Pascal Quignard):《视唱练耳与钢琴课程》(*Leçons de solfère et de piano-o*),Arléa, 2013, p. 21。

的西南部的光亮"①。于是,他又补充说,他不需要万特伊②的语句就可以
使记忆活跃起来,他只需要一个音阶、一种在他看来确定是对钢琴的练习
就可以了,因为他一生中的每一天都要弹奏钢琴,而且是钢琴在赋予他的
生存以节奏。在这些句子中,包含着许多有关童年的品质,即其特性:在
听觉感受之上又增加了一种触觉感受,因为巴特在文章后面的文字里明
确地指出,最无可比拟的效果是借助"象牙键盘与皮坐垫之间"的接触来
产生的,钢琴的换喻力量既唤来了房屋,也唤来了非常为人所喜爱的光
亮。他还明确地指出,在他看来,音乐不只是一种旋律,它还是一种文本,
这一点从练习、阅读和音乐的共同特征上能够得到解释,因为巴特在其一
生中都保持着对释读的爱好,相对于靠回忆来演奏音乐,他更喜欢解读音
乐:"钢琴,对于我来说,也是一种文学。在这个小小的'沙龙'之中,有一
个很大的格柜,上面放着一些装有不同乐曲的箱子和一些装订好的乐
谱"。他注意到那些乐谱上有他姑姑的优美字体,或者是他祖母小时候用

85　　铅笔随便写的一些说明:"贝多芬、舒曼,这不仅仅是一些风度、一些主题,
这还是一种文本,而在这种文本上,写着或沉积着一个家庭几代人的活
动"③。在他生命的晚期,他仍然经常回想起被他昵称为阿蒂(Ady)的姑
姑,他不无怀恋地想到"她在那些学习钢琴的学生们作业本上写的很大的
字体,想到她每周在属于住在塔恩省的拉布什家族在卡斯迪翁(Castillon)
镇上讲授的钢琴课(有人驾着双蓬四轮马车来接她),想到她可怜的一生,
而这一点突然像匕首那样刺痛着我,使我停止了任何生命活动。(什么,
这一切毫无价值?)"④。这种在(孩子看来)曾经是一切的东西与只剩下无
法分开和几乎是死亡了的一种模糊记忆之间出现的不平衡,使他深感悲
痛。但是,他也还想到,他无法在写出回忆的同时使回忆存在下去,而这
一点却可以使这种回忆有所延续,至少可以延续一下姑姑自己名声存在
的时间⑤。

　　与短时间使其实践和艺术脱离其学习环境的专业艺术家以及音乐家

①　《钢琴与记忆》(«Piano et souvenir»),《全集 V》,p. 898。该文曾首先以《钢琴-回忆》(«piano-
　　Mémoire»)发表于 1980 年 3—4 月号的《音乐全景》(Panorama de la musique)杂志。
②　万特伊(Vinteuil):普鲁斯特的系列小说《追寻逝去的时光》中的钢琴教师和作曲家。——译注
③　《钢琴与记忆》,p. 899。
④　铸造工业标准局(BNF)编号为 NAF28630 的文件,"大卡片库",1979 年 10 月 14 日。
⑤　这种想法在《明室》中谈到母亲的时候得到了展开,《全集 V》, p. 841。

相反,也正像巴特后来在写作方面所做的那样,他始终为钢琴保有一种家庭的维度。在这种意义上,他就必须区分他与钢琴及其对象的关系和他与音乐的关系,不论这种隐喻是否与钢琴有关,我们都将在后面谈到。器乐确定一种个人实践的空间,它适合出色地说明相对于完美演奏而更喜欢"闲逛、片段、有目的的任性"的业余性[1]。乐器也还确定身体的一种技巧:人们用眼睛和手指来阅读乐谱;人们在进行视觉动作和手指动作的同时使身体介入进来。在此,有一种阅读–写作的完美结合,而这种完美便构成了作家–批评家的梦想,并且有关阅读–写作的劳动经济学便为了精细至极而要求整个生命都在工作之中。

1919 年,巴特与母亲定居在当时被叫作巴约纳"郊区"而今被看作是其"高地居民区"的地方。玛拉克(Marracq)(巴特经常将其写为"Marrac")周围是大片大片的土地,即被种菜用地、军事用地和工人们种植的花园所占用的农村土地。有不少军事用地此此前刚刚被军队放手,而市里早已开始将其分块出售,但是并没有很好地担保饮水工程和煤气管道工程的进入。20 年代之初,这些工程虽在进行之中,但远没有完成。亨丽埃特就生活在施工工地的附近,这些工地对贫困儿童来说就是很好的游戏空间:即便巴特保留着与富家孩子让和利奈特·德·利尼耶罗尔以及与利姆、朱利安·加朗斯、雅克·布里苏那些孩子玩游戏的记忆,极大的可能是,这些伙伴也像他一样生存条件一般。在这次搬家之后,罗兰进入了玛拉克幼儿园,随后进了巴约纳中学,那是 1896 年在玛拉克开办的集小学教育和中学教育于一体的学校,有点远离城市,因此也就在他家附近:也许,这种靠近就是亨丽埃特·巴特搬家的原因之一,另一原因大概出自她有点想摆脱婆家控制的愿望。除了在施工工地上或骑着童用三轮车在玛拉克小坡地上爬动度过的时刻,幼年时代的其他游戏则是伴有惩罚的智力游戏(黄衣小矮人)、在花园里闲逛、对离港而去的舰船的遐想,也许还有逗猫……每个星期天,他都乘坐恰好经过学校的有轨电车 2 号线去祖父母家吃午饭。

那几年的学习过程还有另一个重要方面,那就是对宗教的接受。这一

---

[1]　关于这一点,请参阅弗朗索瓦·努戴尔曼(François Noudelmann)在其《哲学家们的触觉:萨特、尼采与巴特在弹钢琴的时候》(*Le Toucher des philosophes. Sartre, Nietzsche et barthes au piano*, Gallimard, 2008, p. 123)中为巴特所写的一章。

点在巴特童年,特别是在青少年时期具有不可忽视的地位,因为在这一时期他经历着真正的信仰危机。罗兰·巴特是在巴约纳的新教教堂接受了加尔文教义洗礼的。这个教堂位于阿尔贝一世(Albert-Ier)街,是 1847 年 6 月 29 日启用的,其朴素无华的正面只装饰有一部打开的《圣经》,是由建筑师布朗热设计的。巴特的教父是尤瑟夫·诺加雷,他的妹妹在洗礼过程中拉着风琴。就像所有教父那样,他的教父有时关照一下他,送给他圣诞节礼物("一袋子核桃和一个 5 法郎的硬币")。巴约纳新教团体,在世纪初大约有 300 位成员,它曾因尤瑟夫·诺加雷神甫而非常出名,而巴特的教父也叫尤瑟夫·诺加雷,他在这座教堂中当了 30 年的牧师。巴特教父的儿子,也是这个团体的著名人物,他是一篇短小文章的《巴约纳新教历史》(«Histoire du protestantisle a Bayonne»)①的作者。在靠近西班牙因而自然是以天主教为主的一座主教城市,巴约纳的新教徒非常之少,甚至犹太教团体人数都是他们的 4 倍。他们等了 300 年才建造了自己的崇拜之地。他们自感是得到宽容的,但却生活在被看作是例外和与他人有别的感觉之中。这个团体的人的祖籍通常都是外地,最初主要是马丁·路德派信徒和基于社会经济原因从德国、荷兰和英国来到这座港城市的加尔文教义信徒。这里的新教信徒通常被这座城市看作具有与其对立的非法国人特征,这是另一种被边缘化的形式。巴特很少对于这种历史有所记忆,他更多地是记忆了孩子们感到快乐的那些习俗和相互结合的感受:圣诞节燃烧着的蜡烛的气味和橘子的气味、歌声……。对《圣经》的学习是在巴黎进行的,在巴黎,他每周都要和母亲去外祖父家,那时,从巴约纳到巴黎的火车要走 15 个小时。他们通常都是住在位于巴黎十五区莫特-皮凯(Motte-Picquet)一地阿富尔(Avre)街的路易·贝特朗(Louis Bertrand)牧师家。这位福音教义传播者出生于 1867 年,死于 1941 年,因其对穷人和无家可归者布施行善而出名,他曾带领传教团去边远的福莱斯纳(Fresnes)和各家医院,直到 1919 年他都是巴约纳的牧师②。这就解释了他与亨丽埃特·巴特之间的

---

① 见苏姗·第科-沙拉(Suzanne Tucco-Chala)(主编):《巴约纳的新教。巴约纳教堂 150 周年》(Le Protestantisme à Bayonne. Cent cincaquantenaire du temple de bayonne),29 juin 1997, Pau, Centre d'étude du protestantisme bearnais, 1998。

② 来源:R. 费雷(R. Ferret):《一位福音教义传播者:路易·贝特朗》(Un évangeliste: Louis Bertrand),Mission populaire évangelique de France, 1998。

关系,大概也正是他,为罗兰·巴特做了洗礼。在妻子去世之后,他担任了老家格勒奈尔(Grenelle)教堂的教职,那里是最贫困人的避难所①。亨丽埃特·巴特经常去见贝特朗和尤瑟夫·诺加雷,这说明她与这个新教团体的关系之密切,而这个新教团体也就成了罗兰·巴特的第二个家和第三个家。巴特从路易·贝特朗身上学到的东西,主要是对《圣经》的慢慢阅读。“每当吃饭的时候,人们都慢慢地阅读《圣经》,如果你那天晚上离开的话,你都赶不上火车。”在阅读上的这种缓慢做法,后来像是一种持久的生平素那样起作用。人们在他恰恰名为《速度问题》的一文中发现,这种缓慢带有着吕塞特·菲纳1977年阅读巴塔耶②的特征:“过分的缓慢,持续的强调,一种‘激动的警惕性’与一种‘……接近于固定的迟缓’结合产生一种诱惑人的效果。”③我们也在其将走路确定为“对于景致的缓慢和有节奏的深入”④的回想中,以及在其与钢琴的关系中,都见得到过这种缓慢之态。巴特以引入一些短暂的惊愕和一些不大可能的延续来回忆他的速度,同时将这种减速过程普遍开来⑤。

在南方度过的这种童年留下了痕迹,这种童年长时间地标志着他的身体。这种童年传递出的是一种疏远符号,而这种符号借助于某种语音、借助于对景致某些曲线的敏感性和某种特殊的光亮而被人感知。这一切都在罗兰·巴特1977年为《人道报》写的《西南方的光亮》一文中得到了非常好的概括。童年,首先是对于身体的一种回忆,伴随着巧克力的气味、系带便鞋的摩擦声、西班牙食用油的味道、“黑暗的店铺里和狭窄的街道上散布的气味、市图书馆里所藏的古旧书籍”。童年还从乡音方面得到理解,即便并不真正具有乡音:“我说‘socializme’,而不说‘socialisme’”,这一点也许正使他与真正的社会主义相脱离,他使得这种社会主义成了一种有趣的假设,不过,也许我们还可以加上 parisianizme 和 familializme⑥ 等这样的说

---

① 在亨丽埃特·巴特去世之后,她的衣物和其他东西就是遗赠给了这个教堂。参阅《哀痛日记》。

② 巴塔耶(Georges Bataille,1897—1962):20世纪法国作家。——译注

③ 《速度问题》(«Question de tempo»), in *Gramma*,《全集 V》, p. 335—339, p. 338。

④ 《西南方的光亮》(«La lumière du Sud-Ouest»), in *L'Humanité*, 10 septembre 1977,《全集 V》, p. 330—334, p. 332。

⑤ 克洛德·莫波梅(ClaudeMaupomé):《您如何理解罗兰·巴特》(*Comment l'entendez-vous Roland Barthes?*), *France musique*, octobre 1979。

⑥ 它们分别是“巴黎中心主义”和“家庭中心主义”的法国西南地方的发音。

法。童年的某种东西能保护意识形态:他在空间和时间中避开的领域、他
89　在空余时间里处理事务的经验,而尤其是西南方的光亮所铭刻在任何事
务上的区分性经验:"它使这一地区抵御任何庸俗、任何群居行为,使它不
适合随意简单地一游,并揭示出其深在的高贵性(这不是一个阶级问题,
而是一个特殊性问题)。"①没有父亲、贫困、宗教信仰的边缘化特征,所有
这些区别都被这种液态的和断续的光亮空间所概括和包容,同时也能说
明每一种事物的细微特征和其区别的本性自身。这种光亮抵御一致性。
借助于这种光亮,在童年的黑暗底部铭刻着一种特定性:即一种表现出敏
感的方式或一种运动其身体的方式,而尤其是一种符号系统——这种符
号系统正是他的写作所寻找的系统:在平静与失去之间、在缓慢与骤变
之间。

　　应该在这种光亮之中、在这种闪亮同时也是令人心碎的温柔之中,去
理解巴特与其母亲关系的状况。在当人们后来回想巴特的慈善和他表现
出的关怀的时候,应该将其与这种光亮和这种温柔可能产生的一切痛苦
联系起来去慢慢地理解巴特,因为他可能与这种光亮有关。1979 年 8
月 13 日的一则日记后来以遗作的方式出现在《哀痛日记》之中:"在艰难
的逗留之后,我离开了于尔特,乘火车到达了达克斯镇(Dax)(西南方的光
亮曾伴随着我的生活)。我泪流满面,因母亲的去世而感到绝望。"②

在巴黎……

　　1924 年 11 月:母亲决定去巴黎定居。那是 11 月的一个灰蒙蒙
的早晨,我们三个人(佣人玛丽·L. 随同我们)一起来到巴黎。通过
书信预订的位于格拉西耶(Glaciere)街的公寓套房被人占了。我们
呆在街上,有好几个大箱子和一些散件行李;一家乳品店女老板在她
的商店后间为我们提供了巧克力和羊角面包。我们先后住过雅各布
(Jacob)街(那是一个令人叫苦不迭的战争寡妇收容中心)、波拿巴
(Bonaparte)街 20 号——那是一个顶楼,我们就睡在床垫子上,周围

---

① 《西南方的光亮》,同前,《全集 V》, p. 330—334, p. 331。
② 《哀痛日记》,p. 250。

跑动着老鼠;我们还住过马扎里那(Mazarine)街42号和雅克-卡洛
(Jacques-Callot)街16号。我母亲在位于库伯沃瓦兹(Courbevoise)
一地的由德·费利斯(de Felice)小姐开办的一家艺术装订作坊里
工作。

90

1924—1925年:我(在那一学年的中间)进入了蒙田中学读小学
四年级①。勒博老师非常不好;他不停地让学生做残忍的心算练习,
还揪学生们的头发。不幸的是,我茫然不知所措,成了班上最差的学
生;没有同学理我;有时是身体不适,有时是身体脆弱(我经常耳朵
痛),我经常错过上课。一位满脸络腮胡子的医生给我看了看,他为
我开的处方是要闻一种脏乎乎的水,而更为严重的是,这就使我无法
再上课(这位医生住在罗马街,名叫克雷蒙医生;我最近发现,他大概
就是给雷蒙·鲁塞尔②看过病的医生)。六个月的逍遥自在:在马扎
里那街的作坊,我深卧在一个单人沙发里,整天读着一些画报(特别
是电影画报:当时人们正在谈论卡瓦勒康蒂③的《蹩脚人的嫉妒》④),
那些画报是从位于马扎里那街的一家小个子图卢兹女人开的店铺里
买到的(当她离开店铺而停止无意识的咀嚼时,空气中有一种油炸土
豆的气味);每一周,我们都和玛丽去当东(Danton)电影院看有故事
情节的无声影片(《让·舒昂》[Jean Chouan])和看表现夏洛特⑤的电
影(《欢乐街》[La Ruée vers l'or])。

1926—1927年:我的初中一年级课程中止了。1927年1月,我
们定居在卡普布雷顿(Capbreton),我的弟弟(同母异父弟弟)米歇尔
于4月出生。那时我11岁半。在朗德地区居住的几个月里,我与当

①　法国的教育体制为:儿童从6岁上学,随后是小学5年,初中4年,高中3年,大学本科3年,硕
　　士2年,博士3年。但是,与我们的学制叫法相反的是,法国是从高中二年级算是第一年(其第
　　三年为"结束年"),然后依照倒序为第二年、第三年……直到刚入小学的那一年为第十一年,
　　因此,原文中说巴特到巴黎后在蒙田中学读八年级,按照我们的叫法便是小学四年级。——
　　译注
②　雷蒙·鲁塞尔(Raymond Roussel,1877—1933):法国作家、剧作家和诗人。——译注
③　卡瓦勒康蒂:全名为阿尔贝托·卡瓦勒康蒂(Alberto Cavalcanti,1877—1982),祖籍为巴西的
　　电影编剧、导演。——译注
④　《蹩脚人的嫉妒》(La Jalousie du Barbille)是17世纪法国剧作家莫里哀的一部喜剧,讲的是
　　蹩脚人与其妻子以及妻子情人之间的闹剧故事。——译注
⑤　夏洛特(Charlot),即英国喜剧演员查尔斯·卓别林(Charles Chaplin,1889—1977)塑造的人
　　物。——译注

地的一些孩子一起玩;我和他们一起捡拾松树皮,然后我们以每袋 1 法郎的价钱卖掉。每天晚上,在火堆旁,我阅读欧仁·苏(Eugène Sue)(《流浪的犹太人》[Le Juif errant])。1927 年夏天,我们是在奥斯戈尔(Hossegor)度过的,那里当时尚不时髦;只有两家湖上旅馆,在人们从来不去的远海上什么都没有。

　　1927—1930 年:我回到了蒙田中学,续读初中一年级,我从那时开始成了"文科"方面的"好学生"(特别是语文和历史)。到了初中三年级在 A 班上课的时候,老师是格朗塞涅·多特利夫(Grandsaignes d'Hauterive)先生。他戴着一副玳瑁质夹鼻眼镜,散发着一种胡椒的气味;他把班上分为"阵营"(camps)和"群帮"(bancs),每一方都有一个"头头";这仅仅是为了竞赛。我还在卢森堡公园玩;我的一帮同学在一条小街上有汇合地点,如今那里已经成了玩滚球游戏的人们的小街;这也是一个群帮,是一个"神圣的群帮";我们玩找人游戏,用绳子度量公园的周边长,我们搞耐力赛跑,公园守卫向我们发出警告,并问我是不是曾在参议院提出"向作战士兵送上热葡萄酒"议案的参议员巴特的亲戚(原文如此);遗憾的是,我不是。有一天,我从远处看到人们为一个玫瑰色纪念碑揭幕,那是为纪念若泽·马丽娅·德·埃雷迪亚[1]树立的纪念碑。

91　　宗教追求:我读过多遍《新约》,我想成为牧师。每个周日的上午,我都走过艺术桥去卢浮宫的奥拉托利教堂(Oratoire)做礼拜:那里是自由派新教教义的中心。

　　学校有三个假期[2],每当放假时,我都去巴约纳的祖父母家。

　　童年的尾声,由于 1924 年动身到巴黎这一隔断而很快就来临了。就在此之前,巴黎一直是假期才来的地方。出行路线颠倒了过来。地理上的变化同时也是社会方面的位移。来到巴黎,标志着与资产阶级社会领域的隔断和更为明显地进入了贫困。人们并不很清楚亨丽埃特·巴特离

---

① 若泽·马里亚·德·埃雷迪亚(José Maria de Heredia, 1842—1905):祖籍为古巴的法国诗人。——译注
② 按照法国的教育体制,每一学年有 3 个学期,因此也就有 3 个假期:寒假、春假和暑假。——译注

开巴约纳的原因。也许是因为路易·贝特朗牧师为她找到了这份做装帧的工作。也还可能是因为,她在做了一些让人知道自己儿子是国家孤儿(罗兰·巴特在几个月后的 1925 年获得了这种承认)的努力之后,有了机会让儿子作为奖学金学生到巴黎一所好的中学来读书。不管怎样,1924年 11 月,巴特与母亲和小个子的巴斯克佣人玛丽·拉特扎克(Marie Latxaque)又来到了巴黎,首先住进了战争寡妇之家,随后住进了富家人的顶层阁楼,房间里没有巴黎六区大街小巷都有的自来水,也不舒适,他们在那里一直都养着一只猫。

他进入了位于卢森堡公园后面的蒙田中学,读初中一年级(即 CM1:中等课程,第一年)。他记得,他作为来到巴黎的小个子外省人所经历的难以适应的阶段和他感受到的孤独状况。在这种背景下,开始有所表现的疾病对于他就像是一种护佑。这种护佑为他打开了从杂志、从电影和从阅读连载小说中进行更为自由学习的途径,所有这些都处于儿童文化与大众文化的交汇之处,而大众文化则在他身上长久地留下了痕迹。他借助于纵横跑动的公共汽车认识了这座城市,而这种必须进行的消遣使他产生了对于这座城市的更为亲切的另一种情感。从此以后,他便以这里为家,巴约纳的家在保留其作为"他的"家的同时,就变成了他度过假期的地方。但是,这并不使他没有烦恼:那就是白天身边没有了不得不到郊区去上班的母亲的陪伴,这就像包含在《恋人絮语》中的这一生平素所证明的那样:"作为孩子,我不曾忘记;在那些没有尽头的白天、被遗弃的白天里,母亲到远处去工作;每天晚上,我都到来往于塞弗尔-巴比罗那(Sevres-Babylone)两地的'U 增 1 路'(Ubis)公交车车站去等她回来;公交车一辆一辆地过去了,没有一辆车里有她。"[①]1925 年夏天,亨丽埃特结识了一位名叫安德烈·萨勒泽多(Andre salzedo)的陶瓷工业家,此人后来成了她的情人。这个人很有诱惑力,他马术水平很高,与大西洋海岸的上流社会经常来往。在随后的夏天,母亲怀上了他的孩子。那一年,罗兰正读初中三年级。他于 1 月份中断了学习,为的是陪母亲到朗德地区的卡普布雷顿完成她的孕期,那是距离巴约纳市 17 公里的一个小渔港,距离安德烈·萨勒泽多的家也不远,他就与他的艺术家妻子马吉·萨勒泽多

92

---

① 《恋人絮语》,《全集 V》,p. 42。

(Maggie Salzedo)以及 3 个孩子住在圣马丁·德·安克斯(Saint-Martin-de-Hinx)。尽管已婚,但他承认 1927 年 4 月 11 日出生的这个儿子。当时,罗兰·巴特 11 岁半。对于他来说,大概就是这一件事情最终标志着他童年的结束,同时也还伴随着他对于那些时间的模糊记忆,因为这种模糊记忆使他得以将这一事件与他动身到巴黎的出发时期联系了起来。他还以某种方式肯定了他在把对女性之爱只倾注于自己母亲的道路上无障碍可言的情况。这位小弟弟正好出生在他进入青少年和性生活的初期,远不能构成他的对手。这个小孩子的父亲也像是他的父亲那样出现,但很少露面以至于经常被人遗忘。象征性地讲,这个小孩子更是由母亲和长子组成的这一对所培养的孩子,而不是前来搅乱这种爱恋的小儿子。在那个时期,罗兰·巴特经常放任自己的行为,由于在家里从来没有其他孩子的陪伴,所以他已经非常自立。此外,他所属的这个“无家庭中心主义的家庭”也允许变动地方。母亲不大爱显示权威,她并不寻求承担法律责任。“她从来不指责我”。这一评语,经常重现在罗兰·巴特的个人卡片之中,其某些卡片重新被《哀痛日记》所取用。这一评语有多种不同的说法:“她从来不对我像对一个无责任心的孩子那样说话”;或者还有,在有关他母亲的一个文本的写作计划中,他说道:“开始:‘在我与她一起生活的整个时间里——也就是我的一生中,母亲从来不指责我’。”[1]似乎,母亲是一下子就信任了他,而且母亲将她的整个教育都建立在她对于儿子的这种爱和信任的基础上了。对于儿子来说,这种行为有利于他早期自立性的建立,母亲赋予了他责任心。

　　我们看到,亨丽埃特接受的教育是相当自由的,她在生下这个取名为米歇尔的孩子的时候,并不去顾虑习俗。她爱上了一位有点像是吉普赛人的已婚犹太艺术家。萨勒泽多家族曾一直是巴约纳地区最老和最重要的犹太家族中的一支,是葡萄牙犹太人中的一支,因为巴约纳在 15 世纪和 16 世纪末曾经扮演过犹太人在西班牙和葡萄牙遭受迫害和被驱赶后成为他们接收地的角色。直到 18 世纪,巴约纳拥有最大的葡萄牙犹太人团体(在 1750 年达到 3000 人),他们主要集中在圣泰斯佩(Saint-Esprit)镇,他们有多所学校,并接纳了巴斯克和朗德地区农村的那些小

---

[1]　1978 年 6 月 16 日的卡片;重见于《哀痛日记》,p. 270 和 p. 268。

犹太团体①。尽管亨丽埃特经常参与宗教活动并表现出明显的新教信仰,但是她并不受可能的成见所约束。1977 年 10 月,当给她下葬的时候,牧师以巴约纳新教团体的名义向她表示歉意,那并非因为她是一位单身母亲,而是因为她与一位犹太人呆在一起而遭到排斥②。似乎也因为,她自己的母亲诺埃米·雷韦兰在这个孩子出生后就对她断了生活接济。实际上,尽管诺埃米·雷韦兰具有富裕的社会生活状况和居住在她开设沙龙的先贤祠广场,她在生活上并没有怎么帮助过她的女儿。罗兰·巴特的多篇个人文本都表现出对于她的不屑一顾,因为必须向她哀求才可能从她那里得到一件她小儿子穿过的肥大衣服,或是得到一点点钱来度过月末。诺埃米·雷韦兰看重资产阶级习俗,是因为她很晚才皈依这些习俗吗? 或是因为她对于自己的女儿有嫉妒心吗? 在这种疏远之中,很难分出其社会部分和心理部分。这一情况在家庭之中也看得出来,按照米歇尔·萨勒泽多讲述的内容,是诺埃米·雷韦兰嫉妒罗兰和他在学校里优异的学习成绩,因为罗兰的优异成绩反过来突显了诺埃米·雷韦兰最小的儿子艾蒂安(Étienne)在学习上的劣等,艾蒂安只比他的外甥大几岁。也许所有这些原因都起作用了:母亲与女儿之间的关系并不好,从这一方面不能期待任何经济上的帮助。1977 年,巴特曾向《新观察家》杂志的贝尔纳-亨利·莱维吐露,"我们经常出现没有东西可吃的情况。例如,一连三天,都必须去塞纳街一家杂货铺购买一点肝酱或几个土豆"。他也提到过,由于到期支付房费所引发的周期性生存问题,以及每当开学时出现的小小悲剧:"我当时没有应该有的衣服。在集体活动时我没有钱。没有钱购买上课用的书。"③他认为她后来爱好消费是有道理的,那是由当时这种常在的和难以忍受的拮据留下的烙印所致。

与罗兰·巴特祖父母家的关系也变得不好了。在小弟弟出生之后,少年的罗兰只是一个人去巴约纳,那时,母亲亨丽埃特先是在朗德地区的

---

① 来源:《巴约纳的犹太人:1422—1992》(*Les Juifs de bayonne*,1422—1992),1992 年,巴约纳市图书馆的展品,巴斯克博物馆。亨利·莱昂(Henry Léon)著:《巴约纳犹太人历史》(*Histoire des Juifs de bayonne*), Marseille, Laffitte Reprintes, 1976[1893]。

② 路易-让·卡尔韦著:《罗兰·巴特(1915—1980)》,同前,p. 270。

③ 与贝尔纳-亨利·莱维(Bernard-Henri Lévy)的谈话,《新观察家》(*Le Nouvel Observateur*)杂志,1977 年 1 月 10 日,《全集 V》,p. 371。

卡普布雷东镇、奥斯戈尔镇,随后在比斯卡罗斯(Biscarrosse)长时间地租了一栋房子。那时,只是在放暑假的时候,巴特才与母亲和弟弟见上一周或两周的时间。正是在那里,亨丽埃特·巴特有时见到从巴黎来看望他儿子的安德烈·萨勒泽多①。在长时间内,亨丽埃特·巴特与安德烈·萨勒泽多维持着断断续续的关系,但是他们的关系似乎并不怎么好。他们的儿子米歇尔回忆说,他们经常吵架,甚至在安德烈·萨勒泽多 1931 年离婚之后也还吵。因此,一切可以纳入家庭的东西,例如一种家庭观念或一种家庭精神,都受到了损害。只有外祖父班热几乎每个周日都在他于利斯勒-阿达姆的家里继续接待他的女儿和她的两个儿子。在此,无需什么一致的计划,许多事件和情况都在加剧着由家庭和财富不均所导致的资产阶级各种支柱的爆裂。在这个时期,家庭是流动的,而两个儿子和他们的母亲也经常搬家。也许,正是这一点使巴特在其回想起童年时代在巴黎的这一部分时产生了"中心偏移"的感觉。唯独学校为他提供了某种外部稳定性的框架。尽管巴特的疾病使他经常中断学习,但他一直是一位学习优秀的学生。当他回想起上初中三年级几位老师中一位名叫格朗塞涅·多特利夫的老师时,强调指出这位老师过去灌输给学生们的争强好胜与竞赛精神。罗贝尔·格朗塞涅·多特利夫,在其担任巴特的老师时 50 岁左右,还没有出版使其作为语法学家声誉大振的著述,他的古代法语词典,特别是他重要的《欧洲语言词根词典》②也还没有出版。他唯一的硕士毕业论文是有关拉罗什福柯③的悲观主义的,发表于 1914 年。但是,他具有教师的学识、他承袭有据的方式、他的贵族姓氏,这些都足以影响孩子们。

闲暇时的娱乐活动既是孤独的,也是集体的。像其他所有孩子一样,巴特在卢森堡公园有了伙伴,通常按"群帮"一起玩游戏。但是,更应该说是他独自,或者是与玛丽·拉特扎格一起,或者是与他的一个小朋友一起去戏院看戏、去电影院看电影、去听音乐会。这个时期,极为重要的事件

① 他们经常见面,直到安德烈·萨勒泽多于 1956 年 4 月 26 日去世。
② 全名为:《欧洲语言词根词典:希腊语、拉丁语、古代法语、西班牙语、意大利语、英语、德语》(*Dictionnaire des racines des langues européennes. Grec, latin, ancien francais, espagnol, italien, anglais, allemande*),Larousse,1940,1949,1994。
③ 拉罗什福柯:全名为弗朗索瓦·拉罗什福柯(Francois La Rochefoucauld,1615—1680):法国道德观念作家。——译注

是发现了"四人联盟"①：他们是路易·茹韦(Louis Jouvet)、加斯东·巴蒂
(Gaston Baty)、皮托埃夫(Pitoëff)和夏尔·迪兰(Charles Dullin)，他们是
大众戏剧创作的起源。于是，他经常去迪兰 1921 年创办的工作室，以及
去马蒂兰兄弟(les Mathurins)的工作室——皮托埃夫到了 1934 年才领导
这个工作室，这就说明，巴特的记忆，就像每个人大多数的童年记忆一样
都没有明确的日期，尽管他本人只是到了其生存的后续时间里才无能力
"标记日期"。"我非常清楚地记得我的童年和我的青年时代，我能说出日
期，并且我知道当时的标记是什么。相反，后来则出现了古怪的事情：我
什么都回忆不起来了，我做不到去标记日期和为自己标记日期。就好像
我无法去回忆，而只有对于出身的回忆，就好像青少年时期是记忆中仅有
的典范时期。"②但是。对于日期的这种记忆本身也是不稳定的，并且有很
大的可能是，经常出入戏院和去听科洛纳乐团和帕德卢乐团的音乐会发
生在他进入路易大帝中学之后的真正青年时期。相反，他准确地回忆起
他很小的时候在位于蒙马特的托洛泽(Tholoze)街 28 号电影院上演过的
由比努埃勒(Buñuel)执导的《一只安达卢西亚狗》(*Un chien andalou*)(该
片完成于 1929 年)。该片中，时间在前或在后的跳跃，使其在叙事方面变
得非常特殊，有可能会象征性地表现出对于有时拉长、有时混乱或有时颠
倒的遥远记忆的密集排序。

在蒙田中学学业的结束，标志着他进入青少年时期的第二个阶段。
正是在读初中三年级的时候，巴特结识了菲利普·勒贝罗尔，后者成了他
的朋友。这一时期，也是巴特摆脱宗教的时期。与他最初的性情相联系
的，是他对于一些新的书籍的阅读，而这种阅读使他看到了另外的世界。
这要归因于两部书所起的作用：由沙普捷评述的安托万·邦的摄影汇编
《在希腊》和普塔莱斯所著的《尼采在意大利》③。这两本书模模糊糊地告

---

① "四人联盟"(Cartel de quatre 或 Cartel)：指的是由四位戏剧导演于 1927 年结合而成的一种联
  盟。——译注
② 与贝尔纳-亨利·莱维的谈话，《全集 V》，p. 364。
③ 《在希腊》(*En Grèce*)，收有 122 幅安托万·邦(Anoine Bon)的摄影作品，由费尔南·沙普捷
  (Fernand Chapouthier)作序，Éd. Paul Hartmann, 1932；居伊·德·普塔莱斯(Guy de
  Pourtalès)的著作《尼采在意大利》(*Nietzsche en Italie*)，Grasset, 1929。实际上，后面这部献
  给保罗·瓦莱里的书籍是无关紧要的，因为它借写作神之死亡的一章将知识分子与天主教
  徒对立起来。"对于知识分子来说，任何快乐在其自身和从其自身都是任何享受、任何生命"。
  这种内容会使任何狂热的青少年兴高采烈。

诉他,在课堂之外还有其他东西可学,而文学则可直接地被感受。费尔南·沙普捷写道:"在读者考虑其以前文本的情况下,如果能使已知词语产生新的颤动的话,那么这本书就会达到其目的"。对于后来年份的规划是开放的:承诺友谊长存的年份,初恋的年份,初期迁移但也是通过运用希腊语和拉丁语以及通过发现戏剧而与古人相融的年份。1979 年 7 月的

97 一则日记零散地触及到了这一点:"早期的情恋:雅克·G.(Jacques G.),曼特洛拉(Manterola)两姐妹。甘必大(Gambetta)街的诊所,性欲望,海员大道,蚊子,邮局的信件,夜晚……"①

---

① 铸造工业标准局(BNF)编号为 NAF28630 的文件,"大卡片库",1979 年 7 月。

罗兰·巴特在1930年

98

两岁时的罗兰·巴特

巴特家族在巴约纳市的宅邸
（"三个花园"）

de Bayonne, qui s'y prêtait avec les recoins? [15]
→ Pensé qu'enfant je m'étais fait une
retraite à moi, cabane et belvédère, au
palier supérieur d'un escalier extérieur, sur
le jardin : j'y lisais, écrivais, collais
des papillons, tricotais ; cela s'appelait
(basque + latin) "Gochokissime" → Pen-
sée que ma grd-mère et ma tante avaient
favorisé cette installation, trouvé le
nom etc— Pensée que elles, ma mère, é-
taient profondément "gentilles", bonnes ; gé-
néreuses (sans mesquinerie ni jalousie etc).
→ Et alors pensé, par un détour bizarre —
on "découvre" qu'en somme Freud ne s'
est jamais occupé de la "gentillesse" des
parents. Tout un égal devant lui
le bon et le méchant. Cependant cette gentillesse
peut être "déterminante". . . .

1978 年"大卡片库"，
"无所事事"

99

与母亲和弟弟在海滩上

3. 面对生活

接受教育的年代

巴特进入了路易大帝中学,这所中学的正面墙体是 19 世纪末重新完整修缮的,它位于圣雅克(Saint-Jacques)街与屈雅斯(Cujas)街的夹角处。促使这所中学出现现时状况的过程,是一种逻辑发展的结果,因为该中学的低年级班于 1885 年被转移到了蒙田中学,于是后者便成了该中学初中三年级男生上课的附属学校。上学路线也发生了变化:他走过他与布朗沙尔(Blanchard)兄弟俩会面的克莱芒(Clément)街之后,又走过费卢(Férou)街、卢森堡公园,现在他正通过马扎里那街去医学院(École-de-Médecine)街、圣米歇尔大街和热尔松(Gerson)小巷①。上课的教室位于原是克莱蒙中学的古老建筑之中②,耶稣会曾在这里培养出了莫里哀和伏尔泰,并且波德莱尔也曾经常光顾这里。巴特在这所中学里完成了他从初中四年级到进入高中三年级(文学班)(当年被称作"哲学班")的学业;他一直是成绩优异的学生,在文学科目上成绩更为突出,到他 1934 年因第一次去贝杜(Bedous)疗养院而长时间辍学之前,他的学业一直没有什么问题,可是那次辍学使他中断了高中三年级的学习。生活的节奏都由课表来确定,所有的假期都在巴约纳度过。在那里,他在好友雅克·吉莱(Jacques Gilet)身边度过了青年时期最快乐的日子,他有着音乐和钢琴的

---

① 《罗兰·巴特自述》中未纳入的回忆内容。安娜·埃施伯格·皮埃罗曾将其发表于《起源》(Genesis)杂志,n。19,2002,p. 46。

② 路易大帝中学的前身是克莱蒙中学,始建于 16 世纪,最初是一所耶稣会的学校。——译注

陪伴——他独自弹奏钢琴,有时也与雅克或姑姑爱丽丝一起四手联弹。在长长的自传性注释文字中所讲到的那些记忆,几乎不会为《罗兰·巴特自述》提供更多的回想内容。现在,不再是进行深刻回忆的时刻——因为102这种回忆需要付出一定努力,需要对于不明朗内容、片段内容和分散内容进行深入探讨,而是社会时代的开放时刻,这种开放更是在培养您,而不是在培养巴特,并且它比从前更为密切地将个体性与集体性结合在了一起。

　　1933 年:我在通赛中获得了拉丁语命题的奖状(为什么是拉丁语命题呢?),于是,我拿到了高中最后一年的会考文凭;作文题目是《浪漫派主人公》(«le héro romantique»)。我根据[原文损毁],在课上使[原文损毁]获得理解之后,我摆脱了这一文本。在那一年夏天,我有了一位波尔多朋友,他叫雅克·吉莱;我每天都会看到他;我们从下午 2 点到 6 点,四手联弹,无忧无虑;我每天上午在海滩见到他,而晚上则是在比亚里茨;有一天,我的姑姑不再弹钢琴了,并且严厉地对我说:"你不认为你过分了吗?"。

　　1933—1934 年:在路易大帝中学,与勒贝罗尔、布里索(Brissaud)、瓦里德(Oualid)几个同学,我们不知好歹地选择了米约(Millaud)先生的班级,因为他的班级在考试时成绩非常好;他讲起课来滔滔不绝;他系着一条现成的领带,是装在一个小金属架上直接挂在领口上的;有时,在他全然不觉情况下,领带的架子脱离了领口,领带就耷拉在了胸前,就像是一段发蔫的枝条;他谈论伯格森[①]和泰奥迪勒·里博[②]。历史教师是穆泽(Mouzet),又称纳韦(Navet);学生们对他起哄,他却喜欢这样,以致那些肆虐无度的学生有时拿他开玩笑,他因此而变得语无伦次。这个班政治色彩较浓;班上有不少法西斯主义者(青年爱国者党团);这是 2 月 6 日所在的那一年[③];左派学生

----

② 泰奥迪勒·里博(Théodule Ribot, 1839—1916):法国哲学家,被认为是法国心理学的创始人。——译注
③ 这里指 1934 年 2 月 6 日,那一天,法国右派和极右派分子组织大规模的反对议会的游行示威,最终导致骚乱,致使死亡 15 人,伤 2000 余人。——译注

很少（肖当［Chautemps］、肖迪耶［Chaudié］、勒贝罗尔）；我们相当有气势地组成了保卫共和与反法西斯（Défense Républicaine et Antifasciste［DRAF］）小组，因为几年来我就在阅读《作品》①（激进派杂志）和若莱斯②（马克思主义者：不被人所了解）。

　　三年来，我教过几门特殊的课程：出色的、智力的和社会的劳动。我决心长期地成为 G 医生家两个儿子的家庭教师，他们住在圣米歇尔大街，就位于广场的上面（今巴黎银行［BNP］办公大楼）；但是，1934 年 5 月 10 日，我出现了咳血；我在距离高中会考还有两个月的时候离开了学校，去了巴约纳：那里天气炎热，暴雨频发。家庭医生克洛斯特（Croste）为我注射金硫丁钠注射液（sels d'or），就像一只斑蝥落在了我的胸口上，而且医生的这句建议叫我开始有了点理解：不要去想年轻的姑娘。不过，我的朋友雅克·吉莱远离了我。

　　1934—1935 年：为了避开（现在看来是错误的）疗养院，我在贝　　103
杜（与母亲和弟弟一起）度过了一年的自由疗养，那是在不到松波尔山（le Somport）的阿斯普（Aspe）峡谷的一个大村庄里；我们住在呢绒商拉里克（Larricq）的三间屋子里：他是一个帅气十足的男人，文质彬彬，娶了一个流亡的俄罗斯女贵族为妻，他妻子的母亲与妹妹也生活在那里，她们就住在一间屋子里，她们为生计而整天制作着壁毯；她的妹妹有点鸡胸，但很有魅力，他给我上德语课；我得以从波城的佩蒂翁（Pétion）家租来了一架钢琴。后来，我开始厌倦，并生活在一种说不清楚的性压迫状态之中；但是，在文学方面，这便是弗吉尔③时期；弗吉尔的无数诗歌被用在了这种乡下生活之中。

　　1935—1936 年：返回巴黎，住在塞尔旺多街一套公寓房子里。准备注册高等师范学院吗？不可能：我无法再早起去预科学校。我进了索邦大学读本科，学习古典文学（这也许是个错误：似乎最好选择哲学或历史）；课程使我厌倦，以至我白天都呆在空荡荡的图书馆里

---

① 《作品》(Œuvre)：20 世纪上半叶法国一家左派杂志，后在德国占领期间与德国合作，遂停刊。——译注
② 若莱斯(Jean Jaures，1859—1914)：法国左派政治家。——译注
③ 弗吉尔(Virgil，拉丁文原名：Publius Verglius Maro，前 70—前 19)：拉丁诗人。——译注

与几个同学闲聊；我也有时去吉贝尔书店对面的马屈左甜食店吃乳品，或者是去位于学院街的奥地利甜食店。我们创办了一个古代戏剧小组，占用了我们所有的时间：我们排练《波斯人》(*Les Perses*)，已经登上了节目单（但只是用古希腊语口语来演，演到亚托沙[Atossa]之梦的时候，我连一句台词都说不出来）。

　　1936年5月：是人民阵线，在索邦大学演出《波斯人》第一场（我扮演达里尤斯[Darios]，从小教堂的门口走出）。

他在巴约纳或到其他地方去度暑假时，都与一些朋友，特别是布里索和勒贝罗尔、萨蒂亚·瓦里德和让·于埃尔(Jean Huerre)进行书信联系。在巴黎，他与雅克·吉莱交换着充满激情的书信。这些书信内容告诉了我们当时年轻人重要的学习方向和未来计划。在上高中一年级的时候，他从罗马尼亚国王的全权公使——一位分发奖项的荣誉客人——手中接下了优秀生名单：他获得的第一个奖是历史与地理奖，他还获得了其他6个奖，其中包括一个体操奖。上高中二年级的时候，他获得了差不多全部奖项。他与和他同样是优秀生的朋友菲利普·勒贝罗尔决定一起准备注册高等师范学院。两人分享和交流着他们对于文学的爱好：先是马拉美和瓦莱里，随后是波德莱尔和普鲁斯特，巴特在《去斯万家那边》(*Du côté de chez Swan*)一书中发现了对于外省生活的动人描述，即便他只是到了两年后才阅读后续作品①。高中二年级的夏天，他如饥似渴地阅读了若莱斯的作品，那是在语文老师引导下阅读的。他曾试图按照自己的想法改变祖母，而祖母似乎表现出了某种抗拒。1932年8月30日，他写信给菲利普·勒贝罗尔："我似乎难于不发火。在那之前，我一直是社会主义者（这对于一个16岁的男孩子来说是招人注意的），在思想上与整个逆潮流而动的民族论者群体有点矛盾。在阅读了若莱斯之后，我已不可能保持温和立场了，这种立场是法国人很珍爱的恰好是中间的立场。若莱斯使社会主义展现出如此的规模、如此的力量和真实、如此的神圣，我们简直抗御不住……如果我们深入到事物内部，就会看到，在若莱斯的作品中，他谈的并不是政治，而是人性：这正是其让人拍手叫绝的地方：他说的一切，

----

① 《去斯万家那边》是普鲁斯特系列小说《追寻逝去的时光》的第一部。——译注

都是富有智慧的、高贵的、人性的和尤其是善心的。因此,他对于青年人的有关*和平*的讲话是演说和激情的代表作。"那几年的政治倾向,完全是受阅读引导的。对于任何哲学的或文学的发现,巴特都给予了同样的赞赏,而这种赞赏则促进了他对于相关学科的学习。

　　17 岁的时候,尽管物质条件一直是困难的。他成功地通过了他的第一次高中会考。他通过非常有规律地为别人上一些特殊的课,而有了点钱去看戏或是听音乐会。由于总是很高兴地重回"这个充满阳光和炎热的令人欣悦的地区"①,即那他熟悉的和家庭所在的西南方地区,他便把时间用在了骑自行车长距离的跑动("由于没有诗性,自行车带着我看到了多处美丽迷人的地方")②、音乐和文学上。在上中学的时候,他就与几个同学制定了创办一份杂志的计划——"当然从来没有实现过"③,他准备了一篇《对话录》(*Criton*)④的仿作,更可以说是仿作之仿作,因为其范本就是朱尔·勒迈特在模仿一些古典作品的作者风格时借调整作品之末所做的仿作⑤:巴特在此以修辞格和葡萄酒的联合效果赋予了苏格拉底一种外加的生命。那篇文章发表于 1974 年《艺术》杂志为巴特安排的一期专号上。文章中充满了幽默,成了中学生古典精神的范例,有人说这在学习语言中也属于幼稚。"菲德尔说:'而历史呢?——苏格拉底说——'历史嘛,柏拉图会安排的!'",随后将他的手放进了无花果菜肴中。巴特评论最终导致写作这第一篇文章的各个方面:最为明显的方面是文科班即贵族般的学生文化,因为在这种班里,学生们学习写的是与口语相去甚远的一种法语,类似于对古代语言的一种翻译;这种翻译将一种文明的关系传递给古希腊,而中学并不激发对古希腊的任何特殊欲望:"必须离开它来猜测希腊语之外的事物(借助于一点尼采、一点雕塑艺术、某些有关希腊纳夫普利岛和埃吉内岛的照片),这样,也可以是性欲"⑥。第二个方面,是

105

---

① 1933 年 4 月 7 日写给菲利普·勒贝尔罗尔信,菲利普·勒贝尔罗尔遗赠,IMEC。

② 同上。

③ 《第一篇文章》(«Premier texte»),《艺术》(*L'Art*)杂志,1974 年第一季度,《全集 IV》,p. 497。

④ 指的是柏拉图早期的对话录。——译注

⑤ 朱尔·勒迈特(Jules Lemaître):《古书之外,故事》(*En marge des vieux livres, contes*),Librairie générale d'imprimerie et librairie, 1905。该作品提议根据《奥德赛》《利亚德》《拜火神谕》《埃涅阿斯》《福音书》《金色的传说》写出 6 部仿作。

⑥ 同上。

由青年时期的阅读构成的：没有任何对于先锋派的参照，既不读巴塔耶，也不读超现实主义，还不读阿尔托①，而是阅读"纪德，只有纪德，是在混合有巴尔扎克、大仲马、多种传记、多位1925年的低劣小说家等作品之中选出的纪德。"第三个方面，仍然是和一直是西南方的童年，是巴约纳家中花园里小而多皱的无花果，有时因还没有怎么成熟而显得生硬，有时又因为熟透了而变得腐烂，我们可以在这种总是不完美的成熟之中，看到有关其青年时代写作的一种间接变化情况，而这种写作一直处在学校教学练习之外。

　　相反，他却更看重写作他的第一部小说。在高中二年级的时候，菲利普·勒贝罗尔就多次和他谈到他们各自的计划。对于勒贝罗尔的小说，巴特曾在1933年4月14日的长信中做了分析。小说讲述的是复活节假期的故事，展示的是一个雄心勃勃、但却连遭失败的人物。在巴特成为批评家之后，他曾建议这位密友"让他的朋友塞尔日死得更早些；他已不能抗御一连串的失败了"。随后，他描述了自己的计划，首先特别指出，他的主人公并不是他自己，即便他小说的许多细节取自于他的生活，取自于他在巴约纳生活时可能的情况。他展示的是一位外省的年轻人奥雷利安·帕日（Aurélien Page）："他的家庭基本上是一个资产阶级家庭，属于当地'应该是的'外省贵族。这种当地人的思想，即专制思想、虚伪思想，并且是典型的资产阶级道德观，体现在奥雷利安的祖母身上（并非因为个人的相似关系；远不是；我的祖母很有思想，而丝毫不具备作为母亲的帕日太太的情感与原则；但是，却必须在战斗者之间出现相当大的年龄差别）。"这位年轻人具有变革的期望，但是这种期望并不包括他所在的阶层，病因使其进入了与他的冲突之中。"他想离开，可是母亲拦住了他，他既不能带母亲走，也不能放弃她，而且家庭的和社会的各种法则使他忍受着极大的痛苦，然而他却无力将其破坏。"随后，他遇到了一位年轻的女子埃莱娜·马诺里（Hélène Manory），该女子更不允许他与他必须生活在其中的社会形式相决裂。

　　正像在菲利普·勒贝罗尔的情况里一样，对其他作家的参照是明晰可见的：首先是巴尔扎克，随后是20世纪20年代的社会小说——正如人

---

① 阿尔托（Antonin Artaud，1896—1943）：法国作家和戏剧理论家。——译注

们可以在罗贝尔·埃斯托尼耶(Robert Estaunié)、乔治·迪阿梅尔(Geor-
ges Duhamel)、亨利·波尔多(Henri Bordeuax)或雅克·德·拉克雷泰勒
(Jacques de Lacretelle)以及当然还有弗朗索瓦·莫里亚克(François
Mauriac)的小说中所读到的那样,那种小说都是**教育小说**(Bildungsro-
man)①在外省的不同版本。此外,巴特在信的末尾明确指出,为了描述一
个年轻人与社会之间的这种对立关系,他曾得益于"他非常喜欢的一位小
说家勒内·布瓦斯莱夫(René Boysleve)"的启发,这位小说家指出,"'年
轻有教养的女孩子'在结婚的时刻是何等的害羞和奴颜婢膝。我很想指
出,这对于男孩子来说,也是一种真实的必然出现的情况"②。在故事平面
和故事显示的人际关系方面,人们取笑主人公对他母亲的忠诚和将他与
祖母对立起来的冲突,因为这种冲突在叙事方面很少是悲剧性的。巴特
一连几个月都在为这一写作计划而工作,只是到了来年时才最终放弃,因
为在随后的一年中,他自己的变化使他决定远离他的人物。1934 年 1 月
1 日,他写信给菲利普:"尽管我在巴约纳,但我已根本不再去想我的小说
了我完全确信我不会继续考虑它了;我决心已下;原因是多方面的:第一
个原因,是我非常满意我在这里的生活,非常满意这个家给我的温存——
我真像阿纳道尔·法朗士③作品中的一位议事司铎那样被人宠爱,以至于
我可能写的小说无法略带与我几个月前所想象的那样的苦涩、那样尖锐
和怨恨十足的激烈言辞。在我这样的年龄,还不能说'我在变老';但是,
最终还是要诚恳地承认人在变化,承认我们作为男人的气愤是发泄在比
一个社会环境的卑鄙更为深刻的事物上的:我想说的是,现在,我精心讲
述过的有关我祖母的那些故事在使我开心、在使我消除我的愤怒。这就
是我所认为的实际原因。"不过,他又补充了一个显然是文学方面的理由,
该理由表明,小说方面的尝试已经与对于形式的寻找一致了起来:"理论
原因是,从我个人方面来讲,如果我必须写点东西的话,那么这种东西就
会持续全力呆在属于**艺术**的框架即'基调'之中;然而,从定义上讲,小说

107

———————————————

① 这是一个德文术语,指的是一种叙事体裁,在这种作品中,主要人物是在与社会的接触和在不
　断从事的经验中成长和成熟起来的,因此它不从人的理想出发,而是根据社会实践来变化其
　情节。——译注
② 1933 年 4 月 14 日写给菲利普·勒贝罗尔的信。菲利普·勒贝罗尔遗赠,IMEC。
③ 阿纳道尔·法朗士(Anatole France, 1844—1824):法国著名作家,1921 年诺贝尔文学奖获得
　者。——译注

是一种反-艺术的体裁;在小说中,形式附属于内容,而心理学必然会窒息审美。此外,我不是在诋毁小说:每一种体裁都有其特定作用。在我看来,我似乎觉得我对于文学上的艺术创作有着某种概念,而这种概念还很少得到确认。"我们看到,所有原因都触及体裁本身,而确定体裁对于一个青年来说似乎过于苛刻。他的探讨经常导致他去注意更属于审美方面的形式,不论是在他尝试写作短剧的时候,还是在他尝试音乐作曲的时候——这包括写作套曲①和初试奏鸣曲。

在 1933—1934 年的那个学年中,发生了两件重大的事件。第一件是外在的,表现为对其生存历史的第一次压力。第二件是个人方面的,那就是疾病对他的生命产生的第一次重大影响。除了他与几位同学致力创办的取名为《有机规则》(*Règle organique*)的文学杂志之外,巴特还感觉到必须表达政治倾向。当时,许多青年人都在政治上严重地倾向于右派、倾向于**法兰西行动派**(Action française)、倾向于**青年爱国阵线**(Jeunesse patriotes),而某些人甚至倾向于法兰西行动的周刊运动派(Camelot du roi)②。只有少数学生表示愿意定位在左派。巴特叫得出名字的是勒贝罗尔、肖当和肖迪耶,最后一位的一位亲戚是议会主席。1933 年 3 月,希特勒获得了全部权力,而与由经济危机后果所引起的不满情绪有联系的反议会主义在整个欧洲蔓延。1933 年 12 月 25 日,巴约纳市信贷银行的经理(巴特无法对于该事件无动于衷)居斯塔夫·蒂西耶(Gustave Tissier)因欺诈和向持券人发放 2500 万法郎的假债券而被捕。人们很快就发现,欺诈是由市信贷银行的创建者塞尔日·亚历山大·斯塔维斯基(Serge Alexandre Stavisky)与巴约纳议会议员兼市长多米尼克-尤瑟夫·加拉(Dominique-Joseph Garat)(他后来被判 2 年监禁)伙同司法、警察和政府多名要员组织谋划的。这一丑闻爆发后,斯塔维斯基1934 年 1 月 8 日被人发现死在沙莫尼克斯镇(Chamonix)的木板小屋里。各家报纸都这样讽刺说:"斯塔维斯基用一支左轮手枪自杀了,子弹是对着脸射出的",或者是"斯塔维斯基是靠一颗距离 3 米射出的子弹自

---

① 1934 年 1 月 17 日,他给菲利普寄了自己在五线谱纸上写的第一首曲子:那是以"fa"为主调的一支套曲,"严格地讲,那是少有的一个范例,它完全是作者用手抄给他的朋友菲利普·勒贝罗尔的"。

② 指二次世界大战期间出售法兰西行动派周刊的人。——译注

杀的。这就是有权有势人物的下场。"反议会主义借此事件得到了扩大，并且由于它和不再担心表达(斯塔维斯基是加入法国籍的乌克兰犹太人)的反犹太主义结合在了一起，最终导致了2月6日的骚乱,而巴特认为这是他青年时代经历的重要事件之一。就在这一事件的前几天,极右派游行队伍的叫喊声还是尤其针对肖当和司法部长欧仁·雷纳尔迪(Eugene Raynaldy)的。就在新一届政府必须出现在议会的那一天,大学法郎日党①号召在协和广场集会,来反对所有"革命的组织",并且领导了一个很大的准备"与进犯者做斗争"的全国运动。集会转变成骚乱,当天晚上,与维持秩序的警方发生的冲突造成了16人死亡和近百人受伤。许多路易大帝中学的学生响应了极右派阵线的号召,而左派学生则感受到更有必要奋起反对法国法西斯主义的上升势头。他们组建了保卫共和与反法西斯主义联盟小组,领导人是瓦尔德克-卢梭(Waldeck-Rousseau)和莱昂·布卢姆(Léon Blum),这一组织比起由共产党1920年创建的反法西斯联盟更有声势。他们表明在保持是民主派的同时通过各种手段来时刻准备捍卫自由。年轻的巴特对政治的介入,由于受到若莱斯英雄形象的影响,当时还是相当浪漫的,但是,这种介入远不是抽象的,不应该忽视其处于形成过程中的特征。在反对极端主义斗争的基础上得到政治上的锻炼,可以说明其后来的立场。巴特在他很晚的日记卡片中,重新谈到了赋予其年轻时代以标志的这些事件:他把与保卫共和与反法西斯主义联盟有联系的1934年2月6日这一天看作是他成长过程中的决定性场面之一②,他在《哀痛日记》中回想到了斯塔维斯基事件:"昨天晚上,看了一部荒谬和粗俗的电影——《一二二》③。故事发生在我经历过的斯塔维斯基事件时期。一般说来,这个时间不会使我有任何想法。但是突然,背景中有一个细节使我情绪激动:仅仅是一只套了灯罩的灯,它的细绳正下垂着。妈姆常做灯罩"④;在他与别人的通信中,我们也看到他看重自己身边要有一些睿智聪慧的人,这样,他就可

109

---

① 是当时由青年阵线组成的一个右派团体。——译注
② 铸造工业标准局(BNF)编号为 NAF28630 的文件,"大卡片库",1979年8月1日。
③ 全名为《一二二,普罗旺斯街 122 号》(*One Two Two*,122 *rue de provence*),制作于1978年,讲的是1935年一对里昂的青年男女以不同方式获得成功的故事,属于悲喜剧影片。——译注
④ 《哀痛日记》,p. 136。

以与他们一起讨论政治和文学。"我将只向他们问一件事情:如何成为'非-因循守旧者',即**大卫式的伙伴**(Davidsbündler)①";在此,他把罗贝尔·舒曼1834年创立的俱乐部当作自己的模式,该俱乐部由一些真实存在的和富有想象力的人组成,舒曼以多种形式参与活动(梦幻者欧西比乌斯[Eusebius],外向型人物弗洛雷斯坦[Florestan]),而这个俱乐部就在莱比锡的鲍姆咖啡馆(Kaffeebaum)聚会,为的是反对所有形式的墨守成规和资产阶级的因袭做派。

　　行动的各种可能性都受到了限制,而尤其是受到了他1934年5月出现的咯血症的限制:他开始吐血,并且尽管还没有诊断为肺结核,但是这种信号已使人足够悲观,以至医生让他到空气新鲜的地方做长时间休养。巴特不得不放弃他在6月份需要参加的高中会考,他的各种未来计划也因此受到了影响。在18岁的年龄,这样的事件是一种悲剧性的停顿。它使他与朋友们断绝了来往,使他的学业中辍,同时在他的面前树立起了长期患病和最终是死亡前景的巨大障碍。在后来进入圣伊莱尔-迪-图韦(Saint-Hilaire-du-Touvet)和莱森(Leysin)两处疗养院之前,这第一次的隔离经验,在很大程度上决定了他未来的生活:它决定了他的超脱性格,决定了他对于欺骗的感觉,也决定了他躲进文学与批评之中。他与母亲和弟弟一起去了位于比利牛斯山腹地的贝杜。那是个坐落于阿斯普山谷的村庄,拥有一处适宜做各种疗养的富含硫和铁的温泉。大夫们首先对他进行静脉注射金硫丁钠注射液的基础治疗。巴特一家住在属于呢绒商拉里克的一栋很大的房子里,大门朝向大街,面前的国道连接波城与萨拉格斯城(Salagosse)。在这个有三名医生、一名公证员、一名药剂师、一名税务官、一名邮局收件员和三名或四名小学教师的小镇上,人们平静而无扰地生活着。米歇尔到位于距离村子广场很近的学校里上学。他们常去奥斯(Osse)村的牧师那里和贝斯特(Mme Best)太太家,他们有时就在贝斯特太太家吃午饭和弹一会儿钢琴。最初,巴特还复习一下高中会考的科目,包括哲学、自然科学、古代语言。他每天弹两个小时的钢琴,也还有学习驾驶的计划。下面就是他12月4日写给菲利普·勒贝罗尔的信中对于当地的细节描述:"贝杜是一个很有魅力的小小的洞穴,就位于山谷谷

110

---

① 1934年1月1日写给菲利普·勒贝罗尔的信。菲利普·勒贝罗尔遗赠,IMEC。

口的进口处。谷口，就是阿斯普山谷的某种盆状的扩展，方圆七八公里；四周的山丘就是我的地平线。阿斯普山谷里，激流、铁路、国道穿行其间又相互交错。在谷口的周围，散落着一些小村庄，每个村庄脚下都有一个更小的山谷，它们钻入大山之中，地表覆盖有牧场：这些村庄分别是贝杜村、奥斯村、莱斯村(Lès)、阿塔村(Athas)、阿库村(Accous)、茹埃村(Jouers)、奥坎村(Orcun)，而贝杜村是其中较大的村子。在位于村前或村后轮廓线外的谷口周围，不规则地散落着高 50—70 米的被叫作山包的小高地；这些山包充当着放牧绵羊的牧场。那些目及所至的大山堪称巍峨(海拔 1000—1500 米)。谷口向法国方向(也就是向北)越来越狭窄，变成了一种朦胧的薄纱，薄纱清晰地展现出向奥洛龙城(Oloron)①延伸的山谷；你要理解，当你在离开狭窄和痛苦的这条长廊而来到这个小平原上，眼见远处是宽阔与和谐的视野、耀眼与斑斓的色彩、美丽的牧场、长长的杨树林、激流和那些像玩具一样散落的村庄(通常，炊烟袅袅升入蔚蓝的天空之中)的时候，你就会理解我所感受到的那种快乐与平静。向西班牙方向看，向松波尔山隘口看，也就是向南看，山谷被两块几乎挨在一起的巨石所封闭，巨石之间只有一条狭小的可供野生动物穿行的缝隙：那便是埃斯基(Esquit)炼铁厂；在山坳的后面，我们看到的是高高的山，我会另外给你画一幅山谷图。"这种静态描述的质量，也像对属于自然和植物的一切描述那样，是他在那个时期书信中完全特有的标志，但在随后的书信中也不是没有；他始终关心他遇到过的所有花卉，甚至是景物的哪怕是很小的变化。他对于这个地区形成了明显的爱好，认为这个地区简直令人叫绝，它天空晴朗明净，大山白雪皑皑，视野更为宽敞开阔。这个地方的地形地貌，就像与母亲和弟弟一起与世隔绝那样，为这种逗留之地赋予了在童年时代、在一处受到保护的阳光充沛和静谧无扰的地方才有的一种悠闲休息的所有特征，即在巴约纳家中的那种"无所事事"状态。在他的生活中，这也是他与小弟弟一起分享的时刻。当他在巴黎的学校读书时，与弟弟见面很少，因为在巴黎时，他经常和同学们外出，接着几乎在整个战争期间他便与弟弟处于分离的状况。两人日后经常回想起那段时间，就像人

111

---

① 全名为奥洛龙-圣玛丽城(Oloron-Sainte-Marie)：距离波城 30 公里的一座小城市，人口为 11000 人。——译注

们回忆起那些快活的日子与共同度过的时刻一样。因此,尽管他生命中第一次患病使他中断了与弟弟的接触,但是这第一次和与世隔离的考验也是成年之前的一次未曾预料的飞跃,这种飞跃可以使得那一时期成了一种常在的、重复出现的领域,而不是对于一个失去的地区的怀念。

巴特在贝杜所获得的感受,并不总是如此和谐的。他在10月份的时候回到了巴黎参加高中会考,但是预科班的大门最终还是向他关闭了,因为几张必须做的医学检查禁止高等师范学院接收患过肺结核枘的学生。

112 当菲利普·勒贝罗尔1934年10月进入路易大帝中学为高等师范学院设立的一个拥有70名男生而例外地只有几个女生的预科二年级班(hypokhâgne)的时候,当菲利普·勒贝罗尔向巴特谈论他的几位历史老师如皮埃尔·克拉拉克(Pierre Clarac)、阿尔贝·巴耶(Albert Bayer)、阿蒂尔·于比(Arthur Huby)的时候,巴特表白他对于自己的未来忧心忡忡。有一段时间,他曾考虑去注册巴黎古文献学院(École des chartes),但是他放弃了,因为那里需要全心正规地学习、全心依随一种预科班的急迫节奏,而他的身体状况不允许他做到这一点。他注册了法学一年级课程,但是继续依靠几位朋友送给他的书籍来强化拉丁文学习。他阅读莫里亚克①的书、巴尔扎克的书(《农民》, Les Paysans)、朱利安·格林②的《穷困潦倒的人们》(Épaves)——他认为这后一本书过于冗长:作者的痛苦完全可能损害他,但是,他并没有被一种相同的负罪感所困扰;格林的天主教信仰使他变得处事冷静。他也阅读吉罗杜③晚年于1934年出版的《与天使搏斗》(Combat avec l'ange)、蒙泰朗④的作品、但丁的《神曲》,而特别是纪德的作品,其中《窄门》长时间地影响了他。他欣赏凯瑟琳·曼斯菲尔德⑤,但是他对于阅读《卡拉马佐夫兄弟》⑥感到失望。他也阅读亚森·吕潘的故事⑦。

---

① 莫里亚克(Francois Mauriac,1885—1970):法国著名天主教作家,1952年诺贝尔文学奖获得者。——译注
② 朱利安·格林(Julien Green,1900—1998):在法国出生、用法语写作的美籍作家。——译注
③ 吉罗杜(Jean Giraudoux,1882—1944):法国作家和外交家。——译注
④ 蒙泰朗(Henry Montherlant,1895—1972):法国作家、剧作家。——译注
⑤ 凯瑟琳·曼斯菲尔德(Katherine Mansfield,1888—1923):祖籍为新西兰的英国女作家和诗人。——译注
⑥ 俄国作家陀思妥耶夫斯基(1821—1881)的长篇小说。——译注
⑦ 亚森·吕潘(Arsène Lupin,又译:亚森·卢平):法国侦探小说作家莫里斯·勒布朗(Maurice leblanc, 1864—1941)创作的系列虚构小说中以绅士和小偷形象出现的人物。——译注

巴特的愉悦阶段与气馁阶段交替出现。于是,他在 7 月 23 日写道:"自从我生病以来,我的生活变得更为紧张、更为热烈。如果你让我说得明确一些的话,我更关注我自己。"但是,8 月 9 日,他的心情就更为郁闷:"我的青年时代,只有说不尽的困难,一年比一年过得悲惨,我不知道你是否会相信对于这种悲惨的讲述,因为这种讲述充满着传奇与悲剧。我曾经认为,一种不幸会驱赶另一种不幸,而且我的病会使我摆脱其他痛苦,我直到现在也还是怀有这样的希望。但是,我必须收敛这种信心。现在,我又一次与之斗争,并且今后是在无体力支撑的情况下与之斗争,而这种体力也还在为此不断地消耗着。(……)在我的生活中,有一种非常强大的因素,那就是:烦恼,这种因素可以很好地说明我的精神生活而现在是身体方面的一些现象。"在阅读他的信件的时候,我们可以看到,从那个时候起,巴特产生了对于抱怨的一种癖好,而后,很少有什么个人事件可以扭转或平复这种抱怨。我们理解——他也理解,一种患者心理已经在他身上扎下了根,任何事情都会使他不得安宁,他将在观察各种症状之中、在做各种联系和各种推断之中度过他的时间。在那个年代,多种结核病所带来的最终结局使他产生了对于死亡的一种恐惧,而唯独创作之能力有可能减缓这种恐惧。

113

  不过,疲倦、通常卧床的需要和尚难确定的尝试,使得写作变得困难重重。1934 年 11 月 6 日,他向勒贝罗尔透露了他深陷无从下笔的生活状态的苦恼:"悲观,只源于我在创作方面所处的经常性的无能为力。我自感充满诸多创作欲望,但是,无一种可以出现;我接受着一切,并满怀对其加深感受的愿望和需要;不过,却什么都写不出来。如果你接受的话,我具有一种完美的艺术感知性,我自感有这一点;但是,如果我贸然去写的话,我的表达能力是差劲的、低劣的、可笑的。因此,你无法想象我每天、每时、每到一处所构想的所有小说、所有剧情,还有那些随笔、诗歌、交响曲、高贵的情感和那些历险。它们都是草图,具有着'天才的'多样性,但它们从来都只不过是一些平庸的毛坯、一些模糊的和无用的符号,让人看得到的总是渐去渐远的一处美不可言的土地。(……)我对于色欲因此也就是对于真实、对于现时、对于难以把握之物的追求,这一切都禁止我享受创作者的快乐。"不过,他却开始了一部新的小说,关于"快活岛"(«Île joyeuse»)的,这部小说的女主人公是某位朱迪特·德·韦尔(Judith de vere)。这完全是一部现实主义的小说,因为巴特不止一次地把自己放了进去。这一写作工作,同时也想捍卫快乐至上主义(paganisme),也想捍卫对于尼采思想的阐释,因为对于尼采著述的阅读使他非常震撼:尼采的思想"太真实了;它使我呼吸停滞,让我感到难受。"小说包括三个部分:朱利安、克里斯蒂娜、朱迪特。1934 年 12 月,写作布局和故事梗概(各种场面的连结)都完成了。故事的展开牵连到了基督教的善行与无神论的善行。而讲述故事则禁止决断那种善行是"真的善行",这种论题在当时是需谨慎对待的。小说的概要说明,巴特仍然明显地具有宗教意识,尽管他宣称不再有什么信仰。他继续在新教教义方面找到了重大之美,尽管他对于纪德作品投入的阅读增强了他对于信仰的否认(reniement)态度(他喜欢使用这个词,而不使用"否定"[négation]一词)。他对于自己使用从迪阿梅尔①《就像在自己身上那样》(*Tel qu'en lui-même*)一书中引用的话:"达尔古(d'Argout)说,我们这些人,我们这些新教徒,我们与上帝之间从来都只有不和,而不是真正的决裂。也许我们是逃犯,是不法之徒,但我们中没有逆贼、没有弃教者。我理解,我们的上帝是非常有人性的,甚至在我们剥夺其普世作用的时候,我们也在心中为之保留着荣耀和敬重的地位。"

躲避一下,可以使他间接地获得部分体验。于是,他梦想着做长时间的旅行,这尤其是因为他无法再忍受法国的因循守旧做派和预感到去外国生活对他是一种巨大的解放;他也梦想着远走地中海,他关心他的朋友菲利普为 1935 年 4 月的希腊之行所做的各种准备。他建议菲利普不要相信眼睛——"眼睛是最靠不住的感官",而是要相信皮肤,因为皮肤可以让人"获得对于世界的狂热快乐"。他还建议他带上热拉尔·德·内瓦尔②的《东方游记》(*Voyage en Orient*);他对菲利普说,那本书很美、很感动人心。他的主要困难来自于他在贝杜时很少与同龄、常去中学上课的年轻人交流。他决定不去读那一年的法律课程,而是靠自学实现自通,因此,他找到了独自学习的方法。直到 1935 年 10 月之前,他还在贝杜。他

① 迪阿梅尔(Georges Duhamel,1884—1966):法国作家、剧作家、诗人,《就像在他身上那样》是其1932 年的作品。——译注
② 热拉尔·德·内瓦尔(Gérard de Nerval,1802—1855):19 世纪法国著名诗人。——译注

的健康状况得到了恢复,医生允许他在 1935 年秋季开学时注册索邦大学。于是,他开始了对古典文学的本科学习,全家也就都安顿在了塞尔旺多街。在贝杜的最后一天,即在他最终离开这个地方去巴约纳、去巴黎之前,他写道:"从现在开始,我预见我用以应对这种隐居生活的所有苦恼都将很快消失。剩下的,只是对于那一年快乐的和平静的时间进行回忆了,那一年不乏某种诗意。我的眼睛纳入的是各种颜色;我的感官获得了足够的厚爱。"①

有选择的亲近

在他进入青少年时代第二个阶段即青年阶段的那几年中,其主导性情感毫无疑问是友情,巴特将这种友情很快就变成了一种艺术,不管是他对于书信往来的爱好与天赋,还是他在文字上的幽默和对人的诚恳,这些都似乎有利于这种情感与和谐。他有了许多朋友,当然,勒贝罗尔是最亲密的,也还有布里索——巴特曾在 1934 年 8 月去苏夫泰尔(Sauveterre)度假时和 1935 年 4 月去卡扎罗(Cazhalot)度假时去过他家。还有西里尔·德·布吕诺夫(Cyrille de Brunhoff),巴特很喜欢这位朋友,他们之间写过很多信件(我们手头没有)。他与萨蒂亚·瓦里德(Sadia Oualid)之间的关系带有一定的冲突性,他指责后者表现出一些他归因于其"犹太"血统的粗俗行为,他鄙视犹太人的"可悲而又可怜的套近乎表现或诡计",在他看来,套近乎或诡计是某些精神平庸的年轻人的标志。与此同时,当萨蒂亚·瓦里认为自己高中会落榜的时候,正是巴特为他打了保票,并让他在包括巴特多名密友在内的滑稽模仿娱乐活动之中扮演角色。与菲利普之间最为忠诚的友情,在多个方面有了明显的发展,这可用于说明他的整个生存过程。1935 年 12 月,他写道:"在把我们彼此连结起来这种对等性(人们现在都这么说)之内,有着某种美妙的东西、有着在时间和场域上非常稀少的某种东西,并且,这种东西就像是可靠地确保了我们之间的非-断裂性、永恒性和常在性,在我看来,我向你打赌,它会在我的生活中占据一个非常重要的位置……"就在那一年,巴特整理了勒贝罗尔的信件,他

115

_____

① 1935 年 10 月 5 日写给菲利普·勒贝罗尔的信,见菲利普·勒布罗遗赠,IMEC。

说那信件总共有规格相同的 72 页纸,在他看来,这些信件显示了他们之间的友谊,俨然一部装帧漂亮的小说,里面充满了波折、剧情、各种意识活动、各种顾虑、各种掩饰的冲动等等。

但是,青年时代强烈的友情——当然不是不确定的,为其他或多或少是直接得到表达的欲望留下了位置。当巴特问他的朋友们他们如何理解"男人之间的爱情"的时候,他尤其强调了"对于少年"的肉感快乐,"是从定义上讲的纯粹少年,那些快乐是完整的,而且无任何节制。但是,我只对那些把在电影厅里的低俗和不可告人的快乐与使人意志消沉的快乐等同看待的年轻人说这些,因此,我不说这些快乐是最应该推荐的"①。他说喜欢拉辛,是因为拉辛搬上舞台的那些爱情具有非正常的几乎是怪异的性格,这种性格比巴特总是厌恶谈论的小资产阶级异性夫妇的模式更叫人喜欢。我们前面已经提到过他对于雅克·吉莱的爱情,这种爱情似乎是他第一次的爱恋激情。1933 年夏天,他一直与他在海滩上度过,或者去在巴约纳的祖母家两人用四只手一起弹奏钢琴。他们的密切关系甚至刺激了爱丽丝姑妈,而且,多年之后,巴特还会回想起姑妈在这种情况下对于他的指责。1934 年初,当他的这位同学似乎有点疏远他的时候,他伤心不已。他 1977 年在为马塞尔·博菲斯关于舒曼的书籍写序时还谈到了这一点:"我自己,是在与一位我所喜欢的、像我一样钟爱音乐的同学一起用四只手弹奏钢琴的时候,才开始听贝多芬的交响乐的。"②但是,青年时代的不确定性,加上可能的负担,也使他爱上过一些年轻的女子。他对于某个晚上在比亚里茨赌场上看到的一名叫泰蕾西娜(Theresina)的西班牙女舞蹈演员热情不减:"在舞蹈方面,我把她放在我的伟大音乐之神和诗歌之神的位置上:即贝多芬和瓦莱里的位置。"而在贝杜,他疯狂地爱上了——激情持续了 10 天——一名叫米玛(Mima)的女孩子。下面是他1935 年 8 月 13 日写给菲利普信中的内容:

亲爱的朋友:

---

① 1934 年 8 月 9 日写给菲利普·勒贝罗尔的信,菲利普·勒贝罗尔遗赠,IMEC。
② 《喜欢舒曼》(«Aimer Schumann»),为马塞尔·博菲斯(Marcel Beaufils)著《舒曼的钢琴音乐》(*La Musique pour piano de Schuumann*)写的序言,Phoebus, 1979,《全集 V》, p.722。

　　我之所以没有给你写信，是因为我疯狂地爱上了一个非常迷人的 16 岁女孩子，她叫米玛。米玛头发金黄、皮肤金黄、眼睛金黄。这也许因为我皮肤是棕色的和眼睛是蓝色的故。她有点神态迥然，人们都说她"异常"或"古怪"，或是"有趣"，可是我却认为她令人倾倒。这完全是高乃依所说的那种魅力。我们相互之间还没有怎么说过话。有几次，我在布斯凯杂货商店见到她和家人在一起，而这样的见面会使我一连高兴两天。星期天晚上，在广场上有过一次公开舞会，我们一起跳过舞。她不会跳，我也不会。尽管如此，我们的跳舞是绝对美不可言的。我们当时肯定是迷人的一对。但是，我知道，我并没有对你怎么说过她如何美丽，不过，我简直无法对你说出更多的东西；似乎，我应该（但是，有哪一种艺术做得到呢？）向你介绍一下，在她身上，轻盈、和谐、庄重、稚气、她那有点像是小孩子才有的粗嗓音（可是她已不再是小孩子）、她那令人惊异的迥然神态等，是以什么样的准确比例组合在一起的（我对于使用颇为浪漫的陈词滥调并不感到羞涩）。

117

……

　　我长时间地想念她——这位 1935 年版的缪塞①式小女主人公。她带着一连串的富有诗意的东西进入了我的生活（哦，是那样的少，可又是那样的多）：舞蹈、帽子、在打回力球时相互间说的几句粗俗的话，而当她出现在长满鲜花和洒满阳光的道路上的时候……整个的想象活动浪漫到了极点——所有这些一再出现的浮士德式的意外小事和其他冒险经历，都在我身上展示着爱情所酿出的魔力和痛苦。我为什么要向你讲这些呢？是认真的吗？是文学式的吗？还是带有讽刺意味的呢？哪一点都有。我说不准，我说不准；我听凭被这种富有诗意的浪涛卷走，这是一种极美的浪涛，也是一种平庸的浪涛。

　　在这种小小的情感小说中，所有障碍都构成了画面。米玛与众不同，还因为她有一个阴阳怪气的堂姐安妮（Annie）。她还有一个叫让的堂兄，此人"傲气十足，目空一切，但是不像帕斯卡尔②本人那样聪明"，巴特在他

---

① 缪塞（Alfred Musset，1810—1857）：法国浪漫主义时期的诗人和剧作家。——译注
② 帕斯卡尔（Blaise Pascal，1623—1883）：法国数学家、物理学家、哲学家和道德说教家。——译注

身上重新看到了自己的所憎、自己的鄙视和自己的所怒。"这种厌弃的情
感表现为很想着实地抽他几个耳光。"然而,这个年轻人原来是一个狂热
的军国主义者。有一次,一位共产党人教授在一个反对法西斯主义的报
告会上讲话的时候,演说人刚一开口,上面说的这位堂兄让就大声叫喊起
来。巴特在他写给菲利普的信的结尾这样写道:"你也会理解,对这样一
个家庭产生爱情是痛苦的。"几天之后,一切便都结束了:

> 1935 年 8 月 23 日
>
> 我亲爱的老朋友:
>
>   米玛已被忘记;我知道她也会很快这样做,不过,我对你讲了这
> 些,就像这是我一生中一个关键的事情那样。
>
>   这一完美的时刻已经过去,就像肥皂泡在空中破裂了。

青年时代的浪漫力量和其反常的逻辑,都会在生命中铭刻下
"和……和"而不是"既不……也不"这样的表达方式:从事写作的年轻人
118 既是小学生和大学生,也是小孩子和年轻人。他们仍然受制于转瞬即变
的欲望和过分的形式。唯一能够长存的是自愿接受的激情,这包括文
学,而对于巴特来说,还有音乐。有一天,在奥斯(Osse),也就是在贝杜
地区新教牧师的家里,他被邀担任两支合唱曲的指挥:一支是巴斯克地
区歌曲,一支是贝亚恩地区(Bearn)歌曲。他手握指挥棒,指挥着一队唱
歌人,像在经历着一个真正的梦。音乐一直占据着他的心,这是他经常
情绪激动地说的话。他在愉悦之中重新感受到了快乐。他与他的姑姑
一起练习和声,并初创了几篇作品。他曾帮助姑姑在巴约纳组织过音乐
会。就是从这个时期起,他开始喜爱舒曼,而后来再也没有停止演奏舒
曼的曲子。对于舒曼《关于帕格尼尼〈随想曲〉的六篇协同研究》(*Six
études de concert sur«Caprice»de Paganini*)[①],他说:"我弹奏整个曲子,但
不是按照要求的速度来弹","我懂得识谱,但不会弹奏",他在《法国音乐》
(*France Musique*)杂志发文说:应该任凭节奏发展,应该为犹豫和休止预
留位置,而唱片都过于苛刻地去掉犹豫和休止,致使巴特后来不再喜欢听

―――――――――

① 这是舒曼的一部钢琴曲。——译注

音乐。巴约纳家庭里的女性世界，为欣赏舒曼的音乐提供了自然的居住环境：舒曼是"只与母亲有联系的孩子"①，他是这样的作曲家。在舒曼的浪漫曲中，母亲方面语言的出现是明显的。而在《明室》之中，巴特在谈及舒曼晚年步入疯癫之前创作的一支曲子时，说"这第一首《晨曲》(*Chant de l'Aube*)，与我母亲的生存状况和我因母亲的去世所产生的悲伤相契相合"②，并且它把母亲与《冬季的花园》(*Jardin d'hiver*)的照片做了对比。1935 年 3 月 15 日，他写道：

> 与音乐相比，任何其他都是虚荣的。对于音乐，我并不只有喜爱；还有更多的东西；那便是确信，那便是信仰。就好像我最终确信了叠加在我们世界之上的另一个世界，而这个世界的基础就位于我们的耳际。
>
> 思想：不确定。
>
> 音乐：真实、确定、现实。

这样一来，按照弗朗索瓦·努戴尔曼的说法，一种"有关音乐的初步哲学"形成了，这种哲学假设"理解主动性与自省性之间的关系"③。此外，巴特也在努力，使他的朋友菲利普"改信"音乐，这种努力与他在对于若莱斯的关系中所做出的改变自己信仰的努力几乎一样多。"你要知道，在这里，这是一个真正的八音盒，只要可能，我就用它和听它。尽管如此，我的朋友，你还是应该或早或晚信从巴赫、贝多芬和舒曼等人具有灵感的观念：请相信我，这种灵感与魏尔伦和瓦莱里的灵感没有什么不同。我还向你推荐亨利·迪帕尔④根据魏尔伦、波德莱尔和其他肯定会使你高兴的诗人的诗歌创作的乐曲。"音乐与友谊是相得益彰的。音乐是杰出的选择性

119

---

① 巴特：《喜欢舒曼》，《全集 V》，p. 721。

② 巴特：《明室》，《全集 V》，p. 845。亦请参阅克里斯蒂安·杜梅(Christian Doumet)在《巴特弹奏钢琴》(«Barthes au piano»)一文中对于《快速》(«Rasch»)(《全集 IV》, p. 837)的出色分析，见于达尼埃尔·布纽(Daniel Bougnoux)(主编)的《罗兰·巴特的痕迹》(*Empruntes de Roland barthes*)，Nantes, Éd. Cécile Defaut/Paris, INA, 2009, p. 21—34。

③ 弗朗索瓦·努戴尔曼著：《哲学家的触觉：萨特、尼采和巴特与钢琴》(*Le toucher des philosophes: Sartre, Nietzsche et barthes au piano*)，Gallimard, 2008, p. 134。

④ 亨利·迪帕尔(Henri Duparc,1848—1933)：法国作曲家。——译注

亲和力,而巴特对于音乐是忠诚的。他在一次广播新闻采访中说:"我喜欢舒曼"。他在回答克洛德·莫波梅提出的问题"您怎么理解音乐?"时说:"我理解音乐,就像我喜欢音乐那样,也许您还会问我'您是怎么喜欢音乐的?',好吧,对于这一点,我无法回答你,因为好像我恰恰就是以我自己也不知道的属于我自己的一部分来喜欢的;我知道,我一直喜欢舒曼,而且我对于这样的情况非常注意,那就是,就像通常有人说他喜欢某个人,我的感觉却是他并不像应该是的那种样子来喜欢某个人,他并不足够地喜欢某个人,我尤其想到某种非常残酷的事情,那就是在上个世纪历史的某个时期,某个我所喜欢的人(即舒曼)被我所赞赏的某个人(即尼采)所扼杀。"因为在尼采的《善恶的彼岸》中,他激烈地指责这种沙文式的、脆弱的和卑微的音乐。巴特则简洁而极富高贵神态地回答:舒曼的音乐是超越现实的、无国界的,它属于所有的国家、所有的时代。喜欢他的音乐,就必须有面向未知、能开放时间与领土的各种形式。

　　青年时代在未完成任何东西的情况下就这样结束了。他的青年时代是开放的、从根本上讲是受到保护的,尽管生活拮据和疾病侵袭,他的青年时代还是快乐的。

120

　　　　　我将种上几棵牵牛花的种子。

　　　　　现在,我以雪莱的智慧之美来转述国歌。

　　　　　我们的花园长满玫瑰;每当晚上,天气不太热的时候,我就带上一把剪刀,散步在小路中间,剪掉枯萎的花朵;而在花园外面,伴着下午的温和与寂静,我们一起品着中国茶,我们一起吃着树丛中的草莓。①

---

① 　写给菲利普·勒贝洛尔的信的片段。

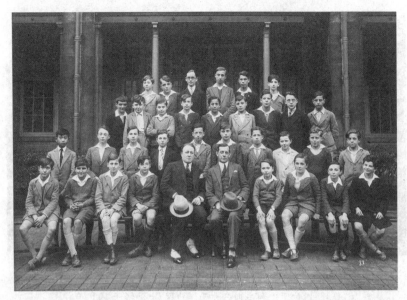

蒙田中学,初中三年级: 巴特位于上排左起第四人。菲利普·勒贝罗尔正好 121
在其下面,左起第四人。第一排左起第六人,是在《罗兰·巴特自述》中被提
到过的格朗塞涅多特利夫老师。

路易大帝中学,高中二年级: 巴特位于第二排左起第四人。在同一排,他的三
位朋友勒贝罗尔、瓦里德和于埃尔分别站在左起第六、第七和第八个位子。巴
特佩戴着优秀生徽章。

贝杜村，位于比利牛斯—大西洋地区，大约摄于 1930 年

122

1932 年 8 月 13 日写给菲利普·勒贝罗尔的第一封信

123

罗兰·巴特在巴黎,大约摄于 1935 年

菲利普·勒贝罗尔,大约摄于 1935 年

4. 巴特与纪德

> 他是新教教徒。他会弹钢琴。他谈论欲望。
> 他是作家①。

巴特与纪德的关系,更属于依附(adhérence),而不属于加入(adhésion)。这种关系与巴特接受教育的那些年有着深刻的联系,因为在那些年中,个人的癖好有时受社会和一种教育所诱导,而特别是被一些承认形式和辨认形式所标志。青年时代的巴特说过,他只知道纪德。在1920至1930年期间,纪德代表着作家的形象,代表着当巴特自己希望成为作家时所看到的那个人(甚至"拜访纪德"成了编选一部精彩选集的一部分)②,代表着社会地位并不完全抹杀颠覆能力的那个人,代表着其文本虽然不属于先锋派或晦涩难懂之作但却总是带着一种未来视角和革新视角的那个人。不过,与纪德相遇的机会很多:阅读纪德的作品,便可以在学习与巴特之间、在他与阅读之间、在他与写作之间、在他与那些男孩子之间建立起欲望。在那时开启的对话,并非简单地是文本性的,对话不是从作品到作品那样建立,而是在他人格的所有基础方面都是与生存有关联的。纪德便是给予这位青年一定数量准许的人,其中包括准许删除部

---

① 与贝尔纳-亨利·莱维(Bernard-Henri Lévy)的谈话,《新观察家》(*Le Nouvel Observateur*)杂志,1977年1月10日,《全集 V》,p. 366。

② 例如参阅朱利安·格林、莫里斯·萨克斯(Maurice Sachs)、克洛斯·曼(Klaus Mann)、吕西安·孔贝勒(Lucien Combelle)、让·热奈(Jean Genet)等在这方面的讲述内容。在此,我们不去指出纪德为自感必须隐蔽和被他的话所解放的那些同性恋者充当意识指导和顾问时所起的作用。也请参阅奥利维耶·诺拉(Olivier Nora)的文章《拜访大作家》(«La visite au grand écrivain»),in *Les Lieux de mémoire*, Gallimard, coll. «Quarto», 1997, t. II, p. 2131—2155。

分文字。也许,这就解释了巴特虽然为纪德写过第一篇文章但他却没有为其写出一本书、他很少把纪德介绍为他的参照人物之一和他很晚才承认他非常受益于纪德的原因所在。按照安德烈·鲁韦尔(André Rouvey-re)1927 年在《隐居者与狡猾的人》(*Le Reclus et le retors*)一书中的名言,尽管是"主要的同时代人"——在莫里斯·萨克斯或热奈看来巴特就是这样的人,他对于纪德本该说出加缪曾经写出的话:"随后,纪德主导了我的青年时代,并且对于那些您至少欣赏过一次的人们,为什么不可以总是感激他们曾助力您达到心灵之高位呢?! 不过,因为这一切,在我看来,他既不是需要去想念的尊师,也不是需要去写的尊师,我将其视为其他人。对于我来说,纪德更(……),像是艺术家之典范和如同国王之子的卫兵,他们看守着有我生活在其中的一处花园的所有门口。"[1]巴特晚年的时候又谈到了纪德,他在纪德身上看到了法兰西最后的伟大人物形象,而在这一形象之中,大知识分子和大作家结合在了一起[2]。

初始与结束

1942 年 7 月,巴特在"疗养院大学生"(«Les Étudiants en sanatorium»)协会主办的杂志《生存》(*Existences*)上,发表了《关于安德烈·纪德及其〈日记〉的评注》(«Notes sur André Gide et son *Journal*»)一文。这是他继同一年春天于《大学生手册》(*Les Cahiers de l'étudiant*)杂志上刊出几页纸的《文化与悲剧》(«Culture et tragédie»)之后,第二次发表文章。在这些评注中,他保持着评注片段式的、自由的、写于其读物边白处的特征。这些评注表现出的关联性是非常明显的:在这种自愿地无形式的话语中,寻求说明属于对自我的寻找。在异教和新教之间的摆动,对于希腊的好感,不停地返回自我,体裁的不确定性,与古典作品的关系,所有这

---

① 阿尔贝·加缪:《与安德烈·纪德会面》(«Rencontres avec André Gide»), *La Nouvelle Revue française*, «Hommage à André Gide», novembre 1951, p. 223—228 (p. 225).

② "纪德,先是倒向苏联俄国,随后又反对俄国,与此同时又采取了殖民主义的立场,他曾经是发挥知识分子作用的最后一批人之一,他仍然是一位大作家"。巴特承认纪德的角色可比之于马尔罗和阿拉贡,但随后又指出知识分子和教授比作家更有价值。请参阅他 1980 年 1 月 31 日接受《H. 历史》(*H. Histoire*)杂志的采访以及于 1980 年 6 月 5 日于该杂志上发表的访谈录《欲望之危机》(«La crise du désir»)(《全集 V》, p. 941)。

些特征都同时属于肖像与自画像,而那个时代的文学都让人听到了其回声。"《日记》中的许多话,大概激怒了那些(隐蔽或不隐蔽)反对纪德的人们。这些同样的话引诱了那些(隐蔽或不隐蔽)自认为有某种理由与纪德不相上下的人们。因此,任何人物都被*牵连在内*。"[①]在同一时期,即 1942 年 6 月,巴特写信给菲利普·勒贝罗尔:"而且,应该总是把自己放进去,实际上,不存在更伟大的精神满足。"因此,相像与牵连都位于这种关心的中心,这种关系既不属于影响范围,也不属于对话范围。纪德更可以说是一个典范:纪德的炫耀并非是负面的;所冒风险对于其他人、对于文学和对于道德观念来说也不是负面的。巴特尤其考虑了两个方面的情况,按照他的看法,这两个方面最好地显示了纪德的特点,并且这两方面情况铸成了他个人与文学的关系:在动态之中的忠诚和与语言的关系。前者依赖表明自我各个方面的一种方式,却从来不拒绝各个方面之间的同时性。其中,对于"绚丽多彩和动态性"的感受,就是一种真实性的标志。他并不把自己封闭在单一形式之中或一种固定的体裁之中。"他小心翼翼地自我表述、自我倾吐、自我收敛,或者大胆地自我肯定,但是他不以任何自己的变化来欺骗读者;纪德把一切都置于他的思想变动之中,而不是置于其唐突的立誓发愿之中。"[②]人们注意到,这种特征就像对于作者的一种介绍那样,是怎样构成对于未来的一种伦理程序。一如触及写作的第二种情况那样,这种特征就是解开变成作家的一把个人的钥匙。古典主义是另一把钥匙。"孟德斯鸠说过:'在不摆脱中间观念的情况下,就写不好',而纪德补充说:'在无节略的情况下,就没有作品。'在无首次晦涩或过于简洁的情况下,就无法进行,而这种晦涩或简洁会使平庸之辈说出'他们不懂'这样的话。在这种意义上,古典派[③]就是晦涩甚至是歧义的伟大先师,亦即说是对于多余之意(庸俗精神是非常喜欢这种多余之意的)使用暗示性忽略修辞法(prétérition)的伟大先师,或者更可以说是有利于深思和个人发现的绰绰暗影之伟大先师。必须独自去思考,这便是对于古典文化的一种可能的定义;从此以后,古典

128

---

① 巴特:《关于安德烈·纪德及其〈日记〉的评注》,同前,《全集 I》,p. 33。

② 同上,p. 38。

③ 系指法国 17 世纪文学批评理论界出现的"古今之争"中的古典派批评家。——译注

文化便不再是一个世纪的独白,而是所有具有右倾思想的人的独白,他们便是拉辛、司汤达、波德莱尔或纪德。"①

在后来的几年中,每当需要确定一位古典作家或为了阐明古典语言或语法的时候,纪德都被用来作为参照,包括在《写作的零度》中也是这样,在这本书中,纪德就像是"无风格的作家本人",同时也如瓦莱里或蒙泰朗一样像是"这种传统的伟大写作的"②代表。但是,他在此就像是匆匆过客,几乎总是与其他姓名放在一个名单之中,多少有些过时。因此,在巴特1952年写的有关凯罗尔③的文章中,纪德便充当了反面典范,因为巴特在对于作者的许多事物的列举中看出了"对于纪德式悲哀的一种滑稽模仿"④。确切地说,是从发表《罗兰·巴特自述》开始,对纪德的参照才得以明确表达,巴特才承认对纪德有所亏欠,并且这种参照已开始使批评家们感兴趣。他写道:"在他青年时期的读物中,纪德的作品占据了很重要的位置:他阅读关于阿尔萨斯和加斯科尼(Gascogne)的书籍,这两个地方正好在一条对角线上,就像纪德从前阅读有关诺曼底和朗克多克的书籍一样,他作为新教徒,作为热爱'文学'和喜欢弹奏钢琴的人,当然还有其他爱好……"随后,在他文学生涯的"阶段"图表中,他将纪德与"写作欲望"联系了起来。最后,他明确地说:"纪德是我的原始语言,是我的*原始起点*(Ursuppe),是我的文学滋养。"让·迪维尼奥在《新法兰西杂志》上撰文阐释这种以第三人称出现的自传时,提到了对于生命的最初想象之物的研究。他将这种研究与萨特在《词语》⑤(*Les Mots*)一书中进行的解谜工作联系在了一起,同时指出,巴特在尽力引入欲望的种子,即身体的推动力。"被掩盖的欲望,故意把事情搞乱的欲望,它一出现,便退隐遁逝。(……)巴特经常谈论纪德。纪德,他也实践这种浪荡人的做法,迟疑而又疾快。"⑥不过,巴特在后来发表于《美学杂志》上的对加拿大电台的长

① 同前,p. 46。

② 《全集I》,p. 179 et p. 216。

③ 凯罗尔(Jean Cayrol,1911—2005):法国诗人、小说家和随笔作家。——译注

④ 巴特:《让·凯罗尔和他的小说》(«Jean Cayrol et ses romans»),*Esprit*, mars, 1952(《全集I》,p. 150)。

⑤ 又译《文字生涯》。——译注

⑥ 让·迪维尼奥(Jean Duvignaud):《巴特》(«Barthes»),*La Nouvelle Revue française*, n°269,1975, p. 93—95(p. 95)。

谈文章中,以关于"影响"的阐述相对降低了他的重要性:

———例如,纪德对您有什么影响呢?在您的书中,人们不是见到过"纪德是我的原始语言,是我的原始起点,是我的文学滋养"这样的说法吗?

———是的,我在这本书里是这样说的,因为我说的是我。因此,我当然要说到别人都不知道的与我青年时代有关的事情了。然而,作为年轻人,我读过许多纪德的书,纪德对于我极为重要。但是,我后来不无悻然地注意到,其实直到现在,没有谁察觉到这一点;人们从来不说在我所做过的事情中有哪怕一点点来自纪德的影响。然而,既然我呼吁人们注意这一点,似乎人们就会十分自然地发现在纪德与我过去做过的事情之间存在某些千丝万缕的承袭联系:我要告诉您,这仍然是一种非常人为的比照。在我年轻的时候。纪德对于我是重要的,但这并不完全意味着他时刻都出现在我的研究工作中。[①]

这里所说的,并非是排除一位先驱者,并非是拒绝一种承袭,而是将其置于恰当的位置。必须明白,亏欠是在其他地方。根据我们的看法,这种亏欠存在于接受教育时的各个基础阶段。参照他人在成年时消失,而到老年时重新出现,这可在两个层面上得到解释:结尾与开始汇合,通过《罗兰·巴特自述》来肯定写作自我,进而重新复活了最初的典范。那个承认亏欠的片段名为《渊源》(*Abgrund*)有多重意味:在德语中,该词指的是某种东西从考古学上讲位于最深处,但是它首先指向深渊、指向深谷[②]。试图去找到这个地方,并不排除危险。巴特所首先承认的,就是他想成为

130

---

① 分别于 1975 年和 1977 年在加拿大电台与诺尔芒·比龙(Normand Biron)进行的多次谈话,整理后,以《萨特/巴特》(«Sartre/Barthes»)为题见于《美学杂志》(*Revue d'esthétique*),1981 年第四季度(《全集 V》,p. 420)。

② 根据菲利普·罗歇的说法,似乎对于在多篇其他文本中出现的这个术语渊源的使用,巴特主要参照了迈特尔·艾卡尔特(Maître Eckhart)的作品,因为他占有由莫里斯·德·冈迪亚克(Maurice Gandillac)翻译的这位作者的作品,并且该词对应于"申明",对应于"孤独",即"人们借助于任何推理、任何区分都不会到达的无法探底的深渊"。请参阅菲利普·罗歇为这个概念在《罗兰·巴特,小说》(*Roland Barthes, roman*, Grasset, 1986, Le Livre de Oche, p. 396—401)一书中的动人描述。

他自己。那时,他把自己当做一个他者,他在重现他想成为的那个人。"这第一项承认(我希望和我承认)在奠定一种秘密的幻觉系统,该系统年复一年地持续着,通常独立于富有魅力始创者。"稍后,他又写道:"纪德式的渊源,纪德式的持久性,还在我大脑中形成了一种顽固的麇集。"①在纪德身上认出了自己,对巴特后来的生存而言,产生了一些古怪的固执形式("在我的大脑中","固执")。关于隐蔽形式或反响形式,有音乐在场,而无需作曲的线谱总是那么清晰。因此,巴特作品中的纪德成分是一部多乐器的总谱,在这个总谱中,与语言的关系、与音乐的关系和与身体的关系同时在发挥作用。

轻微与明显的音乐特色

苏珊·桑塔格记录下了这种完美的对称性:巴特是以谈论纪德《日记》开始写作的,而在他生前发表的最后研究成果中,他对于自己持有的日记进行了认真思考。"这种对称特征,虽然是偶然的,但完全相宜,因为巴特的文章通过他所探讨过的丰富多样的主题最终只有一个主题:那就是写作本身。"②这个主题带有着音乐的痕迹,即带有着普鲁斯特似乎说过的"轻微的音乐特色",这种音乐就像是一种风格的间奏,或者当人潜心进行阅读时更像是对于书写的一种寻找。人们几乎可以想到,巴特曾经把纪德在其《对于青年作家的建议》一书中给出的建言化为己有。纪德的建议虽然是在其去世后出版的,但是综合了他与所有非常希望写作的青年人见面时给出的全部建议:"总保持尽可能简明的写作;首要的是自己不要有任何幻想;一直要警惕自我满足和不停地防范过于自信。"③巴特虽然并非总是保持简明之定规,但他采用了在此提到的保持警惕和距离的原则,他不断地纠偏、不断地矫正,既不担心被视为躲避,也不担心出现矛盾,更不担心被小看。因此,当苏珊·桑塔格补充说巴特的语言也带有着

131

---

① 巴特:《罗兰·巴特自述》,《全集 IV》,p.677。

② 苏珊·桑塔格:《写作本身:谈巴特》(*L'Écriture. À propos de Barthes*),Christian Bourgeois,1982,p.10。

③ 安德烈·纪德:《对于青年作家的建议》(*Conseils au jeune écrivain*),多米尼克·诺盖作序,Proverbe,1993,p.27。

纪德的特征时,我们可以相信她的话。"纪德为巴特提供了一位灵活的却是多向的作家的高贵典范;从不虚张声势,也不庸俗泄怒;慷慨……但不乏自我中心主义表现;不可能听凭外来的深刻影响。巴特指出过,纪德很少被其广泛的阅读所改变('这也是对于他自己的承认','他的各种发现竟然从来不是对于自己的否认')。他还称赞纪德非常认真。他让人注意,纪德的'境遇……处于各种重大矛盾流派的交汇之地,毫无容易可言'。"①巴特在使纪德成为无-风格作家第一人的同时,也将其排除在了像雨果、兰波或沙尔②那些作家的名单之外,因为那些作家的风格使他们凌驾于故事之上。因此,巴特属于以自由甚至以轻率为特征的另一个团体,人们会在它们共有的对于政治的关系中看到这种特征,因为当需要的时候,他们就纵深涉入,但同时保留着某些退出的形式。"无风格作家的类型本身,便是纪德,因为他的艺术表现方式利用了某种古典风格给予的现代快感。"于是,他使纪德不是靠近作家,而是更靠近像其工作在于重现巴赫的圣桑斯③和重新写作舒伯特的普朗④那样的音乐家,因此,巴特也深处与一种历史和一种社会的关系之中。正像埃米利·阿普泰尔在发表于《批评》(Critique)杂志上的一篇文章中指出的那样,尽管巴特在风格方面达到了几乎是神秘的高度,但是无法确定的是,他是否将那些无风格作家放在了低等的区域。"巴特的预设条件,是现代写作具有的一种完全可援引和随时可取用的本质。在这种背景之下,纪德的地位便颠倒了过来:虽然'最后的风格作家'头衔离他甚远,但他却靠近了更为珍贵的第一位'无风格作家'的位置,并因此成了巴特意义上的主要作家。"⑤

　　人们借助纪德式轻微音乐特色所理解的,也还有一些主题,比如自我就像是爱慕,生活便是解读自身。在母亲去世之际,巴特后悔未能为母亲制作一幅动人心弦的肖像,就像纪德在其《现在她靠你活着》(Et nunc manet in te)⑥中为妻子玛德莱娜所描绘的肖像那样。他通过这种参照,织就

132

---

① 同前,p. 29—30。
② 沙尔(René Char,1907—1988):20世纪法国诗人。——译注
③ 圣桑斯(Camille Saint-Saëns,1835—1921):法国钢琴演奏家和作曲家。——译注
④ 普朗(Francis Poulenc,1899—1963):法国作曲家和钢琴演奏家。——译注
⑤ 埃米利·阿普泰尔(Emily Apter)文章:《'零度'的神话》(«Le mythe du "degré zéro"»),Critique,n°473,1986,p. 967—972(p. 968)。
⑥ 书名为拉丁文,是纪德讲述与妻子一起生活的自传体作品。——译注

了两种母题:一是把哀愁写成一本书(1978 年,成为《哀痛日记》的书只不过是一些片段文字的集合),二是所感受到的对于一位女人即母亲的特殊的爱:或者是玛德莱娜在纪德身边扮演着的一位细心周到的母亲的角色,一如弗兰克·莱斯特兰冈在有关纪德的自传中以引用纪德在《已经如此或游戏已经结束》①一书中的一句话来支持他的假设那样:"也像是——但却只是在梦中,我妻子的形象有时巧妙和神秘地换成了我母亲的形象,而不致让我非常惊讶。"②;或者是巴特早已经历了与母亲在形式上的婚礼,就像安德烈·纪德与玛德莱娜·龙多(Madeleine Rondeaux)的婚礼那样。纪德长久以来是不被表白的形象,是不可表白的形象,他是被遗忘之地。在与他所维持的关系中,有一部分是冲突,有一部分是主观所为,而后者则与一些姿态、一些选择,与一种在世界上自我感觉的方式,与身体的一些习惯和感觉,与特殊爱好等相关联。先是在《恋人絮语》中,随后在 1977 年法兰西公学的讲稿《如何共同生活》中,巴特都提到过纪德《普瓦捷被非法监禁的女人》(La Séquestrée de Poitiers)一书中一句古怪的话:"我亲爱的马朗皮亚大洞穴"(«mon cher grand Fond Malempia»),被母亲监禁在房间里 26 年的梅拉妮·巴斯蒂安(Mélanie Bastian),就用这样的话来指她想返回的那监狱似的房间。巴特以另外一种方式来说明标志着他与纪德关系之特征的那种制约和欲望结构。其他那些主导性的主题,便是让人最透彻理解的有关新教与钢琴的主题。为大家所接受的新教的起源,其本身就是团体所共有的一种视域。虽然也提到卢梭,但这种起源验证了书写自身的动力之存在;"一种新教的青年时代可以赋予某种追求,或引起内在性、内在语言即主体在其自身一直保持的东西的某种错乱"③。这种起源并非将犯罪感置于意识的中心,也不将关系与心理学联系起来,而特别是在小说当中,这种起源却无足轻重。1942 年,在巴特阅读纪德的《日记》期间,他向菲利普·勒贝罗尔透露,那是唯一使他愉悦和使他收获颇丰的书籍。"我在书中得到了更多的安慰,它比一部《圣经》更多地吸引

---

① 《已经如此或游戏已经结束》(Ainsi soit-il ou Les jeux sont faits):纪德的一部遗作,出版于 1952 年。——译注
② 弗兰克·莱斯特兰冈(Frank Lestringant)著:《不安者——纪德》(L'inquiéteur Gide),Flammarion, 2012, vol. », p. 830。
③ 与贝尔纳-亨利·莱维的谈话,《全集 V》, p. 366。

着我的思想。"因此,被喜爱的作者与起源宗教、《日记》与《圣经》,便被混同在对一种基础的想象物之中了,因为构成这种基础的那些石块可以很容易地互换。

但是,在音乐伴随两人各自生存方式的过程中,也还有他们借以相互联系在一起的钢琴。他们共同分享着这种娱乐给人以静心的概念。就像巴特喜欢慢速甚至是极慢速那样,纪德也以相同的方式在谈到肖邦时宣称,以缓慢和不确定性来演奏肖邦是重要的,"不管怎样,不存在一种快速所包含的叫人无法忍受的那种可靠性。这是有关多种发现的一种慢步,而演奏者根本不该过分相信他提前就知道的他要说的东西,也不知道一切均已经写好"[①]。与走路相比,音乐则使人进入可以利用的景致,而对于景致,就必须保留两人所隐藏的发现能力。使演奏放缓,可以更为确定地达到某种审美形式,这种形式可以类似于一种慢放的影片速度。"我们在电影上可以看到人或动物的这种慢放举动所能获得的令人惊奇的美;当速度很快的时候,这种美是无法获得的。在这里,关键不在于(尽管是可以做得到的)过分地放慢肖邦音乐的速度,而仅仅是不要加快这种音乐,不要放弃其像是呼吸那样自然的和舒缓的速度。"[②]这样一来,多亏了纪德在其《日记》中经常说出他高度评价这种音乐的研究工作,人们才更接近于身体,而远离巴特所批评的唱片中那种乐队演奏的有点僵化的高超技巧——对于这样的演奏,慢速音乐与之无关。"这是因为,舒曼的音乐比耳朵能听到的传得更远;这种音乐借助于它的节奏进入身体、进入肌肉,并且借助对其*旋律*的感官享受而进入五脏六腑:就好像乐曲每一次都是为一个人而专写的,这个人便是演奏乐曲的人:真正的舒曼乐曲钢琴演奏家,就是我。"[③]或者还有,他很晚在于尔特写的日记里也说道:"1979年7月11日。我偶然地在法兰西音乐电台听到(布兰迪娜·韦尔莱[Blandine Verlet]演奏的)巴赫的一支'库兰特舞曲'(?),我很欣赏,我(而且就为我)便缓慢地演奏了起来:这支舞曲是深情的、圆润的、性感的和柔和的,非常悦耳。女演奏家三倍、四倍地加快演奏着,以至我费了不少时间才辨认出

①　安德烈·纪德:《论肖邦》(*Notes sur Chopin*),L'Arche,1949,p. 18。

②　同前,p. 34。

③　《喜欢舒曼》,《全集V》,p. 722。

是她;前面的所有特征都丢弃全无;这样小的令人赞赏有加的悦耳短曲甚至无法被认出了——女演奏家了解这种情况,她很聪明,她肯定有她的道理。不过,多么令人遗憾,多么叫人失望! 这就回应了这样的问题:即解除了那种只有从变形和反-意义中才能获得快乐的人的苦恼问题。而且,这也是拒绝、消除感官快乐(对于巴洛克音乐时髦的追求,拒绝浪漫音乐)的'现代'方式。"[1]深入身体,是需要时间的。这完全是从手到脑、再从脑到手的一种乐曲。在这一领域,巴特清楚,有某种东西是过时的,但是,他需要这种东西的浪漫成分,因为这浪漫成分与他作为爱好者的习性和他可以从中获得的快乐是联系在一起的。

与演奏者相反,作曲家不大成为批评分析的对象,而是成为恋人话语的对象,我们在此所关注的,是这种相互关系中一位真正的色情文学作家。纪德谈论肖邦,说他欣赏肖邦,而巴特喜欢舒曼。我们要指出,纪德的《论肖邦》一书最初的名称是《论舒曼与肖邦》(*Notes sur Schumann et Chopin*),但是,他的生活使他逐渐地远离了前者。对于巴特而言,他从舒曼那里感受到的亲近从未减弱,即便当他意识到是在有悖时代和于孤独之中喜欢舒曼的时候。不过,这种事实本身也赋予了他之所爱一定的原因:这种喜爱"必然导致主体去体验它,并且使它依随其欲望而不是其社会适应性的指令来宣布其在时间之中的显现。"[2]这种喜爱绝对是内心的,因此一定是唯我独尊的。

同 性 恋

对于欲望的肯定,并非总是那么简单。当巴特认识到其生存中有着纪德影响的时候,他解释了与宗教的关系、与写作的关系以及与钢琴的关系,但是,他用躲闪的语言来避开同性恋问题,其最为搪塞的话就是"还没有考虑其他的……"。这种搪塞也进入了"无数思考之中,而这些思考使得我对他很有兴趣"[3]。不过,毫无疑问,对于巴特和对于许多同性恋者来

---

① 铸造工业标准局编号为 NAF28630 的"大卡片库"。巴特以注释方式指出这里说的是巴赫的《第四乐章》(*Quatrieme Partica*)。
② 《喜欢舒曼》,《全集 V》,p. 725。
③ 与贝尔纳-亨利·莱维的谈话,见于 1977 年 1 月 10 日《新观察家》杂志(《全集 V》,p. 366)。

说,纪德都是一位关键的揭示者。1935—1942 年之间。对于纪德作品的阅读正好与他在圣伊莱尔-迪-图韦疗养院最初的恋情和肉欲经验相耦合。纪德《如果种子不死》(*Si le grain ne meurt pas*)中的那句话:"您以哪位上帝的名义、以什么理想的名义来保证我按照我的本性来生活呢?",在那个时代的书信中唤来无数回声。巴特强烈地不赞成对于肉体感到内疚。他从来不表现出后悔,而是表现得更为留恋。1942 年 6 月在他写给菲利普·勒贝罗尔的信中,他说道:"在这种意义和这种明确的一点上,如果我按照时间顺序向你讲述我的生活的话,你就会看到,我已经足可以说得到了确认。哦,也许还不够;但最终,还是不应该让确认变成炫耀。"纪德 1924 年发表的《科里东》(*Corydon*)、1926 年发表的《如果种子不死》、1921—1922 年发表的《索多姆与蛾摩拉》(*Sodome et Gomorrhe*),这些作品已经将自觉接受的和明显的同性恋归入了当时的文学之中。因此,我们听到莫里亚克 1926 年惋惜地说道,"由于纪德和普鲁斯特,许多从前互不相识的这类患者现在相互认识了。许多人从前是隐蔽的,将来不会再隐蔽了"[1]。把纪德与普鲁斯特进行比较,是在巴特著述中经常复现的。例如在《小说的准备》中,几乎每当对于纪德有所参照的时候,随后都紧跟着是对于普鲁斯特的长长的参照。但是,似乎只有 1971 年的一篇有关《追寻逝去的时光》的文章在谈及同性恋的时候将两人放在了一起,或者更为准确地讲,是在谈及两个人都称之为颠倒(inversion)的时候,我们可以读到这样的句子:"绝对相反的两者即**男性**和**女性**叠加了在一起(我们知道,他们是相反的,是由普鲁斯特根据生理学而不是从象征意义上做出的确定:无疑带着时代特征,原因在于为了提前赋予同性恋以权利,纪德提供了鸽子和狗的故事);在剽窃者的场景,**叙事者**发现**女性**在夏吕斯(Charlus)男爵的身下,这种场景从理论上讲就等同于对各种相反关系的解读"[2]。由此,产生了同性恋所形成的颠覆性话语,巴特为这种话语(根据希腊语 énantios 即"对立"之意)提出了"énantiologie"这个新词,该词也

136

---

[1] 弗朗索瓦·莫里亚克对于《边缘》(*Les Marges*)杂志就文学中的同性恋问题所做调查给予的答复,见该杂志 1926 年 3—4 月号,达尼埃尔·迪罗赛(Daniel Durosay)援引自《同性恋的纪德:杂技演员》(«Gide homosexuel:l'acrobate»)一文,后收入《当代文学》(*Littérature contemporaine*)第七期"安德烈·纪德"(«André Gide»)专号,Klincksieck, 1999, p. 55—58(p. 58)。

[2] 巴特:《一种研究想法》(«une idée de recherché»),in *Paragone*, octobre 1971,《全集 III》,p. 920。

以一种表白规则之意出现。于是,他指出,《追寻逝去的时光》在开始时几乎完全是异性恋的,而"在结尾时则正好处于相反的地位,也就是说同性恋的地位(一如圣卢[Saint-Loup]和盖尔芒特[Guermantes]亲王等):这里面有一种涉及颠倒、涉及颠覆的传染病"。但是,总体上来说,巴特在这方面的公开话语是非常之少的。这就要等到《偶遇琐记》(*Incidents*)这样的遗作的出版,这部遗作的叙事属于纪德开启的传统,它是巴特在非洲北部的色欲和性欲游记。书中的《巴黎的夜晚》(«Soirées de Paris»)可供我们更好地了解这方面的实践。隐私话语是更为明显的,并通常将恋情与友情混同在一起:"我对男孩子的所有友情几乎都开始于恋情;当然,时间几乎总是会把它们分开的,同时赋予它们各自我所依赖的一种芳香。反过来说,我很少喜欢上一个女人(为什么不可承认,这样的事情我实际上只有过一次),这种情况开始于就像世人在呼唤一种友情的时候。"①巴特于 1942 年春天承认他对于菲利普·勒贝罗尔的同性恋恋情,那是在他的一位朋友去圣伊莱尔-迪-图韦看望他的时候,而在随后的时间里,他的这种隐情变得更为经常和更多地得到了证明。但是,隐私写作不是公开写作,已经发表的书籍和文章为这种动因留下了不可忽视的但却是隐蔽的位置。

但是,虽然我们能在《恋人絮语》一书中比较容易地读出一种破坏性的生平经验,不过那些絮语却并非明显地就是对于同性恋恋情的一种描述,因为巴特根本就不想指出这种恋情有什么完全的不同,即便这种不同或多元化就是战胜冲突、避开性别二元对立问题的方式。在 1974—1976 年于高等研究实践学院有关"恋人话语"的研讨班上,有的时候,巴特说话更为直接,而且多次提及纪德在马格里布的经历,尤其是其《日记》中讲过、后收入《现在她靠你活着》的在阿尔及利亚度的蜜月经历。无节制地向肉体的醉意让步、绝对的享乐主义,仅仅是在有第三者即玛德莱娜的目光出现时才受到制约,但正是这种目光使巴特感兴趣:玛德莱娜"作为冷漠和爱意浓浓的读者",她目睹了"在从比斯科拉(Biskra)到阿尔及尔火车上其丈夫对偶遇的年轻西班牙广场男模和阿尔及利亚中学生表现出的欲望"②。在巴特看来,制约具有另一种本性。在很长时间

---

① 1942 年 8 月 2 日写给菲利普·勒贝罗尔的信,菲利普·勒贝罗尔遗赠资料,IMEC。
② 《恋人话语》,p. 445。

里,问题在于保护他母亲不受"揭示结果"之侵扰,即便某些书籍已经很明显地提到了这一主题——这要从《H. 女神》(«La déesse H. »)和相对立的一对形容词《主动性/被动性》(«Actif/passif»)算起。在母亲去世之后,他就不再遮掩了,他从社会上所感受到的阻碍是来自施爱需要付费,而这则是难于表达的另一种限制。他在《偶遇琐记》中,以密集的、片段式的,不过仍然是难于启齿的文字避开了这一话题:"马拉喀什的一位矮个子小学教师,他说:'我可以做您想要做的一切事情'。他这样说的时候,眼睛里充满了感情、善意和共事的愿望。而这就意味着:*我将欺骗您,仅此而已。*"①从纪德到巴特,在这方面,有的事情已经发生了巨大变化。性捕食活动一直在流行,但是歌颂性欲已不再是一种可能的语言了。尽管有性解放,但是,怀疑是殖民剥削的念头继续存在着。在《偶遇琐记》中,西方人的形象所展示的法国影响力通常是讽刺性的和幽灵般的,他们是"保护国里的穷困潦倒的人",是被称作"大伯"的英国老人:为了避免被看成与这些负面的人物一样,还是要多隐蔽一些。不能再像纪德那样引火烧身。

138

日　记

　　在《罗兰·巴特自述》一书列举的书籍写作计划中,正好有《同性恋话语》(*Le Discours de l'homoxualité*)这一名称,这说明巴特并不忌讳同性恋,并且他已经考虑在认真维护、一般推广或予以肯定之外对同性恋有所言表的方式。这种想法一直到最后也没有离他而去。他经常在日记卡片中回到这种想法上:

　　　　与费尔南德斯(Fernandez)或奥康让(Hocquenghem)的同性恋不同。这与我有义务说出、陈述和写出的东西不是一码事。
　　　　(R.加缪)的淫秽描述,属于不可逾越的、不可克服的庸俗性。
　　　　我只在不仅以个人的名义(即不推而广之,也不在[同性恋]之外)而且也以个体的名义的情况下,才接受谈论同性恋:我是单纯的

---

① 《偶遇琐记》,同前,《全集 V》,p. 972。

个体,是绝对的边缘人,我不可简约为任何"科学"或超科学。[1]

卡片库的一个重要部分,是为词条"同性恋"而写的,在巴特没有找到表达他的思考之形式的时候,他就为一般的写作和隐私写作保留下一些记录文字。这也是将他与纪德联系在一起的一种表现:坚持不懈地写下当天的事情,写下说明文字,写下帮助记忆的文字。但是,与纪德相反,巴特并不为这些文字提供稳定的地方。尽管他被纪德的《日记》所吸引(他为此写下了第一批文章),但他并不决定坚持经常写日记。他只是偶尔为之,因为日记只表达愿望而无实际行动。并非是日常积压的琐事妨碍他写日记(他为此发展了诸多其他形式),而是因为日记在句子上所要求的连续性。日记——这便是不管怎么说都是纪德教给他的日记——构成了"一般写作"[2]与"文学写作"之间的桥梁。日记是对于从公开到隐私之间过渡的一种常在质疑。相反,在巴特的几乎整个生命之中,他有着纯粹是隐私的、几乎是在家里的每日写作的实践。他在这一领域尝试一切可能的东西:卡片,旅游随记,小手册,书信,要做的事情名单,记事簿,等等。当他身处熟悉地点的时候,例如在位于塞尔旺多街的公寓里,便对记事簿做全面和系统的整理,同时也在卡片上做上说明。当他出行或度假时,他就采用其他形式,正是在这些情况下他尝试写日记。除了他在摩洛哥和中国写的日记外,他还在 1973 年夏天在于尔特村写过日记(那些日记后来变成了为写作《罗兰·巴特自述》而准备的"收获日记"[«Journal-moisson»]的一部分),另一次写日记是在 1977 年,他曾在《原样》杂志上发表了很大一部分,而其完整的日记尚未公开。

"我不就有了充分理由把我所写的一切都看成是为了有一天能自由地重现纪德的'日记'主题而做出的一种偷偷的、坚持不懈的努力吗? 在终极的地平线上,也许只有最初的文本"[3]。日记与对于时间的控制,与时间、写作和回忆之间的关系之最为基本的劳动密切联系着,它先是一位伴

---

① 铸造工业标准局编号为 NAF28630 的"大卡片库",1979 年 11 月 9 日。

② 人类学家在这种名称之下汇集了所有求助于专写私人生活和社会存在价值的文字形式。参阅达尼埃尔·法布尔(Daniel Fabre)(主编)《一般写作》(Écritures ordinaires)一书,POL/BPI, 1993。

③ 《罗兰·巴特自述》,《全集 IV》,p. 672。

侣,而后才是一种视野。巴特喜欢事情过后写日记,喜欢这种日记的结构,即所过时间的结构,即便没有什么重要事情发生也是如此。他坚持不弃以往的做法,包括气象和固定习惯,埃里克·马蒂曾经指出过,这些内容便是将循环的时间效果记入时间过程的主要标志。因此,任何隐私写作都倾向于成为日记。当巴特在大约 1971—1976 年间积极地潜心于素描练习的时候,他的举动也属于一般的写作。他为第一幅素描标注的日期是 1971 年 6 月 24 日,而且在多数情况下,正是以日期来代替名称。他的全部素描可以"解读"为一种无心理标记、无事件发生的日记,而这种日记俨然就是一种对自我的理想书写方式。

一如在纪德那里(即便纪德认为日记写作从实在意义上讲已经是作品),巴特的日记写作实践就接近于"日计账簿"(«livre de raison»)最早的家庭模式,这在法国西南部是非常多见的习惯,尤其是在新教地区。从商铺到家庭,最初是流水账簿(livre de compte),最后都变成了生活记事簿,其中记载着新生儿、死亡人、影响家庭的各种事件;但是,也记载季节、钱财的进入和出行。日计账簿,在今天仍然是非常珍贵的私人档案,而在从前对于新教徒来讲尤其重要,因为在他们没有户籍的情况下,家庭的男主人(父亲)就必须掌握所有成员的情况。再就是,日计账簿表明了所接受的信仰教育,这种教育是在秘密状况下进行和传承的。这种习惯在借助个人日记而获得了个体性的同时,更打开了内心的空间,即便在人们不知不觉之中它也为粗俗事物、无意义事物、偶然事件留下了位置。"内在躯体是什么? 表面**内在性**是什么? 什么是无害的**内在性**? 这里指的不是一种自在的现实,而是主体的非常近乎于**日记**写作的一种维度。"[①]埃里克·马蒂对于纪德《日记》的看法与巴特提出的问题实现了一致:在每日的写作之中,没有为一种心理解释提供位置;简单的记录恰恰是没有被确定的东西,就是一张未经定影、既无解释也无记忆的照片。

巴特与埃里克·马蒂之间从 1976 年就建立起来的友谊,起因于一次有关纪德和日记体裁的对话。埃里克·马蒂引起公开注意是在一次互换献词之后。巴特 1979 年在《原样》杂志上发表了在于尔特写的日记摘录,

---

① 埃里克·马蒂:《当天的写作:纪德的〈日记〉》(*L'Écriture du jour. Le «Journal» d'Andre Gide*), Seuil, 1985, p. 160。

141　　其献词为"献给埃里克·马蒂"。作为回礼,埃里克·马蒂 1981 年在《诗学》(*Poétique*)杂志上所发文章的献词是"献给 R. B.,以纪念"(«à R. B. in Memoriam»)①。马蒂在教师资格考试通过之后,已连续两年跟随巴特的研讨班课程了,他选择了纪德作为主要研究对象:这种选择使巴特很感兴趣,他在他年轻"学员"或朋友身上看到了自己走过的历程。在"深思熟虑"一节中——这一节本身也是根据对于卡夫卡《日记》的重新阅读写成的("唯一可以在无任何恼怒的情况下被阅读的日记"),问题不在于确定一种体裁,而更是在不可靠的轻薄写作与文学写作之间做出区分。因此,问题不是"我应该写日记吗",因为实际上写或不写日记是等价的选择②,但是"我应该**为发表**而写日记吗"则是使日记成为一部作品。日记,属于写作吗? 在使日记脱离一般、成为关于自己和为了他人的一部书籍的情况下,人们几乎就使它失去了其主要属性:它就是可置换和可删减的一**叠**纸(这就使得日记不是书籍,而是纪念册),缺乏诚恳性和具有秘密之维度。实际上,这种与秘密的关系就是最好地把纪德与巴特汇聚在了一起。他们的日记都说明了一种仅仅是对于一个人保密的同性恋:纪德对于玛德莱娜,巴特对于他的母亲。马蒂曾经关于纪德的一句话,这句话也非常适用于巴特:"如果秘密已被所有人(世人)知晓而只有一个人例外,那么,在此吸引人的,便是这种秘密完全推翻了有关*秘密*的一般法则:由于摆脱了有关说与不说的世俗法则,秘密就更是对于一位*他者*而不是对于一种普通的故弄玄虚之态的一种特定意识方式。"③于是,母亲的去世使得日记的发表成为可能,但是,如果这种秘密的维度消失了,那么,这种发表还有必要吗? 此外,在巴特那里,日记(而且这是他与纪德写日记的重大区别)属于另一种系统,即属于一种动态的而非综合的百科全书,他的不少书籍

142　　和多项写作计划都曾试图赋予这种百科全书一种临时的和局部的形式。在多数情况下,巴特都为他的日记编排索引和将其写在卡片上,放弃时间上的结构而采用词汇汇编的结构,这便使得他的日记无法作为日记来

---

① 埃里克·马蒂:《安德烈·纪德的提及写作》(«L'Écriture journalière d'André Gide»), in *Poétique*, n°48, 1981.

② "我从来不写什么日记——或者更可以说,我从来不知道我是否必须写日记。有时候,我开始写一点,随后很快就放下了——不过,过一段时间之后,我又开始写"(《全集 V》, p.668)。

③ 埃里克·马蒂:《当日的写作》(*L'Écriture du jour*),同前, p.218.

发表。

　　第二种风险,既存在于写日记的人对文本进行的操纵方面,也存在于对其深在雄心的减缩方面。巴特借助于一种互文性游戏来展示日记。在他打算重读自己日记的时候,列举了让他头疼的几个句子:"很快,在我向前重读的时候,我厌倦了那些没有动词的句子('失眠之夜。已经连续是第三个失眠之夜'),或者是句子的动词被随便地缩短('在圣 S 广场遇到两个女孩'①)……"然而,书稿表明,这些句子在卡夫卡的《日记》中是直接地被取用的,而巴特则只满足于将卡夫卡的布拉格文策尔广场(Wenzelsplatz)转换成了他每天都走过的圣叙尔皮斯(Saint-Sulpice)广场②。更为重要的是,无关紧要的细节在写作中不一定是要收入的。大概,日记只需要无限地和无目的性地写下去:"我可以解救日记,唯一的条件是不顾死活地加工它,直至极度疲倦,就像是对待一个几乎不可能的**文本**。"在这种意义上,这确实是一种观点,巴特经常以此来考虑书籍结尾的前景,即以可替换性纪念册的方式来代替结尾的前景,网状的超文本在今天便是其一种变体。作为**文本**的未完成状态,日记值得继续不是一种固定的形式。

　　巴特在《童年的读物》中对于文学的记忆,由三种空间构成,它们有着不同的功能:青少年时的读物是前不久的普鲁斯特、纪德、瓦莱里的作品,这些读物带给他的是写作的冲动;让人卷入争论的同时代作家,现在他们是萨特、加缪、布莱希特③;最后是从前的古典作家,借助这些作家,人们在自由地发展着④。就像普鲁斯特和瓦莱里一样,纪德对于巴特来说,就像是一位无需怀恋的、对他起着鼓舞作用的前者,在这位前者身上,巴特认识了自己,并且他应该回报以一种感激的形式。他在谈论纪德与他的选择和典范之间关系的第一篇文章中所说的东西,也可以应用于这种特殊的人情债:"偏好纪德,并不表明一种影响,而是表

143

---

①　这个句子的原文"Croisé deux filles sur la place St-S"只有动词的复合过去时的分词部分,而没有与之相配合的助动词,所以是一个动词不完整(被短缩)的句子。——译注

②　《全集 V》第 668 页的《深思熟虑》与铸造工业标准局编号为 NAF28630 的《深思熟虑》。参阅弗朗茨·卡夫卡的《全集》第三卷:《日记》(1919—1924),由玛尔特·罗贝尔(Marthe Robert)从德文翻译成法文,Gallimard, coll. «Pléiade», 1984, p. 88 et p. 83。

③　布莱希特(Bercolt Brecht,1898—1956):德国诗人和剧作家。——译注

④　《童年的读物》,同前,《全集 V》, p. 949。

明一种同一性。"在创作之初和结束时出现的日记，表达了对于这种伴随的某种东西，它重新进入一般的生命存在之中，不过，巴特却希望将其摆脱。

Voix

La Voix et le Père
- (q Prof Lyon. Cornu. voir Piattelli)
- Enfants qui chantent comme la mère
- Oiseaux qui ne peuvent chanter que d'après le père

罗兰·巴特有关嗓音的两张卡片　　　　　144

Voix

Karl
Stamitz (Mannheim)
invente le *crescendo*,
cad l'interprétation
cf Gide Journal p 988 (1930)
" J'arrive à supprimer de mon jeu (au piano) les crescendos. Certes il en faut à Beethoven; il y en a peu ? le clavecin de Bach, et Chopin s'en passe, avantageusement.
→

145

巴特弹奏钢琴,大约在 1930 年

5. 背景生活

　　时间在青少年时代所展开的任何东西,例如写作计划、政治义务、意识的唤起,生活都比预想更早地为罗兰·巴特关上了大门。当战争对于某些人来说是背井离乡的时刻,并且正像达尼埃尔·科尔迪耶(Daniel Cordier)在《阿里亚斯·卡拉卡拉》(*Alias Caracalla*)一书[1]中所讲述的那样,对于他们中的许多人而言,战争又是出现决定性改变之机(因为战争赋予了生存一种罕见的转变)的时候,对巴特来说,战争正是他出现波折和退却的时刻。从那些年开始直到结束,巴特与外界的关系始终是根据一种几乎是独有的方式建立起来的,这种方式便是对于失去的时间和错过的机遇总是倾吐不尽的抱怨和长长的哀叹。战争爆发前的几年,还有着一些值得赞扬的发现,特别是对于戏剧游戏的发现,也还有学校安排的教学旅行,但是因为未能如愿完成学业所带来的遗憾使他的青年时代变得黯然失色。巴特清楚他没有完全康复,也知道他的身体只是在病情延缓的状态下可以说是良好的。与他那些同学的前途相比,他的未来似乎不可挽救地是有限的。他在索邦大学所学文学课程中获得的那一点乐趣,大概可以说是其不退缩意识的结果,但是这种结果也在当时加速了他

---

① 达尼埃尔·科尔迪耶(Daniel Cordier)著:《阿里亚斯·卡拉卡拉》(*Alias Caracalla*),Gallimard, 2009。"于是,这种生活一天一天地过了三年,它对于我来说开始于 1940 年 6 月 17 日。我当时不接受贝当元帅的讲话,随后在巴约纳登上了'利奥波德二世号'(*Léopold II*)轮船离开了法国。我那时 19 岁。"尼耶尔·科尔迪耶就这样来介绍他担任让-穆兰(Jean Moulin)和解放兵团(Compagnon de Libération)秘书期间的战争年代。巴特于 1964 年在达尼埃尔·科尔迪耶的名为"为了休假"(«Pour prendre congé»)画展上与他相识。这是他们珍贵友谊的开始,这种友谊既因为他们都来自西南方群体,也因为他们相同的性取向,也还因为他们都喜欢雷吉肖(Réquichot)。达尼埃尔·科尔迪耶只是在 2009 年发表《阿里亚斯·卡拉卡拉》一书时才公开了他的同性恋取向。

地位的下降。不过,他在那个时期发现了——也像他后来一直进行的那样——另外一种使其欲望不减的舞台。他在无法找到与其相适应的位置的同时,在偏僻之处或边缘之处发明了另外一些场域,这些场域使他成了他所希望变成的人。

从古代到希腊

这第一种另外的舞台,严格地讲就是舞台。实际上,正是在舞台之中巴特在 1936 年和 1939 年找到了最大的满足。他与他的同学雅克·韦伊(Jacques Veil)一起创办了索邦大学古代戏剧团,其所依据的模式便是居斯塔夫·科昂(Jacques Cohen)创办的中世纪戏剧团——该剧团于 1933 年 5 月在索邦大学路易-利亚(Louis-Liard)大厅演出吕特博夫[①]的《泰奥菲勒的奇迹》(*Le Miracle de Théophile*)之后,又改名为"泰奥菲勒演员剧团"(Théophiliens)。巴特和韦伊这两位路易大帝中学的前学友身边很快就聚集了雅克·沙耶(Jacques Chailley)、让-里茨(Jean-Ritz)和尼基塔·埃利谢耶夫(Nikita Élisséeff)。莫里斯·雅克蒙(Maurice Jacquemont)曾在 1933 年至 1936 年担任过泰奥菲勒演员剧团导演,在雅克·科波(Jacques Copeau)的启发之下,他后来又担任了他们剧目演出的导演。索邦大学古代戏剧团公开的宗旨,是上演古希腊和古罗马剧目,并使得这些剧目为公众所喜欢。这个剧团被设想为像是一个可以安排两种外在性的空间:一是相对于索邦大学而言的外在空间——尽管就在大学之内并经过了大学的同意;二是相对于专业的和已建的剧院而言的外在空间。由于需要配乐,巴特便在这里找到了实施其业余爱好兴趣的机会,而戏剧也可以赋予这种爱好高贵的尊严。巴特在写于 1961 年 11 月和发表于 1962 年《方舟》(*Arche*)杂志上的《关于古代戏剧团的信》中,要求恢复"自给自足"模式,因为这种模式能确保既是文化的又是物质的责任心。这一点,在预科阶段因围绕着《有机规则》(*La Règle organique*)杂志所形成的不同政治群体而未能实现,现在在这里找到了其空间和范围。25 年后,巴特在重新思考剧团创建经验时笔下出现的词是"快乐":"在最初几个月里,不管怎样直到

① 吕特博夫(Rutebeuf,约 1230—约 1285):法国中世纪诗人。——译注

1936 年 5 月创作《波斯人》时,我认为可以说我们是快乐的,因为我们曾经是团结的:我们的作品真正是集体创作的、是真正匿名的;当时为了使用都不熟悉的哲学语言来演戏,我们大家都一起来实践。"[①]在信中,他随后又谈到了这种政治经验与"人民阵线"(Front populaire),该阵线将当时的时代区别于在其之前的时代和在其之后的时代:最终,希望获得了存在,而必须的义务则变得不太急迫。"大学生当时可以独自担当由其创作和保持的一种文化任务,而根本没有感到在排除某种更为重要和更为紧急的东西;这一切都成为一种富有激情和充满快乐的行动。"

　　有关这个剧团最初几年的资料不太多:只有一些章程、一些节目单、一些信件、某些海报材料以及雅克·韦伊为总结头两年活动写于 1937 年的一封长信[②]。尤其是节目单向人们展示了主导各个成员的精神、他们的宗旨和每个人扮演的角色。节目单向学生也向教师开放栏目。在 1937 年演出的《安菲特里翁》节目单上,中世纪剧团的文学负责教授居斯塔夫·科昂(Gustave Cohen)和希腊语教授安德烈·普拉萨尔(André Plassard)就发文提到了在上一年古代剧团的几位创始人的姓名和动机:"我们年轻的和可爱的古代剧团演员都是泰奥菲勒剧团的孩子。我总是回想起 1936 年 1 月初举办的吕特博夫艺术节那个晚上,巴特和韦伊来到我们在路易-利亚大厅的办公室找我们,在一群半裸的天上人和地狱人之间,问我对于恢复古代戏剧演出有何想法,这种演出就类似于我们在中世纪戏剧方面所开始的演出。我当时热情地鼓励他们,许诺为他们提供我们所有的技术和经验支持。我知道,他们的努力会获得成功,而我们的面前仍然闪现着 1936 年 5 月 3 日在索邦大学院子里上演《波斯人》的令人赞赏的情景。"教授们都没有参加演出,但演出的节目都是与课程有联系。因此,演出活动可以说与一种哲学思考是分不开的,而与剧本文本的关系则带有着两种考虑,即忠实和学习。剧团的成员都要求不脱离字面,他们为此而重新翻译某些部分以便使其符合他们关于古代形成的思想,他们

149

150

---

① 《关于古代戏剧团的信》(《Lettre au sujet du Groupe de théâtre antique》), in *L'Arche*, 1962 (《全集 II》, p. 25)。

② 雅克·韦伊:打字文稿,死人档案。西尔维·帕东(Sylvie Patton)曾为该剧团最初几年的活动写过一篇文章:《索邦大学古代戏剧团》(《Le Groupe de théâtre antique de la Sorbonne》), in *Les Cahiers de la Comédie-Française*, n。 23, 1997, p. 48—53。

就《波斯人》一剧写道:"我们曾考虑根据字面和可能来翻译文本"。而在《安菲特里翁》的演出剧目单上,这样说:"就像对于《波斯人》那样,我们自己进行了研究工作"。"我们把达朗伯格(Daremberg)和萨利奥(Saglio)的百科全书、奥古斯特·保利(August Pauly)的百科全书中的词条作为基础。""文本提供了有关服装、舞台演出的许多情况,在开会[有关剧本的讨论]期间提出的各种适宜的建议,均被集中了起来,并构成了后来被认为有很大用处的资料。"①改编成分在考古基础上总是必不可少的,正像西尔维·帕特龙在其文章中指出的那样,人们注意到一种恢复作品原貌的真正顽强努力,就好像重演总是必须伴随着有所发现和有所修复那样。

但是,这种重演也带有着向前的特征,因此,非常敏于关心现时,并与时代的精神(罗杜,科克托[Cocteau])相汇合。那就是借助引起关注来靠近历史和一些人物,同时显示出剧本的一种政治智慧。古代戏剧剧团借演出其保留节目的持久性和同时代特点来面向其观众:"但愿我们的意图能达到目的,并因此能让大学生和老师、外行人和内行人、艺术家和人性论者今后可以更为直接地评价古代戏剧的永恒之美。"《波斯人》于1936年首演,随后几年又多次上演;《安提戈涅》演出于1939年。剧团以这两个剧目直接针对政治现实。《波斯人》揭示了胜利者们的傲气,宙斯提醒那些人将被粉碎。《安提戈涅》给出的教益更是明确的,而且这种教益在当时的报告中被认为是真实的:"正是这种教益在面对专制君主时宣告了神灵借以说明有关人之意识的法律尊严性,也是这种教益发出了著名的呐喊声:'我生来就为了分享,根本不是为了仇恨,而是为了爱情!'"由于是在临近战争时说的话,这种宣告触动了观众们的心。舞台演出应该反映对于现时的这种回响。对于文本的忠实属于这种价值:不在于重构出现在希腊器皿上的那些舞蹈形象,而是采用一些简单的演变,它们在今天可以传递一种"信仰的和爱国的"重要内容。"雅克·沙耶在合唱部分恢复了服饰和对于完全符合希腊音乐规则的一种旋律的依靠",但是,正是一种非常当代的乐器能力即马特诺(Marteno)电子琴的声音在让人联想到"风语、号声的回荡和大海的哭泣"②。1936年5月3日,第一次演出获

---

① 雅克·韦伊:见前面资料。
② 同上。

得了巨大成功。随后几天,剧团从行情小报(Argus)那里收到了 200 多份剪报。在 7 月 5 日于普罗万(Provins)演出一次和在阿纳尔(Annales)大学演出两次之后,剧团开始了在法国和比利时的巡回演出。乔治·迪阿梅尔写道:"我在阿纳尔大学看到了由马宗(Mazon)先生的学生们演的《波斯人》。我内心满怀着激动离开了。"①

在《波斯人》一剧中,巴特扮演达里尤斯(Darios)的角色②。无需知道这是否是出于一种原因或者是出于一种逻辑上的必然结果,也不是由于这一角色有多么重要,实际上,这个人物使他承载了一种有关游戏的概念,而这种概念在他以后的思考中获得了发展。达里尤斯是一位父亲。达里尤斯是一位死者。他是一位死去的父亲,现在从亡灵的王国中站立起来,责骂其在希腊人面前失败的儿子克赛尔塞(Xerxès)。他借用两句长长的自白,向观众说出了他的遗憾、他的厌恶、他的诅咒。巴特扮演来自死人之群的一位父亲,已经是转移生平决定因素的一种方式。但是,这并非是最为重要的。这个角色可以使人听到身体的某种静音。达里尤斯并不真正与其他人物有关系,作为死人,他以活人的方式说话,他是在加深一种距离。他在动摇古代戏剧在最高处所活化的东西,即动摇一种言语,而这种言语并不等待回答,这正像布朗肖所写的那样:"一种处在高位和无相互性可言的关系中的言语"③。死者,他既是一个身体,也是一种身体不出现。因此,他更适合诵读,而不适合体现。扮演这个角色,在巴特看来,是在台词与出现、台词与身体之间表明一种差异的经验。这种经验除了可以让人理解战后那些年对于布莱希特间离论(distanciation)的倾倒之外,它还确定了与演员演技的一种关系,这种演员更喜欢替人物说话,而不愿与人物同一,他尽可能远离演技的心理作用。他说过,从青少年时起,相对于其他所有演员来说,他更喜欢迪兰④,因为迪兰并不代表他的角色,"是角色与迪兰的呼吸汇合在一起,不论他扮演什么角色,他总是他自己"。他在皮托埃夫和茹韦身上看到了这同一种品质。巴特反对掩饰、反

152

---

① 由雅克·韦伊援引,同前。
② 对于其他角色的份分配,玛丽-迪内施(Marie Dienescch)扮演皇后,皮埃尔·亨利(Pierre Henry)扮演送信人,亨利·格拉尔(Henri Grall)扮演克赛尔塞(Xerxcès)。
③ 莫里斯·布朗肖:《无尽的谈话》(*L'Entretien infini*), Gallimard, 1963, p.529。
④ 迪兰(Charles Dullin,1885—1945):法国演员和戏剧导演。——译注

对变形、反对成为他人,因为这些都体现了旨在达到表演的相像性的某种演技,他更喜欢在说出台词的过程中以更高的一种语气来说出人物要说的话,因为这种语气可以让人察觉到某种不知的东西和某种新的东西,"一种古怪而权威的语言……,其构成性品质既不是情绪,也不是相似性,而仅仅是一种富有激情的明朗性"①。在这篇《有关戏剧的证词》中,巴特重新提到了他对于古代戏剧的经验,而在早于这篇文章3年的《论拉辛》一书中,他赋予了由让·维拉尔②指导的阿兰·屈尼③相同的赞誉。屈尼在理解了应该通过总体而不是细节或态度来进行的情况下,他阐明了"能指(signifiant)与所指(signifié)之间的不一致性",他倾向于主要意图,同时排除仅在边缘中才存在的一种心理学。悲剧角色在人物与神之间建立关系。拉辛的泰塞(Thésée)就像是埃斯库罗斯④的达里尤斯一样,他们都是地狱之神,他们经历了死亡:"演出悲剧,就应该且只须演得像是诸神存在着,像是人们看到了他们,好像他们说过什么话:但是这样一来,自己与所说的东西有多大的距离呀!"⑤

153　　　　在诵读中产生的间隙最终导致远离身体、弃置表达。《波斯人》的演出照片重新出现在《罗兰·巴特自述》中,我们看到,达里尤斯很有气势地身着白色服装,细高个儿,戴着头饰,站在索邦大学荣誉院的台阶高处,伴随照片的文字说明了两者相分的感觉:"我总是非常胆战心惊地扮演达里尤斯这个人物,他有两段很长的台词,在说这种台词的时候,我几乎总是止不住糊涂起来:我被想象*别的东西*的意图所吸引。透过面具上的小孔,除了很远处和很高处外,我眼前什么都看不到;在我滔滔不绝地宣读已故国王的预言时,我的目光落在了一些无活力的和自由的对象上,落在了一处窗户上、一处房屋的突出部位上、一处天空上:至少,它们是不害怕的。我后悔受制于这种令人不适的圈套——而我的嗓音则继续均匀地、一个劲儿地用我本来应该采用的*表达语调*宣读着。"⑥除了在此增加讽刺距离的历史距离之外,我们看到巴特多么始终使戏剧倚重于*对话*。惧怕导致

---

① 《有关戏剧的证明》(«Témoignage sur le théâtre»),《全集 II》,p. 711。

② 让·维拉尔(Jean Vilar, 1912—1971):法国著名演员、导演。——译注

③ 阿兰·屈尼(Alain Cuny, 1908—1994):法国著名演员。——译注

④ 埃斯库罗斯(Eschyle,前525—前456):古希腊伟大悲剧作家。——译注

⑤ 《论拉辛》(*Sur Racine*),《全集 II》,p. 173。

⑥ 《罗兰·巴特自述》,《全集 IV》,p. [613]。

去寻找躲闪,导致在某种程度上脱离其所在场域及其身体。这种惧怕使话音与传送声音的人分离。这在最初仅仅是一种困难的练习,它使人感觉到焦虑与拘谨,随后变成了戏剧的一种品质,变成了它的揭示力量之一。在生活中,这种惧怕表现为保持可被周围的人感受到的一种距离,它位于身体外表的只随年龄而强化的一种拘谨与话音的一种放松之间,而这种话音则建立联系、在现场包装一切,而演出者则借以抵御对于自己能力的担心。在写作中,惧怕表现为对于分割、对于横线和斜线、对于思维借以构成的各种分隔的明显爱好。成为作家,似乎是对于这种通常痛苦的分开的一种幻觉的决心。成为作家,大概可以让人汇聚身体与话音,并使言语出现。在这个领域的探寻,在整个智力生活过程中都会有,它表现出在分离之外的一种稳步渐进过程。巴特逐渐建立起的这种确信(实际上他只是靠写出来)、中性的提出、对于结构的放弃,在后来经历中显示的这一切均以某种方式纠正了间隙和内心的裂痕。

154

　两个身体,既是不同的,又是难于相处的:它们是肉体的外表和社会性的身体或更可以说是属于社会的身体。必须将它们组合在一起。组合的另一种方式是通过音乐来完成,尤其在其发音的维度之中——巴特在同一时期的稍后时间里对其做了研究。当他处于结束本科学习阶段的时候,决定与他的朋友米歇尔·德拉克洛瓦(Michel Delacroix)一起去敲他们最欣赏的歌唱家夏尔·庞泽拉(Charles Panzéra)家的大门。他们不认识其他老师,但他们喜欢他的嗓音,他们便以年轻人的执着去恳求夏尔·庞泽拉,而这位歌唱家反过来表现得非常大度,他同意为他们免费开课。直到他1942年离开去疗养院之前,巴特以世纪初的旋律来练习他的嗓音,而这种旋律把后来很快就消失的一种法语的变调带到最远处。他曾以1977年的一篇文章向这位慷慨的老师致谢。巴特在谈到夏尔·庞泽拉的嗓音和他的说话方式的时候,曾在其中找到了与他赋予迪兰或屈尼的相同的品质,即脱离过分依赖意义效果的一种诵读声音。为此,他在保持内容、连奏、句行的发音,与根据表达性的一种逻辑即"完全意识形态的"逻辑为每一个辅音提供相同强度的衔接之间做出区分——"在各种衔接的艺术中,被人不正确地理解为像是戏剧的语言、像是对于有点拙劣的意义的演示,在闯入音乐之中,并不合时宜且不得体地扰乱了音乐:语言在前,它是音乐的令人不悦和讨厌的东西;相反,在发声艺术(即夏尔·庞泽拉的艺术)中,是音乐进入语言之中,并在语言上重新发现属于音乐、属于爱情的东西"①。在对于法兰西喜剧院脱离戏剧的小资产阶级审美的揭示与某种歌唱艺术之间,连续性是明显的。看重嗓音与语言、看重为了语言的嗓音而非为了意义的嗓音。在这种看重之中,我们不仅注意到对于总是涉及说与被说之间、隐性与显性之间距离的关心,而且我们也注意到掩盖资产阶级文化的一种复杂的战略。喜爱法国旋律、喜爱迪帕克、弗雷(Fauré)或是德彪西,不可否认地属于与这种文化的一种密切关系,这也就要求巴特总是要远离这种文化、颠覆这种文化。巴特没有去彻底摆脱这种文化,而是经常使用一系列区别性战略素,以便指出这种文化本身就带有着使其自身颠覆的各种因素。于是,他便区分一些用法、一些方式,其中一种方式有可能就是一种无参与的享乐,而这种享乐就是在无接受可言的情况下的一种自我获得方式。在使降低等级的感觉成为一种选择和一种价值的同时,它也可能是内化这种感觉的一种手段。人物在构成方面的含混性便在此明确了起来:他在自己爱好之中、欲望之中和自己选择之中表现出某种因循守旧的同时,也借助于他不成熟的批评和他的直觉来摆脱这种旧习。

在这个时期对于戏剧的激情,随后以多种形式延续了下来。首先,是在演出大厅里,是在观众之间和在批评文章里。即便具体说来生活越来越与之远离,从舞台到讲台和从讲台到离开(1965 年,他承认曾非常喜欢戏剧,不过却几乎不再去看了②),但是,这一事业自始至终没有离开他的关注,他关注所有展演情况,关注所有演出信息、所有剧团在空间中的移动情况。"实际上,他的文章中,没有一种是谈论某种戏剧的,而演出又是让人观察世界的普遍的领域③"不过,真实主义、表达意图,这些总是受到

---

① 《音乐,嗓音,语言》(«La musique, la voix, la langue»),其初次发表时的意大利文标题为«La musica, la voce, il linguaggio», in *Nuova rivista musicale italiana*, 1978[1977](《全集 V》, p. 527)。亦请参阅《神话》一书的《资产阶级声乐艺术》(«L'art vocal bourgeois»)一文。在这篇文章中,热拉尔·苏泽(Gérard Souzay)以过分的表达性来拒绝意图。资产阶级的艺术在文中被明确地说成像是"过分表明意图"的艺术,原因是担心这种意图不被人理解,而意图则"通过过分突出其发音来强调单词"。还有,拉近它们则是借助戏剧来完成的:"人们在我们传统演员的表演艺术中再次看到了这种对于意图的强化,我们知道,这些演员都是由资产阶级和为了资产阶级而培养的"(《全集 I》, p. 802—804, p. 803)。

② 《有关戏剧的证词》(«Témoignage sur le théâtre»), in *Esprit*, mai 1965(《全集 II》, p. 711)。

③ 《罗兰·巴特自述》,《全集 IV》, p. 749。

指责。戏剧服饰并不比诵读更应该带有与戏剧行为的价值不同的价值，156
因为后者最终会被带回到其基本动作和其主要功能①方面来：指出、援引、
重复，都是戏剧性的关键词，它们会在多种场合、多种其他演出情况下得
到实践。戏剧性在某种程度上就变成了按照一定距离安排符号的主要修
辞手段。《神话》中的文章谈到了戏剧，或谈到了被戏剧化的一些形式：比
如兰开夏式摔跤，巴特在这种摔跤中发现了夸张，"这种夸张想必是古代
戏剧中的夸张"；比如阿尔古（Harcourt）摄影棚中的摄影，那些摄影棚把
演员都变成了无用的神；比如古装电影及其混杂符号，那些符号将符号与
所指混合在了一起……神话的言语本身就是戏剧性的，而神话的舞台一
如古典戏剧是不说明什么的。巴特向贝尔纳-亨利·莱维说过，"我到处
都看到有戏剧，在写作当中、在图像之中，等等。"②世界的戏剧性特征越是
明显，作为现时样子的戏剧就越不突显为必须。不过，年轻人强有力的介
入提供了固执的思维路线，于是，2009 年由裴西达·阿斯拉尼汇编的巴
特所有"问题"的小手册，即对于出现在《全集》中的所有疑问句子的统计
一开始就过问了悲剧（"在那些年代，在这些国家，都发生了什么事情，以
至于悲剧当时成为可能、成为容易的呢？"），并结束于对于世界舞台的苦
思冥想：在《巴黎的夜晚》（«Soirées de Paris»）中，"可是在我外出时我能做
什么呢？（……）在我看来，世界舞台上是什么呢？"③开始的词也是结尾的
词，这一情况被《作者的词汇》一书中所放弃的名为《第一个词》（«Le
premier mot»）的片段所证实："他在（关于希腊悲剧中的神灵化身与招魂）157
硕士论文中，以引语形式写下了克洛岱尔谈到日本的'能乐'时说过的这
句话：'并不是一位演员在说话，而是一种言语在起作用'。随后的全部
（有关言语活动的一种效能的观念）均在这句话中，就好像它只是对一个

---

① 为提及"戏剧服饰的病态"而使用的那些表达方式，与指责歌唱家的发音或法语的喜剧演员的
表达性的表达方式一致了起来。"服饰总应该保留其纯粹功能的价值，它既不能使作品窒息，
又不能使作品膨胀，它应该避免用一些独立的价值来替代戏剧行为的意指。因此，当服饰变
成了一种自我目的的时候，它便开始应该受到指责了"（原载《人民戏剧》，*Théâtre populaire*，
1955；后收入《全集 II》，p. 317）。
② 《全集 V》，p. 381。
③ 裴西达·阿斯拉尼（Persida Asllani）：《罗兰·巴特：问题》（*Roland Barthes：Questions*），
Manucius, coll. «Le Marteau sans maître»，2009，p. 19 et 181。第一个问题源自《文化与悲剧》
（«Culture et tragédie»）一文，曾发表于《大学生手册》（*Les Cahiers de l'étudiant*，1942，《全集
I》，p. 29）。涉及的是那些伟大的悲剧世纪：5 世纪的雅典，伊丽莎白一世时代，17 世纪的法国。

剧目的第一次告白,就好像存在着某种智力的发生学那样:对于一位主体的可怕的固定,从他说出第一句话(尽管是另一个人的话)就已被框定,他被他自己所引导,他没有别的想法而只能变化自己——并非改变自己。"①巴特注意到,他在变化方面的习性源于和自我的一种距离,而在这种距离之中,言语游刃自如,并建立起自己的戏剧,因而同时确定了生活与作品。舞台就像是世界的场域,世界就像是舞台:从启幕到剧终,戏剧就是对于在世界的一种存在方式的隐喻,而在这种世界上,人们越来越多地被卷入其中,因此会不停地依然是一个外人。

从地中海到大西洋

1936—1940那些年,以生活不稳定和自感内心相对不充实为主要标志。罗兰·巴特经常表现出气馁。他的本科学习并不像他所希望的那样顺利。1936年6月,尽管他非常勤奋地阅读埃斯库罗斯的作品,但是他的希腊语证书没有拿到:"在口语考试中,由于谈及阿托萨②的一个梦,我连一句话都没有说出来。"当他的多个朋友成功通过了位于乌尔姆街的高等师范学院统考的时候,他的感觉是自己变得矮小了——不是因为他有什么失误,而是他责怪各种情况所带来的失误。当他准备写作《新的生活》(«Vita Nova»)的时候,在他回想起来的他生存过程中的几个关键场景中,有这样的场景:"当菲利普·勒贝罗尔被高等师范学院录取的时候,我哭了。"③他悲痛地看到他们以后的道路不再是相同的;他不得不痛苦地放弃为自己所设想的未来。

在贝恩省的假期并没有为他带来一种安慰:他说,由于远离了他喜欢的人,他感到的是窒息。不过,他决定继续备考本科,同时向他人提供一些特殊的学习协助,特别是向赛尔日·曼盖(Serge Mainguet)——他甚至在1936年夏天度假期间到曼盖在诺曼底的家里去帮助他。开学的时候,他的外祖父住进了瓦尔-德-格拉斯(Val-de-Grâce)医院,在那里被

158

---

① 《作者的词汇》,p. 289。这一片段上标注的日期是7月7日(1974)。
② 阿托萨(Atossa,前550—前475):古希腊居鲁士大帝的女儿。——译注
③ 铸造工业标准局编号为NAF28630的文件,"大卡片库",1979年8月1日。

留院观察了一段时间,随后回到了利斯勒-阿达姆小城,于 11 月 10 日病故,终年 80 岁。外祖父带着他的所有荣誉被安葬在蒙巴纳斯墓地[①]。当时的许多报纸都对他的去世有所反应,媒体的过度报道触动着他。那时,他还没有因这位祖辈而感到羞耻,他仍然保留着他小时候对于外祖父的一种崇敬。

1937 年和 1938 年,明显的标志是两次旅行。第一次是 1937 年 6 月到 8 月与匈牙利德布勒森大学一组学生一起进行的匈牙利之旅,他们到了潘诺尼亚大草原(匈牙利语称"普斯塔"[Puszta])的腹地,那里距离罗马尼亚已经很近。在被第二次世界大战完全摧毁之前,普斯塔市非常繁荣,并且由于在位于市中心的森林里修建了一些休闲设施而非常适宜旅游。这是一座主要信仰新教的城市(包括这座城市的大学,巴特曾以外籍教师的身份在那里讲过几节法语课),这使得年轻的巴特感受到一种舒适与自由的气氛。第二年夏天,便是希腊之旅,他对此行期待已久。他是与古代戏剧团一起去的,他们的路线是从雅典到迈锡尼,中经桑托林岛(santorin)、德罗斯岛(Délos)和埃伊纳岛(Égine)。他踏上了菲利普·勒贝罗尔走过的路上,而此前当他被留在比利牛斯山上疗养院时他曾想象过这一行程,他这时写道:"在希腊,我无时无刻不在想你。你走过这一旅途。你走过德罗斯岛的这些小块岩石。在真实地走上当年我在贝杜时曾激情满怀地关注过你的这一旅途的时候,我经常激动不已。"[②]于是,他发展了一种旅游艺术,即像是位于边缘处、临界处的开端性艺术[③]。巴特在欣赏各种中心要素、也恰好是著名要素——古迹、博物馆、雕塑——的同时,都与它们保持距离,或者就在它们的距离之中。相反,旅游的开端性艺术,要求对于留待注意的场所和不为人所知的岩石提前有所爱好。这种艺术具有两方面特征:一是脱离团体的游逛而常去光顾位于中心边缘的区域和具有旅游吸引力,二是从旅行一开始就做记录并随后不再放弃。所记材料立即服务于写作片段的和散现的文本,这些文本不大提供对于旅行的叙事,而是提供即刻的感受。《在希腊》一文发表于 1944 年 7 月的《生存》

159

---

① 位于巴黎市区北部,启用于 1824 年。——译注
② 1937 年 8 月 19 日写给菲利普·勒贝罗尔的信。菲利普·勒贝罗资料遗赠,IMEC。
③ 在《在希腊》一文中写道:"在德罗斯岛,我们认为登上了一块岩石,可这就是岛本身"(《生存》[Existences]杂志,1944 年 7 月;《全集 I》,p. 68)。

杂志(这是圣伊莱尔-迪-图韦疗养院的杂志),对于巴特来说,这是第一次
见证建立在琐碎和细小事物基础上综合旅游与记录为一体的一种艺术的
文字;是一边走在边缘或脊顶线上一边写作的艺术。巴特也介绍了他经
过地中海时的感受:在阅读尼采著作的同时感动他的东西,当然,还有很
强的光、美丽的雕塑,废墟所引起的思考,阳光、水和土地的结合;但还有
细小的东西、昏暗的东西、遥远的东西:"普通的岩石""可悲的脏乱""狭窄
的海滩""单帆小船"喝咖啡用的"小杯子"动物的内脏即下水(acrocôlia)
(肠子、大脑、肝、胎儿、羊羔的胸腺以及乳房)——不过都因古代人对于它
们的爱好而高贵起来。"雅典的纪念碑也像人们经常说的那样美丽。有
一处不起眼的居住区,我却很喜欢;它位于雅典古卫城脚下;那里只是几
条商业街,虽短小,但充满生机;我常去那里游逛。"①一切都归因于两种主
张的叠加,就像两个相近却很是不同的居民区那样:一侧是赏心悦目和美
丽,叫人熟视无睹;另一侧是快乐与脏乱,让人参与其中。还没有到《蓝色
导游手册》所推荐的旅游万神殿,在那里,到处都是美不胜收的景点,并且
"这个国家的人性消失殆尽,只见各种古迹"②。那些雕塑赋予人的快乐远
比不上哪怕是最年轻的理发师给您刮胡须时带给您的舒适感,他使用"多
160 种剃须膏,叫人不是很放心,但抹到脸上时是那样轻盈小心,以至这位看
上去脏乎乎的魔术师能够安抚担忧与反感"③。正是在这些少有的环境
中,探险才是可能的。这种地方,胜过明亮的海边或废墟与石头混同一起
的场地——正是在这种地方,巴特注目过往的身体,听凭其中某个身体对
自己的吸引或者寻求与某些目光交汇。场地与占据场地的人的拉近,在
此借助于显露的品质的细微区别而形成,这正想让-皮埃尔·里夏尔所说
的那样,这就是巴特"真正的富有激情的景致"④。在这些品质(qualia)之
中,有油脂,这种油脂后来在《符号帝国》中谈及天气(tempura)⑤、再后来
又在论述雷吉肖的绘画("油脂是这样的一种物质,它增多事物却不使之

———————

① 同前,p. 69。
② 《蓝色导游手册》(«Guide bleu»), in *Mythologies*(《全集 I》, p. 765)。
③ 同上,p. 68。
④ 让-皮埃尔·里夏尔(Jean-Pierre Richard):《罗兰·巴特:最后的景致》(*Roland Barthes, dernier paysage*),Lagrasse, Verdier, 2006,封底文字。
⑤ 《全集 III》,p. 570。

呈块状出现,它加厚事物却不使之变硬"①)、最后在未出现于《罗兰·巴特自述》中的一个谈及蛋黄酱的片段②中被提到过。油脂可以综合(有害的)攫取性黏稠物与(有益的)平滑层面的各种相反的品质,这些品质在此借助于"透明的淡色"而制胜,它们在《她》杂志(*Elle*)③的《装饰性烹饪》一文中被提及和理论化④。"由于不能完全消除脏乱,人们便赋予其透明的淡色;关于这一章,我们不节省任何东西:我们更需要水,而不是涂料:软膏、鞋油、化妆品多得是,它们代替了香皂,就像油脂在古希腊人那里那样。"因此,旅游和随记的开端性艺术可以使看过的景致重叠,使走过的不同国土借助欲望和结合而重组成意象。

　　巴特从希腊回来之后,他在位于圣热尔韦(Saint-Gervais)镇附近的他的同学米歇尔·博埃(Michen Bauer)家里住了一周的时间,那是一处孤立的村庄,他感受到了某种独处带来的快乐。在这期间,他经历过一些叫他意欲离开的说不清原因的病痛折磨;在那里,他已经表现出对于小群体的兴趣,而这种兴趣在后来的《如何共同生活》课程中得到了阐述。那一年夏天,当他与泰奥菲勒演员剧团演员们一起在位于比利时布鲁日附近的一处本笃会修道院参观时,使他激动不已的,并非是那里的修行精神,而是这一场所无处不见的稳定性,亦即一种组织和一种规则的有效性。我们在巴特 1977 年 1 月 12 日的课程介绍的开始,重新见到了这种幻觉,他将其说成是最初的幻觉:既不是两个人一起生活,也不是集体在一起生活,而是"像是以规范的方式来中断的一种孤寂:一种因为把一些距离放置在一起而引起的反常、矛盾、焦虑"⑤。他说,正是在阅读雅克·拉卡里耶尔(Jacques Lacarrière)的《希腊之夏》(*L'Été de Grèce*)之际,这种幻觉遇到了一个名称,该名称使这种幻觉活跃,那便是"独居修道院"(idiorythmie)这个词,这个词适用于那些在阿索斯山(mont Athos)于同一种结构内部独居却相互联系的僧侣。即便在巴特入住疗养院之前,他也经常更多地感觉到他就生存在这样一些自给自足的小群体之中,甚至就生活在

161

────────────

① 《雷吉肖和他的身体》(«Réquichot et son corps»),《全集 IV》, p. 385。
② 《"食用"与"制作"》(«"Prendre "et "tourner"»), in *Lexique de l'auteur*, p. 286。
③ 该杂志在我们国内被取名为《世界时装之苑》。——译注
④ 《装饰性烹饪》(«Cuisine ornementale»), in *Mythologies*,《全集 I》, p. 770。
⑤ 《如何共同生活》,p. 37。

修道院的曲径之中。1939 年 3 月 1 日,他在写给菲利普·勒贝罗尔的信中说道,"每天的生活规则是美不可言的",这便是罗兰·巴特终生梦寐以求的完美和丰富的稳定性。

欧洲危机的加深不利于这种稳定性。1939 年的个人资料表明了巴特对于外部情况的强烈关切,而在这种关切中,"自我"不再是中心。"鉴于当前欧洲的历史状况,人们不仅仅为自己的生命与和平——自己的和平——感到担心,而且并尤其担心意识的撕裂与痛苦。这是心灵在自身感受到的一种可怕的不幸,而正义蒙受着所有的耻辱。我无法向你表达我是多么厌恶以及我在精神上承受着多大痛苦,我从内心深处为世界上的所有痛苦、为各国因真正忤逆的傲慢所犯下的可怕罪恶而哭泣。我们正经历着世界末日与殉难的时代。每一天,我们作为人的意识都遭受侮辱,人们自感被摆脱不掉的不体面的麻风病所包围,同时也被受到法律、报界等保护的这些无边的罪孽、粗野、残忍行为严重威胁着。这绝对是令人恶心的,每一天,我都多次出现难熬的沮丧、感到作为人之羞耻的时刻,而我只能借助于自卫本能来消解,为的是在一天的剩余时间里活下去。"[1]

162 这些雨果式的语调(他当时正在阅读《历代传说》[*La Légende des siècles*]),或者更可以说是依据雨果从托马斯·曼(Thomas Mann)或奥斯瓦尔德·斯彭格勒(Oswold Spengler)那里承袭下来的语调,表达的是对于未来的一种几乎是形而上的忧虑。对于世界的看法,即便暴露出了民族主义,却也远不如表明人文主义信仰的最后杰作是直接地政治性的。"作为人的羞耻"(«honte d'homme»)(德勒兹后来让人听到的是"作为一个人的羞耻"[«honte d'être un home»]这种说法),这种表述在《德勒兹的ABC》中、在《A 例如动物》、在《L 例如文学》[2]中多次重复,它表明的是对于各国进行压迫的内心抗拒,是对属于一个正在被毁掉的世界的意识。语言还可以带有着话语在谈及普遍概念时的情绪维度,而非常临近的各种破坏之暴力最终会将这种维度铲平。战争的开始使巴特面对此前遥不可及的一种现实:"我从前并不关注世界上的问题,我从前对其丝毫不懂,

---

① 1939 年(4 月)神圣星期五写给菲利普·勒贝罗尔的信。菲利普·勒贝罗尔遗赠,IMEC。

② 《德勒兹的 ABC》(*L'Abécédaire de Gille Deleuze*),与克莱尔·帕尔内(Claire Parnet)的谈话,皮埃尔-安德烈·布唐(Pierre-André Boutang)执导;《A 例如动物》(«A comme animal»)、《L 例如文学》(«L comme literature»),DVD 音像制品,Éd. Montparnasse,2004。

现在我的眼睛慢慢睁开了,我感觉我恰好看到了这一切是怎样发生的,甚至明白这一切在将来的过程又是怎样的。而我的无能为力、我的沉默、其他人的沉默,使我极为痛苦。有时候,我真实地觉得严峻的现实在使我冲动,而我于狂躁之中突然地止步于一处深涧之缘。"[1]

从大西洋到后方

在他大部分朋友都应征入伍的时候,1939 年 9 月他被改革委员会叫了去,不让他入伍:至少是暂时不能入伍,因为没有可适合肺病患者的辅助性工作。他去英国担任法语教师的计划也拖后了。对于本科学习的后续课程,巴特可选择继续去完成以便获得教学学士学位,或者延长本科学习以便获得转向研究工作的更高学位证书。但是,他必须找到一份工作来减轻压在家庭方面的实际生活负担。从 11 月份开始,有人建议他去比亚里茨中学教一个三年级的班,他弟弟也从此进入了这所学校:巴特在那里教语文(法语)、拉丁语和希腊语。一家人住在位于拉维热里红衣主教(Cardial-Lavigerie)街的一栋名为"美人鱼"(《Les Sirènes》)的楼房里,他母亲经常在当地医院里做零工。教学之初是困难的,巴特表现出了对于这一职业的责任意识。他感觉到自己对学生具有某种威信,但是他很注意自己的形象。他 1939 年 11 月 29 日在写给菲利普的信中说道:"这是一种可怕的职业,在这种职业里,对于每一种行为都必须在内心做出选择,而这种选择有可能会带来可怕的情况(原文如此)。你所掌握的这种权力会使你引火烧身,不过,永远不要放弃。"[2]两个月后,他接受检查,他了解到自己在动词 hekein("已到达")的变位上犯了一个可怕的错误,不过,正像凯鲁(Cayroux)督学所证实的那样,对于他的评语还是不错的:"罗兰·巴特作为由教学区派来的老师,初次从事教学。显然,他还缺乏只有经过教学实践才能具有的品质:提问方式的灵活性,阐述应该说以及可以放弃的内容之技巧,最后还有把控和活跃课堂的从容度与可靠性。

163

---

① 1940 年 3 月 7 日写给菲利普·勒贝罗尔的信。菲利普·勒贝罗尔遗赠,IMEC。

② 1939 年 11 月 27 日写给菲利普·勒贝罗尔的信。菲利普·勒贝罗尔遗赠,IMEC。他在这里写的是"情况"(circonstances)一词,用以代替"后果"(conséquences)一词,在特定情况下,这可以表现为一种非常具有揭示作用的口误。

但是,他在我面前做的课文讲解是经过非常细心准备的;讲解简洁、明了、准确,并伴有大量对细节非常有益的说明。(……)我认为,对于他来说,不可避免的尝试与摸索阶段会很快结束。他一来到这里,就对于比亚里茨中学产生了好感;他非常受学生喜欢,他们都愿意上他的课,我的意见是,非常支持他的派驻时间延期。"①从总的情况来看,巴特自己也说很愿意教书,并且他甚至终于向学生们谈起了他当时对于文学即对于夏尔·佩吉②的强烈爱好。比亚里茨这座城市,以其"美好时代和装饰艺术时期"的建筑风格,以其高贵的花园和其明亮与相对人少的海滩,为巴特提供了温馨的时刻。他长时间地在海滩上向着灯塔(巴斯克语:Itsa argi,意为"大海之光")、向着圣马丁(Saint-Martin)海角的端头方向散步。"昨天,我从电影院回来③时登上了海角;夜空是完全异常的,非常静寂,几乎没有光亮和充满静止的温和气息。在一块平地的距离海面很高的边缘处,我向前靠了一下,因为恰好在我的对面,有一弯金黄色的、细细的、弓状的、长长的、真正是镰刀样式的、形如令人叫绝的羊角面包的缺月;而在下面,我在一种恐高症中猜想着大海在礁石深处巨大的涌动。"④实际上,比亚里茨是一个受悬崖保护和被海浪与风拍击的小港口。当巴约纳从 18 世纪开始扩展其商业活动的时候,比亚里茨还是一个小渔港。灯塔,是借法国1820—1830 年大规模海岸信标建设规划开始建造并于 1834 年完成的。它通体白色,矗立在一个高高的岬角之上,并通过一条市镇散步小道与城市连结了起来,路人可以一直走到灯塔的平台上去观海,去听海洋连续不断的运动声,一侧是巴斯克山脉,另一侧是由巴约纳沙洲勉强断开的天际。必须去想象,大海在静谧的夜里发出的喧嚣声与他多位朋友投身其中的战争的轰鸣声,在一位张开大眼目睹世界问题的年轻人那里得到了怎样的反响。几个星期之后,灯塔熄灭了,而德国军队控制了所有海岸线。比亚里茨和整个巴斯克地区都成了占领区。菲利普·勒贝罗尔成了

---

① 1939 年 12 月 11 日凯鲁的报告。铸造工业标准局(BNF)编号为 NAF28630 的文件,"行政资料"(«Documents administratifs»)。
② 夏尔·佩吉(Charles Péguy,1873—1914):法国作家。——译注
③ 还有一个相似的表达方式,即《走出电影院》(«En sortant du cinéma»),这是 1975 年发表于《交际》(*Communication*)杂志上一篇文章的标题,在那篇文章中,巴特提及在电影院漆黑的播放厅里面对银幕时处于几乎催眠状态的人所产生的超感觉状态。
④ 1940 年 3 月 7 日写给菲利普·勒贝罗尔的信。菲利普·勒贝罗遗赠,IMEC。

俘虏。

在 1940 年法国投降之后,巴特和他母亲及弟弟回到了被占领的巴黎。返回巴黎,使他重新见到了米歇尔·德拉克洛瓦,他们之间友情与恋情的关系得到了平衡与快乐的发展。勒贝罗尔越狱后在里昂的自由区安顿了下来,备考他的历史证书。巴特也梦想着学习,但是他知道他必须工作以维持生活。"生活上的物质情况是艰难的。由于天气很冷,工作起来是困难的。我一直没有工作,已经到了手头拮据的地步。今天,有人向我说起了一份可能去国立高等艺术学院(Beaux-Arts)当助理编辑的工作;我马上去看一看。但是,这已经提出了是选择进师范学院学习还是赚钱以确保必要生计的可怕问题。在任何时刻,我都有这种左右为难的事情,而现在,我在各个方面比任何时候都深陷难以理清的纠结之中,这些纠结严重地影响着我已经如此可悲和低劣的生活。"①不过,他还是注册上了有关希腊悲剧(索福克勒斯,埃斯库罗斯,欧里庇得斯)中剧情过渡习惯研究的高等学业文凭,指导教师为保罗·马宗(Paul Mazon),与此同时,他也担任了(位于共和国大街的)伏尔泰中学和(位于马勒泽布[Malesherbes]大街的)卡诺中学的"学区派驻教师"(督学-学监和辅助教师)的职务。不停的和长距离的跑动使他很难同时应对得很好。更何况,多个事件的打击使他难以支撑:米歇尔·德拉克洛瓦像他一样患肺结核住进了医院;他的祖母贝特·巴特 1941 年 5 月就在他需要进行哲学考试的那一天去世,他必须返回巴约纳,因而错过了第一阶段的多项考试。于是,他在那里度过了整个夏天,陪伴着服丧的姑姑(他还总是与姑姑一起弹奏音乐),同时备考文凭与多种证书,他于 10 月份成功获得相关文凭与证书②。11 月份,他肺结核病复发。就像直到 50 年代对于肺结核病患者所经常进行的治疗那样(即便在 1946 年出现了抗菌素之后也是如此),他接受了气胸疗法(pneumothorax)——也被称为"萎陷疗法"(collapsothérapie):这种疗法需要故意地按下肺部,以使因呼吸活动和结核洞的出现而受损的胸膜愈合,而不会引起可能导致失去肺部的多种呼吸并发症。1935 年,年仅 23

①　1940 年写给菲利普·勒贝罗尔的信。菲利普·勒贝罗遗赠,IMEC。
②　他的高等学业文凭论文《希腊悲剧中的追忆与咒语》(«évocation et incatation»)(1941),已归于铸造工业标准局(BNF)罗兰·巴特手稿遗赠之内,1997—1998 年第一批备案。

岁就死于这种疾病的弗朗索瓦·阿布格拉尔(François Abgrall)出版了他的书《我也同样,活过了 20 岁!》,[①]书中他精准地描述了这种痛苦和难以忍受的治疗方法,该方法在于使肺部在呼吸的同时"休息",并向带有结核洞的肺叶之间注射一种油质针剂,最终使肺与肋骨隔开。这种外科技术尤其通过《魔山》[②]中著名的一幕而广为人知:当汉斯·卡斯托普(Hans Castorp)刚刚到达贝尔戈夫(Berghof)疗养院的时候,他被赫尔米内·克勒费尔德(Hermine Kleefeld)做气胸疗法时哨音般的呼吸声所惊呆,他的表兄若阿希姆·齐默森(Joachim Ziemssen)几个月来一直在这里做疗养,对他解释说:"当赫尔米内·克勒费尔德快速走动的时候,可以从体内发出哨音般的呼吸声,于是,她便用这种哨音来吓唬人,尤其是吓唬新来的病人。"[③]在这次考试之后,就当巴特刚刚在位于伦敦街的阿特梅(Hattemer)私立学校获得了一个教师职位的时候,他便不得不从 11 月份开始提交去圣伊莱尔-迪-图韦大学生疗养院的申请,他于 1942 年 1 月获得了接纳。

罗兰·巴特在那里开始了他的另一场战争,那是他真正经历的与世隔绝的仅有的战争,即与疾病作斗争的战争。从 1942 年到 1946 年,除了几次很短的允许外出(巴黎或巴约纳),他一连好几年都在疗养院令人难以置信的空间中度过,个人被围于纯净空气之中,整个群体则与世分离。所经历的事情的时间表值得在此明确介绍一下,因为这种时间表展示了这种疾病不同治疗期的既可怕又是通常出现的特征。病情复发是经常性的,几乎是正常的,但是复发使得痊愈成了遥远无期的和侥幸的。就这样,巴特于 1942 年 1 月进了圣伊莱尔-迪-图韦疗养院。4 月份的时候,他有过一次严重的复发,出现了胸膜积液,这使他在一个多月中完全卧床。从 8 月到 12 月,他逐渐恢复,到来年 1 月的时候,离开了疗养院。从 1943 年 1 月到 7 月,他可能自认为脱离了疾病困扰,而在康复期之内就住进了由达尼埃尔·杜阿迪(Daniel Douady)医生刚刚开设的大学生诊所里,该

---

① 弗朗索瓦(弗朗士)·阿布格拉尔(François[Frnanch] Abgrall):《我也同样,活过了 20 岁!》(*Et moi aussi, j'ai eu vingt ans!*),罗兰·多热莱斯(Roland Dorgelès)作序,Carhaix, Éd. Armorica, 1935。该书 2000 年于 Éditions Terre de Brume 出版社再版。

② 《魔山》(*Montagne magique*):德国小说家托马斯·曼 1924 年发表的作品。——译注

③ 托马斯·曼:《魔山》(*La Montagne magique*)由莫里斯·本斯(Maurice betz)从德文翻译成法文,Le Livre de Poche[1924/1931], p. 79。

诊所位于巴黎五区植物园附近的卡特勒法日（Quatrefage）街，其目的是帮助痊愈的患者重新适应生活。7 月，当他与母亲和弟弟住进外祖母诺埃米·雷韦兰在昂戴（Hendaye）镇的房子的时候，他又一次病症复发，这使得他重新回到圣伊莱尔-迪-图韦疗养院。一连 3 个月，他在那里承受了住院期间最为糟糕的时刻，这便是静心、完全不动和倾卧式（卧床，头部向下）的疗养，这种疗法当时很被人提倡，目的在于靠患者自身状况来治疗。他在那里度过了 1944 年全年，直到 1945 年 1 月，在这段时间里，他曾被转移到了位于瑞士沃镇（Vaud）的莱森疗养院的亚历山大诊所。他在那里过了 7 个月，到 9 月份的时候，又重新被转移到了位于巴黎卡特勒法日街的大学生康复院。又一次新的复发使他立即住进了莱森疗养院，在那里，他于 10 月份接受了一种新的气胸疗法，并呆到 1946 年 2 月份，其中在 1945 年 12 月份到巴黎短住过。他离开莱森的时候，在瑞士做了短暂旅游，旨在向他在治疗期间知遇的几位朋友道别，他在 2 月 28 日那天回到了巴黎。但是，这还没有完全结束。当他试图借助完成其教学法的本科学业和通过他所缺的最后一个证书以重归生活的时候，即便他知道自己的疾病会严重地，甚至是最终地影响他在国民教育系统中的任何职业[①]，他也必须到位于塞纳-埃-马恩省（Seine-et-Marne）的纳夫穆蒂埃-昂-布里（Neufmoutiers-en-brie）镇去度过夏天几个月的康复期。因此，他只是到了 1946 年 9 月份才最终定居在巴黎塞尔旺多街。

那几年，正是科学研究对于可治愈结核病的抗菌素做最后攻坚努力的几年：1942 年，泽尔曼·瓦克斯曼（Selmaan Waksman）发现了链丝菌素（streptothricine），1943 年他又和他的学生阿尔贝特·沙茨（Albert Schatz）一起发现了链霉素（streptomycine），后一种抗菌素于 1943 年确保了用抗菌素第一次治愈了一位严重感染结核病的患者。而巴特是按照从 19 世纪末在疗养院实行的方法即通过休息、阳光浴或静心与完全不动来治疗的。这种疗养院从 1882 年（这是罗伯特·科赫[Robert Koch]鉴别出

---

① 1929 年的一项法律严格限制从前的结核病患者进入国家行政职业，同时规定了有结核病史的人必须进行的休假。1946 年 10 月 19 日有关公共职能部门的行政命令第二十三条对于已痊愈的结核病人开放了这种职能部门。请参阅皮埃尔·纪尧姆（Pierre Guillaume）：《从失望到获救：19 和 20 世纪的结核病患者》（*Du désespoir au salut. Les tuberculeux aux XIXe et XXe siècles*），Aubier，1985，p. 279。

肺结核杆菌的时间)创办一直延续到大约 1947 年,而巴特漫长的住院疗养就位于疗养院这段"黄金时代"的尾声。按时测量体温(每天不少于 4 次),按时用餐,按时进行休息性疗养。巴特患病时,正值这种疾病死亡率很高的时期,1938 年法国全国就死亡 60000 人,其中年轻男性占多数①,因而死亡之阴影真正地游弋在治疗地的上空。1942 年 10 月 28 日,米歇尔·德拉克洛瓦的死亡沉痛地警醒了巴特。他说他从来没有感受到"如此强烈的悲哀,而我现在被封闭在这里,必须继续活着,就像什么都没有发生那样"②。在这个事情之后,巴特一连好几个月都感到压抑。他曾与这位朋友构筑过所有的梦想,曾大胆地有过多种欲望(文学,音乐)。他回想起,他们曾一起在街巷里尾随一些人,为的是让他们成为想象中的人物③。巴特的小说,从来还没有与其他人如此接近。疾病的猛烈打击,与死亡的靠近,使他全身心受到了重创。但是,按照巴特在《当今神话》(«Le mythe aujourd'hui»)中赋予结核病的意义,这种病同样也是一种神话,它是一种社会神话学和一种文学神话。正像伊丽莎白·格雷莱和卡罗琳·克吕兹出版的一篇 1978 年于高等社会科学研究学院(EHESS)由罗兰·巴特亲自主持答辩的博士论文中说的那样,"一个社会的梦想与惧怕,在病病中找到了更受看重的表达手段"④。巴特已经知道这一点,就像他知道文学已经取代了这种感情那样,他也知道他本人从此体现的是被编入册的一类知识分子或作家。于是,他开始梦想——当然是孤立地梦想,梦想着呆在世界的边缘,梦想着远离真实的生活与行动。结核病不可争辩

---

① 统计表明,死亡率从 1945 年开始真正地明显下降。战争与法国被占领是增加结核病死亡率的因素。这些情况取自马尔泰特(Malthète)医生和布朗热(Boulanger)医生的调查资料《1938 年以来的法国结核病》(«La tuberculose en France depuis 1938»), in *Journal de la Société statistique de Paris*, t. 87, 1946, p. 243—268。结核病对于大学生更构成威胁。由杜阿迪医生向《解放报》(*Libération*)提供的数据表明,大约 8% 接受检查的大学生患有这种疾病(BDIC 4e delta 1183/7/12)。

② 1942 年 11 月 6 日写给菲利普·勒贝罗尔的信。菲利普·勒贝罗遗赠,IMEC。

③ "我回想起我与米歇尔·德拉克洛瓦在一起做的隐私游戏(也许需要参阅朱尔·罗曼[Jules Roman]无法模仿的一生),在这种游戏里,我们选择我们认识的一些人,赋予他们一种体貌上的特征(比如我们可以模仿的说话方式),并将他们放进(喜剧的)想象中的对话场景之内,让他们之间对话,或者让他们与历史人物对话(比如希特勒等)"(铸造工业标准局[BNF]编号为 NAF28630 的文件,"大卡片库",1979 年 6 月)。

④ 伊丽莎白·格雷莱(Isabelle Grellet)和卡罗琳·克吕兹(Caroline Kruse):《结核病史,心灵的焦躁:1800—1940》(*Histoire de la tuberculose. Les fièvres de l'âme*, 1800—1940),Ramsay,1983, p. 16。两位作者曾经是巴特在高等社会科学研究学院的学生。

地是他生命中的重要事件,这种病增强了他的某些性格特征,例如隐避的情感和倾向于抱怨,但是也确定了其他方面,尤其是与世无争的性格——这种性格是由群体生活所激发的,而这种群体带有着相对的赋闲所允许的博学谦逊的氛围。场域的怪异特征(在对集体带来压力的同时创造了孤立)确认了社会与政治行为表现上的一种含混特征:其中有对于归属感的但并非完全参与的一种强烈欲望,有胜过于一种真实义务但却保持一定距离的一种赞同和支持。

这一点,必然会因为闭门幽居是发生在战争和被占领期间而得到强化。巴特在各个方面都与现实相去甚远。在那个时期,他只有过为改善状况和凑合度日的一些不具体的活动。当他的朋友们都被应征入伍和成为战俘、当他们中的某些人不得不逃离或转入抵抗运动、当他于1944年7月获悉他的朋友雅克·韦伊①在抵抗运动中牺牲的时候,他在某种程度上却是置身于事件之外的。从在圣伊莱尔-迪-图韦疗养院开始,国土解放运动就取得了一些“小规模胜利”。他所在那一代人的选择和主要义务,即每一个人都应该可以承担和奠定后来几十年内政治和智力活动重大路线的那些选择和重要义务,都与他无关。在他生存的一个关键时刻,他的历史却脱离了重大历史。他的患病这一事件将他与各种事件隔离了开来。他当时可能有的被降低身份或被边缘化的感觉,都具体地有所表现。那是因为他当时与世隔绝。

实际上,他当时身处海拔1200米的一个疗养中心,该中心1933年在达尼埃尔·杜阿迪的强力领导之下开始启用,为的是让患有结核病的大学生在不分冬夏享受纯净空气的同时,继续上一点课程,而达尼埃尔·杜阿迪在战后成了国民教育部的健康局局长。该中心朝向东南,因有克罗勒山峰(Dent de crolles)的遮挡而避开了北风和西北风。在中心与克罗勒山峰之间,有一处松树林,可以让患者散步于绿荫之中,并享受纯净的空气,这在当时似乎是应对这种疾病的最好治疗方式之一。通过一条从埃莫(Eymes)高地到碎石坪台(plateau des Petites Roches)的缆索道路,走

170

---

① 1944年7月5日他曾写信给韦伊的父母和妹妹:“我将不会忘记你们所哭泣的那个人;我曾一直谈论他,就像谈论一个美丽的心灵那样,他具有所有的高尚美德,而且他对于善与正义的敏锐预测总是即刻就与他个人在所选择事业中的完全投入结合起来”。(1944年7月5日写给韦伊先生与夫人的信,个人收藏)

20 分钟就可以到达松树林。也许,巴特一到达这里就想到了圣伊莱尔-迪-图韦疗养院响亮的名字,想到了在普鲁斯特(对于他作品的阅读是近期的事情)那里的情况,"不能忘怀的远景处的形象,在那里,孔布莱镇还没有出现",还有它的钟楼;"有这么一个地方,那里的狭窄公路出口,突然出现一块无边的坪台,视野的尽头是几处散在的树林,高出树林的只有圣伊莱尔镇钟楼的顶尖,它是那样尖细、那样鲜红,像是在天空中被一只爪划过的一道划痕,这只爪本想赋予这一景致、这一有本性的画面一种小小的艺术标志、一种仅有的人类指示"①。圣伊莱尔-迪-图韦疗养院没有教堂,但是,对于这一阅读的强烈记忆有利于赋予场域一种审美品质。

疗养院附属于格勒诺布尔大学,有教师前来上课。1942 年,这里认命了一位主任。白天,是根据一张固定的时间表来安排的,对于这一地方的所有记忆都证实了这一点:8 时吃早点,洗漱,休息疗养从 9 时到 11 时,午餐(那些非静卧的患者在餐厅用餐),静心疗养从 14 时到 16 时,散步或阅读,傍晚时分再一次休息疗养,19 时晚餐,21 时熄灯。白天上午有一位医生为大家做检查,每一周还来一位主任医生。在巴特 1942 年 6—7 月经历过的静卧阶段中,饭菜是用托盘送到房间里来的,患者们都有一张活动桌子,被固定在病床的靠背上,既可以用来阅读,也可以用来写字。在身体卫生方面,他们完全依赖护士。在倾斜式疗养即 1943 年的那次疗养过程中,24 小时当中巴特以侧身的姿势卧床 18 个小时,下部的肢体大大高于胸廓和头部,这使得阅读也变得极为困难。有两个文本指出了这种治疗方法的艰难:伯努瓦特·格鲁的小说《四分之三的时间》,这部小说用一部分展示了一位医学专业的大学生,在从 1943 年 9 月开始的在阿西(Assy)高原疗养院的疗养中表现得很是抵触。他住院的时间正好与巴特住院时间重合,他也承受过气胸疗法和侧身疗法:"我无法写字。更何况必须侧压在有病的那一侧,对于我来说就是右侧。勉强能够看一点书。简单说来,我必须绝对地不动。而我惊讶我竟然毫无反应。"②让-鲁斯洛的回忆关于同一时期,但这一次是关于圣伊莱尔-迪-图韦疗养院的。那

① 马塞尔·普鲁斯特:《去斯万家那边》,见于《追寻逝去的时光》,Jean-Yves Tadié(éd.),Gallimard, 1987, t. 1, p. 62。

② 伯努瓦特·格鲁(Benoîte Groult):《四分之三的时间》(Les trios quarts du temps),Grasset, 1983, p. 175。

些回忆细致地描述了时间安排、治疗过程、物质生活。回忆也提到了一切都停止了的状况："雪似乎永久落在了我们身上，就像落在所有东西上那样。我们的根深卧进这无限盖毯之下的温暖之中，但是，我们的枝杈、我们的叶片又在什么地方呢？把我们与人的世界粘连在一起的那些粗糙面又在什么地方呢？我们不再属于此地了，也不属于他处；我们不再属于今天了，也不属于昨天；我们既不怀恋、也不希求任何东西：我们……（……）鸟自己也不再知道它曾经飞翔过、歌唱过……"[1]时间和历史的不在场，由本性来反映。山峰、空气的明朗、山顶上的白雪、冬天的一切都是白色的，这一切赋予自然界一种未受损害的特征。没有任何东西——甚至没有这些被安排在不同楼房（"萨瓦楼"［«Savoie»］女人住，"多费内楼"［«dauphiné»］男人住）里的年轻小伙子、年轻女子在这些地方临时的、哪怕只是临时的存在——来改变一条水流，来颠覆一种秩序。赛尔日·杜布罗夫斯基在《过客》一书中，也提到了他在圣伊莱尔-迪-图韦疗养院度过的日子，但那是在战后的时间，"无法掌控度过的时间，无法以不同于每个星期都会重新膨胀的肺来标志度过的时间，一天接一天地在一个三人房间里一动都不动地待着。"[2]高山，只有它在世界的时-空中没有被定位的情况下，才是"神奇的"；但是，高山并不改变、也不会愉悦任何东西，因为它只会延缓生命，并让世界在没有它们的情况下继续存在。巴特不再需要自愿地退避，不再需要梦想自己养活自己或者为自己找到其他舞台。具体地讲，他已经远离了世界，并被悬挂了起来。后方，是安排战争中受保护人的一种通常的隐喻。每当这种隐喻被客观地过分使用的时候——因为作为患者，他没有别的选择，而只能被隔离和疗养，后方则可以阐述一种主观的准备。各种事件的发生对于他来说，起了决定性的作用。他无法直接地考虑获得什么，他没有能够在他本该做的时刻去服兵役，从此以后，他将需要别人来为他安排一个位置。

172

---

① 让-鲁斯洛(Jean Rousselot)：《穷人的奢华》(*Le luxe des pauvres*)，Albert Michel，1956，p. 151。

② 赛尔日·杜布罗夫斯基(Serge Doubrovsky)：《过客》(*Un homme de passage*)，Grasset，2011，p. 194。

1936年,排演埃斯库罗斯的《波斯人》之后,索邦大学古代剧团的合影(巴特在中间)

173

1936年,排演《安菲特里翁》中,古代剧团集体合影(巴特坐在左侧)

174

罗兰·巴特在 1938 年

1938 年夏,与古代剧团一起在希腊

巴特于 1942—1945 年住过的圣伊莱尔-迪-图韦大学生疗养院

175

1941 年寄给菲利普·勒贝罗尔的明信片

6. 于养身之地

前面一章介绍了巴特 1942—1946 年在疗养院度过的几年时间,其标志是病情多次复发、从一个疗养地转移到另一个疗养地和漫长的痊愈过程。因此,在过了一段时间之后,他甚至不知道自己是否还可以抱有什么希望。现在,需要重新回到这一时期,因为它对于巴特的思想和写作、对于制定后来为己所用的方法是决定性的。在疗养院度过的与世分离的时间为生存提供了特殊的内容:没有发生什么大事,但被隔离和退避的经历使他形成了对自己和对书籍的自为自足的实践活动,而书籍则引导他持续地关注符号。疗养院也是一种社会经验交替形成的场所,这种经历既不是家庭方面的,也不是集体方面的,而是小群体的经验——在这种群体中,人们一起生活在被隔离的一个社会之中。那些年,还是巴特在杂志上发表第一批文章的年份。巴特正式进入写作出现在这个地方,不是没有益处的:它就像在其前面的思考一样,标志着他发表的文章具有一种与众不同的情况;它一下子就确定了一种无场域(atopie)即无固定场所的写作形式,而这种形式则确定了他全部著述和他个人的惊人之处。

患病的身体

住进疗养院之前,巴特的身体一直是又瘦又高的。他每天就是这样无时无刻、熟视无睹地看着自己的身体。"在我的整个青年时期,我体型非常瘦弱,此外,由于我没有达到规定的体重而没有服兵役。因此,我那

178　时就总有一个念头,即我可能会永远地瘦弱下去。"①是在莱森疗养院即他第二次进行气胸疗法之后,他说他的体型完全发生了变化。"他从瘦弱转向了(他认为是转向了)丰腴。"②这种转变使他不止在一个方面出现了变化:这种转变改变了他自己的形象,并且迫使他必须"引起注意"。在后来的一生之中,巴特都通过经常称重、节制饮食来控制他的身体。在他控制饮食期间,他的记事簿上每天都规定所消耗卡路里的数量、所减轻的体重和重新增加的体重。节制饮食是一种度量器,要把所有方面都考虑进去。但它也是一种戒律,就像在宗教范围内那样:"这是一种宗教现象,是一种'宗教神经症'。节制饮食,具有一种宗教皈依的所有特征。它带有着与病情复发相同的问题,然后又返回到皈依。它伴有着某些书籍,行为信条等。节制饮食调动起对于谨防出错的一种敏锐感觉,这种感觉在威胁着你,它在一天的任何时刻都会出现。"③这种感觉要求他把自己的身体变成被分析的对象,要求他把身体解读为一个文本。在患病之处,身体变成了一种符号集合体。人们为你检查身体、称重身体、度量身体、为你身体做透视、做脱衣检查、做部位检查。从 1902 年起,结核病专家贝罗(Béraud)认为必须坚持这些措施:"对于自身-观察的这种细微的、几乎是宗教式的关注,具有某种古怪的、有时是有趣的东西。患者们自己都在记录他们发烧的曲线,等待着'测量体温的'时刻,急切地想知道体温是上升了还是下降了,状态是稳定还是又发展了……除了体温,稳定是影响疗养院结核病患者的重要心理因素。对于患者来说,这是第二种温度计,它代表着一周或两周的努力目标,它不再变化是患者所惶恐不安地期待的。"④在《罗

179　兰·巴特自述》中,对于以《回首结核病》(«La tuberculose-rétro»)为题出现的复制的体温表的说明,用括号中的文字讽刺了这种记录其身体和将其展示为像是人们用羊皮纸所做的那样的方式:"每个月,人们都在上一

---

① 《[与洛朗·迪斯波的]谈话》(«Entretien [avec Laurent Dispot]»), in *Playboy*, mars 1980(《全集 V》, p. 938)。

② 《罗兰·巴特自述》,同前,《全集 IV》, p. 610。

③ 引自《全集 IV》第 938 页的谈话,在有关布里亚-萨瓦兰的文本中,巴特重新考虑了为减肥而进行节制饮食的真正"苦行",见《解读布里亚-萨瓦》(«Lecture de Brillat-Savarin»),《全集 IV》, p. 817—818。

④ 贝罗(M. Béraud):《论结核病患者的心理》(*Essai sur la psychologie des tuerculeux*),医学博士论文,Lyon, 1902,由皮埃尔·纪尧姆在《从失望到获救:19 和 20 世纪的结核病患者》中援引,同前, p. 262。

页下面粘上新的一页;最后,竟长达几米:这是在时间里书写其躯体的闹剧方式。"[1]如果作为时日主要节奏的量体温是对于疗养院全部叙事的动因的话(在托马斯·曼的作品中,对体温的观察联系着很好地考虑疗养院的生活,因为在那里,体温变成了对时间的主要隐喻[2]),那么就必须承认巴特从一开始就深入研究了文本与身体之间的类比情况。在他看来,标记数字不仅仅是标志被隔离生活拉长的、循环的和孤寂的时间;它还是一种符号、一种自我表白、自我切分和延续生命的方式。这种标记显示了身体-历史和身体-文本。1951 年发表于《精神》(*Esprit*)杂志的关于米舍莱的第一篇文章,是根据他在疗养院对米舍莱作品所做认真研读的基础上写出的。那篇文章阐述了有关充满着接续与铺陈的历史的一种思想,这种思想又得到了借生病之机而得到提升的衰退观念的支持。"对于他来说,堕落在如此的程度上就是史实叙述的符号,以至他的历史就将惰性的东西保留为像是一种分化的场所,因此也是一种意指过程的场所。"[3]在巴特看来,他自己的历史,就是通过不同的病症来陈述的:他的一位朋友说"他总是在抱怨头疼、恶心、感冒、心绞痛"[4]。因此,一动不动的身体便是最为明显地提供给阅读的身体:这样的身体不受外来的或矛盾的因素所驱动,而是变成了观察将生命引向死亡的那种运动的一种场所。它是一种"可靠的身体",就如同文本对于阿訇所是的情况——如果人们因此而相信喜欢重新采用这种"令人赞赏的表达方式"的《文本带来的快乐》一书的话;这是因为身体既不是科学所谈论的解剖学家们的身体,也不是只依随自己随心所欲的色情身体;但是,它是在不同切分中可解读的身体,这种身体与是一种"身体字谜"[5]的文本交换着其各种性质。巴特在不同的疗养中心曾度过差不多 5 年的青春时光,他也曾在那些地方继续学习了一部分知识,因此,关注在那些地方表现出来的各种符号,便带来了对于

180

---

① 《罗兰·巴特自述》,同前,《全集 IV》,p. 615。

② "(约阿希姆说)我非常喜欢测量体温,一天四次,因为在每一个时刻都需要说明一分钟或七分钟实际上出现的情况,而在这里,一周的七天中,不做任何测量,这是可怕的"。(托马斯·曼:《魔山》,同前 p. 100)

③ 《米舍莱,历史与死亡》(«Michelet, l'Histoire et la mort»),in *Esprit*,avril 1951(《全集 I》,p. 109)。

④ 安托万·孔帕尼翁:《写作的狂热》(«L'entêtement d'écrire»),in *Critique*,«Roland Barthes»,p. 676。

⑤ 《文本带来的快乐》(*Le plaisir du texte*),《全集 IV》,p. 228。

身体思考的两种主要后果:首先,身体并非是一个(*un*)。身体被分割为无数有别的身体,而这些身体则部分地确定着身体与文本之间的类比性。"因此,有着多个身体。"[①]"什么身体呢?我们有着多个身体。"[②]在《罗兰·巴特自述》中,名为《肋骨》(«La côtelette»)的那个片段就提供了有关这种分散性、有关身体被分割成多个体块的故事。他回想过 1945 年在莱森做第二次气胸治疗期间曾被切掉一小块肋骨,遂又思考了他与耶稣圣骨之间的既是有距离的、讽刺性的(他接受的新教教育使他想到了这一点),又是模糊地不安的关系。这块死亡骨头与其他"珍贵"物件被弃置在抽屉里,最终被从阳台的高处丢到了塞尔旺多街道上:这种回想本身就在浪漫的骨灰分散形象与让狗果腹的骨头形象之间摇摆不定。身体的体块既是一种笃信的虔诚,也是多余之物即废物;既属于多出又属于过分。这个故事也讲到(这是对有关身体之思想的第二次揭示),身体是纯粹外在性的:那些在外部或从外部可见的符号比患病的内部占据更大的重要性。例如,非常明显的是,巴特并不把肺部当作一种重要的器官。关于肺部在歌唱中的角色,巴特后来将其说成是"愚蠢的器官"(猫的肺!),它"膨胀",但"并不绷紧"。此外,他拒绝接受唱歌是源自呼吸的一种艺术的观念[③]。

最后,身体是幻觉的场所,有关类比性的另一种道理就源于身体。这便是米舍莱从前所理解的东西,当时他曾尽力重新激活那些过去的身体,使历史成为一种宽泛的人类学。委身于这种位置,即委身于幻觉的地方,这既是拒绝占有"正像人们知道的那样,一直是死去的"[④]父亲的位置,也是进入一种动态的、可变的和富有活力的空间之中。因此,受限制的身体便是身体的一种广泛开放的工具。身体在空间中解体、分散、分割,它也在历

---

① 《又是身体》(«Encore le corps»),1978 年 10 月 13 日与泰里·惠恩·达米施(Tari When Damisch)的电视会话,整理后发表于《批评》杂志(《全集 V》,p. 561)。

② 《罗兰·巴特自述》第 64 页(本书错误地标为 640 页。——译注)引述的《文本带来的快乐》,《全集 IV》,p. 228。

③ 《嗓音的微粒》,发表于 1972 年 11 月《参与游戏的音乐》(*Musique en jeu*)杂志(《全集 IV》,p. 151);后收录于《显义与晦义》(*L'obvie et l'obtus*),Seuil,1982。这篇文章再一次赞扬了潘泽拉(Panzéra)的演唱,而不是对费舍尔-迪斯考(Fischer-Dieskau)演唱的赞扬:"在费舍尔·迪斯考那里,我认为只听到了肺部的声音,从来没有听到舌头、声门、牙齿、内壁、鼻孔的声音。相反,潘泽拉的整个艺术是在文字之中,而不是在呼吸之中(这只是普通的技巧特征:听不到**呼吸**,而只听得到**分割句子**)。"

④ 《开课演讲》(*Leçon*),《全集 V》,p. 445。

史的时间中延长,这种时间便是与汉斯·卡斯托普(当其进入《魔山》中的疗养院时)同时的时间,也是与现时年轻人的身体同时的时间:因分割而是可变的。

因此,患病的身体就是考察的第一对象,这种身体有利于对自己进行描述。巴特在考虑《作者的词汇》的时候,曾一时想到一个片段——"药物"(«Médicament»),他想象根据某个人的药典即其忠实服用的药品来重构这个人的肖像。对于身体在任何治疗条件下这种设想的结果,形成了阿尔钦博托①绘画的形式,"他全身都是用药物来画成的,头部是用阿司匹林药片画的,胃部是用碳酸氢盐包装盒画成的,鼻子是用药剂喷雾器画成的,等等"②。这样的一种由治疗器物组合而成的自画像,也突出了令人不悦的东西。我们在其中看到了这种疾病的一个怪现象,它与身体关系密切,同时给身体带来强大的暴力,它解放身体,也限制身体。当戏剧远离身体表现而看重嗓音时,疾病则在引起其他伤痛的同时靠近身体:解体的身体、分散的身体,当然是可以解读的,但它也会变得畸形可怕。因此,它再一次导致对于自身的封闭,而这种封闭与因关注符号和撕裂自己身体所导致的死亡之妄想紧密地联系着。"死亡,人们所想的东西,但也是说话过程中的禁忌";"疾病,对于死亡的静修性靠近"③。

于是,《魔山》就不仅仅是对一种正面经验的虚构,而是关于"令人心碎"的一本书,这正像巴特在《如何共同生活》第二讲中所说的那样:"我在首次讲稿中谈了我与这本书的关系:1. 投影式的(因为"完全就是这样"),2. 有点让人觉得生疏。1907/1942/今天,因为它使我的身体更接近1907,而不接近今天。我是一种虚构的见证人。这本书对于我来说,是令人心碎的、忧郁的、几乎是难以容忍的:非常敏感的人际关系的投入 + 死亡。属于令人痛心类作品。→我在阅读或重新阅读它的那几天里,身体有点不适(我是生病之前阅读的,我记忆不深了)。"④分离的经验在托马斯·曼的小说中得到过精彩再现,这种经验对于真正经历它的人是那样

①　阿尔钦博托(Giuseppe Arcimboldo,1527—1593):意大利肖像画家,他的肖像多由植物形象、动物形象或身边事物形象拼凑而成。——译注
②　《作者的词汇》,同前,p. 306。
③　《如何共同生活》,同前,p. 80。
④　《如何共同生活》,同前,p. 48。

182

强烈,以至它与山"脚下"的时间或与一般的社会生活无法很好地衔接。由此产生了巴特所说的向其通信人转述这种经验之内容的困难,而这种经验(正如他所写的)对于健康人来说是非常痛苦的。他在 1946 年 1 月 16 日发给他的朋友罗贝尔·达德的信中写道:"啊,这种在健康人与患者之间的深渊"。他也由此产生了消失于世和死活参半的感觉。"在此,所有的痛苦都来自或多或少与某种东西分离的感觉。"①形容词"令人心碎的"经常出现在他的书信当中,特别是当他回想"妈姆"②的时候。"她的来信充满着要我去的希望,这是令人心碎的。"③后来,这个形容词(该词成了其全部作品的关键词之一)指的是与文学的关系:"在疯狂地实施一种过时的形式之际,甚至在文学衰退的时刻,我不是也说我喜爱文学、我以令人心碎的方式喜爱文学吗?"④因此,从母亲到文学,从疗养院到母亲亨丽埃特·巴特去世之后的不间断恢复期,突出显示了两种令人心碎的爱,它们也许是相同之爱,也许是不同之爱:这两种"令人心碎的爱"以及它们的相遇,在任何情况下都是最强有力的,是它们在安排巴特生存中的连续性。

尽管如此,现时的疗养院在置身于一种完全自由活动中的条件下,还是丰富和紧张的。"必须消除各种内心的记忆,心灵的这些顽念使一种存在得以继续。过去是有家、有母亲、有朋友、有巴黎的街道、有一切均为可能的充满活力的世界,现在是与长期相伴生活、只在病情发展和严重程度不同上存在着联系的这些人在一起,在这两者之间必须取消任何比较。"⑤倾向于梦想和对文学的敏感性大大增加;尤其是在完全不动的那些时间内,因为那些时间以非常自觉和清晰的方式使过去重新活跃了起来,以至这些时间让人产生了严格"体验着"普鲁斯特的感觉。就像马克斯·布莱谢所写的那样,另有一位经常住疗养院的患者,患的是脊椎结核病(mal de

---

① 1942 年 3 月 26 日写给菲利普·勒贝罗尔的信,菲利普·勒贝罗尔遗赠,IMEC。《如何共同生活》以这样的话做了回应:"(汉斯·卡斯托尔在经过几年的疗养之后,终于达到了滞点:他不再为疾病投入精神,也不再向死亡投入精神),'自杀边缘'(⋯⋯):那便是沮丧的绝望"(p. 54)。

② "妈姆"(«Mamu»)是罗兰·巴特对于他母亲的爱称。见《哀痛日记》。——译注

③ 1945 年 9 月 28 日写给罗贝尔·达维德(Robert David)的信。罗兰·巴特遗赠。铸造工业标准局(BNF)编号为 NAF28630 的文件。私人遗赠。

④ 《深思熟虑》(«Délibération»),in *Tel Quel*,n°82,hiver 1979(《全集 V》,p. 680)。

⑤ 1942 年 3 月 26 日写给菲利普·勒贝罗尔的信。菲利普·勒贝罗尔,IMEC。

pott),即骨质结核病,这致使他在其短暂生命中大部分时间处于卧床状态。他先是在别尔克(Berck),随后在莱森的疗养院多年住院,疾病和被围于病房之内,引起了分隔现实的确定性与满是不确定性的世界的那层薄膜的破裂。"事情都是在一种真正的疯狂自由之中被处理的;那些事情被显示为相互独立,它们具有并非是单纯的隔离、而是一种兴奋、一种狂喜的独立性,(……)在达到极点的时刻,危机便解除了:我在世界之外漂游——这是一种既快乐又痛苦的状态。当我听到脚步声的时候,病房里立即重回原先的样子。"[1]

罗兰·巴特在这些语言中,没有说到源于住院卧床和孤独而出现的不同世界。但是,毫无疑问,当他说感觉到是在"体验着"普鲁斯特的时候,他不只参照不情愿的回忆,还参照在中间状态中获得的感觉,例如人在睡觉时对自己所占周围世界的秩序的感觉,或者是对在初醒时刻房间里出现的各种重大变化的感觉。因此,房间长时间地是属于他的空间,是一个主要的场所。"实际上,房间的奢华来自于行动自由:这是摆脱任何形式、任何权力的结构,从作为过分的悖论来讲,这是唯一的结构。"[2]即便房间里只有一张床和一张挨着床的桌子,就像在疗养院、也像在《追寻逝去的时光》中莱奥妮(Léonie)姑姑的家里那样,即便房间服从于对赤贫的隐喻[3],仍然是私密的地方(最初的场景)和包含多种秘密的地方,它是人收藏自己财富的地方。在与他人分开之后,房间很容易变成内省和修复联系的空间。当房间由几个人同享的时候,比如在疗养院,它有利于加强沟通;当它只属于个人的时候,比如在莱森疗养院,它便提供了一处保护性庇护地,十分方便深思。巴特在已经关注"临近性"(proxémie)、关注存在与其最近环境的关系、关注为最通常的举动整理出一种范围的同时,非常细心地安排自己的物件,他 1945 年 11 月在给罗贝尔·达维德的信中

184

---

① 马克斯·布莱谢(Marx Blecher):《在直接的非现实中的探险》(*Aventures dans l'irréalité immédiate*),由马丽娜·索拉(Marianne Sora)从罗马尼亚文翻译过来,Maurice Nadeua,1989[1935],p. 33.也请参阅贝尔克疗养院写的日记《有裂痕的心》(Coeurs cicatrisés)。我们在布吕诺·舒尔茨(Bruno Shulz)的《带装殓工的疗养院》(*Le Sanatorium au croque-mort*)一书中看到了可做比较的感觉变化的经验。

② 《如何共同生活》,同前,p. 90.

③ 巴特以左拉《征战普拉桑》(*Conquête de Plassans*)一书中福雅(Faujas)修士的房间为例对此做了阐述:"桌子上没有一张纸,五斗橱上没有一件物品,墙上没有挂着一件衣服。"(木头是赤身裸体的,大理石是赤身裸体的,墙是赤身裸体的。)(《如何共同生活》,p. 89)。

写道:"我在我的两张桌子之间活着",伴有着"我的挎包、我的米舍莱、我的手表、我的卡片盒"①,所有这些成分都在组织时间和赋予其节奏。房间也是逆境生活中好生活之范围,它确保了某种自立性,它可以安排摆脱闲来无事的一些活动:阅读,写信,简单地说还有写作。

"在疗养院,我感到快乐"

尽管疗养院带来了隔绝、封闭,尽管疾病使巴特与世界和未来分开,在疗养院的那些年,也还是有其正面和闪光的部分的。"在疗养院,除了我自感被制度所厌倦、所厌烦的后期疗养外,我是快乐的:我阅读,我为友情付出了许多时间和努力。"②"幸福"(bonheur)一词经常出现在他的信中,尤其是与阅读结合在一起出现的,或者是与对自我意识的一种非常满足结合在一起出现的:"幸福也许是我在这个世界上最为理解的事物。"③治疗中心为巴特所适应和所思考的社会生活提供了一种更替:"当其他的疾病使人脱离社会化的时候,结核病则把您投射到近似于小部落、修道院和法伦斯泰尔④的一个小小的人群社会之中:礼仪、约束、保护。"⑤在那个时代,他有关共同生活的第一次思考还没有形成,也丝毫未出现在信件当中。对于一个非常依赖母亲和从此与母亲分离的男孩子来说,不与家庭在一起带来的孤独是非常猛烈的,因为德军的占领不允许母亲亨丽埃特·巴特轻易去看望儿子。母子之间几乎每天都相互写信,但是信件补偿不了不能见面。在这一点上,巴特将其说成是一种失去的一体性。但是,在疗养院,到处洋溢着某种亲和气氛,这种气氛产生了其他一些联系,特别是与医务人员们的关系,他们是拉尔当谢(Lardanchey)夫人、克莱因(Klein)大夫、科昂大夫、杜阿迪大夫以及陪同他到巴黎的布里索大夫。在同伴们之间,大家争论各位大夫之间相比较而言的优点,特别是与同为大

---

① 1945年11月24日写给罗贝尔·达维德的信。铸造工业标准局(BNF)编号为NAF28630的文件。私人遗赠。
② 《答复》,同前,《全集Ⅲ》,p. 1026。
③ 1946年1月19日写给菲利普·勒贝罗尔的信。巴特对此作出了强调。铸造工业标准局(BNF)编号为NAF28630的文件。私人遗赠。
④ 法伦斯泰尔(phalanstère):是傅立叶梦想建立的社会基层组织。——译注
⑤ 《罗兰·巴特自述》,《全集Ⅳ》,p. 615。

夫的乔治·卡内蒂（Georges Canetti）做比较。这种庆贺关系使得皮埃尔·纪尧姆这样写道："在疗养院，快乐是一种集体必为之事，是一种团体之表现"①，尽管这种亲和性有一点强迫特征，但这种场所提供的丰富多彩的娱乐活动还是让大家更从积极的方面去感受，即便巴特知道尤其在服装方面如何去标志这种不同，以及通过他的阅读和轻易的论证去标志这种不同。他完全地参与组群生活。他每个周六都去看电影，他还收听广播。从 1943 年 7 月开始，他被选入疗养院大学生协会，更确切地说，他负责图书馆。他在 1977 年有关小群体的讲课中，称赞共同用餐，因为那是对作为严格意义的亲和性的"共同吃饭"进行正确分析的机会。虽然为结核病患者增加营养的学说在 20 年代已经被认为过时，虽然达沃（Davos）疗养院的丰盛伙食尤其在战争背景下已经不再盛行②，但是，餐厅有利于相遇和结识。"共同用餐是一种隐藏色情的场面，因为在这种场面里会有一些东西出现"，这些东西与换座位、与快乐的多方决定因素有联系。共同用餐有可能就是一种再生即一种**新生活**（*vita novo*）的符号。每一次身体状况的改善都是靠测量体重来得知的（"两个月以来，我没有了杆菌，我匀称地在长胖"③）；根据《如何共同生活》的分析，《魔山》中的患者都为了在疾病之外获得新生而过量饮食，"人们让患者过量饮食，为的是让他们成为新人"④。这种再生，是许多叙事文中的叙述线索（开始于保罗·加登的《西洛埃》[1941]⑤，书中的人物西蒙[Simon]使疗养院建于高处和偏僻的位置变成了改变和意识初醒之后引起的悲剧空间），巴特也感受过这种再生。1942 年 5 月，当他住进格雷西沃当（Grésivaudan）疗养院几个月的

① 安德烈·勒珀普勒（André Lepeuple）是巴特在圣伊莱尔-迪-图韦疗养院时的同房病友，他这样讲述："第一天晚上，就在上床睡觉的时候，巴特的脱衣动作叫人印象深刻。他似乎没有穿每个人都有的传统睡衣，而是穿了一件袖子长长的肥大白色衬衣，领口和袖口都缝缀着红线，带有着一种长衫才有的两个下摆（……）。我在内心下的结论是，这样做既是与他人有别的，又是可亲的"（安德烈·勒珀普勒：《18 号病房：证明》[《Chambre 18. Témoignage»]，in *Revue des sciences humaines*，n°268，4/2002，p.143—150，p.144）。

② 增加营养属于疗养院神话。1924 年，当卡夫卡想住进疗养院的时候，他担心"人们会强迫我接受那里可怕的饮食规定"。《魔山》一书中满是对丰盛的、因必须量大而变得几乎让人恶心的佳肴的描写。

③ 1944 年 1 月 23 日写给菲利普的母亲勒贝罗尔夫人的信。菲利普·勒贝罗尔遗赠，IMEC。

④ 《如何共同生活》，同前，p.153。

⑤ 《西洛埃》（*Siloé*）是法国作家保罗·加登（Paul Gadenne，1907—1956）创作的第一部小说。——译注

187 时候,他描述过这种混合有感知、模糊记忆和明显满足感的特殊状态:"我向着山谷看去,我知道那里还有其他一些人,我猜想着那些身体与目光所产生的奇迹。如何来对你说这种如粉飘逸、使山谷平地弥漫着蓝蒙蒙的沉甸甸光亮呢? 我对你说过,这里天气炎热;一股相反如丝绸拂面一样馨爽的暖风,使您陶醉、使您在心灵之中想到从前度过的所有夏天,那些在我还是孩子的时候在巴约纳公园奥尔坦希亚高地脚下扒石子的夏天,那些在我还很年轻的时候一心渴望爱情、身体与心灵都被包在一种探险精神(我在这个词中放进了一种可怕的严肃性)之中的夏天。在我房间的最里面,有四个人在慢慢地哼唱。(⋯⋯)我不知道,一些活人(我把他们理解为是没有病的人,因为现在我只是一个半死不活的人)是否可以因此感觉到那种全裸的生命——也可以说是急促不安的生命,而无需动作和爱情就可以说明这种生命和表现这种生命。一个单人沙发、一面窗户、一处山谷、一点音乐,这便是幸福,在我看来生命无处不在,而不需要我搞点什么活动:我的静止的各个感官对我足矣。似乎在因为有病而不得不隐居的时候,这些感官也并不惊扰生命,而生命则带着它的全部拖裾、它的豪华、体现它本质的内在美满怀信心来到它们身边,对于那些不太纤弱却更为健壮的患者来说,生命也许是不可见的,因为那些人只须一个动作就可以抓到生命。"① 隐居与分离,在由它们引起并加重的意识中得到抵偿;可以是鼓励和安慰的东西,同时也要求对于生命具有一种赞同的形式。

　　因此,巴特在疗养院里获得了两种主要经验:友情与阅读。"第一种经验是友情的经验:在好几年之中与和你同龄的一些人生活在一起,而且通常是两个人或三个人同住一个病房:我们每天都见面,在这种地方形成的深情厚谊,同时伴有着快乐、问题甚至各种浪漫特色,使您获得巨大的支持。"② 与弗朗索瓦·里奇(François Ricci)、乔治·卡内蒂而特别是与罗

188 贝尔·达维德的相遇,后来对他是非常重要的。在圣伊莱尔-迪-图韦疗养院,他与学医的安德烈·勒珀普勒和政治科学学院的当·科克(Dang Khoc)同住第 18 号病房。后来在瑞士,他与安德烈·莫瑟(André Mos-

① 1942 年 5 月 22 日写给菲利普·勒贝罗尔的信。菲利普·勒贝罗尔遗赠,IMEC。
② 《与雅克·尚塞尔的谈话》(«Entretien avec Jacques Chancel»),1975 年 2 月 17 日,首次发表于《X 光透视》,同前,Laffont,1976(《全集 IV》,p. 900)。

ser)、罗塞尔·哈茨菲尔德(Robert Hatzfeld)、乔治·富尼耶(Georges Fournié)以及西格(Sigg)一家有联系,西格家经常不断地在周末接待巴特,而巴特与这个家庭保持着有距离的接触,因为这种接触尤其是建立在金钱基础上的。在圣伊莱尔-迪-图韦疗养院结识的罗贝尔·达维德,在这几年中经常与他重聚:他1944年12月进行过第一次康复疗养,1945年又在莱森与巴特见了面,当时巴特被转到这里刚刚几个月。1945年9月17日,巴特离开瑞士,到了纳夫穆蒂埃-昂-布里做康复疗养。巴特对于这位比他小8岁的小伙子(当他遇到达维德时,这个小伙子刚满21岁)的友情很快就变成了强烈的恋情,而这种恋情在他的心中已经取代了因米歇尔·德拉克洛瓦之死而使其受到伤害和空缺的位置①。巴特很快就请达维德与他同住一个房间,他让他了解他在阅读和喜欢哪些作者的书,让他了解他的音乐爱好。分开的时刻与疗养的结束都是频繁写信的机会,这表明巴特对于达维德保留着忠贞不渝的感情,尽管后者并不像他所希望的那样回应他的激情。"我不认为你足够喜欢我,以至接受我的爱,'这种爱会自然冥灭而得不到利用。我的朋友,我不会快乐的'。我选择了你,我依附了你,你掌握着我的幸福……"②他在信中经常复现的一个主题,就是惋惜他的强烈友情比如他对于某几个人的友情不能在满足肉感需要的方面延续下去和公开地表达出来。他1943年11月在想着菲利普·勒贝罗尔同时也想着罗贝尔·达维德的情况下写给前者的信中说道:"请你理解和原谅我要告诉你的事情,但是,处在单纯情绪中的我,我当时怨恨就像我们两人一样的两个小伙子之间的一种如此美丽、如此强烈的友情,借助上帝、大自然或社会的旨意,从来不能上升到一种恋情的高贵地位,这种恋情不让我们游荡不定,不让我们在生活中去寻找任何别的东西,因为它是人所希望的和我们为之而落生在大地上的东西的巅峰。在我的命运中,有着我只为一种或两种感情(其中包括对于你的感情)而经历的众多非常沉重的不可能性。没有这些联系,那就只有机械在使我活着,并且总是活在这样多的摧残之中,以至这种机械最终过早地粉身碎骨。"

189

---

① 与乔治·卡内蒂的通信表明,在结识达维德之前,巴特曾经对于另外一个小伙子有过一种强烈和持久的恋情。

② 1944年12月5日写个罗贝尔·达维德的信。铸造工业标准局(BNF)编号为 NAF28630 的文件。私人遗赠。

与罗贝尔·达维德的通信非常有别于与勒贝罗尔的通信:巴特在写给前者的信中,对艺术和文学谈得不多,而是在几乎每天数页纸的信件中大量倾吐他的纯洁和强烈的情感。"我越是知道、越是感觉我毫无欺骗地喜欢你,我就越是感觉我会在这种情感中得救。"[1]他很快就将"白天的达维德"与"夜里的达维德"对立起来——夜里的达维德理解他,也对他的情爱给过几次明显的满足。"如果夜里的达维德以我所希望的这样的友情动作感动了我,以至于他接受我在日后的时间里完全地和全身心地听从于他,那我就理解,白天的达维德虽然使我忍受折磨,但他也已经让我所看重和所喜爱,于是我便信赖这两个达维德——如果两个都很需要我的话。"[2]这不再是一种真正的对话,而从整体上是向赋予他已经缩短的生命某种意义的一个人说出的自言自语。"生命对于我来说具有一种意义,这种生命值得度过;有一种目的,而这种目的要求做出一些努力。(……)首先,是想要痊愈。随后,是准备重返,也就是例如勤奋地工作,以便能获得我真心送给你的某种东西。(……)米舍莱疾快地跑了,工作因呆在床上而大量增加,来自其他人的蔑视和只有一个人的爱情。"[3]不过,巴特与其他几个男孩子从一开始就建立了更是肉体上的联系。在他的周围,形成了一个小小的团体,包括42岁的音乐学者费多罗夫(Fédoroff)、音乐学院的学生费雷米奥(Frémiot)、哲学学衔考试资格生德舒(Deschoux)和高等师范学院的学生皮克马尔(Picquemal),他们之间的争论涉及到文学和音乐,但这些争论也活跃了对情感的表达。在情爱与友情之间维持的界线,使得激情之爱先于更属于智力的一种联系内容。诱惑之快感与委身之欲望,是他寻找的两项主要内容。关于结核病引起放纵肉欲的原因,长时间以来就是医学诸多论题中的一个主题,它像世纪初人们称之为可阐明性欲之猛烈的亢奋理论那样。1924年德尔普拉(Delprat)医生说过:"仰卧姿势会引起斜置器官的充血,特别是引起前列腺的充血,而这种充血则导致阴经勃起。"[4]这位医生的名字,通过米歇尔·科尔代(Michel Corday)

---

① 1944年12月8日写给罗贝尔·达维德的信。铸造工业标准局(BNF)编号为NAF28630的文件。私人遗赠。
② 1944年12月10日写给罗贝尔·达维德的信。
③ 1944年11月写给罗贝尔·达维德的信。
④ 由皮埃尔·纪尧姆在《从失望到获救:19和20世纪的结核病患者》中所引,p.294。

1902 年恰恰名为《亢奋的人们》(*Les Embrasés*)的小说而早已家喻户晓。那些复杂程序旨在使男人与女人靠近,就像加登在《西洛埃》一书中于阿默纳(Armenaz)山顶的疗养院所展示的那样,因为在那里两种性别的人是分开居住的,这与在圣伊莱尔-迪-图韦疗养院没有什么不同。如果说那些复杂程序是与巴特无关的一种悲剧原因的话,那么巴特自认为他特别关注的却是男孩子。他的心不知该如何应对,而欲望在折磨着他。在这种意义上,疗养院并没有窒息他在这个领域中的热望,反而在明确其热望的同时使其更为旺盛。远离他的家庭而尤其是远离他的母亲,在某种程度上说明了他:首先,由于他失去了最为强烈的感情,而更为期待着友情;其次,由于他是孤立的,便不需要隐蔽其欲望或其行为表现。也许,不管怎样,我们都会从他母亲那里了解到他隐藏其同性恋的原因之一:他的同性恋很可能已长时间地在一些几乎是"专用的"场合以比较模糊的形式说过,这种主题像关于沉寂的主题一样,经常出现在当他与罗贝尔·达维德不在一起时他给后者的信中。

　　在被占领期间。一直到 1942 年 11 月之前,一条几乎不可逾越的线,即将自由区与被占领区分割开来的线,将他与世界、与他的朋友和他的家庭隔离开来了。所发生的各种事件,只是轻微地前来叩问过疗养院的大门,即便在圣伊莱尔-迪-图韦疗养院也藏有过一些孩子:特别是伊维特·埃尔布龙(Yvette Heilbronn)和马塞尔·米勒(Marcel Müller)。走亲串友是很苦难的。他的小弟弟从来没有到伊赛尔(Isère)来过。菲利普·勒贝罗尔 1943 年 12 月来看过他,但是这种开始也是为了更好地结束。母亲最终来看过儿子两次,并住在克罗勒镇索道脚下的旅馆里。母亲为他带来了肥皂,带来了棕色的雪茄、鞋带、乐谱纸。1943 年 1 月至 7 月之前,他在卡特勒法日街进行康复,而 7 月份一个月是在昂代(Hendaye)镇进行康复疗养,在这几次少有的他并不觉得被隔离的中间阶段,他重新恢复了各种联系。他见到了他深受局势折磨的家人,而在多数情况下,当见到因多种劳累和不辞辛苦以确保家人生存而变得憔悴的母亲时,他都感到惴惴不安。小弟弟米歇尔不像哥哥那么学习用功,他的未来很叫母亲亨丽埃特·巴特担忧。战后,在巴特被转移到瑞士之后,相互探望变得容易了些,1945 年 9 月,母亲和弟弟来到莱森与他短住了一段时间。但是,总的说来,分离是真正的和痛苦的。"4 年以来,我呆在几处可悲的低级餐馆

191

里,我与我所爱的人分离;我渴望与妈妈在一起生活一段时间。"①少得可怜的重聚时刻又以其短暂使人不无生死别离之感,"这种被撕裂的意象,我发誓要尽快地去掉"②。这种意象为未来和病情增加烦恼,并强化于世无用的感觉。

1944 年初,当他考虑学习医学的时候(这是那些身陷住院之苦和其生命完全靠医药来维持的年轻人可被理解和经常出现的抱负),他又说放弃这一考虑,原因是学医时间太长,这将使母亲处于他会对之感到有罪的贫困之中。他尤其对于他亲人们的烦忧感到不安,而他的身体状况也因是伴随着他人的焦虑被考虑的,这便将其封闭在一种叫人哭笑不得的自我中心主义之中。

巴特虽然没有为获得一种毕业证书而从一开始就注册学习,但他也听了一定数量的报告会,并于 1944 年注册了医学预科证(PCB)。在圣伊莱尔-迪-图韦疗养院表现出的亲和性,也是通过学习培养起来的,他充分利用了这所在培训方面拥有顶尖水平的单位慷慨提供的各种资源:戏剧、音乐、图书馆和电影俱乐部、各种演唱会,而巴特并以演唱者或音乐批评人的身份参与了那些演唱会。他还经常学习英语,"是跟着令人钦佩的格林瓦尔德(Grünwald)学的,他是一位出色的老师,充满着热情与关怀(……)。一个月以来,我取得了令我满意的进步"③。1943 年 3 月至 6 月期间,他旁听了安德烈-弗朗索瓦·蓬塞④(就在他 1943 年 8 月被盖世太保抓去之前)、戏剧艺术教授贝娅特丽克丝·迪萨纳(Béatrix Dussane)、抵抗运动神学家亨利·吕巴克(Henri Lubac)神甫、画家莫里斯·德尼(Maurice Denis)、哲学家让-拉克洛瓦(Jean Lacroix)(他专门做了"友情")的讲座。在消遣活动方面,大学生们还可以听到莫里斯·舍瓦利耶⑤的个人演唱会和多次古典音乐演奏会。音乐在巴特的生活中一直占据重要的位置。他拥有多台钢琴用来练习,其中一台是专门用于演奏会的;他旁听

192

---

① 1945 年 7 月 12 日写个菲利普·勒贝罗尔的信。菲利普·勒贝罗遗赠,IMEC。
② 1946 年 2 月 15 日写给罗贝尔·达维德的信,铸造工业标准局(BNF)编号为 NAF28630 的文件。私人遗赠。
③ 1944 年 4 月 23 日写个乔治·卡内蒂的信。个人收藏。
④ 安德烈-弗朗索瓦·蓬塞(André-François Poncet,1887—1970):法国政治家、外交家、法兰西学术院院士。——译注
⑤ 莫里斯·舍瓦利耶(Maurice Chevalier,1888—1972):法国歌唱家、作家。——译注

他朋友费多罗夫和弗雷米奥有关莫扎特的讲座；从 1943 年 10 月开始，他提出了举办有关音乐、主要是有关协奏曲之技巧的研讨会的建议。圣伊莱尔-迪-图韦疗养院的丰富馆藏，他在这个时期也是光顾不舍：在战前，该图书馆收藏 23 家巴黎的日报、13 家外省的日报、20 份法国周刊、47 家杂志和一些定期出版物。通常情况下，疗养院的《生存》杂志会通报所收到的书籍与杂志，在这一点上，要感谢那些出版商和他们寄送的出版物，尤其是在战争背景之下。巴特手不释卷地阅读，这当然并不是新的表现，因为他在少年时期的娱乐活动中也倾心读书。所不同的，是他进行阅读的方式，这种实践在他的写作中得到了延续。他在旅游之际开启的东西，他继续在他所读书籍的边角处坚持为之，他做记录，并开始养成在其后来一生中都细心完善的建立卡片的习惯。1942 年，他受到的平生第一次冲击，源于陀思妥耶夫斯基，在巴特看来，这位作家的世界似乎与他的内心生活之间具有共鸣。特别是其小说《白痴》(*L'Idiot*)，巴特认为，这部小说在其整体和其人物性格上使他的思想凝结不动了。他向他的所有朋友推荐了这本书，就像他推荐了阅读帕纳伊特·伊斯特拉蒂(Panaït Istrati)的《巴拉冈煤矿》的小说那样。后来，他又阅读纪德的作品，尽管他在理解和表达纪德方面存在困难，他还是对于《日记》做了评注。安德烈·勒珀普勒讲述道："在我们到达疗养院之后不久，巴特就放下了他手中的'圣书'，而是全身投入到对于一本新书的阅读之中。他告诉我是纪德的《日记》。(……)他把我们称之为'疗养'的休息时间都用在了阅读这本书上，酷爱至极，使我不敢打扰问他兴趣何在。在'疗养间歇'即相对自由的时间里，他就进屋伏在桌子上，打开一个类似我们上小学时使用的草稿本子，手里握着一支小学生用的钢笔，蘸着瓶子里的墨水，开始字迹工整地写着一页又一页，没有任何的涂改。"① 不过，在住疗养院的那些年中，最重要的阅读，即那种长时间的、积极主动的、深入彻底的、连续不断的阅读，亦即那种手不释卷的有时兴高采烈、有时悲切哀婉的阅读，则是对于米舍莱作品的阅读。当他开始完全进入自己作品写作的时候，经常提及他从患病之初就建立起的"非常有效的阅读方法"②，

193

---

①　安德烈·勒珀普勒：《18 号病房：证明》，同前，p. 147。

②　1942 年 4 月 4 日写给菲利普·勒贝罗尔的信。菲利普·勒贝罗尔遗赠，IMEC。

那便是一边阅读一边做点记录。

他在写给乔治·卡内蒂的信中说道,"相对于作品的内容",他"在这种方法中、在这种正规之中和进展之中感受到更多乐趣"[1]。从这种阅读实践的可能变化,就可以知道他的精神状态。1944年,在一段极度泄气的时间里,他说过他放弃了全部做记录和写日记的习惯。但是,没有过多久,他便一切照旧,并继续阅读书籍。在这种选择之中,有一定成分的偶然性,这种偶然性与圣伊莱尔-迪-图韦疗养院大学生图书馆内各种全集的出现有关,但也与他对过分放纵的表现、对感性的甚至色欲的或幻觉的智慧的偏好有关。米舍莱深远的新教起因,他横跨多种学科的知识,他从政生涯的断裂,他在文学写作与历史学之间建立起的关系,他与所处时代之间的距离,也都是使巴特与之接近的原因所在。反过来,对《人民》(*Pe-uple*)一书作者在疾病分类学方面(尽管米舍莱厌恶其所处时代的"医学与生理学宿命论")的关注,显然源于他初学著述期间的各种条件。巴特多次在发出的信中提到他被这种阅读围于其中的反常状态:"我不顾一切读呀读,但面对米舍莱,我就像一个患有恶心症却又不得不吃东西的人。"[2]《米舍莱》一书,在篇首处援引米舍莱写给欧仁·诺埃尔(Eugène Noël)的信中公开的全书写作规划("文人总是在忍受,但又靠忍受而活着[3]"),开篇文字对于米舍莱的偏头疼所做的展述,这些实际上几乎都是巴特自传性的思考。米舍莱这位历史学家有能力扛起的繁复生活,尽管他曾说连续"多次死过",但对于巴特来说不乏激励力量。

他也阅读斯坦贝克[4]和海明威,这时,对于另一部作品的阅读在随后的时间里起着决定性作用,那便是1944年对加缪《局外人》(*L'Étranger*)的阅读。这一阅读也使其写出了另一篇文章《关于〈局外人〉风格的思考》(«*Réflexions sur le style de L'Étranger*»),再随后又写出了书籍《写作的零度》。在这部著作中,他论述了对于"中性风格""白色噪音"和"零度"的假设。因此,巴特所发现的,并不是给人强烈印象的阅读效果,而是他依

194

---

[1] 1944年4月23日写给乔治·卡内蒂的信,私人收藏。

[2] 1945年9月26日写给罗贝尔·达维德的信,铸造工业标准局(BNF)编号为NAF28630的文件。私人遗赠。

[3] 《米舍莱》,同前,《全集I》,p. 301。

[4] 斯坦贝克(John Steinbeck,1902—1968):美国作家。——译注

靠思想所产生和根据阅读所培养起的写作能力。卡片库起因于那些被禁止外出的年份,也同时形成了与其相伴的一种实践活动。1946 年 1 月,他写信给罗贝尔·达维德,说他已经累计写出了 1000 张关于米舍莱的卡片! 根据阅读来培养写作正在形成。这种写作完全属于一种发明,也许完全是属于巴特的主要发明,这种发明在于使阅读脱离开书籍:阅读脱离开书籍,为的是研究世界,研究其各种符号、其各种短小表达、其各种意象、其各种神话……阅读脱离开书籍也是为了变成写作,并使世界重新回到写作之中。

早 期 文 章

1934 年创办的《生存》杂志,作为"疗养院大学生"联合会的季刊,从 1935 年 4 月的第三期就变成了刊登文章、纪实性小说、书评和纪事的真正杂志①。战争期间,该杂志不得重回创办之初的打字油印状况,不过它继续是一份真正的文学杂志;它甚至更为肯定地标榜是一份文学杂志。在 1942 年 5 月的第二十六期中,一篇编者按介绍了必须遵守的选择:"或者,或多或少地拒绝外面的公众,同时赋予杂志一种疗养院纪事的内部特征(完全刊登各种节日和不同学科的活动)(……)。或者,尤其迎合外部公众,同时明显地减少疗养院的纪事和赋予杂志整体一种文学和艺术的姿态,使之最为接近多数读者。因此,在完全保持'年轻'的同时,该杂志变得更为严肃,而不带什么学究味。"②这篇编者按还说,很想在每一期上为医学和在内容方面涉及结核病治疗的文章保留一定的版面。正是在这个时期和在这种框架之内,巴特发表了其第一批文章。而在第一次刊有巴特文章的那一期中,紧接在社论之后,就是他关于纪德《日记》的文章,在同一期中,还有保罗·赫佐格的一篇短文——该文谈到了采用绝对不动疗法对中度感染患者痊愈的各种好处③。

195

---

① 该杂志已完全由大学生记忆资料馆(Conservatoire des mémoires étudiantes)制成了电子版:〈http//www. cme-u. fr〉。

② 《编者按》(«Notes de la redaction»),见 1942 年 5 月《生存》杂志,p. 4。

③ 保罗·赫佐格(Paul Hertzog):《通过绝对不动和静心来治疗肺结核病》(«Un traitement de la tuberculose pulmonaire par l'immobilité absolue et le silence»), in *Existences*, juillet 1942. p. 56—57。

不过,罗兰·巴特发表的第一篇文章先于他住进疗养院。那是对短命的《大学生手册》刊物的一种参与,那份刊物"是由大学生和为大学生而编"。主任编辑是小说家罗贝尔·马莱(Robert Mallet),他与巴特同年出生,其第一部小说《爱情的继续:1932—1940》(*La poursuite amoureuse*:1932—1940)由法兰西水星(Mercure de France)出版社出版于1943年。像巴特一样,勒内·马里伊·阿尔贝雷斯(René Marill Albérès)和保罗·路易·米尼翁(Paul Louis Mignon)也对战后持批判态度。相关一期名为《论文化》(«Essai sur la culture»),巴特为之写的文章题为《文化与悲剧》。他在文中,把将生活风格与艺术风格融为一体、进入人的单纯痛苦中并作为时代和场域之标志的悲剧(tragédie),与作为再现一种现时的和历史的具体痛苦的惨剧(drame)对立了起来。毫无疑问,当他为总结他身处的时代而写作的时候,他想到了当时的各种事件:"这个时代确实是痛苦的,甚至是悲惨的。但是,没有任何东西说其是悲剧性的。惨剧是被承受的,而悲剧则被认为是正当的,一如任何伟大的东西那样。"[①]该杂志预告"以后的几期《大学生手册》,由于大学放假,将只在1942年10月出版。下几期将谈论下面的问题:大学生与社会生活"。局势的发展使得那几期没有面世,这种承诺也没有了任何下文。

1942年7月,巴特在《生存》杂志上发表了《关于安德烈·纪德及其〈日记〉的评注》一文,第一次以片段的形式让人了解了他的批评思想——这种片段形式直接地源于他的阅读实践,而更为间接地源于他演奏钢琴的实践:片段的技巧是进击和"拍击"[②]的技巧。他并不取用所有的评注,但也对他用于发表的评注做很少的改动,而是满足于重新为片段排序。1943年,他有一半的时间在巴黎,另一半的时间进行侧卧疗养,这一年并不多产。他在《生存》杂志上刊登过两篇书评,一篇是关于罗贝尔·布雷松(Robert Bresson)《罪恶之天使》(*Anges du péché*)一书的,是1943年6月23日发表的,不过立即就在圣伊莱尔-迪-图韦疗养院做了银幕投放,

---

① 《文化与悲剧》,载于《大学生手册》,那一期的专题为《论文化》(«Essai sur la culture»)。菲利普·罗歇(Philippe Roger)第一次将其重新发表于1986年4月4日的《世界报》上(《全集 I》,p. 32)。

② "片段的萌芽从各处向您走来(……);于是,人们把自己的小记事本拿出来,不是为了记下一种'想法',而是记下某种类似于印纹的东西"(《罗兰·巴特自述》,《全集 IV》,p. 671)。

这篇文章以其朴实和其素材的感人特征而使他激动不已；另一篇发表在1943年《交汇》(*Confluence*)杂志为"小说问题"安排的专号上的，不过巴特却只看到这个专号有很多不足：他认为它唠唠叨叨、重复不迭、紊乱不清。有意思的是，他的最终判断将文学批评的陈规旧习比之于医学上的某种骗术：所采用的参照总是属于其自己的世界。"看到57位作者每人都对小说发表一通自己的看法，而不听取旁人的意见，在我看来，似乎是在旁听57位医生围绕着莫里哀的一个患者争吵个不停。但是，小说，一如莫里哀的任何患者，只不过是一个假的临终之人。"[1]间距，既涉及到杂志，也涉及到小说体裁本身，因为这种体裁被怀疑为不真实。在此，我们辨认出与虚构之间的一种含混联系，而虚构也带有着其自身就复杂的一种关系；结核病患者通常自己也是一个假的临终之人。他是一种特殊情况，不可因为他的不同而受到责备，他同样属于活着的人群，但却在另一个世界。

在《生存》志上发表的首批文章中，还有两篇谈的是有过同样肺病经历的几位作家[2]。纪德和加缪，虽然他们二人并没有常去疗养院，但他们在自己的生存轨迹中于青少年时期也被结核性的苗头干扰过。纪德曾去突尼斯治病，在那里最终发现自己属于同性恋，加缪是1937年17岁的时候获悉自己得了结核病，住进了阿尔及尔穆斯塔法(Moustafa)医院，并接受了一系列的放射治疗、门诊、注气治疗、气胸治疗，这些治疗阻碍了他的未来，也彻底改变了他与生存的关系。他的经历很像巴特的经历：他不得不停止了学业，不得不放弃踢足球（对于他来说，这就是一种牺牲），他被禁止参加进入高等师范学院的统考和不能从事设想中的哲学教师的职业，他被免除了兵役——尽管他在1939年很想应召入伍，而尤其是他看到死神在向他走来——而此时的他只感到自己生命刚刚开始。就像巴特

197

---

① 《谈〈交汇〉有关小说问题的专号》(«À propos du numéro spécial de *Confluences* sur les problèmes du roman»), in Existences, n°21—24, juillet 1943(《全集 I》, p. 53)。

② 见弗朗索瓦-贝尔纳·米歇尔(François-Bernard Michel)：《罗兰·巴特：从〈魔山〉到〈明室〉——身体：幻觉场所》(Roland Barthes:de *la Montagne magique à Ia Chambre claire*——le corps:un lieu fantasmatique), in *Le Souffle coupé. Respirer et écrire*, Gallimard, 1984, p. 165—178。这本书是由一位肺病患者写的，谈及肺病(结核病、哮喘病)与作家之间的关系，它除了谈及巴特的一章外，还有几章谈到了凯诺(Queneau)、瓦莱里、普鲁斯特、纪德、拉福格(Laforgue)、加缪。

一样,相对于那些有过更为正规历程的同时代人的处境来讲,他作为知识分子的处境被改变了。他与萨特的一部分关系,表现在与标志巴特与萨特之间关系的那些词语不同的词语之中,而这种关系便可以通过这种不同来得到解释。在《生存》杂志上发表的分别谈论纪德和加缪的两篇文章,虽然不涉及这种生平上的共同点,不过,巴特在《关于安德烈·纪德及其〈日记〉的评注》一文中提到,忍受痛苦则是《安德烈·瓦尔特笔记》[①]一书作者中篇小说的主要主题。他也引入了有关新生活的母题,他后来经常回到这种母题方面。两年之后,即 1944 年 7 月,巴特在其《关于〈局外人〉风格的思考》中对其分析做了总结,指出,加缪的风格是一种有删节的结果,即带有一种不出现情况的言语活动;所有的问题都直接源于他自己的隔离经验。

　　如果对于在这个时期写的所有文章进行一种综合阅读的话,有两种母题似乎建立起了框架:即"古典的"与"中性的"两个形容词和"希腊"与"米舍莱"两个专有名词——我们还可以为这两个专有名词加进"俄耳甫斯"[②],尽管对其参照是更为隐蔽的,但却是浮现的。它们都是重要的,因为它们为巴特准备了第一批书籍。形容词"古典的"是最为强大的主题。该词经常出现在有关纪德的文章之中,从而确定着在躲避锋芒、缓叙、双关语、省略、"在适合于个人深思与个人发现的暧昧"[③]方面的技巧。但是,这个词是文章《对于古典作家的兴趣》(«Plaisir aux Classiques»)的主要考察对象,该文章发表于 1944 年 4 月的那一期上。那篇文章是以论证的形式出现的,有点像是论说文,并没有排除一些平庸之论("很好地写作,在没有很好地思考的情况下是不能进行的",或是"他们并不总是避讳烦恼,但是这种烦恼为自己挽回了多少美感、多少活力?")。他真正地赞扬了建立在经济、谨慎、明确、简洁基础上的古典风格。主观地采用古典作品的风格特点,变成了大多数作品借以得到判断的标准。因此,在几个月后发表的有关《局外人》的文章中,当读到"加缪创作了一部具有《蓓蕾尼斯》[④]

·　① 《安德烈·瓦尔特笔记》(*Cahiers d'André Walter*):是纪德 1891 年自费出版的处女作。——译注

② 俄耳甫斯(Orphée):希腊神话中善弹竖琴的诗人与歌手。——译注

③ 《关于安德烈·纪德及其〈日记〉的评注》(«Notes sur André Gide et son *Journal*»), in *Existences*, juillet 1942(《全集 I》, p. 46)。

④ 《蓓蕾尼斯》(*Bérénice*):拉辛的一部五幕诗体悲剧。——译注

极富音乐感的简洁风格的作品"①的时候,就不要感到惊异。但是,掌握了
这种风格,也可以借此对于文章做出调整,并且可以首次在无连续性解决
办法的情况下从古典过渡到中性。在这篇文章中,加缪的"风格的沉默"
"超脱的风格",在巴特看来,在某种意义上都是对于古典主义的延续,它 199
们保留了"对于形式的关心",并要求具备"古典修辞学的习惯方法";但
是,它们也让人产生了与绝无表现力(在此,我们再一次看到了同样在戏
剧和歌曲方面被使用的"陪衬角色"[repoussoiir]这个词)和与无可视性有
联系的一种古怪感觉。巴特这位批评家第一次使用了"白色嗓音"(«voix
blanche»)和"中性"(«neutre»)这些表达方式,我们知道它们在作者后来
的著述中以何种方式延续着,但却是在不赋予其于《写作的零度》一书中
出现的意义的情况下延续着。《局外人》的风格"是某种中性的实质,但因
是独白而有点叫人感到晕眩,它有的时候掠过一些闪光,但它尤其服从于
将这种风格与染色物质连接在一起的那些不动砂砾的隐约出现情况"②。
这种实质带有某种"不经意地被注意"的东西,即带有"日常物件中那种熟
悉的温柔"的东西。

　　俄耳甫斯神话,还是《写作的零度》一书的重要支撑,它在《对于古典
作家的兴趣》一文("变更俄耳甫斯神话,将事物与在言语上固执己见的人
连接起来")和写给罗贝尔·达维德的一封信中不被人注意地有所出现。
其他的框架是:首先是希腊,这个词在 1944 年 7 月发表于疗养院大学生
杂志上的《在希腊》一文中明显地出现过,也从哲学角度在关于纪德的文
章中出现过——那是论述古希腊文化和这位《男子气》③作者的"古希腊多
利安人血统"的文章;其次,尤其是米舍莱,在那些年中,最初对其是隐性
的但却是越来越多的参照。在大量引用姓名的文章中,米舍莱这一姓名
是与其说过的句子一起出现的,并且我们看到,在那个时期,巴特非常受
其影响,以至他可以将其用于所有方面。因此,对这些初期文章进行研
究,不仅在获取这些文章与生活结合所产生的信息方面(例如在自尊方面
的相同发展在巴特的私人信件和有关纪德的文章中都看得出来),而且对

---

① 　《关于〈局外人〉风格的思考》(«Réflexion sur le style de L'Étranger»), in Existences, juillet
　　1944(《全集 I》,p. 78)。

② 　同上,p. 75。

③ 　《男子气》(Corydon):是纪德 1924 年写的一部论著。——译注

于设计未来作品的人们来说,都是激动人心的。

1946 年 1 月 26 日,巴特从莱森写信给罗贝尔·达维德:"今天上午,妈妈来信告诉我,布里索大夫同意我回去。这是一个非常好的消息。"在头一天发生的地震也极大地震撼了他。"在想到妈妈和你的时候,我真的感到悲痛万分和惊慌失措。"[1]不需要做什么解释,这两个事件的同时发生引起了一定的臆说。回家一直是他所希望的,但这也会带来不少的混乱。巴特既没有物质条件支撑,也没有确定位置来作为他的藏身之地。他在几乎毫无保护绳的情况下被抛到"下面"和"深谷之中"(这是他从《魔山》一书中借用而来并用于其信件中的表达方式)。5 年时间的隔离使他变得与世陌生,他沉默以待,对于外部几乎是中性的。"我看到身边过往的世人,都很富有,而我则是一无所有之人。"[2]他讨厌瑞士,讨厌其封建主义表现,但他也不认为法国就是政治可靠的土地。他以非常受米舍莱影响的口气写信给菲利普·勒贝罗尔:"我阅读的各种报纸使我惊讶;这些报纸无任何时间或距离感,也无任何判断。可怕。法国真的失去踪影了吗?看来,我们真要成为犹太人,真要到处走一走,真要移居他处,真要分散一些兴趣;一旦法国死亡,它留下的总还是救世主的角色;但是,也许我搞错了;悲剧大概恰恰就是,世界在收缩,它不再希望有来自过去时间的救世主。"[3]的确,他有来自家庭的支持,但是在疗养院的那几年使他开始梦想与母亲和弟弟住在一起之外的另一种生活。因此,这一点通常表现为像是罗兰·巴特一种很强的生平特征,那就是与母亲经常在一起生活应该是相对的。他不仅在整个战争期间没有与母亲在一起生活,而且,他与疗养院建立起了诸多联系,那些联系使得他希望与其他人分享生活。在莱森的最后那些日子里,他承受着由罗贝尔·达维德在他们之间的关系上拉开的距离的折磨,他嫉恨维德所频繁接触的那些女人(例如罗塞尔·哈茨菲尔德),或者嫉恨他爱上的那些女人(例如弗朗索瓦丝),他也嫉恨他看上的那些男孩子。"你是说过因为我有某项想法而很难与我有什么感情吗?你是有时候遇到过一些情感带有着一种难以承受的温柔吗?我的

---

[1] 1972 年 9 月 7 日,在于特感到一次轻微的地震使巴特重新经历了第一次地震时的情绪。

[2] 1946 年 1 月 2 日写给罗贝尔·达维德的信。铸造工业标准局(BNF)编号为 NAF28630 的文件。私人遗赠。

[3] 1945 年 9 月写给菲利普·勒贝罗尔的信。菲利普·勒贝罗尔遗赠,IMEC。

朋友,我很理解你想说什么,但是,你太残忍了! 这些话叫我心痛,我为回答而感到压抑。(……)我心痛,因为我太爱你了。"①他由于后来甚至制定了与达维德一起生活的计划,而感到更为痛苦:"我在我们于此赋予的最充实、最完整的意义之中来理解这种共同生活,这种生活依然就是幸福,而无幸福,我则不再想活着。"②在一封非常感人的信中,他向他要求这种幸福,同时,他也知道这将是不可能的,并且作为补偿,他要求至少每周有4天住在同一房间,完全对等分享。

情爱方面的苦恼和对于未来的担心,使他延迟了回家。他用从西格家和切塞科斯(Chesseix)家借的钱(走前,他要去向他们道别),为自己买了几件衣服,并安排母亲在吕佳诺(Lugano)镇漂亮的联邦旅馆里舒服地短住。他1946年2月28日返回巴黎,从此开始了康复疗养的时光;这段时光到当年夏天才结束,并且是在纳夫穆蒂埃-昂-布里镇结束的,在那里,他很高兴地又与罗贝尔·达维德见面了。他在那里继续阅读米舍莱的书籍,深入研究他内心生活先前的那些条件,向后推迟了几个月才进入实际的生活。

1947年5月,巴特在离开莱森疗养院一年后不久,写了《疗养院社会简述》一文,这似乎是他第一篇社会批评随笔。文章揭示,在疗养院的那几年,尽管能获得有限的一些快乐,但那是艰难的几年。对于在这种场所人为地制订的纪律的描述,是无情的。巴特说在这种地方等级制度是非常森严的,一切安排都是为剥夺患者的意识、甚至剥夺患者对于身处难民地位的感受而设置的。疗养院,作为替代世界,只向组织机制开放。即便是友情,在此也是被禁止的,"因为疗养院社会怒斥在它之外会有快乐的说法"③。疗养院社会极力主张联合而不顾友情,主张团体而不顾社会。"资产阶级的疗养院社会,是父权的、封建的或自由放纵的,它通过各种骗局,总是有些像不负责任地对待儿童那样。"但是,人们远不是守在托儿所

① 1945年1月写给罗贝尔·达维德的信。铸造工业标准局(BNF)编号为NAF28630的文件。私人遗赠。
② 1945年11月1日写给罗贝尔·达维德的信。铸造工业标准局(BNF)编号为NAF28630的文件。私人遗赠。
③ 《疗养院社会简述》(«Esquisse d'une société sanatoriale»),不曾发表,由马丽娅娜·阿尔方(Marianne Alphant)和娜塔莉·莱热收入在她们于蓬皮杜文化中心举办的《罗兰·巴特》(R. B, Roland Barthes)展出目录之中。

内,而是真实儿童们的保护者;疗养院更可以说表明了巴特后来称之为"童年神话"的东西,它是一个分离的世界、有秩序的世界和虚构的世界。尽管巴特在圣伊莱尔-迪-图韦疗养院和在莱森疗养院认识了一些真正的朋友,尽管他在那些地方形成了他自己的各种能力甚至在那里也是觉得快乐的,但是,这种负面的集体生活的经验使他永远挥之不去。这种经验解释了他为什么面对政治组织时表现出犹豫不决的态度,这种经验也加强了他在与母亲一起生活时选择自给自足的意识。

罗兰·巴特在圣伊莱尔－迪－
图韦疗养图书馆

203

罗贝尔·达维德，一位在圣伊莱尔－
迪－图韦疗养结识的朋友

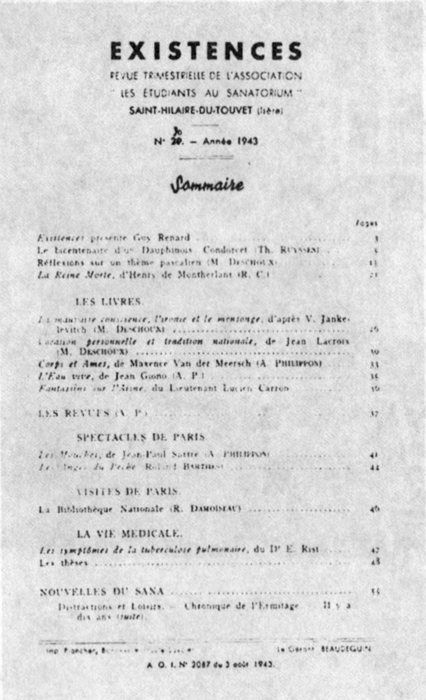

EXISTENCES

REVUE TRIMESTRIELLE DE L'ASSOCIATION
" LES ÉTUDIANTS AU SANATORIUM "
SAINT-HILAIRE-DU-TOUVET (Isère)

N° 30. – Année 1943

Sommaire

Imp. Panchar, B......... ...... Le Gérant BEAUSEGUIN

A. O. I. N° 2087 du 3 août 1943.

圣伊莱尔-迪-图韦疗养的《生存》
杂志目录
上图：1943 年 8 月号
下图：1944 年 7 月号

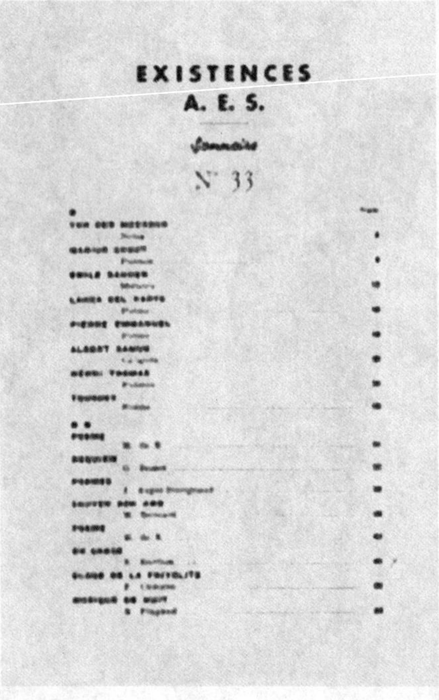

EXISTENCES
A. E. S.

Sommaire

N° 33

瑞士莱森诊所长桌就餐,巴特在 1945—1946 年在此住过

205

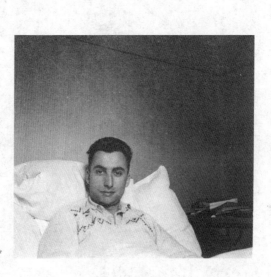

1946 年在莱森,卧床中的巴特

7.出　行

远离疗养院

从 1946 年离开疗养院和康复疗养机构到 1953 年出版第一本书，巴特度过了他的青年时期，同时尝试为自己确定不太远离其青少年时所希望的一种未来。1946 年 11 月，他年满 31 岁。他在巴黎和世界各地寻找工作，以求尽力找回逝去的时光。他必须进行一定数量个人的、社会的和哲学的安排，来进入他那一代人的知识分子环境之中，以便为他的声音定位和为*以后的发展*（*devenir*）铺路。他的第一项安排（应将该词理解为最为可能的中性方式），按照布尔迪厄[①]赋予该词针对正当求职的整体实践与态度的意义来理解，便是马克思主义。他在 1970 年与让·蒂博多的一次对话中说过"在停战时，我是萨特主义者和马克思主义者。"[②]对于这两种信仰，至少对于第二种，他是在疗养院期间获得的，是在与像他一样被隔离、但先前的经历使其涉及其他需要、其他义务的伙伴们之间无休止的争论中获得的。这尤其是乔治·富尼耶的情况（人们通常以他在抵抗运动中的名字——菲利普——来称呼他），他的结核病在青少年时期并未被检查出来，但他似乎在布痕瓦尔德（Buchenwald）时就感染上了这种病。"富尼耶以令人信服的方式对我谈论马克思主义；他早先是一位排字工人，是一位摆脱被驱逐的托洛斯

[①]　即皮埃尔·布尔迪厄(Pierre Bourdieu,1930—2002)：法国著名社会学家。——译注
[②]　《答复》，同前，《全集 III》，p. 1026。

基派战士。"①后来,巴特为了获得精神自由、为了静心养病、为了与乔
治·富尼耶维持巧妙的距离,而提出了马克思主义对他有诱惑力的理由。
他的这位伙伴不是出身于没落资产阶级,而是出身于大众百姓;他曾在
西班牙战争期间投身于共和派阵营,他还是抵抗运动参加者,这便赋予
了他一种不可否认的影响力;最后,他是托洛斯基主义者,这便将其置于
了主流话语之外。"于是,生活的偶然性使巴特面对马克思主义一种特
殊的、特别有诱惑力的体现:身处复杂的病患之中,又以人民、丰功伟绩
和非正统三位为一体的符号出现。"②他说过,他尤其被辩证法的力量所
吸引,因为辩证法赋予了文本分析一种框架、一种结构。这个时期的信
件,在这个问题上和其在法国政治中的具体应用方面,明显地表现出改
变信仰的一位新人的心态,并充满了抒情语气。他在写给勒贝罗尔的信
中说道:"从政治方面讲,我只能按照马克思主义来思考,因为在我看来,
它对于真实世界的描述是正确的;再就是,与马克思主义在一起,我就有
了对于一种可以说是纯洁的社会的希望——在那样的社会里,从某种程
度上讲,一切都最终在精神上是可能的;因为,从一定意义上讲,我深刻
地感觉到,只有在社会主义的社会中,才会有审视的内心自由;在我看
来,人似乎只能在那个时刻才可开始进行哲学思考。"③巴特甚至与存在
主义拉开了距离,而存在主义也正好"在那个时刻"才开始具有意义和用
途;他真正地为自己提出了知识分子在这种变革之中可能具有的位置与
作用的问题。具体说来,虽然马克思主义可以具有一种政治效果,但是
它的哲学意义就不是很清楚,就更成为需要探讨的问题。他常说,阅读
马克思带给他的是烦闷的思考,尤其是阅读《神圣家族》(*La Sainte Fa-
mille*),他是在纳夫穆蒂埃-昂-布里镇阅读这部书的,他认为这部书论述
无力,过于稚气。那个时代的个人资料,都要求减弱紧随战后的这种介
入态度,都要求在个人资料中更多地看到一种探索而不是一种坚信(这
种探索在《神话》中找到了其形式),都要求看到包含着多方面内容而不
只是涉及一种完全的和整体的参与的某种战略程序。更何况他也非常

---

① 《答复》,同前,《全集 III》,p. 1026。

② 菲利普·罗歇:《罗兰·巴特在信奉马克思的那些年》(«Barthes dans les années Marx»), in *Communication*, n°63, 1996, p. 39—41 (p. 41)。

③ 1946 年 7 月底写给菲利普·勒贝罗尔的信。菲利普·勒贝罗尔遗赠,IMEC。

讨厌政府当时所标榜的共产主义。他在写给罗贝尔·达维德的信中说："共产主义不能是一种希望。马克思主义，也许是可以的，但不论是俄国，还是法国共产党，它们都不是马克思主义的。"①他对于共产党（PC）使用的词语是尖刻的：例如，"可蔑视的""令人讨厌的""可怕的夸张"等。不过，人们在他于《战斗日报》②上发表的有关罗歇·凯鲁瓦（Roger Caillois）《对于马克思主义的描述》（*Description du marxisme*）一书的文章中却发现他用词比较和缓："在认为马克思主义继续孕育个体主义命运的许多持不同见解的人看来，莫斯科的教条主义并不是一种标新立异的东西：它是一出悲剧，不过，在这出悲剧中，他们就像古代唱诗班那样，尝试着保留对于不幸的意识、对于希望的追求和对于理解的意愿。"③因此，他个人对于法国的抱负，不仅是以真正革命的名义反对共产主义（因为"还有其他的方式可以不成为资产阶级"），而且也在于帮助"社会主义的雅各宾主义实现变化"、在于帮助在全民族中创建一种纯洁的社会主义力量。就在罗贝尔·达维德对于马克思主义经济学家们的著述非常感兴趣的时候，巴特提醒他去思考"'在世界的日常生活中'的人"（这正是米舍莱说过的话）；并且，"即便社会主义是完美的，但如果它不考虑现时的人，达维德，那它还是你和我都应该去面对的事情"。虽然在他看来社会主义就像是一种非资产阶级的政党，不过，他对于作为战术家的义务和对于政党的共产主义性质的拒绝，还是限制了他具体介入马克思主义的愿望，也限制了他确信社会主义在国家和政治方面应用的可能性。他还肯定非正统论，一个在他当时的文章中经常出现的单词是"不同见解"（«dissidence»）。

　　从 1946 年秋天开始，巴特频于寻找工作。他被那些琐碎的编辑小事和家教搞得精疲力竭，因为这些既不能给他以地位，也不能为他带来足够收入。菲利普·勒贝罗尔获得了布加勒斯特法语学院院长的职位，巴特在布里索医生的同意下（他认为巴特恢复得不错，到国外去是 　210

---

① 1946 年 1 月 19 日写给罗贝尔·达维德的信。铸造工业标准局（BNF）编号为 NAF28630 的文件。私人遗赠。

② 《战斗日报》（*Combat*）：二战期间由法国抵抗运动于 1941 年创办的地下报纸，1974 年停刊。——译注

③ 1951 年 6 月 21 日发表在《战斗日报》上的《马克思主义的"标新立异"》（«"Scandale"du marxisme»）（《全集 I》，p. 125）。

可能的)①,表达了去罗马尼亚从教的愿望。他的这位朋友已经给过他很多帮助——安慰、支持和资助,这一次,他希望这位朋友在当地的大学或学院为他安排一个法语外教的岗位。他很希望能把他的母亲也带到罗马尼亚,想有一份可以养活自己、也可以养活母亲的工资和一处符合身份的住处。菲利普最终为他找到了在大学下一次开学之初才能赴职的一个教学岗位,但却是从 1947 年的 3 月份开始。这一岗位后来变成了图书管理员的岗位,这很适合巴特,因为他自感从他全心投入博士论文撰写以来已不太适合教书。他从 10 月份,就在索邦大学注册了第三阶段的学业,指导教授是勒内·潘达尔(René Pintard),他向巴特提出了两个可能的课题:一个是关于维科(Vico)和米舍莱的,另一个是关于米舍莱历史学技巧的,这后一个最终得到了确定。在那个时候,他已经对于这一研究工作有了一种自由论述的想法,但是他也满怀热情地投入到了资料搜集工作和确定一个课题所需要的论证之中了。他的指导老师,出生于 1902 年(于 2002 年去世),是一位专注 17 世纪的研究学者,但他也接受有关其他时代的课题,只要所提出的研究内容与对于某个时代的"意识"有关就行。潘达尔自己的博士论文由布瓦万(Boivin)出版社出版于 1943 年,题目是《17 世纪上半叶的博学自由主义》(*Le Libertinage érudit dans la première moitié du XVIIe siècle*),阐述的是寻求摆脱宗教秩序的一种思想运动和一种智力社交活动。潘达尔教授很关心学生,对待学生也很宽厚容让,诸多证据可以证实这一点。他尤其对于巴特提出的研究课题感兴趣,在 1946—1947 年的这一学年中,他已多次见过巴特。在那一年的 2 月份,巴特在给菲利普的信中这样写道:"与潘达尔的谈话是让人振奋的;他完全接受了我所提的课题,并极富见解和无任何保留、甚至是带有一定热情地评论了这些课题,使我很受感动;除了课题的所有通常适宜性外,他还认为,这可能会是一项新的研究工作,而这项工作将会尝试一种新的(学院式的)批评方向;没有任何东西会使我更为快乐,你要知道,对于这些研究,我一直看重其方法论上的重要性,并且认为,一种现代的批评应该是描述更多而解释更少、是更属于现象学而

---

① "布里索担心我忙于那些琐碎活计,两次严肃地让我向你详细了解我到那里后可能有的生活与工作条件"(1946 年 11 月 2 日写给菲利普·勒贝罗尔的信)。

不属于逻辑学、是更依靠作品本身和其有机结构、更依靠作品所揭示的精神世界固有的轮廓而不是依靠其社会学和文学的起因与环境的一种批评。"①一种承袭波德莱尔,但却是被现时代化了的内在性批评的激励人心的规划,在那个时代已经显露了出来。他的导师在要求操作具有科学严肃性的同时,放手让他自由地应用一种逐步建立起来的描述方法,这种方法将整个空间赋予文本,同时远离背景。从在圣伊莱尔-迪-图韦疗养院时就积累起来的上千张卡片,这时又增加了许多图书信息,这些卡片证实了他阅读非常广泛。卡片库开始分门别类,列有多种主题,如"偏头疼""身体""步骤""法国""统一体"。其中有一些主题后来成了《米舍莱》一书中的副标题。

　　尽管有大学中的这种担当,巴特并没有放弃在杂志上继续发表文学批评的愿望,就像他在《生存》杂志上开始做的那样。这样的机会,很快就因为 1947 年 6 月与莫里斯·纳多的相遇而出现了。他第一次见到莫里斯·纳多是在他的朋友富尼耶家里。富尼耶的结核病,因他离开莱森疗养院时并没有痊愈而必须生活在农村。他与他的妻子雅克利娜在索瓦西-苏-蒙莫朗西(Soisy-sous-Montmorency)镇租了一栋房子,他在那里接待他的那些托洛斯基派的朋友和其他友人。他们的相遇并不是偶然的。富尼耶曾非常热情地向纳多谈过巴特性格怪异,具有深刻的文学禀赋,而纳多当时正在辅助加缪和帕斯卡尔·皮亚(Pascal Pia)主编《战斗日报》的文学版面。雅克利娜曾在莱森疗养院陪伴过她的丈夫,也服膺于巴特的智慧魅力②。那一天,他们尤其谈到了米舍莱,于是,纳多建议巴特就此写一篇文章。由于投身于博士论文的撰写,巴特只把米舍莱作为他的研究对象,也愿意继续进行他从思考《局外人》开始的对于当代文学的考察。在富尼耶的建议之下,巴特在与纳多见面之前曾先给他寄去了一篇有关白色写作和谈论形式的文章,纳多认为文章过于艰涩而不适用于报刊,因此,他没有予以发表,并且也把它

212

---

① 1942 年 2 月 10 日写给菲利普·勒贝罗尔的信。菲利普·勒贝罗尔遗赠,IMEC。

② 雅克利娜在 2003 年发表于《文学半月刊》(*La Quinzaine littéraire*)上的证明文章中,提到过那个条件恶劣的世界:在那里,生活受到了妨碍,而"思想的交流、在从严格规定的时间中挤出的很少的自由时刻里进行的讨论,可以使大家克服烦恼和短时间地摆脱烦恼"(雅克利娜·富尼耶:《我们的朋友罗兰》[«Notre ami Roland»],*La Quinzaine littéraire*,n°_844,2002,p. 30)。

遗失了①。这一次,巴特提供了《写作的零度》(«Le degré zerode l'écriture»)一文,该文就在他动身去罗马尼亚之前不久的 8 月 1 日发表了。后来,他又有多篇文章发表,大部分都收入了 1953 年出版的同名书籍之中,而漏选的是《难道需要取消语法吗?》一文,那是对于读者们在阅读了他 8 月份的那篇文章和几篇书评之后的一些批评意见的答复②。

　　　　　　"纳多,我把最关键的起步归功于他⋯⋯"③

　　就像他对许多其他人所做的那样,莫里斯·纳多对罗兰·巴特来说起着将其定位在文学领域之中的决定性作用。他将其领进了在抵抗运动之中产生的新闻界,因此也就将其放进了在他被隔离的那些年中被剥夺的一种活跃和富有进取精神的空间之中。《战斗日报》从 1944 年就将编
213　辑部设在了位于雷奥密尔(Réaumur)街 100 号的《倔强的战斗者日报》④所在地,以图在一旦战争结束后继续成为抵抗运动的活动场所。该报纸的主要推动者是加缪、帕斯卡尔·皮亚,从 1947 年开始又有克洛德·布尔代(Claude Bourdet),他们都反对政党标签,而想让报纸带有非共产党的马克思主义色彩,在这一点上他们与巴特以个人名义表白的观点相一

①　请见莫里斯·纳多的《向他们致敬》(*Grâces leur soient rendues*, Albin Michel, 1990, p. 314)一书。在这部书中,纳多把两项记忆搞混淆了:一是他们见面的时间确实是 1947 年 6 月 20 日(1947 年 6 月 29 日写给勒贝罗尔的信证实了这一时间,即便莫里斯·纳多说是 7 月),二是寄给他首批文章的时间。在与纳多进行的私人交谈中,当我指出几个日期(见面的日期与发表第一篇文章的日期几乎是矛盾的)缺乏一致性的时候,他告诉我,第一篇文章很可能是较早寄送的。巴特在《答复》一文中把有白色写作和进行形式之论的文章的时间大体定在了 1946 年,把最终在《战斗日报》上发表的那些预约文章大体定在 1947 年。

②　《难道需要取消语法吗?》(«Faut-il tuer la grammaire?»),见于 1947 年 9 月 26 日出版的《战斗日报》;后以《语法的责任性》(«Responsabilité de la grammaire»)为篇名被收进了《全集 I》, p. 96—98。在 1947 至 1952 年期间,巴特在《战斗日报》上共发表 6 篇书评:1950 年,谈安德烈·茹桑(André Joussan)的《革命规律》(*La loi des révolutions*),谈伯努瓦·埃普内(Benoît Hepner)的《出版家马塞尔·里维埃》(*Marcel Rivère éditeur*),谈让·凯罗尔的《拉撒路在我们当中》(*Lazare parmi nous*);1951 年,谈罗歇·凯鲁瓦的《对于马克思主义的描述》(*Description du marxisme*),谈米歇尔·莱里斯(Michel Leiris)的《种族与文明》(*Race et civilisation*),谈特朗·迪克·陶(Tran Duc Thao)的《现象学与辩证唯物主义》(*Phénoménologie et matérialisme dialectique*),以及一篇阐明《古埃及学学者们的争论》(«la querelle des égyptologues»)的文章。

③　《答复》,《全集 III》, p. 1027。

④　《倔强的战斗者日报》(*L'Intransigeant*):创办于 1880 年,1948 年停刊。——译注

致。纳多是经过保罗·博丹(Paul Bodin)的介绍来到了帕斯卡尔·皮亚身边的,他从 1945 年起每周五负责写两小栏关于书籍的文章,来捍卫萨特的《弥留》(*Le Sursis*),来捍卫让-路易·博里(Jean-Louis Bory)、瓦莱里·拉尔博(Valery Larbaud)、艾梅·塞泽尔(Aimé Césaire)、勒内·沙尔、雅克·普雷维尔(Jacques Prévert)、亨利·米勒(Henry Miller)和克洛德·西蒙这些作家。他决心很大,激情满怀,选择果断,很快就使自己为人所知,以至到 1946 年 6 月取消纸张限制和报纸改为四个版面的时候,有人就建议他开辟真正的文学版面。"在挑衅性的语句、洋溢的激情和带着公正而无过分热捧的朴素批评之间,莫里斯·纳多与自解放以后出现的没有锋芒的因循守旧做派做着有力的斗争。"①他敢于展示他在发现有前途作家和特殊声音方面的才干,而这种才干在后来半个世纪里变成了传奇式的。正是本着这种目的,他建议读者阅读安德烈·弗雷德里克(André Frédérique),而特别是克洛德·西蒙,他把克洛德·西蒙的第一部小说《作假者》(*Tricheur*)比之于《局外人》。也还是依据这种观点,他引入了罗兰·巴特。

　　尽管罗兰·巴特因这种突然的入列而有时出现一种不正当的感觉(在他的书籍出版时所感受到的那种羞涩无法解释这种感觉)②,他也知道利用这种感觉将自己的斗争转移到写作领域,而他一下子就将这一领域变成了"战斗体育"。纳多并不局限于向巴特提供一个论坛和让他结识一些人,他还以郑重肯定的态度伴其所为。他为巴特的第一篇文章写了赞语,这让巴特对于一种未来有了想法:"罗兰·巴特是一位大家都不认识的人。他年轻,从来没有发表过什么东西,甚至连一篇文章都没有发表过。与他的几次谈话让我们确信,这位酷爱言语活动的人(两年以来,他只对这一方面感兴趣)有某种新的东西要说。他交给我们的下面的文章,

214

①　伊夫-马克·阿琛博姆(Yves-Marc Ajchenbaum):《生与死:〈战斗日报〉1941—1947 的历史》(*A la vie, à la mort. Histoire du journal «Combat»*, 1941—1947, Monde Éditions, 1994, p. 197);再版时,改名为《〈战斗日报〉,1941—1947:一种抵抗运动的乌托邦,一种报刊历险》(*«Combat»*, 1941—1947. *Un utopie de la Résistance, une aventure de presse*, Gallimard, coll. «Folio», 2003)。

②　巴特在谈及他第一部书籍出版时说:"作为一种战术或我认为是一种战斗——即表明对文学言语活动的政治或历史的介入——的主体,我当时对自己充满确信;但作为公开向其他人的目光提供一种对象的生产者的主体,我当时更可以说有些羞涩"(《答复》,《全集 III》, p. 1027)。

远不是一篇报刊适用文章,因为其思想丰富而行文却朴实无华。我们认为,《战斗日报》的读者们不会埋怨我们还是发表了它。"①莫里斯·纳多为自己的赞语留有余地,为的是更好地确定不同之处:它绝不属于新闻体文章,但还是写得很好。他还扭曲了真实情况(他"从来没有发表过什么东西,甚至连一篇文章都没有发表过"),为的是突出他作为天才发现者的价值。用他自己的话来说,他当时对于文章可能获得的接受情况真的有点担忧,因为某些读者有可能在文章中看到对加缪的攻击。在巴特第一本书出版之际,纳多重申和强调他对于巴特的介绍,同时为这本书写了一篇很长的文章发表在 1953 年 6 月的《新文学》杂志上,并再一次祝贺说这是"一部从其开端文章就该为之叫好的著作。其开端文章是引人注目的。这些文章预告了在今天不同于其他所有人的一位随笔作家的出现"②。

　　这些表示对于巴特非常重要,原因在于巴特很在意起步阶段问题,他"喜欢发现和写作**开端**"③,他"在生活中的开端"曾在很长时间里与别人不同,并且他以在巴黎一家报刊上发表的第一篇文章和其出版的第一本书都取名为"零度"来明显地标志自己。一种友好的联系在形成,这种联系在产生信任和忠诚,但是没有密切的亲近。一切都在拉近他们二人:属于同一代人(纳多比巴特大 4 岁),两人的祖籍都在法国西南部,他们还都是国家孤儿。他们很快就相互以"你"相称,并相互邀请。纳多曾经回忆起他在位于巴黎先贤祠的巴特外祖母诺埃米·雷伟兰的家里被接待的情况,那是在巴特母亲亨丽埃特与她的两个儿子在外祖母去世之后不久定居在那里的时刻。他回想起巴特的母亲,她"朴素、有文化、很友好",他引用他收到的充满热情的多封信件,那些信件谈到了"最终的信任——如果这个来自我的用词并不刺激你的话,我几乎什么都没有为你多做,而你已经为我做了许多";在纳多于 1951 年离开《战斗日报》后,巴特写信给他,说他很希望"可以再一次为了你和与你

215

---

① 1947 年 8 月 1 日《战斗日报》。

② 莫里斯·纳多:《罗兰·巴特:〈写作的零度〉》(«Roland Barthes: *Le Degré zéro de l'écriture*»),见于 1953 年 6 月《新文学》(*Les Lettres novelles*)杂志;后收入《仆人! 1945 年以来贯穿书籍与作者的一种批评路径》(*Serviteur ! Un itinéraire critique à travers livres et auteurs depuis 1945*)一书,Albin Michel,2002,p. 195—203。

③ 《罗兰·巴特自述》,《全集 IV》,p. 671。

一起工作"①。而实际上,纳多后来让巴特为《观察家》杂志和《新文学》杂志写稿。但是,在战争和抵抗运动中形成的团体不是很轻易对外开放的。在纳多、富尼耶和其他人从这一经历中获取集体智慧之精神的时候,巴特仍然表现得更为个体,有点处于外围,而与任何组织形式不大沾边。即便他非常关注纳多给他的机会,他尊重纳多、赞赏纳多,但他与之保持着一定距离,下面的细节证明了这一点:1952 年春天,他在写给勒贝罗尔的信中仍然称其为"纳多",而没有称呼其名字。在莫里斯·纳多方面,他也助推着这种距离,因为随着时间推移和越来越专属个人的任务的不同,这种距离在加大。"生活就在面前,它通过我们的贡献和我们的职业将我们安排在不同的居住地区,我们必须服从于一些义务,而这些义务在我们毫无感觉的情况下就迫使我们跻身于我们成了其俘虏的世界。"②但是,政治问题也是决定性的。巴特拒绝在关于阿尔及利亚"有权不屈服"的"121 人宣言"上签字和纳多称巴特在 1968 年"变节"③,按照巴特的说法,这是解释他们之间渐行渐远的原因。在纳多的回忆书籍中,这种回想的结尾部分变得颇具讽刺意味,甚至是严厉批评。这种相对的疏远还可以归因于莫里斯·纳多难于长时间地维持友谊。他作为杂志出版者和经理的角色,要求在与作者的关系中不能任意超越,要保持一种不对称关系,这种关系可以确保属于他自己的权威和同时维系属于作者们的权威。也正因为这一点,在与其他人,甚至是最为密切的人保持着一种政治距离,并在成立一些组织形式的同时,他成了大出版商。

216

  不过,在第一次合作之后的 30 年中,他们不乏多次相遇:他们甚至在1953 年共同为《观察家》杂志写过一篇文章《是的,存在着一种左派文学》(«Oui, il existe une littérature de gauche»),那是对文学与左派进行的某种调查的综合报告,巴特在两个月之前就给出了他的答复,并且是他们两

---

① 纳多于 1951 年离开了文学版面,因为那时,亨利·司马嘉(Henri Smadjia)成了《战斗日报》的唯一经理(他在这个位置上一直呆到 1947 年去世并同年该报纸消失),并且他让路易·保韦尔斯(Louis Pauwels)进入了《战斗日报》,从此该报明显地转向右倾。克洛德·布尔代请纳多继续他在《观察家》(L'Observateur)杂志里工作,并交由他负责后加的文学版面。纳多接受了,并向巴特打了招呼,而巴特当时刚从埃及亚历山大回到法国。
② 莫里斯·纳多:《向他们致敬》,同前,p. 322。
③ "121 宣言"指的是 1960 年由 121 位大学教授和艺术家发起的声援阿尔及利亚独立的一个宣言书,它是法国社会党发展中的一个重大事件;1968 年的"变节",应该是指巴特当时面对"五月风暴"说出的"结构不上街"的话。——译注

人共同署名了那篇文章。在 50 年代，虽然巴特有时说他在《精神》杂志与《新文学》杂志之间被拉来拉去，但他几乎是向两家杂志平衡地分寄文章。莫里斯·纳多与弗朗索瓦·埃尔瓦尔(François Erval)于 1966 年创办《文学半月刊》杂志的时候，他曾在某个时刻想把巴特聘入编辑部。他知道巴特很忙，于是放弃了这种想法，但他要求巴特经常向其投寄关于本维尼斯特[1]、关于谈论普鲁斯特的乔治·佩因特[2]、关于塞韦罗·萨尔迪[3]、茱莉娅·克里斯蒂娃、让-路易·舍费尔[4]、热拉尔·热奈特的文章;差不多每年两篇文章，有时是三篇，这样一直到 1975 年，在那一年投稿曲线达到了峰值，并以《巴特的三次方》(这是纳多给出的题目)一文宣告结束，那是一篇巴特介绍《罗兰·巴特自述》的文章。新的按语，新的有力赞颂(作者被比之于纪德、阿兰、瓦莱里)，但一直保持一定距离:纳多承认巴特在触及舆论、俗套和一切依附于固定的东西方面具有自我摆脱的能力，但也明确地指出了其比较含混的东西，说他并不考虑"这种常态的'偏移'为其保留的东西"[5]。

1974 年 3 月 13 日，罗兰·巴特与莫里斯·纳多一起受邀参加罗歇·皮洛丹(Roger Pillaudin)在法兰西文化广播电台主持的《对话》(«Dialogues»)节目。纳多回忆说:"我命里注定担当'烘云托雾'的角色，我甘愿这样做"[6]。这并不完全正确。的确，是巴特在领舞，他同时肯定了文学观念和文学言语活动在社会和意识形态方面的特征，而纳多最初则捍卫区分文学语言的一种更为人所期待的立场，这种立场与任何其他立场都无相像之处。但是，他们在电台上以"你"相互称谓。纳多，除了懂得指出他的对话者言谈中的过分情况(例如主要是文学的必然的"反常表现")外，当涉及当代文学时他还谈个没完没了，而巴特对于当代文学则了解不多[7]。除了

---

① 本维尼斯特(Émile Benveniste, 1902—1972):法国著名语言学家。——译注
② 乔治·佩因特(Georges D. Painter, 1914—2005):英国语言学家。——译注
③ 塞韦罗·萨尔迪(Severo Sarduy, 1937—1993):古巴裔法国拉美艺术评论家。——译注
④ 让-路易·舍费尔(Jean-Louis Schefer, 1938—　):法国作家、哲学家、电影艺术评论家。——译注
⑤ 莫里斯·纳多:《巴特的三次方》(«Bartehs puissance trois»)，见于 1985 年 3 月份的《文学半月刊》，n°205。在《全集 IV》中没有再出现按语，p.775。
⑥ 莫里斯·纳多:《向他们致敬》，同前，p.318。
⑦ 《文学现在何处或文学走向何处?》(«Où/ou va la littérature?»)1974 年 3 月 13 日在由罗歇·皮洛丹在法兰西文化广播电台主持的《对话》节目中与莫里斯·纳多的对话(《全集 IV》，p.547—563)，该对话内容 1974 年第一次发表于格勒诺布尔大学出版社的《写作……为什么写作和为谁写作?》(Écrire…pourquoi? pour qui?)一书中;后来，1980 年，又由该大学出版社以《关于文学》(Sur la littérature)为名以单独小册子出版。

1975 年 5 月 1 日即在刊出有关《罗兰·巴特自述》的那篇文章两个月后发表的与雷诺·加缪的一次谈话(那是对在法兰西文化广播电台上做过的对话部分内容的复制)外,巴特不再向《文学半月刊》投寄任何文章,即便他在纳多为了拯救他的报纸而于 1975 年组织的那次大拍卖中捐献了他的好多幅素描。疏远在消解立场之间的不同。巴特这时已是法兰西公学的教授,而纳多则在该领域的另一端,即在出版与新闻批评界之中。他很希望能发表巴特的《开课演说》。他在自己的回忆中,展示了巴特答应由他发表《开课演说》的一封信件。随后,巴特又说这一《开课演说》只能在色伊出版社出版,而不能在其他地方发表,纳多因此而受到了伤害。在一些小小的政治分歧和一些技术误解之外,他们之间的距离变成属于社会方面的了。不过,在巴特去世的时候,正是纳多亲自在报纸上向其致哀,向"这位当代杰出的人物之一"、教师、作家致敬,说其是"最终让人分享了他对于言语活动之乐趣的人";他还提到了"他对于我们的《文学半月刊》和对于其主持人的友情"[1]。事件的突发性使得人心平复,但几个月之后,《感谢他们》一书的最后几页则在重现 1980 年致哀文章的同时,加上了好几段展示他们之间分歧的内容。

18　远离巴黎(1):布加勒斯特

巴特在继续进行博士论文的研究和学习与在精神和专业上的不稳定之间,交替地忙碌着。他自感像是一个性情无常的人,时而抑郁沉闷,时而疏漏遗忘,时而又奇迹般地浑身是劲儿。他有很强的完全适应新事物的能力,他也可以将每一次机会变成一种命运的可能出发点。这便是他曾在几个月之内因一项学医计划所表现出的情况,这一情况到 1947 年 6 月仍在继续,那是在凡尔赛就业指导中心进行的一次实习,那次实习使他很想投入到社会救助活动之中。他很关注人们在面对社会问题时所提解决方案的不一致性,而且他说过,假如不是因为他自己有病的话,他很可能会非常认真地考虑投入到这一方面去。相反,就在前几个月中,他获悉

---

① 莫里斯·纳多:《罗兰·巴特:对于蒙莫朗西的一次回忆》(《Roland Barthes. Un souvenir de Montmorency》),见于 1980 年 4 月 16 日《文学半月刊》,n°323。

勒贝罗尔完全地退隐到其靠近芒东(Menton)市的罗克布吕纳(Roque-brune)镇的家中。他的弟弟米歇尔这时去了英国,于是,他便安心地与母亲去了南方,他们在那里充分享受了一个令人快乐的春天。"现在,我们这里满是紫色的蝴蝶花、丁香花、外来的薰衣草,总之这个花卉浓密的春天非常之美。此外,依我看,从文化意义、美丽意义、得来容易的幸福感和热身意义上讲,这个地区没有得到很好的介绍。但是,这里是真正纯净的、野性的、像整个南方一样是有点悲剧性的。我身体非常好。多亏了你提供的大桌子,我开始不再在床上学习,我安排得不错,效率很高。"①花卉遍野的农村与对于空间的物质安排(围绕着长方形的桌子和灯光)确定了有利于写作的条件和某种形式的自给自足。对于边远地方的好感(在那里,人们"生活在现有条件之中",俨然可以生活"在一处领地上"),适合做可实现的幻觉,特别是每一次他住在乡下都是这样。"乡下(独立住房),比城里的公寓套房更可以自给自足,因为那里有'各种储藏'(储藏食物,酒窖):花园 + 储藏食物 +工具=自给自足→一连多天可以不出门→创立一个稳定的微观系统,就像一条船的系统那样。"②巴特在讲解《小说的准备》课程过程中,提到了一位作家生存中不可缺少的用于工作的桌子的重要性。他当时指的是卡夫卡与马克斯·布罗德(Marx Brod)一起出行一事,因为卡夫卡远离了他用来工作的桌子,哪怕是只离开几天。桌子正是一种结构、一种带有功能的空间,它集中了与其他微观功能的联系(办公用具、秩序 /无秩序……);桌子在确定主体与写作的一种关系。

219

　　1947 年 11 月,巴特准备去罗马尼亚,而在此之前的假期中,他一部分是在巴约纳度过的,另一部分则是在他朋友雅克利娜·罗班(Jacqueline Robin)位于尼耶弗尔河(Nièvre)河畔的普格(Pougues)镇的家里度过的,而早在去年夏天他就曾经与这位朋友的两个儿子于此短住过。这时,他随时听候法国外交部的安排,不过,他在 1950 年 1 月 12 日才收到了对他从 1948 年就起效的任命决定书:"罗兰·巴特先生,拥有文学学士文凭的教师,从 1948 年 1 月 1 日起归属于本土范围,以辅助教师身份并以可既往回推的方式服从外交部长先生的差遣,期限为 1948 年 1 月 1 日至 1949

① 1947 年 4 月 26 日写给菲利普·勒贝罗尔的信。菲利普·勒贝罗尔遗赠,IMEC。
② 《小说的准备 I 和 II》,1980 年 1 月 26 日的讲稿,p. 301—302。

年 9 月 30 日,为的是到(罗马尼亚)布加勒斯特法语学院担任教师职务。"①他现在做着出发的安排,他把在巴黎的公寓房租给了罗贝尔·达维德,弟弟米歇尔·萨尔泽多以后来巴黎时将与达维德同住,于是,他便愉快地与母亲一起去罗马尼亚。可是,他赴罗马尼亚的签证遇到了困难:对于巴特和"其妻子亨丽埃特(……后者将陪同她的丈夫)"②的签证申请早于 1947 年秋天就正式递交了上去,这显然是一个有趣的笔误。不过,巴特最终将两人的签证都拿到了:他必须获得多个签证,而且由于他的身体状况,他们只能乘火车旅行,他们经过了瑞士、意大利、南斯拉夫和保加利亚。他到达布加勒斯特后,立即就担任了图书管理员的职务,而这时菲利普·勒贝罗尔一直是该学院的院长。这所法国罗马尼亚高等研究学院(IFHER),其建立是出于大罗马尼亚美梦和加强法国与罗马尼亚之间关系的考虑,依照雅典法国学院的模式于 1920 年创办的。在索邦大学罗马尼亚语语文学院院长马里奥·洛克(Mario Roques)和因与罗马尼亚艺术批评家乔治·奥普莱斯库(Georges Opresco)友情很深而对罗马尼亚产生兴趣的亨利·福西永③的影响之下,该学院于 1924 年 5 月 29 日在有国王卡罗尔(Carol)二世出席的情况下揭幕,校舍就位于拉赫瓦利(Lahovary)广场属于"法国人联盟"(Union française)的楼房。该学院 1934 年迁至位于达西亚(Dacia)大街 77 号至今仍属于它的校舍④。1925 年至 1932 年由保罗·亨利(Paul Henri)担任该学院院长,1932 年至 1940 年由阿方斯·迪普龙(Alphonse Dupront)担任院长,随后在战争期间由让·穆顿(Jean Mouton)担任院长,它开展了非常重要的文化与教育活动,它还协调设立在罗马尼亚全境的法语教学机构,丰富了图书馆馆藏,在布加勒斯特同时也在克卢日(Cluj)、布拉索夫(Brasov)、雅西(Iasi)、锡比乌(Sibiu)坚持展开了一些文化活动。

　　菲利普·勒贝罗尔于 1946 年 8 月 2 日被任命为该学院院长,时年 28 岁。他之所以能取代前任,不仅因为年轻,更是因为他成功地从德国监狱

---

① 铸造工业标准局(BNF)1979 年 9 月编号为 NAF28630 的文件,第七箱:"行政资料"(«Documents administatifs»)。

② 请见第 219 页官方文件照片,外交部档案,南特,"布加勒斯特"卷宗。

③ 亨利·福西永(Henri Focillon,1881—1942):法国艺术理论与批评家。——译注

④ 该学院曾于 1949 年关闭,1970 年以法国图书馆名称重新开放。1989 年,罗马尼亚与法国之间签订的双边协议重新赋予其布加勒斯特法国学院的地位。

逃脱和他在法兰西自由力量中的作用为其带来的荣誉。在新政权建立和1948 年 3 月罗马尼亚《宪法》宣布大国民议会为"国家最高权力机构"之前,他已经建立和维持住了一种重要的活动内容,已经保留住了所有的在岗人员。他依据一种外交意志和多种象征性联系来主持管理工作。罗马尼亚长时间以来与法国保持了良好关系,使得法国在罗马尼亚的义务只是缓慢地失去了其强大影响力,尽管有过多次公开辱骂的情况。多种压力施向学生,为的是使其不再出入学院;原定皮埃尔·埃马纽艾尔①于1947 年 11 月 7 日在布拉索夫的一次报告会被禁止了,而且,许多事情均朝着抵制法国文化的方向发展。从 1948 年 3 月起,法国中学(Lycée français)的校长不得不接受在学生履历表中注明,学生接受过由一位罗马尼亚女教育顾问监督进行的一门"文化教育课",而这种课程是一种十足的宣传课。巴特就是在这种困难的背景下接受了他作为图书管理员的工作,以此取代了被任命去阿尔及尔赴职的热尔梅娜·勒贝尔(Germaine Lebel),但后者拖延了 6 个月才离开。有关法国罗马尼亚高等研究学院历史的一部书籍的作者安德烈·戈丹,说巴特对于马克思主义的参照使他获得了罗马尼亚共产党人对话者们的信任,这种说法无疑有点过分②;然而,在这个时期,巴特只在《战斗日报》上发表过两篇文章,并且他也没有加入任何政党。但是,他有其他的王牌,那便是他作为报告人的天才和在音乐领域中的能力,这些,他在后来的两年中充分地施展了出来。

布加勒斯特、克卢日、雅西和蒂米什瓦拉(Timisoara)的法国图书馆,维持着正常工作,尽管也有检查,但勒贝罗尔都能巧妙地绕过去。他在其1948 年的报告中指出:"我认为,我可以要求教师们把清除工作限制在最低程度,也就是说,只控制书籍而不限定作家(例如,从纪德的书中撤下《从苏联回来》,从朱尔·罗曼的系列小说《好心的人们》③撤下其中几部,

---

① 皮埃尔·埃马纽艾尔(Pierre Emmanuel,1916—1984):法国诗人。——译注
② 安德烈·戈丹(André Godin):《对于罗马尼亚的激情:法国罗马尼亚高等研究学院史(1924—1948)》(Une passion roumaine. Histoire de l'Institut français des hautes études en Romanie (1924—1948)), L'Harmatton, 1998, p.186。这部书籍是我们这一章的信息来源之一。亦请参阅米卡埃拉·基泰斯库(Micaela Ghitescu)的文章:《罗兰·巴特在罗马尼亚》(«Roland Barthes în românia»), România literară, n°48, 2000,〈www. romlit. ro/jos〉。我也感谢亚历山德鲁·马泰(Alexandru Matei)为我提供了关于这个时期的信息。
③ 朱尔·罗曼(Jules Romains,1885—1972):法国诗人和小说家,代表作为系列小说《好心的人们》(Les hommes de bonnevolonté)。——译注

但是保留下他们的大部分书籍)。"在这个范围内,巴特提出过两项很好的创意,这使得他们的活动得到了延长。在他到达之后的几周内,他首先提议搞两个图书馆,一个用于科研,另一个用于图书外借。"科研图书馆"的藏书主要是医学和技术方面的书籍,开放时间一直到晚上 9 点钟,每天接待的读者是医生、工程师,但大部分还是大学生。巴特还想在其中建立社会科学图书部,但书籍少得可怜。第二个图书馆上午开放,允许所有希望阅读法国书籍的读者借阅。前来借阅的人很多,每个月差不多有 1200 本书在循环。他的第二个创意,在于重启每周六下午的音乐报告会和对其做出调整,他打算重新活跃学院的这一传统,同时大部分由他自己以"音乐语言的几个问题"为题目来确保报告会持续下去。公众对于在达西亚大街 77 号举办的这些有关法国音乐的报告会趋之若鹜。他谈法国旋律,谈拉威尔(Ravel)、格卢克(Gluck)、《佩利亚斯与梅丽桑德》①,他也谈法国歌曲(艾迪特·皮雅芙[Edith Piaf]和夏尔·特雷内[Charles Trenet]),等等。听众可以在这里听到配有评论的唱片:富雷的《安魂曲》(*Requiem*)、拉威尔的《孩子与巫术》(*L'Enfant et les sortilèges*)、奥涅格(Honegger)和克洛岱尔(Claudel)的《火刑中的贞德》(*Jeanne au Bûcher*)。有时候,也搞独奏音乐会。有一些报告会非常成功,他不得不连搞三次,为的是让大家都能听到。而在两国关系最紧张的情况下,当法国政府认为只有撤走全部人员而无其他办法的时候,巴特很是担心这种越来越大的成功功亏一篑:"大厅里人满为患,我认为这种成功毫无悬念。我会最终建立一种邀请机制。对此,我有点不安;人流如潮使得我们很容易受到伤害。"②

　　尽管有这些困难,生活还是得到了令人满意的安排,巴特与母亲住在图书馆上面的一个套房里。学院里有一个游泳池。他开始学习驾车,以便游历这个国家,最终他购买了一部轿车。他摆脱了经济桎梏,即便他并不直接地领取全额工资,但他消费起来毫无顾虑,以至于母亲有时不得不提醒他要正常消费(因此,在亨丽埃特·巴特写给罗贝尔·达维德的一封信中,她提到巴特对于她的"吝啬",也提到了节约的道理,而

① 《佩利亚斯与梅丽桑德》(*Pelléas et Mélisande*):法国作曲家德彪西(Claude Debussy,1861—1918)1902 年创作并上演的五幕歌剧。——译注
② 《学院新闻》(«Nouvelles de l'Institut»),1949 年 2 月或 3 月写给菲利普·勒贝罗尔的报告。菲利普·勒贝罗尔遗赠,IMEC。

"那些道理,巴特并不懂得!"[①])。他在法语教师之中交了一些朋友,例如让·西里内利(Jean Sirinelli),他是古希腊文化研究者,也是菲利普·勒贝罗尔在巴黎高等师范学院的学友,只是比较晚一些,因为他出生于1921 年(他在该学院担任教师一直到 1948 年,在那一年,他回到了巴黎,遂在外交部担任特派员);再如皮埃尔·吉罗(Pierre Guiraud),他是语言学教授,后来在国外做过多种工作,很晚才进行了关于瓦莱里的博士论文答辩,他有一部重要的语言学著作,而他在尼斯大学进行的开拓性的文本统计学研究工作影响到了艾蒂安·布吕内(Etienne Brunet)和路易-让·卡尔韦,后者是巴特的第一位传记作者(1950 年初,巴特从亚历山大返回后,经常去哥本哈根拜访卡维尔);还有夏尔·桑热万(Charles Singevin),他是哲学家,是诗人安德烈·弗雷诺(André Frénaud)的挚友,他在学院主持研究工作(他从 1948 年被任命去亚历山大赴职,巴特于 1949年在那里与之再度相遇)。一个很小的知识分子和教师团体就这样形成了。当时,勒贝罗尔在学院讲授法国绘画;桑热万讲授"法国思想史中的笛卡尔主义";让·西里内利和伊夫·雷尼耶(Yves Régnier)讲授关于莫里哀的课程,还有另一个人讲授法国文学。在教师当中,有不少是在当地招聘的,因为在那个时代,在罗马尼亚会讲包括法语在内的两种语言是司空见惯的事情。

巴特与彼得·希兰(Petre Sirin)关系密切,后者也是法语教师,出生于 1924 年,后来成为有名的资料学家。他们对于音乐的爱好和他们同为同性恋者使他们走得很近。希兰,出生于基斯纳乌(Chisinău),父亲是生活在奥德赛的波兰人,母亲是乌克兰基辅人。他实际上名为彼得·赫萨诺夫斯基(Petre Hrsanovschi),他重新采用了他父亲的假名"希兰",并让人们叫他"皮埃尔"。他的家庭历史充满动荡,他从其童年时代的跨国生活中,获得了适应既是明确的也是古怪的生活的一种态度。他会说多种语言,因而他在各种场合里都应对自如。他在同性恋上非常自由,而且在家人和朋友们面前都不感觉羞耻。有一个时期,希兰作为巴特的情侣,正是他带着巴特进到了同性恋场所,他让巴特认识

_____

① 1948 年 3 月 21 日亨丽埃特·巴特写给罗贝尔·达维德的信。铸造工业标准局(BNF)1979 年 9 月编号为 NAF28630 的文件。私人遗赠。

一些与他有联系的年轻人,这正像 1949 年 2 月 3 日的一封信所证实的　　224
那样①。这正是他在个人的文稿(报刊文稿、书信文稿)上讲述的东西,希
兰 2003 年去世,他的这些文稿作为遗作于 2013 年出版,取名为《在西班
牙城堡》②。巴特在自己的信中,同意通过他建立的各种密切关系来更为
清楚地表明他喜爱这个国家。1949 年 3 月 16 日,他对菲利普·勒贝罗尔
谈到了这种"特殊联系,其后续情况不幸地表明,不应该轻率地对待这种
联系"。早在莱森时,他就告诉过菲利普他的全部欲望将其所带到的程
度。但是,他出言谨慎,因为他的这位朋友要求他不要说出去。他也不得
不因为环境而保持谨慎。从 1948 年起,外国人受到了严密监视,而同性
恋则被新体制看作是反常行为。8 月 31 日的信中这样写道:"下午,我去
俱乐部,在那里,我利用休息时间为自己干点工作。每天晚上我都与我喜
欢的一位朋友待在一起,但是,一段时间以来,我担心我的私生活已经被
监视或被利用,正是这一基本原因使我**绝对需要离开**,远离这个我在今年
从情感上难以摆脱的国家,因为它既给我带来了最大的利益,也给我造成
了最大的不便。"不过,他既不是喜欢罗马尼亚的一切,也不是喜欢罗马尼
亚所有的人。他抱怨那里的饮食过于奢华、过于丰盛,他惋惜没有能够推
进他有关米舍莱的博士论文的撰写,他在海外法国人当中看到了愚蠢之
举,他因想念巴黎而忧伤,尽管生活在外国这种事实经常为他带来一种亢

---

① "……我大约 11 点时来到你家,没有见到任何人,于是,我就非常气愤地走了(原文如此),我
马上想到要离开布加勒斯特,甚至不想再看到你。这一切,都是因为外面天气非常晴朗,而且
我答应过要快乐地享受我们计划好的散步!……遗憾的是,我早就要把某一位年轻人今晚介
绍给你,并且既然我不想再对他食言(我已经多次食言了),我必须以最大的善意为你偿付你
的失信行为:他会为你介绍一个非常漂亮的小伙子,他略微有点胖,爱说话,爱幻想,不过除了
这些,他非常友好,而特别是对所有想与他好的人他都超常地和蔼可亲……此外,我提请你注
意,不要过分地使我不高兴,不要分讨好那位先生,我带他去,更多的是在我不在场的情况
下监督你,而不是让你寻欢作乐。再见,晚上见……"(1949 年 2 月 3 日,皮埃尔·西桑写给罗
兰·巴特的信,个人存档)。

② 皮埃尔·希兰:《在西班牙城堡:家庭纪事(1949—1959)》(*Castele in Spania. Cronică de fam-
ilie* (1949—1959)), Bucarest, Humanitas, 2013。这一纪事的很大一部分都涉及到了他与小
提琴演奏家和音乐学家米哈·勒杜列斯库(Mihai Radulescu)的联系,后者曾于 1959 年因伤风
败俗和被牵连进诺伊卡·皮拉特(Noica-Pillat)集团而被捕,后在狱中自杀身亡。皮埃尔·希
兰将巴特冠以安菲特里奥(Amphytrio)的名字放进了一部关键的小说之中,该书没有出版,而
是保存在了档案中。(请参阅即将发表的亚历山大鲁·马泰:《巴特在罗马尼亚,1947—1949。
历史的地狱与爱之痛苦》,«Barthes en Romanie, 1947—1949. L'enfer de l'Histoire et le pur-
gatoire de l'amour»。)

225　奋。他尤其抱怨没有获得教学工作可以为他带来的令人满意的知名度和承认——正式的教学是得到认可的,而作报告使用的自由和世俗言语却没有被认可——对于那些报告会,他自己也感觉到不够生动活泼。对于这两种转达方式之间的区别,巴特后来继续保持了下去,例如他将研讨会上的全神贯注与在法兰西公学上课时的轻松随便对立了起来。他看到,自己的性格朝着严厉和不信任方向有所发展。他在给罗贝尔·达维德的信中写道:"我注意到,我在社会交往方面表现出的性格有点变坏,而且越来越变得冷酷。我认为,我现在距离一般的仁慈非常之远,这与不惜一切代价而想被爱的欲望背向而行,这种欲望曾经使我第一次在圣伊莱尔-迪-图韦尔疗养院的住院期间变成了一个围绕着我而形成的广为人称赞的时期。"①他告诉达维德,他在学院里享有很高的知识荣耀,但是,他不大将其说成是因为他知识渊博和很会推理,而是更多地归于"必须做到**明确**(!)"。因此,他之所以在他的信中(借助于强调和和感叹号)突出"明确"这个词,那是因为早在两年之前他就将其确定为自己性格的唯一特征、自己本性的实质,同时将这种性格归属于源自由非洲人和古罗马人混合而成的具有相同太阳品质的地中海家庭,"而且可以毫无隐喻地讲,我要说,这种古罗马时代的阳光沐浴着人,就像沐浴着一种完整的认识,它不让人躲进软弱无力和不明确的假象之中,它迫使人进入一种艰难的幸福、毫无希望的幸福之中,即只能将人置于荒漠之中才会有的一种疯狂的意识清醒状态"。他更深入地谈到"明确之疯狂"、谈到"没有能力承受晦涩";"我触及一切,我不会让任何神秘变得成熟,我宁愿忍受痛苦,也不愿意不搞清楚"②。这种分析是在 1946 年冬天处于严重爱情危机的背景下进行的,它既可以被解读为一种辩白,也可以被认为是一种抱怨;这种分析强调了达维德的性格与巴特自身之间的对立,并不露声色地突出了使巴特在他朋友那里忍受着的距离与不明确。但是,这种分析也重新突出了一个人与作家的感人特征,因为在作家那里,为仔细地解释文本,为所有见到、听226　到、读到或经历过的事物做卡片的大多数智力的和物质的举动,都是为了

---

① 1948 年 5 月 7 日写给罗贝尔·达维德的信。铸造工业标准局(BNF)1979 年 9 月编号为 NAF28630 的文件。私人遗赠。

② 1946 年 1 月 7 日写给罗贝尔·达维德的信。

阐明自己和文学,以及通过一方面的棱镜来阐明另一方面。

在这个时期,他广泛阅读。他的那些卡片说明,他虽然继续阅读马克思、萨特和梅洛-庞蒂,但也非常密切地关注历史(在米舍莱之外),而特别是年鉴派历史学家,如马克·布洛赫(Marc Bloch)、吕西安·费夫尔(Lucien Febvre),后者有关米舍莱的书籍出版于 1946 年,他赞赏这本书关心结构和感觉能力。此外,正是在此,他开始阅读语言学书籍:与人们通常所说的不一样,并非是格雷马斯在亚历山大将巴特引入了语言学这一主题。在布加勒斯特,巴特已经发现了维戈·布龙达尔(Viggo Brøndal),他阅读了他 1943 年在哥本哈根(用法文)出版的《普通语言学论集》(*Essais de linguistique générale*)、雅克·达穆雷特(Jacques Damourette)和爱德华多·皮雄(Édouard Pichon)合著的《带思想的单词:论法语语法》(*Des mots à la pensée*, *essai de grammaire de langue française*)、达尼耶尔·莫尔内(Daniel Mornet)的《法语明确性史》(*Histoire de la clarté française*),这最后一位作者是研究法国 18 世纪的重要专家,也是 1930—1940 年期间法国大学广为使用的多种文学教科书的作者。多亏了这几位作者,巴特对于言语活动的某些神话开始有了长时间的思考,比如对于有关明确性的神话的思考,他在后来的几年中对于这种神话做了深入探讨。

不管怎样,巴特还是有理由抱怨的,因为情势对于在罗马尼亚的法国人来讲变得越来越困难,即便这种情势并不能与罗马尼亚人自己的情势相提并论,因为罗马尼亚人在知识分子范围内经历着检查、每时每刻的跟踪,而哪怕是有很小的一点不同意见都会遭到驱逐和收监。于是,作为苏联阵营最为重要的政治警察的罗马尼亚国民卫队(Securitate),征召了许多民间信息员,从其于 1948 年建立时起就开始跟踪所有的"阶级敌人",并试图阻止罗马尼亚人与外国人建立联系①。安妮·盖纳尔是有关法国文化在人民民主国家中逐渐消除的一项研究的作者,她指出,罗马尼亚作为前苏联大国的某种实验室,是"非常快速地、突然地和几乎是完全地结

227

---

① 可以在网上寻找有关国民卫队的档案,在其网站上,每一位公民今天都可以进行查询(可查询 CNSAS 或查询 Conseil Nationale pour l'étude des archives de la Securitate),在这种寻找过程中,在"Barthes"或"Roland Barthes"名下不会发现任何东西。但是,可以确定的是,这些档案中的一部分已于 1990 年被销毁过。

束法国文化人员在其领土上出现,并强制性地关闭了法国这个强国所有的文化介入场所"①的第一个国家。1948 年 11 月 20 日,法国-罗马尼亚文化协议被公开废除,大部分法国教学机构——其中包括法语学院,都必须关闭。新的官方到处都指责"西方的国际性",而巴黎则被说成是"被莫斯科所揭露的西方国际性的智力首都"。

就在巴特离开之前不长的时间里,他发明了对罗马尼亚新科学之基础进行解构的一种研究,因为罗马尼亚当时的科学研究拒绝北美或西欧的研究成果,而是在特别依靠"斯大林指示之国际性"的同时肯定苏联科学研究的优越性:"**民族主义和国际性**两个词的历史是很典型的;这两个词,作为贬义词时,只留给对'西方人的'感受;而当它们变成对'东方人'的感受的时候,就改变了名称,而具有了一种委婉的意义,并变成了:**爱国主义和国际主义**。因此,每一个词都构成了对信任的过分使用,因为它成了旨在搞乱任何批评反应的一种故意含糊其辞的做法的载体。"②他的分析是很细腻的,并使用了后来与对《神话》和《S/Z》的分析方法相契合的有关形式原则的一种破译方法。

菲利普·勒贝罗尔于 1949 年 3 月离开,走时有多名法国使馆官员送行。某些人被迫离开,构成了人类悲剧,巴特在其信件中做了反应,那是在他仍然试图解决"留在当地的罗马尼亚丈夫问题"的时期。只有几个人继续留在了岗位上,他们是:巴特,他随后被任命为文化专员;波勒·普利耶(Paule Prié),她原先是法语小学的校长;皮埃尔·迪朗(Pierre Dillan),她原先是秘书;拉西亚(Rassiat)夫人和阿吉-埃杜安(Hagi-Hédouin)夫人,她们都是秘书,分管图书馆,并为需要运回法国的书籍和器具分类造册。巴特曾努力寻找解决办法,以使在罗马尼亚的 45000 本书籍不至于丢失。12000 册将留在当地(但是,人们有理由担心它们的未来),有些书

228

---

① 安妮·盖纳尔(Annie Guénard):《第二次世界大战前后(1936—1940;1944—1949)法国文化在中东欧的存在》(*La Présence culturelle française en Europe centrale et orientale avant et après la Seconde Guerre mondiale* (1936—1940;1944—1949)),这是在巴黎第一大学勒内·吉罗(René Girault)教授指导下做的一篇历史学博士论文,由安德烈·戈丹在其《对于罗马尼亚的激情:法国罗马尼亚高等研究学院史(1924—1948)》,同前,p. 201。

② 布加列斯特法语学院档案 1949 年 7 月 21 日资料:《罗马尼亚科学的政治化》(«La politisation de la science en Romanie»)。这种分析的一部分几乎一字不差地重新用在了《写作的零度》一书《政治写作》(«Écitures politiques»)一文中。

籍被将寄回法国,还有些书籍被他寄存在了一些值得信任的人那里,由他们以私人名义出借给大学生。在这些人中,有雅西大学的一位讲授法国哲学和兼任学院院长的教授伊翁·坡帕(Ion Popa),巴特与他在这一点上保持着书信联系,而这些书信均被保存在了学院的档案之中。伊翁·坡帕在 1949 年 3 月 11 日的一封信中,感谢巴特寄给他的"漂亮的法语书籍",祝贺他被任命为文化专员,同时并不怀疑他可以继续为两个国家的文化合作做工作,因为这种合作"得益于我们进步的意识形态的共同性"。巴特在 1949 年 6 月 3 日的信中,强调了这种赠与的条件:"对于这些书籍,您完全可以自己安排,您唯一要做的,是每当有可能的时候,以私人名义将它们分给您的几位学生,并在总体局势允许的时候将它们交给法语研讨会。"7 月的时候,伊翁·坡帕感谢巴特给他寄了 96 本书籍,并且说他仍然希望他的对话者能留在罗马尼亚。但是,几个月以来,局势对于巴特和他的母亲来说,变得越来越坏。像所有外交人员和外交使团一样,除了在位于布加勒斯特与布拉索夫之间的普雷德阿勒市(Predeal)和锡纳亚市(Sinania)活动,巴特没有权利再到别的地方(从 8 月份开始,他甚至连这两个地方都不能去了)。他奔波劳顿,为留驻人员争取获得身份证,也就是说让当局承认他们作为外交使团正常官员的身份,这会让他们活动方便。他在获得粮食供应卡方面遇到了极大的困难,同时也担心无法获得假期当中的往返签证。头一年,他得以在夏天返回法国,但是这时,他忧心忡忡,尽管他乡愁深沉,尽管这一年花匠甚至没有让花园长出玫瑰。他自感被囚禁了,因而梦想着其他出路。有人向他谈到了罗马,在他看来,那里气象无限开阔。亚历山大也是一处可能的和值得向往的地方。

　　他的一部分工作,是保护人去楼空的房子,"不是因为罗马尼亚方面的征用,而是因为有大量法国蝗虫(法国移民的后裔都在盯着作为猎物的空荡荡房间、椅子、桌子、床等)"[①],他还负责将一些实物运回法国:书籍、三架平台式钢琴、一些银器、日用布制品、电影器材、唱片等。还有一些由法国国有物品保管处(Mobilier national)借给学院的一些绘画作品:一幅弗拉芒克(Vlaminck)的作品,一幅波纳尔(Bonnard)的作品等。这一切几

---

① 1949 年 6 月 18 日写给菲利普·勒贝罗尔的信。菲利普·勒贝罗尔遗赠,IMEC。

乎占用了他整整一个夏天。"这是一个垂危期,延长它,尤其是为了使各种责任随死者一同而去。"[①]7 月 21 日,最后的驱逐令终于下来了,大家也就无事可等了。奇怪的是,巴特的名字没有出现在其中,这可能意味着罗马尼亚政府保留其文化专员的工作。这没有什么不好,因为尽管有当时的情况,但他在那里的生活远比忍受要强一些:他与母亲在一起,他的感情生活是快乐的,而且他有一些难得的朋友。但是,这种延期是短暂的。当局一直不发给他食品供应卡和出行许可证。他是 9 月份离开的。他开车回来了,他的弟弟在维埃纳省(Vienne)等他,为的是帮助他开车。在出发之前,他向最后一次音乐会的听众做道别:"今天,我最后一次面向大家,以后再见不知何时。因为罗马尼亚政府要求属于法语学院的所有使团人员离开,其中包括一位专员和他的 6 位合作者。6 位合作者已于上周离开;而我自己也将在几天之后离开罗马尼亚。"图书馆委托给了得到巴特信任的玛格丽特·佩特莱斯库(Margareta Petrescu),法语学院则委托给了其他罗马尼亚教学行政人员,那些人后来大概并没有同样去专心保持学院的以往精神。后来,不出一年,也就是在 1950 年 3 月,镇压与封查也落在了罗马尼亚人员头上,而特别是落在法语书籍的读者头上。他们中大约有 20 个人因为与敌人合作而被捕。

　　还需要知道的是,这一经历究竟使得他的马克思主义发生了什么变化……而这个时期,巴特在这一点上保持着沉默。

远离巴黎(2):亚历山大

230

　　在经历了这一动荡而且部分地是痛苦的插曲(他的一位叫达恩[Dan]的好朋友甚至于 1949 年春天自杀身亡)之后,巴特不大愿意在巴黎停留。他愿不顾一切地呆在驻外法国人的体制内,因为这种体制为他带来了物质保证与社会稳定。为他提供的岗位并不是非常诱人的,但是与他可能在巴黎获得的岗位相比,却更叫人认可与敬重:远赴国外工作的附加费可以使人获得一种不敢想象的高购买力,尤其是在经济比较落后的国家,比如在罗马尼亚或是埃及。哪怕是属于外交边缘人员,这种

---

①　1949 年 6 月 18 日写给菲利普·勒贝罗尔的信。菲利普·勒贝罗尔遗赠,IMEC。

情况也可以使其经常出入受到特惠的文化场合,不论是国家一级的还是地方一级的场合。总之,巴特寄希望于勒贝罗尔与他在这个领域内建立起新的关系,为的是获得一种帮助。两个月后,他乘飞机去了埃及,这一次母亲没有随去,而是与弟弟米歇尔·萨尔泽多留在了巴黎。巴特在在夏尔·桑热万和安娜·桑热万夫妇(Charles et Anna Singevin)家附近住了下来,占用了一个家庭的两个房间,并到他在罗马尼亚认识的那些朋友家用餐。

　　1949 年,法语在埃及的情势还是非常好的,即使埃及人也打算逐渐重新控制法语学校,而且法语已开始严重受到了英语的挑战。让-克洛德·舍瓦利耶在外交部找到了下面的一些数据;那些数据是阿旺加(Arvengas)大使 1948 年 4 月 27 日提供的:"接受法语教学的一共有 34887 名学生,其中 4746 名是中学生,1090 名学习技术,2051 名学习专业技能,14000 名是小学生和 13000 名是幼儿园孩子。与此相较,1948 年,埃及教育系统下有 48000 名中学生,44000 名学前教育生。"[1]法语教学主要面对埃及人,而特别是犹太人和希腊人——他们在亚历山大人数众多,但也面向在当地的法国人。巴特主要讲授法语,但是,他也与夏尔·桑热万和格雷马斯想方设法搞来大学生的用书。档案中有一封 1949 年 6 月 8 日的信件[2],要求寄运一些常阅书籍(小说,但也有皮亚杰的《逻辑论》[*Traité de logique*]),而在 1950—1954 年担任驻埃及大使的莫里斯·顾夫·德·姆维尔(Maurice Couve de Murville)一年之后曾要求在埃及建立法国图书馆。就像在罗马尼亚一样,事情不是那么简单的,但原因在于其他方面。当时的局面,为继续做出努力、为表现出灵活性、为寻求多方帮助、为出现多种情况预留了很大的空间。这种局面为思想提供了不同于法国大学体制可能给予的一种充分展现的机会。巴特,一如他的所有伙伴,都很好地利用了这个摇摆不定的世界。

　　他的生活,以大大不同于在布加勒斯特经历的方式一天一天地过

231

① 让-克洛德·舍瓦利耶(Jean-Claude Chevalier):《巴特与格雷马斯 1849—1950 年在亚历山大》(«Barthes et Greimas à Alexandre,1949—1950»)一文,前面有《巴特在布加勒斯特》(«Barthes à Bucarest»)一文,见于《法语作为外语或第二外语的历史资料》(«Document pour l'histoire du français langue étrangère ou seconde»),n°27,p. 115—126。外交部档案。"文化关系:1949—1959"(«Relations culturelles, 1949—1959»)卷宗,n°435。

② 原书此处为 1959 年 6 月 8 日,经与作者沟通与核实,应为 1949 年 6 月 8 日。——译注

着。他外出活动更为自由，而且没有更多的技术和行政负担。11 月，他去看了金字塔，2 月份的时候，他去了阿斯旺大坝和上埃及地区，他后来说这个国家留给了他最好的记忆。他对已经被任命为伦敦法语学院院长的菲利普·勒贝罗尔透露说感觉良好："我现在在一个安静的居民区有了一套带花园的舒适公寓房；我有一个佣人和部分自由支配的时间：每周 9 个课时，不需要做任何准备；实际上，讲授语言有利于文学；这会消除叫人烦恼的意识形态问题。"①他在罗马尼亚的那几年，先是因初来乍到和不熟悉情况而操心，后又忙于多种物质条件上的纷扰和撰写没完没了的当然也是必要的报告，而很少动笔写点什么；这时，他在亚历山大得以重新静下心来，专攻其对米舍莱的研究和写作新文章。正是在这里，除了撰写几篇报告外，他尤其写出了关于米舍莱这位大历史学家的第一篇重要文章，即发表在 1951 年 4 月《精神》杂志上的《米舍莱，历史与死亡》(«Michelet, l'Histoire et la mort»)一文，以及为《战斗日报》写出了有关写作的后续文章，就是这些文章构成了他在那时就有所思考的《写作的零度》一书的素材。1950 年秋，他开始撰写关于凯罗尔的文章。他试图复制他在布加勒斯特的经验，举办了一次音乐报告会，不过这次报告会被人感觉过于理性而艺术性不足，这使他很是恼火，并且自感不能理解。不过，他看好这里和暖的空气、花园，他感觉到是生活在一种梦境之中。他透露他留恋罗马尼亚和想念留在那里的几位朋友，但是他随遇而安。亚历山大城使他想到了比亚里茨。"在渐去渐远、景象有点迷蒙的背景之中，我的痛苦、我的问题、我的疑问，都重新披上了悲剧色彩，因为我有着悲剧的基本条件：孤独。我接近*理解*某种悲剧性唯物主义——它在我成熟的年龄中也许将是对于我的两度青年时代的综合立场。"②他有一种苦恼，那就是因为有过结核病史而被拒绝进入埃及的医疗保障系统，在这个重形式的国家里，这是几乎不可能绕过的决定。虽然当局决定不立即叫他返回法国，不过，有极大的可能是他在第二年难于继续担任法语教师。因此，他很难对于未来做出什么计划。他埋头于当下晚间的约会、偶然的搭讪，因为这些都可能成为幸运的、适当的场所。他与夏

232

---

① 1950 年 1 月 3 日写给菲利普·勒贝罗尔的信，菲利普·勒贝罗尔遗赠，IMEC。
② 同上。

尔·桑热万长时间谈论哲学,因为后者在当时是深受马克思主义影响的人,而且他后来发表了多部有关柏拉图、语言哲学的论著①;他还与安娜在一起弹钢琴。特别是,在这座城市里,由于没有任何想象中的图书馆,他便与在当地的其他人组成了一个思考与讨论小组,这个小组对每个成员都会产生深刻的智力影响。

实际上,在亚历山大,一次对于巴特的生命具有决定性影响的相遇,是结识阿勒吉尔达·朱利安·格雷马斯②。他们第一次在多个方面具有了平等性:同时代人、同具边缘性,对于理论具有相同的爱好。他们的相遇,既不属于青少年时代的相伴为生,也不属于在疗养院养成的同病相怜;他们的相遇应该归于机遇和选择;两位先导者从前的经历,一下子就使他们具有了结合在一起和实现互助的多种理由。格雷马斯 233 属于一个研究小组,研究人员都是紧接在战后于巴黎聚集起来的,而该小组本身就叫做"无教师学衔小组",他们或多或少都是围绕着夏尔·布吕诺(Charles Bruneau)而聚集起来的,因为后者是索邦大学法语语言讲座教授。相对于"有教师学衔"的人,"无教师学衔"的人集中了一定数量的特征,使得巴特也参与了"进来";那些人都是在资料非常匮乏的条件下注册了大学博士阶段的,而那些条件限制了他们到国外谋得一个职位。这便是米歇尔·比托尔③在同一个时代所处的情况。"在该词所有意义上讲,他们没有什么像样的资本。但至少他们是互助的,并通常是一起度假。"④这个小组的第二个特征,是他们通过选择主题而结合在一起,那些主题相对于分配给有教师学衔的人的主题较为容易些,而且通常是属于词语方面的;最后,他们所从事的都是零散职业。格雷马斯 1917 年出生于当时的苏联,拥有立陶宛国籍,他曾在战前于格勒诺布尔大学获得过学士学位,而在战争期间回到了他的国家,凑凑活活地在考纳斯(Kaunas)大学继续他的学业。战后,他向布吕诺教授提交了关于词汇学的一项博士研究课题,并艰难地与他的妻子靠为马里奥·

① 夏尔·桑热万:《论某个》(Sur l'un),Seuil, coll. «L'Ordre philosophique», 1969;《精神编剧理论》(Dramaturgie de l'esprit),Dordrecht, Boston et Londres, Kluwer, 1988。

② 阿勒吉尔达·朱利安·格雷马斯(Algidas Julien Greimas,1917—1992):祖籍为立陶宛的法国语言学家,巴黎符号学学派的创始人。——译注

③ 米歇尔·比托尔(Michel Butor,1926—   ):法国新小说派作家。——译注

④ 让-克洛德·舍瓦利耶:《巴特与格雷马斯 1949—1950 年在亚历山大》,同前,p. 116。

罗克①教授的法语统计总册制作词汇卡片维持生活。当巴特遇到他的时候,他从 1949 年起已经是亚历山大大学的讲师②——他在这个岗位上一直干到 1958 年。他在 31 岁时到索邦大学进行在夏尔·布吕诺教授指导下的博士论文答辩:《1830 年的时尚:论当时的时尚报刊对于服饰词汇的描述》(*La Mode en* 1830. *Essai de description du vocabulaire vestimentaire d'après les journaux de mode de l'époque*)。他在论文中使用了他在极为可怕的环境下于立陶宛认识的乔治·马托雷的方法,他在同一年与乔治·马托雷一起出版了《词汇学方法,论最近几篇博士论文》(*La Méthode en lexicologie, à propos de quelques thèses récentes*),随后又在 1950 年与之一起出版了《词汇学方法 II》③。

234　　毫无疑问,当巴特于 60 年代之初在这一领域进行他自己的研究时,他是记得这些情况的。格雷马斯很重的立陶宛语口音,无法让人忘掉他的祖籍,而他本人也从不掩饰这一点:他随处可辨的外国人地位和他走调的话语,使他保持在了非-普适性场域(non-lieu de la généralité)之中,而普适性场域对于理论研究是决定性的。巴特与他在文学方面进行过长时间的交谈,而格雷马斯让巴特阅读一些语言学书籍,比如索绪尔的书,而尤其是叶姆斯列夫的书④——相比之下,巴特更喜欢布龙达尔;但是,他也阅读梅洛-庞蒂的书——在他看来,"考虑到作者个人的笔锋和多种思想的交汇,他在许多方面就像是索绪尔思想的延长"⑤,以及阅读列维-斯特

① 马里奥·罗克(Mario Roques,1875—1961):法国中世纪文学史教授和著名小说家,其代表作为《列那狐传》(*Roman du Renard*)——译注

② 法国大学教师职称中没有副教授一级,讲师之后就是教授,所以法国大学的讲师也常对中国同行称自己为副教授。——译注

③ 参阅乔治·马托雷(Georges Matoré):《词汇学方法 II》(*La Méthode en lexicologie, II*),Librairie Marcel Didier, 1950。

④ 米歇尔·阿里韦(Michel Arrivé)提醒我们注意,将格雷马斯从索绪尔引导到叶姆斯列夫的路径,与巴特经历的路径是一致的,见《有关格雷马斯的科学记忆及其他》(«Souvenirs scientifiques et autres sur A. J. Greimas») 一文,载于《新符号学文件》(*Nouveaux actes sémiotiques*), n°25, 1993, «Hommages à A. J. Greimas», Limoges, PULIM, 1993, p. 13—23 (p. 18)。不过,在为格雷马斯于塞里西举办的研讨会的结束发言中,米歇尔·阿里韦还是谈到了叶姆斯列夫:"我不知道是巴特对我说叶姆斯列夫很重要,还是我对巴特这样说了"(米歇尔·阿里韦和让-克洛德·科凯[Jean-Claude Coquet]合著:《参与符号学:根据和围绕着格雷马斯的著作》, *Sémiotique en jeu. À partir et autour de l'œuvre d'A. J. Greimas*, Paris/Amsterdam, Hadès/Benjamins, 1987, p. 303)。

⑤ 格雷马斯:《索绪尔主义现状》(«L'actualité du saussurisme»), in *Le Français moderne*, n°3, 1956, p. 193。

劳斯的书。格雷马斯对于巴特的影响和巴特对于格雷马斯的影响,都是真实存在的。格雷马斯在发表于《符号学—语言学研究小组简报》①上的文章中和围绕着他 1983 年的著作在塞里西(Cerisy)举行的研讨会结束时的发言中,都谈到过他们之间的相互影响问题。他写道:"我认为可以说,他是一位朋友。"他在 1953 年发表的第一篇谈及《索绪尔主义的现状》中,就提到了《写作的零度》和作为符号学可能的程序化出现的文学元语言②。

　　围绕着他们二人和他们之间的友谊,但也同时围绕着似乎掌握着哲学影响力的夏尔·桑热万,形成了争论活跃的一组人,他们每周都聚在萨拉玛博士(Dr. Salama)家——按照格雷马斯对皮埃尔·昂克勒韦和让-克洛德·舍瓦利耶说过的话,萨拉玛博士曾经听过海德格尔的课程③。"类似于某种哲学俱乐部:社会学家、心理学家、哲学家。对于大家来说,只有一个可能的主题是共同的,那便是认识论,即关于认识的各种条件。在 7 年当中,每一周或几乎每一周,大家都在亚历山大讨论认识论。"④与他们一起参加讨论的,还有莫斯⑤的学生让-马戈·杜克洛(Jean-Margot Duclos)、哲学家贝尔纳·克莱热里(Bernard Clergerie),还有后来从事文化咨询事业的弗朗索瓦·内尔(François Neel)。他们阅读雅各布森的著述,阅读丹麦几位语言学家的著述,阅读列维-斯特劳斯,后来又阅读拉康的著述。巴特向格雷马斯出示了他写的关于米舍莱的文章,并向他谈到自己的博士课题,格雷马斯反问巴特:"那么索绪尔呢?"在那个时期,对于格雷马斯借给他的几部书籍的阅读,对在后来的写作时间里进行结构研究是关键的。巴特此前忙于思考方法论问题,他因缺乏书籍而无法将历史方法与结构方法紧密地结合起来。由大家组成的这个团体为巴特的研究和思想提供了这样的一种基础,以至他在语言学中开始看到了救星。

235

---

① 格雷马斯:《罗兰·巴特:一部有待撰写的传记》(«Roland Barthes: une biographie à construire»)一文, in *Bulletin du Groupe se recherches sémio-linguistiques*, n°13, mars 1990。

② 元语言(métalangage):语言学和符号学术语,指的是可以谈论另一种语言的语言,是一种工具性语言,此处指符号学理论及术语可被用来研究和分析文学作品。——译注

③ 让-克洛德·舍瓦利耶与皮埃尔·昂克勒韦(Pierre Encrevé)合著:《为语言学而奋斗:从马丁内到克里斯蒂娃。论认识论编剧学》(*Combat pour la linguistique, de Martinet à Kristeva. Essai de dramaturgie épistémologique*), Lyon, ENS Éditions, 2006, p.334。

④ 格雷马斯与让-克洛德·舍瓦利耶与皮埃尔·昂克勒韦的谈话,重见于让-克洛德·舍瓦利耶的文章《巴特和格雷马斯 1949—1950 年在亚历山大》,同前,p.124。

⑤ 莫斯(Marcel Mauss,1872—1950):法国著名社会学家和哲学家。——译注

他在 1950 年 4 月 7 日写给勒贝罗尔的信中这样说:"在这里从教的一位年轻的立陶宛人格雷马斯,他具有博士学位,他强调我必须将我的博士课题改换为(他说这并不困难)词汇学研究——依靠词汇学,我就会应对我想进行的所有研究工作,并至少可以确保我很快就能在法国有一个讲座职位,因为语文学学科非常缺少候选教师。说得更深刻一些,这将最终使我找到一种实证的研究领域,即借助于语言来进行社会学研究的一种非假设方式……这可是老早的指望。我与他多次讨论过这一切。"而格雷马斯则讲述道:"我对他说过:'文学,你别去管它了,那条路是不可能的。'我开始向他兜售语言学。在亚历山大,我们两人比较形单影只。这里的法国人,都是在战争期间过来的维希政权治理下的移民,就是在那时,法国的舰队躲到了亚历山大。他们打算成为马克思主义者即共产党人。巴特来自罗马尼亚,因为那里的共产党人关闭了法语学院;埃及人发现他曾经有过肺结核;他们对他进行检查;他满一年的时候就离开了。而后,我们差不多有 20 年的时间是在一起的。"[1]巴特决心已定,他愿意在高等院校教书,而不希望继续浪迹于"从一个法西斯国家到另一个法西斯国家,缺乏与已经开端不错的生活相适应的一种批评研究所需的物质条件"[2]。于是,他必须为自己找到一些战略性安排:在他看来,格雷马斯向他推荐的安排是他能胜任的,即便这种安排不会给予他真正的工作岗位。

因此,在亚历山大度过的 1949—1950 这一年,对于巴特后来在就业选择和科学研究方面都是重要的。他不仅理解了长时间以来他不会很容易地找到一份大学的工作,而且也发现有一些人与他情况相同,这些人仍然在为生存、为使他们的边缘性成为一种力量而拼搏着。亚历山大就为其孤独的边缘人地位赋予了一种团体所共有的基础。更要强调的是,他与格雷马斯建立的联系引导他做出了多种决定:在大学方面,决定放弃已经与潘达尔教授开始了的博士课题,而转向语言学;在写作方面,决定对语言的物质性进行批评性领会,决定在单词与句子的节奏型之中去寻找意识形态。在埃及的相遇并不只表现为巴特思想的语言学转向;它还赋

---

① 让-克洛德·舍瓦利耶的文章《巴特和格雷马斯 1949—1950 年在亚历山大》,同前,p. 125。
② 1950 年 4 月 1 日写给菲利普·勒贝罗尔的信。菲利普·勒贝罗尔遗赠,IMEC。

予他的写作一种更为哲学性的技巧。得到肯定和得到表白的,正是一种
被结构化了的和抽象的思想,即一种建构性的方法。

写作:部机关与《写作的零度》

　　巴特因为健康问题而未能续留在亚历山大,他返回到了巴黎。他在
法国外交部文化关系总局(RC)有了一份做编辑的公职,负责"法语作为
外语"的教学派遣工作,为此,他曾两度离开法国,而在国外的逗留使他不　237
无愁绪。他的工作,天天都是在位于塞纳河奥赛码头(quai d'Orsay)的外
交部办公楼里度过,而他在办公室的安排只留给他很少的时间写作。正
像人们从前对于办公室工作人员所说的那样,当一个某种程度上的文书
小职员,并不总是有利于干自己的事情。即便他不认为他的工作特别烦
人,但仍然在必须挣钱度日与考虑找到一个适合他的更具象征性和更富
智力的位置之间左右为难。这一情况使他变得有点意志消沉。他梦想着
有一份更为宽松的职业,可以为他留出最多的时间,可以使他投身于完成
博士课题所必需的三年苦修之中。他是 1951 年秋季开学时赴剑桥大学
授课的候选人。他在当年 6 月的时候获得了这一资格,但最终拒绝了,为
的是不让觊觎他在外交部位置的罗贝尔·达维德如愿以偿。他感觉,现
在到了他应该在法国做成某件事情的时候了,而以后再做便为时晚矣。
在逃避之中寻求一种地理位置上的解决办法,无疑不会有任何用处。如
果有出路的话,这种出路便基本上是心理方面的。过了一些时间,到了
1951 年 12 月,一个新的外派法语教师的位置逐步显现出来,这一次是去
意大利的博洛尼亚,但最后没有派出。1952 年,他争取成为联合国科教
文组织(UNESCO)在黎巴嫩教学使团成员候选人的努力也没有成功,这
一次为期 1—2 年,收入颇丰,令人非常感兴趣:"我曾经是总部的候选人
(总部早有这种想法),而且我有大家(若克斯[Joxe]、巴永[Baillon]、吕塞
[Lucet]、亚伯拉罕[Abraham]和比佐[Bizot])的关照与支持,但是派驻黎
巴嫩的代表——非常虚伪的教士(马格雷·马鲁安[Mgr Maroun])选择
了另一位候选人。"①巴特深感自己无力去创造,他很容易地将这种情况归

① 　1952 年[4 月]写给菲利普·勒贝罗尔的信。菲利普·勒贝罗尔遗赠,IMEC。

于他担任的行政职务,原因是他看到身边的同事们生活充满变化,而不像他的生活那样毫无成就。自从巴特回到法国以后,格雷马斯每当到首都度假时都与他的妻子住在位于塞尔旺多尼街的一家旅馆里。这一次,当他又到巴黎短住的时候,他把巴特介绍给了与之合作很久的乔治·马托雷——正是由于马托雷的帮助,他过去得以在马里奥·罗克的法语统计总册工作中担任一个职位,而这时他也正与马托雷一起编写后来远不止是一部教材的《词汇学方法》,该书 1950 年由迪迪埃(Didier)出版社出版。如果说巴特在国外遇到的、特别是由不具备教师学衔的人组成的这一组人的非典型经历各不相同的话,那么,马托雷的经历无疑是最富戏剧性的。他的父亲同时是一位小提琴演奏家和肖像画家,他像他的父母那样也是自学成才,他在做装饰师之前没有读过高中,而是直接进了布勒学院①。为服兵役,他到过北非,在那里,他学会了阿拉伯语方言,返回法国后他进了东方语言学院(Langues O'),注册上了古典阿拉伯语专业。战前,他正读着一个学士学位,同时兼任拉穆勒乐团②的秘书。1938 年,他被派到立陶宛,而在那里他结识了格雷马斯。在战争之初,当苏联军队到达的时候,他曾在监狱里被关押过几个月,在这一过程中,他不忘施展他在多方面的语言能力。他在维尔纽斯(Vilnius)大学担任外籍教师,后来,他被盖世太保认为是颠覆分子而遭逮捕。获得释放后,他返回到了巴黎,同时做两项博士课题研究(主课题和辅课题),他于 1946 年在夏尔·布吕诺教授主持下进行了答辩。他到贝桑松大学任职,在那里担任学院院长直到 1952 年,后来,他到了索邦大学,他经常受邀到国外讲学。他的论著《人类空间》③被认为是哲学班级所采用的典范教材。今天,他虽然有点被人遗忘,但他在语言学和哲学领域曾长时间为人所参照,而且出版了多部有关普鲁斯特、词典的著述和多种带有评论的出版物,其中就包括莫里哀著作全集。他是不经规范途径而从事令人羡慕的大学职业的活生生的著名人物,在那些年,由官方大学反常提供的这种可能性,比今天的大学

238

---

① 布勒学院(École Boulle):是一所集工艺设计、建筑设计和艺术职业培训为一体的高等学院,位于巴黎。——译注
② 拉穆勒乐团(Concerts Lamoureux):由夏尔·拉穆勒(Charles Lamoureux,1834—1899)1881年创建的交响乐团。——译注
③ 该书第一次由 Éditions La Colombe 出版社于 1953 年出版,于 1976 年在 Nizet 出版社再版。

要多。

巴特寄希望于马托雷,很想在他的结构词汇学研究中心谋得一个助理职位,这个研究中心的工作在于细读许多作品,以便构成一个手工可以操用的大数据库,其目的是使结构主义既不脱离意指,也不脱离历史。这是一项富有战斗性的计划,它对立于结构论语言学的某些抽象的,甚至机械的倾向。马托雷在《词汇学方法》一书的序言中对于这项计划做了说明①。但是,就在巴特期待着 1951 年 6 月有一个答复的时候,到了 10 月份还没有消息。非常幸运的是,有关为此计划所安排的奖学金的通知最终在 11 月份下达了("这是我两年来所期待的最叫人快乐的事情"②),这使他的时间从自己的工作中解脱了出来,也使他可以在 3 年的时间内完成一项博士课题。马托雷建议他也注册夏尔·布吕诺的博士,后者是费迪南·布吕诺(Ferdinand Brunot)的《法语语言史》(*Histoire de la langue française*)的继承者和杰出的方言学家。他课题的主题,接近格雷马斯有关方法论和所考虑的时代的主题,是《根据法律、行政和大学教学文本对 1827—1834 年国家、企业主和工人之间关系之词汇的研究》(*Le Vocabulaire des rapports entre l'État, les patrons et les ouvriers de 1827—1834, d'après les textes législatifs, administratifs et académiques*),随后的一年,巴特经常去位于黎塞留街的国家图书馆,细读有关 19 世纪工人史的著述。他在寻找一种替代方法,使他得以省去这种枯燥无味的细读工作,这种细读使研究变成了一种奴役。他用粉红色薄纸和撕成四块的黄色纸做成卡片。卡片的上方一般写有作者的姓名,而在左侧注明日期。在卡片的下方,会出现在铸造工业标准局(BNF)手稿部可能见到的编号。他也开列"价值词语"清单、"需要跟随的"事情清单,例如:"1)带有价值的词语(从表示神经过敏、因循守旧、贵妇人开始);2)记事板(生活、道德/产权);3)俗语-连对(破房子≠宫殿);4)国民领域;5)一个单词的社会方面/单词的技术方面(工厂、作坊);6)各种言语活动(司法语言、道德语言);7)本义过渡为转义;8)新词……"他考虑在没有单词的情况下如何可以替代,也探讨对于一个单词的需求状态。在卡片中还列入了傅里叶和圣西

---

① 乔治·马托雷:《词汇学方法》,同前,p. XIII。
② 1952 年 11 月 3 日写给菲利普·勒贝罗尔的信。菲利普·勒贝罗尔遗赠,IMEC。

门,但也列入了贝朗热(Béranger)、布朗基(Blanqui)、布隆丹(Blondin)、巴伯夫(Babeuf)、卡贝(Cabet)、阿尔芒·卡雷尔(Armand Carrel)、孔西代朗(Considérant)等人的作品以及关于他们的著述。他也细读了许多报纸杂志以及一些议会档案①。

240　　　　在某些卡片上,显示出了他研究工作的雄心,这种雄心让我们看到,他的卡片库并不局限于起到辅助记忆国家范围内的事情或辅助记忆书目的作用,而是将其功能扩展到了对于内容的表达:"课题的整个意义,相对于词源学和语义学,应该是一种新的东西:但愿所有的单词并不借助于它们的组合词或派生词而是借助于它们的辅助成分得到显示。(……)这便是单词的那些状态、那些*场域*在变化。"或者,这种卡片恰好说出了课题的智力目的和其为了言语活动而获得的结果:"我的句子目录,如果是完整的话,它应该可以让人看出词汇的衔接灵活程度。我们有可能准确地知道每一个单词的接合能力。哪一个词从数字上比哪一个词更为丰富。因此,我们有可能依据单词的灵活度、它们的伸缩程度、它们的电能学、它们在配价方面的内容而实现为其做某种分类。结果是无法计算的,因为我们会因此对根据情况而采用的单词开始进行一种扩大的动力学研究。这将是与言语活动的本质观念和联想观念做斗争,这种言语活动的每一个单位一般被视为可以获得无限理想的结合,然而这是错误的,因为一个单词的存在性是包含在某些可能的情势极限之中了。这便是特定的人与群体人的问题。单词并不是自由的;单词有一种空间的死亡。"所下功夫是很大的,即便这种预备性工作并不朝一种连续话语的生产方向发展。对于论证的迟疑态度在方法中是可以感知的。不过,他的两位指导老师都说对他的研究进展感到满意。法国科学研究中心(CNRS)的职业档案中有布吕诺和马托雷称赞有加的报告,例如马托雷写道:"我高度评价巴特先生研究工作的重大意义,到现在,他已经细读了一定数量的报纸杂志和行政与司法文本,以及当时的一些作者的书籍,其中包括一些小说家、历史学家和政治作家的书籍。巴特先生的研究使用了一些其发表时间为人共知的文本;他的研究是建立在具体的单词基础上的,并根据大多数词汇

---

① 铸造工业标准局(BNF)手稿部编号为 BNF28630 的文件,"卡片",第二箱,"索引-词汇表"(«Index-glossaire»)。

学家今天都在使用的一种客观方法。可以确定的是,借助于一种证明有
效的方法,特别是借助于我多次高度评价的他的智慧与文化,巴特先生将
会为那个时代做出一流的贡献,而在那个时代,产生了大多数有关社会的
现代观念。"①

　　尽管巴特要为他的博士论文花费许多时间,但他能够在写作报刊
文章、为自己的著作做准备和资料工作之间做出合理的安排。此后,
对于智力活动的时间安排是稳定的。然而,这并不会阻止经常出现的
抑郁。1951—1952 年期间的抑郁在某种程度上是强烈的。在 37 岁
这样的年龄,他感觉已经到了他生命的中期,经常循环复现的是演奏
间奏曲那样的神情。"确实是庸俗的,'命至中期'的心理危机在扩散,
但是,不幸的是,这种*我们生命的中途*②依然是荒芜的:我还没有做成
任何事情。因为我的青年时代过得并不完美,我到了成熟年龄的中
心。说真的,并不是衰老在让我精神惶惑;而是在完成每一个年龄段
的社会仪礼之前就已经衰老。"③尽管计划不少,约稿越来越多,还有书
籍要出版,他仍然看不到一种*新生活*的规划。为了使他的生活有所改
变,对于他来说,在那个时刻大概需要周围的人们出现变化。在知识
分子与共产主义之间几乎是必然的联系,可怕地让他感到疲倦。他希
望看到一些新人、结识一些不同的人物。他的那些最要好的朋友,例
如勒贝罗尔和格雷马斯,都在国外,他只能短暂地和他们重逢。罗贝
尔·达维德已经与他有所疏远。西里内利重新回到了巴黎,但是他在
宗教信仰上的转向导致他进行巴特认为接近法西斯主义的政治分析,
于是巴特便与他疏远了。他不知道如何度过自己晚上的时间,不知道
去什么地方,也不知与何人约会。从看兰开夏式摔跤(catch)到光顾爱
丽舍-蒙马特(Élysée-Montmartre)剧院,那里对立出现的是"贝蒂纳屠

① 科学与行政职业档案,见于存放于设在吉夫-苏-伊维特(Gif-sur-Yivette)镇的国家科学研究中
心(CNRS)国家档案卷帙,由雅克丽娜·吉塔尔(Jacqueline Guittard)在其文章《小说的保健,
受到影响之下的〈写作的零度〉》(«Hygiène du roman. Le Degré zéro de l'écriture sous influ-
ence», in *Romanesque*, n°6, 2014, p. 19—32[p. 21])中援引,她在文中对于巴特在其第一本书
中有关这种词汇研究的标志做了探讨。

② "*我们生命的中途*"(*mezzo del camin nostra vita*):是意大利诗人但丁在《神曲》的《地狱》篇开
头部分的一句诗。——译注

③ 1952 年 4 月 20 日写给菲利普·勒贝罗尔的信,菲利普·勒贝罗尔遗赠,IMEC。

户"与"白天使"①;看一些电影,听几次音乐演奏会,观看几出戏剧。在夜间的时间里能看得到他,但夜间留不住他。旅行是不错的消遣。旅行解放了他的生活和他的存在。1951 年 7 月,他在丹麦度过了几周时间,1952年春天,他去看了在荷兰格罗宁根大学执教的皮埃尔·吉罗。他利用了这些出行,使之成为一种真正的旅游,他从阿姆斯特丹到了海牙,从帝国博物馆到了莫里斯大宅博物馆②,他对于荷兰绘画产生了真正的激情,而这种激情使他萌生了建立在有关主题而不再是有关绘画或流派基础上的一种艺术批评观念。在国外的时候,他自感轻松,经常晚上出去,正像他在信中不好意思地所写的那样——他最终得以"自由地活着"。

对于巴特来说,那几年绝对是为其提供机会的几年,在那几年中,最后的关键性结识是与让·凯罗尔的结识,他是 1950 年 9 月 21 日于《战斗日报》上发表对《拉撒路在我们当中》③的书评之后通过阿尔贝·贝甘(Albert Béguin)认识让·凯罗尔的④。当时,凯罗尔是文学领域的重要人物。战前,凯罗尔只发表过一些诗歌,他曾因为参加抵抗运动而被逐出法国进了毛特豪森(Mauthausen)集中营,从集中营返回之后,他便开始写一些叙事文和随笔。他曾于 1949 年由保罗·弗拉芒(Paul Flamand)举荐进入了色伊出版社。他 1956 年在该出版社创办了《写作》(Écrire)杂志,该杂志完全用于发表年轻作者的第一批文稿,这便赋予了该杂志一种丛书的外表(从 1956 年开始,该杂志名称变成了丛书名称)。索莱尔斯曾在 1956年 12 月以其实名菲利普·茹瓦约(Philippe Joyeux)写信给凯罗尔,说他希望在杂志上发表他的信⑤。该杂志编辑委员会许多后来的成员都曾在上面发表过自己的第一篇作品:1957 年有索莱尔斯、费伊(Faye)和普莱

---

① "贝蒂纳屠户"(Bourreau de Béthune)指的是名为雅克·迪克雷(Jacques Ducrez,1932—　)的一位出生于贝蒂纳镇的法国兰开夏式摔跤运动员;"白天使"指的是出生于西班牙、原名为弗朗西斯科·皮诺·法里尼亚(Francisco Pino Farina)、活跃于上个世纪50、60 年代的一位法国兰开夏式摔跤运动员,同时,"白天使"也是一部戏剧的名称。——译注
② 帝国博物馆(Rijksmuseum)在阿姆斯特丹,莫里斯大宅博物馆(Mauritshuis)在海牙。——译注
③ 《拉撒路在我们当中》,同前,是让·凯罗尔 1950 年发表的一部随笔文集。——译注
④ 实际上,凯罗尔在写给巴特的第一封信就指出,他是以他的朋友阿尔贝·贝甘的名义给巴特写信的。
⑤ 该信重现于菲利普·福雷斯特(Philippe Forest)的著述《〈原样〉杂志史:1960—1982》(*Histoire de Tel Quel*, 1960—1982), Seuil, coll. «Fiction & Cie», 1995, p. 18。

内,1959 年有布瓦鲁夫雷(Boisrouvray)和雅克·库多尔(jacques Cou-
dol),1962 年有德尼·罗什(Denis Roche)。凯罗尔描绘的当代文学的形
象非常悲观,他想发现一些新的作者,同时让他们意识到他们所处的整体
麻醉环境和摆脱这种环境的必要性。凯罗尔正位于这种环境的多种倾向
交汇路口处,它们是:他通过加缪而有所接触的存在主义,在色伊出版社
表现出浓重的天主教自我中心论和他恳请为《写作》杂志撰文的年轻作家
们所体现的先锋派意识。色伊出版社最初是由亨利·苏吉伯格(Henri
Söjberg)创办的,目的在于围绕着在社会中的一种共同义务意志来团结天
主教青年。由于保罗·弗拉芒和让·巴尔代(Jean Bardet)的加入,该出
版社在法国被占领之前主要为年轻人和童子军运动出版读物。这些年轻
的出版者们,既无象征资本,又无积蓄,他们需要吸引那些有一定重要性
和在战后可能会有一定地位的作者,他们尽力汇集抵抗运动中的进步天
主教网系,而这些网系能够为他们引荐其他一些老抵抗运动人员。因此,
他们向在战争期间由阿尔贝·贝甘领导的瑞士出版社拉巴科尼耶尔(La
Baconnière)靠拢,贝甘当时专门出版抵抗运动期间一些诗人的作品,他也
是巴勒大学的教授。贝甘于 1946 年定居巴黎,色伊出版社建议他进入编
辑委员会,这也使色伊出版社和贝甘于 1947 年担任主编的《精神》杂志有
了靠近,该杂志是由两家出版即拉巴科尼耶和色伊共同出版的。让·凯
罗尔的小说《我将感受别人的爱情》(*Je vivrai l'amour des autres*)获得了
勒诺多奖(prix Renaudot),于是,他进了编辑委员会。此外,该杂志的战
略在于不将自己封闭在一种信仰和宗教形象之中,在于使色伊在批评界
和读者面前形象多样化:正是本着这样的目的,出版社再版了莫里斯·纳
多在 1945 年出版的《超现实主义史》(*Histoire du sur réalisme*)、皮埃尔·
科罗索夫斯基(Pierre Klossowski)在 1948 年出版的《萨德:我的近友》
(*Sade mon prochain*)和弗朗西斯·让松(Francis Jeanson)在 1951 年出版
的《关于笑的人文含义》(*La Signification humaine du rire*)[1]。1951 年,

---

[1]　有关色伊出版社历史资料很多。尤其请参阅:安娜·博谢蒂(Anna Boschetti)的文章《文学合
法性与出版策略》(«Légitimité littéraire et stratégie éditoriale»),见于罗歇·沙尔捷(Roger
Chartier)与亨利-让·马丁(Henri-Jean Martin)(主编)的《法国出版史:1900—1950,有争议的
书》(*Histoire de l'édition française. Le livre concurrencé*, 1900—1950),Fayard, Cercle de la
librairie,1986,p. 510—551;埃尔韦·塞里(Hervé Serry)的《色伊出版社:70 年的历史》(*Les
Éditions du Seuil. 70 ans d'histoire*),Seuil,2008.;让·拉库蒂尔的《保罗·弗拉 (转下页注)

乔瓦尼·加莱斯齐(Giovanni Guareschi)的《唐·卡米洛的小世界》(*Petit Monde de Don Camilo*),总发行量达 120 万册,其巨大的成功所带来的利润使其得以想投资多个有回报的丛书,但特别是确保了其在知识和文学出版领域中的地位。因此,它是一个年轻的、很有能力且选择先锋派作者为对象的出版社,在凯罗尔的推动之下,巴特于 1952 年与色伊出版社签订了其第一份出版合同。

　　这一次的结识,对于巴特来说是决定性的,原因有三:首先,因为这次结识将巴特引进了他后来一生中都在那里出版其作品的一家出版社,即色伊出版社,那是在凯诺于加利玛(Gallimard)出版社拒绝发表他的《写作的零度》的时候[①];其次,是因为这次结识解放了他作为随笔作家的写作,并赋予了他思考和确定立场的机会;最后,因为这次结识使他得以建立其新的联系,同时使他进入了既不是由纳多开启的托洛夫斯基派,也不是学院派的一个文学领域。巴特开始在多个地方发表自己的文章。阿尔贝·贝甘在巴特发表了有关"写作零度"文章之后的 1950 年 10 月份就向其求稿[②],巴特便借助于贝甘向《精神》杂志发表其有关米舍莱的长文,杂志编委会立即请他此后进行经常性的合作。他从 1952 年开始在《精神》杂志上发表了其第一批"神话"文章,后来他才转向《新文学》杂志继续发表。今天再读《米舍莱:历史与死亡》(«Michelet, l'Histoire et la mort»)那篇文章,人们才理解打动其读者的东西是什么。在一个大众犯罪昭然若揭的

─────────

(接上页注)芒:出版家。色伊出版社的伟大经历》,同前;安德烈·帕里诺(André Parinaud)的文章《"色伊","大家"之中的最小,它向我们说明是如何成为出版商的》(«"Le Seuil", le plus petit des "grands", nous explique comment on devient éditeur»), in *Arts*, n°594, 21—27 novembre 1956。

① 1952 年 2 月 8 日雷蒙·凯诺的信。个人收藏。"从纯粹出版的观点来看,在这里发表一个如此短的作品机会很小。(……)但愿这一切并不妨碍您在《现代》(*Temps Modernes*)杂志上发表其未发表过的那一部分。"在撰写《罗兰·巴特自述》时,巴特曾罗列了他的全部书籍,其中有一个说明涉及到了这一情节:"零度写作:是《写作的零度》的第二部分,是比较好的,它比第一部分写得更顺手(我认为,就是最初的那部分)。(难道不就是被加利玛拒绝的那一部分吗?)"请参阅铸造工业标准局(BNF)编号为 NAF28630 的文件,"绿色卡片库 1"(«Fichier vert 1»)。

② 1950 年 10 月 2 日阿尔贝·贝甘的信。个人收藏。"先生,我很希望与您接触,而且在可能的情况下,希望说服您与《精神》杂志合作。去年,你有关零度写作的文章深深地打动了我,从那时起,我就热切地希望认识您,请原谅我只是到了今天才向您表明我的这种热切希望,我向您求稿。请您相信我,您的阿尔贝·贝甘。"随后的通讯也从不掩饰贝甘对于巴特的这种崇拜,他一篇文章紧随一篇文章、一本书紧随一本书地向巴特做这种表白,毫不吝啬他的恭维之辞。

社会里,从这个社会中显示的思想符合那个被破坏了的时代。在这篇文章中,有一些段落预示了 1954 年出版的书籍,并在其他地方被重新引用:那是些关于植物、绘画、贯穿米舍莱文本的各种肉体特征、在叙事与绘画之间形成丰富张力的段落。但是,那些为后历史时代即后革命时代所写的页码,没有真正的时代维度,虽然它们与马克思主义的愿望相左,并且与战后所感受到的文化崩溃的感觉完全适应。在这种意义上,这篇文章也与凯罗尔相契合,即与凯罗尔自己有关在集中营背景下继续生存之可能性的思考相吻合。在凯罗尔主张的拉撒路想象物与按照巴特理解的米舍莱的历史之间,其共同点便是体验死亡的能力,是在思想里和写作上承担"几百万人肉体死亡"的能力。在凯罗尔看来,一如在米舍莱那里,一种复活的可能性就源自与死亡的这种直接相遇。在凯罗尔看来,重生并非是完全的,文学带有着"厄运的印迹、对于灾难的记忆和'大恐怖'造成的伤痕"①;与凯罗尔一样,米舍莱的目的"并非是一种完全的复活,这种复活总会让生命面对其死亡存在着"②。

在关于米舍莱的文章中使用的言辞,在有些地方近似于吕西安·费夫尔在战争期间于法兰西公学讲课面对其听众时采用的言辞:费夫尔将其研讨班变成了真正的抵抗课程;例如,他说米舍莱在将法国的历史"创作成"各样剧目的时候,也将历史从种族之中解放了出来;他请他的听众们面对"这种大规模的清除、这种对于物质的但同时也是精神的和道德的世界的巨大破坏"要行动起来,要从死亡之中解脱出来③。有可能,巴特听过费夫尔 1943 年讲的有关《米舍莱:重生》的几节课程。实际上,从 1943 年 1 月到 7 月,在卡特勒法日街进行后期疗养期间,在白天,他可以出门为自己备考一个学士证书。他由于埋头阅读米舍莱的作品而大概知道在紧靠索邦大学的法兰西公学开设的相关课程,他有可能去过几次讲课大厅。我们没有可以证实这一点的证据,而巴特在其 1977 年的《开课演说》

① 《荒诞文学的延续》(«Un prolongement de la littérature de l'absurde»), in *Combat*, 21 septembre 1950(《全集 I》,p. 105)。

② 《米舍莱:历史与死亡》(«Michelet, l'Histoire et la mort»), in *Esprit*, avril 1951(《全集 I》, p. 123)。

③ 吕西安·费夫尔:《米舍莱:法国历史的创造者》(*Michelet, créateur de l'Histoire de France*), Brigitte Mazon et Yann Porin (éd.),Paris, Vuibert, 2014. 巴特有可能部分听取的上一年的课程是《米舍莱:重生》(*Michelet, la renaissance*), Paule Braudel (éd.), Fayard,1992。

并没有提及费夫尔,但是,历史学家正在为他建立一种主要的、复现的历史参考信息,这可以让我们做这种假设。让人感到困惑的巧合是,当吕西安·费夫尔1954年在《战斗日报》上对于《米舍莱自述》(*Michelet par lui-même*)发表书评的时候,他开篇就参照了拉撒路:"鲜活的历史……但是最为鲜活的历史,难道首先不就是获得复活之珍贵赠与的人的历史吗?拉撒路起身、出门并行走。"[1]我们无法更好地去说明一种深在的联系。

有多种特征在拉近巴特与凯罗尔。第一点,凯罗尔与母亲一起生活在埃索纳(Essonne)省的圣谢龙(Saint-Chéron)村,那里也有保罗·弗拉芒的一处房子。他根据在集中营的经历,总结出对于特殊逃脱形式的一些思考,在巴特看来,他在凯罗尔的思考中比在一种介入性的智力行为中更能容易地认识自己,因为对于智力行为,斗争和武装抵抗的最后结果都是改变世界的一种无节制意志。在不贬低疗养院类似于集中营的前提下——因为对于人类和对于个人的重视在疗养院里是截然相反的,疗养院的情况是过分地被看低了,巴特在凯罗尔的思考中看到了对于被边缘和被隔离考验的一种超越。《拉撒路在我们当中》的作者依据"拉撒路的传奇"来确定文学的情况下,他把监禁生活当成了那个时代的主要经验。此外,他像让·鲁塞[2]一样,是最早认为文学可以在集中营事件的影响之下会有变化的人之一。巴特在从1951年开始的综合研究中,对于这一点很是敏感,他在1952年3月份的《精神》杂志发表文章说:"凯罗尔的整个小说倾向于指出,有一种生存秩序——也许就是在集中营中维持生存的秩序,而在那里,承担在我们本身和个人历史中形成的一种人类痛苦的能力,构成了人类的一种沉重和丰富的状态,构成了一种精心安排的胜利,因为在这种状态之内,曾经有过一种难以想象的困倦。"[3]因此,在他身上对于灾难的战胜表现为两种外在形象:即揭示人类和世界的一种状态的见证人的形象,但也还有颠覆即穿越死亡而使某种新事物突然而至的形

247

① 吕西安·费夫尔:《米舍莱没有死》(«Michelet pas mort»),in *Combat*, 24—25 avril 1954, p.1。在文章后面的内容中,费夫尔极大地赞扬了巴特的书籍。他甚至指出,米舍莱《日记》的发表将会确认其书籍的很强的直觉性。
② 让·鲁塞(Jean Rousset,1910—2002):瑞士著名文艺批评家。——译注
③ 《让·凯罗尔与他的小说》(«Jean Cayrol et ses romans»), in *Esprit*, mars 1952(《全集 I》, p. 157)。这篇文章谈到了凯罗尔的头两篇叙事作品,它们汇编在了《我将感受别人的爱情》和《起火了》(*Le feu qui prend*)两书中。

象。像加缪一样，巴特使凯罗尔成了他在那个年代的主要参照之一，他主要记下了凯罗尔书籍中的两条主线：一条是俄耳甫斯①，可以说是对于基督身边的拉撒路的神话解释，但俄耳甫斯与拉撒路有许多共同点——这也是有关变化的一种外在形象，人们可以借助于这种形象来转移一种极限即一种更新的形象；另一条是白色写作。巴特以从凯罗尔思考中取出某些历史维度和伦理维度为代价，终于逐渐地从凯罗尔的命题中产生了属于他自己的美学赌注。在《写作的零度》绪论中，巴特将凯罗尔看作是白色写作的典范之一，把他与布朗肖和加缪放在一起。他没有将自己的文本置于《拉撒路在我们当中》的理论与历史之中，而是将其理论变为己有，以确定他自己关于写作的不是文学的而是无调性的定义。他逐渐地掩盖凯罗尔作品的精神维度，掩盖在凯罗尔作品中是中心的对于集中营的参照，而表现出对于他所喜欢的文本的一种收为己有的形式，并进而将其变成了随后的一种规则②。

在这一时期，巴特为《写作的零度》写作文章或修改文章：他反复阅读，不断涂改，然后打字和再做修改、涂抹和替代。例如在绪论中，有这样一句话："因此，传统写作解体了，而全部的文学，从福楼拜到今天，已经变成了一种言语活动的问题"，这句话在手稿中是以另一个长句子出现的："当然是一个未能解决的问题，因为历史总是在异化之中，而意识则被撕裂：对于写作的灭除仍然是不可能的"③。这些修改不仅仅在于弱化一位新马克思主义信徒的话语，也还考虑纯净风格、考虑简化形象，也许是为了使自己的写作更接近他所谈论的人的写作。这本书于 1953 年 3 月在"活石头"(«Pierres vives»)丛书中出版，该丛书是保罗·弗拉芒在 1945 年创立的，其此后的主编工作交付给了克洛德-埃德蒙德·马尼(Claude-Edmonde Magny)(她本人也在战争一结束就在拉巴可尼耶尔出版社出版过书籍，并为《精神》杂志撰稿)。文章附有介绍非常详细的"请予刊登"的文字，尽管他把文章很谦逊地介绍为是一种假设。这种假设具有一种诗学

248

---

① 俄耳甫斯(Orphée)：希腊神话中的诗人和歌手，善于弹奏竖琴。——译注
② 见贝尔纳·科芒的文章：《罗兰·巴特的借口》(«Prétextes de Roland Barthes»), in *Magamzine littéraire*, n°314, octobre 1993, p. 59—63, 该文章指出了巴特对于凯罗尔、加缪和罗伯-格里耶(Robbe-Grillet)的这种占为己有的情况。
③ 铸造工业标准局(BNF)编号为 NAF28630 的文件。《写作的资料：手稿》(«Le Degré zéro de l'écriture. Manuscrit»)。

的维度(一种非-风格或一种纯粹口语性的风格——简言之一种"文学写作的零度"在反复出现)和一种历史的维度——因为巴特使得作家与一种分离的言语活动的观念之间的距离上溯到了 19 世纪中叶。这是一本很薄的书,它借助于短小而回答了前些年对于时间和对于所缺乏的勇气的担心。他 1951 年 12 月曾向勒贝罗尔发问:"为什么不可以自愿地去产生一种短小的文学呢?"虽然这种短小同时适应于一种限制和一种欲望,但是它会让人担心批评界的反应。出版后带来的影响使巴特成了易受攻击的对象。他终于"摆脱了"晦气的年代,终于明显地出现在文学世界之中——对于这个世界,他曾期待很久,但是他却继续觉得不太适应,并总觉得有点缺乏空气。

Paris, le 25 Octobre 1947
Bucarest le 26 Octobre 1947

LEGAFRANCE BUCAREST N° 503

Prière intervenir d'urgence pour autorisation télégraphique
visa d'entrée en Roumanie de : 1) BARTHES Roland, bibliothécaire
Institut Français de Bucarest, né le 12 novembre 1915 à Cherbourg,
passeport 4814 délivré à Paris le 22 Octobre 1947, demeurant 11
rue Servandoni à Paris, qui rejoint son poste ;

2) BARTHES Henriette, son épouse,
née le 18 juillet 1893 à Chennevières sur Marne, passeport 4815
délivré à Paris le 22 Octobre 1947, qui accompagne son mari./.

DIPLOMATIE

"罗兰·巴特与其妻子"（原文如此）签证申请书

249

位于达西亚（Dacia）街的罗马尼亚法语学院

250

与一组大学生和他的母亲（第一排右侧第一人）在一起，布加勒斯特，1949 年

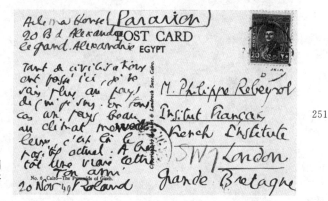

251

1949 年 11 月寄给菲利
普·勒贝罗尔的带金字
塔照片的明信片

1950 年在埃及

8. 巴特与萨特

　　巴特在已经很好地进入到了知识分子圈内之后,尽力在确定自己的角色、批评立场和政治话语。1953 年,他刚刚出版了自己第一本书籍,但是他仍在考虑关于写作的社会和政治意义。正是在这种寻找范围内,他不可避免地遇到了让-保罗·萨特这个人。

　　在巴特与萨特之间做比较,不属于严格意义上的生平叙事——因为他们只是有所交叉,并无直接的联系,而是属于对于理解一种**历史生命**的关心——这种生命是在时代之中被考虑的,它同时可以赋予这个时代以某种表象。对于他们两人来说,这正是关键所在,因为他们以他们相近的声誉已经使思想成为了一种艺术(甚至就在他们各自的姓氏之中):萨特,巴特,这两个单音节姓氏①构成了一个历史时代的界限。20 世纪的法国思想将他们两个人的姓氏都放进了受保护的人物之中,他们的决定,一如他们的作品,均在他们对于所处时代的内在考虑和外在考虑之中找到了他们的道理。不过,他们恰好是同时代人吗?(巴特在他于法兰西公学的第一次讲课中曾经发问:“我与谁是同时代的人呢?我与谁相伴生活呢?日历并不能圆满回答。”②)他们两人是否分享一种历史和对于历史的同一种观点呢?对于他们相交叉的历程的回溯性审视能将他们置于同一种运动之中吗?显然,是不能的。战争刚一结束,当萨特表现为像是现代人之参照的时候,巴特还没有打算依据这种必要来确定自己;后来,当巴特成了文学批评方面的先锋派领袖人物的时候,萨特宣扬要返回似乎与时代

---

①　在法语语音学中,萨特(Sartre)和巴特(Barthes)它们后面的元音字母“e”是不发音的,所以,两个姓名都属于单音节单词。——译注

②　《如何共同生活》,p.36。

254　格格不入的人道主义。与萨特的积极介入相对立的,是巴特一如钟摆那样游移在介入与不介入之间的经常性的摇晃。从外部来讲,他们给予人的是法国知识分子的两副面孔:一副总是直接地与世界接触,另一副则处在接触与放弃接触的运动之中,而这种运动赋予了思想以自由和动力。不过,我们不能将两幅肖像限定在对立形象上。它们也可以在许多似乎更为内在和秘密的点上合二为一,而这种相遇由于在文本中比在有关生存的各种轶事中更为明显,便可以说明我们今天需要这两类人物,以此来理解那个时代在法国和在法语中对于文化历史产生作用的东西:他们体现了在文学、政治和哲学之间前所未知的联系,这种联系提供给文学一种无与伦比的批评和认知强力,赋予了它所有的转换、变化和理解能力。这种联系从那时以来被隔断了,而这种强力也变得软弱无为;但是,今天重提这种联系的历史,理解其过去,既是让人关注其在两次世界大战破坏之后的修复角色和灭绝犹太人的不可想象的恐怖,也是重申批评可以具有一种社会的效力,其中包括当批评依靠文学的时候,它自己也变成了文学——当然是借助于批评而部分地变成了文学。

　　在编年史式的叙事中做这种停顿,其考虑是对巴特整个人生行程的一些重要方面做出综合:首先,推断萨特在巴特确定他自己和不担心其有力的断言方面为什么是决定性的;然后,理解这位批评性知识分子与这位现代作家之间多样的、有时是相左的关系;最后,掌握性欲与控制(或非-控制)之间的一种关系,因为这种关系部分地确定了一些分离的智力立场。

有关责任心的论战

　　于是,我们就有了多种理由来对巴特和萨特做出比较,并讲述他们之255　间关系的历史。对于巴特在《明室》一书上的赠言:"向萨特的《想象》一书致敬"(«en hommage à L'*Imaginaire* de Sartre»),对于有关介入的分歧,对于各自在文化和智力领域享有的权威,对于他们几乎是同时间离世,人们曾经有过毫无意义的争论。1991 年,《美学杂志》(*Revue d'esthétique*)的一期号外曾经将他们两人的名字放在同一期号外中一起缅怀:并非是对两人做全面系统的比较,而是将两人的形象在同一平面上平行刊载,以显示两个人在思想史上的等同性。不过,萨特显得更有资历一些。这不仅因为萨特比巴特早 10 年出生,也因为他很年轻时就开始了文学创作,而巴特则起步很晚,因此两人有差不多 15 年的间隔,于是萨特成了巴特进入知识分子生活中的参照。巴特在加拿大电台与诺尔芒·比龙的对话中承认了这一点,他坦诚透露,相对于萨特,他处于读者的位置:"在巴黎被解放之后,我立即就进入了知识分子的生活之中,当时我阅读的作家、为我指路的人和教给我新的语言的人,就是萨特。然而,准确地讲,萨特的多项最为重要的行动之一,在某种程度上曾经是揭秘文学在反动的、神圣的和在其制度上的特征:这曾经是其一项重大事业。"[1]巴特曾以自己的方式参与了这一过程,首先是为自己规定了对于意识形态进行揭秘的任务(例如在《神话》之中),随后便完全倾心于写作方面。与此同时,他在《罗兰·巴特自述》中肯定地指出,"他的写作方式,形成于随笔写作打算借助于将政治意图、哲学观念和真正的修辞格(萨特的文章中充满着修辞格)结合在一起而实现更新的时刻"[2]。70 年代,他曾对智力自传写作进行过多次精心的变更,承认一种直接的影响即一种强调性标志,我们能对其予以认真对待吗[3]? 肯定不能。历史,是复杂的,是一种"长系列的前后联系与非联系的"[4]历史,这样的历史,在萨特的名字于巴特所写文字里的出现与被抹掉之中是清晰可见的。

　　确实,随着与纪德关系的深入,与萨特的关系也在扩大,但这后一种关系也属于是对立的。纪德于 1951 年去世,恰在巴特真正开始发表作品之前,而这另一种影响则逐渐地显示出来,这种影响不像与纪德那样是思想一致、秉性相投的一种影响,而更可以说或多或少是有意识的、或多或

256

---

① 《最后的孤独》(«La dernière des solitudes»),与诺尔芒·比龙的谈话,in *Revue d'esthétique*, Sartre /Barthes, p. 114;重见于《全集 V》,p. 419。

② 《全集 IV》,p. 653。

③ 亦请参阅《罗兰·巴特的 20 个关键词》(«Vingt mots-clés de Roland Barthes»)(与让-雅克·布罗希耶[Jean-Jacques Brochier]的谈话,见于《文学杂志》[*Magazine littéraire*], n°97, février 1975)。"战后,在我开始写作的时候,先锋派,那便是萨特。与萨特的相遇对于我来说是非常重要的。说我一直没有被诱惑住,这样说是荒谬的,但却可以说我是被他随笔作家的写作所改变、所征服和几乎被感染的。在随笔写作上,他真正地创立了一种新的语言"(《全集 V》,p. 857)。

④ 马里耶勒·马塞:《巴特与萨特,就像是一部小说》(«Barthes-Sartre, comme un roman»),2003 年 1 月 17 日在乔治·蓬皮杜艺术中心举办的"巴特和借助于符号"(«Barthes et la traversée des signes»)报告会上的发言,出于友情,报告人将其发给了本书作者。

少是明确的一种对立影响。把自己确立为有影响的知识分子,具有发言权和说话能为人所听,这就要求既像是萨特而又要与之不同。因此,他们的立场通常是不一致的,但是他们的生存选择,特别是他们的生平信息却使他们靠近。"两个人都显示出介入倾向,却不以相同的方式进行:萨特是唯一有时想深入沙场的人,而有时他还真的做到了,但却并不因此放弃办公室。但是,两人都首先是作家。他们正是以作家的身份表现介入倾向的。"①苏姗·桑塔格(她为《写作的零度》的英文译本写了序言)在她的方面使介入变成了一种性格有别的表现场所:"在萨特有关世界的概念中,有某种突然的和稚气十足的东西,面对简朴、果断和透明度有一种志愿者的态度;巴特为自己确立的概念,相对于他自己来讲,是完全复杂的、审慎的,并且是文雅的和犹豫不决的。"②他们两人当中,一个在寻求对抗,而另一个则避开对抗;一个是直接地讲政治的,而另一个则与政治保持着躲闪关系。

257　　　　马克思主义,是巴特行程中明显使用的第二大策略。出于非常策略的考虑,巴特将他在《战斗日报》上发表的文章和他的第一本书放在与萨特对话的背景之中。这便是明确地肯定他愿意参与当时的智力论战,这或许也是为更不露声色地让人忘记他没有出现在历史上的那些脱离年代。他在《写作的零度》一书的文字中从未引用过萨特的话,但是萨特的名字却出现过三次,而且他的某些话是对于萨特 1947 年在《文学是什么?》③中提出的那些问题的直接答复,也是对于其主张的反驳。此外,我们看到,巴特的整个研究工作是如何在自己的书籍之中消除萨特名字的明确出现这一事实的,这在他的手稿中显而易见,而这一点是令人印象深刻的。他没有将他在《战斗日报》上发表的第一篇文章《语法的责任》(«Responsabilité de la grammaire»)放进《写作的零度》之中,而在那一篇文章中他颂扬了《弥留》④的作者发现的应对风格之绝路的解决办法;同

①　米凯尔·迪弗雷纳(Mikel Dufrenne):《介绍》(«Présentation»),in *Revue d'esthétique*, hors-série «Sartre/Barthes»,1991, p. 5。

②　苏姗·桑塔格:《写作本身:关于巴特》(*L'Écriture même. À propos de Barthes*),由菲利普·布朗沙尔与作者共同从英语翻译成法语,Christian Bourgeois, 1982, p. 35。

③　《文学是什么?》(*Qu'est-ce que la littérature ?*):萨特 1948 年作为《境况》(*Situations*)第二部出版的一部书。——译注

④　《弥留》(*Sursis*):萨特在 40 年代出版的《自由之路》三部曲的第二部(1945)。——译注

样,他在书中大大变动了最后一篇文章,他在相当直接地借助《为谁而写?》(«Pour qui écrit-on ?»)一节最后出现的"乌托邦"一词向萨特表示敬意的同时,部分地去掉对于萨特的参照,并换上了新的题目《言语活动的乌托邦》(«L'utopie du langage»)(而在《战斗日报》上发表的文章的题目则是《对于写作的悲剧感觉》,«Le sentiment tragique de l'écriture»)。在《神话》一书的第二次手稿表述中,另一个几乎是令人印象更为深刻的例子是,他为萨特做了 9 个注释,而这些注释取自萨特的全部作品①;在最终发表的版本中,这些注释归入了对于《圣热内》②的一个注释。虽然萨特可以说是一个典范——和一个反典范,但关键不在于将其突出出来,因为那样会是将其置于自己之上的一种方式。巴特很注意权衡自己与介入概念所保持的关系、区别和必要性,也很注意参与有关文学之责任的争论,但是,他同时让人听到他自己的声音,而不使自己的言谈与一种框架或一种外在的话语相一致。

萨特有关文学的部分概念,尤其是文学与散文体文字之间的联系和文学命令式的伦理学特征,合乎情理地出现在了《写作的零度》之中。萨特曾构筑一种目的论道德观,即有关文学的一种功能思想:"在我说话的时候,我便借助于改变情境的计划本身来揭示情境;我为自己、也为别人揭示这种情境,目的就是改变它(……)我占有了情境,我每说一个单词,就更深一点地介入到了世界之中,并且同时,我更多一点地出现在世界上,因为我超越世界而奔向未来"③;在当萨特做这种构想的时候,巴特则与之对立地提出了一种有关形式的道德观,这种道德观很大程度上重新展示了这种有关文学的功能思想。"由于写作位于文学问题的中心——这一问题只因写作而存在,因此,写作基本上是有关形式的一种道德观,它是对于社会区域的选择,而在这种社会区域中,由作家来决定安排有关其言语活动的**本性**(Nature)。"④萨特摇摆于有关文学的一种神圣化过程(文学是"一切")与对于文学游戏和其不负责任性的蔑视之间;至于巴特,他在似乎与前面提及的消失过程相反的有关形式的一种本质化活动中,

258

---

① 铸造工业标准局(BNF)编号为 NAF28630 的文件:"神话"(«Mythologies»)。

② 《圣热内》(*Saint-Genet*),是萨特 1952 年出版的一部书。——译注

③ 让-保罗·萨特:《文学是什么?》,同前,Gallimard, coll. «Idée», 1981[1948], p. 29。

④ 《写作的零度》,《全集 I》, p. 180。

在文学的死亡与对于写作的假设之间徘徊。对于"文学是什么?"的问题,巴特在其书籍一开始就对立地提出了相仿的"写作是什么?"的问题,这既是一个对称的问题,也是对于萨特问题的一种答复。在他看来,真正的作家是避开文学的人,是一位无文学的作家,他生产一种白色的写作,即"零度"的写作——他重新采用了维戈·布龙达尔的表述方式(我们前面说过,他在罗马尼亚期间曾经阅读过其《普通语言学论集》一书),他也采用了其"中性"术语①,他后来将这种表述方式变成了他随时说明许多事物的一种隐喻(我们在其全部作品中不下 50 次地看到过它的复现),例如,年轻人就像是"社会阶层的零度"②,埃菲尔铁塔就像是"纪念碑之零度"③,拉辛就像是"批评之对象的零度"④,或者还有高等研究实践学院就像是"任何教育机构的零度"⑤,它成了为人所知的随处可见的套话,并可为所有人用在自己身上。不过,这种零度写作在巴特那里被他认为是一种悲剧符号,因为它没有出路。作家"白白地创立了一种自由的言语活动,人们把这种言语活动归为作家的人为制作,因为奢华从来就不是平白无故的:而作家必须继续使用的,正是这种无生气的和由于所有不说它的人们的广泛推动而被封闭的言语活动。于是,便出现了写作的一种死胡同,它甚至就是社会死胡同:今天的作家们都有所感觉:在他们看来,为写作寻求一种非-风格,或一种口语性风格、一种零度或一种口语度,从总的方面来说,便是预测社会的一种绝对相似的状态;大多数人都理解,在一种具体的普遍性之外,不可能有世俗世界通用的言语活动,也不可能有神秘的或命名性的言语活动"⑥。《写作的零度》在其几乎是结尾的时刻,让我们

① 在布龙达尔的概念中,中性与零度差不多是一致的:零度是对立于负极和正极的词项(负极与正极表明的是任何相反的项),并且零度被确定为对于关系的非-应用(形态学的零项或音位学的零度)。例如,它就是无模态形式的动词直陈式(既不是虚拟式,也不是命令式),或者是第三人称(既不是第一人称,也不是第二人称)。见克洛德·齐勒贝尔伯格(Claude Zilberberg)的文章《关系与合理性:布龙达尔学说的现状》(«Relation et rationalité. Actualité de Brøndal»), in *langage*, 22ᵉ année, n°86,1987, p. 59—77。巴特在《写作的零度》中并没有指名道姓地说出这是布龙达尔的术语。他后来在《符号学要素》(*Éléments de sémiologie*)中这样做了,《全集 II》, p. 641。译者补注:《符号学要素》已译为《符号学基础》在我国出版。

② 《悲剧与高度》(«Tragédie et hauteur»),《全集 I》, p. 976。

③ 《埃菲尔铁塔》(*La Tour Eiffel*),《全集 II》, p. 536。

④ 《论拉辛》(*Sur Racine*),《全集 II》, p. 54。

⑤ 《学院》(«École»),《罗兰·巴特自述》未选片段,见于《作者的词汇》, p. 277。

⑥ 《写作的零度》,《全集 I》, p. 223—224。

解读出在这本书中支撑巴特言语活动的三个话语层次,而这三个层次的混合出现产生了复杂性:首先是有关自由、推动力和人类的**存在论话语**;其次,就像在萨特作品中那样——但也许更为依靠的是,有关以无阶级为最终目的社会和有关无异化的社会的**马克思主义话语**;最后,是借助于"零度"表达方式出现在这里,但在语言、风格和写作之间建立的区别中无处不在的**语言学话语**。这种混合几乎接近于融合,它是标志其与萨特不同的一种方式,也许还是超越自己以便走得更远[①]、在随笔写作之中以不同姿态出现的一种方式。

260

因此,巴特在这第一本所出书籍中的做法,对于后来构成其思想之标志的东西是揭示性的:这本书既是肯定性的,也是逃避性的或是保留性的,它寻求一种参与但拒绝所有标签。因此,对于第一篇文章开头的"我们知道"和对于其他这类断言性的表述,巴特回以变化多样的陈述,例如"为写作寻求一种非-风格,或一种口语风格、一种零度或一种口语度",而这类陈述之中,所有的确定性都会失去,写作就是寻找,它毫不犹豫地迷失在一些不确定的等同性之中,甚至是迷失在直率的矛盾之中。

如果说可以把《写作的零度》看作是显示作者批评智力天赋的一个基本时间点的话,一方面是因为他在思想领域(其中,萨特对于巴特和像对于许多其他左派知识分子来说是主要的榜样)采取立场的方式,另一方面是因为他借用其他风格和放弃其他风格而为自己构建的适合于自己的风格。人们很清楚作为其文本之背景的那些阅读,但是,人们也都知道巴特是如何将其变为己有和如何将其混合在一起使其变为自己的思想、"自己的"风格的。他在阅读中的参与是非常实在的和投入感情的,以至于当他在另一位作者那里辨认出一种形象或一种思想的时候,他就使之完全变成自己的。在《罗兰·巴特自述》的《何谓影响?》(«Qu'est-ce que l'influence ?»)一节中,他在人们论述的、作为分析之对象、与之明确地建立起关系的作者与所阅读的作者之间做了区分。从后

[①]　这是让-克洛德·米尔纳的观点:"萨特停留在了语言边缘,巴特在单词和句子的实际表现中采用了强硬的驱离智慧;他敢于坚持,文学作为意识形态形式,要求一些有关写作的决定——反过来也是一样,任何写作决定都引入一种意识形态"(《结构历程》,*Périple structural*, Verdier Poche, 2002, p. 161)。

面的作者方面获得的,是"某种音乐、是一种凝思的音色、一种或多或少充满变义词的游戏"①。在这两个极之间,这位人们所喜爱的作家,这个被阅读所激励和继续生活在回忆和心绪之中的人,这位被人欣赏和以其出现而诱惑人的知识分子的公众形象以及其某些介入情况,大概还保持着与萨特之间联系的复杂性与力量。有一点是明确的,那就是巴特从一开始就要求在知识分子领域具有一定的位置。这就需要具备有关历史的一种思想,但也还需要采取确定的立场。相对于在《战斗日报》上发表的文章,巴特的这本书尽力掩盖对于萨特的参照和他对于萨特的部分赞赏,他同时还增加了两篇未曾发表过的文章——这两篇文章真切地涉及到了萨特的活动范围,而尤其是涉及到他对于《1947年作家的情境》(«Situation de l'écrivain en 1947»)②的分析:在《写作的零度》的第一部分,题目为《政治写作》(«Écritures politique»)的文章,重新采用了在罗马尼亚期间所写报告中有关斯大林式的言语活动的某些方面,并展示了由于政治观念在文学领域的扩张而突显的一种新类型的"誊写者"姿态,这种人"处在战斗者与作家之间,从前者方面获得了对于介入人的理想意象,而从后者那里获得了写出的作品是一种行为之观念"。于是,《精神》杂志中的写作与《现代》杂志中的写作都属于对于变为体制的共同言辞即有关"出现"(présence)言辞的一种捍卫和说明。巴特对此所下的结论是断然的:"因此,这些写作完全没有出路,它们只会导致一种串通或一种无能为力,也就是说,不管怎样,会导致一种异化。"在第二部分中,增加的文章是《写作与革命》(«Écriture et révolution»)。它是对于特别是由安德烈·斯蒂尔(André Stil)所阐述的法国式的社会主义现实主义的一篇论战性和讽刺性极强的重型批评文章,说这种社会主义现实主义是一种规约性的写作,它带有着资产阶级文学的所有标志,"同时毫无保留地使所有有关艺术的意愿标志具备机械特征"。如果说他排除了阿拉贡,那是因为阿拉贡懂得将现实主义与源于18世纪的一些色彩交织在一起,人们由此看出了巴特是在何种战略方向上引导他的这本书的:正像他此前对于他的私密对话者所表明的意愿那样,向着一种明确的马克思主义但却严格地摆脱共产

① 《全集 IV》,p. 683。
② 这是萨特《情境》一书第四部分的标题。——译注

主义的方向定位;同时也向着与由萨特在其论述文章和其杂志中所展示的那种介入性写作划出明确分界线的方向定位。萨特所理解的也正是这样,因为在对于巴特第一本书极为有利的一种被接受的背景下(纳多写过一篇有 8 页纸的文章,还有多米尼克·阿尔班[Dominique Arban]在《世界报》、罗歇·尼米耶[Roger Nimier]在《十字路口报》[*Carrefour*]上发表的多篇读书笔记),那篇在《现代》杂志上发表的署名为蓬塔利的为巴特而写的文章,明显是更具批评性的。虽然作者是在庆贺一位作家的诞生,但他也指责巴特"声调中有时带有叫人厌恶的确定性""在思想中有一种困惑"和某种模式论[1]。

262

　　两个人后来平行的和交叉的路径,几乎总是在同一方向上以虽近但远的相同方式前进着,在这一过程中,是萨特形成了典范与反-典范,而不是巴特。当萨特的地位得到非常确定和广泛出现在公共场面的时候,巴特则对此全无所知或者是在贬低他的影响:这便是在 50 年代和 60 年代的情况,在那些时间里,巴特拒绝参与介入,他既不在"121 人宣言"[2]上签字,也不在 1968 年 5 月 10 日于《世界报》上发表的与大学生运动团结一致的文章中署名,而且他最终也很少提及这些事。但是,当萨特遭受攻击和其影响受到削弱的时候,巴特则与他站在一起和捍卫他。这便是 1955 年在有关《涅克拉索夫》[3]之争中的情况——我们将在随后的一章重新回到这一争论上,在那次争论中,巴特几乎是以一个人对战所有人,勇不可当地捍卫萨特以对付他的所有诽谤中伤者。70 年代的情况也是如此,当时,萨特的长兄权威大落,同时他的体力也在抛弃他。在 1974 年和 1975 年两年当中,当萨特已经遭受两次攻击、并且第二次攻击几乎使他成了盲人的时候,巴特明确地表白了萨特对于他的影响。在完全应对所有外来攻击的同时掩饰相依性,这种特殊的心理表露很好地建立起了一种**谱系**

① 蓬塔利(J. B. Pontalis):《罗兰·巴特:〈写作的零度〉》, in *Les temps modernes*, novembre 1953, p. 934—938。
② "121 人宣言"(«Manifeste des 121»):源于《关于在阿尔及利亚战争中不妥协的权利宣言》(«Déclaration sur le droit à l'insoumission dans la guerre d'Algérie»),是由 121 位大学教授和艺术界知名人士联合签字并于 1960 年 9 月 6 日发表在《真理与自由》(*Vérité-Liberté*)杂志上的一项反对法国在阿尔及利亚进行战争的声明。——译注
③ 《涅克拉索夫》(*Nekrassov*):萨特 1955 年发表和搬上舞台的一部八幕话剧,批评和讽刺了当时的反共思潮。——译注

关系的范围。他们两人相对的非-同时代性建立在一种影响基础之上：为了获得独自的生存空间就必须摆脱这种影响，但是，在这种影响上也依附着一部分承袭和情感，确保其传递是至上良策。谱系关系不同于和一位师傅的关系；一旦选定谱系关系，并且这种关系不纯粹是一种世代相传的，那么，它便具有很强的可塑性，而且可以附着于多个发展方向。因此，巴特经常被人赋予其他人的标志；由于他不是一个弟子，因此便过于解脱和与群体疏远，以至于不像是一个儿子、一个哥哥和一位朋友——这三种角色在因父亲的不出现而绝对自由的空间中可以被看成是一体，也可以叫人有失所望。

童年与故事

　　父亲的不出现，是巴特与萨特生平中的共同点，这一点对于他们各自的行为、对于各自与历史和生活之关系的叙事不是没有影响的。有关他们各自生存状况的许多实际细节将两个人之间的距离拉近了：他们的父亲都是海军军人，也都是在他们的儿子一岁的时候死去的。两个孩子都是部分地在新教环境下成长起来的，萨特是被外祖父母养大的，巴特是被祖父母养大的，而且在各自家族里都有身居高位的外祖父的形象，萨特的外祖父是夏尔·施韦泽(Charles Schweitzer)，巴特的外祖父是路易-居斯塔夫·班热——他们原本都是阿尔萨斯人，并都在1871年选择了法国①，即便在两位作家后来对于他们的讲述中，萨特的外祖父比巴特的外祖父更像是一位祖父。两个人孤独的童年时代都得到了护佑，并伴随着漫长和多样的阅读以及对钢琴的学练。像巴特一样，萨特也在蒙田中学上过一段学，随后去了紧靠路易大帝中学的亨利四世中学。两个人的最终目标都是文学事业，只是萨特有可能坚持到最后，包括进入高等师范学院和通过教师资格考试。但是，这些共同点中最引人注目的，显然是父亲的失去：缺失超我②，在两个人方面几乎是以相同的术语表达出来的。巴特曾

---

① 阿尔萨斯在1871年普法战争之后被割让给了普鲁士。——译注
② 超我(surmoi)：精神分析学术语，与"自我"(moi)和"本我"(ça)共同构成弗洛伊德第二场域论，指的是一种社会和道德秩序，其作用是对"自我"进行判断和制约。——译注

提及没有可杀的父亲、没有可憎恨的家庭，也没有可谴责的环境的"俄狄甫斯情结的严重剥夺"，在萨特方面与之相对应的则是关于一种不完整的"俄狄甫斯情结"的观念："我起而反对谁、反对什么：别人的任性从来就没有被认为是我的法则。"[1]而在书的更前一点，他写道："我把一位年幼的死者抛在身后，他不曾有时间成为我的父亲，而在今天看来，他可以是我的儿子。这到底是坏还是好？我不知道；但是，我一般认同一位杰出的精神分析学家的断言：我没有超我。"[2]在这两种情况里，建立在缺失和没有法则确定基础上的含混的自由，其结果便是带来温柔之中的和谐，萨特讲述道："母亲是属于我的，没有人质疑我对于母亲的占有：我不知道什么是暴力、什么是憎恨，我不曾有这种艰难的学习过程，不曾有嫉妒；由于不曾与她有过冲突，我首先只是通过她笑容满面的温柔来认识现实的。"[3]在巴特方面，不需要去做分析，但同样明显的是，"求爱"仅仅是对于母亲的，父亲的存在勉强是可感觉到的："由于母亲的替代，对于父亲的回忆从来不是压迫性的，这种回忆只是轻微地出现在童年时代，带有着几乎是平静的满足感。"[4]两人对于各自的回忆都怀有一种中断感觉，萨特把这种感觉表述为"偶然性"，巴特将其表述为"废物蛋"[5]，这种感觉平复各种界限、扩展各种可能性的领地，并且在巴特看来，它还摆脱了生殖的问题。

　　这种自由，由于有时可以被感受为是一种不幸，所以能解释两位作者对于矛盾、对于小变化和对于更正的偏好，这种偏好不可考虑为是一种软弱，而应被考虑为是他们思想的一种独特力量。在反向而行和有时是有悖于自己而想的时候，他们继续肯定自己的非-确定论和他们的无场域主张。让-皮埃尔·马丁在《背弃者颂》中很好地说明过，他们两人曲折的或者是叛逆的，带有着转向、变化和位移的生命，是怎样做到也可以应对各种攻击并属于忠诚的生命的。他在为萨特所写的那一章指出，在介入中和在作品中的断裂，同样联系着一种记忆缺失形式、一种不收回前言的态度和忠实于自身的感觉，而在这种感觉中，发挥一定作用的是"一种古怪

---

① 让-保罗·萨特：《词语》(Les Mots)，Gallimard, coll. «Folio»，1972[1964]，p. 24。

② 同上，p. 18—19。

③ 同上，p. 24。

④ 《罗兰·巴特自述》，同前，《全集 IV》，p. [595]。

⑤ "从我祖父向下续的最后一支，是我的躯体。这一谱系最终以出现了一个废物蛋而告终"（同上，p. 599）。

的与过去时的关系,更为一般地说,是一种古怪的与时间的关系,这种关系可以概括为这样的表述(……):'我自己身上无任何事件的连续性'"①。在巴特看来,相对于各种拐角、各种突然中断、各种回转、各种移动或比邻的图案来说,时间线的扭曲并不具有断裂的图案,因为那些情况都表现为对于一种连续图示的拒绝。事物的这一方面招致了许多批评家去计算有多少个"巴特"、去为其作出区分,以至于这样做变成了一种惯用语:第一个巴特、第二个巴特、第三个巴特;或者招致批评家去思考——就像安托万·孔帕尼翁所发问的那样:"哪一个是真的?"②罗伯-格里耶在《返回的镜子》中给加给他一个很有意思的比喻,将其比喻为可能显得有点贬义的鳗鱼,而且他选定使这一比喻成为甚至就是他思想的标志:"言语在变化、在转向、在回返,相反,这正是他的课程。"③他提到的是一位非-教条的思想家,准确地讲,这位思想家并不想成为思想大师,因为他让读者去自由思考。于是,他把萨特与之做了比较,萨特认为必须将一切都保留在未完成、捉摸不透的状态,甚至其有关自由的思想也早已从内部消磨了他所有的事业。"由于想成为最后一位哲学家、最后一位思想家,他最终还是属于新的思想结构的先锋派:不确定性,流动性,偏移性。"

在巴特强迫自己必须开始**新生活**和产生"转化"动机之前,他已开始有所转向,并表现出一些后悔,"的确,那些带有细微变化和比较随便的陈述语句,更换着信息传递和风向标、影响着思想变动与闪现,但是那些连续的后悔言辞无论如何是在指明一种经常性的、最终是对于'理论上的超我'的一种背弃"④。这种随时改变的安排,虽然它也许源自其与父亲法则的微弱关系,但也是避免重复和与厌倦做斗争的一种方式,这种厌倦是剧烈的、本体的,最后会形成影响一切的主要性格特征——但是,事物之间

---

① 让-皮埃尔·马丁(Jeqn-Pierre Martin):《背弃者颂:论新生活》(*Éloge de l'apostat. Essais sur la vita nova*), Seuil, coll. «Fiction & Cie», 2010, p. 103. 他援引了让-保罗·萨特《古怪战争日记》(*Carnets de la drôle de guerre*)一书, Gallimard, 1995, p. 39。

② 安托万·孔帕尼翁:《哪一个是真的?》(«Lequel est vrai ?»), in *Magazine littéraire*, n°314, octobre 1993, p. 26—28。

③ 阿兰·罗伯-格里耶:《返回的镜子》(*Miroir qui revient*), Minuit, 1984, p. 64 et 67:"罗兰·巴特是一位滑动的思想家(……)。这种鳗鱼式的滑动(……)并非是偶然性之普通的结果,也不是由于判断无力或性格软弱而引起的。"

④ 让-皮埃尔·马丁:《背弃者颂:论新生活》,同前, p. 183。"理论上的超我"或更为准确地讲"对于理论上的超我的动摇"这种表达方式,出现在《小说的准备》之中, p. 276。

兴许是相互联系着的厌倦可能源自这种平静的稳定性,源自从最初就缺
少冲突。在写作中,对于厌倦的反应采用了对于重复的一种憎恨的形式:
"在我看来,一个有害的主题,便是重复、唠叨、俗套和作为重复的本性。"①
他用"挖泥船"(drague)来与这种重复相对立,因为挖泥船涉及到一种时
间性,而这种时间性看重偶遇和第一次。挖泥船在经常性地复现着第一
次的同时,重复着自己的动作,但却又去除重复本身。

　　因此,倾向于改变也是一种里比多②安排。在巴特身上,也像在萨特
身上一样,不能与一位父亲相比肩所带来的后果便是,他们没有为自己确
定老师。他们都没有在一种模仿关系中确认自己,这种情况并不能通过
面对受支配时的相同态度来解释。萨特的主动态度促使他寻找一些强力
形式,寻找在对象上的一些持久停留。他的态度还可以通过向着占有和
获得发展的一种性欲来衡量。但是,他也通过拒绝接受诺贝尔奖,而更为
一般地是通过从内部破坏某种智力的"领袖地位"③,来尽力解除任何受支
配姿态。巴特较为被动的态度,使他在面对自己的对象和自己的立场时
变得更为灵活。他更喜欢短促的形式,从来不在主题上让时间过长地停
留,而他的性欲是通过寻找甚至猎取来标志的,但是诱惑的快感在他身上
却不曾通过占有来维系。相对于任何支配观念来说,他的自由将其置于
了欲望和好奇心的最终影响之下,而这种情况,我们在研讨会的法伦斯泰
尔④气氛方面重新见到:使课上的主体建立在一种幻觉基础上,可以确保
言语和情绪的循环活动。巴特将自己的生活和自己的活动提出来作为模
式,而不是将需要应用的结构或原理作为模式⑤。

　　为了理解巴特与相异性的关系——这其中包括与作为典范的萨特的关
系——的特殊表现,重要的是要在他作为读者的能力(包括其情感同化、同
一性识辨和占为己有的各种才能)与他作为作者的一切均在变动和细腻之

266

267

---

① 《罗兰·巴特的 20 个关键词》,同前,《全集 IV》, p. 873。
② 里比多(Libido):即弗洛伊德精神分析学中的"性冲动能量"概念。——译注
③ 关于这一方面,请参阅《小说的准备》, p. 355,在那里,巴特提到了那些文学领袖人物的消失,
　　那是由亲自全力毁灭神话的萨特所完成的变化。
④ 法伦斯泰尔(phalangstel):空想社会主义者傅里叶创立的以共同生活为基础的一种社会基层
　　组织。——译注
⑤ "巴特经常在课上告诉我们,认识来自于写作的实践,而不是来自于随后打算应用的一种抽象
　　的流程图"(翁贝托·埃柯[Umbert Eco]:《巴特的支配力》[«La Maîtrise de Barthes»], *Maga-*
　　zine littéraire, n°314, 1993, p. 42)。

中的创造力之间建立起联系。重新开始(reprise),通常是把记忆放到前面;
照此做法,重新开始便是既抛开典范也是丢弃自己的一种方式。它打开了
吸收与放弃之间的一种循环,这种循环阻止了写作中的任何固化、任何自恋
性的凝思。重新开始可以让我们建立"重新开始与放弃"之间的一种动力,
这种动力是绕过受支配的一种方式。随着阅读和偶遇,主体在变化,并且在
阅读和偶遇影响之下,主体在缓慢行走,同时求助于"在不确定的地方加上
引语"、"在不确切的地方加上附带说明"。在这里,"重新开始与放弃"的运
动遇到了也是萨特在《词语》一书中探讨过的另一种动因,即与缺乏和自身
一致有联系的非真实性(inauthenticité)的动因,因为写作最终不能完全地
表达其作者。《罗兰·巴特自述》在开始处就赞同这样的看法:"而当我开始
生产,即当我开始写作的时候,**文本**自身就剥夺了我的叙述时间(这太幸运
了)。"①因此,在巴特的一生中,每当他重提萨特的时候,并不一定总是以一
种清晰的意识去回想他:在住疗养院期间于《南方手册》(*Cahiers du Sud*)杂
志上读到的萨特《对于〈局外人〉的解析》一文,为巴特思考加缪提供了很好
的素材,他在文中发现了对于有关沉默的主题的展述和在"荒诞"(«ab-
surde»)名下对于中性的一种表述方式:"他的主人公既不好也不坏,既不道
德也不缺德。这些范畴都不适合:它属于一种非常特殊的类别,作者为这种
类别保留了荒诞的名称。"②"符号帝国"这一表达方式来自于萨特的《什么是
文学?》③。再后来,萨特有关热内和波德莱尔的文章使巴特为应对知识与虚
构交织树立了论述典范。《明室》从《想象》一书中取用了非常多的观念,以
至叫人恼于去逐一累述。总之,萨特是被深藏于内而不露于外的。

　　被吸收、被欣赏、被长期使用的风格,是话语风格。在巴特看来,萨特
的强力在于发明了一种全新的论述风格,这种风格"在法兰西智力历史中
留下了一种符号"④。这种风格是直接的、启发性的,它将思想与文学形式

---

①　《罗兰·巴特自述》,同前,《全集 IV》,p. [582]。

②　让-保罗·萨特:《解析〈局外人〉》(«Explication de *L'Étranger*»), in *Cahiers du Sud*, février
　　1943;后被收入《情境》第一卷,Gallimard, 1947, p. 93。

③　让-保罗·萨特:《什么是文学?》,同前,p. 17。

④　《关于萨特和存在主义》(«À propos de Sartre et de l'existentialisme»),与埃利斯·唐达(Ellis
　　Donda)和鲁杰罗·瓜里尼(Ruggero Guarini)为意大利电视二台(RAI Due)进行的谈话,1980
　　年 2 月 15 日在法兰西公学录制;发表于 1980 年 4 月 27 日的《表达》(*L'Expresso*)杂志;翻译
　　后发表于 1993 年 10 月第 314 期《文学杂志》上,p. 51—53(p. 52);(未曾收入《全集》)。

融为了一体。这种风格具有的这种品质,巴特也想将其赋予萨特所做的一切:因为它是迷人的。"萨特刚一提出一种观念,这种观念便使人着迷,在所有情况下都使我着迷。"①在萨特使哲学摆脱他的学院式语言、在他某种程度上确保思想安全的同时,他重新将他的思想置于了其本不该离开的地方。

邀你想象

就像对待加缪一样,巴特很晚才承认萨特对于自己的影响部分,并在情感方式上表达了出来。他在自我肖像描述中肯定地指出:"我喜欢萨特"②。1977 年 1 月,他向他法兰西公学的听众们预告,下一次的研讨班是专门讲萨特的。虽然他在某些文章中巧妙地收回了这种影响,但是,就像某些批评家所做的那样,这不能就说他在背叛。从此之后,去理解他们之间的接近,而不是去指出他们特定的差异,是更为有意义的事情。例如,人们通常过分地倾向于将他们的自传写法对立起来,说一种是建设性的、叙述性的和整体论的,另一种是多方向的和片段式的。这便是忘记了萨特在自传体裁之中所实现的断裂,也是有点过快地蔑视其文本的极富批评性和揭秘性的特征。在寻找与研究的时刻,《词语》一书并不只是想成为对于自身的自省性返回,而是寻找哲学性与叙述性的一种新的融合。在这一方面,仍然有一种需要应对规则与题材的工作,巴特对于这种工作很是敏感,是这种工作让他做了多方面的事情。因为超我不存在而带来的空缺,是对于被理解为情感转移和不确定性之想象的巨大推动。对于一种主观性的断言,导致的是断然的肯定,而这种变化涉及到萨特。这种断言借助于《明室》1980 年版的赠言③而过渡到了《想象》——巴特当时认为那是一本出色的书籍。巴特终于遇到了起步时的萨特,即处于现象学研究时期的萨特,在那个时期,"我感觉"即"我感受"导致的是"我思考",或者说不管怎样,前者先于后者。"我看到,我感觉,因此我注意到,我瞩目和我思考。"④即便问

269

---

① 同前。
② 这次研讨会是口头预告的,最终未能进行(大概是因为他 1978 年没有研讨会安排)。
③ 巴特 1980 年出版的《明室》一书的赠言为"向萨特的《想象》致敬"。向一位作者的一本书致敬,实为少见,可见《明室》与《想象》之间的联系是非常密切的。——译注
④ 《明室》,同前,《全集 V》,p. 805。

题在于是一种含糊的现象学,甚至说像他所主张的那样是一种随便的现象学,主体与世界的关系重新找回了一种很大的可动性,而经验的特殊性胜过任何其他事物。思想、科学计划,完全躲进了想象之中。它们对应于一种**特殊套数**(*mathesis singularis*)计划,即在《罗兰·巴特自述》而特别是在《开课演讲》中展述的一种有关特殊性的科学:所有的科学均出现在文学之中,但却是以活动的、不稳定的方式出现的。"文学使知识运转,它不固定,也不使任何知识偶像化;文学赋予知识一种间接的地位,而这种间接性是非常珍贵的。"[①]在巴特方面,运动是他建立百科全书式梦想的东西,他为这种梦想而在一生中去寻找一些形式:一种总是重启知识游戏的百科全书,将他置于"无限反省的轮系之中",并将他推上了写作的舞台。

　　还是在这一方面,他与萨特的接近又表现了出来。在这种百科全书式的特殊计划之中,巴特借助于《恶心》中的罗康坦[②]和他的意志,看清楚了问题并像他那样说出"我是如何来看这张桌子、这条街、这里的人们和我的一盒烟的"(人们想到维特[③]的柑橘和米舍莱的烟草);他通过自学掌握了他的分类方式,这种方式在于总是重新分类和变动分类。像他一样,巴特根据图书馆里的字母顺序来排列他的知识,但是他把这种顺序变成了"闹剧",就像《布瓦尔与佩居榭》(*Bouvard et Pécuchet*)[④]中两个人物万事全知那样。言语活动在此采取了自立状态,它在使自己成为素材和趣味的同时抗拒着语言的恐吓[⑤]。于是,便出现了存在于普鲁斯特、萨特和巴特之间的相似之处。普鲁斯特:"词语向我们展示了一种明确的和习惯的意象,就像我们挂在墙上的图画那般。"[⑥]萨特:"每一词都有一种特有的

270

---

① 《开课演讲》,同前,《全集 V》,p. 434。亦请参阅《罗兰·巴特自述》中的《文学作为套数》,《全集 IV》, p. 694。

② 《恶心》(*La Nausée*)是萨特 1938 年发表的哲学性和部分传记性的小说,罗康坦(Roquentin)是其主要人物。——译注

③ 此处的维特应该是歌德《少年维特之烦恼》(*Les souffrances du jeune Werther*)(1774)中的主人公。——译注

④ 福楼拜未完成的小说,在他去世后得以发表,在书中,布瓦尔(Bouvard)与佩居榭(Pécuchet)是对于所有科学都感兴趣但又几乎什么都做不来的两个人物。——译注

⑤ 按照索绪尔的结构语言学理论,言语活动(langage)分为语言(langue)和言语(parole):语言是形式、是规则,言语是个人或一部分群体对于语言的具体运用。后来,言语活动与言语界限模糊。文中指的是打破规则与限制的表述情况。——译注

⑥ 马塞·普鲁斯特:《去斯万家那边》,同前,见于《追寻逝去的时光》,同前,Jean-Yves Tadié (éd.),Gallimard, 1987, t. 1, p. 187。

面貌(……),词语的面貌变成了事物的代表性面貌。"①巴特:"我有一种疾病:我**看得见**言语活动。"②巴特尤其把这种既是纷乱的也是令人高兴的感觉归功于罗康坦,因为这种感觉浮动而不与自身重合。他把戴上面具后的那种不悦印象归于《词语》中的普鲁(Poulou)。因此,长时间直率地使用引号援引萨特文字的《明室》一书,就像是对于巴特从萨特那里所学全部东西的综合,而这种综合又使他确保了自己的立场。

于是,可以认为巴特在文学与思想之间的关系上延续了由萨特开启的道路。在必须根据文学来思考的时候,他们两人发明了处于小说与论述中间的一种形式,依据这种形式,写作并不去固定推理,而是将推理开向与小说的世界同样宽阔、同样乌托邦式的一个世界。因此,他们再一次对于随笔做了更新,使随笔成了说出带有个人梦境与情绪之言语的场所,"而在这种场所里,写作使随笔与分析不相上下"。这第三种形式摆脱了语文学的那种稳重,也没有不仅掩饰着行文而且受到所有科学和修辞学保护的学院派言语的那种拘谨,它虽然通常被大学教学机构所鄙视,但却承担过两种职责:解放理性的职责和肯定文学对于思想过程具有影响力的职责。

小说(总是在进行,总是在准备)的话语,也像哲学话语一样,并且是根据与其相反的一种形式和一种做法,它提供了比理论更加不稳定的另一种言语活动,但是这种言语活动却占有着时代所需要的一种真理:巴特与萨特都理解,必须赋予瞬间、中性、破坏系统和重大对立关系的东西(它可以对应于小说中的某种观念)一种位置。这样一来,《恶心》一书开始时的举动就像是绝对的天才之笔,因为恶心几乎恰恰就是小说,就是其不定型的形式。一切分离的便不再结合,那种自行转换和变成流体的东西,比如周日散发的源自祈祷的点燃物烟气、变换的各种颜色、模糊的运动,一切随时被稀释或塌陷的东西,都是各种状态之偶然性或瞬间特征的符号。"这种东西在我身上流动,有时快,有时慢,我不加以固定,我任其流走。大部分时间,由于不与词语结合,我的思想便停留在雾状之中。我的思想在勾画模糊的和有趣的形式,它们相互吞没;我立即就忘

271

---

① 让-保罗·萨特:《想象》,同前,Gallimard, 1966, p. 133。

② 《罗兰·巴特自述》,同前,《全集 IV》,p. 735。

记了它们。"①《恶心》就是从理论的正面话语到小说的负面和否定话语的
过渡历史。

巴特保留了有关小说的偶发观念,保留了对于真实即对于事物现场
存在的一种直接但却是瞬间的关系的幻觉,写作在于无任何内涵地阐述
这种幻觉:真实的某种明显性在夺取写作的人,而这个人在无变化的情况
下就会在文本中失败。继巴特在《符号帝国》中给出的那些建议之后,他
在《小说的准备》中对于俳句的评语就使这种俳句成了标注现在时的典型
范例。俳句"使主体的感觉与存在、使对于生活纯粹而神秘的感受介入了
进来。"②感受,成为世人的感觉,浮掠而过的时间和眼下呈现的天气即历
史和气象,它们都有一种现在时,这种现在时"不再附着于"体块而是尽力
使形式不成型。

因此,对于萨特的阅读,在巴特奔向**中性**的整个过程中是重要的一个
阶段③。中性的零度,并非既不是……也不是……,并非正好是小资产阶
级阶层软弱无力的占据两端之间的状态,而是可在两面加工之意,中性适
合于去除多格扎④话语的稳定性,适合于在考虑到不确定性的同时使一种
新的意义类型突然出现。中性可以借助于某种随意形式与世界合一,这
种形式是由有利于共处,但却并不具有稳定意义的中间状态即入眠状态
提供的:在萨特那里是恶心,在普鲁斯特那里是入睡状态,在巴特那里是
温柔的着迷状态,即妙不可言的醉意、使强度发生变化的"明确的酣梦"。
不管怎样,它是倾向于一种难以把握的状态或一种不可能性,是趋向一种
看得到但同时在消失的某种东西。

智慧与敏感性之间的特殊平衡拉近了巴特与萨特,并使他们的著述
在今天仍然相互交汇。这种交汇是智力方面的,它是划时代的大事。这
种交汇在思想史中引发了两种变化:一种是有关解释的各种模态的深刻

---

① 让-保罗·萨特:《恶心》,见于《小说作品》(*Œuvres romanesques*),Gallimard,coll. «Pléiade»,
   1982[1938],p. 12。

② 同上,p. 72。

③ 贝尔纳·科芒在其书籍名称中就预告"走向中性"(«Vers le neutre»),这其中的介词"向"
   («vers»)是重要的(《罗兰·巴特:走向中性》,*Roland Barthes*, *vers le neutre*, Christian Bour-
   geois, 1991)。

④ 巴特在《罗兰·巴特自述》中把"多格扎"(doxa)确定为"公共舆论,即多数人的精神,即小资产
   阶级的一致意见,即自然性的语态,即偏见之暴力"(《全集 IV》,p. 627);有译者将其翻译为
   "定见",亦可参考。——译注

转变,巴特后来承担起了这种转变以利于他与萨特的初次对话;一种是借助于批评活动向着写作方面的转移而对于这种活动的更新,托多罗夫将其称作"在散文与批评之间搭起的桥梁",这种更新相应地产生了理论就像是虚构的一种概念。巴特在《批评与真理》中写道:"话语之言语的转变(……),甚至拉近了批评家与作家之间的距离"[1],这种转变开启了一个时代,在这个时代中,一种真正的社会重点赋予了根据文学而形成的批评思想,赋予了就像是文学的批评思想。萨特提出的哲学虚构,他所开始的各种写作,这些都开辟了新的道路。就像巴特在回顾以往的时候说的那样:"在某种程度上,理论也是一种虚构,并且它总是以这种名义引诱过我:最近 10 年中,理论有点像是人们高兴地去写的小说。"[2]理论,一如小说,正在打开一些可能的世界。

---

[1] 《批评与真理》(*Critique et vérité*),《全集 II》, p. 783。
[2] 《巴特在吞吃言语活动》(«Barthes en bouffées de langage»),与克洛德·博纳富瓦(Claude Bonnefoy)的谈话,in *Les Nouvelles littéraires*, 21 avril 1977(《全集 V》, p. 395)。

罗兰·巴特 1955 年 12 月 7 日
写给让－保罗·萨特的信

273

在办公室

大卡片库,1979 年 7 月 19 日的卡片

9. 活动场面

50 年代的后一半时间,巴特的能量主要用在了多种活动场面上了。当然,这首先指的是具体的戏剧场面——他已不再以演员的身份去尝试,而是作为观众和批评家临场观摩。这同时也是文学的活动场面,在这种场面上,他的角色在扩大、在强化,并引导他变成了一位主要的对话者。最后,这还是言语活动斗争的场面,在他涉入多种斗争前线的时期,他有时把他的言语当做武器来使用,转而使其得以反对当时的言语和活动。

巴特对于"场面"(«scène»)一词做过多种分析:不管怎样,他不大参照其戏剧的表演空间之谓,而是参照其各种言语活动之间的战争之意。他对于言语活动的蔑视甚至是惧怕,是非常明确公开的。"场面之所以有如此大的反响,那是因为它赤裸裸地指出了言语活动的毒瘤。"[1]根据让·波扬在 1936 出版的《塔布之花》[2]中的分析(不能确定巴特曾阅读过此书)[3],言辞最终归于由先锋派表现出的对于言语活动的仇恨。戏剧,在迫使演出必须结束的同时,使一种有益的暴力对立于言语活动的暴力:这大概是他当时自己所感受到的对于激情的一种理由;他某种程度上是在回复言

---

[1] 《罗兰·巴特自述》,同前,《全集 IV》,p. 732。

[2] 让·波扬(Jean Paulhan, 1884—1963):法国随笔作家,担任过《新法兰西杂志》(*La Nouvelle Revue Française*)主编,《塔布之花》的全名为《塔布之花或文学中的恐怖》(*Les Fleurs de Tarbes ou la Terreur dans les Lettres*),是其随笔集。——译注

[3] 他从来不引用这本书,但他的某些分析,尤其是对于修辞学的分析,却印证了波扬的分析。巴特在一篇驳斥克洛岱尔的文章中,承认波扬在对待由充满信仰的克洛岱尔提供的"词源学证据"方面的明晰特征(《天主教的阿尔勒城女子》,«L'Arlsésienne du catholicisme»,《全集 I》,p. 283),但是,人们后来明白,波扬在 50 年代更可以说是一个敌人。

语活动本身。这是他 1977 年在法兰西公学开办的关于"坚持一种话语"
的首次研讨班上的关键论题,在那次研讨班上,巴特分析了夏吕斯男爵在
《在盖尔芒特那边》①中的话语:夏吕斯的词语打开了将对话与进攻联系在
一起的一种情感浪潮:因为词语就像鞭子的抽打②。在同一个时代,巴特
在对《恋人絮语》中的"场面"就是"爱情争执"感兴趣的同时,在场面与支
配之间建立起了一种联系。获得最后发言权的欲望、争做结论的意志,都
是锤炼意义的方式:"在言语的空间中,最后出现的人占据着至高无上的
位置,根据一种规范化的特权,这一位置是由教授、主席、法官、听庭忏悔
的神甫们把持着:任何言语活动方面的战斗(古代诡辩派的斗智,苏格拉
底派的**争论**),其目标都是占据这个位置;借助于最后的发言权,我会搞
乱、'清除'对手,让他承受致命的(自恋方面的)重伤,我会迫使其闭嘴、说
不出任何话来。"③反过来讲,不想以任何代价来做结论的人,则被迫接受
一种出色的反-英雄的道德观,这便是亚伯拉罕的道德观——他接受牺牲
而不发言;这便是禅宗大师的道德观——当他回答"何谓菩萨?"时他取回
了自己的鞋子,遂将其放在头上,然后离开;这便是所有更喜欢不-支配而
不喜欢支配的人们的道德观。不过,这种巴特一生中都在追求的立场在
50 年代还没有得到明显的确定,我们会看到,他在批评和政治方面的介
入,导致他有时寻求对抗,有时参与争论,有时则直接地感受言语活动的
暴力。

厘 清 过 去

　　在《米舍莱》出版之后,巴特便结束了只有这位历史学家孤寂陪伴的
年代,也清算了他作为匿名的离群索居之人的过去。在 1951 年 4 月于
《精神》上发表文章之际,弗朗西斯·让松就向他做了约稿,而与他当下的
利益相比,正像埃里克·马蒂所说的那样,这本书显得像是一部"姗姗来
迟的作品"④,是有关先于他生命的一个时代的文本,而人们在书中读到的

---

①　普鲁斯特《追寻逝去的时光》第三部。——译注
②　《如何共同生活》,同前,p. 203—218。
③　《恋人絮语》(*Fragments d'un discours amoureux*),《全集 V》,p. 257。
④　埃里克·马蒂:《引言》(«Présentation»),《全集 I》,p. 17。

对于米舍莱后期著述的强调,突出显示了巴特对其著述阅读和应用的范围。巴特后来在塞里西举行的研讨会上说,《米舍莱》是"我承受最多而人们谈论最少的关于我的书籍"①,因此,不管是从雄心方面来看还是从阅读和方法方面来看,它都像是对于在前些年确立的多种要素的综合和对于它们的终结。对于米舍莱百科全书式著述的关注,从四个方面讲对于他是有益的。第一点收获明显地是学科方面的。实际上,米舍莱的作品为他跳出单一的文学领域而面向所有人文科学提供了可能性。在出版了《写作的零度》和时隔几个月又出版了《米舍莱》之后,巴特展现出了是一个非-专一领域人的形象,而他认为这是一种优势。在他后来对于米舍莱作品重读时写下的一些旁注中,巴特承认他是从米舍莱那里学到的这一点。"同样,就像一位人种学家在现场面对一个群体的时候,他应该把自己变成考古学家、语言学家、植物学家、地理学家、美学家等那样,当阅读米舍莱的作品时,面对世界、历史和身体,你应该同时变成一切。"②在一位历史学家的著述中投入几年的时间,有利于智力的开放,同时也使他信服必须总是将问题与历史联系起来。米舍莱立志建立一种有关劳动阶级和无发言权公众的历史,也还是他把巴特引导到阅读马克思(首先是引导他分析法国大革命)和引导到辩证唯物主义:通过巴特,米舍莱的影响延续到那个时代。

第二点收获是批评。在持续地关注作品的色欲方面——这种关注在为片段安排的题目中看得很清楚,"米舍莱为我提供了有关**色欲对象**的一种外貌和庞大的数量:燧石、鱼、天鹅、石子、公山羊、茶花、弹头、洞口、心脏、火苗等。实际上,在他的作品中所看到的和所喜欢的,**主要就是这些**"。在看重可感对象的诸多范畴(干燥、光滑、刺激气味和镇静剂、热度)的同时,他建立起了一种关于主题的和情感的批评,而米舍莱自身为其提供了母体。"在米舍莱的作品中,有一种独立于观念、影响或意象的批评现实,那就是主题。"③这些主题(被安排成网系的词语或意象)要求建立在对于

278

---

① 《借口:罗兰·巴特》(*Prétexte:Roland Barthes*):由安托万·孔帕尼翁 1977 年 6 月 22—29 日主持的塞里西-拉-萨勒研讨会(colloque de Cerisy-la-Salle)文件,Christian Bourgeois, 2003, p. 408。

② 铸造工业标准局编号为 NAF28630 的文件,"绿色卡片库 I:书籍,被选片段"(«Fichier vert 1: Livres, morceaux choisis»)。

③ 《米舍莱》,同前,《全集 I》, p. 429。

价值体系的记录和显示基础上的一种特定解读。此外,一种主题批评的这种程序,在该书出版之际也受到了阿尔贝·贝甘、让·斯塔罗宾斯基(Jean Starobinski)和加斯东·巴什拉(Gaston Bachelard)的欢迎,他们在信件中表达了极为赞扬的看法。巴什拉在那个时代是米舍莱的杰出代表,巴特大概阅读过他在由若泽·科尔蒂(José Corti)出版社 1942 年出版的《水与梦》(*L'Eau et les rêves*)中对于米舍莱的《大海》(*La Mer*)一书的分析。巴什拉写道:"在我们这里,**细节**变成了**深度**。您的明示技巧通过喷射光芒而进入到了存在深度之中。主题得到了非常好的选择,意志突出之处揭示了内心思想。我也平心静气地对您这样说。"①斯塔罗宾斯基写道:"正因为如此,批评应该进行(……)不要拒绝对主题的寻找!"②这是一种主观批评,不过,巴特并不完全将自己投入其中。正像在任何占为己有的举动中那样,很显然还需要一些接合点,那就从"偏头疼"开始,因为偏头疼以拉近批评家和其批评对象在他们与身体的关系中的距离来为我们打开卷帙,但是,这其中也有对于把批评写作看作是间距风格学的承认问题:米舍莱的神经质、极度过敏并不与罗兰·巴特对于中性特征的寻找相耦合。准确地讲,偏头疼从此可以是区分之地。"与米舍莱'混合有头晕目眩和恶心的头疼'很不相同,我的偏头疼是模糊的。头疼(从来不十分强烈),对我来说,是使我的躯体变得不透明、固执、萎缩、失败——总之是变得**中性**(重新发现的重大主题)的一种方式。"③现在回想起来,这种细微的不同并非仅仅是压缩共同空间的一种方式。它还肯定地告诉我们,借助于带有观念的文学而对于自身的认识并不产生于一种寄生,而是产生于对一种区别的理解方式。在这里,也许还有着对于《恶心》和对于在米舍莱《法兰西历史》(*Histoire de France*)插图版本中形成的阿尼(Anny)这个人物的一种参照。在拒绝像人们一般所做的那样,将其严格的历史学著作与他其他著述分开的情况下,对于米舍莱这一形象寻找的连贯性,当然是通过交织着对于自身的解释和对于他人的解释的批评性占有过程

---

① 加斯东·巴什拉 1954 年 4 月 8 日的信。个人收藏。他在信中继续表明他愿意阅读米舍莱的《日记》(*Journal*),他希望其中没有什么删除,为的是了解到米舍莱的全部"情绪":"必须离开您的桌子、您的瞬间所为、您的食物,为的是有成果地阅读一位大活人的隐私。"
② 让·斯塔罗宾斯基 1954 年 7 月 18 日的信。个人收藏。
③ 《罗兰·巴特自述》,《全集 IV》,p. 700。

来进行的①。但是很快,巴特就把**经过萨特**而可能与米舍莱有联系的关于存在的观察转换成了理论。巴特在与罗贝尔·达维德的通信中透露的有关情绪的内心思考,被人理解为是哲学表述和心理学表述。1945 年在莱森在对萨特的小说《理性年龄》(*Âge de raison*)的阅读启发之下,这些观察使得情绪变成了"古代厄运的当代形式",因为这种情绪使明天有别于今天,一夜之间足可以"使在热情之中构成的东西落入恶心境地。"②这种情绪对立于古典的激情,它表现为像是"有关时间的哲学思考、有关萨特的小说和有关巴特度日的动力"。这种情绪所引起的各种变化,由于产生模糊、漏点同时也产生明确,所以应该在其他人的文本中被解读,但也同时需要把每一个人当做文本来解读。这是因为"**整体的**内部存在,即内脏和大脑,**完全地**在时间里移动"③。这本书,就是在文本与身体之间的一种来去过程之中、在为使私密性理论化并置身于文本最深处而进行的努力之中写成的。他以此预告了 70 年代的著述,并将个人行程的开端与结束重新联系了起来。

第三种收获是方法学方面的。根据丛书的任务书要求,该书为米舍莱的文本预留了一个很大空间。因此,每一章都是以分析和引文交替出现为基础的,两者之间术语几乎相互对应,只有些许细微的变化。对于巴特来说,选编特征并不是一种困难。他打消了撰写长文的念头,而是采用既是片段的也是戏剧式的卡片方法来成书。与片段的灵活和多少武断的特征相对应的,是对于一种特征或一种意象以一幅图表或一种场面形式进行的注解。"争夺""被侮辱的家庭""皮肤与丝绸的结合""一根女人头发":每一个词项都在说明一幅绘画,都在注释一个场面。这种方法使文学变得非常活跃、可视性非常强。它能够与巴特所感受到的要有照片载体来伴随工作的需求之间建立起关系。从 1945 年开始,他便要求罗贝尔·达维德寄给他一张米舍莱的照片,而他从纳多那里得到了米舍莱的肖像之后非常激动,直接将肖像放在了办公桌

280

---

① 埃里克·马蒂将巴特在《米舍莱》中的方法说成是"捕食做法"(«prédation»)(«Présentation»,《全集 I》,p. 17)。

② 1945 年 12 月 20 日写给罗贝尔·达维德的信。铸造工业标准局编号为 NAF28630 的文件,个人遗赠。

③ 1945 年 12 月 26 日写给罗贝尔·达维德的信。他强调。

上,他可以看着手放进燕尾服中的米舍莱,注视他既慈善又高贵的工作神态①。

　　随后一种收获是文体学。巴特在这本书中,以断言表述为乐事:主谓句法顺序、直陈式、短语"这便是"、借助副词来赋予模态的一种有力的肯定、"这就是说"、"显然"、"总之"、充满空间的二元结构("和……和……""既不……也不……""或者……或者……"),等等。话语在显示,又在结束。例如名为《步行者米舍莱》(《Michelet marcheur»)的片段是以这样的话开始的:"米舍莱是如何餐食*历史*的呢? 他啃食历史",也就是,他一方面浏览历史,同时也吞噬历史。② 知识话语的所有要素都是出现的:问题、答复、断言、展述、理解。人们也会看到,巴特是如何展现这种知识话语的:首先,是大写字母,正像让-克洛德·米尔纳指出的那样,在这本书中,大写字母真正地是风格的标志:因为实际上,他不仅仅使用哲学话语中特有的在概念上加大写字母的情况(例如在写出"Histoire"一词时将第一个字母大写),而且因为他通过同样带有大写字母的一些感觉来把玩这些概念:"(……)潮湿(l'Humide)、干燥(le Sec)等,以至于那些惯用大写字母的情况(女人[la Femme]、法国[la France]、罗伯斯庇尔[Robespierre])因此而被搞乱,并带有了一种令人不安的怪异特征。"③他也通过修辞格来改变断言,米舍莱与历史的关系的动物化过程是通过动词"brouter"("吃草、嚼食"之意)被推导出来的,这个动词在被使用时自身也加有引号,这样做既是为了强调,也是使之产生距离的一种方式。因此,我们可以看到,一

---

① 1945 年 11 月 24 日写给罗贝尔·达维德的信:"请你想办法为我找到一张米舍莱的肖像照片(是照片而不是绘画)。我知道,有这种照片,我见过。你有可能在索邦大学对面学府街的一家店铺里找到,也可以在塞纳河街的另一家店铺里找到,这后一家位于去塞纳河方向的左侧,就在从圣日耳曼大街(bd Saint-Germain)到比西街(rue de Buci)那一段街道上。"1945 年 12 月 14 日写给罗贝尔·达维德的信:"我今天上午收到了米舍莱的漂亮照片。我的朋友,我该怎么感谢你呢?(……)照片让我改变了方向,打乱了我根据第一幅魔鬼似的肖像已经做的出色的——但也是无法验证的——即兴准备。我还无法评论这第二张肖像,不过,我已经对它激动不已。慈容善面总是难以描述的,我因你而感受到了这一点。"

② 《米舍莱》,《全集 I》,p. 304。巴特似乎在此给予动词"brouter"一种饮食方面的意义。在 1977 年于法兰西公学所举办的《坚持一种话语》的研讨班中,他又为这个动词增加了一种机械意义:"在谈论某些工具时颤动着咬断,在谈论一种刹车、一种接合过程、一种机器时不断地动作"(《如何共同生活》,同前,p. 208)。

③ 让-克洛德·米尔纳:《结构历程》,同前,p. 162。亦请参阅马里耶勒·马塞:《巴特与断言》(《Barthes et assertion»),in *Revue des sciences humaines*,n°268, 4/2002, p. 151—162。

种非常具有特点、表面上非常专横的写作就这样出现了,但是,如果我们非常近地观察的话,这种写作又显得很有戒备,他昭示出一种差距,有利于各种意象、各种幻觉和梦想:这是一种尽力不是其所显示的那种写作。在与言语活动本身做斗争的同时,巴特有时也与陈述活动的死板性竞比高低。但是他总是这样,于是我们将有机会重新回到这一方面来,因为改变断言式傲慢的意志将是他所有文字的特点,他会用一些表示退缩和纤弱的外在形象来与这种傲慢对立。

在《米舍莱》一书中,他通过剪贴片段的方式,已经引入了话语的一种"弱化方式",旨在降低对于一种论题的肯定性。在手稿方面,他也是本着这种相同的考虑简便从事。他在薄纸上或是在外交部办公用纸(支付记录、外国名人在法国的暂住登记表、订单)的背面写字。下面就是这种做法的一个例证:手稿在第一段上是这样写的:"*我必须郑重地预告读者,在这本小书中,他不会看到有关米舍莱思想的一种历史,也不会看到有关他生活的一种历史,还不会看到借助其一而对其二的一种解释,总之,没有任何属于其心理学的东西。*"①这段话的开头和结尾在最后的定稿版本中被取消了。这样做,赋予了言辞更多的坚定性,但也同时伴有了更多的不确定性和更多的模糊性。成书时,抹去了任何属于教学方面的标志。他更愿意强调米舍莱作品固有的力量、其具体性、其感官享受性和其与具体事物的粘附性。身体的无处不在让人想到了他在疗养院的整个阅读情况。这一切都使得这位历史学家具有了一幅非常富有生命力和诗意的肖像,但是却又不将其概述为几个重要的理解的关键。这也许就解释了在书籍出版后没有在文学刊物上受到欢迎的原因。罗贝尔·夸普莱(Robert Coiplet)在《世界报》上和罗贝尔·肯普(Robert Kemp)在《费加罗报》上都公开嘲笑巴特的方法。但是,他的朋友们及时前来救驾。贝尔纳·多尔特在《批评》杂志上大谈特谈《米舍莱》的独到之处②。而阿尔贝·贝甘则在《精神》杂志第 215 期上助巴特一臂之力,反驳他的那些对手:"巴特的新颖之处,只出现在对其进行认真阅读的时

282

---

① 铸造工业标准局编号为 NAF28630 的文件,"米舍莱"(«Michelet»)。

② 贝尔纳·多尔特:《迈向一种"专制"批评》(«Pour une critique "totalitaire"»), in *Critique*, X, n°88, 1954, p. 725—732。

候,并且似乎避开了被这本书像是一种亵渎或是一种不慎的好奇行为所激怒的人们。"[1]他继续说,相反,这种由其作者称之为"前-批评"的方法是一种革新尝试,适合于显示历史话语习惯上所掩饰的东西:情绪,复述、幻觉。私人书信也是充满热情的,即便这种方法让有的人有时感到惊异。米歇尔·维纳韦(Michel Vinavet)以这种含混的句子结束了他的赞扬:"你做得太多,以至于他(米舍莱)遁逝全无。这本书,我阅读它就像是目睹一场战役,是令人激动不已的。"但是,让·热内(Jean Genet)(巴特曾在玛格丽特·杜拉斯家里见过他)非常明确地,但也是不无讽刺意味地写信给他,说他在阅读这本书时,真真切切地感到"不仅可以飘然地回溯米舍莱的情绪和脉动,而且可以回溯历史的情绪与脉动"。尤其是,多亏了吕西安·费夫尔在《战斗日报》上发表的文章,他获得了历史学家们的承认:费夫尔有点责备他没有认真地阅读加布里埃尔·莫诺(Gabriel Monod)有关米舍莱的书籍,莫多对于米舍莱的"女子同性恋"(lesbianisme)观念持保留看法,但是,他对于米舍莱的赞扬是强烈的:"他说的多么准确和多么明确呀! 人们感觉到他是那样受到米舍莱最佳思想的熏陶、非常好的熏陶。他判断内部,而不再判断外部! 他是多么喜欢和理解米舍莱的一生并借助其生命来理解米舍莱啊!"[2]

　　1953 年和 1954 年两年中,也有多位与巴特有关的人去世:布里索医生,他曾在巴特整个患结核病期间细心地为其治疗,他的辞世给巴特带来了远远超出想象的痛苦;为巴特带来实际后果的是,他的外祖母诺埃米·雷韦兰于 1953 年 8 月去世,享年 81 岁。当时,巴特正值第二次到荷兰,他住在了皮埃尔·吉罗家里,这一次他是与母亲一起去的。外祖母去世的噩耗突然地将他们召回了巴黎,不得不做金融、动产和不动产方面的清理工作。外祖母在其生命的最后几年,因其最小儿子艾蒂安的死亡而抑郁悲痛。这个小儿子是外祖母与第二个丈夫生的,只比巴特大几岁。即便巴特对于外祖母并不充满感情,但是他过去经常去看她,而特别是她晚年时的困难和健康上的烦恼曾经是亨丽埃特·巴特的沉重精神负担。遗产继承问题很复杂。巴特的母亲与他生活在加拿大的舅舅菲利普·班热

① 阿尔贝·贝甘:《前-批评》(«Pré-critique»), in *Esprit*, n°215, 1954, p. 1013—1019,(p. 1013)。
② 吕西安·费夫尔:《米舍莱没有死》(«Michilet pas mort»), in *Combat*, 24—25 avril 1954。

共同是位于洛林的冶炼厂以及位于昂戴的房产的继承人。位于先贤祠广场的公寓房不属于雷韦兰家族,但是他们想把它买下来作为一种很好的投资。正是本着这种目的,巴特与母亲从 10 月份就在那里住了下来,"以便增加获得这套房产的机会,这套房产会是一种非常好的可兑货币"①。正是在那里,巴特开始整理《米舍莱》一书的最终手稿,其中一部分手稿笺头上就是外祖父母的住址:(巴黎五区)先贤祠广场 1 号。

继承遗产带来了生活改善的希望,他们的生活也从拮据困扰中解脱了出来——自从巴特离开了疗养院,他就一直感觉无法摆脱这种困扰。他从国家科学研究中心(CNRS)那里得到的补贴不足以维持家庭开支和养活三口人。他接受了到索邦大学为外国学生开设的法国文明课程,也从他为其撰稿的几家报刊那里得到一些费用,但是这些都不能完全地解放他。因此,外祖母的去世标志着他个人生命的一个重要转折,赋予了他更大的开销自由,减轻了他在母亲那里的犯罪感,也减少了他抱怨的话题。他从 9 月份就写信给菲利普·勒贝罗尔说:"唯一的目的,当然就是为妈妈准备一种美好和无劳顿的生活。因此,我们最为关心的便是扩大我们的居住条件。"在进行了多方面复杂的努力之后(与菲利普的通信可以作证,因为是菲利普的叔叔皮埃尔·勒贝罗尔来负责处理遗产问题),冶炼厂被卖掉了,先贤祠的公寓住房也被让出了,巴特全家便有了可能在位于塞尔旺多尼街的一处 6 层楼上买了一套房子及顶层 7 楼的一个女佣阁楼陋室。巴特把这个陋室做了整理,第一次在巴黎有了自己的单独书房(他一直称之为他的"房间"),他可以在这里接待朋友和开始一种更为解放的生活。后来,弟弟米歇尔·萨尔泽多与拉歇尔结婚,在与他们一起生活了一段有时是难处的但总体上是快乐的时间之后,巴特在 3 楼租用了一套房子,在那里,他和母亲一起生活到了母亲开始生病的 1976 年。还是在 1960 年 10 月的时候,他就在他的书房与母亲住的套房之间将楼板打开,做了一个翻板活门(1964 年,居伊·勒克莱什[Guy Le Clec'h]已经将这种做法在《费加罗报(文学版)》上编成了故事):"他在他住的房间里抬起了一道翻板活门。他走下了几个台阶,回来时带着他的外套,随后我们离开了这个小房间——近些年来,一种属于最为诱人之列的思想就

284

---

① 1953 年 10 月写给菲利普·勒贝罗尔的信。菲利普·勒贝罗尔遗赠,IMEC。

285　在这个房间里形成"①。虽然巴特经常与母亲一起吃早餐,但这时的他,已经几乎每个晚上都出去看戏剧和跟朋友们一起用晚餐,而享有一个独居的地方确保了这种做法的和谐运行。他把办公桌靠墙而立,与两扇窗户中的一扇呈直角摆放,并把他的写作用纸和他这时工作经常使用的书籍,以及照片、画作复制品和明信片放在那里。"这个空间到处一样,都温馨地适合享受绘画、享受写作和享受为卡片分门别类。"②也有堆积出现,但没有杂乱无章:一切都有其位置的顽念是明显可感的。时间是根据任务缓急来安排的,但也根据他在《小说的准备》中提供的有关时间安排的四个方面来分配:"1)个人需要:吃饭、睡觉、洗漱(这已经是文化的了!);2)创作工作:书籍(是课程吗? 是的,但比起真正的写作即书籍的写作来讲,已经是较少创造性的);3)处理事务:书信、手稿、文件、不可避开的采访、修改练习、采买(还得去理发店!)、出席朋友们的艺术和电影开幕式;4)社会联系、与友聚会、友谊。所有这一切都尽可能减少和控制。在 24 小时当中:10 小时为个人需要,4 小时聚会(例如晚上活动),5 小时创作活动,5 小时处理事务。"③在 50 年代,处理事务的时间不大用于回复各种切盼得到承认的请求信件,而是用于赚钱以维持生计的活动和用于书写长长的友情书信,但是,这些方面的时间分配一直或多或少是稳定的。

　　于是,巴特加快了他的写作工作。《写作的零度》的出版,作为第一本书,受到了批评界的极大欢迎。他被邀请到英国,在伦敦、曼彻斯特和爱丁堡做了一系列报告。他的报告涉及两个不同的方面,一个是关于言语活动的,另一个是关于戏剧的。他在报告中揉进了他的某些文章。他已经说过,他被"报告会这种虚假方式"搞得窘迫难堪,这种报告会将变成一种唠叨重复,直至无聊地去谈有关肖像的一幅照片:《报告会上的忧

286　郁》(«Détresse: la conférence.»)④。但是,做报告却给予了他旅行的机会,这便构成了一种很大的补偿,因为他在国外一直感觉良好,身边是他不懂或是半懂的一些语言,他从那些语言中听到的是音乐、是涓流、是不

----

① 与居伊·勒·克莱什《有关〈文艺批评文集〉的谈话》(«Entretien sur les *Essais critiques*»), in *La Figaro littéraire*, 16—22 avril 1964(《全集 II》,p. 621)。
② 《罗兰·巴特自述》,《全集 IV》, p. [618]。
③ 《小说的准备》,1980 年 1 月 19 日的课程讲授,p. 288。
④ 《罗兰·巴特自述》,《全集 IV》, p. [605]。

同于言语活动符号的其他符号。于是,在那些年中,他去过不少地方。1953 年 5 月,他曾与凯罗尔去过西班牙,住在了位于巴斯克地区帕萨日(Pasajes)镇的一栋改造成舒适住所的旧古堡里;随后,他与母亲又去了荷兰,而最后到了英国。在后来的几年中,他在法国去过几个地方,他到过安纳西湖畔并住在米歇尔·维纳韦家,他(为了参加戏剧节)到过阿维尼翁,又多次去过意大利。他开始到处建立他的智力联系,而这些联系在后来的时间里起到了重要的作用。1954 年春天,他重返英国参加英国广播公司(BBC)的节目录制,就住在当时正在伦敦任职的让-皮埃尔·里夏尔和他妻子吕西(吕西安·费夫尔的小女儿)的家,里夏尔是经西里内利介绍给巴特的。他经常去外祖母留下的位于昂戴的房子即埃彻托阿(Etchetoa)别墅短住一些时日,在他看来,那处房子最终是舒适宜人的,应该说,这栋在 30 年代由建筑师埃德蒙·迪朗多(Edmond Durandeau)建造的壮观房子气派不俗,在其外突的阳台通围最显眼的两侧凭栏可尽观大海。

　　这时的他有了多方面的激情。除了与戏剧建立的激情外,这一时期最为明显的激情之一,是他与维奥莱特·莫兰的友情。这个比他小两岁的聪慧而怪异的女人,1917 年出生于奥特福尔(Hautefort),乳名为维奥莱特·沙佩拉博(Violette Chapellaubeau),她保留着很重的西南方口音,这一点使她与巴特在属于同时代人之外,还是一位同乡。她在图卢兹读哲学时,她所欣赏的授课老师让凯雷维奇[①]1940 年被维希政权禁止上课。她曾组织上街游行,正是在游行之际,她认识了埃德加·纳乌姆(Edgar Nahoum)即后来的埃德加·莫兰,她与他一起加入了共产党,遂参加了全国战俘及被驱逐者运动联盟(MNPGD)的抵抗组织。在法国解放时,他们结婚并一起来到巴黎。在巴黎,他们曾有一段时间住在位于圣博努瓦(Saint-Benoît)街的玛格丽特·杜拉斯、罗贝尔·安特尔姆和迪奥尼·马斯克洛的住处[②]。按照有关埃德加·莫兰的传记所说,正是在那里,巴特

287

---

① 让凯雷维奇(Vladimir jankélévitch,1903—1985):祖籍为俄国的犹太裔法国人,哲学家和音乐理论家。——译注

② 玛格丽特·杜拉斯(Marguerite Duras, 1914—1996):法国著名女作家;罗贝尔·安特尔姆(Robert Antelem,1917—1990):法国诗人;迪奥尼·马斯克洛(Dionys Mascolo,1916—1997):法国作家。他们同为法国被占领期间抵抗运动战友,关系密切。杜拉斯与安特尔姆于 1939 年结婚,1947 年离婚。杜拉斯遂与马斯克洛结婚,所以,这里出现的是同一个地点。——译注

于 40 年代末结识了他们①。他靠近他们,这两人后来都继续进行传播社会学方面的研究计划。1954 年,巴特阅读了埃德加·莫兰的《人与死》(*L'Homme et mort*)一书,便于当年的 8 月 12 日从其在昂戴的住处给莫兰写信,讲述了他认为全部好的方面。他感觉,他与维奥莱特尤为谈得来,这种关系持续发展,并真正成为友情。尽管维奥莱特有过比巴特更为传统的人生经历(她是哲学教师资格获得者),但是,她的个性却拖拉着她离开了已经踏实的路径。她对于让凯雷维奇的热情是有感染力的,并且,由于让凯雷维奇在解放后也来到了巴黎,她便将巴特带到其位于花岸(quai aux Fleurs)的公寓住房里,在那里,他们讨论音乐与钢琴(尽管让凯雷维奇已不再听德国音乐,于是他们无法谈论舒曼和浪漫派音乐)。维奥莱特对于当时处于边缘的新课题很感兴趣:比如色情(她在 1965 年曾出版过一部这方面的书)②、幽默和古怪故事,她成了这些方面的专家,而她尤其研究大众传播中的喜剧性功能③。巴特向她介绍格雷马斯,她接受了"符号学矩阵"④图示,并将其应用到了古怪故事分析方面。而她在其"神话研究"计划中则强化了这一矩阵,因为她这时阵,因为她这时在例如艾迪特·皮雅芙之死和更早在其他主题上有了一些一致的分析。他们两人分享对于新词和写作的乐趣,这一点在巴特为她而写的几篇文章中也看得很清楚,而维奥莱特也在其发表于《交流》杂志上的文章中发明了动词"disjoncter",该词获得了如人所知的成功。他们一直保持着密切的关系,例如在 60 年代的每一周都去看一次电影。在维奥莱特与丈夫离婚后,巴特经常去她的家里,她的家就位于苏福楼(Souflot)街,她与两个女儿韦罗妮克(Véronique)和伊蕾娜(Irène)生活在一起。1962—1963 年的记事簿里常提及"伊蕾娜的课程",这说明巴特在帮助维奥莱特的小女儿补习功课。

288

维奥莱特·莫兰与巴特两人,但也还要算上埃德加·莫兰,他们都

---

① 埃马纽埃尔·勒米厄(Emmanuel Lemieux):《埃德加:不守规矩的人》(*Edgar Morin,L'indiscipliné*),Seuil, 2009, p. 251。

② 维奥莱特·莫兰(Violette Morin)与尤瑟夫·马若(Joseph Majault):《一个现代神话:色情》(*Un myrhe moderne, l'érotisme*),Bruxelles, Casterman, 1965。

③ 在她 2003 年去世后,2004 年 6 月第 20 期《幽默研究》(*Humoresque*)杂志《怀念维奥莱特·莫兰》(«Hommage à Violette Morin»)专号汇集了她有关这一论题当时未发表的一些文章。

④ 符号学矩阵(carré sémiotique)表现的是,作为对立的和矛盾的一种二项式(真/假,非-真/非-假)结构(叙事,广告讯息)之基础的各种概念。最上层是合取关系,最下层是析取关系;矩阵两侧是互补关系。

与那个时代的所有创建活动有关。他们一起参与了《论据》(*Arguments*)杂志的大胆尝试,该杂志是由莫兰 1956 年根据(在匈牙利危机的可怕动荡之后是必要的)[1]一种"后-马克思主义"的观点在伽利玛出版社创办的,这其中包含着一种非正统的思考,并将其明确地标榜为是社会科学的新力量。他们加强与弗朗克·富尔蒂尼、让·迪维尼奥、科莱特·奥德里(Colette Audry)、弗朗索瓦·费日托(François Fejtö)、迪奥尼··马斯克洛的交流。在第一期中,我们看到有一篇马斯克洛写的关于奥尔巴克(Auerbach)的《模仿》(*Mimésis*)的文章、一篇格雷马斯(巴特将其拉了进来)关于语言学家马塞尔·科昂(Marcel Cohen)(重要的闪米特语和舍米特-闪米特语专家)的书籍——《建立关于言语活动的一种社会学》(*Pour une sociologie du langage*)——的文章。巴特在杂志中发文谈论的是《布莱希特批评的任务》(«Tâche de la critique brehtienne»),该文的写作纲要位于社会学、意识形态、符号学和道德观四个方面[2]。该杂志最初被构想为是某些知识分子的一种自由空间,除了巴特[3],那些人都经历过参加共产党和脱离共产党的过程,该杂志的历史也证实了个人生活与思潮之间存在着联系。这份杂志就像是一种通报,直到最后也只是非常手工性的一项事业,每个人都参与其中;"《论据》被认为是组别-融合,它既表现为其组成之快和得到热烈欢迎,也表现为其明确的和突然的散去。因此,我们并不感到惊讶的是,它经历过这种类型组别所特有的双刃武器的磨练:一种很大程度上的思想相通、行为相通和情况相通,但这也是试图避开所有对立和被制度的重负所征服的一种混乱的狂热表现"[4],这些情况最后于 1962 年终结了这一事业。但是,这种经历证明,

289

---

① 指发生在 1956 年 10 月 23 日—11 月 10 日期间的"匈牙利事件",后遭遇苏联出兵平息。——译注

② 该文后收入《文艺批评论集》之中。巴特在编委会中的名字于第六期(1958 年 2 月)上消失。

③ 埃德加·莫兰后来说,这种差异就是巴特疏远的原因:他"不参与这种经验和这种文化,他在我们开会时并不显得很愉快"(埃德加·莫兰:《一个话语平台》,«Une tribune de discours», in *Rue Descartes*, n°18, «Kostas Axelos et la question du monde», PUF/Collège international de philosophie, 1977, p. 122)。

④ 吉尔·德拉努瓦(Gil Delannoi):《〈论据〉:1956—1962,开放的题外话》(« *Arguments*, 1956—1962, ou la parenthèse de l'ouverture»), in *Revue française de science politique*, 34ᵉ année, n° 1, 1984, p. 127—145(p. 131)。关于这一点,亦请参阅《笛卡尔街》(*Rue Descartes*)杂志为科斯塔·阿克塞洛开办的第 18 期专号《卡斯塔·阿克塞洛与世界问题》(«Kostas Axelos et la question du mond»), PUF/Collège international de philosophie,1997, p. 111—126。

那个时代的巴特还是以其自己知识分子的和政治的立场参与了集体活动,即便只是时间很短。

随后,巴特以极为自愿、尽管在那些年里尚不太确定的热情参与了由乔治·弗里德曼在高等研究实践学院创立大众传播研究中心(CECMAS)的工作①。由于巴特 1956 年就加盟了社会学研究中心的各项研究(一份总编委员会的报告证明了这一点)②,他便在整个 60 年代中经常参与大众传播研究中心的事务,他出席研讨会和列席会议,也接近研究人员奥利维耶·比尔热兰(Olivier Burgelin)。维奥莱特·莫兰能够精准地回忆起那一时刻和巴特参与的内容;她曾在为弗里德曼去世而发的悼念文章中讲述过这一情况:"那是在 1959 年 6 月一个阳光明媚的上午。我们聚在他的公寓房露台上,被一种乐观的洞察力所吸引和惊异,这种洞察力有时透过他厚重的眼皮赋予他一位青少年的俏皮的微笑,我们有四个人听对于作为我们未来研究工作的社会学的总体介绍:保罗·拉扎斯菲尔德(Paul Lazarsfeld)、罗兰·巴特、埃德加·莫兰和我。为了听他的声音,我并非是毫无激动之情地重新召集起这'四位在场者',而他则喜欢按照音律重新说出这四个人的姓名,就像是在说出对于超出争论之外的一种回忆的名称,就像是说出对于森林空地名称的回忆那样。他当场就要求我们不能让美国人独享评价视听手段,要求我们细化贝雷尔森学派③提供了其首

---

① 乔治·弗里德曼(Gaoges Friedmann, 1902—1977),接受过哲学教育,在 30 年代初期曾参与了高等师范学院社会资料中心的工作,他的研究集中在劳动和社会关系问题方面。作为马克思主义者,他曾去当时的苏联研究这些问题,并出版过两部有关苏联经济形势的比较论书籍,他在书中态度明确地指出了苏联经济形势的困难,这使他与法国共产党的关系出现了动摇。返回法国后,他在战争期间参加了抵抗运动,并借助于他的有关《工业机械论》(*Machinisme industriel*)的博士论文的发表而在解放时找到了工作。他担任了国家科学研究中心社会学研究中心的领导岗位,在有关劳动的社会学领域,但也在其他技术文化领域例如传媒和传播领域,都带动了许多研究。他在伽利玛出版社出版的主要著述中有:《碎屑式的劳动:专业化与闲在》(*Le Travail en miette. Spécialisation et loisir*)(1956)、《第三道路的信号?》(*Signal d'une troisième voie?*)(1961)、《犹太民族之末?》(*Fin du people juif?*)(1965)。1961 年,巴特在《年鉴》(*Annales*)杂志发表短评,介绍了大众传播研究中心,以便引起人们注意这一研究中心和捍卫它的存在。

② 这份报告委托当时的社会学研究中心主任让·施特策尔(Jean Stoedzel)安排巴特主持一天的"演出社会学及其观众"的活动。国家档案馆(AN):"国家科学研究中心的中心领导档案",19780305,箱号为 10。

③ 贝雷尔森学派(École de berelson):以美国著名社会学家贝雷尔森为代表的学派。贝雷尔森本人的主要贡献在于对于选举行为的研究成果。——译注

批模式的那些著名内容分析之特权。那天上午,一切都允诺了,就好像都完成了似的。"①最后,他1961年参与了《交流》杂志的创刊,以及布朗肖主导的"跨国杂志"计划的制定,我们将在后面再谈。

由于巴特没有完成他过去开始的有关词汇学的研究计划,国家科学研究中心在1954年就没有再为他继续提供费用。因此,他便认真地考虑放弃与乔治·马托雷一起进行的关于词汇的研究,而他与马图雷的关系也在1954年那一年明显地冷淡了下来:"自从我的书在他看来明显地抨击了当下制度,我们之间的某种东西就被破坏了;他认为我的书写得不好,而在我来说,越来越难于相信他无确定内容的词汇学——他的词汇学以革新为名义,却差不多是那位可恶的、犯罪的米约(说其是犯罪的,是因为他没有让我们学好哲学)对我们所说的属于泰奥迪勒·里博时代的东西"②。于是,他开始筹划注册关于演出或关于时尚的第三个博士论文课题。他开始接触安德烈·马丁内,而且也还是格雷玛斯为他安排了会见。许多年过后,由于与马丁内有了些疏远,格雷玛斯讲述了这第一次的会见情况。巴特希望在时尚方面做研究,便问马丁内这位语言学家他认为最说明问题的方面是什么。当时,巴特据理认为"披肩"表现出越来越多的含义③,而马丁内则回答是"两条腿"。巴特和格雷马斯这两位在亚历山大相遇相知的朋友都想推动的符号学,已经遭遇到了一种不大关心文学的计划安排。弗里德里曼的社会学研究室为巴特的方法和破解感知对象的方式留下了更大的空间,最终是在这一研究室内,他注册了有关写作时尚的新课题,于是在随后一年里,他又获得了资助。而在等待期间,他必须找到一些生存手段。罗贝尔·瓦赞(Robert Voisin)在他位于圣安德烈-戴-扎尔(Saint-André-des-Arts)街的"方舟出版社"(Éditions de l'Arche)为巴特提供了一个文学顾问的岗位,他不只是因为物质需要才接受了这个岗位:这个位置非常好地与他在戏剧批评中的介入相符合。

291

---

① 维奥莱特·莫兰:《怀念乔治·弗雷德曼》(«À Georges Friedmann»), in *Communication*, n° 28, 1978, p.1—4(p.2)。

② 1954年春天写给菲利普·勒贝罗尔的信。菲利普·勒贝罗尔遗赠,IMEC。米约(Milhaud)之名(在巴特的"传记"尝试中,曾被拼写为Millaud,见原书第102页)指的是路易大帝中学的哲学老师。

③ 让-克洛德·舍瓦利耶和皮埃尔·昂克勒韦:《为语言学而斗争:从马丁内到克里斯蒂娃。论认识论剧作法》,同前,2006, p.336。

从此之后,巴特作为知名的批评家,非常受报纸和杂志欢迎,特别是从第一批"神话"发表开始:1952年10月在《精神》杂志上发表的《兰开夏式摔跤的世界》(《Le monde où catche»),为他带来了极大的名声和众多的赞赏信件。《法兰西观察家》杂志(*France Observateur*)请他每个月为其写作关于戏剧的连载文章,纳多刚刚创办的《新文学》杂志请他以"当月小神话"(«petite mythologie du mois»)为题续写"神话",并且他继续经常地为《精神》杂志撰稿,除了这些杂志之外,《现代》(*Les Temps modernes*)杂志和《新法兰西杂志》也请他写稿。波扬在1953年曾希望巴特的名字"明年经常出现在《新法兰西杂志》上"[①],并答应支付巴特每页纸2000法郎的报酬,巴特却没有给他任何东西;马塞尔·阿尔朗(Marsel Arland)在随后的一年中催促巴特为《新〈新法兰西杂志〉》(*La Nouvelle NRF*)提供稿件,巴特对于他的回复是,只要他在国家科学研究中心的身份没有得到明确以及他在社会学部门的注册没有得到落实,他就不会接受新的任务。信的草稿带有这样的话,随后被划掉了:"我把我完成一部真正社会学著述的愿望置于其他任何任务之前,在为获得国家科学研究中心的支持而竭尽所能之前,面对文学,我不会感觉到自由,在现时,就必须在时间上做出牺牲。"[②]当然,这里存在着被社会承认的愿望,但是,他也感觉到,完成一部真正的著述需要一定的长度和时间,而这些与体现他大部分文章之特点的简短和直接性相左。

戏　剧

> 在全部创作活动的十字路口上,可能是戏剧……[③]

巴特涉入戏剧生活,的确可以说是他青年时代一种热情的延续,但

---

① 让·波扬1953年12月20日的信件。私人收藏。
② 1954年9月4日写给马塞尔·阿尔朗的信。楷体部分是我们加的,这部分在草稿中是被划掉的,并代之以"在满足任何其他要求之前;为此,国家科学研究中心的支持是必要的,在尽力获得这种支持之前,我不能真正地感到自由"。个人收藏。
③ 《罗兰·巴特自述》,《全集 IV》,p.749。

是,这种涉入也是一个时代和他需要在其中扮演一定角色的意志的标志。必须想到戏剧在那些年中的重要性,必须想到活跃舞台的那种特殊热情,必须想到在艺术与政治之间起作用的那种特殊联系。当时,对于"四人联盟"(迪兰、巴蒂、茹韦、皮托埃夫)的记忆之所以依然如旧,并且他们中的某些演员之所以依然活跃在舞台上,那尤其是因为让·维拉尔①在沙约宫(pallais de Chaillot)和在阿维尼翁进行的戏剧革新。让·维拉尔于1951年被任命为沙约宫的经理,他把它更名为国家大众剧院(TNP),他从1948年起就主持阿维尼翁的戏剧节。在那个时期,戏剧起着一种真正的社会作用,在今天看来,这种作用是难以想象的:在连续12年当中,沙约宫记录下有5193895名观众进场观看演出,即每一场有2336名观众! 因此,巴特感激维拉尔所从事活动的"社会学方面的广泛影响";"多亏了维拉尔的试验,戏剧趋向于像电影和足球一样变成一种重要的大众休闲活动"②。但是,巴特更为称赞他的,是他进行的一种真正的审美变革。编剧布丽吉特·雅克-瓦热曼写道:"今天,当人们谈起维拉尔的奇迹的时候,基本上是强调他的戏剧所带来的社会变革。人们无视他所进行的审美革命,这种革命使剩下的一切发生了变化:一种对于焦点问题、也许对于戏剧之功能的新的感受。维拉尔使演出空间裸露,按照巴特的说法,这是一种根本性行为:他空置了这一空间,使其摆脱了任何布景、任何胶粘之物,摆脱了使观众的目光和精神产生模糊的东西。(……)取消了布景,空间最终完全开放,于是巴特便庆贺'一个明亮的场所诞生了,在那里,一切都在一种看不清的屏幕之外最终被理解——而在这种屏幕上一切都是模糊的'。"③于是,巴特在这种戏剧中发现了他也会在罗伯-格里耶的小说中看到的东西,也就是说,他发现了一种真正的批评空间、一种可以表明社会性和转换社会性的形式、一种深入社会和向当时的知识分子提供真正介入场所的形式。

正是在这种背景下,《大众戏剧》杂志创刊了,它支持维拉尔的奋斗,

293

① 让·维拉尔(Jean Vilar,1912—2012):法国著名喜剧演员、戏剧导演和剧院经理。——译注
② 《今天的大众戏剧》(«Le théâtre populaire d'aujourd'hui»), in *Théâtre de France*, 1954,《全集 I》, p.529—533。
③ 布丽吉特·雅克-瓦热曼(Brigitte Jacques-Wajeman):《返回巴特》(«Retour à Barthes»),见于达尼耶尔·布纽(Daniel Bougnoux)(主编)《罗兰·巴特的印记》(*Emprintes de Roland Barthes*), Nantes, Éditions. Cécile Defaut/Paris, INA, 2009, p.97—107(p.105)。

但也同时关注发明与他的奋斗相匹配的一种戏剧批评,因此它既不担心刊登困难文本(发表完整的法国或外国的作品文本,特别是马蒂兰或比希纳①的作品……),也不担心因发表激烈的、有时是不妥协的甚至有时是不正确的批评而使人不高兴。编辑委员会先是有莫尔万·勒贝克、居伊·迪米尔和罗兰·巴特(第一期),他们都是由罗贝尔·瓦赞根据每个人所从事的非典型职业和对于国家大众戏剧的公开赞成态度聚拢起来的②,巴特早在维拉尔导演的《洪堡王子》(*Prince de Hombourg*)上演时就在《新文学》杂志上发文表现出了他的赞成态度。随后,从第二期开始,又有让·帕里斯(Jean Paris)、让·迪维尼奥和贝尔纳·多尔特加入了进来,巴特遂与多尔特之间建立起友谊联系。1953 年 5 月,大部分是由莫尔万·勒贝克和巴特撰写的第一期社论,就批评现有戏剧或他们所称的"资产阶级戏剧",但是并无明确意识形态方向。该杂志的明确宗旨还在于"为作品提供与之适应的看法:总之,是组织和提供艺术自身带有的注解,但丝毫不表达自己的意见,因为在艺术与我们之间还有一种言语活动之区别"。在那个时候,他们作为杂志编辑的雄心,既属于批评方面的,也属于美学方面的,还属于政治方面的。让·迪维尼奥记得,正是在这个时期,在他们的共同讨论中,出现了"戏剧性"(théâtralité)这个术语,以回应阿尔托在其《戏剧与其复制品》(*Le Théâtre et son double*)一书中的直觉。他说:"这种戏剧性,我们将其淹没在社会和公众之中了。我们认为,诗人的瞬间请求,其根基在于公众之中,而我们对于公众并非很是了解,并且有时,我们并非是天真地认为公众具有意识的纯洁性,就像司法认为'法官'意识纯洁那样。"③他们的介入使他们对于新的舞台写作即布兰④、塞罗⑤、

---

① 马蒂兰(Charles Robert Maturin, 1782—1824):爱尔兰剧作家和小说学家;比希纳(Georg Büchner,1813—1831):德国剧作家。——译注

② 莫尔万·勒贝克(Morvan Lebesque)当时是《十字路口报》的戏剧批评家和《鸭鸣报》(*Canard enchaîné*)的记者。他也曾经是大众戏剧友人协会的主席。居伊·迪米尔(Guy Dumur)当时为《圆桌报》(*Table ronde*)和《法兰西医学报》(*Médecine de France*)撰写戏剧批评文章。他曾经是演员和几部小说的作者。

③ 让·迪维尼奥:《〈大众戏剧〉:一份杂志的历史》(«*Théâtre populaire*: histoire d'une revue»),in *Magazine littéraire*,n°314, 1993,p. 63—64。

④ 布兰(Roger Blin, 1907—1984):法国戏剧演员和导演。——译注

⑤ 塞罗(Jean-Marie Serreau, 1915—1973):法国戏剧演员和导演。——译注

普朗雄①的舞台写作感兴趣,也使他们对于由克洛德·普朗松(Claude Planson)在萨拉-贝尔纳(Sara-Bernhanrdt)剧场主导的"不同民族戏剧"感兴趣,这个剧场向人们介绍的是外国的剧团,而特别是从美洲回归的魏玛避难者剧团(皮斯卡托尔剧团[Piscator],布莱希特剧团[Brecht])②。正是在那里,巴特所捍卫的理论和政治观念,即为社会批评而用的一种戏剧的观念,找到了其真正的说明。意识形态方面的焦点问题得到了更为明确的肯定,而斗争既针对那些漠不关心戏剧的人,即那些不去剧院或不喜欢看戏(应该说这是那个时期的政治与公民艺术)的人,也针对以消遣为目的的戏剧消费者。

巴特与《大众戏剧》的历史,以及他关于艺术可以介入历史之中和这种介入应该一方面依据思想一致性的方式来进行、另一方面是在与前人的冲突中来进行的观念,是其归属于他那一代人的最明显经验。问题的关键,在于围绕着戏剧的一种纯化活动,去考虑一种团结的与调和的社会——因为这种纯化活动能够达到朴素无华即一种"零度",而这,正是阿达莫夫、布莱希特和尤内斯库③似乎都在通过放弃心理学和裸露舞台空间所努力实现的。杂志编委会委员们的这种一致意见,并不涉及戏剧领域的所有方面,而内部的冲突也不断出现。马尔科·孔索里尼(Marco Consolini)在其为《大众戏剧》所写的资料非常齐全的书籍中,明确地讲述了那些不经常见面、只是相互阅读文章的合作者们之间的分歧。迪米尔高度评价吉罗杜,巴特对其不无厌恶;迪米尔喜欢朱尔·鲁瓦(Jules Roy),巴特对其充满蔑视,因为"所有战争时期的童子军行为最终总是变成法西斯主义"④;他们对于克洛岱尔看法也是相左的。相反,多尔特与巴特在社论思路上相同,他赞成巴特表现出更为介入的立场,这种立场反对在很大程度上影响一种"消费"市场的戏剧观众。他的文章《无公众的戏剧和无戏剧的公众》(«Un théâtre sans public, des publics sans théâtre»)发表于

---

① 普朗雄(Roger Olanchon, 1931—2009):法国戏剧演员和导演。——译注
② 指的是 1933 年在纳粹思想煽动之下,被从德国魏玛共和国驱赶而走的犹太作家和演员。——译注
③ 阿达莫夫(Arthur Adamov, 1908—1970),是祖籍为前苏联亚美尼亚的法国作家、翻译家和戏剧作家;布莱希特(Bertolt Brecht, 1898—1956),是德国剧作家、小说家和诗人;尤内斯库(Ehgène Ionesco, 1909—1994),是祖籍为罗马尼亚的法国荒诞派剧作家。——译注
④ 1953 年 7 月 18 日写给罗贝尔·瓦赞的信。《方舟》档案。

1953 年该杂志第三期上,该文借助将编辑路线纳入直接是政治的一种领域而使其出现了改变,同时需要巴特在 1953 年《新文学》中所称的那种"整体批评"(«critique totale»)①。这种激进态度在 1955 年 1—2 月份的总第五期的社论中表现得尤为明显,这一次的社论是巴特写的,他激烈地批评资产阶级的戏剧:"当前,资产阶级戏剧所拥有的各种普遍的自满表现,到了我们只能首先以对其破坏为己任的程度。我们只能将大众戏剧确定为摈弃了诸多资产阶级结构、去除了金钱和其伪装的一种戏剧。因此,应该首先意识到我们的对立态度。这种对立着眼于大局,而不拘泥于细节。"②这种抨击性文章的严厉性,导致了居伊·迪米尔而特别是莫尔万·勒贝克与巴特拉开了距离,他们之间的不和在巴特与加缪论战之后不久便达到了高峰。

逐渐地,瓦赞、巴特和多尔特成了该杂志的领头羊,并且他们的立场得到了捍卫,这不会不在整个圈内引起动荡。热拉尔·菲利普(Gérard Philippe)曾在一段时间里被人所喜欢,这时却因其对理查德二世角色的俗套解释而遭指责:"在菲利普的资产阶级庸俗化背后,主意已定,那便是追求庸俗和假象的主意。力量巨大雄厚,却为了塞入他们的坏疽而寻求哪怕是一点点的缝隙。"③当然,这种尖刻批评是出现在《新文学》杂志之中的,但是它也揭示了巴特充满激情和论战的声调——戏剧的一切都对巴特有着吸引力,从服装到帷幕,从演员到批评者,从节目单到年轻作者,当巴特一谈到这些时,他就使用这样的声调。当然,在对于一种可见空间的大量占有之中,这里面有某种策略问题,但在审美与政治的交汇之处,也有一种深刻信任的问题,因为这种信任使得他生存的这一时刻变得尤为活力旺盛:他的马克思主义观点不失时机地得到了表达,而且他对于自己被卷入激烈争论之中并无不快之感。

从 1954 年到 1963 年,巴特写了 80 篇有关演出的文章或观后感,先后发表在 22 家不同的刊物上,其中有 50 篇左右见于《大众戏剧》和《法兰西观察家》。这些文章大部分写于 1960 年之前,论述的几乎是让·维拉

---

① 《天主教的阿尔勒城女子》,(«L'Arlésienne du catholisme»),《全集 I》,p. 285。

② 罗兰·巴特:《社论》(«Éditorial»),见于 1955 年 1—2 月份总第五期《大众戏剧》,p. 4。

③ 《〈理查德二世〉之末》(«Fin de Richard II»), in Les Lettres nouvelles, mars 1954(《全集 I》, p. 470)。

尔导演过的所有剧目(《理查德二世》①《吕伊·布拉斯》②《麦克白》③《爱情的胜利》④《制造者》⑤)——这些剧目并不总是受到吹捧,他也论述过罗歇·普朗雄的剧目、让-路易·巴罗(Jean-Louis Barrault)的剧目(他并不总是受到维护,他也不受《大众戏剧》的好评)、雷蒙·埃尔芒捷(Raymond Hermantier)的剧目。这些文章几乎都采用了这份杂志所主张的社会批评声调,即便当它们是在其他报刊发表的时候。每当有机会时,这些数量极大的介入文章就借助对于布莱希特的激情而得到强化。

对于布莱希特的发现当然是"关键性的",因为这种发现以明确文学与介入之间关系的一种新方式来代替了萨特的模式。这种发现使巴特得以确定他思想的两种方向:以借助于形式承担一种责任的观念来表明马克思主义;以借助符号的间离作用⑥来表明结构主义。正像他 1970 年在电视台接受让-若泽·马尔尚(Jean-José Marchand)采访时透露的那样,或者像他 1975 年对让-雅克·布罗希耶所重复说的那样⑦,如果说 1954 年 6月《大胆的妈妈》⑧的上演"点燃了他",那是因为在责任心与快感之间有了结合,而他则依据这种结合辨认出了思想:"在我看来,说真的,他的典范性既不在于他的马克思主义,也不在于审美观(尽管这两方面都极具重要性),而是在于两者的合取:即一种马克思主义的理性与一种语义思维的合取:他是曾经思考过**符号作用**的马克思主义者:十分罕见。"⑨这种"赞赏"(«éblouissement»)(该词源于《米舍莱》,又在《关键戏剧》[«Théâtée capital»]一文中被采用)既是一种个体的,也是一种集体的转变。巴特高度评价这种说法的极端明确性:他在其中看到了戏剧成为那个时代真正

297

---

① 《理查德二世》(*Richard II*):莎士比亚 1595 年写的一个剧本。——译注

② 《吕伊·布拉斯》(*Ruy Blas*):雨果 1838 年写的一个剧本。——译注

③ 《麦克白》(*Macbeth*):莎士比亚 1606 年写的一个剧本。——译注

④ 《爱情的胜利》(*Le Triomphe de l'amour*):是法国剧作家马里沃(Pierre Carlet de chamblain Marivaux, 1688—1763)1732 年写的一部喜剧。——译注

⑤ 《制造者》(*Le Faiseur*):巴尔扎克 1840 年写的一个剧本。——译注

⑥ "间离作用"(distenciation)或译"间离效果",是布莱希特的一种美学主张,他认为在"真实"(réel)与"再现"(représentation)之间存在着一定的间隙或差异。巴特借用此概念来指符号的"能指"与"所指"之间存在着差异。——译注

⑦ 《全集 IV》,p. 868。

⑧ 全名为《大胆的妈妈和她的孩子们》(*La mère courage et ses enfants*),是布莱希特 1931 年的作品。——译注

⑨ 《答复》,《全集 III》,p. 1030。

艺术的原因和斗争原因。对于《大众戏剧》来说,1954 年的舞台演出到最后一直是最为重要的演出:"该杂志最终找到了其真正的身份。整个团队都认为这种演出是一种揭示,这种冲击形成了对戏剧节其他作品的一种管控。"①1957 年,巴特再一次强调了这种特殊的明确性:"当我在 1954 年观看了柏林剧团演出的《大胆的妈妈》的时候,我明确地理解到(当然,这种明确并不排除对于美的感受,总之,不排除一种深刻的情绪),我理解这里面有对于各种戏剧形式的一种责任"②该剧也展现了一位英雄母亲的形象,这种形象为相遇增加了一种强烈的内心共鸣。

(巴特)为介绍柏林剧团抵达巴黎和其多场《大胆妈妈》的演出而写的第一篇文章,发表在《法兰西观察家》杂志上。纳多在离开《战斗日报》之后在《法兰西观察家》杂志上掌管着文学副刊,因此他为巴特安排了一个戏剧专栏。这篇文章的题目是《关键戏剧》,发表于 1954 年 7 月 6 日,它赋予了布莱希特的戏剧四种主要的变革性品质:这是一种关注解放的戏剧、一种政治戏剧、一种有正当理由存在的戏剧和一种叫人感到新鲜的戏剧。巴特将布莱希特的戏剧对立于堕落的戏剧、在别处称之为"油腻的戏剧",因为这种戏剧使现存秩序服务于勾结与夸张;但是,他也将布莱希特的戏剧对立于某种进步的戏剧,因为后者过于明显地昭示其论题,而不预留给观众的意识以自我解放的可能性。戏剧在使观众脱离演出、使各种事物之间保持距离的同时,它也就有效地使观众接受解密过程。两周之后,也就是 7 月 22 日,巴特又为布莱希特写了一篇新的文章,这一次谈论的是演员之间的关系和有关间距的戏剧理论。在这一段时间里,他阅读过有关布莱希特的一些批评文本,他吸收了大量他从远离本体论的东方戏剧中学习到的编码知识。他知道,他曾密切关注过梅兰芳 1935 年在在爱森斯坦③和斯坦尼斯拉夫斯基④陪同下于莫斯科演出的《霸王别姬》⑤,

298

---

① 马尔科·孔索里尼:《〈大众戏剧〉,1954—1964;一份介入杂志的历史》(《*Théâtre populaire*》, 1953—1964. *Histoire d'une revue engagée*), trad. De l'italien par Karin Wackers-Espinos, Éd. De l'IMEC, 1998,p. 34。

② 《相遇也是一种斗争》(《*Rencontre est aussi un combat*»), in *Rendez-vous des théâtres du monde*, avril 1957(《全集 I》, p. 877)。

③ 爱森斯坦(S. M. Eisenstein, 1898—1948):前苏联著名电影导演。——译注

④ 斯坦尼斯拉夫斯基(C. Stanislavski, 1863—1938):前苏联喜剧演员和导演。——译注

⑤ 这里使用的是"Master class"的译名,直译为"大帅级",经查,梅兰芳 1935 年访问莫斯科时,曾演出过《霸王别姬》,因此推测该是此剧的译名。——译注

他同时在其中发现了什克洛夫斯基[①]的去家庭化(défamiliarisation)的原理,而间离理论则在很大程度上依托于这种原理。巴特参照日本能剧来使读者理解演员必要的抽象活动。

1955 年,一篇为《大学生论坛》(*Tribune étudiante*)而写的文章,最后提到可从布莱希特那里学习到的三种教益:首先是戏剧艺术并不只面对意义,而应该从智力上去思考;其二是政治应该建立自己的戏剧形式;最后是介入应该是整体的。因此,布莱希特要求清理戏剧剧目和戏剧技巧。后来的那些文章谈论的是布莱希特的理论在法国舞台上的应用,涉及到让-马利·塞罗在创作剧院(Théâtre de l'Œuvre)导演的《人为了人》(*Homme pour homme*),他赞扬塞罗的努力,但批评在他看来与布莱希特戏剧的严格要求无法相提并论的"大概气氛";他还涉及到罗歇·普朗雄(Roger Planchon)在里昂剧院导演的《第三帝国的恐怖和灾难》[②];也还涉及柏林剧团在法国土地上的每一次出现情况。在 3 年的时间里,他为布莱希特写了不下 12 篇文章;这是一项全面覆盖的事业。他在不同报刊上发表有关布莱希特的文章的同时,也在扩展布莱希特的影响范围和他自己的影响范围。他肯定地指出,布莱希特的戏剧里有一种真正的政治,即能够与古希腊悲剧和其在历史中的介入力量重新结合在一起的那种政治,与此同时,他也在明确地展示出自己作为政治批评家的角色。

299

在同一时间,巴特作为方舟出版社的文学部主任,出版了他汇编的多卷本的《戏剧全集》(*Théâtre complet*)。出版社通过热拉尔·菲利普(他喜欢演出一些青年作者的剧本,而不只是那些保留剧目),着手出版维拉尔在沙约宫演出的所有剧本,该出版社在巴特的协助下为传播布莱希特的作品做出了巨大贡献。罗贝尔·瓦赞和巴特决定开展一次既是推广又是宣传的出版造势活动。他们以每一本包括三个剧目的形式出版了布莱希特的所有文本,并且每一本都以一部"引领"剧目为开始,例如《大胆的妈妈》、《高加索灰阑记》(*Le Cercle de craie causasien*)、《伽利略的一生》(*La Vie de Galilée*)、《蓬蒂拉老爷和他的仆人马狄》(*Maître Puntila et son*

---

① 什克洛夫斯基(V. B. Chklovski, 1893—1984):前苏联文艺理论家和作家。——译注
② 《第三帝国的恐怖和灾难》(*Grande-peur et misère du IIIe Reich*):是布莱希特 1935—1938 年
   期间写的一个剧本。——译注

valet Matti)等。同时，方舟出版社在其"重要剧作家"(«Les Grands dram-
aturges»)丛书中，出版了热纳维耶芙·塞罗(Geneviève Serreau)有关布莱
希特的论著，《大众戏剧》也将其第 11 期全部版面安排给了布莱希特，谈
到了布莱希特以革命的词语所进行的决裂，这是与 24 个世纪以来变为
"自然的"亚里士多德式戏剧的决裂。那一期的社论上没有署名，但它大
部分都是巴特写的。这一社论在戏剧领域，也在杂志团体内部激起了很
大的负面反应，从而加快了先是让·帕里斯、随后是让·迪维尼奥的拂袖
而去。过了一段时间，即 1956 年，莫尔万·勒贝克借为尤内斯库的《老师
的即兴剧》(*L'Impromptu de l'alma*)写观后感之机(这部即兴剧就像是对
于《大众戏剧》的某种激烈抨击)，在《十字路口报》上发文梳理了自己的看
法。文中，他以自己的姓名出现，被分别叫作巴特洛莫一(Bartolomeus
I)、巴特洛莫二和巴特洛莫三的三位博士所围攻，这三位博士试图让他写
一部可接受的戏剧：头两位博士为他诵读布莱希特的信条，第三位博士为
他诵读通俗喜剧的信条。勒贝克写道："《大众戏剧》是这样的杂志，最初，
它只须满足戏剧爱好者和对维拉尔的作品极富热情的公众好奇心。两位
马克思主义的博士——罗兰·巴特和贝尔纳·多尔特——将其变成了一
种宣扬特殊学说的工具(……)一组人变成了小教堂，很快又变成了大教
堂：在布莱希特之外，没有任何救助。礼仪、逐出、宗教言辞(社会举止、戏
剧性、解密活动、历史性……)，一应俱全。"[1]我们看到，对立是是非常激烈
的，各种对立都在竞技场内公开表述，每说一句话都是在参与唇枪舌战，
每采取一种立场都是一种战斗。

　　教条主义显然是那些年的一种特征：它既是一代人的姿态，也是维持
杂志运转的动力。巴特更在 1954 年 9 月总第 9 期的社论中写道："我们
的'教条主义'仅仅意味着我们的任务是明确的，我们的目的不是遮掩
(……)在各方面进行斗争，把当代资产阶级戏剧当做全部质疑的对象。
如果这种质疑在某些人看来有点过于教条，那就请他们原谅，但却要给我
们以理解：资产阶级戏剧根深蒂固，我们的斗争不能半途而废"[2]。也许更

---

① 莫尔万·勒贝克：《"解密者"尤内斯库》(«Ionesco "démystificateur"»)，in *Carrefour*, 22
　　février 1956。
② 罗兰·巴特：《社论》(未署名)(«Éditorial»[non signé])，in *Théâtre populaire*, n°9, septem-
　　bre-octobre 1954, p. 1—2。

为准确地把握巴特在该杂志中的态度即行为表现,更叫人感兴趣。既然这里涉及的是他在那一时期最为突出的经验,即从其青年时代起最为重要的经验,那么,这就可以让我们说一点他与集体之间的关系。米歇尔·维纳维曾提及巴特的好斗精神和他的快乐意识:"有一种无视传统观念的态度,在我看来,这种态度是由布莱希特的人格引起的。巴特欣喜于作为智力能量的这种狂暴之中。而这一情况构成了这种不间断的快乐,那便是杂志。"①其他一些证明文字,都强调巴特坚定的和稳重的权威表现与他强加其观点的非歇斯底里方式。皮埃尔·特罗蒂尼翁在向马尔科·孔索里尼讲述编辑委员会运作的时候,提及巴特和他的鲜明立场及其说服意识,这与巴特以往较为保守的姿态形成了对比:"例如,他呆在散热器旁边,呆在窗户旁边,露出一种有点佛教徒式的微笑,认真听取论证,随后,他以非常温和的声音、慢慢地谈出自己的看法……他非常有教养,因为他让多尔特说话,让他一直说完,随后,是在最后的时刻,当其他人出现不同意见的时候……例如当瓦尼耶(Vannier)表示不赞同的时候……他才介入进来,两只手搓擦着,以几句暖人的话给出两种或三种评价,他的评价最终支配了判断。"②与多尔特一起由两人合搞的那期杂志,鉴于两人之间的友情,可以说是非常好的,这也说明,是他们两人在多年中主导着杂志的编辑。

在那些年的戏剧演出中,友情参与是常见的事。这便是他与比自己年轻的人建立关系的开始,这一情况在他后来的时间里一直继续着。他与某些人、特别是与贝尔纳·多尔特和米歇尔·维纳维建立了非常深厚的联系。第一位即贝尔纳·多尔特,他于 1929 年出生在一个小学教师的家庭,1945 年来到巴黎。他在 10 岁时失去了母亲,在奥施(Auch)中学寄宿的那些年中,他阅读了大量书籍,并培养了自己对于戏剧、歌剧、电影和文学等多方面的兴趣。在他于巴黎就读法律专业的时候,已开始为多家杂志如《南方手册》(*Cahiers du Sud*)和《现代》杂志撰写稿件了,他在这些杂志中,捍卫巴特所推崇的那些作者(尤其是凯罗尔和加缪),而人们则看

301

---

① 米歇尔·维纳维(Michel Vinaver)与马尔科·孔索里尼在《〈大众戏剧〉:1954—1964。一份介入杂志的历史》(同前)一书中的谈话,p. 1—2。

② 马尔科·孔索里尼与皮埃尔·特罗蒂尼翁(Pierre Trotignon)的谈话,同前,p. 170—171, note 1。

重他的广博学识,比如他能引起哗然效果、引起强烈追求和真实揭示的好斗智慧。此外,是他在 1954 年于《南方手册》和《现代》上发表了有关《橡皮》(Les Gommes)的两篇文章,第一次让巴特发现了罗伯-格里耶,随后,巴特也在《批评》杂志上发表了类似文章。随后的一年,他们两人合作发表了一篇关于《窥视者》(Le Voyeur)的文章。多尔特于 1951 年通过了国家行政学院(ENA)的考试,遂从 1953 年起变成了卫生部的一位行政官员,但他同时继续就文学、歌剧和电影发表文章。不过,他的真正热情是在戏剧方面,他是当时最著名的戏剧批评家之一(他在《大众戏剧》一直呆到 1964 年末,并顺便创办了《戏剧研究》[Travail théâtral]),这使他在做了有关布莱希特的博士论文答辩之后,于 1962 年离开了卫生部,并先是在戏剧研究学院、随后在音乐学院找到了一个教师的岗位。他为这个领域辛勤耕耘了 40 年,到今天他仍然是人们主要的参照人物。由于工作能力很强,他曾为多家报纸或杂志撰写稿件,并出版了多部重要书籍,例如《解读布莱希特》《教育学与叙事形式》①或者还有 1970 年出版的《真实戏剧》(Théâtre réel)。巴特与他是在《法兰西观察家》杂志相遇的,因为他们同时都为之写稿,而 1954 年当他们一起去观看《大胆妈妈》演出的时候,他们已经是朋友了。他们常在剧目彩排时见面,而在演出之后,便一起去吃晚饭和吸雪茄。他们在多数情况下意见是一致的。同为同性恋者这一点,也使他们靠近了一些,原因是他们都没有家庭义务。

多尔特性格外向、待人热情,且总是受着先锋派的影响,常常是人还没到就知道是他来了。他的这种性格与巴特比较保守但敏锐的精神即其一心想被记入历史和不错过其时代的意志配合得很好。他们的智慧相协一致的地方在于,他们警惕所有现成的观念、所有已存的立场。他们更喜欢那些正在诞生的结构或运动的脆弱性(多尔特同样是新潮流开始时的狂热陪伴者),而不看重那些较为稳定的事业——不管是什么样的事业。正像他的生平所具体显示的那样,多尔特作为个性特殊的知识分子②,他选择坚定地置身于宣传与传送一侧,而巴特则希望在各个领域中测试他

---

① 贝尔纳·多尔特:《解读布莱希特:教育学与叙事形式》(Lecture de Brecht. Pédagogie et forme épique),Seuil,《Perres vives》,1960。

② 尚塔尔·梅耶-普朗蒂勒(Chantal Meyer-Plantureux):《贝尔纳·多尔特:一位特殊的知识分子》(Bernard Dort: un intellectuel singulier),Seuil,2000。

的思想,因而总是保留很多的时间来思考。当巴特较少光顾剧院演播大厅和几乎不再介入这个领域的时候,他们开始疏远,但他们继续进行各自的工作,并每隔一些时间见面一次,在 60 年代他们差不多每一年在一起用餐一至二次。不过,我们在这里看出了一点巴特与他的男性友情之间关系的一种特征。他的这种男性友情来的很快,并在一段时间里极度狂热,曾经每天都要见面,这便是他与多尔特在 1954—1955 年那时的情况。随后,出现了其他急迫的要求,他们的关系也就拉开了,这在密友方面有时是难以承受的。多尔特透露,他曾感受到某种怨恨,至少是一种怀恋。友情并不因此而完全中断,巴特的特殊性在于不使冲动与忠诚不可共存,哪怕有某种东西与时间相悖。因此,即便有人可以说出巴特逐渐疏远戏剧的多种智力方面的理由,一种更为心理上的理由一直存在着,那就是他需要发现、需要改变,他害怕重复和厌倦,这些都使他经常地出现偏移。

303

　　在那个时候,巴特与米歇尔·福柯的相遇,似乎为其提供了变动的机会。当他们一起在巴黎的时候,极为罕见的是,福柯当时是在国外从业(瑞典、波兰、德国),他们却几乎每两个晚上见面一次,他们一起去看兰开夏式摔跤,通常在其他朋友特别是罗贝尔·莫齐陪同下喝上一杯,罗贝尔·莫齐曾在梯也尔基金会①见过福柯,是他介绍巴特认识了福柯,而特别是将他们介绍给了路易·勒帕热(Louis Lepage)。在 1955 和 1956 两年间,如果我们依福柯所说,是他将巴特引见给了雅克·尚塞尔做了 1975 年的《X 光透视》节目,那么,这说明不管是在友情方面还是在智力方面,他们两个对于彼此都是很重要的,福柯就说过:“那个时期,他也是孤身只影”,也就是说,那时的背景使他们的理论主张还没有形成一致性②。

　　巴特与出生于 1927 年的米歇尔·维纳维的友情是很不同的,他们很少相互陪同和一起出行,而是相互欣赏和互相信任。维纳维出生于巴黎,父母都是俄国人,原名为米歇尔·格兰伯格(Michel Grinberg)。在第二

---

① 梯也尔基金(Fondation Thiers):由梯也尔家族创办于 19 世纪,以帮助有前途大学毕业生获得职业发展为宗旨,1893 年得到官方承认,现在由法兰西研究学院(Institut de France)负责。——译注

② “在我看来,他是一个非常重要的人,准确地讲,在 1955 和 1956 两年中,在他还是孤身只影的时期……肯定地讲,他在撼动并非属于知识的那种学院派知识的某种形式方面,是对我们帮助最大的人”(米歇尔·福柯《X 光透视》,与雅克·尚塞尔 1975 年 3 月 10 日在法国国际广播电台的谈话)。关于巴特与福柯之间的关系,请参阅下面专门安排的一章。

次世界大战期间,他很小就作为志愿者加入了抵抗运动,他曾在美国度过了他高等学业的第一阶段,随后返回法国,加缪曾在伽利玛出版社出版了他的第一部小说《拉托姆》(*Lataume*)。他的发展经历很是特别,在进行文学创作的同时,也在出色地从事商人的职业。他被吉列特(Gillette)公司聘用,不到 10 年就成了该公司的董事长兼总经理(PDG),同时,他致力于许多作品的写作,并从 1955 年开始几乎完全地转向了戏剧。对于这个转折点,他于 50 年代之初与巴特的相遇起着决定性的作用。当他在《大众戏剧》上发表了几篇文章、于 1955 年夏天在安纳西作为戏剧爱好者参加了加布里埃尔·莫内(Gabriel Monnet)指导下的实习之后,巴特便让他进入了该杂志。加布里埃尔·莫内请维纳维为他写过一个剧本。这便是先为《今天或朝鲜人》(*Aujourd'hui ou les Coréens*),随后变成《朝鲜人》(*Les Coréens*)的剧本。巴特一直关注该剧本的创作过程,它在很大程度上受益于他们两人有关建立非宣传剧的一种政治戏剧的讨论①。这部剧当然是非常具有介入性的,因为它是在朝鲜战争结束刚满 3 年的时候,把一支法国志愿兵和朝鲜的一个农民小群体之间的两种对立话语搬上了舞台。该剧在阿尔及利亚战争全面展开之际,先是由罗歇·普朗肖 1956 年在里昂执导演出,后是由让-马利·塞罗 1957 年在巴黎执导演出。它在支持阿尔及利亚独立的人们一侧,也在另一侧(加布里埃尔·莫内在其于安纳西实习时没有获准将该剧搬上舞台,原因是这部剧被认为是颠覆性的)激起了强烈反响,但是它同样在杂志内部激起了争论,巴特就直接与安德烈·吉塞布莱希特(André Gisselbrecht)之间发起了论战。后者认为,布莱希特的教益没有足够地得到认可,而巴特则对于该剧的语言新颖性和其解密能力大加赞扬,并将其比之于以夏洛特(Charlot)角色出现的卓别林的语言新颖性和解密能力②。维纳维 1957 年又以阿尔及利亚战争为主题写了一部新的戏剧——《送达员》(*Les Huissiers*)。在剧中,他把政治话语的

---

① 米歇尔·维纳维有关这一话题的言辞,与巴特有关布莱希特戏剧之力量的论述,有着很大的观点共同之处。准确地研究这种对话,肯定是非常有益的。请参阅米歇尔·维纳维的《论戏剧》(*Écrits sur le théâtre*), Lausanne, Aire, 1982。

② 《关于〈朝鲜人〉》(«À propos des Coréens»), in *Théâtre populaire*, mars 1957(《全集 I》, p. 888)。巴特还为此剧写了另外两篇文章,其中最引人注意的一篇到了 1978 年才在有关米歇尔·维纳维的一部书中发表,另外一篇则发表在 1956 年 11 月 1 日的《法兰西观察家》杂志上(《全集 I》, p. 887—888)。

空洞语言与战争的悲剧情节混同在了一起。巴特对于这部剧继续给予了关注,在写作过程中,他为作者提供建议,例如"找到一种手段,来阐述阿尔及利亚的空间(……),而不在语句结构上过分地扩大这种空间"[①]。维纳维后来透露,工作上的这种靠近和他有巴特作为第一读者,对于他来说是决定性的。巴特也认为维纳维是他在智力上的真正对话者,并且在他的工作中,巴特找到了"一种真正是新批评的全部要素"[②]。米歇尔·维纳维在巴特身上发现了一种探索意识,这种意识从不间断,从而总是使他的著述超前。在《S/Z》发表之际,维纳维向巴特描述了似乎是他们关系之核心的东西:"在这里,又有了新的东西突现。这是对于在我可能的想象之外(你)进行的一种探索的连续性的确认,也是在确认(你和我)以相同的振奋、相同的笑声或微笑所进行的使我们感兴趣的事业的连续性。"[③]他们之前的书信往来也证明了他们之间经历过考验的热烈而真实的友情,但是《大众戏剧》杂志探索的中断结束了他们之间的合作。就像与多尔特一样,一种活跃的联系突然地被拉开了(都是因为巴特)。米希尔·维纳维痛苦地感觉到,他就像是在承受某种形式的抛弃。

　　巴特使戏剧变成了介入的绝佳空间,在这种空间里可以进行多种多样的批评。相对于萨特,巴特在《写作的零度》中的转变,即从作家的一种责任转变为对于形式的一种责任,并没有对明确地显示其立场的个人行为表现产生直接的影响,因为这种行为表现善于捍卫他认为在政治上和在伦理上是正确的东西,并且前所未有地施展一种能量来改变公众的行为表现,甚至是改变在文学批评领域和在戏剧批评领域写东西之人的行为表现。这种立场,除了要求许多参与活动和时间之外,也是一种确信和一种欲望的必然结果:艺术可以在社会领域具有一种能力,而在那些年中,没有比在戏剧方面更可以使他得以表达这种能力的东西。因此,在人们提出的对于他疏远戏剧的所有解释(布莱希特的重要性似乎"占据了一

305

306

---

① 写给米希尔·维纳维的信,无日期,米希尔·维纳维档案。

② 《制鞋工的节日》(«La fête du cordonnier»), in *Théâtre populaire*, 2ᵉ trimestre 1959(《全集 I》, p. 987)。

③ 1970 年 10 月 15 日米歇尔·维纳维的信。"确认"(«reconnaissance»)一语,几乎每当米希尔·维纳维就巴特的书给巴特写信的时候,都会出现在他的笔下:"我在阅读你的书,这同时是一种确认和惊喜"(米歇尔·维纳维 1961 年 11 月 21 日的信。罗兰·巴特遗赠。BNF, NAF 28630)。

切"，个人在不同方面的介入也似乎取代了戏剧，还有阿尔及利亚战争）中，最让人感兴趣的，似乎是菲利普·罗歇提到的戴高乐和马尔罗根据一项国家政策对于交替性戏剧演出进行补偿①的解释。《神话》一书出版之后，在他 1959 年 4 月交由《新文学》杂志上发表的最后一篇"小神话"中，讽刺马尔罗在戏剧方面进行的改革，说这种改革在采纳革命言语活动的同时，却加剧"一种失望性的因果关系（……）：我们希望的是这种情况会出现变化，因此我们就将什么都不改变"②。的确，在改革中有一项社会方案，但是这种方案针对的是与当前的年轻人有关的一种神话，而没有涉及到整个世界及其可能的改造。由对于戏剧的激情所标志的那些年的第二种收获，是一种风格特征，我们可以称之为在诱人与挖苦两个方向中寻求固定的倾向，这种风格对立于像是广告和像是炫耀符号那样的张扬：那便是破坏言语活动以迎战明显。

巴特的战斗精神在语言方面，在可标记、可借助于讽刺话来把握和可诱惑的三种能力方面发挥作用。表述的艺术是一种特殊的战斗书写形式：关于大众戏剧："有三种并存的必备条件（……）：大众观众、高文化质量的剧目、前卫编剧"③；"扩大戏剧观众，在任何时刻都不应该是一种施舍的结果；相反它应该在毫无欺骗的情况下是一种民主的符号"④；至于马丽娅·卡萨莱斯⑤："应该使面孔、整个面孔进入戏剧的探索之中"⑥；关于他所厌恶的批评家让-雅克·戈蒂埃(Jean-Jacques Gautier)："那个人不是批评家，他是一道自动小门：请进去，请不要进去；可在任何时间选择，没有任何东西可改变他"⑦。不管是正面的还是负面的，批评言辞都是清晰的、肯定的、有框架的；固定是为了肯定。固定，也是切分、显露、在墙上粘贴一幅画像或一张纸，而且强调一下下面的事情是需要的，那就是巴特与戏剧的一部分关系转移到了摄影方面——有两种兴趣在《神话》一书中交织

307

---

① 当时的背景是，戴高乐和同为作家的文化部长马尔罗为了促进文化繁荣，制定了由政府资助表现抵抗运动和社会批评的"交替性戏剧"发展的计划。但是，这一计划并没有带来实质结果，从而使"替代性戏剧"落空。

② 《悲剧与高度》(«Tragédie et hauteur»)，《全集 I》，p. 515。

③ 《为大众戏剧下定义》(«Pour une définition du théâtre populaire»)《全集 I》，p. 515。

④ 《今日大众戏剧》(«Le théâtre populaire d'aujourd'hui»)《全集 I》，p. 530。

⑤ 马丽娅·卡萨莱斯(Maria Casarès, 1922—1996)：法国女电影明星。——译注

⑥ 《一位无观众的女悲剧演员》(«Une tragédienne sans public»)《全集 I》，p. 494。

⑦ 《如何放弃》(«Comment s'en passer»)，《全集 I》，p. 517。

在了一起。巴特为布莱希特写的最后一篇文章,是关于匹克①对于柏林剧团在 1957 年第二次上演《大胆妈妈》时拍摄的照片的。巴特明确指出,在这一系列和一般在摄影中最为珍贵的,是摄影"准确地揭示了由演出所导致的东西"②,这便是细节。正是细节将留驻这位符号学家的注意力,但这种细节是由展示所揭示的。从戏剧到摄影,另一种转移使延续过渡到了现时,使历史过渡到了内心,但是,这种路径花费了足足 10 年的时间才真正得以完成。我们要说,从这里可以解读到他第一阶段的情况。

在他介入戏剧的那些年中,最后一股力量在于依赖对于集体的表达。巴特参与所有的事业,并在整个智力领域具有影响——在许多场合,在没有他的时候,似乎不再可能做点什么。他的贡献在于一种实在的、但却是简单的参与,在于一种无强力压制的肯定,尽管在那个时代有着各种赌注和招惹批评的各种论战的存在。我们可以借助他对于*间离效果*(*Verfremdugseffekt*)的非常明确的理解来说明这一情况,巴特将这种著名的间离作用称为"拉开距离"(«distancement»),正如热纳维耶芙·塞罗提醒人们注意的那样③,这种提法为某些将"交汇与异样"对立起来的宗派学者充当了口号。根据他的观念,"拉开距离,就是操纵"——在他身上,这种观念大概源于他内心非常强烈的与一切疏远的意识,在后来 10 年的电影中,例如他一直密切关注的由鲁什和莫兰导演的《一个夏天的传闻》(*Chronique d'un été*)④也证实了这一点。这时,巴特在生活中,就像他在特定时间的环境之中那样。他并不严格地听命于自己,但是,他揭示自己,并将自己置于一定距离之外。

1955 年

308

50 年代,并非只是巴特看了最多戏剧演出的年代。那一时期,也是巴特登台自我展示的年代,他体验着文学舞台就像是在经历着一出大的

---

① 此处该是指法国著名记者和摄影家罗歇·匹克(Roger Pic, 1920—2001)。——译注
② 《关于〈大胆妈妈〉的七幅典范剧照》(«Sept photos modèles de *Mère Courage*»),《全集 I》,p. 997。
③ 热纳维耶芙·塞罗:《交汇与异样》(«Croisés et hétériques»), in *L'Art*, n°55, «Brecht», 1973, p. 70—72。
④ 这是一部由让·鲁什(Jean Rouch)和埃德加·莫兰于 1961 年导演的电影。——译注

戏剧演出。1955 年就是非常突出的一年,在那一年,人们看到他置身于三次争吵的中心,而他则毫不犹豫地像演员那样露面、扮演角色和深入进去。在极为多产与活跃的那一年当中(他发表了不下 40 篇批评文章),在 1 月份,首先是他针对《鼠疫》一书写了一篇非常负面的文章,从而与加缪开始了论战;随后,到了春天,他又与让·盖兰①(Jean Guérin)进行了激烈交锋;最后,在秋天,他狂热地捍卫萨特的剧本《涅克拉索夫》,而驳斥那些恶意诽谤者。这三次事件是重要的,应该得到最为正确的解释。正像人们经常说的那样,这三次事件并不表明其主要人物的摇摆不定或是机会主义表现,而更可以说是表明了他复杂的内心斗争,因为这些事件同时触及到了他与马克思主义哲学的关系和他的文学思想。

　　对于那几年情况的研究表明,巴特认为戏剧方面的政治情节是正当的。他对于文学在其他形式下的有效性不无更多疑虑,因而持续地进行了一种真正的研究来思考文学,反对加缪的文章应该本着这种观念来解读。《写作的零度》已经证实在他有时为人很难把握的摇摆之中存在着一种烦恼,因为他在肩负责任的文学与不可能的文学之间的摇摆有时是矛盾的。自从这本书出版以来,他便使加缪变成了唯一的可能文学的颂扬者,也就是说,这种文学是与世界和其言语活动不相协调的文学:于是,他只依靠对于文学的风格进行分析,并将这种分析变成了一种形式揭示。1954 年,他指出,人们可以用另外的方式来阅读《局外人》。他在交付给《俱乐部》(Club)杂志发表的一篇名为《〈局外人〉,一部阳光小说》(«L'Étranger, un roman solaire»)的文章中,这一次是强调了文本的抒情性,并将其与一种太阳神话联系了起来,因为这种神话不仅赋予了这部作品一种道德观,而且赋予了其一种情绪(我们在此见到了《米舍莱》一书中的用词)。尽管巴特早在其 1944 年的文章中就尤其感受到了这部小说的沉默,但现在他却可以将其冠名为象征主义,因为象征主义在他看来正好解释了这部书已经成为经典之作的原因。

　　在 1955 年,一切都再次出现了改变。巴特指责《鼠疫》的象征主义,而象征主义则是他 1954 年再次谈到《局外人》时为他的所思给出的名称,当时,继在 1952 年他极为痛苦地与萨特决裂之后,他似乎是在捍卫《局外

---

① 又名:让·波扬。——译注

人》而反对萨特及其《现代》杂志的那些恶意诽谤者。当他写道他看到书中"有一种抒情性,而如果我们在其第一部小说中就有所发现的话,我们大概就不会指责加缪后来作品中的这种抒情性"①的时候,他没有去批评自己,而是指向那些在两年之前攻击《鼠疫》的人。那么,这样一来,如何理解他不到一年之后在同一家《俱乐部》杂志上发表的有关《鼠疫》的这篇文章呢? 就像人们有时说的那样,这是否是一种否定呢? 是否需要像其他人那样去"清算"加缪呢? 的确,我们前面说过,此时的巴特更靠近萨特而非加缪。此外,在 1955 年来评论《鼠疫》不带有任何现时性特征(该小说出版于 1947 年),甚至且仍然是为了重返《现代》杂志当年的论战。因此,我们可以在这里面看到一种原由。然而,这种原由在巴特那里,则标志着关注对于一种知识分子姿态的理解,而不是一心去攻击一部书籍。的确,巴特这位批评家指责加缪拒绝历史和悲剧;他认为,加缪的象征主义排除真实的斗争和妨碍他提供"一种经过深思的政治内容",因为唯有这种内容可以战胜历史上的各种病态。但是,巴特也承认加缪的书籍之美,并说,由象征符号所推演的各种普及效果使得文本更加感人至深。

　　实际上,是巴特在这个文本中自我发论:随着加缪的退出,他看到了某种可贵的东西,同时认为一些介入形式是必要的。当他根据对于个人的判断来降低对于书籍的判断的时候,人们理解,巴特由于非常涉入那个年代,他在借助戏剧来捍卫知识分子解释历史的必要性的同时,是在肯定他的立场,而反对加缪的立场。"《鼠疫》开始了其作者的一种孤独生涯;该作品产生于对**历史**的一种意识,不过,它却丝毫不寻求明显性,而是更喜欢将明晰性变成道德观;借助于同一种活动,该书的作者,即我们现时**历史**的第一位见证人,最终宁愿在他的斗争中拒绝妥协——但也同时拒绝和好。"②这种表述是模糊的。当然,巴特的选择是明确的,那便是选择和好,但是加缪的姿态则为他自己清楚("拒绝妥协"),而且他的孤独也许是人们所不希望的。因此,我们不能说这是否认。巴特在尽力规范一种

310

---

① 《〈局外人〉,阳光小说》(《*L'Étranger*, roman solaire》), in *Club*, avril 1954(《全集 I》, p. 480)。关于使萨特与加缪产生对立和很快导致他们决裂的论战,请参阅 1952 年 5 月和 8 月的《现代》杂志。

② 《〈鼠疫〉:是一种传染病史册还是孤独之小说?》(《*La Peste*. Annales d'une épidémie ou roman de la solitude ?》), in *Club*, février 1955 (《全集 I》, p. 544—545)。

审美问题(今天的文学可以接受吗？它的形式应该是什么样的呢?)，而且
他很快就在罗伯-格里耶的作品中找到了解决办法,同时他也理解,加缪
把小说置于了一种理论死胡同里了;他也在寻求规范作家和批评家的角
色,以及公开赞同马克思主义原理的角色在社会空间里的道德问题。还
是在这里,加缪所采取的解决办法在巴特看来并不好。尽管如此,他还是
在掂量之后把他的批评文章于发表之前寄给了加缪,杂志社则在征得巴
特同意后将他的文章与加缪的回复(加缪为自己的回复注明的日期是
1955 年 1 月 11 日)于同一期上刊出。加缪在 1955 年 1 月 13 日的一封信
中向巴特表达了谢意:"(卡利耶[Carlier]先生)告诉了我您同意这么做,
我感谢您如此光明磊落,根据经验,我知道这是很难见到的。"①

　　巴特 1955 年在其他方面采取了与此相同的立场:他肯定了自己作为知
识分子的介入态度,但表现得更加自信。加缪的答复是巧妙的,他指出了巴
特文章中的各种"矛盾"。在美学方面,加缪不理解,构成《局外人》之力量的
东西为何在《鼠疫》中转换成了批评,而他所一直追求的就是集合状态和一
致性;他在回答有关象征符号的问题时说,他不相信艺术上的现实主义。关
于政治方面,他笔锋一转拒绝了对于他的非历史性指责,并要求巴特说明他
以何种更高一等的寓意名义认为这部小说放弃了——而他则认为是明显
的——寓意。巴特对于在加缪的明确要求之下于《俱乐部》杂志 4 月份那一
期中发表了对于加缪答复的回复,这一次更为清楚地表明了他在捍卫一种
"字面文学"(这让人想到萨特所说的"一位作家的功能就是把一只猫叫做一
只猫"②)方面,也在他仅此一次依据字面对于其马克思主义的表达方面的一
些"解决办法":"您要求我说明一下,我以何种名义发现《鼠疫》中的寓意不
足。我对此不做任何掩盖,那就是以历史唯物主义的名义:我看重比源于表
达的寓意更为复杂的一种源于解释的寓意。"③他为此还增加了一个新论据,
该论据被认为可以证明他正确,但却使他的介入变成了一种分析方法,而不
是对其介入的一种忠实:"当我依靠需要得到广泛赞同的一种方法时可能会
表现出雄心勃勃,如果不是总有这种担心,我早就这么说了。"

311

---

① 阿尔贝·加缪 1955 年 1 月 13 日的信,私人收藏。

② 让-保罗·萨特:《文学是什么?》,同前,«Folio», 1985[1948], p.341。

③ 《罗兰·巴特答复阿尔贝·加缪》(«Réponse de Roland Barthes à Albert Camus»), in *Club*,
　　avril 1955(《全集 I》,p.573—574)。

　　巴特对于马克思主义的这段表白,遇到了第二种表白。就在同一个 4 月份,让·盖兰在《新〈新法兰西杂志〉》上发文指责"当月小神话"。他列举了 5 个他在为杂志和报纸安排的专栏中评论的例证,质疑了巴特为神话给出的定义("但是,也许有一天巴特会告诉我们什么不是神话?"[①]),并最后提出了巴特自感必须在 1955 年 7—8 月的《新文学》杂志上予以答复的下面的问题:"但是总之,也许罗兰·巴特先生仅仅是马克思主义者。他为什么不说呢?"巴特借此机会再一次说,马克思主义首先是一种方法,而且正是在这种意义上他依靠马克思主义。但是,他这样说时笔锋犀利,他指责盖兰-波扬是麦卡锡主义[②],表达了他对于那些草率和无影响力的标签的蔑视。难道文学体制想把作家们关进棚圈之中来自身实现提高和自由吗? 尽管为其提供了很大方便,但是,这无法代替阅读的有效性,巴特的结论是:"因此,我只须阅读《新〈新法兰西杂志〉》,便可以辨认出其完全反动的特征;在这一点上,我不需要做任何的声明。"[③]

　　第三次以论战的马克思主义者身份出现的场面,紧接在第二次之后。　**312**
这一年的戏剧巡演,除了莫尔万·勒贝克(他这时与巴特观点相合,而几个月之前他曾在《大众戏剧》杂志上拒绝了巴特对于加缪的态度)和亨利·马尼昂(Henri Magnan)在《战斗日报》上的表态之外,从一开始就伴随着对于萨特剧本《涅克拉索夫》的激烈反对声,伴随着戏剧批评界几乎是一致的讨伐声。萨特的剧本是对于克拉夫琴科事件[④]勉强有点遮掩的

---

① 让·盖兰:《神话》(《Mythologies》), in *La Nouvelle NRF*, juin 1955, p. 1118—1119。

② 麦卡锡主义(maccarthisme 或 McCarthysm):指发生在美国 1950—1954 年期间由参议员麦卡锡掀起的反共浪潮。——译注

③ 《我是马克思主义者吗?》(《Suis-je marxiste?》), in *Les Lettres nouvelles*, juillet-août 1955(《全集 I》, p. 596)。盖兰以《巴特先生发怒了》(《M. Barthes se met en colère》)为题发文回答巴特的答复:"巴特先生很受向其提供资助(不包括出现错误的时候)的资产阶级社会的青睐。15 年之后,他有极大的可能成为国民教育部部长。他肯定不会是一位坏的部长。但是,但愿他不会迫害国民教育。这可属于值得怀疑的情趣"(*La Nouvelle NRF*, octobre 1955, p. 802—804)。

④ 克拉夫琴科事件:克拉夫琴科(Viktor Kravtchenko, 1905—1966)是二战期间苏联红军政治委员,1944 年叛逃到美国,1946 年出版了揭露苏联制度的《我选择了自由》(*I chose Freedom*)一书。该书在翻译成法文并以《我选择了自由:一位苏联高官的公共生活与私人生活》(*J'ai choisi la liberté: la vie publique et privée d'un haut fonctionnaire soviétique*)为书名 1947 年出版后,在法国引起了各派政治力量的激烈论战。法国共产党人在《法国文学周刊》(*Les Lettres françaises*)上发表文章指责克拉夫琴科为美国的代理人,后者遂起诉该刊物说是对其进行了诽谤。这便是轰动一时的"世纪大诉讼",该诉讼最终以杂志社负责人象征性地赔偿 3 法郎告终。克拉夫琴科 1966 年死于头部中弹,现存自杀和他杀两种说法。——译注

转述,这一事件在几年之前曾在报刊上掀起过巨大波澜,并在共产党人与反共人士之间引起了争吵斗殴。共产党人认为克拉夫琴科是伪君子,而反共人士则挥舞着《我选择了自由》这一证据,将其当作反斯大林主义的武器。在今天看来,争论明显地不利于共产党人和许多法国知识分子,但是在 1955 年,引起过轰动的克拉夫琴科对于《法国文学》(*Les Lettres françaises*)周刊的诉讼的模糊性,在所有人的记忆中和在多种原因上都存有疑虑,甚至是引起了一种坚信,而这个时候得到了验证:《我选择了自由》一书是与一位美国记者一起写的,今天我们知道,美国联邦调查局(CIA)利用了这次诉讼,为的是在法国组装起反共的一种战争机器。但是,克拉夫琴科的批评者们,并没有因玛格丽特·比贝尔-诺侬曼(Margarete Bubert-Neumann)出庭作证而被动摇。不过,尽管司法当局的判决有利于克拉夫琴科,但是,法国共产党人却凝聚了人们对于他们和他们信念的支持。

313　　　　1952 年,在雅克·杜克洛(Jacques Duclos)被逮捕之后①,萨特向法国共产党方面做了靠拢。这时的萨特认为,这种主题是象征性的。他们似乎在嘲笑这位幼稚的反共分子,因为在这种嘲笑中,卡拉夫琴柯这个人在某些人物对话中是公开被点名的。不管怎样,情节上出现了混乱;巴特为这出剧辩护,清楚地表明他有需要捍卫的东西,而这种东西超过了他自己给出的原因。首先,他所反对的,是反对有关"文学"作为"美的"写作的一种正统的、讲究的和文明的概念。因此,他在这个剧本中或者更可以说他在反对指责这个剧本的某种东西中,喜欢那些审美错误、不良教育、马克思主义的善恶二元论(他认为似乎是这样):他的主要狂怒主题,是文学的资产阶级概念,连同这种概念的那些心理手段。巴特攻击整个报刊界,并点名攻击从弗朗苏瓦斯·吉鲁(Françoise Giroud)到蒂埃里·莫尼耶(Thierry Maulnier)这样的代理人,与此同时,他还捍卫不服务于各种制度的一种批评概念。但是在这样做的背后,借助于指出资产阶级道德需要心理学而政治则选择对于一种总体现实(例如那种表明政府与重要报刊

----

①　1952 年 5 月 28 日,以美国李奇微(Ridway)将军到访法国为借口而组织起的反对朝鲜战争的游行示威,最终导致当时担任法国共产党代理总书记的雅克·杜克洛的被捕和入狱:因为在他的汽车里发现有几只鸽子和猎枪(他刚打猎回来);于是,当局就把他的鸽子当作是向莫斯科传递编码讯息的信鸽。这段趣闻是在"信鸽事件"名下被人所知的。

实现团结一致的现实)的现实主义的观念,有着尤其是对于加缪(加缪本人也在文章中被部分地涉及到了)和对于其放弃现实主义的一种答复。文章极富战斗性,并不顾及遮掩。巴特在捍卫一个阵营。

不过,这个阵营并不准确地是他自己的阵营。巴特从未想过加入共产党,也没有标榜是马克思主义者。他的马克思主义首先是一种阅读方法,即一种解密的原则。他之所以继续将历史唯物主义当作一种指引即一种分析框架的话,那是因为他像许多同时代的人一样,真正地认为这其中有着一种必要的、不可逾越的视域。法国社会被人感觉是僵化的,第四共和国也表现出无力再提出深刻变革主张,它深陷其殖民政策和制度的不稳定之中。巴特并不喜欢他所生活的法国,也正是因为这个原因他才介入。而在所有这些介入之背后,一个烦人的问题是:一个知识分子在今天是什么? 通过对于一种正确立场的寻找(那是他那些年的顽固想法),人们发现他在关心找到一种替代拉帮结伙的方法,既不像萨特那样变化无常,也不像加缪那样独来独往。尽管他不信任先锋派——虽然这总是可以修补完善的,但是,他仍然相信“言语活动和神话的深刻变革”,因此,他在 1955 年的另一篇著名文章中将其确定为“先锋派疫苗”①。他在三个方面证明他的信念,这三个方面均表明了巴特想赋予其介入的积极和主动立场:标记所处时代的文学;揭露殖民化;抓牢当今的法国人。

314

戏　剧　性

加缪的文学解决办法被揭示为是一种死胡同,巴特便继续在当代生产活动中寻找值得恰当地被当做文学来承认的东西,而这种文学能够带有一个社会在政治和审美方面的各种赌注。在戏剧方面,他在布莱希特、阿达诺夫和尤内斯库身上看到了这种文学,因为这些作者致力于通过朴实无华的剧本伴随着舞台艺术的转变,同时在使用一种全新的言语活动。在小说方面,较为困难一些,因为从普鲁斯特以来,那些有影响的作品都是事与愿违,都是在批评它们事先为自己确定的计划,这便是小说。在一

---

① 《全集 I》,p. 565。

篇重要的名为《前-小说》(《Pré-roman»)的文章中,巴特第一次指出他是如何考虑在小说领域进行真正创作的。他注意到在凯罗尔、罗伯-格里耶和在迪维尼奥的创作中传统小说和其有关深度的神话方面的解体情况,注意到排除心理学和行而上学的情况,他看到了文学在全新地适应旨在发觉各种表面的目光中的可能性。他在几周后于《精神》杂志上发文再次谈论凯罗尔的《一夜之空间》(*L'Espace d'une nuit*)的时候,保留和强化了对于总是趋向未来的小说的这种看法,这种小说"被一种试图悲剧性地靠近小说的一种言语"所引导:"就像凯罗尔所有其他作品那样,《一夜之空间》是一种前-小说,或者如果我们可以这样说的话,它是在图像与小说之间展开的一种言语,为的是让读者跟随凯罗尔沿着小说漫步,或者是向着他走去,但永远也到不了他那里。"①巴特为故事性小说表述了一种非常个人的和明确的概念,这种概念使得批评与小说难以分开,并且今后将会指引他的批评方法和他的写作计划。确切地讲,这种概念是受到了 50 年代初他对布朗肖作品的阅读的影响——因为那个时候布朗肖在《新法兰西杂志》和《精神》上发表了许多重要文章,这种关于文学总是出现在未来写作视野中的文学,最终将他与萨特分离了开来。

巴特断言的第二种力量,表现为他采取的反对殖民主义的立场。他在各家报刊上进行的直接批评,使他得以明确地自我表白,特别是他为《新文学》杂志上提供的那些"神话":在《〈巴托里号舰〉之航》(«La croisère du Batory»)一文中,他比较了苏联的集权主义与殖民极权主义;在《惯用罢工的人》(«L'usager de la grève»)一文中,他批评在偶发事件时的号召动员之举(与此同时,在私生活中,他从精神上支持多尔特,后者明确地对巴特说如果他被号召,他会跑掉);在《非洲语法》(«Grammaire africaine»)一文中,"对于非洲事务的官方用词"做了认真分析,他破译隐藏在句子后面的意识形态,比如出现在有关"战争"用语中的句法结构,因为目的在于否定事物或"大众"——"该词在资产阶级词语中是可贵的",它是对于过分政治化的"阶级"一词的矫正。"'大众'一词通常因其复数而变得高贵了:比如**那些穆斯林大众**,这就不失时机地在宗主国与

---

① 《让·凯罗尔:〈一夜之空间〉》(«Jean Cayrol, *L'Espace d'une nuit*»), in *Esprit*, juillet 1954, 《全集 I》,p. 506。

被殖民化居民的复数之间暗示了一种成熟程度上的区别,法兰西在其名下**汇聚了**本质上多样和人数上众多的人们。"在《神话》出版之后,即在1958—1959 年期间他仍然表现出直接批评的态度。他利用为让·维拉尔导演的《于布》(*Ubu*)一剧而写的文章,讥笑对于"阿尔及利亚和平过程"表露出滑稽的不满的政府。在一篇新的《神话》中,他激烈地批评由马苏(Massu)将军的夫人针对阿尔及利亚妇女的行为和其所谓让她们"呆在家里编织"的提议:对于这种说法,批评变成了激烈的揭露,那是正确的揭露①。他继续他对于言语活动的破译工作,同时保持与"阿尔及利亚是法国的"这个句子的距离,或者揭露戴高乐式的英雄修辞学。巴特1959 年在回答迪奥尼·马斯克洛有关戴高乐将军体制和知识分子揭露一个权威政权之必要性的问卷调查中,再一次且一直借助于解密的技巧来回应:他甚至建议开设"某种神话信息**办公室**,[以便]用不论什么形式的内容分析来代替伦理抗议"②。

　　我们看得出,这种教诲是直接的,而无模棱两可之嫌。使他与其同时代人不同的是,他不大采用一种集体战斗者的形式,而是采用有关言语活动和反对言语活动的一种勤奋工作的形式。戏剧性就出现在言语活动的场面。巴特将他对于资产阶级秩序的揭露程序扩展到对于整个多格扎的揭露。于是,他逐渐地在他称之为神话即解构神话的地方,找到了介入的特定空间。相对于在那个时代其他许多介入的情况,这就解释了巴特的介入一直效果显著的原因。因为他揭示表面,揭示对象,但同时标记对于言语活动的那些基本操作,而那些基本操作则使言语活动变成了对付权力的一种工具,即一种克服僵化、谎言和静止的工具。虽然《神话》至今还是被人们阅读最多的巴特的书籍,但这并不是因为——或者并不仅仅是因为——巴特所论述的对象(其大部分属于博物馆对象),而是因为从并非直接批评的尖锐性来讲他的批评非常有力——我们已经看到,这种批评在揭露阿尔及利亚战争方面是多么的积极主动。巴特就像猎手追寻猎物踪迹那样探究事物的虚假显示,他并不满足于为

316

317

---

① 《在家里编织》(«Tricots à domicile»), in *Les lettres nouvelles*, 1ᵉʳ avril 1959(《全集 I》,p. 965)。

② 《论戴高乐将军的体制》(«Sur le régime de général de Gaule»),答复由莫里斯·布朗肖、安德烈·布勒东、迪奥尼·马斯克洛和让·舒斯特(Jean Schuster)联合起草的发向 99 位作家的问卷调查,见于 1959 年 6 月 19 日的《7 月 14 日》(*14 juillet*)报纸(《全集 I》,p. 986)。

50 年代法国人的生活制定一种图表——就像人们经常说的那样,也像有人通过插图版本①过分将其压缩那样,而是全面地完成了确立一种批评思想的计划。他将符号的可理解性对立于自然性,对立于普通见识和**历史**上的遗忘点。

巴特的敌人,便是多格扎,便是已成的话语,便是俗套。作为《神话》的关键概念,多格扎指的是通常的交流赖以建立的那些舆论和成见。在依靠人们已经获悉的知识的同时,多格扎恰恰阻碍人们去看到被它断成片段而以神话形式出现的现实:"对于我们进行奴役的一种方式是:神话与认识之间让人难以忍受的分离。科学在其发展道路上进步飞速且畅通无阻;但是那些集体的再现跟不上,它们落后几个世纪,它们由政权、大型报刊和秩序价值保持在静止状态之中。"②于是,对于神话的理解则是《神话》的另一个根本概念。神话是一种符号。它的所指是意识形态片段,它的能指可以是任何东西:"世界上的每一种对象,都可以从一种封闭的、无言的存在方式过渡到与社会相适应的一种口说状态。"③神话进行的是从文化到本质、从历史到精华的转化。这种转化在巴特看来是无法忍受的:"在我们对于现状的叙事中,我在任何时刻都会痛苦地看到人们将**历史**与**本质**相混,而我则在**自然自在**的装饰展示中想重新抓住来自意识形态方面的滥用现象,因为在我看来,这种现象是隐藏着的。"④或者像在《当今神话》一章中说的那样:"世界进入了言语活动之中,就像有关各种活动即各种人类行为的一种辩证关系那样:这种关系出自神话,就像为各种精华制定的一种和谐图表。"⑤

按照《罗兰·巴特自述》中名为《暴力、明显、本性》片段的说法,为对抗作为唯一真正暴力的"顺其自然",巴特提出了一种理论计划,该计划在于将对于带有马克思主义服从特点的意识形态的批评、对于象征符号和可感品质的阅读(这是他从巴什拉那里继承下来的方法,并且这种方法已经用在了《米舍莱》作品中了)和索绪尔的符号学结合在一起。因此,也许

---

① 插图本《神话》,Jacqueline Guittard (éd.), 2010。不过,对于《神话》做"怀念性"阅读,在今天也属于对于这个文本的接受。
② 《全集 I》,p. 721。
③ 《全集 I》,p. 823。
④ 《全集 I》,p. 675。
⑤ 《全集 I》,p. 854。

不止是"DS"型轿车①、多米尼西事件②、环法自行车赛、塞纳河的洪水、米努·德鲁埃③或自行车赛手比伊·格拉汉（Billy Graham），不止是布热德④、《她》⑤的烹饪或《蓝色指南》⑥，它们都是这方面的固件：可铺展的与光华的，黏稠的与粘连的，这些多格扎的属性都是思考性写作的不连续性和灵巧性所反对的。这种方法的力量，便是一种长期工作的结果。在有关戏剧的文章与《神话》之间的内容交流是很多的：有关马丽娅·卡萨莱斯的文章参照了阿库尔（Harcourt）摄影棚中的那些肖像；《兰开夏式摔跤的世界》要借助于对于古希腊悲剧的了解来阅读，而 1953 年写的那篇《古代悲剧的权力》（《Pouvoirs de la tragédie antique》）指涉的则是兰开夏式摔跤比赛。尤其是，巴特批评的力量在于，尽管他激烈地反对多格扎，但是他并不只是进行简单的指责。他在对于承载着全新参与机制的大众传播的一般性逻辑分析领域中成了一位先驱者。他在指出图像诱惑力的同时，预言了进入视觉传播的时代。他并不高高地置身于揭示之上：他承认神话的魅力和它们的魔幻效果。因此，他也相信观众的批评能力，这种能力与施咒关系是对称的。1963 年，他在《交流》杂志上发表的有关明星们（索莱娅⑦、杰姬·肯尼迪⑧、碧姬·芭铎⑨、玛丽莲·梦露等）的文章中就非常明确地这样说：当肯定"（结构类型的）报刊分析比起当面采访更为急需"的时候，这是因为害怕看到"明星化过程并非是在无斗争的情况下被

---

① "DS"型轿车：法国雪铁龙汽车公司于 1955 年推出的一款新型轿车，由于其概念新、结构新而成为法国经济发展"辉煌 30 年"时代的重要标志之一。——译注

② 多米尼西事件（Affaire Dominici）：指 1952 年 8 月 4—5 日夜间发生在多米尼西庄园附近对来自英国的一家三口人（父母和女儿）的一次凶杀案件。庄园主斯东·多米尼西（Gaston Dominici）被怀疑是凶手，并最终被判处死刑。但因证据不足，死刑一直未执行。1957 年，科蒂（Coty）总统为其做了减刑，1960 年戴高乐将军对其宣布无罪释放。——译注

③ 米努·德鲁埃（Minou Drouet，1947— ）：被称为"天才女孩"的米努·德鲁埃，出生时就患有先天性弱视，几乎看不见东西，但是她非常聪慧，从很小就表现出在音乐和文学方面的天赋。她 8 岁时（1955）就出版了第一本书信和诗歌选本。但是，也有人对于他的天赋的真实性提出了质疑，因此引发了一场论争。——译注

④ 布热德（Pierre Poujade，1920—2003）：法国捍卫商人和手工业者利益联盟公会（UDCA）的创始人。——译注

⑤ 《她》（Elle）：法国最著名的女性时尚杂志，国内将其翻译为《世界时尚之苑》。——译注

⑥ 《蓝色导游手册》（Guide bleu）：类似于我们国内叫作"导游手册"的出版物。——译注

⑦ 索莱娅（Soraya）：此处应该是指伊朗最后皇帝巴列维的妻子 Soraya Esfandiari Bakhtiairi（1932—2001）。——译注

⑧ 杰姬·肯尼迪（Jackie Kennedy，1929—1994）：美国第三十五任总统肯尼迪的夫人。——译注

⑨ 碧姬·芭铎（Brigitte Bardot，1934— ）：法国电影明星。——译注

接受的";所有拜倒在明星魅力之下的人,同样具有"对于这种现象的一种
319　敏锐意识,即根据批评精神的最佳规则由主体在赞同的情况下保持的'距
离'"①。

　　这本书,只编进了在杂志上发表的文章,被列入了"活石头"(«Pi-
erres vives»)丛书,于 1957 年出版,它外面衬有一条装饰纸带,上面出现
有几个被研究过的神话的形象,这一做法为销售帮了大忙。让-克洛
德·米尔纳因该书封面上出现的女王克里斯蒂娜的扮演者嘉宝的肖像
而被吸引②。至于安托万·孔帕尼翁,他说过他是因为雪铁龙 DS 型汽
车照片才买了这本书③。巴特在书中对原发表于《新文学》杂志上的文
章有所改动,有的是删减,有的是增加,但无一例是大的明显改动。这样
做,尤其涉及到使文章脱离它们当时的时局状况,因为那种状况是建立
在与读者、与神话和与一种当时的现时性之间的联系即一种时代载体的
直接性相适合的基础上的,而那些时代载体(报刊文章,周刊上的照片,
展览,电影等)恰恰注定不会持续很久。最具实质性的改动关系到"玩
具",其在杂志上的篇名为《童年与玩具》(«L'enfance et ses jouets»),原
文中有关对成年人略带教导味道的话语被删除了④。更广泛地说,不只
是取消原先所处的时局状况,而且朝着内容紧凑和概括性方面迈进了一
步。这位神话学家,不大谈论他从神话所依赖建立的那种被遗忘内容中
找出的东西。就像喝红葡萄酒的人应该想到他所喝的东西同样是一种
剥夺(尤其是殖民剥夺)的结果,而作为从事揭秘活动的决定命运的读
者,也应该借助于把现实从健忘症中解放出来和重新发现历史以便因此
可以将其政治化,来使现实摆脱束缚。这种操作,为固定活动增添了为
启蒙运动所珍爱的揭示举动:孟德斯鸠曾提醒说,正是以对于黑人的奴
役,我们在欧洲才吃得上糖。最好的例子是直接政治化的:在"黑人向法

① 《明星:求见调查》(«La vedette: enquête d'audience»), in *Communication*, n°2, 1963(《全集
Ⅲ》,p. 228)。
② 《神话》初版封面是在电影《克里斯蒂娜女王》(*Reine Christine*)中扮演女主角的祖籍为瑞典的
美国电影明星葛丽泰·嘉宝(Greta Garbo, 1905—1990);该封面在后来的版本中为"雪铁龙
DS 型"汽车照片。——译注
③ "《神话》的封面是一部雪铁龙 DS 型汽车使我感兴趣",引自安托万·孔帕尼翁所著《一个学科
问题。与让-巴提斯特·阿马迪厄的对话》(*Une question de disciplie. Entretiens avec Jean-
Baptiste Amadieu*),Flammarion, 2013, p. 73)。
④ 铸造工业标准局编号为 NAF28630 的文件,"神话"(«Mythologie»。[为印刷而复制])

国国旗致敬"(«nègre saluent le drapeau français»)的图片中,神话从法兰   320
西的帝国特征显示出"自然性"时就存在了;如果这幅图片被认为或被揭
示为是殖民主义的借口的话,那么它就会自我毁掉。这种方法极为有
效,在相同的活动中提供了两种话语,给读者的印象是他并不参与阐明
过程。在这种意义上,在《神话》中就确实存在着一种戏剧性,这种戏剧
性既是非常妙的喜剧性的,有时又是非常好的富有教育性的。他指出:
"这确实是一本关于演出、戏剧、张贴画、符号的书籍。"①这位批评家请
读者以另外的眼光看待真实,以另外的眼光注视真实之文化、其每日的
习惯、围绕着真实的所有言语,以便予以提防、嗤之以鼻、与其拉开距离
和不被欺骗。其关键不在于揭示,而在于表明和让人建立距离,由此非
常成功地在规定与描述、道德话语与文学之间实现了平衡,而这种平衡
则拉近了巴特与道德说教家们的距离,它提醒人们,这其中可能会有随
笔写作的一种社会有效性——我们几乎可以说是大众的有效性。于是,
巴特在将写作实践当做戏剧导演工作的同时,为在《写作的零度》中提出
的有关形式的责任性问题提供了一种政治答复。该书以其最初版本销
售了差不多 30 万册,随后又从 1970 年开始以袖珍书形式销售了 30 多
万册,他在戏剧上起着与维拉尔的同等作用:他以这本书最终与两类公
众实现了汇合,这对于人文科学在后来的时间中占有的位置不是没有作
用的。

　　50 年代智力的魔力带给了巴特双重荣誉。他在智力生活中稳
定持久地有了奇迹般的位置,他的非正统的但很介入的言语受到了
重视;对于他的承认已经超出这一狭窄领域的界限。1957 年 5 月
29 日,他与皮埃尔·德格鲁普(Pierre Desgraupes)就《神话》一书录制
了电视节目,名为《所有人都接受的读物》(«Lecture pour tous»),这
本书被采访人介绍为所有人都能接受的书,至少其第一部分是这
样。巴特开始接受来自国外的邀请:1958 年夏天,他作为"访问教
授"去了美国佛蒙特州(Vermont)的米德尔布里(Middlebury)自由艺
术大学(Middlebury Collège)。他是乘船去的。他想利用这次机会发
现纽约,并认识理查德·霍华德(Richard Howard),他后来就一直住   321

---

①　铸造工业标准局编号为 NAF28630 的文件,"绿色卡片库"(«Fichier vert»)。

在他的家里①。特别是,他把自己的智慧用于研究一种准确姿态的方式,这种方式在使其增加了活动和介入场所的同时,最终像一种风格那样为其提供了需要捍卫的一些坚定立场。他能够提出一种方法,为其赋予了一个名称(符号学),将其记入一种范式(结构主义)之中和以一种转移的举动来伴随动作。

---

① 巴特在塞里西研讨会的发言中提到了他第一次在美国的短住(*Prétexte*: *Roland bathes*, Cerisy 1977, dirigé par Antoine Compagnon, op. cit. p. 460)。亦请参阅理查德·霍华德:《对于罗兰·巴特的记忆》(«Remembering Roland barthes», in *The Nation* 1982)(1982 年 11 月 20日):"1975 年,我们经共同的朋友介绍而相识。那年夏天他来拜访我时,对于在米德尔布里自由艺术大学的课程深感焦虑(他不会讲英语,因此对在这里讲学很不习惯),同时还给我带来一本新印的《神话集》。"(在法国,《米舍莱》和《写作的零度》早已出版,但那时罗兰·巴特在美国,甚至是在很多大学的法语专业中并不出名。米德尔布里自由艺术大学请他来讲学在当时是一个大胆的举动。")这篇文章被史蒂文·昂加尔(Steven Ungar)和贝蒂·R. 麦格劳(Betty R. McGraw)收入《文化中的符号:罗兰·巴特在今天》(*Sign in Cultture*: *Roland barthes Today*, University of Iowa Press, 1999, p. 32),理查德·霍华德把巴特第一次赴美之旅的日期搞错了。1958 年 7 月寄给乔治·普洛(Georges Poulot)即乔治·佩罗斯(Georges Perros)的明信片证实了巴特 1958 年在米德尔布里的短住日期;尤其是其中一张由从佛蒙特州寄出的明信片上写道:"纽约,多么令人赞美的城市!几个小时之前,我还在我的家里:一千二百万人口各自为己忙碌着,到处都是自由。"

Introduction :

Michelet mangeur d'Histoire

"Les hommes de lettres souffrent toujours et n'en vivent pas moins" (M. a' Eugène Noël)

Migraines La maladie de Michelet, c'est la migraine, ce mixte d'éblouissement et de nausée. Tout lui est migraine : le froid, l'orage, le printemps, le vent, l'Histoire qu'il raconte. Cette homme qui a laissé une œuvre encyclopédique faite d'un discours ininterrompu de soixante volumes, se déclare à tout instant "ébloui, souffrant, faible, vide". Il m'écrit toujours (pendant survivante six ans de sa vie, adulte), et pourtant n'était jamais que dans un effarement total. Grands évènements dans cette vie : un orage qui oppresse, une pluie qui délivre, l'automne qui revient. Le corps tué par un souffle mal venu, Michelet ne cesse de le déplacer : dès qu'il peut, il voyage, change de pays, se tient à l'affût des conditions de vent et de soleil, s'installe cent fois, déménage autant. Mourant toujours, et le croyant peu de bon, il renaît d'autant plus délicieusement ; voyez le à quarante quatre ans : il se sent entrer dans "ce corps supplicié, la vieillesse"; mais retrouve le six ans plus tard, à cinquante ans : il est en train d'épouser une jeune fille de vingt et commence allègrement une troisième vie. Ce n'est pas tout : après la femme, les éléments ; Michelet connaît encore trois grandes renaissances : l'eau la Terre (bains de boue à Acqui près de Turin), l'eau (son

322

《米舍莱》手稿（第1页）

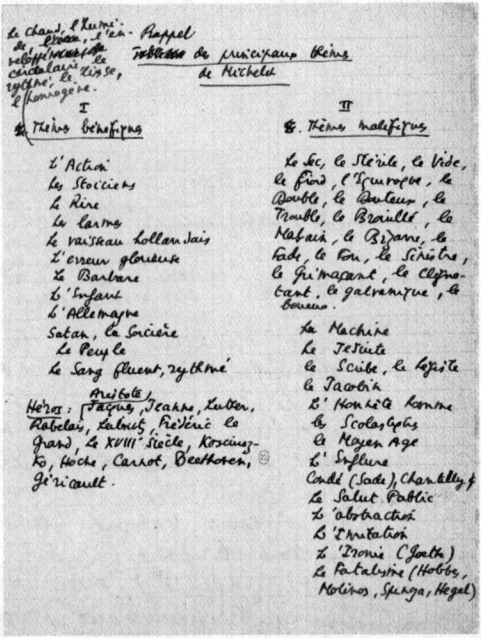

323 《米舍莱》：手稿（重提关于米舍莱的主要主题）

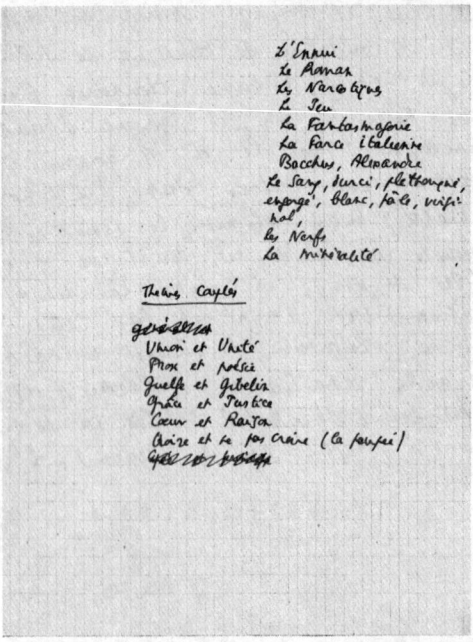

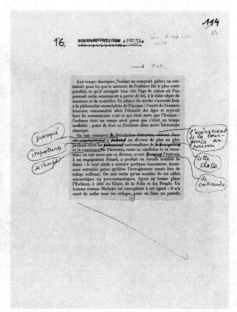

《神话》：待印复件（《童年与玩具》）

324

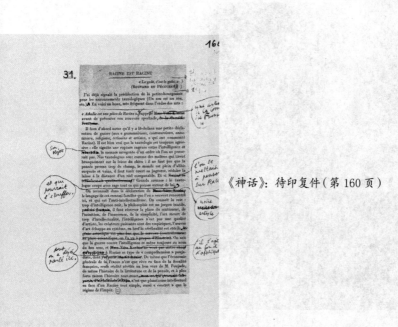

《神话》：待印复件（第 160 页）

13 — HENDAYE - " Etchetoa " - E. DURANDEAU, Architecte

Collectoié 53   www.delcampe.net

325   在昂戴的埃彻托阿别墅

1958 年在美国佛蒙特州米德尔布里

10. 结　构

在经历了前面那个时期的精力分散、无数次介入不同场合、各种简短形式的丰富涌现之后，巴特感觉似乎需要止步、需要落定在一项较长著述上面即一种知识著述上面了。1955—1956 两年属于反对殖民主义的年份；有关结构的观念也在这两年中出现了，这种观念与他的智力研究工作结合在了一起。巴特在巴黎高等研究实践学院的逐步进入，为他的科学定向提供了方便；较为充裕的物质条件也使他获得了有利于写作的依托。

1959 年，巴特在一篇由南斯拉夫《政治》(*Politica*) 杂志约稿的文章中，对于文学批评做了两种区分：一是"直白批评"(critique de lancée)，即报纸和杂志上的批评，这种批评主要是一种评价性和判断性批评；二是"结构批评"，这种批评将作品与作品自身之外的东西联系起来，它构成唯一的"对于文学的一种导论"①。毫无疑问，在那段时间，他满怀雄心要做的，是提出一种结构批评，是写出知识作品。从 50 年代中期开始，他表达了对于从事研究和进行较长写作的这种愿望。就在他汇集文章以成《神话》一书时，他写道："我很想摆脱一下，很想至少在一段时间里不再过分地是一位知识分子，而仅仅是一位研究者。"②他没有去满足那些向他提出的无数约稿请求，例如萨特的请求，萨特在完成《涅克拉索夫》之后，曾请他定期地为《现代》杂志撰写文章，他回答说："前一段时间，我已被任命为国家科学研究中心的助理研

---

① 《法国文学批评的新道路》(«Voies nouvelles de la critique littéraire en France»), in *Politica*, Belgrade, mai 1959(《全集 I》, p. 977—980)。

② 1956 年 4 月 2 日写给菲利普·勒贝罗尔的信。菲利普·勒贝罗尔遗赠，IMEC。

究员(至少是一年),从行政和实际方面来讲,这一情况使我在研究之外无法再接受新的任务。"①除了1954—1955年期间巴特为生存而在《方舟》杂志工作外,他从1952—1954年已经是国家科学研究中心词汇学部的实习生了,随后他于1955—1959年(这一期间,他在被费尔南·布罗代尔请回巴黎高等研究实践学院之前,再一次失去了奖学金)成了这个中心社会学部的助理研究员。在这些年中,他为阐述自己的研究工作而撰写的各种研究计划或研究报告,表明了一种变化过程,这种过程导致他从词汇学的研究方法转移到了符号学,也改变了他的研究对象,即从政治言语活动转移到了社会言语活动(首先是时尚,但也有饮食)。他对于语言学工具的掌握为其分析提供了一种稳固框架,而这些工具则是想成为系统的一种思想的基础。

于是,对于科学的愿望,便不再仅仅是因追寻一种制度基础而生,而恰恰是为了找到一种智力秩序。与投身于广泛研究疯癫的福柯的对话(并且福柯让他去阅读迪梅齐的著述,这不可认为是一个细节),但也有与罗贝尔·莫齐(他当时正在准备他有关文学中和18世纪法国思维中的幸福观念的博士论文)的对话,与埃德加·莫兰和维奥莱特·莫兰的对话,还有与乔治·弗里德曼的对话,以及长时间与格雷马斯的对话,都坚定了他承担一种复杂研究的意志。他对此不无担心,意识到他在连续论证过程中将会产生的困难,但是,他也感到快乐,因为写作较长作品的考虑从年轻时的小说到普鲁斯特式的对于生命终结的梦想一直伴随着他的生活②。回过头来想,巴特拒绝考虑这个时期和他在危机时期所写的东西;这个时期是充满信任和热情的时期,这个时期使他进入了与他所处时代的思想相一致的阶段:"我穿越了带有科学性的一种梦想(《时尚系统》[*Système à la mode*]和《符号学基础》是这一梦想的结果)。"③对于那些年的思考,应该考虑这两部著作——即便它们较晚才出版,因为它们就是在这个时期准备和成熟了的,它们证实了罗兰·巴特硕大的结构主义工作

---

① 1955年12月7日写给让-保罗·萨特的信。私人收藏。
② 1979年,他向皮埃尔·邦赛纳(Pierre boncenne)透露,他"非常想写作一部较长和连续的著述,而且是片段式的"。他补充说,这种想法非常强烈,以至于他在这一问题的基础上构想了他全部的课程,《罗兰·巴特表白》(«Roland Barthes s'exprime»),《全集 V》,p. 750。
③ 《答复》,同前,《全集 III》,p. 1032。

台面。

符 号

在奔向科学认识的这条道路上,第一次力量显示便是《神话》之末的《当今神话》。巴特是 1956 年写的这一章,占用了他在昂戴家里居住的大部分夏天时间,其目的在于使他的书籍摆脱当时的情况和其新闻风格的特征,以便赋予其一种普遍的意义,并参与当时有关神话的讨论。这个文本具有提供定义的作用(在回答一开始就提出的"何谓一种神话"问题的时候)和一种程序功能,这后一种功能解释了这种文本属于何种阅读和分析类型。某些参照是文学方面的(瓦莱里,萨特),但大多数是语言学方面的,而特别是参照了索绪尔,即便就像对待萨特那样,巴特在其手稿表述过程中曾倾向于完全地降低那些直接参照的重要性:于是,有关索绪尔的五个注释从第二次手稿(当时的名称仍然是《一种神话学的草稿》[«Esquisse d'une mythologie»])到所发表的文本过程中被取消了[①]。因此,可理解性的模式,当然是索绪尔对于符号的描述,因为索绪尔把符号学定义为对于两个不同范围的术语——能指与所指——之间关系的假设,这两个术语并不位于一种等同(égalité)的关系之中,而是位于对等(équivalent)的关系之中,它们组成一种三维图示,其第三个术语便是符号。

330

巴特假设,神话是一种二级符号学系统,该系统根据第三个语言学术语再一次制定这同一种图示。这种符号学,自从它将有关言语活动的思想当做系统且全部的关系都建立在这种系统之上的时刻开始,我们可以说它是结构论的符号学,这种符号学有三种原则基础:一是对于**内涵**(connotation)即对于所有二级意义的研究,这些意义加入到了字面意义或首次意义之中,在这一点上,巴特明显继承了索绪尔的计划且更为安好地继承了叶姆斯列夫的计划[②];二是对于**带有三个术语**(而不是像多格扎

---

① 铸造工业标准局编号为 NAF28630 的文件。《神话》。例如"神话是一种言语",是参照了瓦莱里的话,随后作为巴特个人的一种定义出现。

② 根据路易-让·卡尔韦的《罗兰·巴特:关于符号的政治眼光》(*Roland Barthes*, *un regard politique sur le signe*), Payot, 1973。

所希望的那样说是带有两个术语)的**一个系统**的思考,这种思考使他很接近查尔斯·桑德斯·皮尔斯①的符号学,不过在那个时期,巴特还没有阅读过皮尔斯的著述(皮尔斯的名字第一次出现,是在 1964 年发表的《符号学基础》的参考书目之中);三是把结构主义与历史组合在一起,以便理解意识形态是如何被记录下来的和神话通过什么操作而被吸收的。这三个原则组合在一起,形成一种既不是阐释性的也不是形式的混合方法,这种方式好像适合于巴特所定义的神话,但似乎难于推广。它的混合性在文本的某些晦涩处是明显的(巴特很快就断定,作为新科学的神话学完全属于符号学,并随后将这种学科介绍为"既属于作为形式科学的符号学,也属于作为历史科学的意识形态")②,它从一开始就引起了多种误解,但也显示了他在后来的研究工作中所采纳的多种方向。在一些批评家的笔下,我们会经常解读到,巴特的这种科学历险是在并不属于他的领域中进行的一次不适合的游历,并且,对于这些文本的认真审视可以使人发现,它们受害于作者缺乏严格性和无处不在的主观性。或者,我们还会解读到,由文本在意识形态化和诗性化之间所安排的交替("今天,到现在还是如此,只有一种可能的选择,而这种选择只关系到两种同样是过分的方法":或者安排完全受历史影响的一种真实,因而使之意识形态化;或者相反,安排**最终**是不可深入的、不可压缩的真实,而在这种情况下,就使之诗化)③,而且这种接替不可能找到综合,巴特更愿意选择了诗歌。相反,对于其他一些文本,巴特将他的计划放进了一种科学的视野范围之内,同时将这种计划按照一种脱离常规的做法来引导,而在这种情况下,他就不能不让人们从科学角度对其理论前提的基础提出异议。不管怎样,难道不是因为他开始在《当今神话》中赋予符号学以定义,这种符号学又导致他从 1977 年开始在法兰西公学占据这一学科的专门讲座,从而使他几乎成为这种符号学的唯一重要代表人物吗? 一如传记可允许做到的那样,如果有人在他的连续行程中倾向于找出几个重大阶段的话,那么,就会很清楚地看到,这其中并无什么反常的东西。巴特一旦步入了死胡同,一旦他

---

① 查尔斯·桑德斯·皮尔斯(Charles Sanders Peirce, 1839—1914):与索绪尔同时期的美国符号学奠基人。——译注

② 《当今神话》,in *Mythologies*,《全集 I》, p. 826。

③ 同上,《全集 I》,p. 868。

遇到了自己制造的矛盾,他在继续对相同对象类型感兴趣的同时,就借助对于其他读物的阅读,并找到新的对话者来试图转移他的方法(在他看来,这正是列维-斯特劳斯在 60 年代时开始扮演的角色):那些集中了最多"社会"要素的对象,它们凝聚了最大的意识形态重负,或者它们具有着一种很大的象征成分。

巴特在那些小小的神话过程中,不放弃日常生活的素材,以便推动他的研究,而在这一领域,所有对象都是好的对象;它们越是被带入身体与意义,就越是更好的:因此,对于时装的关心,并不只是来自于研究和格雷马斯的建议,而是来自巴特对于衣装的爱好(他很看重自己的服装,他每一年会在英国佬商场[Old England]购买两次衣服,后来稍晚一些,开始有钱的时候,他则到朗万品牌店去买),也还来自他对于同时代其他人的观察;他的饮食并不只是一种随便什么样的社会物质,而是根据他的偏好和他的厌恶放进他的菜碟中得到认真关注的对象,而对于偏好和所恶,他都提出过一种批评维度。他把在实践学院赖以构筑他第一批课程的这些"当代的意指系统"与他的生活和理论密切地交织在一起。这一点给人的印象是,他过于靠近他的对象,以至于不能在对象身上获得适合一种真正科学的距离。神话,当其在时空中根据相隔较远的素材来被分析的时候,它就比当其在直接的日常生活中被重复显得更为严肃,因为人们不能将其从历史维度上拿掉。但是,巴特的研究工作无法使得他尽力使之汇聚在一起的一种欲望冲动和一种人种志的雄心分开。他的冲动引导他总是将欲望与批评结合在一起:因此,《神话》并非纯粹是揭示习性的。它们的力量也来自于这样的情况,那就是并非所有的东西都是符号学的,或者并非所有的东西都是一种意识形态批评之对象;对于夏开兰式摔跤的演员们、对于嘉宝、对于那些木质玩具来说,也还有一种欲望的力量进入了赌注之中。

因此,幻想起着重要的作用。幻想联系着写作。他后来说明,他将幻想作为其方法的出发点,既用于思考,也用于教学需要,这显然是以回溯以往的方式告诉我们:他极为简单地将幻想确定为"主体在其中施展其欲望的一种剧情"[①]、一种起因、一种形象,而这些都不无科学印记。1959

332

[①]　《一位重要的色情形象修辞学家》(«Un grand rhétoricien des figures érotiques»),与让-雅克·布罗希耶(Jean-Jacques Brochier)的谈话, in *Magazine littéraire*, juin 1976(《全集 IV》,p. 1007)。

年,他看了电影《俊男塞尔日》(*Le Beau Serge*),便为其写了一篇文章,发表在《新文学》杂志上,他在文章中直述自己的感觉:对某些场面显示出温情("孩子们在街道上踢足球时的场景")和对于其导演的无目的的现实主义表示愤慨①。在随后的那一年,这同一部电影充当了关于"电影中的意指问题"的结构系统性例证②。1965 年,他与维奥莱特·莫兰看了电影《金手指》(*Gold finger*),他立即趁热为之写了研究文章(正像在此后的几日里他于记事簿上写的文字所证实的那样),并且,他从该电影中又取用了一些内容,不加渲染地放进了 1966 年 11 月在《交流》杂志上发表的《叙事文的结构分析导论》(«Introduction à l'analyse structurale des récits»)之中。有人约他为《百科全书》写文章,第二天,他赶紧跑到索邦大学图书馆里,翻阅卷帙浩繁的图书。他随后写了一篇文章,作为与在《图像,理性,非理性》(«Image, raison, déraison»)名下发表的版画分开的一版图像的导论,发表于 1964 年。初看,这篇文章是对于象似③系统(système iconographique)的一种纯粹符号学方法的应用。但是,当仔细阅读的时候,我们会理解到,巴特最终在其符号系统中注意到了对于理性本身的一种超出,因为这种理性威胁到了任何综合事业,并且它允许出现欲望。我们再一次看到了他的各种研究对象所带有的前瞻与叙事这种二元对立关系:"如果您从低向上阅读版面,您在某种程度上便会获得一种亲身感受性的解读,您会重新经历对象的叙事路径和它在复杂的消费社会中的展开;您会从自然本性过渡到社会性;但是,如果您从首篇画面开始从上至下阅读图像,你所得到的,便是分析精神的过程;世界赋予您习惯的东西和明显的东西(这便是场景);而在百科全书上,您会逐渐地深入到原因、材料、首要的成分之中,您便从真实过渡到原因,您在赋予对象富以智力。"④由解释所进行的审核,是一种获得形式,但是这种形式并不完全使

---

① 《右派和左派电影》(«Cinéma droite et gauche»), in *Les lettres Nouvelles*, 11 mars 1959(《全集 I》, p. 843—945)。

② 《电影中意指问题》(«Le problème de la signification au cinéma»), in *Revue internationale de filmologie*, janier-juin 1960 (《全集 I》, p. 1039—1046)。

③ 象似(名词为 icône,形容词为 iconique):符号学术语,指的是符号在形体上(例如象形文字)和内涵上(例如某些表意字母:作品的人物姓名中如果有"o"则表示胖人,有"I"则表示瘦人等)与指涉对象相似或接近。——译注

④ 《〈百科全书〉上的版画》(«Les planches de l'*Encyclopédie*»), in *Nouveaux essais critiques*,《全集 IV》, p. 49。楷体部分是我们要强调的。

从一开始就有的那种期待目光消失。

　　巴特将幻想与一种人种志的雄心结合起来：他对于日常事务的描述也超出形式计划。这种雄心适合于对于眼前事物、不大的事件、日常习惯的爱好，还会有为周围环境投入部分意义的兴趣。他在预测米歇尔·德·塞尔托于《日常的发明》（*L'Invention du quotidien*）中所做各种分析的时候，指出"对于明显事物的观察"在多大程度上可以标志出对于一种"拯救性转折"的科学探索①。例如，服饰的各种细节，不仅仅是需要观察的有意思的符号，它们还揭示了一种日常生活特征，因此它们会颠覆有意蕴与无意蕴之间的关系。这种探索无疑带有对亨利·勒费夫尔著述阅读的痕迹，后者的《对于日常生活的批判》（*Critique de la vie quotidienne*）一书出版于 1947 年，其第二部书《关于日常生活特征的社会学基础》（*Fondements d'une sociologie de la quotidienneté*）出版于 1961 年。巴特曾首先在与布朗肖和马斯克洛接触时知遇了勒费夫尔，后者从 1948 年开始成了巴特的好朋友②；他们两人都在西南部有落脚处：巴特经常到勒费夫尔在纳瓦朗（Navarrenx）村的家里去看望他，后者也经常到于尔特村看望巴特。巴特从 1958 年开始也承认自己秉承的是坚定地反对法国共产党的马克思主义。即便他们并不总是站在相同的立场上（勒费夫尔参与了"121 人宣言"的签字，他在 1968 年"五月风暴"时冲在了第一线），但是，他们都认为有必要为建立一种真正的有关日常生活的人种学打下基础。在多数人看来，事物的多样性和对于消费的推动是人们赋予这种计划的两项重要内容。不过，远不止产品或其用途，其残余剩物也同样使他们感兴趣。莫里斯·布朗肖在一篇有关勒费夫尔的文章中曾这样明确指出，"日常事务是很难发现的东西"。"它属于无意指活动，而无意指事物便是无真实、无现实、无秘密的东西，但也许还是产生任何可能意指的场所"③：无意指事物隐藏在事件、意识形态、一切人们习惯

---

① 《言语活动与服饰》（«Langage et vêtement»），in Critique, n°142, mars 1959（《全集 I》，p. 849）。关于巴特对于米希尔·德·塞尔托的思想的标记，请参阅米夏埃尔·谢林汉姆（Michael Sheringham）的《透过日常事务》（*Traversée du quotidien*），PUF, 2013。

② 依据雷米·埃斯（Rémi Hess）：《亨利·勒费夫尔与世纪探索》（*Henri Lefebvre et l'aventure du siècle*），Métaillé, 1988, p. 321。

③ 莫里斯·布朗肖：《日常言语》（«La parole quotidienne»），in *L'Entretien infini*, Gallimard, 1969, p. 355 et p. 457。

上认为是重要的东西之后,也隐藏于佩雷克后来称之为"下层-普通物"的东西之中,佩雷克因阅读勒费夫尔的书籍和听巴特的课程而深受他们的影响:"真正发生的事情,我们所体验的东西,就是剩余之物,是全部的剩余之物"①。

于是,巴特发明了一种相对地位于时间之中即瞬间的科学,该科学涉及对于各种问题或事物进行双重的理解,一种是感性的理解,另一种是智力的理解。《神话》中的二元结构出色地推动了这种方法。不过,这并不妨碍关心正确性,即直到《时尚系统》中也都可以看到的那些分析的相宜性。有两种因素使得他的结构主义变得灵活起来:第三项,即既不是 a 也不是 b,也就是著名的零度或中性,这种零度总是呆在背后,即便当巴特顺从于结构的二元论的时候,并且它们之间相互作用。从"可以把一种愚弄变成真理之存在条件"②的《神话》,到在《时尚系统》每一章的开头表明时尚的句子,例如"为了多维尔城的丰盛早餐"、"满是美妙的缘带",巴特操纵着讥讽,标记着距离。列维-斯特劳斯的结构主义被构想为"有关各种关系的一般理论"③,这种理论根据变体系列的排列情况而发现了一些规则,相对于这种结构主义,结构论符号学④在钻研主导价值、公众舆论、多格扎,最后还在钻研承认对这种方法缺乏信心的言语活动本身的同时,保留着一种解密的雄心。神话,应该可以把一种神话分析变为对象,完全就像"现在有、最终会有属于符号学家们的一种符号学"⑤。"符号学计划"不仅"为分析者提供了与由其所重构的系统融为一体的形式手段"⑥,而且该

① 乔治·佩雷克:《接近什么?》(«Approches de quoi?»)(1974), in *L'Infra-ordianire*, Seuil, 1989, p. 11。

② 《神话》的《前言》(«Avant-propos»),《全集 I》, p. 676。也可参阅其第 867 页:神话学者与世界之间的联系"属于愚弄范畴"。

③ 克洛德·列维-斯特劳斯:《结构人类学》第二卷(*Antropologie structurale II*), Plon, 1996 [1958], p. 30。

④ 结构论符号学(sémiologie structurale 或者 sémiologie):是在索绪尔结构语言学理论基础上由索绪尔本人提出初步概念,随后经过多位语言学家和列维-斯特劳斯、拉康、罗兰·巴特这些结构主义者建立起来的有关符号和符号系统的理论。它以语言学模式来研究社会文化现象。后来,巴黎符号学学派(École de Paris)在格雷马斯的符号学理论基础上发展了起来,并从 1970 年开始采用 Sémiotique 一词作为该派符号学的名称。该学派符号学不再研究符号及其系统,而是研究文本或话语中产生意义的结构形式,从而与 sémiologie 区别了开来。——译注。

⑤ 《时尚系统》,《全集 II》, p. 1132。

⑥ 同上, p. 1190。

计划使分析者意识到了虚假距离的风险。这种元批评①的洞察力出现在那个时代的所有文本之中,它同时也是从反面采用这项科学计划和在最后的分析中表现出研究者忧郁的一种方式,因为研究者"几乎是在不停地使他打算保护的真实遁去"②,或者研究者是"在他命名世界和理解世界的词语中来表白自己未来的死亡"③。但是,因此,他便不会在历史中排除自身,因而他最终还是与实践汇合了在一起。

高等研究实践学院

巴特进入高等研究实践学院第六部(后于 1975 年变为社会科学高等研究学院),是他获得的大学教学的第一个荣誉。当时,第六部由费尔南·布罗代尔领导。巴特于 1960 年被任命为第六部的工作室主任,后于 1962 年以在总数 60 票中获得 42 票而当选为研究主任(他的任命书从 1962 年 7 月 1 日起生效),他从这时开始得以登台执教。当然,相对于索 336 邦大学,这里的教学机制属于外围教学,但还不属于边缘性的。这个机构,在 1868 年由维克托·迪吕伊(Victor Duruy)在勒南的建议下得以创立。勒南当时认为德国知识分子的生活比法国的更为丰富且产出更多,这种教学机制既是一种补充,也是对于大学教育的替代:在确保很大一部分被传统大学忽视的各个学科的学生培养、知识传授和研究工作的方面,是一种补充;而在侧重研讨班教学、不沿用课堂教学和"在不考虑其教授的大学头衔(其教授可以在不考虑其来自于大学教育领域的情况下被聘用,他们可以被叫做'研究主任')、也不在某种程度上考虑其学生"④(他们从这时被看作是"听众",而不是学生)的情况下,是一种替代。教授的职位不是固定的,这取决于教授的聘任情况。讲课是对外公开的,讲课主题

---

① 元批评(métacritique):是可以用来对于其他对象(文本)进行批评的理论,参阅前面关于"元语言"的注释。——译注

② 《神话》,《全集 I》,p. 867。

③ 《时尚系统》,《全集 II》,p. 1192。

④ 参阅雅克·雷维尔(Jacques Revel)与纳唐·瓦克泰尔(Nathan Wachtel)(主编):《一所为社会科学而设的学院——社会科学高等研究实践学院第六部》(*Un e école pour les sciences sociales. De la Vie section à l'École pratique des hautes études en sciences sociales*),Le Cerf,1996,p. 11—12。

和时间是借助告示发布的。高等研究实践学院在社会科学的发展中做出了重大贡献,其发展速度之快激发了人们的创意(我们已经提到过乔治·弗里德曼创办的大众传播研究中心[CECMAS]),也获得了增拨的经费。在这个教学单位中,巴特真正地可以进行使他从一些平台上充当介入角色的知识分子过渡到研究者的转变,而那种研究者整日都在为得到成熟思考和用于传播开来的漫长探索而忙碌着。

　　这种转变值得我们在此赘述一下。当然,这里面有前面已经提到过的打算从事一项长时间著述即一种重要著述的原因,也还有他想在社会上获得比赚取报刊稿酬更为稳定的岗位的意愿。但是,这里面有一点不是很清楚:在文学和戏剧已经是他主要分析对象并且这也是他兴趣所在的情况下,他却选择了社会学。《神话》的影响是一种解释,对于日常生活的分析爱好也是一种解释。还有一种解释,也许就在于对于文学言语活动的不可简约特征的思考,这种不可简约特征使得文学言语活动从根本上成了一种不连续的和远离的单位,它不大可能变为一种介入和一种可分享的知识的场所。就像他在《批评与真理》中所说的那样,"实际的言语活动之含混性,无法与文学言语活动的含混性相比。前者的含混性,借助其出现的**情境**,实际上是可以简约的:有某种东西脱离最为含混的句子,在我们**实际地**想利用这个句子向我们传递的信息的时候,一种背景、一种举动、一种记忆,都可以告诉我们如何来理解这个句子"[①]。在作品因缺乏背景而无任何情境围绕的情况下,很难赋予作品一种意义,很难使其服从于一种标准和将其作为一种所知传递出去,即便巴特一直在为能够这样做和逐渐地将结构程序用于文学(在《论拉辛》中,也在那个时期的某些文章中)而尽力寻找一些方法。但是,可以肯定的是,从一开始他就觉得依靠实践性言语活动是比较容易的。最后一种原因大概也与政治情境有关。戴高乐将军于1958年掌握了国家政权,他极大地压缩了左派批评的各种可能性之条件。在50年代,殖民地问题一直是他的最大关注,这个时候已经在解决之中,并且是由右派解决的。对于由布朗肖和马斯克洛发起的就1958年5月13日所建政权的反民主性质的问卷调查中表现出的担心,巴特明确地回答:事件本身改变了知识分子争吵的意义。问题不

---

① 《批评与真理》(*Critique et vérité*),《全集 II》,p. 786。

在于揭露一种法西斯主义,而是在各个层次上理解这种政权的所有借口和价值组织机制。人们还不能仅限于一种表面的对立、一种战斗性的对立;一种持久性研究工作可以应对由戴高乐主义的出现所带来的意识形态上的倒退,但这必须拒绝从革命武库中获取的那种表情动作。

几个月后,巴特在《观察家》杂志上发表了针对戴高乐《回忆录》(*Mémoires*)的一篇极富抨击力和介入性的文章,他试图说明他的信念:既然因为戴高乐而使任何批评突然变得得无章可循,那么在理解这种无章可循的原因本身的同时,就必须尝试与之斗争。原因之一,便是有关文学的政治观念[1]的转向,因为文学向来是使英雄神圣化和将历史转化至形而上学之中。"法国人向来把他们的作家(我说的不是他们的知识分子)看作'善良的'人。在批评界对于像是将军的作家几乎是一致的赞美声之中,有一种安全之感,他们确信任何坏事、任何损害无论如何都不会来自于关心法语书写正确的一个人。"[2]文学作为价值,作为驱魔术,它既打消对于法西斯主义的怀疑,也同时打消批评的可能性。面对这样的确认,大概需要像保守一个秘密一样,为自己留住不大简约为意识形态的有关文学的概念,需要选定呆在知识分子之列,而不是进入作家之列。但是,再就是既然在那个时代是智力生活在改变着一切,那么,我们也就可以理解巴特对于公众和对于报界的发声一时间变得微弱无力、其介入的场所大为减少和因情境影响而退守研究之中的选择等情况了。

大概也应该是在这种背景之下,来解释巴特没有在《121 人宣言》上签名这一插曲了,这一事件经常被用来攻击巴特,不过,在巴特那时认为的知识分子作用的演变中却是非常合乎逻辑的。布朗肖和马斯克洛处心积虑反对刚开始的第五共和国,他们准备了一篇反对阿尔及利亚战争的文章,该文章后来有了多个版本,布朗肖在文中提到了为这一问题所进行的"多次、几乎是每日都有的会见"[3]。那个宣言从确认殖民地土崩瓦解开始,直指军队在这一纷争之中的作用,同时揭露了与"民主制度"相违背的

---

① 在巴特的用词中,他经常使用 la politique 一词来指具体的政治考虑或策略,而用 le politique 一词来指政治观念。——译注

② 《戴高乐、法国人与文学》(«De Gaule, les Français et la littérature»), in *France-Observateur*, 12 novembre 1959(《全集 I》,p. 996)。

③ 莫里斯·布朗肖:《为了友谊》(*Pour l'amitié*), Fourbis, 1996, p. 20。

实施酷刑的做法。《关于在阿尔及利亚战争中不妥协的权利宣言》以三项
建议为结语——对于这些建议,甚至在签名者内部也没有完全达成共识:
"对于拒绝以武力来对付阿尔及利亚人民,我们予以尊重,并认为这是正
确的。对于法国人以法国人民的名义认为有义务帮助和保护受压迫的阿
尔及利亚人的行为,我们予以尊重,并认为是正确的。阿尔及利亚人民的
事业决定性地为摧毁殖民地体制做出了贡献,他们的事业是所有自由人
民的事业。"对不妥协的号召,深刻地影响了人们,并说明在当时反对这场
战争的无数提议中,这个文本已经成为历时性的文本。

　　那一年夏天,当马斯克洛、舒斯特、纳多、普永(Pouillon)、佩瑞(Péju)
和莱里斯发信给作家和知识分子们征集签字的时候,巴特与莫兰夫妇曾
就这个问题进行了长时间的争论,而且在《论据》编委会开会的时候,大家
也都只谈这个问题。当时,克洛德·勒福尔(Claude Lefort)、让·迪维尼
奥和埃德加·莫兰决定撰写他们自己的"对公众舆论的号召",文章于上
述《宣言》一个月后(该《宣言》1960 年 9 月 6 日发表在《真理-自由》
[Vérité-Liberté]杂志上)发表在国民教育联盟同名月刊《FEN》上。这篇文
章,在其和平主义和其反对军人政权方面,是非常坚定的,它要求在阿尔
及利亚立即谈判并实现和平。这一号召,唤来了几十名知识分子的签名,
除了《论证》编辑部全体人员,还有埃蒂安布勒(Étiemble)、梅洛-庞蒂、雅
克·勒·高夫、保罗·里克①、雅克·普雷维尔、让-玛丽·多梅纳克
(Jean-Marie Domenach)等人。那些支持国民教育月刊的知识分子批评这
一倡议,认为这一倡议过于软弱无力。但是,这第二次的请愿书汇聚了那
些拒绝接受不平等性、同时赞同必须进行抗议的人们。巴特的立场,除了
反映了他所属的那个年代的社会关系特征,比较友好地接近埃德加·莫
兰的立场,而不大接近马斯克洛或纳多的立场,这一立场趋向于一种更为
深刻的信念——根据这种信念,革命性的战斗精神在当代社会中已经不
再有意义。他不相信争执的近似政治武器的作用,他在《论戴高乐将军的
体制》(«Sur le régime du général de Gaule»)一文中说的非常明确;更为深
层地讲,也许他的"国家孤儿"地位限制他在面对共和国方面时违反规定
和出现不服从的情境。不管怎样,人们都不可以从他的情况里认定这样

---

① 保罗·利科(Paul Ricoeur, 1913—2006):法国哲学家,著名阐释学家。——译注

的事实,即他再一次在寻找所采取的在他看来是最为正确的态度,而冒险——就像这一次的情况那样——使他与多位朋友和历史处于不稳定的状况,因为这种历史只记下了《121 人宣言》和其非凡的进攻勇气(这种勇气甚至会使某些宣言签名者蒙受几天牢狱之苦和遭到家庭彻底搜查)。还原当时的背景,可以使巴特摆脱对其不介入的指责。虽然他更喜欢勒福尔和莫兰的号召,但这并非是因为对于国家表现出的温和或屈从,而是更因为被抗议举动和其意识形态蕴涵所激怒的一种意识。他经常谈到对于那些英雄态度的蔑视,因为那些态度将行为转换为姿态而这种姿态则通常带有一种撒谎形式①。这一情况揭示了他对于爱挑剔知识分子表达之可能性的怀疑,一如他退守研究者族群所揭示的那样。

　　围绕着阿尔及利亚战争和反对戴高乐政权,巴特一直深信,作家们应该一起考虑一种可能的团体行动。当布朗肖借创办一种新的国际杂志以表明其继续在宣言之外行事之愿望的时候,巴特毫不犹豫地加入了进来。巴特一直在倾听知识分子们的倡议,这一次,他意识到变化是深刻的,而且这种变化要求一些新的行为表现,正是在这一点上他完全地与莫里斯·布朗肖结合在了一起,尽管他以不大悲观的言辞来说明这种变化:大概,他并不信服一种思想上的共产主义真正地存在着这种可能性。如果说布朗肖在为那份杂志所预写的文章中可以写道"我们在接近我们时代一种极端的运动(……),因此必须尝试回答从一个时代过渡到另一个时代所表现出的这个重大的谜题"②,那么,巴特在那时则更多地关注揭示和意识形态揭秘的具体工具方面。大概,他正处于从哲学上讲并不太政治

340

341

---

①　例如,请参阅《作者的词汇》一书第 313 页没有被保留的名为《知识分子与其形象》(«L'intellectuel et son image»)的自画像的那一段:"在革命知识分子身上,总让人闻到一种角色气味:他把自己当做列宁、当做毛泽东,他就要建立一个政党,来为大众指明方向等。不过,他只不过是一位言语活动之人,但是那些伟大的榜样使他产生了一种幻觉,似乎借助于一种自然的换喻过程,就可以从言语活动过渡到行动(即其权力)";第 271 页这样写道:"凡是在多格扎表现出一种行动的地方,多格扎都会使这种行动变成为一种态度;多格扎将行为转换成行动;多格扎使这种举动变得更为可视即变成其审美谎言,那就更好了。但是,多格扎吸收它所触及的一切、吸收进入其话语中的一切;英雄主义是本性的附属成分,而不是与欲望不同的东西。"

②　《预备性文章,〈国际杂志〉的轮廓与定义》(«Textes préparatoires, lignes, définitions de la *Revue internationale*»), in *Lignes*, n°11, 1990, p. 179。这一期杂志汇集了按照 1961 年出刊计划而准备的全部资料和在 1961—1965 年期间于多位编辑部成员之间交换的信件。亦请参阅克里斯多夫·比当(Christophe Bident)在《莫里斯·布朗肖,不露面的合作者》(*Maurice Blanchot, partenaire invisible*)一书中的讲述, Seyssel, Champ Vallon, 1998, p. 403—417。

化的这种措施之中,即便他确信戴高乐主义的国家对于法国整个知识分子生活的毁灭负有最为确定的责任[①]。

布朗肖首先接触了萨特,萨特拒绝加入;他随后千方百计建立起了汇集三方人员的一个编委会:法国方面的安泰尔姆(Antelme)、布朗肖、杜拉斯、比托尔、德弗雷(Des Forêts)、莱里斯、马斯克洛和纳多,意大利方面的卡尔维诺、维托利尼(Vittorini)和帕索里尼,还有德国方面的巴赫曼(Bachmann)、恩岑斯贝格尔(Enzensberger)、格拉斯(Grass)、瓦尔泽(Walser)、乌韦·约翰逊(Uwe Johnson)。1961 年 8 月 13 日柏林墙建成之后,恩岑斯贝格尔被驱逐到了挪威,这一事件动摇了编委会的稳定,德国人方面在多个问题上表现出了不同意,并经常威胁退出。1962 年 5 月,布朗肖接触了巴特,建议他加入计划,巴特热情和积极地接受了建议。"我非常高兴,您同意参与拟议中的杂志编委会和其策划工作。德国和意大利方面的编辑工作已准备就绪,我们也必须安排好开始我们的工作,并且至少是因为我们没有独立的办公地点,我们决定每周三 14 时在迪奥尼·马斯克洛家(圣伯努瓦街 5 号,4 楼左侧)聚会一次。"[②]巴特非常准时地与会,并且属于参加在苏黎世召开的旨在结束德国方面困难的集体会议的人员之一。1963 年 1 月 18 日早晨,巴特与德弗雷、布朗肖和马斯克洛一起乘飞机前往,但是他们的集体能量不足以回应所有的指责和消除出现在每一种提议上的意识形态方面的对立。几天过后,莫里斯·布朗肖给乌韦·约翰逊发了一封信,证实了这些紧张与不满情况的存在:"我们被指责为哲学上惯于抽象的罪人,因不知道'具体'、因自满于'高尚的智力英雄主义'、因脱离物质世界而有罪。(……)说真的,我惊异地注意到,对于我们的指责完完全全地就是法国右派人士对于左派知识分子的指责,前者指责后者是一些固执死板、钻牛角尖和只能进行长期与乏味的却无真理确定性而言的研究的人们。在法国,右派人士一致地指责哲学,因为他们害怕在我们看来基本上就是'哲学'的争议和发问,因为他们以

[①]　他的反戴高乐主义立场直到最后都是执着的。我们通过一个说明问题的细节可以证明这一点:他的记事簿在 1969 年 4 月 27 日这一天没有任何对于外面事情的记载,但是,却写有"全民公投,不"这几个字,这可以说明他个人对于总体结果的投票态度;而在 1979 年 11 月 10 日的记事簿上写有:"戴高乐死了"。铸造工业标准局(BNF)1979 年 9 月编号为 NAF28630 的文件,"记事簿"(«Agenda»)。

[②]　[1962 年]9 月 28 日莫里斯·布朗肖的信,私人收藏。

歌颂具体、歌颂无原则的经验主义为借口,一心想保持社会的**现状**,一心想保持社会学研究的舒适状态。"①

那几位意大利人,特别是维托里尼,不接受他们认为过于神秘的一些概念,而由他们来确定保留哪些概念,他们指责法国人的"本体主义"。2月份的时候,会议转到意大利召开,巴特再次遇到了在他看来对他们构成障碍的几位对话者。维托里尼 1963 年 3 月在给布朗肖的信中写道:"我们与巴特聊了一阵意大利局势。我们(雷奥内蒂[Leonetti]与我)告诉他,在你们国家具有某种意义的某些概念(例如沉默概念,不在场概念),在我们国家里就有着非常不同和不好的另外意义,原因是这些概念是由一个基督教神秘学派(1935—1945 年间出现的'神秘派'、诗人和随笔作家)引入意大利并在意大利得到了发展。"②总之,没有任何确定的文学要求使他们聚集在一起。为此,布朗肖以更大的容忍度和开放性进行了呼吁,但是,各个组别、各个国家的编委会,难于在将他们要讨论的作者方面,甚至在某一题目上达成一致。他们之间明显地存在着属于翻译方面的问题,他们甚至在这一方面都有着非常有意义的思考③;国际维度上的困难只有在争议中得以浮现。必须说,德国与意大利文学界在很多方面有别于法国文学界。在那些不大集权的国家里,作家们有时生活在相隔很远的城市里,而他们之间并不组成协会。以意大利语书写、《格列佛》(*Gulliver*)为名出版发行的唯一一期就是这样,该期是放进在埃诺迪(Einaudi)出版社出版的《梅纳波》(*Il Menabò*)杂志中出版的,在那一期中,巴特提供了三个片段,一个片段是关于索福克勒斯的剧本《俄狄浦斯》的现代再现的,一个片段是关于对话的,而最后一个片段是关于形式问题的④。关于如何摆脱每一个人在自己国家里所处的知识分子孤独状况,没有任何结论。但是,一位像布朗肖这样深居简出的作家有着公开介入的勇气,需要许多

343

---

① 莫里斯·布朗肖 1968 年 2 月 1 日写给乌韦·约翰逊的信,in *Lignes*, n°11, 1990, p. 279。

② 埃利奥·维托里尼 1963 年 3 月 1 日写给莫里斯·布朗肖的信,同上,280。

③ "在某种程度上,翻译者是杂志的真正作家。"莫里斯·布朗肖以荷尔德林为例,把翻译介绍为文学活动的一种形式。"翻译者是把握语言之区别的神秘主人,他并不消除这种区别,而是利用区别,以便他通过自己的语言并借助他为之带来的变化而唤醒原著中属于有区别的东西的出现"(《预备性文章,〈国际杂志〉的轮廓与定义》,同前,p. 187)。

④ 《三个片段》(《Trois fragments》),《全集 II》,p. 559—562。这些文本发表时是以意大利译文出现的。最后一个片段名为《一个无小说的社会》(《Une société sans roman》)由于失误而没有与其他文本放在一起。这个片段后收录在《全集 II》之中,p. 563。

交际手段和技术细节,这一点肯定打动了巴特,使得他们的立场至少汇聚在了一点上,即深信政治团体建立在友情之中。此外,他 1979 年在杂志上与马丽娅-泰雷萨·帕多瓦的谈话中也非常激动地谈到了这一点:"看到一位像布朗肖这样的人戏剧性地直面这种问题,我颇感兴趣。开过多次预备会议,而且叫人感到非常松快和有点可怕的是,那些会议都遭受到某种……来自布朗肖……的**负面命运**;也就是说,实际上像是一种次级程度,这一事业的命定性即必然性就是不去达到目的。"①至于其他方面,他们之间还有不少分歧。

　　几年过后,当莫里斯·布朗肖再次请巴特评论和签署另一篇反对戴高乐政权的文章时,巴特给予了否定的答复——就像他对待关于在阿尔及利亚战争中不妥协的权利宣言那样——并且是以近乎他 1959 年回复《7 月 14 日》报纸调查时使用的论据来回答的。那个供传阅和可做修改的文本,是一篇措辞非常激烈的指控檄文。该文本揭露通过军事力量而掌权并越来越集权的一个社会的和政治的"怪异的堕落政权",同时要求"所有的思想家、作家、学者、记者"都停止与该政权在任何形式上的联系,并拒绝"协助那些受政府控制和没有真正自主的服务部门、组织机构、行政机制或法院,例如法国广播电视局(ORTF),禁止使用他们的言语、文字、著述和他们的名字"②。巴特提出了三点拒绝理由。第一点是意识形态方面的。如果必须反对这个政权的话(按照他的观点,这是必须做的),那就要正确地分析这个政权之所是,而不是将其视同为一种专制,说真的,这个政权还不是这个样子,最终还是一种俗套局面。然而,"如果分析是不正确的,它就一定会带来一些错误的举动。"第二种答复是政治方面的,它将斗争领域置于国际范围之内而不是国内,因为此时的巴特说,一切都应该"与未来的美国和中国的战争联系起来"。最后的理由是伦理方面的:作家不能像利用为其带来利益和文学外诸多压力手段的一种资本那样,来使用自己的姓名与作品:除了巴特重提只能依据

① 《杂志的生命与死亡》(《Vie et mort des revues》),与马丽娅-泰雷萨·帕多瓦(Maria-Teresa Padova)的谈话(1979),in *Scarabée internationale*, printemps 1982(《全集 V》,p. 779)。

② 这个文本由莫里斯·布朗肖于 1967 年 5 月 11 日发给了罗兰·巴特,并附有一封信件,信中,布朗肖请巴特就他在信末的话——"您签署这个文本吗?"——发表意见。铸造工业标准局编号为 NAF28630 的文件。

拒绝参与或拒绝签字的原则来承认一个文本的怪论外,他还质疑将作品变成某种辩解的智力举动,即变成"强调一些文学外在选择的某种资本"的智力活动;"就在我们从各个方面指责一部作品可以被签名的这种想法的时刻,又如何以一部作品的名义来签名呢?"①从此,我们便可以更好地理解巴特在杂志上施展的能量了,因为那些杂志并不追求与文学的功能相脱离的姿态。国际杂志的经验也表明,巴特并不远离文学领域,尽管他获得了一种研究员的身份。他的科学研究工作从其在报刊中的活动里得到营养;他的专业基础为其在社会生活中的介入赋予了分量。他写的一般较长的文章,那个时候,都发表在被全体知识阶层所阅读的杂志上:如《批评》《论据》《交流》《年鉴》等。在 1958—1968 年的 10 年间,他并不引人注意地、但却是确定地占据着整个领域。在那个年代,他在公众方面和科学研究方面获得双重承认,便是这种扩大露面的直接结果。

　　他的课程也反映了这种双重定位。最初那些年的公众大部分都是他的朋友。让-克洛德·米尔纳回忆说:"我们当时只是两三个'师范学院的'学生。有维奥莱特·莫兰、莫里斯·莱纳特(Maurice Leen-hardt)的女儿、罗贝尔·达维德,完全是由密友组成的一小组人。"②在这首批听众当中,除了有让-克洛德·米尔纳外,我们注意到还有让·鲍德里亚③——他就是在那里产生了写作《事物系统》(*Système des objets*)想法的(他的思考在许多方面受益于巴特的课程和其在《交流》杂志上发表的文章)、鲍德里亚的第一个妻子路西尔·鲍德里亚、雅克·布泽朗(Jacques Bouzerand)、奥利维耶·比尔热兰(Olivier Burgelin)和雅克-阿兰·米勒(Jacques-Alain Miller),他们都是在那里从第一年末就成了"正式的学生"。巴特的教授岗位署名为"符号、象征和表象社会学",并且他在头两年的时候还开设了"当代意指系统总览:事物系统(服装、食物、住宿)"研讨班④。他提供了主要是与索绪尔,但也与叶

① 莫里斯·布朗肖写于 1967 年 5 月 22 日的未发表过的信件,后由埃里克·马蒂发表于《城市》(*Cités*)杂志号外《当代思想中前所未闻之旅》(«Voyages inédits dans la pensée contemporaine»)(Yves-Charles Zarka dir.), PUF, 2010, p. 459—460。

② 2009 年 8 月 9 日与让-克洛德·米尔纳的谈话。

③ 鲍德里亚(Jean Baudrillard,1929—2007):法国社会学家和哲学家。——译注

④ 《全集 II》, p. 253—254。

346　姆斯列夫、雅各布森和马丁内有联系的符号学方法的理论框架,并且
他明确地指出,这种方法在什么地方对于其他学科——心理学、社会
学、历史学、经济学、人类学和逻辑学——是有用的。研讨班依据结构
语言学的概念,明确地定义了那些"符号学要素",例如语言与言语的
连对、能指与所指的连对、句法与系统的连对、外延与内涵的连对。当
这些概念被用于语言外现实的时候,都会有哪些变动呢? 这便是他在
要求听众对于日常事物制作卡片时向他们提出的问题。让-克洛德·
米尔纳回想起他曾经制作过两种卡片,一种是关于法国式传统午餐
(头菜、正菜、甜点)与语言的形态(前缀、词根、后缀)之间对应性的,另
一种是有关肉食颜色(白色、红色或黑色)与其实际颜色之间对应性
的。我们在《符号学基础》一书中看到了这些对应关系。于是,饭店的
"套餐菜谱"便可用于解释所有属于言语活动的轴线,并构成了两个平
面:"例如对于各种头菜的水平方向阅读就对应于系统,而对于套餐菜
谱的竖向阅读就对应于组合体。"①巴特也邀请几位外面的报告人。第
一年,格雷马斯做了《关于索绪尔的系统概念》(«La notion de système
de Saussure»)的报告;让-保罗·阿龙(Jean-Paul Aron)清楚地阐述了
《有关贵族观念之再现的历史研究》(«Recherches historiques sur les
représentations de l'idée de noblesse»);皮埃尔·弗朗卡斯泰尔(Pierre
Francastel)的学生和《现代》杂志的批评家让-路易·费里埃(Jean-Lou-
is Ferrier)在大学生们面前谈了《绘画与意指》(«Peinture et significa-
tion»)。

　　在第二年期间,巴特将他的分析集中在了"分节声音之外的实质[:]
图像,(……)音乐与举止"②。他尤其对广告讯息③中的图像感兴趣,他区

---

①　《符号学基础》,《全集 II》,p. 674。译者补注:文中的"系统"(système):与日常用语中的理解不
　　同,在语言学与符号学概念中,"系统"指诸多联想关系的一种集合,这种集合可以将具有相似
　　性或区别性的词项汇聚在一起,例如同义词、同类词或反义词。文中的这句话,意为不论由何
　　种食材构成,它们都属于名为"头菜"的一类,因此属于一个"系统";所谓"组合体"(syntagme),
　　是指具有"比邻"关系的成分结合体。
②　《当代意指系统总览》(«Inventaire des systèmes de signification contemporains»),《全集 II》,p.
　　613。
③　讯息(message),在语言学和符号学中,指由一定的编码组织起来的一种信号序列,相当于"能
　　指"序列或表达平面;而"信息"(information)则指借助讯息所传递的内容,相当于"所指"或内
　　容平面。——译注

分出三种讯息:一种字面象似讯息,一种是语言讯息和一种带有内涵的象似讯息。外请人的发言,有米歇尔·塔迪(Michel Tardy)关于图像感知的报告,罗贝尔·利纳尔(Robert Linhard)关于萨特《想象》的报告和克里斯蒂安·梅茨(Christian Metz)关于电影符号学的报告。巴特根据其课程内容写了多篇重要的文章:《广告讯息》(«Le message publicitaire»)1963 年发表于《广告手册》(Les Cahiers de la publicité)杂志上,他在文中重新采用了出现在广告图像中的各种讯息类型之间的区分;《图像修辞学》(«Rhétorique de l'image»)一文,在明确阐述这一论题的同时,重复了此前的一篇文章内容,与《符号学基础》一起发表于 1964 年 11 月第四期《交流》杂志上;在《意义的烹饪术》(«La cuisine du sens»)一文中,他为了《新观察家》杂志的读者而将他应用于服饰、汽车、做饭的面团、电影、音乐、广告图像(其课程的整个计划均包括在其中了)的方法做了推广。他还在自己的课程内容中直接引用国外做报告的材料:于是,他根据"当代文明中的艺术与文化"研讨会的要求,于 1966 年 9 月赴威尼斯的西尼基金会(Fondation Cini)做了《对象之语义》(«Sémantique de l'objet»)的报告,或者还有 1967 年在那不勒斯大学历史与建筑学学院做了《符号学与城市规划》(«Sémiologie et urbanisme»)的报告。把研究成果变为大众的和在其各种载体中的应用,也是巴特实践活动的一个特点。他还从他赋予其研究工作的极为广泛的影响力方面,获得他在法国和在国外的知名度。

　　《符号学基础》一文,发表于 1964 年的《交流》杂志上(后应刚刚进入德诺埃勒[Denoël]出版社的莫里斯·纳多的要求,由该社于 1965 年出版了单行本),也是直接源于巴特头两年的课程。这是一篇重要的综合性文章,我们必须花一点时间专门介绍一下,因为它概述了研究方法和明确了其应用范围。文章中的四个部分,是依据结构语言学的四个连对或四个栏目安排的,并且,在回顾了语言学的各种定义和根据不同作者(例如皮尔斯就在能指与所指的栏目中被援引)而出现的各种可能变化之后,巴特比较了其在四种例证类型方面的社会学影响,它们是书写的时尚(这一方面最为经常地被征用,因为巴特占有数量广泛的素材)、食物、家具、建筑学。在其第一章《语言与言语》(«Langue et parole»)中,为思考语言与言语之间的区别(即图示、规范与使用之间的

347

区别)①,巴特采用了叶姆斯列夫对索绪尔理论的修订,并将其应用于时尚和食物。他举例说明,当饮食言语包括所有个人的备餐变化时,饮食语言便是由排他规则、对立关系、联想规则、使用习惯构成的。但是他也说,需要研究的最有意思的系统,是那些复合系统,因为在那些系统中,人们不能一开始就固定哪些是言语事实、哪些是语言事实,就像在电影、电视或广告中的情况那样。第二章《所指与能指》(«Signifié et signifiant»),在符号学的符号与语言学的符号之间做了区分,"符号学的符号,一如其模式,也是由一个能指和一个所指(例如在交通秩序和公路规则中一种灯光的颜色)构成的,但是,该符号却在其实质平面上与语言学的符号分离。许多符号学系统(事物、举动、图像)都具有一种属于表达方面的实质,而这种实质并不出现在意指当中:这些系统便是由社会为产生意指之目的而安排的一些使用对象。"②食物服务于人体营养,服装服务于人体保护……巴特建议称呼这些符号为"功能—符号"。第三章《组合体与系统》(«Syntagme et système»),重新采用了索绪尔两个轴即组合关系轴(复现符号的不同结合方式)与聚合关系轴(在此为与系统相对应的一个领域的所有词项的内在安排),它们的事实即对立关系与中性化就是研究之对象。最后,第四章论述的是《外延与内涵》(«Dénotation et connotation»),而其第二个术语恰好就是符号学研究的对象。巴特甚至在其书籍的最后呼吁建立"一种有关内涵的符号学,因为社会根据人类言语活动所提供给它的第一个系统,不断地形成了第二个意义系统,而这种有时是公开的、有时是隐藏的建立过程,非常密切地影响到一种真正的历史人类学"③。

《符号学基础》在采用所开课程已有的主要思想的同时,在举例之中,借助于对话的口语特征和情境所提供的间歇与交替节奏,远远脱离了课

---

① 请参考前面"8.巴特与萨特"中相关注释对于"言语活动""语言"与"言语"三者之间关系的介绍。——译注
② 《符号学基础》,《全集 II》,p. 659。译者补注:索绪尔颠覆了"形式"与"实质"的传统概念,认为"语言"是"形式"(forme)即内在结构,而不是实质(substance)即外在物质表现;叶姆斯列夫发展了索绪尔的理论,并把"能指"与"所指"之分表述为"表达"与"内容"两个平面,而这两个平面又各有自己的"形式"与"实质"。文中"许多符号学系统(事物、举动、图像)都具有一种属于表达方面的实质"一语,指这些系统在"表达平面"上均具有与一定形式相结合的外在物质表现。
③ 《符号学基础》,《全集 II》,p. 696。

程。它可以被解读为有关新的符号学科学的奠基性文本,并且巴特构想了这个文本,大概就是想把自己归入当时出现的一种研究团体(尤其包括拉康和列维-斯特劳斯)之中。他把这种科学明确地置于他在当时于某些文章中竭力确定的结构主义之内。他在 1963 年发表于《新文学》杂志的《结构主义活动》一文中,尽力确定这些研究的整体论点以及具体地把"结构的人"表述为意义制造者。他借助于切分和安排,制造出一种"事物假象",以使在其上面出现某种东西,这种东西在此之前一直是不可见的,"或者如果我们愿意的话,它在自然对象中是不可理解的"①于是,巴特明确了在列维-斯特劳斯、迪梅齐②、特鲁别茨柯依③这些思想家身上主导这种活动的一种共同的领域:从各种情况来讲,这里涉及的是一种形式主义,但却是一种创造性的形式主义(按照蒙德里昂[Mondrian]、布莱[Boulez]或比托尔的方式来理解),这种形式主义可以在世界的所有对象中使得那些看不见的意指变得可见。

　　他的课程在旧索邦大学 E 楼梯第三层高等研究实践学院的教室里进行。雅克-阿兰·米勒曾回想起那张周围最初只有 20 人左右的"椭圆形的暗色桌子",也曾回想起当时学习的快乐:"一切都有意味,不是因为一切都是人的一眨眼所致,而是因为一切都构成系统、一切都分节式连接,没有任何属于人的东西外在于这一切,原因在于,在巴特看来人已经像是索绪尔的一种言语活动那样被结构化了。他认真地对待这种设定,并将这种设定带到其最后的结果之中。那是一种强有力的、尖刻的操作,具有使一位哲学专业大学生在世界中的存在产生动摇的本性"④。对于那个年代年轻的师范学院大学生们来说,面向新的学科,面向当时索邦大学尚没有的人文科学,是一种有力的但却是由师范学院的教师们激起的决定。如果我们非常相信雅克-阿兰·米勒的说法的话,让·伊

---

① 《结构主义活动》(《L'activité structuraliste》), in *Lettres nouvelles*, 1963; repris dans *Essais critiques*,《全集 II》, p. 467。

② 迪梅齐(Georges Dumézil, 1898—1986):法国哲学家,他的理论中充满"结构"思想,被认为是结构主义的先祖。——译注

③ 特鲁别茨柯依(Nicolaï Sergueïevitch Troubetzkoy, 1890—1938):俄国语言学家,在结构音位学上有过特殊贡献。——译注

④ 雅克-阿兰·米勒(Jacques-Alain Miller):《伪—巴特》(《Pseudo-Barthes》),见于《借口:罗兰·巴特》(*Prétexte: Roland Barths*)一书,1977 年 22—29 日由安托万·孔帕尼翁在塞里西-拉-萨勒(Cerisy-la-Salle)主持举办的研讨会的文件,Christian Bourgois, 2003, p. 227—228。

波利特①那时尤其不使哲学成为一种积极的选择,而且特别是阿尔都塞②当时已开始让人理解围绕着结构主义出现了某种重要的东西。阿尔都塞相信不属于重申而属于革新的一种马克思主义的形成,他请学生们向着跨学科方向发展。在由费尔南·布罗代尔③支持下建立的高等研究实践学院的一个部门的范围内,在将拉康的教学转入巴黎高等师范学院之前,阿尔都塞曾为从1953年就在圣安娜医院参与拉康研讨班的福柯安排了一个心理学辅导教师的职位。于是,后来成为著名知识分子的当时的多位师范学院大学生,都因选择了拉康的精神分析学(雅克-阿兰·米勒)或选择了语言学(让-克洛德·米勒)而被引导到巴特这里。当让-克洛德·米勒参与巴特的第一次研讨班第二个教学阶段的时候,他还是高等师范学院的二年级学生。他非常认真,一直到他上三年级的时候。他回忆说自己当时对于巴特在这个场所从高起点来思考问题感到非常惊讶。"那是我参与旁听的一个非常特别和毫无所获的时刻。'符号学'一词当时无人所知;他是承载希望的人,但也带有不确定性。此外,当完成了《符号学基础》和《时尚系统》后,他变得冷漠起来。但是在当时,听他的课,我们就觉得进入了另一个世界"④在让-克洛德·米尔纳的追述中,他是从政治观点来解读这种情况的。对于左派不久之后将要消失的意识,成了一种创伤,而这种创伤颠覆了批评性知识分子的姿态。巴特明白,已经不再可能以表层和深层术语来思考问题了。选择结构,便是信赖表面和表面的各种变化。意义已经不再是需要解释的一种神秘了,但是,意义在符号的移动中得以构筑。

巴特在高等研究实践学院里觉到自由与快乐。他在研讨班里感受到一种强烈的情感与智力愉悦,因为在那里,人们之间建立的是工作关系、友情关系和尊重关系。即便当听课人群很快多了起来,以至他只好分出两个研讨班:"大班"人数多且适合教师工作,"小班"是他与几个学生建立一种集体话题的地方;但是,他喜欢这种团体,因为这种团体似乎可以躲

---

① 让·伊波利特(Jean Hyppolite,1907—1968):法国哲学家,巴黎高等师范学院教授,法兰西公学教授。——译注
② 阿尔都塞(Louis Althusser,1918—1990):法国哲学家,结构主义运动积极参与者。——译注
③ 费尔南·布罗代尔(Fernand Braudel,1902—1985):法国历史学家,高等研究实践学院第六部负责人。——译注
④ 2009年8月9日与让-克洛德·米尔纳的谈话。

避国家机器,似乎属于"自由人(大学生与教师混合在一起)的社会、属于要是在 18 世纪就该称之为(在知识和言语活动方面的)一种**学园**(académie)"①的。即便他带有某种预感地预见到,一如其他学院,这个学院也将逃脱不掉被当局所收回的结果,也将会在两种权力之间受到挟制,"一种是政府技术官僚的权力,另一种是抗议的或推动的要求权力",但他此刻还是利用了它的开放结构,这种结构适合于构成工作团体,有利于听取意见和受益于这种听取。这种表白非常清楚的注解,很好地说明了高等研究实践学院主持人文科学研究的第六部的短暂奇迹。巴特很容易受教学关系的转移价值的影响,因为在这种关系中,任何态度都会产生一定的结果。正像他后来对让·蒂博多所解释的那样,因为后者曾经询问他在《S/Z》一书中写有向"所有参与这次研讨班"的大学生和听众赠言的事情:"解放,并不在于给学生以说话的权利(最低措施),而是在于尝试改变言语的循环——不是其实际的循环("说"话),而是其拓扑学的循环(当然,我参照的是精神分析学)。"②他与他的几位听众建立了友情关系,他们去看望他,或者按照在那时开始形成的一种习惯,他下午就与他们在一家咖啡馆见面;在傍晚时分,他开始走出家门,去赴多个约会,到深夜才结束。教学工作并不被他体验为是对于他的时间安排的一种扰乱,或者是对于他的研究工作的一种打断,而是非常完美地与他个人的生活整合在了一起——教学工作充当了他研究工作的基石,并为他带来了诸多智力的和友情的满足。

结　　构

结构主义,既是由许多出版意图和文学报刊所支持的一种标签,也是在形式和代表人物上被拒绝的一种科学规划。它大概是 20 世纪最后的联盟性"主义"了,而在它的名下汇聚起了赞同、思考与拒绝(后现代主义继其之后没有引起什么赞同,而是引起了更多的拒绝)③。它的历史,在其

---

① 《学院》(«L'École»),《罗兰·巴特自述》中未收录的片段,见于《作者的词汇》,p. 276—277。

② 《答复》,同前,《全集 III》,p. 1036。

③ 安娜·博谢蒂(Anna Boschetti):《主义。从现实主义到后现代主义》(*Isme. Du réalisme au postmodernisme*),CNRS Éditions,2014。

处于扩展的年代，就被书写过许多次。甚至在由弗朗索瓦·瓦尔（François Wahl）主编的集体著述《何谓结构主义?》（*Qu'est-ce que le structuralisme ?*）出版之前，就有 1967 年出版的让-马利·奥齐亚（Jean-Marie Auzias）的《结构主义入门》（*Clefs pour le structuralisme*）、让-巴蒂斯特·法热（Jean-Baptiste Fagès）的《理解结构主义》（*Comprendre le structuralisme*），还有 1968 年让·皮亚杰（Jean Piaget）在"我知道什么"（«Que sais-je ?»）丛书中出版的有关结构主义的书籍。再到后来，弗朗索瓦·多斯（François Dosse）的全景式介绍赋予了每一位参与者以发言权，并尽力从整体上解读了这一现象的各种变化，而所有不同的观点均在这一领域的这一侧或那一侧得以让人了解：语言学（让-克洛德·米尔纳的《结构论之路》[*Le Périple structural*]），社会学（皮埃尔·布尔迪厄的《学院智人》[*Homo academicus*]，文学史（弗雷德里克·马东蒂[Frédérique Matonti]对于俄国形式主义在法国被接受的研究），精神分析学（雅克·德里达的《精神分析学的抗拒》[*Résistance de la psychanalyse*]）。在这一历史的内部，最为常见的看法是说，根据巴特自己的情况，他逐渐地疏远了结构主义，因为他在 60 年代之末就提及过一种转向，他已开始有点不大信任自己在这一领域中的研究工作，*相反*，他却更为集中地阐述写作问题。例如，他说《时尚系统》更是一种做零活①的结果——在这一过程中，他是在制作一种系统，并非在写一部应该是的真正意义上的书。他还说，他不再感觉"被赋予了动机"来持有一种语言学话语。他补充道："不管怎样，在语言学上，我只不过是一个爱好者。"②即便我们想到他赋予这个术语的积极内涵，但我们也不能罔顾其在这里的贬义特征。安娜·博谢蒂谈到了巴特的"更新"（«aggiornamento»）和对于科学性的放弃，重新提到弗朗索瓦·多斯对于巴特的看法，因为多斯谈到了巴特的"改向"和标志着对于结构主义计划感到窒息的"决裂"③。

实际的情况如何呢？巴特的文本是真的可以归属于一些稳定的标签

① 做零活（bricolage）：是列维-斯特劳斯首先提出的概念，指结构研究是在破坏原有结构的基础上重新"拼凑"的一种活动。——译注
② 《罗兰·巴特的 20 个关键词》（«Vingt mots-clés pour Roland Baarthes»），《全集 IV》，p. 857。
③ 弗朗索瓦·多斯：《结构主义史》（*Histoire du structuralisme*），第二部：《哀鸣之歌：从 1967 年至今》（*Le Chant du cygne. 1967 à nos jours*），La Découverte Poche, 2012[1992], p. 251。

吗？那些时期是明显地有别吗？巴特对于智力生活的极大活动性是有所意识的,难道他利用了起步时特有的兴奋来感受其创造性精神吗？或者,难道他真的相信符号学计划所具有的丰富性吗？会不会仅仅是因为他一心想进入文本的快乐之中和进入使其发生转向的写作之中的欲望呢？或者还有更因情势而定的其他原因呢？要回答这些问题,就必须首先弄清楚巴特是如何成为结构主义者的。的确,符号学并不是全部的结构主义,但是,就像在这种名下形成的其他方面和其他计划那样,符号学是以在那个时代由雅各布森广为传播的索绪尔语言学为基础的;它确信有可能建立事物和关系的一种系统,其进一步的假设是与人有关的所有学科都可以是具有科学性的,就像人们今天所说的"严格的"但是在那个时代则是仅有的那些科学(比如物理学、数学、生物学)一样。然而,巴特是想在他的学科里包容尽可能多的对象而尤其是可感对象的人。但是,他很快就意识到,如果描述是正确的,并且所用方法是适合的和可移用于其他方面的,那么,这种描述在智力方面就不是能产性很强的。这种描述,在所描述对象的系统之外,便不会带来总体的理解。在他看来,符号学很快就显示为一种有局限的科学,就像他与《时尚系统》之间维持的有距离也有点讽刺的关系所表明的那样。他的轨迹将他从社会学引向了文学,其部分原因是因为情势所致(当然均与对他的约稿有联系),但也是因为在热奈特、托多罗夫的影响与在那个时间引入法国并由茱莉娅·克里斯蒂娃和托多罗夫使他发现的的俄国形式主义的支持之下,他希望文学方面的结构主义比社会符号学更具有前途。但是,必须回想一下前面的情况和提一提他与列维-斯特劳斯之间的艰难关系,因为从传记写作方面来讲,这种关系对于理解巴特与结构主义和在结构主义之中的历程是决定性的。在那些年里,这种关系就像是巴特行程中的第一次失败。

1960 年,巴特曾提出与列维-斯特劳斯见面,希望后者指导他关于时尚的博士论文。在此之前一段时间,他已经放弃了马托雷的词汇学,并在格雷马斯的激励之下,决定继续进行由格雷马斯在其博士论文中开始的对于时尚的研究工作。有人知道他与马丁内的会见请求毫无结果,巴特便决定转向人类学,同时想到他对于神话的思考有可能会使列维-斯特劳斯感兴趣。他于 1960 年年初写信给列维-斯特劳斯,后者说很愿意与他

353

354

交换想法,并约他 1 月 16 日 18 时在自己家见面①。这次见面令他失望(因为列维-斯特劳斯不接受指导他的博士论文),且存在两种确切的原因:列维-斯特劳斯建议他阅读弗拉迪米尔·普洛普的《民间故事形态学》②,而这种建议彻底地改变了他对于时尚的研究规划。人们并不确切地知道列维-斯特劳斯拒绝指导巴特博士论文的原因所在。但不论怎样,都不会是弗朗索瓦·多斯在下面的文字中提到的原因:"分歧之点涉及研究计划过于狭窄的幅度,在列维-谁斯特劳斯看来,巴特的研究工作只关系到被书写的时尚之系统,而没有关系到一般的时尚。巴特则认为在这个领域里于所写之外无任何能指可言"③。所发生的情况恰恰与此相反:巴特赴约时带着的是其在整体服饰上进行研究的想法,正是列维-斯特劳斯建议他将研究工作局限在有关时尚的话语方面,这样一来便改变了他的研究之方向,并代表着他的结构主义方法研究范围的一个重要阶段。巴特曾多次谈到这种转向:"我曾首先想到的,是建立有关服饰即有关整个服饰的一种严肃的符号学(我甚至早已进行了一些调查);后来,根据列维-斯特劳斯的一种私人指点,我便决定在素材方面集中划一,并局限于被书写(即被时尚报刊所描述)的服饰方面。"④我们看到,巴特直接地赞同了列维-斯特劳斯的建议,同时投入到了对于《她》和《时尚园地》(*Jardin des modes*)等杂志的资料搜索之中,因此,列维-斯特劳斯的拒绝有极大的可能是在一些不同的动机方面。列维-斯特劳斯与巴特在两个主要的观念上存有分歧,那便是有关神话的观念和有关结构的观念。第一次见面时,事情并没有得到完全明细的表述,因此,不难想象,巴特赋予神话极大的广度、神话在社会学和意识形态方面的维度(在列维-斯特劳斯看来,意识形态仅仅构成社会事实的一个部分)、《神话》一书的大众性,有可能会在列维-斯特劳斯那里激起一种不信任的活动,因为他当时正在准备出版

355

---

① 1960 年 1 月 13 日关于列维-斯特劳斯的卡片。铸造工业标准局编号为 NAF28630 的文件。

② "按照列维-斯特劳斯的口头指引,我阅读了英文版的普洛普的书籍,我记不得是在什么时间阅读的"(《答复》,同前,《全集 III》, p. 1033)。译者补注:这部书到 1965 年才有了法文译本;其作者弗拉迪米尔·普洛普(Vladimir Iakovlevitch Propp, 1895—1970),是前苏联文艺理论家,《故事形态学》(*Morphologie du conte*)是其 1928 年的著述。

③ 弗朗索瓦·多斯:《结构主义史》(同前),第一部:《符号领域:1945—1966》(*Le Chant du signe. 1945—1966*), La Découverte Poche, 2012[1991], p. 251。译者补注:经译者查看自己所购《结构主义史》一书,其第一部和第二部均为 1992 年出版。

④ 《答复》,《全集 III》, p. 1035。

他的鸿篇巨著《神话学》(*Mythologiques*)，其第一卷于 1964 年在普隆
(Plon)出版社出版。即便他们两人在对于大众传媒经营者们的叙述文字
(对于列维-斯特劳斯有关"对世界的认识"的报告会，《巴黎竞赛》杂志对
于巴特的报道文章)的指责意见一致；即便巴特在《当今神话》中将神话定
义为元语言并符合列维-斯特劳斯在《结构人类学》中的定义，但是，在后
者看来，巴特的分析过分看重社会学事实和风格学事实，而列维-斯特劳
斯当时则贬低这些事实。除了这种科学见解的距离之外，大概也还应该
加上一种象征性的对立。自 1955 年出版《忧郁的热带》以来，列维-斯特
劳斯便怀揣搞文学创作之抱负。巴特占据文学与科学两个领域，也许在
列维-斯特劳斯看来，就像是一种威胁而或者像是一种傲慢，他们之间后
来的关系证实了这一点。

　　另一种分歧在于结构观念：虽然两人都参照语言学用法，但是，两人
赋予语言学的功能并不完全相同。在已经观察到的资料中，列维-斯特劳
斯总是"看重这些资料对于一种系统的归属关系，看重这种系统的现时特
征(而不是其系谱关系)和其内在的一贯性"[1]，同时总是展示归纳方法，而
巴特则尤其对于变化(通过从雅各布森那里借用来的变指词[shifter]概念
而在《时尚系统》中建立价值)和对于这些变化所引起的区别感兴趣——
巴特后来在《罗兰·巴特自述》中名为《作为空想的变指词》(«Le shifter
comme utopie»)的片段中将这种区别誉为"区别的含混性"。可以确定的
是，在结构观念的范围内，两人的科学研究计划是有别的。列维-斯特劳
斯从同一神话的多种版本出发，为的是弱化它们的区别；而当巴特对于出
现在话语中的符号和编码感兴趣时，他所寻找的则是一些共同概念。前
者相信科学的力量，而后者一直在其研究工作中保留着一种游戏维度和
对于语言的一种关注，因为这种语言产生着不确定性和区别、转向和矛
盾。万桑·德巴纳(Vincent Debaene)很好地为这两位整理了对于"结构"
术语的使用区别，同时说明，这种区别在巴特那里是对于意指的一种组织
方式，而在列维-斯特劳斯那里则是一整套规则，这套规则可以使人从一
种资料过渡到另一种资料。"计划中的区别：在巴特那里是揭示；在列维-

356

---

[1]　马塞尔·埃纳夫(Marcel Hénaff)：《克洛德·列维-斯特劳斯》(*Claude Lévi-Strauss*)，Bel-
　　fond, 1991, p. 22。

斯特劳斯那里是重建实施神话思想的各种条件。方法中的区别:在巴特那里是拆解一堆意指;在列维-斯特劳斯那里是研究那些转换规则。最后,在对象方面的区别:在前者那里是研究一个已知陈述——《萨拉辛》《金手指》或是时尚目录;而在后者那里则研究同一个故事脱离其语言基础的各种版本。"①此外,在列维-斯特劳斯看来,这项科学计划具有学院教学的结果。在他整个研究生涯中,他毫不犹豫地贬低对于他的各种影响(特别是来自莫斯和涂尔干[Durkheim]的影响)的作用,并毫不犹豫地进行清除其同时代对手的事情。他后来又与福柯、德里达之间有过许多分歧,有时是更为严重的分歧,这些分歧所带来的结果便是逐步地为他留下了自由结构主义领域②。

这样一来,列维-斯特劳斯便一下子就建立起了与巴特不平等的一种关系。他把巴特放进了赶时髦的结构主义者行列,而不是放进严肃的科学家行列。正像他后来向迪迪埃·埃利邦透露的那样:"我从来没有感觉到我是他的近友,我是通过他的变化而确认有了这种感觉。最后时期的巴特采取了与前人所为相反的做法,我确信,这并不是出自他的本性。"③

357 他克制自己的易怒脾气,因为巴特在使他获得承认方面是有用的。实际上,巴特在几家有影响的杂志上发表过两篇有关他的文章。第一篇,也是最重要的一篇,名为《社会学与社会-逻辑学的》(«Sociologie et socio-logique»),1962 年发表于全新创办的《社会科学信息》(Information sur les sciences sociales)上,后收入伽利玛出版社 1979 年在其"观念"(«Idées»)丛书中为克洛德·列维-斯特劳斯专门安排的一部书籍之中。这篇文章介绍了《野性思维》(La Pensée sauvage)和《今日图腾》(Totémisme aujourd'hui),同时探究了将结构分析应用于现代社会一些对象的可能性。第二篇文章,即《人文科学与列维-斯特劳斯的著述》(«Les sciences humaines et l'œuvre de Lévi-Strauss»),只是对于列维-斯特劳斯 1964 年年末在《年鉴》上的一项资料的介绍,并断言他的主要著述

① 万桑·德巴纳:《告别出行,处于科学与文学之间的人种学》(Adieu au voyage. L'éthnologie entre science et littérature),Gallimard, 2010, p. 462。
② 关于这些对立,请参阅安娜·博谢蒂:《主义。从现实主义到后现代主义》,同前,p. 258—264。
③ 克洛德·列维-斯特劳斯与迪迪埃·埃利邦(Didier Éribon):《论远与近》(De près et de loin),Odile Jacob Poche, 2001[1988], p. 107。

已开始重新配置影响整体的人文科学。但是,第一篇文章说明,虽然巴特对于列维-斯特劳斯非常敬重,虽然他可以在某一时刻(这一时刻持续并不长)将列维-斯特劳斯置于其父亲的地位,但是,他并非因此就对其唯唯诺诺。实际上,令人感到惊讶的是,《社会学与社会-逻辑学的》一文再一次将所谈引向了他们的两种对象和他们的两种方法的对抗(巴特在文中更多地参照了时尚,而不是人类学的例证)。巴特在区分人种社会学与社会逻辑的社会学的同时,并非明确地证明有多种结构主义的存在,再就是,他质疑已经得到介绍的二元逻辑的普遍性,特别是在谈到神力(mana)就像是零度象征价值的时候。"我们可以考虑(这只是一种想法,而不是一种假设),当面对一些其逻辑是二元关系的人种社会(甚至当这些社会实际地使用符号的零度)的时候,那些社会逻辑的社会是否并不倾向于发展更为复杂的逻辑(或者仅仅是不大肯定的逻辑),它们或者更多地求助从原有对立关系派生而来的那些术语,或者它们具有想象一些术语*系列*的能力,总之,也就是具有想象一些紧密聚合体的能力,而语言则向这些紧密聚合体中引入一种完全相对的不连续性。"①反对包罗整体的计划,对于理解获得重新肯定的当代社会具有结构论符号学方面的重要性。因此,巴特的文章远不是对于老师的言听计从,我们可以怀疑,这位老师是否真正地重视过他。巴特的重要性,自从《当今神话》发表以来颇为明显,它在于消除了人类学与历史的对立,在于尽力将它们结合在一起。没有任何东西可以躲过历史维度,身体也不例外:"作为特殊的事物,人的身体,由于属于人类学的时间,难道不是持久不变的吗?根本不是:形态变化服从于历史,就像服从于地理学那样。"②因此,参照历史,至少像符号科学那样,是应对任何多格扎——其中包括关于神话的多格扎——之静态的一种可能的策略。

列维-斯特劳斯根本不反对关于当代人的人种志学,即便他认为相对于他的总体研究计划来说,这种人种志学是相当平庸的。相反,当他有机会评论文学结构主义研究成果(他很快就把巴特的文本放了进去)的时候,

---

① 《社会学和社会-逻辑学:谈克洛德·列维-斯特劳斯最近的两部著作》(«Sociologie et socio-logique. À propos de deux ouvrages récents de Claude Lévi-Strauss»), *Information sur les sciences sociales*, décembre 1962(《全集 II》,p. 41)。

② 为在装饰艺术博物馆举办的《英国广告:19 世纪 90 年代》(«L'affiche anglaise: les années 1890»)展览目录所写的序言(《全集 IV》,p. 186)。

他就说他对于这些更多地属于咒语或胡言乱语——即便属于作为"我们时代的神话"揭示者的"连贯的胡言乱语"[1]——的研究工作不太感兴趣。1966 年,巴特把他刚出版的《批评与真理》寄给了列维-斯特劳斯,后者借此机会给巴特写了一封措辞严厉的信。引用一下这封信是有意思的,因为它说明了列维-斯特劳斯在他与巴特之间保持的距离:"坦率地讲,我根本不保证与您意见完全一致。首先因为在捍卫总体的'新批评'的同时,您似乎包容了在我看来并不值得包容的许多东西。其次,因为借助对于主观性、情感性和对于我们概括为文学的某种神秘主义的过分满意而表现出的折中主义。在我看来,作品不是开放性的(这个概念将作品开向了最坏的哲学,即关于形而上学的欲望、关于恰好被否定的主体的哲学,但却是为了使作品的隐喻得到具体化表现等);作品是封闭的,而且恰恰是这种封闭性可以使人进行一种客观的研究,换句话说,我并不把作品与它的可理解性分离开来:相反,结构分析在于重新折叠对于作品的可理解性。而且,除非落入了利科式的阐释学,我觉得,似乎应该比您所做的更为彻底地把可完整和客观地确定的象征形式(而且使我感兴趣的只有这些形式)与人类和各个世纪为这些形式注入的那些无意蕴内容区分开来。"[2]主观性、情感性、神秘性:批评都要面对;批评表明,列维-斯特劳斯有关不同变体的研究工作甚至没有考虑到历史的但却是形式的可变成分。科学的客观性就属于这种代价。有极大可能的是,巴特在随后的那一年发表的文章《从科学到文学》就是对于这一个人信件或这种批评的一种答复形式。他重新采用了在《文艺批评文集》中已广为人知的作家与写家的区分[3],又区分出作为工具而用于科学素材的言语活动和作为文学之存在方式的言语活动:"确实,如果科学需要言语活动,那么它便不像文学那样是呆在言语活动之中;一种是自我传授,也就是说自我陈述和自我表露;另一种比起其自我传递来讲,更属于自我完成(人们所传授的只是其历史)。"他随后呼吁结构主义向着

----

① 克洛德·列维-斯特劳斯:《结构人类学》第二卷,同前,p. 324。

② 克洛德·列维-斯特劳斯 1966 年 3 月 18 日的信件。铸造工业标准局编号为 NAF28630 的文件,"批评与真理"(«Critique et vérité»)。

③ 巴特在其《文艺批评文集》的《作家与写家》(«Ecrivains et écrivants»)一文中写道:"作家们本身都在努力扩大文学的功能……而在这些真正的作家周围,一个新的群体在形成和发展着,那便是公众言语活动的占有者……我愿意在此称他们为**写家**"。按照巴特在此文中的阐述,"写家"的写作便是"新闻"写作或"科学报告"的写作。——译注

文学写作转移,这样做绝非与先前对于已经包含着一种超越的元语言的考虑相矛盾,因为总有一天需要建立一种关于神话学家的神话学或一种关于符号学家的符号学。"因此,结构主义者总要转换成'作家',这丝毫不是为了宣扬或实践'漂亮的风格',而是为了一旦陈述活动在真正现实主义幻觉的祥云中不再发展(因为那些幻觉使言语活动变成了思想的简单媒介)的时候,重新发现任何陈述活动所有急需解决的问题。"①说到此,巴特采用了建立在承认科学客观性对于人文科学具有极限和承认在言语活动与在写作中需要更大蕴涵基础上的一种逻辑路径。这便涉及到不需要放弃结构主义,而是要压缩主体与对象之间的距离。

360

　　与此同时,雅克·德里达得出了类似的结论,而列维-斯特劳斯则与福柯在结构主义定义本身上发生了论战。于是,触及客观科学和形式理性之话语的极限,便使他们比封闭在其方法的孤立性受到质疑的列维-斯特劳斯更好地成了先驱者,尽管列维-斯特劳斯的研究具体成果非常丰硕。有意思的是,巴特的这篇文章与他最具结构主义特点的《时尚系统》一书同年发表。正像《写作的零度》在其发表的年代那样,《时尚系统》属于他在发表之前很早就完成的"迟到的书籍"。他从 1959 年到 1963 年每个夏天都在写这本书,并于 1963 年 8 月 25 日在于尔特村为其画上了最后的句号:"《时尚系统》完稿(除了有待加上的参考书目)。"②弗朗索瓦·瓦尔当时认为这一书稿出版有点困难,首先是因为这本书的内容可能会使巴特的习惯读者感到突然,其次是因为原本没有做出安排但为紧急回答皮卡尔③而写的《批评与真理》一稿夹进了出版日程之中。巴特在前言中就承认,不论在其个人的形成中还是在符号学的发展中,这都属于"已经过时的"④一种探险。实际上,他依靠的是严格的索绪尔语言学,而这种语言学后来得到了乔姆斯基(Chomsky)、雅各布森和本维尼斯特的补充⑤。书籍出版之后,巴特在与

---

① 《从科学到文学》(«De la science à la littérature»)[*Science versus Literature*],in *Times Literary Supplement*,28 septembre 1967(《全集 II》,p. 1267)。
② 铸造工业标准局编号为 NAF28630 的文件,第一箱:"1963 年记事簿"(«Agenda 1963»)。1964 年的记事簿在 1964 年 4 月 27 日那天再一次写有"《时尚系统》完稿"(«Fin Mode»)。
③ 皮卡尔(Raymond Picard,1917—1975):法国学院派文艺理论家,他因 1965 年出版的《新批评还是新骗?》(*Nouvelle Critique ou nouvelle imposture?*)一书而引发了与巴特的论战。——译注
④ 《时尚系统》,同前,《全集 II》,p. 897。
⑤ 从实际顺序上,应该是雅各布森、本维尼斯特和乔姆斯基。——译注

报纸杂志的谈话中承认,他在选择被书写的时尚方面对列维-斯特劳斯欠下了人情。但是,对于他来说,这也是强调他致力于书写(即便这是一种被编码的和被俗套化的书写)和表白在言语活动之外什么都没有的一次机会。他当时也明确地指出,他的主要目的是文学,并且为了这个理由,即便他似乎有兴趣感受一些科学方法,但是他的目的也不是科学本身,因此,他不能"以一种典型的科学结语"来总结他的研究工作,"因为文学的科学在任何情况下和以任何方式都不能对文学下最后的定论"①。至于结构主义,他断言"分手的时刻快要到了"。在表明了人不再是结构之中心的思想之后,他的各项研究开始在与写作本身的关系上分别出现了变化。如果说出现了转折,按照巴特的说法,这种转折涉及到了结构方法的所有参与者,而不仅仅是他自己的写作活动。

361

在此之后,巴特与列维-斯特劳斯之间的关系一直保持着距离。他们在互赠书籍时相互致谢,但只有巴特继续说他赞赏列维斯特劳斯和把后者作为自己行程中的参照。在《S/Z》出版之际,列维-斯特劳斯向巴特寄去了他对于《萨拉辛》中亲属关系的一种结构分析,这一分析似乎是对于巴特文本的延长,并且也因为他在信的开头就说巴特的书是"令人着迷的"而成为对于该书的一种热情洋溢的称赞。在两人的同意之下,这封信被收进了伽利玛出版社"思想"丛书中为列维-斯特劳斯组织编写的那一部书籍②。然而,列维-斯特劳斯在此后不到10年的时候明确地告诉迪迪埃·埃利邦,那是一篇"我当做玩笑来写的文章。《S/Z》不曾让我高兴过,巴特的评论过于像是在米勒和勒布(Reboux)合著《以拉辛的方式》(À la manière de Racine)那本书中利贝吕勒(Libellule)教授的评论。当时,我给他寄去了几页文字,在文中,透过一点讥讽,也为了避免出现不当,我在自感无力为之的恭维之处'添枝加叶'。他过于认真地对待了此事。有人请我发表这篇文字。为什么不可以发表呢? 我就说可以"③。这样说,是相当不留情面的。

① 《关于〈时尚系统〉和叙事的结构分析》(«Sur le *Système de la mode* et l'analyse structurale des récits»),与雷蒙·贝卢尔(Raymond Bellour)的谈话,*Les Lettres françaises*, 2 mars 1967(《全集 II》, p. 1303)。
② 克洛德·列维-斯特劳斯 1970 年 3 月 31 日信件,发表于《克洛德·列维-斯特劳斯》(*Claude Lévi-Strauss*)一书中,Gallimard, coll. «Idées», 1979, p. 495—497。
③ 克洛德·列维-斯特劳斯与迪迪埃·埃利邦合著《论远与近》,同前, p. 106。

为了在一种不算是负面的说明上结束这种因失败的会面而引起的关系,我们指出,就在发出那封关于《萨拉辛》的信件一个星期之后,即 1970 年 4 月 5 日,列维-斯特劳斯又给巴特发了一封信,在信中,他虽然又明确地谈了《S/Z》,但他尤其谈到了他刚刚读过的《符号帝国》。他自言很受触动,更何况"从我 6 岁时因收到一幅歌川广重(Hiroshige)的版画而狂爱日本艺术,我便在童年和青少年时代变成了小收藏家,直到后来我成了行家;也许正是为了将日本作为神话来保存,我才没有决定去日本。因此,我很高兴在您的引导下来看一下日本,而您在书的开始就宣告了您把日本当做一个神话的想法"①。对于列维-斯特劳斯来说,提及对于童年的记忆是很少的,这种提及说明,在当涉及的是艺术的时候,他可以委身于幻觉和欲望,并且他甚至可以在与他通常赋予的意义不同的另一种意义里接受"神话"这个术语。1975 年,当巴特为他由可能进入法兰西公学而走访拜票的时候,列维-斯特劳斯,尽管他对于巴特的研究方法持保留意见和在福柯已表示应该放弃成见的情况下,最后还是对他投了赞成票。

巴特与列维-斯特劳斯之间的这种不对称关系,是一种典型的断裂表现,这种断裂把结构主义在那些想使之变成一种名副其实科学的人们与那些将其作为方法实验场地的人们之间做了划分。这种断裂也告诉我们,巴特在任何时刻——甚至在其最为形式的努力之中,都没有对言语活动设定一种透明的和纯粹客观的用法。言语活动并不是思维的普通工具,因为它必须经常地被思考。因此,文学的角色便是否定编码和言语活动的支配,其中包括科学本身的编码与言语活动。

乡 下 住 房

1960 年,在昂戴的别墅被认为是舒适的住处,但是由于它太靠近夏天旅游旺季的躁动与喧闹,而不适合成为一处真正的休闲之地,于是全家便在巴约纳周围寻找一个替代之处。不是因为巴特在前面的住处无法写作(他在那里写出过《当今神话》和几乎全本的《服饰系统》),而是因为埃

---

① 　克洛德·列维-斯特劳斯 1970 年 4 月 5 日信件。罗兰·巴特收藏,铸造工业标准局编号为 NAF28630 的文件,"《符号帝国》"(*«L'Empire des signes»*)。

363　彻托阿别墅就位于海滩与圣-让-德-吕兹(Saint-Jean-de-Luz)公路之间，
夏天一到，噪音很大。似乎也还因为正像《哀痛日记》最后的话所表明的
那样，他的母亲在那里感觉不是很舒适："昂戴，她不太快乐。那是一处遗
赠。"①海滩，那是巴特喜欢常去的地方，不论是在比亚里茨还是在奥斯戈
尔，倾听大海和观看游人并非是每一天的消遣。最好说，当海滩上清晨没
有任何人的时候，它是一处沉思的场所；而当海滩上游人黑压压一片的时
候，它是观看的场所。海滩还是一处转换的空间，这种转换属于从前与今
天之间的一种区别。因此，日记中有一页纸上重述了时间的这种过渡，伴
随着生命存在与社会气息的共鸣："昨天，在奥斯戈尔(Hossegor)海滩，天
气非常晴朗，游人很多(再者，那是星期天)。在与我有关的方面，我感到
心情郁闷：这处当我少年时被人称作'野蛮之海'的荒凉、无人烟和高雅的
地方，今天变成了处处小旅店、油炸饼卷店、炸糕店，到处气球飘舞，海滩
上黑压压都是人和汽车等等；这里成了法兰西的缩影：没有贵族，也没有
资产阶级、没有'平民百姓'，而只有：数不清的人。最让我感动的，是法国
人现在的脚都很干净，而在我经历的过去的时间里，老百姓的脚都是脏臭
的；即便是洗过了的脚，也带着污秽和粗鄙。"②与富有教益但不无攻击性
和仅供消费的海边相比，巴特因乡村与城市所构成的相反极性特征而更
喜欢乡村。是在于尔特村，他们确定选择了卡尔布埃的房子，并于1961
年3月具备条件时将其买了下来。于尔特村，是一个有着2000人口的村
庄，就位于巴斯克地区与朗德地区交界的阿杜尔河岸边。埃彻托阿别墅
最终于1963年8月被卖掉了。从1960年起，巴特已经在当时还属于租
用的于尔特村房子里度过他每个夏天的大部分时间，他被那里的柔美和
静谧所诱惑，这也使他恰好回想起他的童年。那栋房子，呈白色，大底座
正方体，坐落于经过村子的一条公路旁。公路在这个地方拐了一个弯，因
364　此房子的四个方向均可尽收眼底，其中一个朝向一个不大的但大部分都
在路人眼下的小花园。经此而过的公路被比喻为一条静静流淌的小河，
小河"灌溉着村庄远处的一个居民区"③。人们会听到几辆拖拉机或轻型

① 《哀痛日记》，同前，p.270。
② 1973年日记(未发表)。
③ 《西南方的光亮》(《La lumière du Sud-Ouest》)，《全集 V》，p.330。

摩托车的声响,但是这些声音只是为了突出这个地方平静的和农村特征。他从 1961 年 7 月就在写给菲利普·勒贝罗尔的信中说道:"房子是令人心悦的,妈妈和我都很喜欢"①。根据这种时间推断,巴特每年夏天都在此度过,留居时间可能在 2 至 3 个月,中间会到巴黎短住和到国外旅行。他每年 6 月底与母亲一起开车来到这里,这种按时进行的季节性移居让人想到先前的一些节奏,而这一次则是贵族式的节奏——冬天在巴黎,夏天则在自己的土地上。通常,他也在圣诞节期间、复活节期间即春假期间来这里。他喜欢开车,在两个住处之间 11、12 个小时的路程并不叫他害怕。他从外祖母诺埃米那里继承下来了庞阿尔牌(Panhard)小汽车,他喜欢开着那辆车在巴黎转悠,但是很快那辆车就显示不适宜远途行驶(那辆车一直是他"神话般的"汽车)。他在 60 年代初购买了一部大众牌"甲壳虫"(Coccinelle)汽车,那个时候,他的弟弟米歇尔也有时开着一辆"波尔舍型"(Porsche)汽车陪母亲到西南方去。

像在巴黎一样,他在农村的生活是非常有规律的,但大大减少了社会活动。外出,便是去巴约纳采买东西。他在《西南方的光亮》一文中提到,有 4 条公路可以到达巴约纳,其中走 261 省道可以更快一些,去火车站接送人,或是去接姑妈来住一天,都很方便;这一范围内还有两条村级公路和一条他更喜欢走的公路,那就是沿阿杜尔河右岸前行的公路,这条公路总是让人获得一种安全感,因为沿途都是混合着高贵与亲情的农庄和房舍:"它还是一条真正的**公路**,它不是一条只求实用有效的交通路线,而是类似一种可带来多种感受的某种东西。在这种感受中,一种连续的场面(阿杜尔河是一条人们知之甚少的美丽的河流)与对于先辈们的实践(跋涉的实践、缓慢而有节奏地深入景致的实践)的回忆同时出现,而这种景致的各种比例从此也就发生了变化。"②这同时也是朋友们前来逗留的时刻,最初的时候,曾有维奥莱特·莫兰、弗朗索瓦·瓦尔和塞韦罗·萨尔迪、在雷森疗养院时的老朋友让·吉罗东(Jean Girodon)、弗朗索瓦·布伦瑞克(François Braunschweig)、马特·罗贝尔和米歇尔·德·米赞(Michel de M'Uzan)。这个家热情好客,在巴特的一生中去过那里的朋友们

365

---

① 1961 年 7 月写给菲利普·勒贝罗尔的信。菲利普·勒贝罗尔遗赠,IMEC。
② 《西南方的光亮》,同前,《全集 V》,p.332。

都回想起作为家庭女主人的亨丽埃特的殷勤和细心招待,都回想起聊天的快乐和巴特邀人参观其家乡地区的热情。但是,在这里的生活是家庭式的,不管是两个人、三个人或是四个人,因为米歇尔·萨尔泽多几乎总是和他的妻子拉歇尔一起来,他们还要去西班牙短住,也会去拉歇尔的娘家所在地以色列长住。母亲承担一切家务,巴特很少有实际的操心,而当他离开于尔特村时,那便是到城里消遣,去巴约纳或比亚里茨看电影或是听音乐会、购买香烟或纸张。他完全像在巴黎那样布置他的书房(他在那里也说是他的卧室),他以相同的方式摆放了他的写字台和钢琴,一模一样地安排了身边需要的东西。这种安排非常得当,以至他无论到什么地方去都照搬不变。"刚到一处新的住房,我都会重新组建我的'结构'(要是人们知道该词带有着他的欲望的话,就不会取笑他这么用);对象(术语)的本质并不重要;唯一发挥其作用的是空间的形式、各种工具和装饰之间的关系。由此,会产生一种强烈的作零活的欲望;这是一种反常的力量:就像一位盲目崇拜者会把一种编织物或一只脚变成他的快乐工具那样,我兴致不减地用两把椅子来代替一张桌子(只要这么建立的平面是斜面的),用一个纸箱子来代替一张斜面桌(只要我能把废纸放在那里);这是对应的相似性对于类比性的胜利。"①巴特1974年在达尼埃尔·科尔迪耶于朱昂-雷-潘(Juan-les-Pins)镇的家里写出的对于《罗兰·巴特自述》一书的这种最早的思考,很清楚地表明了他从其执拗性格中获得的明确快乐,这种快乐在空间结构(工作的空间)和时间结构(完全规则的节奏)中是可见的。他重新采用了1975年自画像中的观念,把对应的相似性局限于两个相反的却相像的场所(城市/农村):没有转移任何东西,但两个房间却是一样的。"为什么呢?因为对于各种工具(纸张、笔、斜面桌、挂钟、烟灰缸)的布置是相同的:这是空间结构在构成同一性。这种个人现象足以说明结构主义:系统优于对象的存在。"②

巴特曾两次强调生活规则与智力方法之间的联系:在成为一种分析工具之前,各种结构都对应于一种生活方式。这些结构引诱人,因为它们

---

① 《〈罗兰·巴特自述〉未发表片段》(«Inédits du *Roland Barthes par Roland Barthes*»),见于《作者的词汇》,p. 260—261。

② 《罗兰·巴特自述》,《全集 IV》,p. 626。亦请参阅巴特在其写字台前的照片和文字说明,p. [618]:"这个空间到处一样,都温馨地适合享受绘画、享受写作和享受卡片分门别类。"

确保和阻止着自弃和死亡的忧郁,所以也就解放这种忧郁。

对于时间的组织也是被结构化了的。从巴黎到于尔特村,是规则性被转移了,而不是严格的时间安排,他的那些记事簿非常明确地揭示了这一点——在记事簿里,每一个序列都以一个首写字母或缩写单词开头。在城里的每天都分为早晨、午餐、下午、晚餐和夜晚五个时段,而在于尔特村的每天则只有三个时段:早晨、下午、夜晚。实际上,在巴黎的午餐和晚餐通常是在外面用的,这便是专业的(尤其是在午餐时间)和友情的会面机会;当巴特在自己家里时——这种情况当然很少,"午餐"或"晚餐"都只是简单地以"在家"提示一下。但是,大多数时间,记事簿提供的都是会见的人姓名或常去的场所。在于尔特村,饭菜总是家庭式的,没有必要每一天都提一提。在巴黎也像在农村,早晨的时间用来写作和写信。在巴黎时,下午交替地被讲课、互访、准备研讨班所占据;而在于尔特村,下午也是安排工作、继续早晨开始了的任务或者阅读书籍。在这两个空间中,除了这些工作内容外,还有午餐后的午休、重新工作之前的绘画、晚餐前的弹奏钢琴。实际的工作有书籍写作、选集编撰,都是在于尔特的平静环境之中完成的,这种平静来自于房舍在炎热季节提供的轻爽宜人气息和无间断的长时间持续,没有个人必须亲力所为之事,没有来访,也没有外出的约会。

在这栋房子里,巴特做着汇聚和集中个人精力的工作:他汇聚各种想法、资料、累计的文本、各种卡片,为的是写作或想象他的书籍。他集中个人精力,同时限制满足个人欲望(特别是性欲的欲望)、尽可能少地被外界所诱惑,并把几乎所有的时间都留给作为他全部所为之动力的幻想。于是,他便可以把在《作者的词汇》中出现的一个片段的第一段收入到《罗兰·巴特自述》中,这第一段写道:"在于尔特村的乐事:阳光、房舍、寂静、音乐、气味、咖啡、工作、无性欲的平静、没有外来刺激。"[①]他高度评价他在《时间安排》(«Emploi du temps»)片段中小心翼翼地描述过的那些日子几乎没有意蕴的单调生活:"在假期当中,我 7 点起床,我下楼,我打开家门,我沏茶,我为等在花园里的鸟儿们撕碎面包,我洗脸,我擦掉办公桌上的灰尘,我倒掉烟灰缸里的烟灰,我剪下一枝玫瑰,我收听 7 点半的新闻广

367

---

① 《〈罗兰·巴特自述〉未发表片段》,同前,见于《作者的词汇》,p. 264。

播。8点,我的母亲走下楼来;我与她分吃两个水煮鸡蛋、一个圆形的烤面包,喝不加糖的清咖啡。"①这同一种步调一直坚持到晚上,而中间正规和有效的工作使他快乐。许多有关个人的资料因退居乡下祖籍地区而得以完整——巴特与祖籍之地之间形成了一种深刻的、血脉一体的和有选择性的联系。在这里,回想童年是快乐的,是有产出的。他吸纳着诸多可感品质、嗓音的音调、昆虫的鸣叫、花卉的香气、屋内的气味。正是因为这一点,他更喜欢海岸的腹地:在他的身上,有着更多为舒展、为保存这些可感的和脆弱的、对激发写作非常具有决定作用的存在价值而预留的存储皱褶。巴特明确地将这个地区在很大程度上建构为一处记忆景致。他关注这一地区的活动与变化,他向其投射自己的记忆与欲望。"**我喜欢**(……)从 L 医生家看到的阿杜尔河的拐弯。"②他把这个地区看作是一个身体。在这个身体上,没有任何完全负面的东西,在其地形、气候方面也没有。在《西南方的光亮》一文中,他写道:"西南方的天气,就从来没有令人讨厌的时候吗? 当然有,但对我来说,那不是阴雨天或暴雨天(尽管这种时候很多),也不是天空灰暗的时候。在我看来,光亮方面的偶然意外不产生任何忧郁。这些意外不影响'灵魂',而只影响躯体:有时身上湿漉漉的,甚至带有绿色脏物,有时则被西班牙方向来的风搞得精疲力竭。"③在那年夏天之末的日记随笔中,他写道:"早晨,太阳迟迟不出,天色一片漆黑,下雨了(但一打开窗户,总是农村气息的一种换喻性力量:整个过去,整个文学,等等)。我起得很早,当我一起来,我便获得与在巴黎度过的一个夜晚同样的快乐(但是,这有点像是玛丽-安托瓦妮特装扮成卖牛奶人的情况④)。这就使得我在这里是快乐的,我在这里有着与在巴黎同样的快乐。"加之所需要的距离(这种题外话带点讥讽,然而并不是吹捧性的),巴特解释了这种完全满足的本质:它恰好替代了由其他躯体所带来的满足。它在充满着所有感官。

　　村子里的社会交际并不带来什么扰乱,因为这种社交性也再次将他

----

① 《罗兰·巴特自述》,《全集 IV》,p. 658。
② 同上,p. 692。
③ 《西南方的光亮》,同前,《全集 V》,p. 331。
④ 玛丽-安托瓦妮特(Marie-Antoinette,1774—1792):法国国王路易十六的王后。她每次到凡尔赛宫时都装扮成农场工作人员。——译注

引向童年。巴特一家很快就认识了于尔特村的所有人，但是，这通常是一些表面的联系，热烈而有规则。在于尔特村不大像在贝杜疗养院，巴特去周围邻居家演奏音乐，母亲则在家接待几位来访者。他的姑妈爱丽丝经常来住几天。尤其是米歇尔·勒普瓦尔夫（Michel Lepoivre）大夫（即自画像中的 L. 大夫），1963—1995 年，他在于尔特村担任全科大夫，巴特喜欢去他家，赞赏他家快乐融洽，充满着他三个女儿的叫喊和笑声。作为很好的小提琴手，他与巴特一起表演二重曲、莫扎特的鸣奏曲、舒伯特的小鸣奏曲……这位大夫对于这位邻居的记忆是，夏天穿着一件锅炉工工作服，冬天身着一位女友为其织就的高领毛衣。"我认为他在这里感觉还是好的，因为这里的气氛，大大不同于巴黎文学小圈子的气氛。他在这里呼吸到的是他从内心喜欢的外省资产阶级的香气：一位家庭男主人、一位母亲、三个女儿，这一切他都没有……"①巴特喜欢这种起到保护作用的资产阶级的简朴表现，他谅解其习惯的有时是庸俗的特征："与勒普瓦尔夫的谈话涉及音乐、生活、医学、严肃的和有实感的俗事。出于谨慎，这些内容似乎都谈得非常表面，就好像深谈就属于淫秽似的。"②

369

最初，巴特一家还养着一只狗，名叫吕克斯（Lux）（这是西南方的另一种"光亮"！），这只狗为这个家提供了保护与宁静。当这只狗于 1964 年 4 月 15 日死去的时候，巴特一家正好在于尔特过复活节。巴特很喜欢与狗一起玩耍，或者当他阅读的时候，也喜欢让狗呆在脚边。狗的死亡叫他心神不安、非常痛苦。有一个未收录到《罗兰·巴特自述》中的片段把这种情感转移到了对于动物之勇的思考方面：在他说过他讨厌英雄壮举之后，他立即说"不过，当我们家的狗死去的时候，我表现出了一种敬畏。这种毫无遮掩的死亡（甚至无法选择安静地去死，既然是一只狗，也就不谈什么了）叫我为之心动；面对这只狗，我的拉丁语，表述中所有意味坚韧的词语都涌上了心头；最终，这些词语去除了任何夸张，因此也就是说摆脱了任何言语活动，而变成可信赖的"。对于动物的经验变成了哲学的。这种

① 埃马纽埃尔·普拉内斯（Emmanuel Planes）：《巴特在于尔特的美好夏天》（«Les beaux été de Barthes à Urt»），*Sud-Ouest*，21 juillet 2011。
② 铸造工业标准局编号为 NAF28630 的文件，"大卡片"，1978 年 8 月 6 日。

经验很适合农村因安宁、空寂和静态所带来的特定快乐（即便这只狗与他们在巴黎时也是如此，因为米歇尔①就是在巴黎得到的这只狗）。这种经验也是完全不同的对于言语活动的一种回应。一如这只狗安息那样，人们在农村因避开了舆论和所有话语而得到了休息。

在童年居住地驻足和在两个相距遥远的端点（巴黎的公寓房和农村的房舍）之间移居的那些年，也不合常理地是生活不确定的年份，伴有着极为频繁的国外之行。也许这说不上是一种反常：这是因为他知道自己属于无痛苦而动的那些人群范围。1958 年，巴特第一次去了美国，就是从那一年开始，他接受了多次邀请，当然他也为寻欢作乐而旅行。我们可以为其分出三种旅行方式：为参加研讨会、报告会或者为满足这样或那样的机构提出的明确邀请而进行的专业之行；在假期当中，为发现一个地区和走访一些朋友而进行的兴趣之行——他经常去西班牙（去与让-皮埃尔·里夏尔会面）、意大利、利古里亚海岸②的拉斯佩齐亚（La Spezia）（莫兰夫妇在那里有一栋房子）、那不勒斯（去夏尔·桑热万的家）；最后，第三种出行是性欲之行：他从 1963 年开始去摩洛哥，而在随后的 60 年代的几年当中养成了去那里的习惯。

为提供有关这种多样出行的大致情况而排列一下他在几年当中的外出时间，是有意思的。1961 年，他在长达 3 周的时间里于北美洲逗留：他先是去了蒙特利尔，在那里做了有关杂文的报告，并与电影人米歇尔·布罗（Michel Brault）一起就一部有关打斗的影片进行了切磋，随后又去了魁北克。他从那里去了纽约，随后又返回了蒙特利尔继续切磋那部电影。2月份的时候，他去了伦敦，在法语学院做了一次报告。7 月的时候，他与维奥莱特·莫兰去了意大利，参加在米兰举办的一次有关视觉信息的会议，随后又去了威尼斯参加一次有关发行物审查的会议，从那里又去了那不勒斯、佛罗伦萨和拉斯佩齐亚，从而把专业之行变成了情趣之行。10月的时候，他做了一次斯堪的纳维亚半岛之行，他去了汉堡、哥本哈根、哥德堡、奥斯陆、乌普萨拉、斯德哥尔摩。1962 年 1 月，他再次去了莫兰夫妇在意大利的家里，但同时也参加了一次有关人种学电影的专题座谈会。3

370

---

① 此处指巴特的弟弟。——译注
② 原为意大利北部与法国东南部接壤处古代利古里亚人居住的海岸地区。——译注

月份的时候,他受米歇尔·维纳维之邀赴布鲁塞尔做了有关戏剧与意指的报告。当年 6 月份的时候他开始去意大利度假,他去了拉斯佩齐亚、那不勒斯和西西里岛,随后停留在于尔特。10 月份的时候,他又去汉堡做了一次报告。1963 年 1 月,他为参加《国际杂志》的会议而去了苏黎世;2月份的时候,他在意大利罗马、巴勒莫和米兰参加了多场会议。4 月,他去马德里法语学院做了几场报告,然后去了巴塞罗那,遂又折回到马德里,最后去了里斯本和科英布拉,还是就文学与意指做了报告。他在上一次的旅行中遇到了若泽,他与之一起又去了圣特拉和埃斯托里尔①。接着,他在于尔特度过了 3 周时间,随后与米歇尔·福柯、罗贝尔·莫齐去了摩洛哥的马拉喀什(它们在那里住进了著名的马默尼亚旅店[Mamounia])和丹吉尔(Tanger)。10 月份的时候,他为专业原因又去了汉堡,而在 12 月份的时候又因个人所需去了意大利。1964 年,他与母亲和弟弟去了荷兰,随后去了法兰克福。5 月份的时候,他重返阿姆斯特丹,住在了伊恩·博恩(Ian Boon)家里,随后去布鲁塞尔参加了有关吕西安·戈尔德曼②的一次研讨会。那个月的月底,他去了阿尔及利亚,随后几乎有一个月的时间呆在了摩洛哥的丹吉尔、卡桑布兰卡和马拉喀什,他在马拉喀什与罗贝尔·莫齐汇合。他 8 月份(假期)和 9 月份(去讲学)去了意大利。1965 年初,他到意大利做了几场报告;复活节期间,他去巴勒和慕尼黑做了一次兴趣旅行。5 月 21 日,他去了克隆参加了一次社会学研讨会。6月的时候,他去了佛罗伦萨度假。8 月 27 日,他与雅各布森一起乘飞机去华沙参加了一次符号学研讨会。11 月的时候,他重返马拉喀什,不过他同时在拉巴特主持了一期研讨班;12 月的时候,他再次到意大利,去了博洛尼亚和佛罗伦萨。1966 年,在荷兰和意大利两次造访之后,从 5 月 2 日到 6 月 2 日,他第一次去了日本,随后于 8 月份又去了摩洛哥,于 9 月份在巴尔地摩参加了后来变得名声显赫的研讨会。1967 年,他重返日本和摩洛哥,随后受约翰逊·霍普金斯大学(Johns Hopkins University)之邀去美国呆了 3 个月,他的母亲和弟弟也于 11 月去了那里。1967 年年底,他

371

---

① 圣特拉(Sintra)和埃斯托里尔(Estoril):均为里斯本附近的旅游胜地。——译注
② 吕西安·戈尔德曼(Lucien Goldmann,1913—1970):法国哲学家和社会学家,以其马克思主义观点著称,《隐蔽的上帝》(*Le Dieu caché*)是他的代表作。——译注

离开美国后,直接去了日本。

这种罗列尽管叫人讨厌,但是它表明巴特每年平均至少有 5 次去国外,几乎总是为满足一些邀请而去,即便出行的最初决定在途中有可能变动。比如,在日本的旅行从会朋结友方面甚至从满足色欲方面来看是丰富多彩的,而其最初则是预定去参加一系列科学与教学会议的。相反,巴特可以接受邀请到拉巴特去做报告,而他最初赴摩洛哥的主要目的是去见那些小伙子。我们首先注意到,他对于出行、对于开车或乘飞机做远途旅行非常有兴趣。有时,他只为到巴黎呆上两天而从于尔特那边乘飞机过来。他有时开车经马德里和马拉加(Malaga)(从那里人与车都上船)去丹吉尔。1966 年,他第一次去日本的时候,先在雅典停留,随后又在曼谷逗留 3 天,再到香港,最后到了东京。当他第二年去日本度过一个月时间的时候,他选乘的飞机经过了北极,只用了一天时间。他有时在一个月中就出行两到三次。作为当代学者(homo academicus)的这种典型的流动性,扩大了他在国外的影响,而作为这种影响的结果则是他接受的邀请越来越多。他有时讨厌重复出现的疲倦和频繁的动身,但是,从整体上讲,他出行与返回的方便性与他在国外感受到的极大自由是联系着的。他纵情地观看,感觉一切都是可能的。出行的高度自由首先是旅馆提供的,那些地方通常是不具人格特征的,在那里,生命就像是被中止了似的、没有责任担当的、开放的。他从来不觉得自己有什么不便。这就像是时间安排上的某种例外,其给人的感受是区别和不连续性。自由性还可以因外语而得以增加,不懂外语与其说是一种障碍,不如说是一种赠与。就像埃利亚斯·卡内蒂在《马拉喀什的嗓音》中所说,他被那些画面和那些他不懂其意义的声音所吸引,梦想着"一个人,他想必是忘记了地球上的所有语言,直至他在任何国家里都无法听懂被说出的东西"[1],巴特在《符号帝国》中思考过那些不为他所知的地方语言给予他的那种强有力的魅力:"梦想:了解一门(古怪的)外语,不过不要去懂它:在其身上感知区别,而无需这种区别被言语活动的表面社会性即交际性和通俗性所修补。"[2]这

---

① 埃利亚斯·卡内蒂(Elias Connetti):《马拉喀什的嗓音》(*La Voix de Marrrakach*),Biblio Poche,1978,p. 27。

② 《符号帝国》,《全集 III》,p. 352。

种经验等同于他在他的狗吕克斯死去之际所感受到的经验,这种经验使
他去思考语言的极限性:父系的语言、其夸张和其规则,在不可翻译性的
作用下是脱节的,真实出现了移动,因而我们可以接近对于符号的另一种
想象。因此,在巴特那里,爱通常是与外语联系在一起的:他之所以喜欢
到外国去、喜欢外国人,并不仅仅是因为远离自家所给予的自由,还是因
为他借助于移动和这种移动所带来的发现,在自由中摆脱了成见、俗套甚
至还有他身体带来的压力。对于"语言之涓流"的思考,其根源便在于这
种经验:他根据安东尼奥尼①有关中国的一部电影表述出了这种思考,影
片中,在一条村庄的街道上,一群孩子在高声朗读不同的书籍:人们在这
个时候听到的,是几乎处于一种幻觉感知中的张力、专心、呼吸和节奏,而
在这种感知中,声音的场面"流露出快乐"②。

　　在出行中,吸引巴特的(这种吸引在巴特少年时第一次去希腊的旅游
中就表现了出来),并不是一个地方的文化丰富性即他作为游客的好奇
心,而是人们赖以生活的方式、日常的事物、身体在空间中移动的方式、百
姓的和周边的居民区。他的人种学目光更对那些小小的区别感兴趣,而
不是被过去的伟大之光彩或现时社会的显著特征所吸引。正是这一点,
也在影响着与他同去中国的伙伴们。当其他人走在去十三陵的神路上的
时候,他则呆在了大轿车里,但是却仔细地观察人们的发式、衣装、对于孩
子们的照料。例如,他立即想到让人为他制作一套毛式服装。巴特很少
一个人出行。那些研讨会在具有大规模社团性交往活动之地举行,这种
地方使他厌烦。当他被邀去做报告的时候,是由外交部、大使馆或法语学
院承担他的费用,他被邀请参加鸡尾酒会、晚宴。有时,他也与家人一起
出行(在这种出行期间,他曾与母亲和弟弟去过阿姆斯特丹和纽约),而在
进入成熟年龄之后,这种三人同行的做法是将三口人结合在一起组成不

---

① 安东尼奥尼(Michelangero Antonioni,1912—2007):意大利著名电影导演。他在 70 年代曾完
　　成了一部关于中国的纪录片(《中国,在 1972》,*La Chine*,*en* 1972)。关于这部纪录片在中国所
　　引起的事件,罗兰·巴特《中国行日记》一书的整理者和编辑者有过这样的注释:"这部纪录片
　　引起了激烈的批判。至 1974 年 1 月底,对于安东尼奥尼的批判与对于林彪和孔夫子的批判运
　　动结合在了一起,实际上是旨在动摇周恩来,因为是周恩来邀请了安东尼奥尼拍摄了他的影
　　片"。——译注

② 《语言的涓流》(«Le bruissement de la langue»), in *Mélanges Mikel Dufrenne*, UGE, 1975
　　(《全集 IV》,p. 802)。

可摧毁核心的突出特点。在巴特看来,躲开一下,为自己发现能够使他在
出游之中感受他所寻找和出游给予的自由空间,是重要的。

374 不过不久,巴特自己也经历了结束出行的一种形式。在 60 年代和 70
年代之末,有两个事件放缓了他的节奏。第一个事件是在 60 年代末,那
是再一次长时间在国外逗留的时候,特别是 1969 年到 1971 年之间他在
摩洛哥度过了一年半的时间,那时,他在那里担任拉巴特大学的教授。第
二个事件,是他母亲的去世。1978 年,在多次推迟了去突尼斯的逗留后
(他被认为是去造访当时担任驻突尼斯大使的菲利普·勒贝罗尔的),他
写信给后者说,只有友谊还可以让他认为有必要出行,不然,他最终是不
会去的:"我想去看你,因为现在,自从母亲去世之后,我很不想'孤身'去
旅游。"①这一说明以及其他相似的说明,确认了巴特身上的可动性与结构
之间的联系。这是因为他恋家,他完全被母爱赋予了结构,世界是属于他
的,他可以在世界上无忧无虑地漫步。母亲一去世,一切都变得难以为
继,包括塞尔旺多尼街的公寓房、于尔特的房舍、整个世界。这一损失严
格地讲使他意志消沉了。他自画像的倒数第二个片段告诉了我们一次电
话中通话的内容,一个刚度假回来的人向他讲述了其出游的情况,而没有
询问他的度假情况:"**在我不在的那个地方,世界是静止的:极大的安全
感。**"②几乎在他的一生中,这种安全感就是他的安全感。

---

① 1979 年 3 月 25 日写给菲利普·勒贝罗尔的信。菲利普·勒贝罗尔遗赠,IMEC。
② 《罗兰·巴特自述》,《全集 IV》, p. 752。

罗兰·巴特在 1959 年

在于尔特的住房

11. 文　学

　　1960 年,巴特于《论据》杂志上在"作家与写家"之间所做的著名区分,提供了对于言语活动的一种思考框架,这种思考涉及到两个主要的方向:一种是公共言语活动,它承载着对于世界的一种思想,那便是大学的言语活动、政治的言语活动和研究的言语活动;另一种是同语反复的言语活动,它容纳"世界在一种如何写之中的道理",即文学的言语活动。但是,正是源于这两种言语活动之融合的一种混杂外在形象在确定着巴特所要求的那种立场:"今天,每一个人都或多或少公开地在两种诉求之间运动着,它们是作家的诉求和写家的诉求;大概,历史就想如此,历史使我们出生太晚以至于我们成不了(善意的)著名作家,又使我们出生过早(是这样吗?)以至于我们成不了为人所听的写家。"[①]对于这种知识分子的定义,他自感是出现在 60 年代的转折时期,并以此来表明他清楚自己在历史中的地位;这种定义也表明,巴特在全力进行一种典型的大学研究的同时,从来没有放弃作为素材、作为生产活动和作为计划的文学:文学仍然是社会学和符号学的研究范围。他的轨迹,虽然是从科学到文学,但是尤其致力于在其各种形式中思考言语活动。

　　从 1958 年至 1966 年期间进行的对于诸多方法的唯意志的和富有成果的寻找,可以归入对于解释的实践活动,尤其是对于文本解释的实践活动,而巴特则在各种言语活动类型上检验着这种解释活动:广告、时尚报刊、电影、文学。为了进行这种解释活动,那就必须转换传统的解释和使

---

① 《作家与写家》(«Écrivain et Écrivant»), in *Arguments*, n°20, 1960;后收入《文艺批评文集》(*Essais critiques*),《全集 II》, p. 409。

378 之更新。他 1963 年 3 月发表在《交流》杂志第二期上名为《大众作品与文本解释》的文章指出,这种方法的益处就像是对于言语活动的批评,但是该文也介绍说为了思考某些当代对象(商业电影、走红歌曲、照片小说)就必须对这种方法做出调整——如果对其使用解释的习惯规则的话,那几乎就要失败:"尤其需要修订作为新颖观念的批评观念。也应该接受审美方面的'相宜'观念,也就是说接受形式逻辑的观念,因为这种观念内在于大的集体结构之中,尽管它是非常'商业性的'。"①对于这种实践的批评,不仅可以分析作为言语活动的一些大消费对象(例如在他为比布里西斯[Publicis]公司进行的调查中的对象),而且也可以以一种新的方式来阅读文学。因此,那些年,也是巴特形成他有关文本的重大思想的年份——《文艺批评文集》和《论拉辛》都证明了这一点,并且他根据这些思想并依据自由模式和创造性模式的阅读方式确定了一些大文本的基本轮廓,这便是 70 年代之初的《S/Z》和《文本带来的快乐》。

广 泛 结 交

对于巴特全部所写文字从年代上做细心的关注,可以看出他急于将其写作活动按照非常明确的时期来划分。正像我们在上一章看到的那样,在 60 年代,他非常忙于对日常事物的破解,从食物到汽车,中经度假的村庄或香奈尔与活希源②品牌的竞争,他继续阅读和学习文学,继续根据"直白批评"计划在报纸上发表对于书籍的批评文章,同时积极地寻找对于文本的一种全新的深入阅读方法,而这种方法则可以属于普世的结构主义。

379 友情和广泛结交有利于这种活动。通过夏尔·桑热万的介绍在伦敦相识的让-皮埃尔·里夏尔 1954 年出版了《文学与感觉》(*Littérature et sensation*)一书:在日内瓦学派批评家的踪迹中,他进行的是一种受巴什拉影响的主题批评,这种批评关注素材和感觉,而巴特从他有关米舍莱的书

---

① 《大众作品与文本解释》(«Œuvre de masses et l'explication de texte»), in *Communications*, n° 2, mars 1963(《全集 II》, p. 201)。

② 香奈尔(Chanel)、活希源(Courrèges):都是法国高档服饰和香水著名品牌。——译注

籍开始就很接近这种批评。60 年代初,让-皮埃尔·里夏尔写作他有关马拉美的重要文本,于是,他们有可能在一起谈论过马拉美为无意义事物、无价值事物、小玩意儿而创办的报纸《最后的时尚》(*La Dernière Mode*),巴特在其《时尚系统》中参考过这份报纸,并说他梦想过重新复活这份报纸。对于马拉美的参照,使巴特得以在功能与无动机之外又区分出第三个层次,该层次便是时尚变成抽象和诗意的层次:这种想法是重要的,因为它可以让人感知"人是如何使无价值变为有意义的",并揭示出一种对于意指的历史激情①。正是通过让-皮埃尔·里夏尔,巴特从 1956 年结识了热拉尔·热奈特,后者成了巴特在 60 年代非常重要的对话者和朋友,不论是围绕着《原样》杂志(热奈特为该杂志提供了 7 篇非常著名的文章,其中有《马拉美的幸福观》[«Bonheur de Mallarmé»]、《作为隐迹纸的普鲁斯特》[«Proust palimpseste»]和有关罗伯-格里耶的《被固定的晕眩》[«Vertige fixé»]),还是在高等研究实践学院中(巴特曾在 1967 年使热奈特在该学院中任职),他们都是如此。热奈特像巴特一样,他深信批评也可以是文学,并且人们发现他们两人都有关于文学与批评这两种话语不可分解的一种思想。在 1963 年《原样》杂志制定的一个问卷调查(热奈特是发起者,并且他请巴特做出回答)中,热奈特预言批评成为真正文学的时代将要到来:"比起批评关心文学来讲,文学更为关心批评,而且我们可以毫无重大风险地预告批评不再把文学作为对象的时刻将会到来,因为文学将把批评作为其对象。"②在同一期杂志中,巴特虽然没有同样走得那么远,但是他指出"言语活动既变成了一种问题,也变成了一种模式,并且这两种'角色'将来可以沟通的时刻已开始临近"③。观点的共同性是真实的。另一次重要的结识是与马特·罗贝尔的结识:巴特于 1960 年初阅读后者有关卡夫卡的书籍,他随即在《法兰西观察家》杂志上发表了一篇书评④;马特·罗贝尔很快就成了巴特的一位非常要好的朋友。马特·罗贝

380

---

① 请参阅《围绕着一首科学诗进行的谈话》(«Entretien autour d'un poème sicentifique»), in *Sept jours*, 8 juillet 1967(《全集 II》, p. 1321)。

② 热拉尔·热奈特:《关于批评的调查》(«Enquête sur la critique»), *Tel Quel*, n°14, 1963, p. 70。

③ 《文学与意指》(«Littérature et signification»), in *Tel Quel*, n°14, 1963;后收入《文艺批评文集》,《全集 II》, p. 523。

④ 《卡夫卡的答复》(«La réponse de Kafka»), in *France observateur*, 1960, 后收入《文艺批评文集》,《全集 II》, p. 395—399。

尔的丈夫米歇尔·德·米赞是一位精神分析学家(他在"提升"巴特话语中精神分析学概念方面也扮演了主要角色),巴特与他们夫妇俩经常见面,经常互相到对方的度假地昂戴、于尔特、昂蒂布(Antibes)走访。与他们两人的友谊不完全像与维奥莱特·莫兰的友谊那么密切,但是他们的书信往来证明了他们之间有一种极大的信任与深厚情感,就像他们就文学进行的没完没了的争论那样。巴特尤其要感谢马特·罗贝尔对于卡夫卡作品的一种准确解读,特别是对于其《日记》的解读,这种解读影响了他对于自己日记的书写实践。

巴特在高等研究实践学院里结识了吕西安·戈尔德曼,他对于巴特文学思想的变化也起着重要作用:戈尔德曼在他于 1960 年 12 月份的研讨班做了有关罗什福柯(Rochefoucault)的报告,而他 1955 年出版的有关帕斯卡尔和拉辛的《隐藏的上帝》对于巴特写作《论拉辛》具有决定性作用。在巴特当时称为"解释批评"(其对立于实证主义的学院派批评)的学者当中,吕西安·戈尔德曼无疑是影响最大的人。人们争先恐后地去听他的报告,而他的非机械论的马克思主义(这多亏了卢卡奇的《阶级的历史与意识》[*Histoire et conscience de classe*]一书的影响)使他成了愿意让他指导博士论文的那一代人的思想大师:托多罗夫、克里斯蒂娃、雅克·莱纳特,还有其他许多人。巴特说他的批评是:"它是人们根据社会和政治历史所能想象的最为灵活、最富有才智的批评之一"[①]。1964 年 3 月,巴特赴布鲁塞尔参加围绕着他的研究工作的研讨会,并做一次有关修辞学的报告。戈尔德曼与巴特的研究路径于 1968 年和这一时间之后有了很大不同,但是有过一整段时间,两人分享同一种马克思主义理论,并且对于某些大学生来讲,他们两人是他们的共同导师(这便是茱莉娅·克里斯蒂娃的情况)。

那些年,巴特的智力产出非常之多,因此也是他在朋友联系和社会联系方面——特别是在文学领域——非常丰富的时期。我们可以为其区分出多种社会活动范围,这些范围并不一定混合,因而使他有了多种不同的实践。不少最初的活动范围都是因出版领域和巴特参与其中或与之接近

---

① 《何谓批评?》(«Qu'est-ce que la critique ?»), in *Times Literary Supplement*, 1963;后收入《文学批评文集》,《全集 II》, p. 502。

的编辑委员会确定的。在色伊出版社继让·凯罗尔之后的另一次决定性结识,是与弗朗索瓦·瓦尔的相遇,后者自其 1957 年进入色伊出版社之后就担任文学(尤其是意大利文学)部主任,于 60 年代中期又喜欢上了人文科学。瓦尔比巴特小 10 岁,他的事业路径是极为不同的。他在二战期间还是个青年,最终逃脱了纳粹的折磨(可是他的父亲 1943 年死于奥斯维辛集中营),于是他参加了抵抗运动。战后,他选择哲学作为专业,他尤其喜欢精神分析学,并在 1954 至 1960 年期间跟听了拉康的一次分析,遂成了其好友。巴特与瓦尔很快就成了密友,他们在后来的一生中都是如此。他们的审慎但同时是大胆的性格配合得非常好。瓦尔公开地与 1961 年到法国避难的古巴作家塞韦罗·萨尔迪过着同性恋生活;这一点也方便了他们之间关系的随意性、保密性和对于隐私生活的分享。

　　在《论据》杂志周围聚起的朋友是莫兰夫妇、科斯塔·阿克塞罗斯(Kostas Axelos),但也还有埃德加·莫兰的朋友弗朗克·富尔蒂尼(他与此同时创办了《推理》杂志[*Ragionamenti*])①,或者还要算上让·迪维尼奥。在《批评》杂志范围内,巴特结识了米歇尔·德吉、让·皮埃尔[Jean Piel](巴特经常到他家吃晚餐)、科罗索夫斯基、波勒·泰弗南(Paule Thévenin)、克洛德·西蒙、雅克·德里达。在《国际杂志》计划上,他与布朗肖、马斯克洛、杜拉斯接触密切。最后,围绕着《原样》杂志,他与让·蒂博多、让-皮埃尔·费伊有联系,但特别是与菲利普·索莱尔斯联系更为频繁,后者很快就成了他的密友。他还有一群学生与他关系甚好:乔治·佩雷克 1964 年听了他的课程;阿布戴尔凯比尔·卡蒂比(Abdelkhébir Khatibi)也在同一年听课;他与托多罗夫随后又与克里斯蒂娃建立了友情,那是在他们常去参加研讨班的时候。第二个层次是由青年时期和住疗养院时期结识的朋友组成的,对于这些朋友,他经常去看望他们,他甚至了解他们的家庭:他们是罗贝尔·达维德、菲利普·勒贝罗尔、让·古罗东:与这些朋友的关系是稳固的,而且一

382

---

① 与富尔蒂尼的关系在阿尔及利亚战争事件之后没有继续:在 1961 年 10 月 17 日遭受镇压之后,富尔蒂尼指责巴特没有像知识分子那样有所行动,巴特不高兴地做了回复,随后他们之间的交流便沉寂了下来。参阅罗兰·巴特与弗朗克·富尔蒂尼:《1956—1961 年书信选》(《Lettere scelte 1956—1961》), in *L'ospite ingrato*, 1999, p. 243—266。但是,在巴特去世之后,富尔蒂尼发了悼文,并在巴特与帕索里尼之间做了比较。

直坚持到最后。他还有一些都是临时在国外的朋友,如先是到伦敦随后去了那不勒斯的让-皮埃尔·里夏尔、在东京的莫里斯·潘盖(Maurice Pinguet)、在巴塞罗那的乔治·拉亚尔、在拉巴特的若赛特·怕卡里(Josette Pakaly)或让-克洛德·博内……或者还在摩洛哥和意大利有不少外国朋友。

至于巴特的社会实践和友情活动,它们与巴特时间安排的非常规律的特征有联系。有一些朋友,他是单独见面或是与几个人同时见面,喝上一杯或是一起用晚餐:弗朗索瓦·瓦尔和塞维罗·萨尔迪就属于前一种情况;从1966年开始,菲利普·索莱尔斯和茱莉娅·克里斯蒂娃、热拉尔·热奈特和他的妻子雷蒙德·德布雷-热奈特(Raymonde Debray-Genette)属于后一种情况。还有一些朋友,巴特去他家吃晚饭,这些朋友不拒绝一种更为交际性的社会活动:例如波勒·泰弗南——巴特就在她家结识了许多人(尤其是让·热内和雅克·德里达)、迪马耶(Dumayet)夫妇、科罗索夫斯基和他的妻子丹妮丝·莫兰(Denise Morin)(巴特与丹妮丝两人四手联弹)。他在那里也见到过米歇尔·比托尔,有时还有他的朋友乔治·帕洛①,后者也会与德尼西一起弹琴。虽然他说他有时对置身于这种气氛里感到厌烦,但他同时也沐浴在一种富有创作性和强力反对因循守旧的环境中。有一些朋友,巴特与其一起参加研讨会,如托多罗夫、德里达、德吉;还有一些朋友,巴特与其一起家庭度假,如比托尔、马特·罗贝尔、维奥莱特·莫兰——在后者的家里,他经常遇到皮埃尔·纳维尔(Pierre Naville)(维奥莱特与纳维尔1970年结婚)。最后,还有一些朋友,巴特与他们一起度过整个晚上,其中包括用过晚餐之后,去首都位于圣日耳曼大街或蒙马特居民区的同性恋夜总会:比如,巴特有时与福柯、莫齐和路易·勒帕日(Louis Lepage)但也与弗朗索瓦·布伦瑞克和布吕诺·韦西耶(Bruno Vercier)一起去位于谢尔什-米帝(Cherche-Midi)街的菲亚克(fiacre)餐厅、位于卡奈特(Canette)街的阿波里奈尔(Apollinaire)餐厅、斯皮克西(Speakezsy)餐厅,后来又去皮姆(Pimm's)

383

---

① 巴特于1952年就结识乔治·帕洛(Georges Parros)。帕洛在此之前刚刚放弃了在法兰西戏剧院担任驻团演员的事业,而把时间用在了对维拉尔的国家大众戏剧(TNP)的阅读和对《新〈新法兰西杂志〉》的编年文章的阅读上。当他1959年定居杜尔纳内内(Douarnenez)之后,他们以书信来维持联系,并尽力在每一次帕洛到巴黎时两人见面。

酒店和 7 号餐馆①,后面两处都是由法布里斯·埃马尔(Fabrice Emaer)分别于 1964 和 1968 年在圣安娜街开办的。有时,他也自己去这些地方。

那些年中重要的结交,毫无疑问是与弗朗索瓦·布伦瑞克的结交,他在 1964 年出版的《文艺批评文集》中曾写赠言给布伦瑞克。在当巴特经常被只有单向爱情的异性恋人群或不喜欢他的人所诋毁的时候,他与布伦瑞克之间一直到他生命之末都维持了一种恋情和友情的关系。一般,他以某种有点隐蔽的方式在一些专用场所来满足性欲,而他与布伦瑞克的关系则是公开的。他与布伦瑞克是在《原样》杂志外围人员中于 1963 年相识的。弗朗索瓦·布伦瑞克(出生于 1946 年)这位比他小 30 岁的小弟弟,当时学习法律专业,同时也想进入文学领域,因为他已经开始在写作。从 12 月开始,他们一起去意大利,先去了威尼斯,后去了那不勒斯、卡普里(Capri)、庞培和罗马,他们在罗马一起度过了圣诞夜。1964 年,他们几乎每天晚上都见面,一起度假,而巴特有时在下午工作的时候也是布伦瑞克作陪。1963 年 3 月 13 日,两人一起去参加由《原样》杂志在乔治·巴塔耶的旧社会学学院组织的关于弗朗西斯·蓬热(Francis Ponge)的著名“即席报告会”。他们一起到对于他们都是朋友的那些人家里,比如到波勒·泰弗南家里,到热奈特夫妇家里,到科罗索夫斯基夫妇家里。他们经常与瓦尔和萨尔迪四人会面。即便他们决定在 1964 年末见面少一些,但在 1965 年全年中还是经常在一起。他们在 4 月份的时候去了德国,7 月份的时候去了意大利。他们的故事显然不是小事,以至于巴特在 1965 年 11 月 8 日的记事里写道:“在 F 家,今天是结识两周年”②。1966 年,他们之间的关系较之恋情更表现为是友情:他们仍然经常一起外出或一起用晚餐,在那年夏天的时候,弗朗索瓦·布伦瑞克还与他的父母到于尔特住了几天。我们可以想象,母亲亨丽埃特·巴特不会一点都不知道她儿子对于这位年轻人的爱慕,即便由于巴特对于母亲一直守口如瓶而仍然维持着与母亲相互间谨慎行事的习惯。

384

---

① 以上几处餐馆均为同性恋者出入的餐馆,并带有同性恋夜总会,其中“7 号”餐馆,按照《罗兰·巴特的最后日子》一书的介绍,那“是一家同性恋餐馆,……是一家很小的餐馆,上面还有一个寒酸的小夜总会,已经被当时的同性恋明星们所光顾。”(《罗兰·巴特最后的日子》,中译本,怀宇译,中国人民大学出版社,2012 年,第 111—113 页)。——译注

② “F”,即弗朗索瓦·布伦瑞克(François Braunschweig)名字部分的第一个字母。——译注

什么都不说,从母子两个方面来讲,始终是他们之间表达爱与尊重的一种相互方式。但是,对于其他人,巴特则不掩饰这种关系。他的许多朋友都知道这件事,《文艺批评文集》卷首的赠言就是这种公开承认的重要举动。

在 1964 年那一年,巴特根据弗朗索瓦让他看的一些尚未发表(后来也没有再发表)的文本写了一篇文章。这篇随笔 1984 年第一次在《语言的涓流》一书中出现,它简洁而神秘地被取名为《F·B》,同时伴有弗朗索瓦·瓦尔的一段审慎的说明:"这篇文章首次发表,当时是写在一位年轻作家的几段文字的边缘处的,这位作家似乎没有再延着这条路即文学之路走下去,并且什么都没有发表过。"对于非常了解弗朗索瓦·布伦瑞克是谁的一个人,他的行为方式表现出在今天已不再适宜的对于掩饰的一种关心——确切地讲,巴特过去就没有真正地隐藏过这一历史。瓦尔了解这一切,不过他还是补充说:"文章是写在了边缘处的,并且希望以此作为他思想方法的证明。他在文中欠缺一种明显是游戏的语调和灵巧性。但这相反并不妨碍他对于一种新的故事类型构筑由敏感命题组成的一种系统;对于这种新的故事类型,他没有说是小说类型,但是人们自 1964 年开始不乏在这种类型中从本质上辨认出作为作家的巴特其最后的实践即其最后的也是最新的写作成果中的某些特征。"①当然,巴特在这篇触及其情爱关系之核心的文章中更多的是谈他自身,而没有担心镜相效应②,甚至大概可以说他就是在寻找这种效应之中写出来的。他强调在文本中进行片段式写作,而文本既不是草稿,也不是注解,更不是报纸的引言,而是"言语活动的亮点"。他赋予了这些文本他为自己的写作而保留的名称:"偶遇琐记"(«Incidents»),即"在无碰撞但却是从一种不再是无限的运动中突然而至的东西:像是雪花间断而又连续的降落那样";因为"在这些东西上,是主导自由文学的基本时间在支配着一切,这是对于言语活动(如果我们相信

---

①　《F·B》,《出版者说明》(«Note de l'éditeur»)[François Wahl],《全集 II》,p. 601。
②　"镜相效应"(effet de miroir):亦称"反映关系",心理学和美学术语。根据这种关系,一个人在其他人身上看出的东西,正是自己这一方面从外部的反映,换句话说,如果某种东西使我们感兴趣,那正说明我们从这种东西上看出了我们自身。在通常用语中,这种关系首先指相互理解和随之而来的相互信任。——译注

其史前史的话)最后的征战成果:**直陈式**"①。片段中某些有关速度和故
事性的标志,预告了后来在法兰西公学就包括俳句在内所讲的最后课程
中的标志。特别是,这是一篇谈论欲望的文本:它不仅谈到了在文本中从
未出现的按照巴特的说法是被赋予了文化的"男孩子们的欲望",而且谈
到了随写作而至的欲望:"在 F·B 的那些文本中,从来没有**不可引起欲望
的对象**。于是,作者为欲望创立了一种广泛的换喻:**感染性写作**,这种写
作在其读者身上推翻了已经构筑了其事物的欲望本身。"②这种话题,适合
在任何带有相遇情绪、带有依据别人和为了别人而写作的快乐、带有透过
别人而解读自己的事实所提供的共谋性的东西之中读到。直到巴特去世
之前,弗朗索瓦·布伦瑞克与他继续经常见面,两个人或与弗朗索瓦的同
伴于格·奥特西耶(Hugues Autexcier)三人共进晚餐;弗朗索瓦与于格·
奥特西耶当时一起在马扎里那(Mazarine)街开办了一处经营法国照片和
艺术书籍的泰克斯布朗(Texbraun)艺术品店,而在此之前,他们曾在克里
尼昂库尔(Clignancourt)跳蚤市场有一间小店铺,因其货品丰富而很快被
爱好者们所熟知③。我们可以假设,巴特对于摄影史的部分了解就是来自
于他们之间的频繁交往。

文 学 批 评

在 60 年代,巴特并不限于出于友情而频繁与文学界交往。他在出现
在对于古典文学(即过去时)、当代文学(现在时)和先锋派文学(将来时)
所做研究的三个时间段里,继续进行着对于文学的分析和研究工作。他
同时进行着在阅读和解释方法上的一种研究工作,这一研究赋予了他在
文学结构主义、人们有时也称之为文学符号学的建构中的一种重要角色。

386

---

① 同前,p. 603—603。一种可与"偶遇琐记"非常可比的定义,重新出现在对于《阿齐亚德》(*Az-
  iyade*)的序言中(见于《新文艺批评文集》)和《符号帝国》中。译者补注:直陈式(indicatif),是
  法语动词六种语式(直陈式、条件式、虚拟式、命令式、分词式、不定式)中的一种,指的是对于
  在时间变化过程中实际发生的行为或现象的直接而真实的陈述。

② 同上,p. 608。

③ 请参阅有关这个艺术店的历史和某些个人生平信息:哈里·伦恩(Harry Lunn):《弗朗索瓦·
  布伦瑞克与于格·奥特西耶(照片丢失的一代人)》(Photograph's Lost Generation), in *Amer-
  icain Photo*, vol. 4, n°2, mars-avril 1993, p. 71。弗朗索瓦 1986 年死于艾滋病,于格·奥特西
  耶在 6 周之后自杀身亡。

　　他首先介入的领域关系到当代,他继续在各种杂志上发表文章。他评述有可能提供关于文学新概念的某些重要文学批评或随笔著作,例如马特·罗贝尔的《卡夫卡》(*Kafka*)、福柯的《疯狂史》(*Histoire de la folie*)、潘泰尔(Painter)写的普鲁斯特的传记、本维尼斯特的《普通语言学问题》(*Problèmes de linguistique générale*)第一卷,等等。他忠实于在上个10年中成为密友的那些作者:他在《扎齐在地铁里》(*Zazie dans le métro*)1959年出版之际为凯诺在《批评》杂志上发表了一篇文章,从而使这部作品成了反-文学的里程碑,成了对于文学神话的一种规则性破坏;他1964年为凯罗尔在袖珍丛书中再版的《陌生的身体》写了跋文;他1963年为巴塔耶的《眼睛的故事》(*Histoire de l'œil*)写了文章。这些解读文章的一个共同点,在于持续关注表面效果、轻轻掠过的声音,比如他对于凯罗尔就这样写道:"就像抚摸那样,言语在此停留在事物的表面上,表面便是其领域。"①即便他在罗伯-格里耶耶穷尽表面的艺术与凯罗尔停留在平庸水平的强制性之间做出了区分,但是,他认为重要的是,在有关先锋派的理论争论中重新引导这种创作。他对于巴塔耶也是这样做的。关于《眼睛的故事》,他写道,一切都是在表面上给予的,而且也无等级之分。对于世界的这种既无内情,也无深度的展示,更要求一种阐述,而不是一种解释,这种阐述就像是对于表面即文本结构进行的的逐渐展开。

　　为理解巴特与当代文学的关系,重新回到他与莫里斯·布朗肖的关系上似乎是重要的。我们已经看到,他们之间的联系是真实的、积极的同时也是政治方面的。他们啮合他们对于文学空间和写作空间的理解与定义,这一点从一开始就是如此,因为巴特在疗养院期间就开始阅读布朗肖在《现代》杂志和《批评》杂志上发表的文章;甚至有可能更早,他从1942年就阅读布朗肖在《论战报》(*Journal des débats*)上主编的文学专栏文章,例如布朗肖在谈到让·热内时为随笔给出的定义,而在这种定义中,巴特轻松地发现和看到了与自己主张相一致的地方:"在实验过程中,作家有时是间接地,不只是介入,而且还提出异议、提出问题、将自己的想法引导到他被这些想法所放弃的程度、从其个人的验证中获得大家都接受的一种意义,一句话,就是把自己变成其意指超越他的一种探

---

① 《涂抹》(«La rature»), postface au *Corps étranger*,《全集 II》,p. 594。

险的英雄。"①这就是说,布朗肖鼓励对于写作的极限和不可能性进行思
考。离开疗养院后,当巴特以各种方式面对死亡的时候,把文学当做是沉
默之消失和验证的这种思想,便与他自认为是处在不安与虚无之中的一
种个人经验一致了起来。因此,至少像与萨特那样,《写作的零度》也在明
显地与布朗肖对话,而布朗肖也把巴特变成了其《未来的书籍》中的主要
对话者②。在巴特的作品中,布朗肖的名字出现在一个名单之中,在那个
名单中,从福楼拜到加缪,作家们在写作的同时也在质疑文学本身,而名
为《写作与沉默》(«L'écriture et le silence»)的文章为其重新展示了甚至作
为文学之不可能性的俄耳甫斯③的外在形象,因为这种文学只能在破坏自
身的同时才被写作:"俄耳甫斯只有在放弃其所爱的同时才可以拯救其所
爱,并且他自己仍然变化很少;正是在文学被带到希望之乡门口即被带到
无文学而言的世界门口的时候,才是作家需要证明文学的时候。"④在语言
上有所变化,既是一种义务(摩西⑤),又是一种违反(俄耳甫斯):这种行为
涉及到一种警惕和一种破坏。巴特承认文学的这种不可能性,从文学作
为文学而在社会上存在那时起,质问能力和风险也就从文学上被取消了,
但是他也感知到了他有可能被封闭在这种不可能性中的危险。对于布朗
肖的猛然退缩,他只能不停地以"仍然"、"尽管如此"来应对;把可能性记
入不可能性,这也许是他经常重现的来自纪德方面的影响。在承认布朗
肖有关文学主要的和非异化的话语的同时,他开始竭尽全力使自己摆脱
虚无主义。选定为罗伯-格里耶辩护,可以被解读为是想象一位快活的俄
耳甫斯、一位不变化的俄耳甫斯之可能性的一种方式;也正是这一点在吸
引巴特和索莱尔斯。

　　远离布朗肖的首选方式,就是在一些名单中使其孤立,因为在那些名
单中布朗肖的出现突出了其事业的彻底性,但是也要将其有距离地置于

388

---

① 莫里斯·布朗肖:《地中海的启迪》(«Inspirations méditerranéennes»), in *Journal des débats*,
　30 septembre 1941, p. 3. Cité par Marielle Macé in *Le Temps de l'essai*, Belin, 2006, p. 212。
② 莫里斯·布朗肖:《未来的书籍》(*Le livre à venir*), Gallimard, coll. «Folio», 1959, p. 279—
　282。
③ 俄耳甫斯(Orphée):古希腊神话中的诗人与歌手,善弹竖琴,其琴声可以使猛兽俯首、石头点
　头。——译注
④ 《写作的零度》,《全集 I》,p. 217。
⑤ 摩西(Moïse):公元前 13 世纪以色列大预言家,《圣经》人物。——译注

其不为己占有的特征之中。例如,在《不存在罗伯-格里耶流派》(«Il n'y a pas d'école Robbe-Grillet»)一文中,巴特把布朗肖和马拉美的绝对否定性即他们"曾经是或现在仍然毫不犹豫地是不可能性之光荣残留物的"作品,与保留在罗伯-格里耶作品中技巧平面上的一种否定性对立起来。在《批评与真理》中,他重新采用了把马拉美与布朗肖结合在一起的方式,以便提及谈论其不出现之条件的那些作品,并把陈述其诞生之条件的普鲁斯特的小说与那些作品对立起来。在他 1963 年对于《原样》杂志就批评所做的问卷调查表的回答中,他明确地表示反对当时的计划,同时又保留对于计划的完全赞赏。关于布朗肖,他说:"使意义'虚无化',根据其不可能性,这是一项无希望的计划。为什么呢? 因为'外在于意义'必然被非-意义(non-sens)所吸收(在作品具有唯一拖延能力的某种时刻),但这种非-意义(以荒诞之名)完全是一种意义。"①因此,布朗肖的令人不安的威力即他的特殊性,便是在意义出现之前总是呆在他是第一个说话人的位置。这便是他出了名的孤立之原因,这种原因使得那些仅有的独占范畴可以规定给他。在继《时尚系统》出版之后与雷蒙·贝卢尔的重要谈话中,巴特可以这样说:"布朗肖是不可比拟的、不可模仿的和不可适用的。他身处对于构成文学的科学的写作和违反之中。"②此外,他完全被置于了作家谱系之中,而非思想家和批评家谱系之中。尽管布朗肖在 60 年代负有公共义务,但是巴特从来没有把他看作是一位知识分子,而是将其看作一位作家、一位高水平的作家、一位权威很高的作家。再就是,他曾在《中性》课程中广泛地援引布朗肖,但除此之外,严格讲,他几乎没有参照过布朗肖,除非是为了分析尤利西斯和收到《未来的书籍》诱惑;他对于《尤利西斯》的分析,曾在 1977 年与罗兰·阿瓦一起撰写的《倾听》(«Écoute»)一文中和在《明室》③中两次引用。在几年当中,巴特甚至似乎忘记了布朗肖,正像他在与让·蒂博多的电视采访中所证明的那样,他说在撰写《写作的零度》的那时没有阅读过布朗肖,而他却在书中提到过他两次④。埃

---

① 《文学与意指》,同前,*Tel Quel*,n°16,1964;后收入《文艺批评文集》,《全集 II》,p. 518。

② 《关于〈时尚系统〉和叙事文的结构分析》(«Sue le *Système de la mode* et l'analyse atructurale des récits»)(《全集 II》,p. 1302)。

③ 《全集 V》,p. 349 et 873。

④ 《全集 III》,p. 1028。

里克·马蒂曾在一篇谈及两人关系的重要文章中假设,从 1968 年到 1977
年,布朗肖对于巴特来讲已经不再是同代人了:巴特把他当作伟大死者中
最久远的那位。"巴特在把他与布朗肖的联系减缩至无的同时,为其安排
了一个位置,一个无疑是可怕的位置,但却是可为其安排的位置,那便是
死者的位置,即只存在于普鲁斯特与卡夫卡之间的位置,亦即从这种沉默
和遥远的领域出现以来就以写作欲望之真正深藏者出现的死者的位
置。"①当然,可有多种方式来理解这种忘却,因为《文本带来的快乐》和《罗
兰·巴特自述》中都没有出现布朗肖的名字,而且,巴特的写作视野可以
首先被看作是在与虚无主义作斗争,其中包括以构建一种萨德式的狂喜
形象来反对由布朗肖推动的一种否定性的萨德形象。但是,由于假设有
一种建立在时间相逆性基础上的不可能的友谊,布朗肖一如普鲁斯特,都
像是一位激励者和一种记忆力量,而非一位对话者或一位同代人,所以我
们触及到一种关系的真实情况,而这种关系也许是另一位同时代人所特
别需要的——也正是在这种意义上,他使巴特投入工作,他引导他进入写
作。布朗肖曾为巴特写过两篇文章,一篇是为《写作的零度》写的,另一篇
是为《神话》写的②;在以这两篇文章为主要内容和体现各种交流——其中
包括书信往来——之特点的友好谈话、对话之后,是通过写作所带来的无
尽的谈话。巴特曾两次把罗歇·拉波特(Roger Laporte)的建议当成自己
的主张:"阅读普鲁斯特、布朗肖、阿尔托,并没有激起我书写这些作者(我
补充说,我也不会像他们那样)的愿望。但是却激起了我写作的愿望。"③

　　对于疏远布朗肖的最后一点解释,与反对否定性的斗争不无关系,那
便是在 60 年代形成的与死亡忧郁之间所保持的审慎距离。这一点可以
让人理解,加缪和凯罗尔(他们的作品在 1945—1955 年期间曾经是巴特
如饥似渴地从中获取自身营养的对象)被搁置一边而选择了罗伯-格里耶

390

---

① 埃里克·马蒂:《布朗肖、巴特,问题在于中性》(«Blanchot, Barthes, le neutre en question»),
in *Cahier de l'Herne* «Maurice Blangchot», L'Herne, 2014, p. 346。
② 莫里斯·布朗肖:一篇是《寻找零度》(«La recherche du degré zéro»), in *NRF*, septembre
1953; repris dans Le Livre à venir, p. 279—282;另一篇是《大骗局(谈〈神话〉)》(«La grande
tromperie (à propos de Mythologies)»), in *La Nouvelle NRF*, juin 1957[未收入书中]。
③ 一篇是《关于阅读》(«Sur la lecture»),《全集 IV》,p. 934;另一篇是《根据罗歇·拉波特的理论
来看虚构与批评的关系》(«Rapport entre fiction et critique selon Roger Laporte»),《全集 V》,
p. 758。

和比托尔的原因;也可以让人理解,对于表面的分析,一切活动均与意义保持距离的做法被采纳,而不是或多或少被公认的精神性和与死亡的各种对立被采纳的原因。我们也可以联想到,选择先锋派,一如 1960 年开始的每日有所记载的理性实践活动,也如对于习惯性时间的安排,这些同样是敬而远之的策略——在这些策略中,活动与生命的决心也尽力反对沉默与死亡。有意思的是,1964 年为凯罗尔写的文章名为《涂抹》,可是它更应该是搔伤(griffures)即在事物的表面制造切口的问题,而非真正的涂抹(除了在题铭中出现过,该词没有再被采用)。那么,如何来更好地说出一种消除形式呢?这种形式大概可以通过 60 年代进行的符号学活动的力量来产生,因为这种活动标志着人与对象之间的一种结合的结束。能指与所指之间的关系从此便遇到了指称对象的出现问题。

391　　　"布朗肖"的名字从 1977 年重又大量出现(在"中性"课程中出现过 19 次),当时正值巴特的母亲开始生病,这一情况证实了前面的联想。在巴特的前进轨迹中,在作为符号与指称对象间的联系之消除的中性与作为沉默的中性(就像布朗肖一样,沉默藏匿着他的否定性部分,并成为对于死亡的对抗)之间,确实有过一种摇摆。在 1977 年出版的《恋人絮语》中,一种对于布朗肖的影射将他与疲倦主题重新联系了起来:"(我必须等待布朗肖来向我谈论疲倦)。"[①]在 1977—1978 年法兰西公学的课程中(该课程在母亲亨丽埃特·巴特去世后开始),这种迹象得到了长时间的展述。从第一课开始,就谈到了疲倦问题,将其作为无法划归的场所,作为在社会上无地位、难以把握的场所:"由此产生了布朗肖的叫喊声(多么疲倦的叫喊声!):'我不要求人们取消疲倦。我要求被重新引导至有可能被疲倦的领域'。"[②]在随后的课上,当巴特以在自身没有社会性即只有中性的方式甚至将疲倦变成工作之条件的时候,他再一次援引了布朗肖。他同时求助于老纪德,因为纪德在去世之前的那年,自感就像是一个撒气的轮胎,而且想"以说出疲倦来'玩耍疲倦'"[③]。这种明细的谱系大概表明,布

---

①　《恋人絮语》(Fragments d'un discours amoureux),《全集 V》,p. 149。正像在前面引用过的埃里克·马蒂的文章所指出的那样,"先前的交谈"这一表达方式强调了包括参照在内的时间上的疏远。

②　《中性》(Le Neutre),p. 44。参照文字见于莫里斯·布朗肖《无尽的谈话》,同前,p. XXI。

③　同上,p. 48。

朗肖也像纪德一样,他在何种程度上身处久远境地与压层之中的致命区域。

因此,在 1950—1960 年的转折时期,先锋派成了与现代文学有可能是破坏性的品质做斗争的一种战略,因为那个时候,文学成了对于死亡的对抗。先锋派也是协调在社会学研究中进行的解密活动与文学的一种手段,以便提出可以将文本与对象一起来解读的一种方法。阿兰·罗伯-格里耶是这种研究的主要试验之地,人们很容易从为他写的那些文章中解读出在文学与对象之间建立的那种联系。第一篇文章《客观文学》,与对于布莱希特的发现是同时代的,可以解读为是为建立一种表面文学的宣言书,那是建立其本身,也是有关日常事物人种志学的一种神话学者的文学。在文学中,巴特列举了城市装饰的各种要素和各种制成品对象("眼镜、电器开关、橡皮、咖啡壶、服饰模特、预先做好的三明治"[①])的出现,这些要素与对象均在描述中被详尽介绍。它们没有功能,也没有实质,它们揭示了其作为神秘者的特性,并同时把读者引导至对于素材的一种感觉经验之中。它们脱离了它们的传统空间,而出现在它们纯粹的时间维度之中。在随后的那一年,《字面文学》一文强化了第一篇文章的影响,这一次是阐释了《窥视者》,因为该书在摆脱故事的同时把清除事业推得更远:"在对象的重压下,故事在后退、在削弱、在消失。"[②]在放弃灵魂的同时,罗伯-格里耶作为诵经布道的作家,作为医生和造物主,他从小说上去除了任何本质主义,并将其放在了彻底形式主义的道路上,而这种形式主义部分地决定了巴特在随后几年中方法论的形式主义。关于罗伯-格里耶的这第一批文章,写于和《神话》相同的时期,广为人所知,它们既涉及到了巴特在当时关于对象和元语言的思考,也涉及到了语言学所提供的结构主义的和形式的视域。这也还在于把文学本身设想为一种方法学,还在于对使用这种方法学或赋予其基本上是一种质疑价值的所有作品感兴趣。

一种明显的变化出现在 1962 年,那时,巴特在为布吕斯·莫里赛特

────────────

① 《客观文学》(«Littérature objective»), in *Critique*, 1954;后收入《文艺批评文集》,同前,《全集 II》, p. 293.

② 《字面文学》(«Littérature littérale»), in *Critique*, 1955;同上,《全集 II》, p. 327.

(Bruce Morrissette)关于罗伯-格里耶的书籍写序的时候,他似乎有所赞同更为人性、更富有深度的一种观点——根据这种观点,批评家赋予小说家一切,他同时重申,他有关批评家自己的概念承载着对于现实主义文学各种编码的一种拯救性解放,以便"对于真实进行一种深思熟虑的处理"[①]。即便他忠实于他所称的"第一位罗伯-格里耶",他却与"第二位罗伯-格里耶"保持一定距离,这便是写作《马里安巴德》(Marienbad)和《在迷宫之中》(Dans le labyrinthe)时期的罗伯-格里耶[②]。举动是相当让人惊讶的:首先,他非常少地为他明显不赞同的一部书写序;其次,巴特似乎很快就否定了他为使其成功而给予了极大付出的一位作者。《文艺批评文集》让人看出了这种相对的疏远,说其是相对的,是因为两人之间的联系仍然不断:为《女巫》(La Sorcière)写的序言,对于受米舍莱书籍的自由启发而写的电影剧本《快乐的渐变》(Glissements progressifs du plaisir)是决定性的;而罗伯-格里耶也在 1977 年于塞里西召开的研讨会上在他的发言中对于巴特大加赞扬,他的发言随后以小册子出版,题目是《为什么我喜欢巴特》(«Pourquoi j'aime Barthes»);但是,还是有疏远,这种疏远既与义气不投有关,也与政治原因有关。从友情上讲,较之与罗伯-格里耶的关系,巴特与米歇尔·布托尔走得更近,后者在美国米德尔布赖大学见到巴特之后很快就成了他的密友。二人之间的书信往来证明了他们之间有一种几乎是家庭式的联系,他们俩都很关心对方的健康:布托尔向巴特询问他母亲和弟弟的消息,他还告诉巴特自己三个女儿相继出生的情况和妻子玛丽-若·比托尔(Marie-Jo Butor)的健康状况。巴特对于比托尔,或多或少就像其再早对维纳维所起的那种文学顾问的角色,巴特也同时起着在构想当下计划中的主要对话者的作用[③]。1962 年,当巴特写文章谈论《运动》(Mobile)的时候,他认为这本根据美国而拼凑的书,比罗

---

① 《不存在罗伯-格里耶流派》,同前,后收入《文艺批评文集》,《全集 II》,p. 362。

② 这里,实际上是把罗伯-格里耶的创作分成了两个不同的时期。《马里安巴德》全名为《去年在马里安巴德》(L'année dernière à Marienbad),是罗伯-格里耶 1959 年的一部电影作品;《在迷宫之中》(Dans le labyrinthe)是他 1961 年发表的一部小说。——译注

③ 巴特保留了大量米歇尔·比托尔 1960 年在美国宾夕法尼亚州布龙·莫尔大学任教时寄给他的信件。比托尔在信中谈到了一些非常实际的问题、他的教学情况和他工作上的困难。信件中也有许多素描和彩色粉笔画。比托尔的艺术实践激励了巴特的艺术活动,这种活动从 70 年代初才成为经常性的。

伯-格里耶最后的几本书更适合为文学那些无须争论的形式所设定的常在过程。他极力贬低把书籍看作是链接、是展开、是流动的观念,这种贬低预告了在《小说的准备》中对于《相册》的展述。他把比托尔的做法与列维-斯特劳斯在《野性思维》(La Pensée sauvage)中的做法进行了比较,指出比托尔的做法表明了一种紧迫的研究内容:"正是在他们之间对于一些事件片段**尝试**作比较的过程中意义才得以产生,正是在把这些事件转换成功能的过程中结构才得以确立。"①

因此,个人之间的友情关系可以有利于对于一部作品和对于另一部作品的持续关注。但是,巴特面对一些标榜也说明自己的政治保留意见,因为那些标榜包含和汇集着一些可以说是对立的努力。在不直接批评罗伯-格里耶的《保卫新小说》(Pour un nouveau roman)的情况下,巴特对在一个口号下实现作品同化表达了保留意见,因为在他看来,这种同化带着有完全的策略计谋。1964 年,他在《法兰西观察家》杂志上向雷诺·马提翁(Renaud Matignon)明确表示,他从来没有捍卫过"新小说"。他认为新小说是一种社会学的"蒙太奇",而不是学说上的"蒙太奇",这便等于是含沙射影地批评了罗伯-格里耶。罗伯-格里耶当然不会不明白,他在写给 1964 年于《原样》杂志上发文批评《保卫新小说》一书的索莱尔斯(而他在前一期已经就罗伯-格里耶的作品发表过一篇重要文章)的信中说:"我偶然地看到了您就《保卫新小说》撰写的短文。你瞧……你瞧啊……! 都弃我而去,都向巴特靠拢! 有人忘记记了他对于《在迷宫里》和《不朽的人》(L'Immortelle)说过的话(不过,这两本书都遭到过巴特的贬责),甚至忘记了对于这本汇编书籍中那些主要文章所说的东西! 不过,算了吧。我们曾经一起走过了一段路。我现在只想祝您一帆风顺……"②巴特在应《费加罗报(文学版)》杂志居伊·勒克莱什之邀就《文艺批评文集》所进行的谈话中直截了当地表达了他的保留意见:

① 《文学与不连续性》(«Littérature et discontinu»), in Critique, n°185, 1962;后收入《文艺批评文集》,《全集 II》,p.440。几年之后,米歇尔·比托尔发表了一篇非常漂亮的有关巴特的文章:《诱惑力》(«La fascinatrice»), in Les Cahiers du Cinéma, n°4, 1968,后收入《文章汇编 IV》(Répertoire IV)(见《米歇尔·比托尔全集》,Œuvres complètes de Michel Butor, Mireille calle-Grrubet [dir.], La Différence, 2006, p.391—413)。

② 阿兰·罗伯-格里耶 1965 年 1 月 10 日写给菲利普·索莱尔斯的信(索莱尔斯档案[Archives Sollers]),由菲利普·福雷斯特在《原样》杂志史:1860—1982》一书中引用,同前,p.176。

"对于他的作品,我没有过什么影响。也许,我曾经向他提供过一些要点,而这些要点帮助他表述了其理论观点。但是,自从布吕斯·莫里赛特就罗伯-格里耶的小说发表了研究成果之后,他的作品就不大与我有关了。我们看到他试图用对于事物的简单描述来代替情感,来代替符号片段。"①

　　1964 年出版的《文艺批评文集》,因显示属于 50 年代的两位先锋派人物(布莱希特和罗伯-格里耶)而带有了结构,随后又描绘了从《神话》到《叙事文的结构分析导论》(«L'analyse structurale du récit»)一文的发展历程:我们看到,能指对于所指是如何处于优先地位的,而对于表面的解释又是如何达到有关批评的一种思想的——在这种思想中意义建构的很大一部分是交给读者的。人们放弃真实,是为了显示言语活动的无思想。按照这种意义,在几代大学生和读者看来,《文艺批评文集》便是一部重要的书。巴特所认识的那些作家,向他表明他们承认他有关写作所说的东西,例如克洛德·西蒙,他 1964 年 3 月 9 日给巴特写信,向其书中带有重大意义的一些分析文章致敬。这本书,除了序言之外,不包括任何当时未发表的文章,但这个汇编本的年代排序构想在显示一种历程和表明某些选择的同时,为整本书提供了力量和复杂性;在选择方面,例如那些有关凯罗尔的文章(根据当时重复性的变动逻辑)就没有被编入。我们在书中看到了他实际地分析了主题和变异,而主题和变异是某些作品强调或反复使用的方式。我们也估量出了偏好与从容以对的力量。最后,我们在书中看到了对于巴特在序言中规定给批评言语的矛盾的灵活操作,这种批评言语必然是叙述性的,然而却是以间接的欲望方式出现的。由此,产生了一些不忠实和不协调的形式,这些形式表现在一种行程之中,并且就像 1971 年的前言所指出的那样,还阻止我们从中解读出一种目的论。写作的现在时已经过去,先过去时还距离很远,不过,却是应该在现在时上使先过去时活跃起来②。

　　在 1964 年的序言中,主要的含混性,是"作家"(écrivaint)和"写作"

---

① 《关于〈文艺批评文集〉的谈话》(«Entretien sur les *Essais critiques*»), avec Guy Le Clec'h, *Le figaro littéraire*,16—22 avril 1964(《全集 II》, p. 620)。

② 这里指的是法语动词的一种时态概念:先过去时,是比过去时还早的一种时态。——译注

(écriture)这两个名词就像是动词"书写"(«Écrire»)一样含混:我们一直不知道巴特使用这些名词是为了指他所谈论的那些作者,还是为了谈论他自己。当他写道"写作从来就只是一种言语活动"或者当他提及"作家的不忠实性"的时候,疑虑就产生了。不过,这种疑虑在序言的末尾就取消了,因为该文第一次明确地显示了他与普鲁斯特的关系:作家是写作对其一直是一种将来时的人,他是即将写作的人,因此也是缓期着笔的批评家。"俨然是普鲁斯特式的叙述者",批评家(罗兰·巴特)是在寻找自己的"我"的人,他是"用一种外加的作品来充满这种期待的人,他在自我寻找之中构成自己,而其功能则是在躲避其写作计划的同时去完成这一计划"①。他将小说置于视野之中。因此,文学批评在其总体的举动之中,具有使作者在期待的同时变为作家的一种专门作用。1974 年,当他为了写作自画像而再读自己作品时,他发现自己有关写作的观念是模糊的、不清的,是"一种空洞无物、有点强迫症式的啰嗦:相比其他方面,这通常是很缺少智慧的——然而,这恰恰是我所喜欢的,它是'我的'领域,是我的标志形象! 那好吧,难道这恰恰是让我变得愚蠢的我所享用的领域吗?"②在此,他还看出了是他的那个空间,即他特别看重的那个领域,但也是愚蠢方面不可分的核心,即同样属于《罗兰·巴特自述》中那种幻觉的一种"原始"③要素。这种双重时间性,它面向未来和属于最远的过去时,赋予了现在时以变化和复动的小步缓行的节奏。

　　一如他先前的那些文本,《文艺批评文集》放进"原样"丛书中而不是放进"活的石头"丛书中出版,是他奔向先锋派的另一种有力的符号。最初,巴特对于索莱尔斯创办的《原样》杂志是深怀疑虑的。他当时认为,在第一期开篇伊始安排的《声明》(«Déclaration»)使得文学变成了一种教条或一种神话理论,而他自己的工作恰恰在于对其进行揭露。因而,当让-埃德恩·阿利耶(Jean-Edern Hallier)为《原样》杂志向巴特发去《您认为自己具有作家的天赋吗?》(«Pensez-vous avoir un don d'écrivain?»)这样的

① 《序》(«Préface»),同前,《全集 II》,p. 282。
② 铸造工业标准局编号为 NAF28630 的文件,"绿色卡片库 1:书籍、所选片段"(«Fichier vert 1: Livres, morceaux choisis»)。
③ 《关于愚蠢,我只能……》(«De la bêtise, je n'ai le droit…»),《罗兰·巴特自述》,《全集 IV》,p. 631。关这一点,请参阅克洛德·科斯特:《巴特的愚蠢》(*Bêtise de Barthes*),Hourvart, 2011。

397　问卷调查时,他情绪激烈地回复请去问戴高乐将军吧[1]!但是,在随后的那年,他同意回答有关"今日文学"的调查,并且逐渐地靠近索莱尔斯和《原样》杂志群体。这时,他与菲利普·索莱尔斯之间已经建立起了友谊,我们将在下一章专门来谈他们的友谊。在这种友谊之外,他的决定对大家都是有好处的:巴特在1964年的知名度和成就,赋予了当时陷入无休止的论战和路线犹豫之中的该杂志一定的分量。有了他的忠实陪伴,《原样》杂志很快就确立了明确的形式主义的方向,与此同时,研讨班与出版物的交流也得到了强化。由托多罗夫编选、以《文学理论》(*Théorie de la littérature*)为书名在"如是"丛书中安排的俄国形式主义者论文集,恰好就出版在托多罗夫于巴特的课上做了相关介绍之后。反过来说,《原样》杂志这一群体也在为巴特的某些主张——特别是为他有关文学的立场和他的某些研究——增辉添彩,他的这些研究原本是非常封闭在更为学院派的出版物之中的,而这时明显地赢得了论战。《原样》杂志在巴特与皮卡尔发生纷争的时刻,公开地给予了巴特以大声的然而是让人感到慰藉的支持。

巴特自我表白

　　巴特在与现代派的复杂关系和与先锋派的自愿关系之间,借助对于古典作者的解释,使得一种第三项得以存在。于是,《文艺批评文集》中包含了几篇关于经典作者的文章,他们是伏尔泰、波德莱尔、米舍莱、拉布吕耶尔,这些作者同时也属于一些个人偏好,某些人认为他们的作品适合当作古典作品来阅读,而其他人则认为他们对于古典时期是忠诚的。在他看来,正是在此存在着打开文学和后来步入歧途的语言之观念的钥匙,这是展示符号的一种明确举动,而这种举动同样也是一种写作视野。巴特

398　从不放弃他阅读过的作品。甚至是那些有时构成对立场所的作品,例如司汤达的作品、左拉的作品或莫泊桑的作品,它们也成了他著名文章的阐述对象。自从他在《存在》杂志上发表《从古典作家那里获得快乐》一文,

---

① 罗兰·巴特致让-埃德恩·阿利耶的信(阿利耶档案),该信件是由菲利普·福雷斯特在《〈原样〉杂志史:1860—1982》中引用的。

他就把明确地是"古典"的作品也变成了文学的未来:因为它们的明确性伴随着不完整性,这就保证了它们的开放性,并说明人们还可以对其保有兴趣。"古典作品的力量就建立在这种区分基础之上;古典作品是明确的,带有一种可怕的明确性,它们是那样明确,以至人们在这种透明之中预感到一些令人不安的真空——由于它们的灵巧性,人们不知道这些真空是作品有意放置还只是无意留下的。"[1]他与片段之间那种亲密和必要的关系,在这里找到了其最完美的实践:在其形式的开放性之中(拉布吕耶尔),有时也在其于激奋精神之内的那种非整体的封闭性之中,例如我们在拉罗什福柯的作品中可解读出的那种封闭性;也还在其与标记法(notation)的关系之中,这种标记法从为《性格论》(*Caractères*)写序就出现了(而我们在其最后的研讨班课程中也还是看到了对于标记法的关注):"从拉布吕耶尔的世界到我们的世界,已经改变了的东西,是**可标记的东西**。我们已经不再像拉布吕耶尔那样去**标记**了"[2],而之所以这样,是因为真实出现了重大扩展,以至于对于文学的思考不能满足包揽文学,而只能由那些特定的科学来承担分割真实和谈论真实的责任。作为与《论拉辛》同时期的文字,《论性格》的序言和《拉罗什福柯箴言录》(*Maximes et sentences de la Rochefoucault*)的序言,显示出巴特与古典作家的两种关系,术语"古典的"(classique)和"古典主义"(classicisme)在巴特的作品中属于一种不确定的和双义的用法。当它们指对破坏语言承担责任的"古典制度"或"古典批评"的时候,是贬义的;这种古典批评,当巴特答复雷蒙·皮卡尔和古典主义被重新理解为制度的时候,他在《批评与真理》一书中对其进行了严厉批判。但是,当它们作为这些已有作品之特征出现和这些作品可自由地让人去假设一切并为读者提供了一种广阔开拓领域的时候,是褒义的。拉辛只为其带来了两种极性:他是"最书生气十足的作者",他"汇集了我认为最好取消的所有禁条"[3],但是,"如果文学就像我所认为的那样,基本既是假设的意义也是失败的意义的话"[4],他也同样是一

399

---

[1]　《对古典作家感兴趣》(«Plaisir aux classiques»), in *Existences*, 1944(《全集 I》, p. 59)。

[2]　《拉布吕耶尔》(«La Bruyère»), préface aux *Caractères*, 1963;后收入《文艺批评文集》,《全集 II》, p. 477。

[3]　《以"新批评"的名义:罗兰·巴特答雷蒙·皮卡尔》(«Au nom de la "nouvelle critique", Roland Barthes répond à Raymond Picard»),《全集 II》, p. 750。

[4]　《论拉辛》,同前,《全集 II》, p. 54。

位无限重要的作家;同样,古典箴言可以带有对于人本性的一种本质主义的观点,或者带有一种恐怖主义的傲慢和同时是一种解密写作的模式。作为一个长系列中的第一种对立,与学校多格扎的直面对立很快就有了结果。

我们看到,在巴特那里,将古典对立于现代毫无价值,因为古典主义只有在采取现代特征性(沉默、不完全、不确定和随意性)和只有被现代所纳入的情况下才带有积极的价值。尽管拉布吕耶尔没有准备好"大醒",但是,1963 年对其作品的阅读还是在推断他的世界与我们的世界之差距方面、在搜集"其作品的现代意义"①方面具有意义。同样,拉辛也应该在其最强的现时性方面被理解:"关于拉辛,就根据他的沉默,我们来尝试一下我们的世纪让我们想到的所有言语活动。"②问题的关键在于既要解释又要让人感到不安:同一任务落归到古典作家和现代作家身上。古典主义的这种现代性,当然是从使当时住疗养院的人产生"阅读古典作家"愿望的纪德那里继承而来的,因为"波舒哀(Bossuet)、费奈隆(Fénelon)、孟德斯鸠只有在被纪德引用时才显得非常美"③,但是,这种现代性也进入一种合乎逻辑的批评计划之中,该计划不是根据时代错位来确定的,而是依据对构成任何伟大作品的时代错位的承认来进行的,这就像巴特 1965 年就夏多布里昂的《朗西的一生》所写的精彩文章中说的那样(被"阅读过的作品是带有**时代错位的**,这种时代错位是作品向批评家提出的关键问题"④),而且,这种时代错位使得任何历史重构都失去了意义。

该计划也瞄准进入近期的批评革新之列,《论拉辛》的前言在这最后一点上非常明确:"拉辛的作品已经渗入到了所有具有重要性的意图之中了,这是法国 10 年以来的一项事业:这包括吕西安·戈尔德曼的社会学批评、夏尔·莫龙(Charles Mauron)的精神分析学批评、让·波米耶(Jean Pommier)和雷蒙·皮卡尔的生平批评、乔治·普莱(Georges Poulet)和让·斯塔罗宾斯基的深刻心理学批评。"⑤拉辛作品对于现代批评的这种

400

---

① 《拉布吕耶尔》,同前;后收入《文艺批评文集》,《全集 II》,p. 473 et 475。
② 《论拉辛》,同前,《全集 II》,p. 55。
③ 《关于安德烈·纪德和其〈日记〉的批注》,同前,《全集 I》,p. 36。
④ 《夏多布里昂:〈朗西的一生〉》(《Chateaubriand: Vie de Rancé》),préface de 1965;后收入《文艺批评文集》,同前,《全集 IV》,p. 55。
⑤ 《论拉辛》,同前,《全集 II》,p. 54。

适用性,按照巴特的说法,甚至就是文学的符号,这恰恰出现在当文学并不归入一种制度的时刻,因为它从不向自己提出"什么是文学?"的问题,而是专注于它需要证明自己的存在。在《论拉辛》最后的那篇名为《历史或文学》(«Histoire ou littérature?»)的文章中,巴特由于决定尽力从学校和学院文化中取消作者,便以作品通常都躲避时代的观念为名,直接地指责某些文学史家(特别是雷蒙·皮卡尔)。他把这种只叙事的属于语文学和编年史的文学史对立于吕西安·费夫尔的程序(巴特的文章发表在《年鉴》杂志上,作者明显地处于费夫尔的系谱之中,就像他早先在其第一篇关于米舍莱的文章中所做的那样),费夫尔在自己有关拉伯雷的书中强调了对于一部作品产生的场域、对于公众、对于公众智力的构成的研究。巴特走得比吕西安·费夫尔更远,他接受时代错误,而费夫尔在他总是设定作品与其时代之间有某种相宜性的时候,是拒绝时代错位的。就像夏多布里昂的朗西,文学作品,尤其当它继续能够被现时化的时候,它总是"超越时代"的。

　　如果说这部文集的最后一篇文章理所当然地激起了那些学院派人物愤怒的话,那么,充当由法国图书俱乐部 1960 年出版的拉辛《戏剧》(Théâtre)之序而又算不上是最长的第一篇文章《拉辛其人》(«L'homme racien»),尤其成了主要来自于巴特对手们的攻击对象。阿尔都塞在首次阅读这篇文章时就感觉到了其颠覆性维度:"最后,有人会说,拉辛的著名'心理学'、拉辛的那些著名心理学——它们是那样纯洁和粗野,也就是说拉辛的激情,这些都不存在! 有人会说这首先是文学……"[1]。与雷蒙·皮卡尔的论战情况值得予以准确的还原,因为这一点在其后来的写作活动中从来没有再讲述过。我们所记住的是,皮卡尔在《新批评还是新骗局?》(Nouvelle critique ou nouvelle imposture?)中攻击了《论拉辛》,而巴特则回之以《批评与真理》。这便是有点快地忘记了,《论拉辛》出版于 1963 年 4 月,而皮卡尔的文本出版于 1965 年秋天,也就是晚了两年半的时间。虽然对于拉辛的论述激起了一定数量专家的指责,但是,它们根据一种传统的保守意见也没有说出什么。1964 年,《文艺批评文集》的出版

401

---

[1] 路易·阿尔都塞:《致弗朗卡的信(1961—1973)》(Lettres à Franca (1861—1973)),Stock/IMEC, 1999, p. 412。

成了引起轩然大波的诱因:那篇有关《两种批评》(«Les deux critiques»)的
文章,将学院批评及其从朗松(Lanson)那里继承下来的实证方法与(由巴
什拉、戈尔德曼、普莱、斯塔罗宾斯基、韦伯[Weber]、里夏尔、吉拉尔[Gi-
rard]所体现的)新批评对立了起来,引起了皮卡尔 1964 年 3 月 14 日在
《世界报》上发文做出了第一次反应:"大学从不作回答,但是人们也许对
于一位大学教授以自己的名义来面对一些攻击做出反应是可以理解的,
因为那些重复的攻击虽然缺乏影响力甚至适当性,但最终会变成具有危
险性的。"①那篇文章只是泛泛一谈,对提出批评的两极构想表达了遗憾,
并认为对学院批评是不公正的;当时,皮卡尔尽力避免论战,尽管在他看
来,巴特给予拉辛的各种解释都几乎没什么说服力的。他随后在《人文科
学杂志》(*Revue des sciences humaines*)发表了一篇长文,该文明确地指出
了对于拉辛进行批评的所有理由,但是,鉴于这家杂志的特定读者,它只
是面向学院派批评家而谈的②。为了扩展这篇文章,也为了将其变为有更
多读者的一部小书,他便在智力领域发起了争论。雷蒙·皮卡尔借指责
将人物压缩为基本上是通过一种违逆精神来推动的一些功能,来汇集所
有反对意见。他尤其指责巴特使文本服从于带有时代错位的精神分析学
范畴,最终导致忘却剧本的文字意义和历史适宜性的象征特定化结果。
某些反对意见是可笑的,这些意见把批评重新引回到一致性和爱好方面
来,指责巴特的性强迫症表现;另外一些意见倒是适宜的,例如关于窥视
着任何功能批评相对主义的危险性的意见,或者当皮卡尔发现巴特对于
精神分析学范畴的使用摇摆不定的时候;此外,巴特也承认这一点:"言语
活动多少有点是精神分析性的,但处理方法几乎不是。"③

　　这些攻击姗姗来迟,让巴特为之一惊。《论拉辛》与《文艺批评文集》
几乎是连续出版,在那个时代似乎是令人难以忍受的,因为当时索邦大学
与较为边缘的教学机构之间的分歧已经让人有所察觉,并且巴特在大学
生中的影响越来越大。例如,茨维坦·托多罗夫就这样讲述道,当他 1963

---

① 《巴特先生与"学院派批评"》(«M. Barthes et la "critique universitaire"»), in *Le Monde*, 14
　　mars 1964。该文尤其指责《神话》一书的作者虚构或接受关于学院批评的一种"神话",认为整
　　个学院批评都将千篇一律的、无变化的"生平批评"所主导。

② 雷蒙·皮卡尔:《拉辛与新批评》(«Racine et la nouvelle critique»), in *Revue des sciences huma-*
　　ines, n°117, janvier-mars 1965, p. 29—40。

③ 《论拉辛》,同前,《全集 II》, p. 53。

年春天来到巴黎,出现在握有索菲亚大学推荐函的文学院院长面前,问文学理论方面的课程是哪些时:"他把我看成像个外星人似的,对我说:这并不存在,文学应该根据一种历史的和民族的观点来研究。"①同样,伊丽莎白·卢迪内斯库②也谈到了对于接受教育的学校的不满情绪,那是她1964 年开始在法国学业的时候:"当我们在文学专业的时候,分化便是:你阅读过巴特最近的文章了吗? 要知道,有两个阵营。"③巴特的话语在大学生言辞中的出现,甚至在大学中的出现,要求必须做出反应。只要巴特的介入是关于当代文学领域的,他的经验就不会产生任何不好的影响,因为在索邦大学不讲授任何一位活着的作者。但是,他介入的是作为遗产的作品,而那些作品长时间以来一直是学院派最为尖端的研究对象(拉辛作为禁猎区和里程碑),并且他是在质疑自 19 世纪以来关于文学史的实证主义立场("如果有人想学习文学史,那就要放弃作为个人的拉辛")的同时这么做的,这两种情况便迫使学院派批评家做出反应和捍卫他们的立场。

　　应该清楚地理解,罗兰·巴特与皮卡尔这两位对手,在把自身拖进论战的同时,他们每一个人都代表着一个阵营,他们最终都表现出有点拼死捍卫的态度。他们各自的立场都非常强硬,为的是适应他们所属的两大群体和适应最终体现智力和学院领域中的两个对立极,在许多历史学家和社会学家看来(特别是皮埃尔·布尔迪厄在其《智人》一书中是这样看的)④,这就使他们形成了一种典范性的冲突,然而在实际之中,划分并不是非常清晰的。一方面,他们两人都可以被看作是学院派的,即便巴特相对于皮卡尔来讲属于更为边缘的一种教育体制。另一方面,皮卡尔远不是完全忠实于学院派研究的一种实证的和没有生气的批评之杰出人物。他 1947 年曾在伽利玛出版社出版了一部小说(《声望》[*Les Prestiges*])。在他根据其博士论文撰写的《让·拉辛的职业生涯》(*La Carrière de Jean Racine*)一书中,对拉辛使用了从社会学方面借用的一种批评方法,而他

403

---

① 茨维坦·托多罗夫:《义务与乐趣:一种传球人的生活》(*Devoirs et délices. Une vie de passeur*), entretiens avec Catherine Portevin, Seuil, coll. «Points», 2002, p. 72.

② 伊丽莎白·卢迪内斯库(Elisabeth Roudinesco, 1944—　):法国著名历史学家、精神分析学家。——译注

③ 援引自弗朗索瓦·多斯:《结构主义史》,同前,第一卷《符号领域:1945—1966》,同前, p. 232.

④ 皮埃尔·布尔迪厄:《智人》(*Homo academicus*), Minuit, 1984, p. 149—155.

为在"七星文库"(«Pléiade»)出版的拉辛《作品集》(*Œuvres*)所写的序言，甚至包含着对于学院派批评的一些攻击，因为这种批评将作品最少的线索都与人的生活联系起来。因此，这便不是按照巴特所理解和所揭露的那种生平批评。这也不完全是崇古派(Anciens)与厚今派(Modernes)之间的一种争吵①，即便回过头去看，索邦大学在因"五月风暴"而解体之后，以这种方式去看待事物和在这种智力战斗中理解这一事件的某些端倪，也是诱人的。皮卡尔的《新批评还是新骗局》出版于 1965 年 9 月，是波韦尔(Pauvert)出版社由让-弗朗索瓦·勒韦尔(Jean-François Revel)主编的"自由"(«Libertés»)丛书中的一种，把这样的文本压缩为一种抨击性短文(pamphlet)(以回应巴特在谈论抨击性短文时经常使用的"讥讽性短文"[libelle]一词)，属于对立面的强硬战略。某些对于巴特的批评是切中要害的，尤其是那些涉及到其叙述事实之能力的批评，他写道："这本书最令人愤怒的，是其作者的智力安全性：他决定、他终结、他固执地断言。甚至神秘对于他来讲也无神秘可言。"②说真的，巴特可以总是任凭表达方式的意义和对于普遍性(例如"所有的人物")的爱好所驱使。但是，正像我们已经说过的那样，他从来不只使用断言式表达。他的断言式表达，后面总是跟随着一种轻微的意义移动，或是带来一种微小区别的意义回返，甚至是一种矛盾，对于这一点，皮卡尔并不予以承认。相反，对于他的其他批评则揭示了一种典型的语文上的死板表现，特别是在涉及对于动词"respirer"③理解的死板表现，该词成了"旧"批评与"新"批评之间对立的展示舞台。皮卡尔指责巴特根据该词的生理学意义来理解它，而在 17 世纪，其最为通常的意义是"歇息，在一次磨练之后放松下来"。巴特的这位诽谤者好心地建议他去查一查词典和词汇表，巴特则以这第一种意义在古代就早已存在回应了他，并同时指出，拉辛的语言之美在经世历纪过程中又带有了新的意义和新的思想。在《批评与真理》的开头部分，巴特求助于普鲁斯特来说明这种指责的无效性："在这一点上，(……)我请普鲁斯

---

① 原指 17 世纪下半叶发生在以布瓦洛(Nicolas Boileau Despreaux, 1636—1711)为代表的极力捍卫古典作家之权威的一些作家与以夏尔·贝洛(Charles Perrault, 1628—1703)为代表的主张为当世歌功颂德的一些作家之间的一场争论。——译注

② 雷蒙·皮卡尔:《新批评还是新骗局?》，同前，Pauvert, p. 36。

③ 本义为"呼吸"，转义为"歇息，流露，感到宽慰"。——译注

特来回答,我想起他在写给曾指责他错误地使用法语的保罗·苏代(Paul Souday)的信中说:'我的书有可能没有揭示出任何天赋;但它至少是预设,它包含着相当多的文化,以至于不会与我所犯的像您指出的那样严重的错误在道德方面具有相似性'"①

　　虽然巴特喜欢游戏,但是他在面对冲突时很不适应,并且实际上,他并不真正理解皮卡尔攻击他的原因所在,也不理解这些攻击会在报刊上具有效应——那些报刊在这种情况下发现了梦寐以求的——不是支持学院派——而是表现其反-智力至上论的一次机会。于是,不同阵营便通过有时是意外的结盟而形成了。那些以前颂扬巴特天赋的报刊,这时几乎一致地站在了皮卡尔一侧(甚至保罗·迪维尼奥和《新观察》杂志),并随其身后也以"智力的欺骗""不规范语言"和"词语狂妄"与之应和。巴特在《批评与真理》中不无兴致地提到《世界报》、《巴黎观察周报》(*Pariscope*)、《东方报》(*L'Orient*)、《十字报》(*La Croix*)、《十字路口报》、《议会杂志》(*Revue parlementaire*)是如何因皮卡尔给予他的"严厉批驳""狠狠的一击"和"猛烈攻击"而称颂皮卡尔的。只有让-雅克·布罗希耶在《现代》杂志和皮埃尔·勒珀普(Pierre Lepape)在《巴黎一诺曼底》报上站在他一边。巴特的情绪真正地受到了影响。尤其是"骗局"一词使他很受伤害,因为这个词触及了他痛处,那便是担心在他身上成为挥之不去的骗子名号——我们在后来的法兰西公学选举的情节中将会理解这一点。他也在他的阵营内寻找支持。他满足于一些约谈,特别是满足于居伊·勒克莱什10月初在《文学费加罗》杂志上对他的约谈,而在10月22日,他参加了有索莱尔斯、瓦尔、热奈特和凯罗尔在场的于色伊出版社召开的一次会议,会上他们决定了如何回答皮卡尔。在《原样》杂志第二十四期中,索莱尔斯指出了皮卡尔书籍的意识形态特征:"对于这篇话语,没有什么可说的,它就是反潮流而动的。它似乎甚至体现了道德秩序。"②为了与迪维尼奥的文章作清晰的比较,《新观察家》杂志为巴特的一次答复开辟专栏,后者于11月10日发表了答复,文章名称为《如果不是你……》,在文中,他

405

---

① 《批评与真理》,同前,《全集 II》, p. 764。
② 菲利普·索莱尔斯:《皮卡尔:战马》(«Picard, cheval de bataille»), in *Tel Quel*, n°24, 1965, p. 92。让-弗朗索瓦·雷韦尔以文章《我在尽力开启一场争论》(«J'ai cherché à ouvrir une discussion», in *La Quinzaine littéraire*, 15 avril 1966)回答了索莱尔斯的文章。

指出了这种"连载式批评"自几乎在两年之前由《世界报》开始以来所占的比例:"今天,我们面对的是诽谤文章,针对仍占据其中的百分之六十,明天,将会是一本书……"①热奈特于 11 月 18 日把一篇回复皮卡尔的文章交给了巴特,这篇文章虽然没有发表,但使巴特产生了写一本书的想法——在书中,他将不限于向他的对手表达观点,而是打算表明他对于批评的构想的根据。他立即开始写作后来成为《批评与真理》的书籍,但是其最初的题目在整个写作当中一直是"如何谈论一本书"(«Comment parler d'un livre»)。他为此在于尔特村工作了整个圣诞节假期和随后的整个 1 月份,心情郁闷,感到困难重重。2 月 3 日:"到了放弃的程度,我遂又重新提笔。绝对被缠住了。忧郁能否结束。"2 月 8 日:"终于完成了 CPL(《如何谈论一本书》),大概除了整个开头部分还需要修改(关于愚蠢的内容)。"②书是在 3 月份出版的,刚好是皮卡尔的书出版 6 个月之后,封面上还有一条腰封,上面写着:"应该激怒巴特吗?"。巴特很有智慧地并不单独针对皮卡尔一人,而是把一种传统的批评(该批评紧紧地依附模糊的"真实性"观念或"判断力"观念,在对于文本的解释中限制其他科学的介入)与为自己确立了双重计划的一种新批评对立起来,这两种计划是:首先使文学成为一种普通人类学(与其相关联的学科是历史学、社会学、语言学、精神分析学)的诸多关键要素中的一种;于是,作品的可安排性与力量便可与其参与科学革新运动的能力相比美。其次:肯定批评家的权威性,他的做法使其与作家接近,这是扩大文学研究领地的另一种方式,同时取消在各种写作模态之间的区别。因此,《批评与真理》并不仅仅具有自卫的特征:它像是一种纲要性文本,既带有在整体批评工作上的集体维度,又带有对于一种特定位置进行研究的个人维度,而这种位置是被各种写作的不可分离性所标志的,他写道:"如果说新批评具有某种现实性,那是因为它就摆在了那里:不是在其方法的统一性之中,(……)而是在批评行为的孤独之中,今后,它远不是被科学或是制度的借口所确定为像是一

① 《如果不是你……》(«Si ce n'est toi…»), in *Le Nouvel Observateur*, 10—16 novembre 1965 (《全集 II》, p. 720)。巴特并不认为说得完美。勒内·波米耶随后不惜将自己的博士论文和他的一生用来在 1000 多页纸上严酷地批评《论拉辛》和其作者! 勒内·波米耶:《罗兰·巴特的〈论拉辛〉》(*Sur Racine* de Roland Barthes), CDU et SEDES, 1988。
② 1966 年记事簿,见铸造工业标准局(BNF)1979 年 9 月编号为 NAF28630 的文件。

种充分写作的行为。从前被'创作者高人一等,伺服者低贱,两者都是需要的,每一方都有其位置等'这一陈旧神话所分开的作家与批评家,面对相同的对象——言语活动——在相同的条件下汇合在了一起。"①

《论拉辛》已经表现出使个人写作和批评写作与对于一种计划和对于一种主观性的表达相谐相融的意志。正像在《论拉辛》一书中解读出"论巴特"的克洛德·科斯特所说:"在找出和安排一些思想片段的同时,巴特提出了有关主体概念的一种个人思考,以此表现了《论拉辛》的文本在其不可压缩的(其不可处理的)特性中所实际体现的一种主观性"②。大概巴特早已想到了,正像一些个人笔记所证实的那样,在那些笔记中,**爱情-异化**主题的出现似乎与一种体验过的经验相联系。"**论拉辛**:是谈论**权威关系**(而不是谈论像后来所描述的爱情关系)的书籍;实际上,整个**爱情-异化**部分都来自于我(我和O)③;这种(生平的)起因与**爱情-激情**相遇,并非是在拉辛的作品里面,而是在拉辛的**多格扎**之中。更为甚者,**爱情-激情**是从我对于拉辛的文化所知而来的(而不是来自对于过去很少去读的拉辛作品的一种频繁解读)。我喜欢这种方式,是因为我根据拉辛的**形象**(而不是根据拉辛)了解这种爱的形象。"④这样一来,文学就不再仅仅是一种计划,而甚至就是对于生命的解释。

在《批评与真理》一书出版的时候,巴特收到了许多友好表示和支持,使他多少修复了被论战和这种论战带来的此类披露所造成的创伤。1966年3月17日,比托尔给他写信说道:"当回应攻击时,很难不屈尊把自己降至对手的水平,您全然懂得把皮卡尔变成您的借口,变成巴黎混汤中那些微不足道的小人中的一个。(……)现在,让那些没有为您辩护的人们后悔去吧。他们马上就会看到,比赛结果是妙不可言的,肯定会充满高贵与智慧! 他们活该。"同一天,路易-勒内·德·福雷向巴特表示祝贺,祝

407

408

---

① 《批评与真理》,同前,《全集 II》,p. 782。

② 克洛德·科斯特:《巴特的愚蠢》,同前,p. 132。

③ 这里的"O"指的是 Olivier de Meslon(奥利维耶·德·梅隆),巴特在 1956—1961 年期间非常钟爱他。人们不知道巴特的信件是否得到了保存。相反,人们通过 1961 年的记事簿知道,在奥利维耶·德·梅隆决定与他分手之后,巴特曾在 12 月份的两天当中给他写了一封长长的信。在巴特 1957 年 4 月写给让·凯罗尔的一封信中,他解释说他去过波尔多两天,"是与一位叫奥利维耶·德·梅隆的朋友一起去的,您曾经在马戈(Magots)庄园露台上见过他,他是当地人"(让·凯罗尔遗赠,IMEC)。

④ 铸造工业标准局(BNF)编号为 NAF28630 的文件,"绿色卡片 1:书籍、所选片段",同前。

贺他坚持真理的勇气,因为这种勇气使巴特将最为严肃的东西与最为平庸的论战对立了起来。4月12日,雅克·拉康写信给巴特说:"必须回应,而且就像如此";4月19日,让-马利·居斯塔夫·勒克莱齐奥①赞扬《批评与真理》的精巧与细腻。并补充说道"当我们有了兰波、马拉美和洛特雷阿蒙之后,我们有过称心的和很容易满足的舒适感,现在不可以再呆在这种舒适之中了";5月6日,吉尔·德勒兹赞誉这本书是严肃认真的典范;同月16日,斯塔罗宾斯基寄给了他一封长信,完全赞同他拒绝"钳制性批评"(critique-bâillon),不过,他却对于书中第二部分有关"主体的真空"的思考不无忧虑,而他对于在言语中有一位总是脱离自身的主体则有着一种中性的直觉,这种中性既不是客观的,也不是主观的,正是这种中性使巴特接近布朗肖②。巴特在所有这些与其一致的表示中得到了安慰,也对于做了回答而感到了轻松,他终于把这一段放在了身后,尽管那种欺骗的感觉在他身上越来越重。

1966 年

1966 年,继《批评与真理》之后,是一连串的文章写作与发表,对于罗兰·巴特来讲,是决定性的一年。当然,对于他的肯定表明,巴特在对于对象进行社会学研究的同时,并没有放弃文学领域,而且远没有放弃。1964—1965 学年之初他开设的修辞学课程在继续进行,而在他看来,这也是将一种言语活动系统制定为"技术"(«technè»)的一种机会。他在修辞学中看到了"百年来为与失语症做斗争而进行的广泛努力,这种努力是建立在言语活动不是'自然的'、容易的观念基础上的"③。从第一次上课时他就明确地指出,课程的视野,既关系到言语的一种人类学,也关系到"想

409

① 让-马利·居斯塔夫·勒克莱齐奥(J. M. G Le Clézio,1940—):法国著名作家,2008 年诺贝尔文学奖获得者。——译注
② 米歇尔·比托尔 1966 年 3 月 17 日的信;路易-勒内德·福雷(Louis-René de Forets)1966 年 3 月 17 日的信;雅克·拉康 1966 年 4 月 12 日的信;让-马利·居斯塔夫·勒·克莱齐奥 1966 年 4 月 19 日的信;吉尔·德勒兹 1966 年 5 月 6 日的信;让·斯塔罗宾斯基 1966 年 5 月 16 日的信;罗兰·巴特遗赠,铸造工业标准局(BNF)1979 年 9 月编号为 NAF28630 的文件。
③ 罗兰·巴特遗赠,铸造工业标准局(BNF)编号为 NAF28630 的文件,"关于修辞学的研讨班"(«Séminaire sur la rhétorique»)。他补充说道:"修辞学:是人制定的,那便是想说话的人、想写作的人,而这一点一直在使我激动。"

说话、想写作的人"。第一年在于发觉修辞学家们的话语,从高尔吉亚[①]到古典修辞学,中经柏拉图、亚里士多德、诡辩派和中世纪的三学科(语法、修辞、逻辑)合一。在准备课程过程中,他阅读了修道院院长巴特(Batteux)的书籍和迪马赛(Dumarsais)的《论比喻》(*Traité des tropes*)一书;他也依靠在《论拉辛》一书已经援引过的贝尔纳·拉米(Bernard Lamy)1675年出版的《修辞学或说话的艺术》(*La Rhétorique ou l'Art de parler*)。他从阅读1956年翻译成法文的柯歇斯(Curtius)的《欧洲文学与拉丁时期的中世纪》(*La Littérature européenne et le Moyen Âge latin*)中获取灵感。巴特1970年发表在《交流》杂志上的重要文章《古代修辞学》(完全脱离了课程)开头介绍的那些参照文献,更应该说都是古典的:除了柯歇斯的书和查尔斯·鲍德温(Charles Boldwin)"基础性书典"即1959年出版的英文版《古代修辞学与诗学》(*Ancien Rhetoric and Poetic*)和《中世纪修辞学与诗学》(*Medieval Rhetoric and Poetic*)外,人们还看到他阅读过勒内·布雷(René Bray)的《法国古典学说的形成》(*La Formation de la doctrine classique en France*)、菲尔德南·布吕诺(Ferdinand Brunot)的《法语史》(*Histoire de la langue française*)、亨利·莫里耶(Henri Morier)的《诗学与修辞学词典》(*Dictionnaire de poétique et de rhétorique*)[②]。就从这一年起,他也开始与通过罗贝尔·莫齐介绍认识的马克·富马罗利(Marc Fumaroli)谈论修辞学,后者当时还是梯也尔基金会(Fondation Thiers)的领取生,刚开始做高乃依作品修辞学的国家博士论文——作为历史的讽刺,当马克·富马罗利1976年获得索邦大学讲师职位的时候,他的位置正是雷蒙·皮卡尔留下的。

　　除了这位或那位作者的历史学或修辞学,吸引巴特的便是那些分类问题,因为他的整个智力的和个人的组织活动都取决于这些分类。巴特也寻求验证一种假设——根据这种作为以结构术语出现的思想的假设,有极大的可能存在着唯一一种修辞*形式*,而该形式对于文学和图像是共同的。在1965—1966年期间,他热衷于文艺复兴系统在19世纪的消失,并质疑代替了这种体系的东西。"一些年来,现代性对于文学符号产生了

---

① 高尔吉亚(Gorgias,前约490—376):古希腊诡辩家。——译注

② 《古代修辞学》(«L'ancienne rhétorique»), in *Communication*, n°16, 1970(《全集 III》, p. 528)。

什么意识了呢? 从今以后,这些符号都位于文学经验的什么层次上呢?"
他的素材,从福楼拜到比托尔,都是当代文学的素材。那年秋天,索莱尔
斯对于马拉美做了口头阐述:"在语言中创立一个真实的、全新的、异样的
世界",他后来在《极限体验与书写》(*L'Écriture et l'expérience des lim-*
ites)一书中发表了其文字版本;奥斯瓦尔德·迪克罗(Oswald Ducrot)阐
述过叶姆斯列夫,马特·罗贝尔阐述过卡夫卡,让·迪布瓦(Jean Dubois)
阐述过分配语法和尼古拉·吕威(Nicolas Ruwet)阐述过乔姆斯基。在大
学生们的阐述中,人们听到的是热奈特、托多罗夫和安德烈·格卢克斯曼
(André Glucksmann)。

　　1966 年 2 月,茱莉娅·克里斯蒂娃第一次去听巴特的讲课。她讲
述道:"在我 1965 年 12 月份来到法国后没有过几天(戴高乐将军给予说
法语的年轻人奖学金,即便保加利亚一般也给予不说保加利亚语的老年
人,我最终获得了一项奖学金),我见到了托多罗夫,他让我去见吕西
安·戈尔德曼,而不是去找巴特。我去法兰西公学见了戈尔德曼,他对
我谈了卢卡奇;但是,我也去听了巴特的课程。在我听第一堂课时,马
特·罗贝尔谈了卡夫卡。"[①]克里斯蒂娃在文章《回忆》(«Mémoire»)(发
表于《无限》[*L'Inifini*]第一期)和《武士》一书中,叙述了她刚到巴黎跟
听戈尔德曼的课程过程中眼花缭乱的感觉——由于戈尔德曼,她放弃了
她最初考虑研究新小说的博士课题(对于新小说,她在保加利亚时就密
切关注其发展),而根据阿拉贡为其推荐的 15 世纪安托万·德·拉萨勒
(Antoine de La Sale)的作品《让·德·圣特雷》(*Jean de Saintré*)来做有
关小说形式之产生的另一项博士课题。正是根据这一研究工作,她区分
出了现象文本(phéno-texte)(呈现在阅读面前的文本)和生成文本(géno-
texte)(进入写作和一个文本之产生过程中的全部要素)。正是通过在巴
特研讨班上知遇的热拉尔·热奈特,她来到了《原样》杂志编辑部,在那
里,她结识了菲利普·索莱尔斯,一见钟情,遂加强了交往。这一爱情故
事至今经久不衰,并从那时开始在与巴特的友情和智力生活中起着重要

---

① 2013 年 9 月 25 日克里斯蒂娃与本书作者的谈话。马特·罗贝尔的这一次阐述明显地影响了
　　人们。热拉尔·热奈特在《万宝囊》(*Bardadrac*)一书中以一种有意安排的距离告诉我们,当
　　时谣传巴特与她之间有一种爱情联系。

的作用。

1966 年 3 月 3 日,巴特在其记事簿上写道:"RV,保加利亚大学生。" 411
他在 3 月 4 日的记事簿上写道:"保加利亚女大学生就批评列出的问题。"
茱莉娅·克里斯蒂娃当时还没有放弃关于新小说的研究工作,她想在问
卷上提出一定数量的作家和批评家。在这第一次见面之后,巴特便不仅
钦佩这位 24 岁年轻女子的才智,而且被她锐不可当的气势所吸引(他后
来一直说她是"推土机"[«bulldozer»]),并且也被她在语言学和马克思主
义两个领域中的知识在结合时带给结构方法的一切所折服。特别是,她
是把巴赫金"传递给"巴特的人,这件事在巴特思想的发展过程中是关键
性的。茱莉娅·克里斯蒂娃从 1966 年年末开始参与研讨班,做了关于
巴赫金的介绍,从巴特自身开始,这一介绍的质量和重要性后来被许多
听众所一再指出。言语是全新的:这种言语是女性的言语、是外来的,它
更关心变动,而不大关心结构,它引入了许多新的概念("互文性""程
序"),它是政治性的。巴特很快就意识到,巴赫金在其作品中对于形式
主义的超越,可以重新启动他自己的系统。根据巴赫金的观念,一个文
本并非是自身封闭的,但却包含着多种语言和话语,这种观念可以让人
以另外的方式去思考文学文本,可以让人去解读该文本与它所转换和以
非常大的批评和政治有效性来质疑的其他话语之间的联系。克里斯蒂
娃从索绪尔那里没有怎么记下全部的《普通语言学教程》,而是汲取了其
对于"改变字母位置成为新词"①的研究工作,让·斯塔罗宾斯基首次在
《法兰西信使报》(Mercure de France),几年后又在《原样》杂志上发文对
于这种研究工作做了介绍②。克里斯蒂娃根据这一概念发展了"复变"概
念,这一概念说的是一个文本中所有单位的无休止的转换关系,按照克

---

① "改变字母位置成为新词"(anagramme),在索绪尔的概念中,原指改变单词中字母的位置就可
以变为一个新词的现象,后来,克里斯蒂娃采用了作为该词近义词的"paragramme"("复变")
(该词原指分散在文本中的一个序列的发音、字母或音节的重复,而这种重复又可以让人重构
该序列的现象)。法国大学出版社(PUF)1979 年出版的若赛特·雷伊-德博夫(Josette Rey-
Debove)编著的《符号学词汇》(Lexique sémiotique)一书,则将两个词视为同义词(见其第 11
页和第 109 页)。译者在此将 paragramme 译为"复变词"或"复变",也有译者将该词翻译成
"复量"。——译注
② 让·斯塔罗宾斯基:《文本中的文本》(«Le texte dans le texte»)。费尔南德·德·索绪尔:《未
发表的复变词手册选段》(«Extraits inédits des cahiers d'anagrammes»), in Tel Quel, n°37,
printemps 1969。

里斯蒂娃的观点,这种概念是文本产生的唯一方式。因此,这一概念使得符号是二元统一体①的概念发生了急剧变化,从而提出了被看作是一种声音集合可以承担的所有意义之发源地的"字词"(«gramme»)概念。

对于文本的这种新构想,"文本"一词自身在这种动态意义中的被采用,这些对于巴特的思想产生了重大的影响,人们据此看出了巴特在《叙事文的结构分析导论》(1966)与《S/Z》(1970)之间走过的路程,而在这一过程中,关键已不再是停留在大的结构上,而是在于观察"意义的迁移、编码的显露、引语的过渡"②。克里斯蒂娃的贡献,在于移动的力量概念。巴特 1970 年以《外国女人》为题在《文学半月刊》杂志上发表了对于《符号学:符义研究》(Sèméiôtikè, recherches pour une sémanalyse)一书的一篇很漂亮的读后感:他在文中说明了他从一开始就在这本书中学习到的所有东西、这本书的颠覆性力量、这本书在使所有固定事物都运动起来的方式。他表现出了对于克里斯蒂娃书籍的一种真正理解,同时向其表达了诚恳敬意:"茱莉娅·克里斯蒂娃改变了事物的位置。"③克里斯蒂娃是女人和外国人这一点,大概在这种过程中起着重要作用:她是女人,因为她与父亲的法则有着一种很强的关系,这就允许她可以出现所有违反常态的做法。对于这一点,巴特并不明说,但是,他因没有父亲而影响了他的性格,并且也妨碍他直面任何违逆做法,有极大的可能是这种缺失使人对于他的态度产生着迷。克里斯蒂娃是外国人,巴特明确地说:她的研究工作动摇了"法国脑力劳动者狭隘的民族主义",同时将这种民族主义开向了另一种语言:"另一种语言,是人们在一个政治上和意识形态上均不可居住的地方说的语言:这便是空隙之地、边缘之地、斜撑之地、跛行之地:这是**骑手**之地,因为他穿过、他横跨、他全景式观察和触犯。多亏了这种语言,我们有了一种新的、来自于东欧和远东的知识(……),这种语言教给我们在区别之中进行工作,也就是说超越禁止我们萌生写作与科学的各种区别、超越**历史**与形式、超越关于符号的科学与对于符号的描述来工作。"④这种为外国人做的辩护词,虽然少见,但在巴特的笔下却是复现的;

① 这里指的是符号是由"能指"与"所指"构成的统一体。——译注
② 《S/Z》,《全集 III》, p. 129。
③ 《外国女人》(«L'étrangère»), in *La Quinzaine littéraire*, 1er mai 1970(《全集 III》, p. 477)。
④ 同上, p. 479。

这种辩护,在他几乎于同一时间出版《S/Z》和《符号帝国》的那一年,是表明其自己移动的一种方式。

在《原样》团队范围内,但也是从 1964 年之后,巴特在《批评》杂志编 413 辑部结识了雅克·德里达,也了解到了他在《论文字学》(*De la gramma-tologie*)一书中对于写作和对于作为整个符号理论之意识形态前提的质疑所做的研究工作。关于区别的思想,比起茱莉娅·克里斯蒂娃来,德里达所起的作用也许是更为间接的,但却不是不重要的。1966 年末,德里达与巴特一起(他们乘同一架飞机,同行的还有托多罗夫和尼古拉·吕威)去参加在巴尔地摩约翰·霍普金斯大学举办的研讨会,巴特为此提前通报了他要做的有关修辞学的报告内容,那次报告综合了他所讲课程的某些方面。他说明了修辞学在 19 世纪的最终消失是如何分离了文学和有关言语活动的思想的。这是一种解释方式,它历史地解释了对于尽力重新将两者结合起来的一种方法的关心。研讨会的题目是《批评语言与关于人的科学》(«The Languages of Criticism and the Science of Man»),组织者是刚刚在该校创立"人文中心"的理查德·麦克西(Richard Macksey)和尤金尼奥·多纳托(Eugenio Donato),后者于一年前在勒内·吉拉尔主持下做了博士论文的答辩,该论文是在"福特基金会"(«Ford Fondation»)的支持下完成的;那次研讨会,是想把批评思想与关于人的科学结合起来,或者更可以说是想明确地将文学批评纳入关于人的科学之中①。虽然巴特的报告内容,就像拉康的报告内容一样②,属于最受期待的报告,并且通过与结构之间已经拉开的距离给人们留下了深刻印象,但是根据所有证人的见证,毫无争辩地讲,是雅克·德里达的报告引起了轰动。尽管这次研讨会在北美是第一次明确地为结构主义安排的研讨会,可是,德里达宣告了必须超越结构主义的理由。在对于列维-斯特劳斯的某些前提进 414

---

① 几年之后,以《结构主义的争论。批评语言与关于人的科学》(*The Structuralist Controversy. The Languages of Criticism and Sciences of Man*)(理查德·麦克西和金尼奥·多纳托主编)为书名出版了标志那次研讨会的出版物,这一书名清楚地表了理论的动荡,Baltimore & Londres, The Johns Hopkins University Press, 1970 et 1972。福特基金会也资助过覆盖高等研究实践学院的关于人文科学之家,我们后面会看到,在其创办过程中,巴特在 70 年代并不是漠不关心的。

② 请参阅伊丽莎白·卢迪斯库在其《法国精神分学史》(*Histoire de la psychanalyse en France*)中关于这次研讨会的叙述,Seuil, 1986, t. II, p. 414—421。作者说拉康认为巴特的报告内容是非常好的(p. 417)。

行解构的同时,语言学上西方中心论的本质主义(特别是"符号"一词的完全神学的特征)被结构主义以无须争辩的方式所重新采用,在北美大学学者们看来(特别是保罗·德曼[Paul de Men]、希利斯·米勒[Hillis Miller],他们很快就以"解构论"为名使这种过程变得激进、强硬),就像是对于结构主义的一种批评。康奈尔大学古典学教授彼得罗·皮齐(Pietro Pucci),作为在研讨会期间让-皮埃尔·韦尔南(Jean-Pierre Vernant)的"担保人",他回想起当时引发的震动,那便是,在一个被认为是在美国大学建立批评的结构主义之基础的研讨会上,大家所听到的却是,另外一种解释声音不是在索绪尔和列维-斯特劳斯的系统中突显出来,而是在尼采、弗洛伊德和海德格尔系统中显示出来①。

显然,应该考虑到各种学科的赌注,因为那些学科在这种背景下总是会使得各种立场变得僵硬。德里达以非常策略的方式,尽力突出哲学来应对关于人的所谓科学。他明确地断言:"文字学(……)不应该是有关人的诸多科学中的一种,因为文字学首先把人的名称问题作为其自己的问题。"②同样,巴特厌恶各种标签名衔,不愿意在任何情况下以一种运动或一个群体的代言人来出现,他提出文本能产性的观念来应对结构的固定性,并以此来模糊走过的路径。在此,巴特与德里达之间的第一个共同点,表现在对于一切固定和封闭意义的东西都采取反对的态度方面,即便巴特更可以说是向着多元化发展,而德里达要求的是常态的缓慢移动,这不完全是一回事。尽管两人都是建立在极为不同的前提和素材基础之上,但是,他们都在各自的思想上总是向前迈进,总是超越他们正在说着的事情。即便在很大程度上由于制度上的原因他们于1966年没有对此给予肯定,但是他们认为,主要的东西出现在作为封闭的论证或作为整体性的书籍思想之外,是他们一致的观念。因此,巴特没有在其卷帙中固定其所有文本的欲望。他的书几乎都是预定或情势需要的产物。他极为喜欢杂志的临时和当时的特征,因为杂志可以使思想与其他人进行对话,杂志欢迎重复讨论,并不以树立雕像的方式来固定言语。翁巴托·埃柯这样说,巴特根本没有想把发表在《交流》杂志第四期上的《符号学基础》以

---

① 2012年7月9日与本书作者的谈话。
② 雅克·德里达:《论文文字学》,同前,Minuit, 1967, p. 124.

书的形式出版。"他把那些要素当作是用于研讨会的草稿、笔记档案。"当时，他曾要求巴特让人（通过安德烈·博诺米［Andrea Bonomi]）为了《玛卡特尔》(*Marcatre*)杂志之需而将《符号学基础》翻译成意大利语，巴特接受了这一建议，正因为文本可以以其早先出现的样子在该杂志中刊出，也就是说该文本还是一种研究工作的资料。在维托利尼去世的时候，埃诺迪出版社的几位负责人对埃柯说，这位作家希望把《符号学基础》放进"新学院"(«Nouva Politecnico»)丛书中以书的形式出版。"这种要求对于巴特和对于我本人就像是某种情感上的要挟：我出让了博诺米的译文，巴特也接受了以书的形式出版。"①为了方便起见，人们通常借助其书籍来探讨他，这有可能会导致看法上出现偏差。依照他在报刊上发表的文章来重建他思想的编年史，把他的书籍看成是事件而不是意志，这样做可以揭示远不像其有时表现出的那样顺从和确定的一种形象。这便可以使人以另外的方式去解读思想的时间：有些时刻是结合，有些时刻是研究，有些时刻是试图或尝试，正像凯诺所说，最终都是临时的，但总是在工作。

　　5月2日至6月2日的第一次日本之旅，是1966年的另一个重要时间点。正像他对与克里斯蒂娃的知遇所说的那样，这一发现彻底地使他发生了变化。他面对着自己不了解其任何编码的一种语言和一种文化。对于意指的研究工作可以自由地展开，巴特最终认为这种语言属于边缘语言、缝隙语言，是他无法居住但所有的游戏都是可以在其中进行的语言。他被当时担任东京法日学院院长的莫里斯·潘盖街接见，这位院长 416
从1958年起就在日本生活，并不像是一位传统的外交人士。他学习了日语，了解到许多属于细节的东方文化。他返回法国后出版了《日本的自愿死亡》(*La mort volontaire au Japon*)一书②，既谈到了切腹，也谈到了总体的日本情况，指出了这个国家非常细腻、较少西方中心主义的属于内心的概念。巴特与他很快就建立起了友好关系，而莫里斯·潘盖所起的真正向导作用，就像维吉尔对于但丁在《神曲》写作中所起的作用那样。1970

① 翁巴托·埃柯:《巴特的自制力》(«La maîtrise de Barthes»)，在关于罗兰·巴特的研讨会上的发言(Reggio Rmila，13—14 avril 1984)，由米里叶姆·布扎埃(Myriem Bouzaher)从意大利文翻译成法文，*Magazine littéraire*，n°314，«Roland Barthes»，1993，p. 43。我们要说，在那个时期(1966)，巴特已经顺从莫里斯·纳多的情爱要求，已经以书的形式于1965年在德诺埃勒出版社出版了这篇文章。
② Gallimard 出版社，1984。

年,他成了巴特《符号帝国》赠言的对象。与但丁相比有其合理之处,因为在巴特看来,日本对于他构成了完全意义上的一种冲击。这种文化崇尚不具透明性,崇尚沉默,对于意义的拒绝在他看来就像是他进行意指研究工作的理由。他也在日本发现了某种抗拒他的东西,这种东西激发了他去理解的激情。他是为两次报告会而来的,一次是关于文学批评的,另一次是关于神话研究的,他轮流在各地大学中做了演讲:东京、名古屋、京都、大阪。周末的时候,他得以在潘盖位于浜矢(Hamaya)乡下的房子里短住,潘盖也邀请其他朋友来叙。他们不尽不休地谈论日本这个国家,也谈论使他们聚拢而来的一切。米夏埃尔·费里埃(Michaël Ferrier)出版了莫里斯·潘盖根据他经验所写的很少的未发表文章。他所拥有的巴特肖像(他在学院也收到过福柯的肖像和拉康的肖像)包含着几点说明,这几点表明了巴特在一个并不容易处理关系的国家里对其理解正确。"在日本,巴特一下子就对这里在个体方面表现出的节制所吸引:这种态度与其自身的慎重和不喜欢皱褶相得益彰。"①巴特在此感受到一种审美快乐和一种伦理满足。形式主义并不是一无所有,而是以梗概出现。他向这个国家投射的和他随后在《符号帝国》及其图画实践中强有力地表达的幻觉,是在主流文化中培育出的未开化人的幻觉。

417　　回到法国后,巴特不停地想返回到叫他感觉快乐的这个国家。他对莫里斯·潘盖说过,他回到法国后感到非常痛苦,他请潘盖尝试为他在学院里安排一个可呆两年或三年的岗位,以便真正稳定下来。这时,他已经有了为这个国家写一本书的想法。6月9日(星期四),他写道:"是的,这是有考虑的,我对离开这个国家感到痛苦,这种与人之所爱远离的感觉,非常接近纯粹的存在目的性,以至于某些语言,例如罗马尼亚语或葡萄牙语,在同一个单词中(葡萄牙语'le fado')就可以混同地表明留恋不舍的观念和有关命运(罗马尼亚语'futum')的观念。"他补充说,他带回的一些物件帮了大忙:"某些物件在我周围为我——带来快乐;另外一些则逐渐进入了我的卧室;我面前有英俊的演员舟木一夫(Kazuo Funaki)扮演的武士照片(请想象我在有乐町[Yurakucho]小小的商店里看到放大版的情境),于是,我便慢

---

① 莫里斯·潘盖(Maurice Pinguet):《日本,这个文本》(《Le Texte Japon》),该文已无法找到,未曾发表,是由米夏埃尔·费里埃给予介绍的,Seuil, coll. «Réflexion», 2009, p.39。

慢地重新出现了有关日本人面孔——也就是越来越近地出现了有关日本——的想法。"①他所缺少的,并非像他通常去外国时的那样,是简单地去感受一种心身自由和工作上的暂缓状态,从而可以自由地去满足性欲和为一种极有秩序和备受禁锢的生活带来新鲜空气,而是缺乏整体的文化,缺乏调整或放松其生活的一种方式。几天之后,他再一次写信给莫里斯·潘盖,告诉他自己在巴黎是烦恼之牺牲品;他已难以承受其负担之重了。"还是在这里,日本只是具体地体现日常工作中对于**另一种**维度的需求,仅仅是借助于一种真正的生活艺术来明确对于平衡智力过度紧张的必要性。"②为了证明他的整体保证,他回国后开始学习日语。档案中保存有非常细心书写的笔记本,里面写有很长的单词清单,说明他不只满足于一种普通的会话方法。他还向为其充当教师的一位大学生学习书法。随后,1967 年 3 月 4 日到 4 月 5 日和 1967 年 12 月 17 日到 1968 年 1 月 10 日的两次日本之旅,加深了他对于日本的了解和强化了与日本方面的联系。这些内容,后来都为他写作一生中满足内心冲动而非外部冲动(包括阿尔贝·斯基拉 [Albert Skira] 的请求)的书籍之一的《符号帝国》明确了内容所在。

418

　　其余,一年的生活内容,也包含着与谣传无关和构成一种充实而活跃的生存机制的许多事情。他参与了由莫里斯·纳多发起的《文学半月刊》的创办,那是 3 月 14 日在位于圣日耳曼大街的拉于纳(La Hune)书店举行的一次鸡尾酒会上提出的倡议,他曾为该杂志写过一篇关于本维尼斯特的文章。是克里斯蒂娃告诉了他这位语言学家非常重要,并于 12 月份为这两位大师安排了一次会面。巴特随后便沉浸在了对在伽利玛出版社刚刚出版的本维尼斯特第一卷《普通语言学问题》(*Problèmes de linguistique générale*)的阅读之中,而且他不满足于强调这部有关文化科学的重要书籍的"无可指责的知识"以及明确性和丰富性,因为该书"从语言学上,也就是说从科学上,奠定了主体和言语活动的同一性"③;他还称赞这部书籍的独到之美,赞扬其思想风格,这种风格赋予了他"无可穷尽的明确性,那些伟大的文学作品也是由这种风格构成的"。1966 年,他还加深

① 1966 年 6 月 8 日致莫里斯·潘盖的信。莫里斯·潘盖遗赠,IMEC。
② 1966 年 6 月 20 日致莫里斯·潘盖的信。莫里斯·潘盖遗赠,IMEC。
③ 《语言学家的位置》(«Situation du linguiste»), in *La Quinzaine littéraire*, 15 mai 1966(《全集 II》, p. 815 et 816)。

了与意大利知识界和作家的关系。这并非只涉及个人关系,而且涉及智力历史的关键时刻。当他 1966 年 4 月在《文艺批评文集》意大利文译本出版之际赴意大利期间,他与桑吉内蒂(Sanguinetti)在都灵共进晚餐(他在随后的那一年曾为菲尔特力内里[Feltrinelli]出版社的书目写过一篇关于桑吉内蒂的文章),他与在米兰推介该书的翁巴托·埃柯共进晚餐,他也与作家拉拉·罗马诺(Lalla Romano)共进晚餐。在罗马,他会见了卡尔维诺、摩拉维亚(Moravia)、芒加内利(Manganelli)。这些会面都表明,他不仅是法国智力生活而且是意大利智力生活中的一位中心人物。在后来的几年中,卡尔维诺到巴黎住过两年,来听巴特关于《萨拉辛》的研讨班课程;而为了建立一种组合式的写作,在他看来,巴特的贡献至少像佩雷克或凯诺一样是决定性的。他在向巴特致意的一篇文章中说明了这一点①。翁巴托·埃柯是一位真正的朋友。他被在巴特身上体现的科学计

419　划和文学力量之间的联系所吸引。在他看来,《神话》各篇文章并不像是一些普通的解密尝试,而是回答有关总体认识论雄伟计划的一些真正小作品②。埃柯对于符号学和结构主义在意大利的确立起着重要作用,他很快就加入到当时这一总的背景之中,而这一背景在意大利引起的争议并不像在法国那么大。巴特在意大利的影响力,也可从当时出现的反对力量方面略知一二。例如凯撒·赛格雷和马丽娅·科尔蒂,他们尽力突出意大利符号学,认为这种符号学不放弃对于文本的传统阅读具有力量的语文学和历史学探讨。不一致之处尤其涉及到批评的功能,因为按照他们的观点,批评必须保留其评论特性,并区别于文学作品。在他们看来,作家与批评家之间角色的模糊界限及其含混性,与考虑赋予批评一种科学地位和使其相对于其他写作实践而具有独立性,是矛盾的③。

　　还是在这一年,巴特完成了他受雷诺汽车公司委托为比布里西斯广

---

① 伊塔罗·卡尔维诺:《记忆中的罗兰·巴特》(«in memoria di Roland Barthes»), in *Saggi* 1945—1985, Milan, Mondadori,1995, vol. 1, p. 481。

② 翁巴托·埃柯和伊萨贝拉·佩琪妮(Isabella Pezzini):《〈神话〉中的符号学》(«La sémiologie des *Mythologies*»), in *Communication*, n°36, 1982, p. 19—42。

③ 凯撒·赛格雷(Cesare Segre),书评文章《罗兰·巴特:〈文艺批评文集〉》(Turin, Einaudi, 1966)》, in *Strumenti critici*,n°1, octobre 1966, p. 89—91。亦请参阅凯撒·赛格雷与马丽娅·科尔蒂(Maria Corti)(主编):《意大利当前批评方法》(*I metodi attuali della critica in Italia*), Turin; Eidizioni RAJ, 1970。

告公司承担的对于汽车的重大调查。这样一来,社会世界与智力世界之间的交流达到了峰值。巴特在 60 年代之初为各位明星、为汽车(在 DS 型号汽车之外,他对汽车做了总体神话学研究)、为广告讯息(他参与了《广告手册》[*Cahiers de la publicité*]的活动)所写的文章,他与乔治·弗里德曼和维奥莱特·莫兰一起对于大众传播所做的研究工作,由于与《神话》的成功相互彰显,因而吸引了不只是大学生或高校教师,而且也有技术界知名人士前来参加研讨班。例如乔治·佩尼努(Georges Péninou),他自 1961 年起就担任在广告创意方面非常具有革新性的比布里西斯广告公司研究部主任,从 1963 年就加入了巴特的研讨班,并在巴特的指导下做了《广告符号学》的研究课题(他 1972 年以《有关广告的智慧》[*Intelligence de la publicité*]为书名在罗贝尔·拉丰[Robert Lafont]出版社出版了其研究成果)。1964 年 6 月 12 日,他请巴特在位于星形广场①的比布里西斯广告公司总部面对集团各位负责人做了有关符号学与广告之间关系的报告,并建议巴特对于旨在实际地改善广告产品推广的一些讯息进行分析。这些分析的好处是酬金很高,并在研究方面引起了更为广泛的共鸣。但是,这些分析所要求的调查也是非常耗时的。1966 年 8 月,巴特在他的记事簿上明确地写道,为佩尼努所写的有关汽车的文章让他花费了足足 19 天的时间。雷诺公司的档案中保存了这一项未公开的研究工作。1966 年 8 月 7 日,巴特向佩尼努寄去了他的最终报告。在随附的信件中,他表示对这种调查的理论根据还是持保留意见:"我尽了最大努力,不过,结果是概括性的。这样做,是因为我喜欢不去扩展我需要说出的东西,并且,我需要说出的东西,取决于汽车广告自身。然而——这至少是这项工作对于我的教益——这种广告是贫瘠的——非常贫瘠(……)我确信,其他产品会更适合于一种更为'多变的'语义分析;面对汽车,我们没有更多的运气(但是,我们无法提前知道这一点):我们遇到了从语义上讲是'模糊的'一种对象。"②虽然巴特没有继续进行这种作为咨询师的工作,但是

420

---

① 星形广场(place de l'Étoile),即巴黎凯旋门(l'Arc de triomphe)所在广场先前的名字,后改名为"戴高乐广场"(place de Charles de Gaule)。

② 《汽车的广告图像:符号学分析》(«L'image de l'automobile: Analyse sémiologique»),30 页 + 附件,1966,未发表。参阅雅克·迪朗(Jacques Durand)的文章:《乔治·佩尼努(1926—2001):广告符号学创始者之一》(«Georges Péninou (1926—2001), l'un des créateurs de la sémiologie publicitaire»), in *Hermès*, n°32—33, 2002/1, p.581—588。

他仍然在广告探索与研究学院(IREP)为评价图像而适时地介入。

图 像 思 考

　　因为巴特与图像一起生活。在任何读物、任何对象选择的伊始都安排一种幻觉,是说明图像之力量的一种方式。对于巴特的全部作品来说,
421 最为重要的文本之一,就是在《文艺批评文集》开头部分安排的序言,该序言并不涉及文学,而是谈及荷兰绘画。这是一篇总纲性的文本,其中讲到了所有借助深入探讨而展开的主题和巴特的研究工作,并在总体上组织在了一起:包括资产阶级、对象目录、使用、某些具体的性质(柔软,光亮)、身体和无风格性。从广告图像到电影,从竞选肖像到照片,他所考虑的,是整个象似再现领域。1960 年,他每周多次看电影,不排斥任何东西:他喜欢戈达尔(Godard)、雷奈(Resnais)或者还有巴拉捷(Baratier),但也看法国大众喜爱的电影和美国大片。1964 年,他可以对《图像与声音》杂志说这样的话:"我接连地看了贝格曼(Bergman)的《里约的人》(*L'Homme de Rio*)和《沉默》(*Le Silence*)。"①1965 年,他满怀惊喜地看了让·凯罗尔的《慈悲为怀》(*Le Coup de grâce*),并向他的朋友热情地表白了这种喜悦②。巴特甚至曾在 1961 年于蒙特利尔有过一次认真的拍摄经验,那是他为了与米歇尔·布罗切磋有关角斗而制作一部资料片的时候。米歇尔·布罗讲述道,巴特的评论对于影片的思想是决定性的。巴特首先陪着他去保罗-索韦中心(Centre Paul Sauvé)看了一场角斗比赛。他激烈地反对布罗对于节目的人为特征进行批评的想法。他对他这样说过:"您疯了。这就像您想拆解戏剧的机制一样"③。让人看到真实而不是想尽办法去拆解其幻觉特征,这就构成了一种主导线,这种主导线很好地表明,对

---

① 《符号学与电影》(«Sémiologie et cinéma»),与菲利普·皮拉尔(Philippe Pilard)和米歇尔·塔迪(Michel Tardy)的谈话,in *Image et son*, juillet 1964(《全集 II》, p. 625)。

② "我亲爱的让,我马上就上火车了,可是,我不能不对您说说,您的电影是多么使我们(弗朗索瓦 B. 和我)深受感动啊;它是那样的有力、那样的美、那样的神秘,也是那样的明确;情节是令人痛心的,不过我以生活的勇气而摆脱了它;情节是含混的,不过却没有妥协;我们非常高兴地完全支持……"(1965 年写给让·凯罗尔的信。让·凯罗尔遗赠,IMEC)。

③ 米歇尔·布罗在《电影是人想做成的东西》(*Le Cinéma est ce qu'on veut en faire*)(réal. Pina Sherman, 1993)中说的话。

于图像的关注并不仅仅是意识形态方面的,它还是色情方面的:即便当他对于某些特征、某些编码(历史大片中演员额头上的流苏,侦探影片中演员们的武打,候选人参与竞选的姿态……)进行解密的时候,他也总是与这些特征和编码一起进入与欲望的关系之中。这也是对待摄影的情况。从那些为《阿库尔摄影棚的演员》(«L'acteur d'hacourt»)、《令人震惊的照片》(«Photos-chocs»)和《竞选中的上镜照片》(«Photogénie électorale»)而写的"神话",到发表在第二期《传播》杂志上名为《图像文明》的文章,让人感到其中有某种对于"字面的真实"即照片的纯粹外延的激情。同时,也正是因为可视性伴随着一种可读性,这些符号才被解读和被转述成单词,才成为符号学研究的对象。"当前,我们对于图像'上升趋势'的强烈感觉使我们忘记了,在这种图像文明之中,确切地讲,可以说图像从未取消言语(加有说明的照片,带有通报文字的广告,配音电影,连环画[fumetti]);人们终于想到,如果不是直接在一种新颖对象(这种对象既不是图像也不是言语活动,而是配有言语活动的图像——我们可以称之为逻辑—象似传播)上开展工作的话,对于图像的现代领域进行研究(这种研究尚未真正开始)几乎提前就是错误的。"①以可读性来替代可视性表明,广告图像对于分析来讲,是一种特别有意思的储库。继《肥皂粉与清洁剂》(«Saponides et Détergent»)和《深度广告》(«Publicité de la profondeur»)、随笔《图像修辞学》(«Rhétorique de l'image»)和用意大利文发表的《社会,图像广告》(«Società, immaginazione, publicità»)之后,巴特区分出语言的两种语域(视觉语域和词语语域),并提到了赋予言语的"固位"功能②:是言语在允许广告构成一种象征世界,巴特称之为"图像域"(imagerie)。

　　在图像方面得到确认的潜能,与巴特在分析图像过程中感受到的快乐相互彰显,其结果便是人们越来越经常地请他为展览会目录或艺术作品写文章。这种介入方式中最具代表性的文章,是他为安德烈·马丁拍摄的埃菲尔铁塔群照配文所写的文章。所有图像都强调铁塔材料的轻盈和透光,强调协调的构成布局和大梁、小梁、铆钉、拉杆、螺丝及曲线的组

---

① 《图像文明》(«La civilisation de l'image»)(《全集 II》,p. 565)。

② 这里的"语言"与"言语"仍然是索绪尔语言学传统的概念,即"语言"指的是一套形式系统,而"言语"是对于这套系统的具体应用。"语域"(registre),是指社会语言学概念中的不同"语级";言语的"固位"(ancrage)功能是指对于言语的使用可以建立一套时空标志。——译注

422

构方式,因为它们都在增加铁塔的开放性和透视性。铁塔的强大力量似乎来自于将其摄入镜头的困难:必须采用多角度才能把握其建筑术的某种东西,但是却从不给人以控制铁塔的感觉。巴特从对于照片的观察起步,但远不是普通的照片评述人。他将解析的,是作为图像和作为象征符号的埃菲尔铁塔。其英文版由于将这种解析看作是类似其他神话研究中的一种研究,而特别注意到其词语的实际上是解密的特征。铁塔是一种完整的符号,每一个人都可在其中自由地安排任何意指;它是一种纯粹的符号,它就是人可以想在它上面安排的东西。因此,它是所有俗套的载体:谈论铁塔,立即就是迷失于所有隐喻之中,迷失于各种成见之中。巴特为了破坏因铁塔本身而产生的这种表面话语,相继求助于各种知识——文学知识、语言学知识、建筑学知识、科学知识,这些知识一如马丁的那些照片,产生了一种增加视角的结果,从而最终使得铁塔成为难以把握的。

　　巴特的文本,同样是有关图像的一种非常有力的思考。铁塔尖突、高耸,不具圆形而只有赋予其特征的外在形象:循环性(它被看和它在看)和可逆性或完备性(外与内,既不充实也不真空)。特别是,铁塔是一种图像,它激发一种完整的个人想象物,即"为自我"的想象物,根据这种想象物,可以构建任何话语,甚至是知识话语。因此,巴特将埃菲尔铁塔与从铁塔上望去抓住他的东西联系了起来:巴黎全景、使铁塔成为巴黎圣母院现代版本的高高在上的位置①和使其适于所有情况的可塑性。"在我写作这些文字的时候,我开始谈论它,它就在那里,就在我面前,它被我的窗户所裁剪。"②实际上,他从位于塞尔旺多尼街的窗户就可以看到埃菲尔铁塔,而铁塔每一天发来的友好信号则将观看者定位在了城里。为了最好地表达铁塔的特殊性,巴特发明了一种非常强力的形象,尽管让人有点害

---

① 见《埃菲尔铁塔》(*La Tour Eiffel*),《全集 II》,p. 549;亦请参阅《符号学与城市规划》(«Sémiologie et urbanisme»),在这篇文章中,巴特赞扬维克多·雨果在《巴黎圣母院》中把圣母院构想为写作(《全集 II》,p. 1278);请尤其参阅他有关雨果小说的文章《小说中的大教堂》(«La cathédrale des romans»),该文在高度和全景上展述了可与《埃菲尔铁塔》相比美的一些词句(《全集 I》,p. 873—876)。巴特对于雨果对圣母院所有塔楼的描述给出的评价是"智力的地理学模式",而这种评价可以用在他身上。

② 《埃菲尔铁塔》,伴有安德烈·马丁(André Martin)的所拍照片,Delpire,1964(《全集 II》,p. 533)。

怕:与其他那些让人钻入或让人藏身的塔式建筑物不同(它们都有某种类似于洞穴的东西),在铁塔中,人直接钻入其空荡之中,在某种程度上,人变成了其寄生虫。铁塔把它俯瞰的城市密集建筑和它接待的密集人群,与孤独和个别、垂直性和不动性对立了起来。要满足这样的区别,便是增加对象的表象:由此产生了巴特在微型复制铁塔方面的魅力:"在占有这座铁塔的*压缩形式*的情况下,购买奶瓶的人就会感觉到一种不一样的惊讶,他在手中、在桌子上就可以*把玩铁塔*;使它具有价值的东西,即它的体型之奇迹,在某种程度上属于它的整体安排,它可以把一种古怪的、不可接近的、不可占有的对象与它的日常装饰结为一体。"①有一次,巴特从外面旅行返回法国后,很想给他的一位日本朋友送一件礼物,他最终还是认为没有比赠给他一件小小的黄铜质埃菲尔铁塔复制品更为合适的礼物。

　　60 年代,即先于 1968 年和为其做准备的那几年,其重要性表现在由文学和图像所带来的过量成果方面,这种成果在扩大其研究对象范围的同时大大超出了结构主义计划。巴特由于被写作的无限开放性和图像的推动能力所吸引,逐渐转移他的批评,逐渐疏远批评,借口就是想把批评变为对于一种思想的个人探险和对于一种独立写作的寻找。这种独立写作,通过赋予阅读的各种能力以过分的和前所未有的扩大来进行。

---

① 《埃菲尔铁塔》,同前,《全集 II》, p. 548。

SR # 165

Toute la théorie critique du SR est dans ceci : assumer le départ systématique de toute critique. Thème de la franchise des systèmes — c.a.d protestation du renversement de l'arbitraire en Nature, en cas-va-de-soi

SR : un livre d'une grande sagesse, d'un grand bon sens — qui ne pourrait être déclaré fou que par un fou.

SR # 18

Idée que l'ordre tragique est seulement l'ordre du langage

绿色卡片:《论拉辛》

Sur Racine

Relisant ce livre, je suis stu-
péfait de ce qu'on ait pu
le trouver insolite, bizarre, matière
à lazzi, provoquant pamphlet
et campagne de presse.
C'est si sage, si tenu

426

Sur Racine

Principes:
1) Immanence : ni Histoire, ni
Biographie.

2) Les critiques comme des langages,
à essayer

3) Création d'un objet intellectuel (l'Homme rac.
La Tragédie racinienne)

3) Fascination héraclitéenne :
tout change (Racine n'existe
que comme disponibilité), les
critiques passent, aucune n'est vraie.

绿色卡片：《论拉辛》

关于修辞学的研讨会

圆桌会

12. 事件综述

1967 年,巴特在法国呆的时间很少。他在开春的时候返回日本住了一个月;他去了意大利两次,去了摩洛哥一次,从 9 月到 12 月,他在美国度过了整个年末。在参加了约翰·霍普金大学的研讨会之后,他被邀请到巴尔地摩大学讲学一个学期。他在一周中住在离大学不远的雅涛酒店式住宅之中,但是他几乎每个周末都去纽约,因为他在那里有几位朋友,而尤其是理查德·霍华德。他更新关于修辞学的研讨班内容,利用这些内容到美国各处做报告:费城、波士顿、旧金山、圣巴巴拉、印第安纳波利斯、芝加哥,等等。这一年,出版了《时尚系统》一书;但是,他所思考的文章和问题是多方面的。在他看来,结构主义始终就像是应对阐释学的一种解决办法,但是,他对意义的分散与多元性的兴趣导致他的研究转入了其他方向。

巴特研究日本,同时继续学习日语,并阅读了多部重要书籍,包括谈及骑马射箭技巧的禅宗书籍、阿兰·沃茨关于佛教禅宗的书籍和铃木大拙的研究成果——关于后者的成果,也许是对乔治·巴塔耶带有长段引言的《论尼采》的阅读吸引了他的注意力①。他也对俳句有兴趣,他阅读过松尾芭蕉(Bashô)或小林一茶(Issa)的俳句译文,以及布莱思(Blyth)关于俳句的四卷著作。与此同时,他对于巴尔扎克的中篇小说《萨拉辛》爱不

---

① 厄让·埃里热勒(Eugen Herrigel):《骑马射箭技巧中的禅宗》(*Le Zen dans l'art chevalesque du tir à l'arc*),préface de D. T. Suzuki, Lyon, Pal Derain, 1955。乔治·布拉克(Georges Braque):《射箭》(*Le Tir à l'arc*), Louis Broder, 1960。阿兰·沃茨(Alain Watts):《佛教禅宗》(*Le Boudisme zen*), Pierre Berlot, Payot, coll. «Bibliothèque scientifique», 1960。铃木大拙(D. T. Suzuki):《论佛教禅宗》(*Essais sur le boudisme zen*), trad. Jean Herbert, Alain Michel, 1958。

释手:他的想法是由精神分析学家让·勒布勒(Jean Reboul)1967 年发表在《分析手册》(*Cahiers de l'analyse*)上的文章《萨拉辛或是人格化的阉割》(«Sarrasine ou la castration personnifiée»)引起的。巴特为这个中篇小说安排了他在高等研究实践学院的研讨班,同时开始思考为向列维-斯特劳斯致意而写一篇关于《萨拉辛》的文章[1]。特别是,他根据对于罗耀拉的作品所做的众多卡片写出了关于罗耀拉的文章。把三本书(《S/Z》《符号帝国》《萨德,傅里叶,罗耀拉》)放在一起,根据它们之间的同时代性来阅读是有意思的。乍一看,虽然它们可以在相距较远的时间里出版(《S/Z》是完成一项科学计划,而《符号帝国》是在满足文学的和私自的雄心),但是我们照样可以解读出它们之间的众多联系和它们之间建立的对话:这种做法的好处,在于不会使这样的一位巴特或那样的一位巴特之间的对立显得突出,在于解读出一项计划的连贯性,而不论采用何种写作方式。于是,我们在 1968 年关于《萨拉辛》的研讨班上看到了有关"日本"的卡片,看到了他为具体讲述课程而对禅宗大师的参照;为描述伊尼亚斯·德·罗耀拉的写作作坊的某种机械处理方式,在其作品中对于单位的切分,让人想到了巴特为解读巴尔扎克文本所使用的方法[2]。这个时期最大的变化,还在于巴特的注意力从写作转向了阅读,这种转移最终颠覆了学校里对于古典作家们的解释的规则,并无限地增多了意义分散的方向。

431

缺　席

有人强烈指责巴特对于"五月风暴"事件不大关心。确实,虽然他并不在争执的前台,但是,那次争执还是占用了他的时间且让他不无分心;他的行为路线忠实于自己自戴高乐将军掌握政权时起确定的路线,无歇

---

[1] 《阳性,阴性,中性》(«Masculin, féminin, neutre»), in *Échanges et communications. Mélanges offerts à Claude Lévi-Strauss*, Mouton, 1970(《全集 V》, p. 1027—1043)。这篇文章是从 1967 年伊始写的,是《S/Z》的初稿。

[2] "按照控制论的意义,练习实践(Exercices)有点像是一部机器:我们向其引入一种未加处理的'情况',那便是选中的素材;当然,从中出来的必然不会是一种自动答复,而是一种被编码了的要求,而且在此甚至是'可接受的'(按照该词在语言学上可以具有的意义)。"关于罗耀拉的文章,首先于 1969 年发表在《原样》杂志第 38 期上,名为《如何向上帝说话》(«Comment parler à Dieu»)(《萨德,傅里叶,罗耀拉》,《全集 III》, p. 750)。

斯底里的举动,无通过言语进行的威胁(他在因"五月风暴"引起的停课之
后复课的研讨班第一次授课时就说:"言语是一种威胁"[1]),无任何沉默的
参与——不过,却保持着对于批评思想之角色和义务的敏锐意识。

　　1967—1970 年那几年,对于巴特的生平来说,构成了一种有意蕴的时
间段:这一时期恰好对应于一种危机,而不是这个词适用于巴特。由此产
生的移动,既不属于揭示,也不属于像人们通常说的转折,而是属于深化
缺席的主题(这种主题既是一种习性,也是一种忧郁)。主导这个时期的
各种读物,由于在某种程度上构成了那些年日常生活的背景,所以成了关
键性的,它们既是这一运动的原因,也是其结果。因为巴特拒绝规范所强
加的判断,拒绝言语活动的暴力,拒绝死亡,所以他经常受代表破碎、缺失
和空荡的各种形象的困扰。对他有吸引力的那些文本(《萨拉辛》,《关于
瓦尔德马尔先生案例的真实》[*Vérité sur la cas de M. Valdemar*],《追寻
逝去的时光》),为他提供了意义之网系,也为他思考有关分散、有关残余
的那些表面上卑劣的问题提供了外在形象。《萨拉辛》带来的特殊影响一
再地表现出来,以至巴尔扎克的文本似乎成了这个时期所有文本的"老
板"(按照该词在缝制衣服上的意义)。对于巴尔扎克的参照,有时是以意
外的但却总是有意思的方式,与对于佛教禅宗的研究、对于道教或对于分
析**公案**[2](kô-an)的实践交叉在一起。巴尔扎克中篇小说中的阉割主题,
是一种痛苦的和说不清的缺失,而日本的空荡则减弱了这种缺失的暴力。
死亡的形象在《萨拉辛》中挥之不去;巴特发现了另一种缺席形式,即在古
代中国人的思维中一位非实在主体的缺席形式。为了应对实在主体即言
语之主体(说话的那个人或在重大集会中抢夺话筒的人)的**想要-占有**或
想要-影响,禅宗大师(巴特越来越想与之看齐,特别是在其课程范围内)
以从老子那里学习到的"不想-占有"来与之对立:"不自现,故明;不自是,
故彰。"[3]巴特从 1968 年开始,便是根据这种宗旨来调整其在政治方面的
行为表现的。

432

----

① 《巴尔扎克的〈萨拉辛〉》,1968 年 11 月 21 日授课内容,p. 325。

② 禅宗术语,指禅宗祖师的一段言行,或是一段小故事,通常与禅宗祖师开悟过程或是教学片断
相关。——译注

③ 老子:《道德经》(*Tao-tö king*), trad. Liou Kia-hway, Gallimard, 1969, p. 37。《恋人絮语》中
的一个名为《有节制的醉》(«Sobria ebrietas»)的片段,完全是谈论这种"不-想-占有"观念的。
«NVS»(《全集 V》, p. 285—287)。

　　他1967年写的著名文章《作者之死》以提及《萨拉辛》开始:"巴尔扎克在其中篇小说《萨拉辛》中谈到装扮成女人的一位受阉割者的时候,写道:'那是一位女人,她经常突然露出惊怕,经常毫无理智地表现出任性,经常本能地精神恍惚,经常毫无原因地大发脾气,她爱虚张声势,但感情上却细腻而迷人'是谁在这样说呢? 是乐于不想知道以女人身相出现的那位被阉割男人的小说主人公吗? 是巴尔扎克本人因其个人经验而具有女人的哲学吗? 是宣扬女性'文学'观念的作者巴尔扎克吗? 是普遍都有的智慧吗? 是具有浪漫色彩的心理吗? 人门将永远不会后悔知道,其实在的原因是,写作是对任何声音、任何起因的破坏。写作,就是使我们的主体在其中销声匿迹的中性体、混合体和斜肌,就是使任何身份——从写作的躯体的身份开始——都会在其中消失的黑白透视片。"[①]有关《萨拉辛》的课程,就在此之后的1968年2月8日开始,从第一次上课起,该课程就把作者之死变成了对于文本进行研究的一种条件:"文本的复活涉及到作者的死亡,这种死亡是与一种阅读的推进联系在一起的。"[②]后来,他又写道:"叙事是一种无主体的谓语结构,它带有着移动的、逐渐消失的主体。说话人,既不是作者,也不是人物(因此,这就不是'主体'),而是意义。"[③]人们很清楚茱莉娅·克里斯蒂娃对于系统的这种研发之主张的影响,因为这种研发在结构研究上又增加了从此是主要声音多元性问题:即复变概念,这种概念使文学文本变成了一种绝对动态的网系,就像巴赫金的名字那样,这种概念一下子就让人想到了复音和多声对话观念。对于叙事的结构分析、巴特1966年协调组织的有关叙事的《交流》杂志第八期,普洛普、俄国形式主义论者们,这些都被认为是大学生们所共知的,因而作为教授的巴特只是非常简单地给予了复述。相反,较为新的东西,是那些分散和增繁概念,因为这些概念引导着对于互文性的理论思考(即便

---

① 《作者之死》(«La mort de l'auteur»), in *Manteia*, 1968(《全集 III》, p. 40)。这篇文章先是以英语发表,标题为«The Death of the Autor»(*Aspen Magazine*, n°5—6, automne-janvier 1967),紧挨着一些细微主义论作者的作品。由菲莉丝·约翰逊(Phyllis Johnson)主编的该杂志这一唯一的双期合刊,名为《细微主义问题》(«The Minimalism Issue»),还包含有苏姗·桑塔格的几篇文章和凯奇(Cage)、伯勒斯(Burroughs)、贝克特(Beckett)几人的录音。巴特的文章是布赖恩·奥多尔蒂(Brian O'Doherty)约的稿,他是一位艺术批评家,是通过苏姗·桑塔格认识巴特的。

② 《巴尔扎克的〈萨拉辛〉》,同前,p. 66。

③ 同上,p. 138。

互文性这个词当时还没有出现):按照茱莉娅·克里斯蒂娃1969年在《符号学:符义分析研究》一书中一句著名的话来说,"任何文本都像是由许多引语构成的,任何文本都是对于另一个文本的吸收和转换"[①]。从巴特1968年的研讨班开始,文本只指向他自己(或无限地)指向其他的文本。

　　"作者之死"的想法,说明了下面的抽象活动:文本抽象为由声音、编码、引语构成的诸多片段之星状外形,写作在编织它们,但却从未将其归化为一个方面。在人们质疑主体之观念本身、多种思考为揭露言语方面的权威[②]而相互协调的背景下,这种表述方式不无打动人之处:它似乎在破坏真实的作者,然而,它实际上只是攻击其单一的功能。按照巴特的说法,作者在其单一性和其对于文本的象征能力上,不适合带有多种编码和意义。但是,置作者于死地,也是一种象征行为,它面对功能的假设分散情况表现出一种反常的权威性。正是在此,人们看出了这种表述的断然力量和艺术,因为它部分地体现了巴特的写作特点;人们也捕捉到了投向福柯和投向《词与物》结尾处的眼光,但是,人们也不会不同时看到文本对于规划谋杀其主要人物萨拉辛的思考之基础的影响[③]。死人也在发挥其作用。的确,读者、批评家恢复了由作者尽管是放弃的其角色的大部分内容。但是,这种角色天然的多元的存在性、其匿名特征,并不危害到其过度的权威性。

　　推翻地位,当然属于"五月风暴"所要求的制度变化过程。这种推翻,是对巴特在其课程中长期以来已经建立的规约的实现;这种规约也可以在其文本的断言性言语之震耳欲聋效果中被解读出来。这些交替的教学空间,这种与掌握和与知识有别的关系,有多位著名人物在整个60年代过程中对其进行了试验。不光是路易·阿尔都塞在高等师范学院的授课,特别是他在1964—1965年间对于马克思《资本论》的阅读,还有(在这

434

---

① 色伊出版社,1969,p. 85。

② 米歇尔·福柯:《何谓作者》(«Qu'est-ce qu'un auteur?»), in *Bulletin de la Société française de philosophie*,n°3, 1969,后收入《所说与所写:1954—1968》(*Dits et écrits* 1954—1969), t. 1, Daniel Defert et François Ewald (éd.),Gallimard, 1994。

③ 巴尔扎克的这个中篇小说讲述了下面的故事:在18世纪的意大利,雕塑家萨拉辛疯狂地爱上了女歌唱家赞比奈拉(Zanbinella)。他因误会几经波折多次与她谈话之后,他发现赞比奈拉实际上是一个被阉割的男人,这时,他想杀死她,但他则被他人在歌唱家的保护人西科尼亚拉(Cicognara)主教的授命下谋害而死。

个时期被高等师范学院所接受的)拉康——他论述的是精神分析学的各种基础,他们都获得了巨大的威望。在弗朗索瓦·瓦尔的建议下,1966年出版的拉康的《文集》(*Écrits*)——这种出版开放了对于爱伦·坡的小说《被窃信件》(«Lettre volée»)的分析,一如集体编著的《阅读〈资本论〉》(*Lire «Le Capital»*)——除了阿尔都塞之外,参与编著该书的还有艾蒂安·巴里巴拉(Etienne Balibara)、罗歇·埃斯塔布莱(Roger Establet)、皮埃尔·马舍雷(Pierre Macherey)和雅克·朗西埃(Jacques Rancière)。这两部著述都揭示出,注意力从作者转移到了读者方面,并且分析优先和破解优先。对于结构或表征,关键是显示出非实证的和非指涉的新内容。在这种意义上,位置的改变,从老师到学生的改变,或巴特对于读者—作者形象的推动,都是在 1968 年显示出来的。甚至就是这些不同主张的存在性,在加快对于转换的更为总体的需要。

　　可以确定的是,巴特在大学背景下属于运动的先驱者之一,并让人意识到,与知识的另一种关系,与言语的另一种联系,都是可能的。1968 年 11 月,一部分关于《萨拉辛》的课程对于教育制度做了考古——那些制度已经导致了建立在采用言语之权威基础上的等级化实践;随后,巴特为此提出了彻底质疑某些言语活动之实践的一种纲要。言语与写作之间的对立,被归化为言语的独白性与所写的复调性之间的区别。为了移动言语的权威性,巴特求助于日本文化。禅宗,在把师生之间关系留给学生去思考的同时,突出了两种原则:无什么可教和老师并不帮助学生。他所掌握的知识,首先是对于各种形式的掌握,而对于这种掌握,学生通过尽力模仿和摸索,也可以逐渐地做到。有的时候,甚至也因为他并不懂得学生可以变为老师的道理①。把研讨会变成对于形式的学习空间,这便是用写作来代替言语,或者至少是来满足通过"写作的幽灵或幻觉"来"把研究限于言之中"②。

435

---

① 巴特列举了第六代始祖继承第五代始祖的例子,因为他不懂得佛教,而只懂得道路,见 1977—1978 年关于《中性》的课程,p. 57。

② 《巴尔扎克〈萨拉辛〉》,同前,p. 334。这是巴特与拉康之间的一个共同点,指出来是有意思的——尽管他们在各自研讨班上并不使用相同的讲课技巧:拉康在《研讨班》(*Séminaire*)书籍的第一页上做了这样的说明:"老师通过任何方式——嘲笑、踢脚——打断了沉寂。于是,根据禅宗技术,一位佛教老师便出现在研究之中。他属于寻求回答自己问题的那些学生本身。老师并不向**讲台之外的人**(*ex cathedra*)传授一种现成的科学,当学生们快要找到答案的时候,老师才给予回答。这种教学方式是对于任何系统的拒绝"(1953)。

那么,从此之后,如何来解释巴特自己并没有意识到"五月风暴"与他有关呢? 要知道,他在运动之初经常露面,他参与了为抗议开除亨利·朗格卢瓦①而在 2 月份于电影资料馆前举行的游行,他有关文学、图像和传媒的话语在学者们的论证方面非常突出,以至他在那个时期真正地成了思想大师和造反行为的间接鼓吹者。可用多种理由来说明他感受到的不是在运动之中的这种距离与感觉。他这时已经 52 岁,已经没有了像 50 年代期间那样激励他参加重大活动的能量。游行示威人员的过于年轻化容不得他;他对于革命的戏剧性不大信任,也禁止他发挥作用,禁止他去模仿一些态度,即便是他可以真实地体现的那些态度,例如一位不明事理的大师的态度。再就是,他的疾病恰恰在 1968 年有点复发。4 月 27 日晚上,当他与罗贝尔·莫齐在一起的时候,他在大街上晕倒了。他被送到了拉埃内克(Laennec)医院,医生为他在眉弓处缝了几针,他遂在那里被观察了几个小时。5 月 6 日,就在大学生们的运动开始 3 天之后,他在雨果大街有一个关于大脑成像的约会,那一天,有包括科恩-邦迪在内的 8 名巴黎南特尔大学②学生被叫到纪律委员会。亨利·勒菲弗、阿兰·图雷纳(Alain Toureine)、居伊·米肖(Guy Michaud)和保罗·利科陪同这些学生,以表示对于他们的支持。5 月 7 日,当大规模学生示威和对防暴警察的强烈抗议发生的时候,巴特喉咙出血,到让吉奥(Jeanguyot)医生那里做了检查。他的工作节奏放缓了。5 月 10 日,拉丁街区筑起了街垒;同一天,他拿到了关于大脑的检查结果,不是太好,使他一时消沉下来。他在 5 月 18 日将只有与皮蒂耶-萨勒佩特里耶尔医院脑系科的一次约诊:在等待这一天到来之前,他试图不顾一切地启动他正在进行的工作(他的信件,一些需要读的博士论文,一些需要改动的作业,他向索莱尔斯答应的关于日本文乐[benraku]的文章,等等),同时关注着事件的发展:他去 5 月 14 日重新开放的索邦大学转了一圈,这时的索邦大学已经变成了一处硕大的自由论坛,人们可以提出主张,可以日以继夜地辩论;5 月 16 日,他

---

① 因不满亨利·朗格卢瓦(Henri Langlois)对于电影资料馆的管理质量,马尔罗想把他从电影资料馆(Cinémathèque)的行政领导岗位上撤下来,达尼耶尔·科恩-邦迪(Daniel Cohen-Bendit)和弗朗索瓦·密特朗(在国民议会)都指责这种决定。这便是"朗格卢瓦事件"之初的情况,在这一事件中,许多法国和外国艺术界以及知识界的著名人物都被卷了进来。

② 即巴黎第十大学。——译注

参加了一次有关已经发生的事情的激烈辩论会,在会上,他遭到猛烈的质问(难道就是那句著名的"结构不上街"吗? 其他人都说这句话是他为自己而说的);那天晚上,他与瓦尔和萨尔迪一起去了奥德翁(Odéon)剧院,去听聚拢了大学生、工会积极分子、高中生、居民区的居民、好奇者的各场辩论。

437 尽管全国性的大罢工自 5 月 13 日那次统一大游行以来开始逐渐地瘫痪了巴黎和整个国家,但是 18 日那天,他还是藐视罢工而去了医院赴诊。他在记事簿里写道:"几乎是完全的放松",我们无法知道他说的是考试的结果,还是因为穿过城市而无任何阻碍。他应该在索邦大学主持的博士论文答辩被取消了。5 月 22 日,他在位于索尔费里诺(Solférino)街的一个化验室呆了 3 个小时,医生为他升高了血糖,随后做了化验。5 月 24 日,他在电视上看了戴高乐的讲话,并在圣米歇尔大街上听到了比往常更激烈的示威呼声,而这一次是一种真正的暴乱方式。巴特不再说是"示威"了,而说是"暴动"。5 月 25 日,他被邀请参加了学院第六部门的一次扩大会议。

     对于集体历史和个人生存的这种立体式叙述,并非旨在挽回巴特影响力不大的名声,而是提醒人们,日常生活有时可能会与难以应对的现时情况相冲撞,尽管存在着程度上的差别。巴特慢慢地重新操笔写作,把一部分时日用在了写作关于日本文乐的文章方面,另一部分时日用在了写作关于傅里叶的文章方面。关于日本文乐的演出,他 5 月 2 日曾在奥德翁剧院看过,与他一起去看的有母亲和弟弟萨尔泽多。他写出的观后感曾以多种变化方式被收入《符号帝国》之中,一如在关于傅里叶的论述中,他的观后感包含着对于现时情势的多种影射。在赞扬演出的非戏剧特点的同时,他当做价值而提出的是限制声音的能力和取消歇斯底里表现。在他看来,日本文乐的哲学意义表现在内部与外部、活跃与不活跃之间对照的消失之中;而对照,作为西方文化中被看重的修辞格,"则将任何名词都转换为应对其反义词的口号(即创造性对立于智力,主动性对立于思考,真实对立于表面等)[①]"对于"五月风暴"标语与口号的最为激烈的反对,可能是难以说的明确的。"五月风暴"早先提出的价值,例如自主、个人亲为、共同体建设、自主管理,在他看来,唯一属于关键性的和他有可能将其内心化的价值,是推翻盛气凌人的强权。其余价值,他认为过于耸人

438

---

① 《写作课》(《Leçon d'écriture》),《全集 III》,p. 33—34。

听闻,以至只能通过歇斯底里才会让人接受。巴特对于这种形式暴动的批评,出现在于事件过程中所写的各篇文本和通信中,而在文本中,则是间接地进行批评的问题(例如在关于傅里叶的文本中,他说"傅里叶想破解世界,以便重构世界"①)。在他写给莫里斯·潘盖的那些信中,巴特提到了他的健康状况问题,而在他获悉莫里斯·潘盖从日本卸任回到法国后可能任职于索邦大学后,他在 6 月 9 日写给他的信中说道:"在这次结果很糟的可怕罢工之后",他以对于局势公开不安的一种分析和带给朋友的一种警惕心情继续说道:"对于您,也像对于我们大家一样,都需要很大的勇气来面对大学的开学——如果会出现开学的话;您简直无法想象人的精神和言语活动混乱到什么程度,这是因为没有制度基础造成的;今天,我认为没有任何人可以预想能够将自我标榜为毛主义的大学与戴高乐主义的制度(如果还能延续的话)结合为一体的辩证法。在我看来,我承认,在现在时刻,我看不清我会在这一切中占有何种位置。曾经有过一些艰难的时刻,敌意、仇恨和清算都在这种重大危机之中突显了出来;在所有层面上,都还有许多不安。自然,我的旅行计划变得很不确定。"②

　　在 6 月份这个月里,向其他活动一样,大学教学活动缓慢地恢复了,巴特一直担心像他在索邦大学那样受到指责和非难。他参加有组织的大型聚会,但毫无确定信念。他需要与格雷马斯和勒菲弗去南特大学主持博士答辩,但这种前往使他频生不安;他确信自己会因在运动中的角色和很弱的影响力而受到铺天盖地指责(当时著名的质问是:"你根据什么这么说?""你的观点是什么?"),而他感到至少在一件事情上他是孤立的:教师的跑动在在教学关系中的功效是什么。他感觉对于他的攻击是不正确的,尤其是 6 月初由《快报》(*L'Express*)主导的对于他的批评,而对于这种批评他认为必须给予回击。在该杂志第二期特殊增刊中,有一篇为大学和"思想大师们的失败"而写的长文,说"路易·阿尔都塞先生,曾借助结构主义对于马克思重新做了解释,他现在因精神压抑而住进了医院。米歇尔·福柯先生,两年前曾被尊为未来的哲学家,继续不声不响地在突尼斯的大学授课(……)罗兰·巴特先生,作为高等研究实践学院研究部的主任,必须每

439

---

① 《萨德,傅里叶,罗耀拉》,同前,《全集 III》,p. 784。
② 1968 年 6 月 8 日写给莫里斯·潘盖的信。莫里斯·潘盖遗赠,IMEC。

年上 56 小时的课。他的学生都是超前的学生,原则上都是精英,他们决心致力于研究工作。从学校开学以来,他让学生们查阅《法国猎手》①杂志上的征婚广告,为的是参与关于它的语言学研究。他正在考虑辞职和离开教育。"②庆幸的是,这篇长文的作者热拉尔·博诺继续说,巴特是一种例外:相反,大多数教授们都决定变换手腕和彻底地改革他们的教学。巴特立即寄出一份更正说明,该说明发表在恢复正常后 6 月 17 日的第一期上:"一方面,我从未举办过您的合作伙伴提供给我的那个主题的研讨班,我也从未'让我的学生们'为我个人的研究工作去查阅什么东西。另一方面,我根本没有考虑辞掉我担任的研究部主任的职务。"③这种谣传使他充满负罪感地解除了一项相关合同;他一时不知所措。

从政治上讲,他不知该坚持何种立场,或者更应该说,他不知道他的立场会把他置于何处。他并不赞成《原样》杂志群体为法国共产党制定战略选择,这种选择断言革命只能是马克斯-列宁主义的。他也不参与让-皮埃尔·费伊与比托尔、鲁博(Roubaud)、杜拉斯、纳多、布朗肖和萨洛特(Sarraute)发起的大学生-作家革命行动委员会(CAEf-R)的创立活动。他不在《原样》杂志第三十四期名为《革命,在此和就是现在》(«Révolution, ici et maintenant»)的声明上签字,并且,即便他时不时地出席理论研究小组每周三晚上在雷恩(Rennes)街举行的会议,但他只在一次会议上过发言。这种动荡使他忧郁、使他疲倦,不过他不像他的多名同事可能出现的情况那样,认为**历史**已经回答了文本的呼唤。他自感他批评家角色和反对派的角色受到了质疑。也许,这正是这位真正的先驱者在这样或那样的时刻所面对的一种局面:当他提前预见或所建立的东西得到应验和初步显露的时候,这种东西便被规范为或被转换为过去时了。长时间以来,巴特恰好提供了对于先锋派的这种描述,同时使用了"牛痘

---

① 《法国猎手》(*Chasseur français*)杂志(月刊),创刊于 1885 年,从 1919 年第一次世界大战结束后开始刊登征婚广告,原因是在一战中法国男性损失太多,法国家庭失去平衡。该杂志从 2004 年起只出版电子版。——译注

② 热拉尔·博诺:《大学》(«Université»), in *L'Express*, supplément exceptionnel II, «L'affrontement», 2 juin 1968, p. 12—13。

③ 《罗兰·巴特先生的一封信》(«Une lettre de M. Roland Barthes»), in *L'Express*, 17—23 juin 1968, p. 32。巴特的信后面,紧跟着是《吕西安·戈尔德曼先生的一封信》(«Lettre de M. Lucien Goldmann»),后者虽然被这篇长文颂为面向改革的教育家,但是他也改正了某些错误。

苗"这样的隐喻:"人们为传统注入了一点进步,于是,获得免疫力的传统便起而反对进步:一些先锋派**符号**足以阉割真正的先锋派。"①于是,资产阶级便委派给某些人颠覆和反对的任务,为的是进行社会纯化。即便这种安排只在长期历史中才会变得清晰可见(相反,先锋派可以被创作者体验为一种整体的解放),我们不会不知道,有一天,秩序总会恢复这种彻底的创作经验。巴特说,或者,应该指责的,是社会的基础的和政治的结构,从功能上讲,这正是这种资产阶级社会所禁止的东西。

　　这多少是巴特的悲剧:他的创造精神推着他向前,把他推向了历史先锋派所带有的一些问题(特别是理论、创造和变革之间的联系问题)上,但是,他的历史的和批评的智慧使他相信这一运动的无益性。于是,他向《原样》杂志社走去,同时深信该杂志团体和该杂志将承受相同的巨变。大概,巴特在1968年非常痛苦地感觉到了这种削弱。他的颠覆力量已被人承认,但却被承认是制度化的(除了瓦奈热姆的《公约》和德博尔的《演出社会》②,这一点说明,某些标志可以更长时间地保存其颠覆能力)。是那些反体制的和创造性的新先锋派得到了突显,而将他留在了路边上。 441
这种模糊性也表现在人们请他发挥的作用方面,而对于这种作用,他自愿地赞同:改革顾问而特别是大学顾问。他被埃德加·富尔(Edgar Faure)召去创办巴黎万塞讷大学③(这是1968年的最大战果之一),他参加(有热拉尔·热奈特、让-皮埃尔·里夏尔和其他学者参加的)有关研究的组织工作会议和自议招聘教学人员(他的弟弟便在此找到了一个教学岗位,被聘为希伯来语助教)。巴特很关心这一事业经验的和丰富的特征,深信有必要让这所大学开向新的研究方法和其他学科,有必要允许那些非-业士④学生前来接受教育。不过,虽然他认真地去做这一切,但在许多人看来似乎一切均已开放的那个时期,也没有唤来明显的热情。

---

① 《先锋派的牛痘苗》(«La vaccine de l'avant-garde»),《全集 I》,p. 565。

② 瓦奈热姆(Roual Vaneigem,1934—　　)比利时作家和哲学家,《公约》全名为《用于几代年轻人的礼仪公约》(*Traité de savoir-vivre à l'usage des jeunes générations*),发表于1967年;德博尔(Guy Debord,1931—1994),法国作家、诗人和电影导演,《演出社会》(*La Société du spectacle*)发表于1967年。——译注

③ 即巴黎第八大学。——译注

④ 非-业士(non-bachelier),指没有通过法国高中毕业全国会考(BAC)的学生,这类学生没有资格注册大学。——译注

因此,说真的,不可用漠不关心来说明他与"五月风暴"的关系,而是要用他的位置在世人中遭到痛苦质疑来说明,例如对于他疾病的那些最初发作现象的质疑。巴特甚至在往返大学的路上自感与他人脱离和充满困惑。随后的那些文章和行为在多个层次上反省了这种困惑:首先,因为某些文章和行为在尽力贴近危机和产生有关危机的一种可接受的话语。巴特以关于日本文乐的文章参与了 1968 年夏天那著名的第三十四期《原样》杂志的出版,而从 7 月份起,他便开始写作关于事件的文章,该文发表于《交流》杂志 11 月那一期上:名为《对于事件的写作》。他在文中从逻辑学上将言语与写作对立起来,强调那次造反可以被解读为"攻克言语活动"(就像有人说"攻克巴士底狱"那样)的方式,但是没有明确地说这种新的权威在他看来是多么的过分和倒退。这种批评在表面上并不是清晰的(必须了解同一时期的其他文章才能知道)。同样,在高等研究实践学院 1968 年 11 月重新开课之际,巴特提出了自己对于事件的解读,当时几乎学院所有的教师都认为有必要这么做,他们或者满足学生的某项提问,或者认为自己的方法能够应对反对声音。埃德加·莫兰发文阐述《关于"五月风暴"的现象学与解释系统》(«Phénoménologie de Mai et systèmes explicatifs»);米歇尔·德·塞尔托分析了《对于"五月风暴"的解释问题》(«Les problèmes d'interprétation de Mai»)。巴特也以强调"偏移的分散,尽管最初是失败的"[1](«Dissémination décentrée, à l'orignie déjouée»)做了其自己的工作。他的话语并不是没有煽动性:那些听众并不在他指导下做研究,但却"在他身边"与他一起工作;他说他不相信所有的制度规范。在这种寻找学生和为自己似乎可以回答这种动荡的解读纲要进行辩护的方式之中,已经看出了明显的困惑;因此,对于符号的"破解":"不是容易的,这要求进行一种连续的、已经开始了的工作,每到一处而且几年以来,都需要重申这一点"[2]。1968 年 7 月,他在于尔特接受皮埃尔·戴为《法国文学》周刊进行的采访中,在回答关于事件的提问时,多次强调在高等研究实践学院从事的符号学研究和教学工

---

[1] 《巴尔扎克的〈萨拉辛〉》,同前,p. 320。

[2] 《对于事件的写作》(«L'Écriture de l'événement»), in *Communication*, n°12, novembre 1968 (《全集 III》, p. 51)。

作的成绩。他说:"不应该每一次都是从零开始。"这种**为自己**进行的辩护,在当他对于自己的处境自感稳固时是很少见的,这说明着他对于自己的作用有点现时的不安。

　不过,在不容忽视的两点上,他的分析被认为是革新的,在今天看来,于政治上也是清醒的。第一点关系到话语和事件叙述的直接性,这为言语和通过言语来占有权力赋予了前所未有的力量。在这种意义上,"*五月风暴*"是大众传播过程的一种历史终点,而这种过程同时建立在间接与直接、讯息与瞬息、不经心的想象与支配需要的基础之上。巴特只是指责他从围绕着《论拉辛》进行的论战伊始就拒绝的一种反-智力主义,而这种反-智力主义实际上威胁到任何对于文化进行批评的可能性。"有一种智力上的总是可能的狭隘要求:突然藐视言语活动,放弃形式,而形式总被认为是复杂的,拒绝写作,等等:我们了解这种反-智力主义的神话,它在法国非常顽固。"[①]在这样说的时候,他重申了自己反对言语之傲慢的立场,而那些先锋派人物恰好上演着这种傲慢态度的戏剧:在那 10 年中更早一些时间,对于戏剧失去好感,这已经表现出对于言语的一种相同的异议。当言语在法律一侧是强加的和猛烈的时候,这种异议几乎总是有的。他再一次将所写之多义性对立于言语,而在多义性中,一切总是需要发明,并且这种多义性是唯一出现真正变革的地方:它是意义重复之地,可以在这里同时看出巴特对于事件的自发性的蔑视和他的确信——他确信所写(并非像是言语之誊写,而像是对于意义之多元性的思考)可以将文化与政治结合起来:"我们可以怀疑写作的任何排斥活动,怀疑言语的任何全面至上论,因为不论以何种变革借口,这两方面都坚持**保留**过去的象征体系,并拒绝将其变革与社会变革联系起来。"[②]由于自从巴特写作这些

443

---

① 《结构主义与符号学》(«Structuralisme et sémiologie»),接受皮埃尔·戴(Pierre Daix)采访时的谈话,in *Les Lettres françaises*, 31 juillet 1968(《全集 III》, p. 82)。

② 《对于事件的写作》,同前,p. 51。1969 年的另一篇文章非常清楚地肯定了脱离其政治论据的文化批评问题:"这便是对于这种嬉皮士运动的一种思考,这种思考在理据充分地批评一种无节制的消费社会和一种富人文明的同时,也遇到了真实的贫穷,因为这种思考借助'作为文化自恋之低下形式的装扮',而不从政治上去考虑贫穷"。分析是非常有力的,并通过寻找另一条道路来结束,无疑这条道路是难于想象的:"可以构想对于文化的一种政治批评吗? 这种批评是一种活跃的而不再仅仅是分析性的、智力的,它很可能会在对于大众传播的意识形态矫正之外建立(……)。政治批评和文化批评最终不会重合"(《关于文化批评的例证》[«Un cas de critique culturelle»]), in *Communication*, n°14, 1969;《全集 III》, p. 104—107。

文字以来,文化资本主义一个劲儿地得到了强化,所以,我们只能强调指出其分析的敏锐特征,这种分析早于他的朋友米歇尔·德吉多年在同一主题方面的分析①。

　　巴特对其表现出真正看法的另一点,关系到像是资本主义某一时刻的技术官僚的到来,这种资本主义不大向人文研究工作投入,而是向科学的有效性方面投入。他在 1968 年 11 月 21 日的课程中说:"今天,肯定是一种转折点,或者至少是一种有意蕴的强调。如何确定呢? 一种意识形态和一种政治的结合或汇合:一种意识形态,即关于人的科学的意识形态,一种技术治国政治。关于人的科学与技术治国的客观结合,几乎蜂拥而入学院,技术治国的要求(研究,专业化,资格论)为'五月风暴'的各个阶段和各种聚会所分享(该委员会的资料:'间断或过于专业化领域'等)。"②巴特在其他地方指出,"五月风暴"关系到大学的那些口号,如果将其拼凑成像拼版游戏的版块那样,正好构成一幅图像,这幅图像"不是别的,而正好是美国的大学"③。对于任何为有效性而牺牲文化的东西的揭露,恰如其分地显示出当前大学的模式,以至人们不能把巴特 1968 年的立场归为一种反动态度。他一直是以相同的原则来建立他的行为路线。尽管他与写作的关系甚至以意义的多元性和分散性的名义来表明矛盾的可能性,但是,他的政治表现和使他拒绝或揭示的理由不会改变。

五月的书:《萨德,傅里叶,罗耀拉》

　　在关于嬉皮士的文章中,巴特考虑是否可以找到对于文化的一种真正是政治上的批评,只是在傅里叶的书籍中,他看到了可以兼顾政治和文化的一种从容的生活艺术的图像。"五月风暴"引起的转折在确定赋予写作的新计划、新方向。在那个时期的多次谈话中,巴特强调有必要不去空洞地表述"没有任何东西会像从前那样",有必要不去将这种表述变为对

---

① 米歇尔·德吉:《诗歌的方方面面与文化批评》(*Choses de la poésie et affaires culturelles*),
　　Hachette, 1986。
② 《巴尔扎克的〈萨拉辛〉》,同前,p. 317。
③ 《对于事件的写作》,同前,《全集 III》,p. 48。

一切都返回从前的那种欲望的反向表达方式①。巴特对皮埃尔·戴说："利用任何事件来'构成'过去"，"把人们当时正在考虑的东西均放进过去时之中"，并尝试将其拿来进行全新的思考②。傅里叶，也还有萨德，他们都成为新的空间，人们可以在其中思考事件，可以说出谁本可以理想地是其所是的人。虽然关于萨德的第一篇文章（该文章后来成了《萨德，傅里叶，罗耀拉》一书关于萨德的第一部分）已经发表于 1967 年《原样》杂志第二十七期上了，但是对于傅里叶的长文分析，一如对于萨德的另一篇文章，它们都是在 1968 年运动的火势和痕迹中写出的（关于罗耀拉的文章在此前已经写完，不过总还是处于事件的影响之中）。傅里叶被认为非常适合说明从政治上去思考已经摆脱束缚的生活之形式，在巴特看来，这就是一个完美的五月。他在《法国文学》杂志的采访中也这么说："我很想描述（也就是说从一种写作中除去）某些家庭乌托邦，很想描述某些想象的生活艺术。我想从两位重要的分类学家作品中提取这些描述对象，那便是萨德和傅里叶，他们都是'文明'之冷酷的敌人。我认为对于乌托邦的分析，再一次让我们不仅可以继续对于我们的文化进行批评，而且可以明确对于快乐的某种想象力，我认为，这种想象力似乎应该出现在某种隐藏的和在今天被征服的东西之中。"③在"改变生活"的乌托邦方面，一如在性解放的方面，在巴特看来，这两位作者都在完成抗议活动的口号所要求的东西，却最终没有实现；因为相对于重大的惊人变化而言，乌托邦在更容易转移到那些日常生活之中、微弱的事件之中和细节之中。因此，有关"生平素"的思考便直接来自于政治问题。虽然这种思考在这本书中被如此提出，就像它后来于 1973 年在由帕特里克·莫列斯进行的有关"生平素的戏剧特征"的研究中和 1974 年在致力于"妇女解放运动的集体生平素"的研究小组的工作中被提出那样，但是，正是在补偿对于伟大历史的遗忘和重建非专横性的最小外在形象的意志中，我们可以与米歇尔·福柯关于"贱民"生活的研究计划建立关系，他的计划被确定为"生存状况汇编。一些只有几行或几

---

① "我们曾从两个方面重复地强调，不论出现什么情况，在后（après）不再可能像是在前（avant），这大概从否定意义上表明担心（或希望）在后恰恰重新变为在前：事件作为言语，它可以神秘地被取消"（对于事件的写作），《全集 III》，p. 47）。

② 《结构主义与符号学》，同前，（《全集 III》，p. 79）。

③ 同上，p. 82—83。

页纸写就的生命,一些只包含不幸或无数冒险的生命,一些汇聚起来只须几
个字去写出的生命"[1]。

因此,在 1977 年米歇尔·福柯的这本书中,可以看到有关发生在
1968 年的事件的一篇重要文本,当然这是对于巴特来说的,但也不止于
他[2]。有少数其他人把当时发生和很快就与多格扎相结合、因意识形态的
急迫需要而聚集的东西之真实情况,当作幻觉、当作乌托邦、当作欲望搬
上了舞台。让·蒂博多的《法国 1968 年 5 月》(*Mai 1968 en France*)一书
1970 年在色伊出版社的"原样"丛书中出版,书前有菲利普·索莱尔斯写
的名为《红色春天》(«Printemps rouge»)的序言;如果把这本书与在一年
后于同一丛书中出版的《萨德,傅里叶,罗耀拉》做比较,我们会看出把一
本反映-书籍与一本思想-书籍分开的整个距离。虽然让·蒂博多通过交
叉多种声音最终多少重建了当时言语主动的创造性和突发性,但是,他还
是脱离不开事件,使事件成了人们已经有所怀恋的一种过去时。索莱尔
斯在将文本开向一种革新的将来时的同时,只是将其更加封闭在一种意
识形态的糊状物之中。相反,《萨德,傅里叶,罗耀拉》却为暴乱提供了一
种未来。他像往常一样,总是批评战斗态度——在这种意义上,这本书也
是对于"五月风暴"的一种批评,但是,他同时打开了革命的另一种维度。
例如在关于萨德的第二部分内容:"因此,最为深刻的颠覆(反-审查),不
一定在于说出未被舆论说出的东西,即说出道德观、法律、治安条例,而在
于发明一种反常的话语(不包含任何**多格扎**)。**发明**(而非挑起事端)是一
种革命行为:这种行为只能在奠定一种新的语言之中完成。萨德的重要
性不在于庆贺过犯罪,也不在于为这种庆贺而使用过一种彻底的言语活
动;它在于发明了一种无限的话语,这种话语建立在其自身的重复(而非
其他人的重复)基础上,以细节出现,带有着精细、游历、菜单、肖像、外在
特征、专有名词,等等:简言之,反-审查,便是把禁令变成荒诞故事。"[3]与
秉承固守、窒息和套用的真正审查不同的是,发明一种语言很像是对于那
些过分封闭情况的一种破坏方式,其中包括我们所不懂的东西,因为我们

---

[1]　《贱民的生活》(«La vie des hommes infames»), in *Cahaiers du chemin*, janvier 1977, p. 12。
[2]　请不要忘记娜塔莉·萨洛特的《您听到了吗?》(*Vous les entendez?*)(Gallimard, 1972)。
[3]　《萨德,傅里叶,罗耀拉》,同前,《全集 III》, p. 812。

认为它们正适应于一种违反性活动。

　　有关傅里叶的文本,明确地承担起 1968 年"重塑世界"的口号,但提出了一些完全是前所未闻的方式,这些方式似乎服从于属于神学也似乎属于目的论的约束。结合规则与分类规则代替了等级秩序。**欲望**代替了**需要**,而从此以后,奴仆代替了政治家。就在这里,作为与 1968 年既关联又对立的联系真正地得到了建立:"一种乌托邦可以从来不是政治的吗?难道政治不是**所有言语活动中的一种**即**欲望**的言语活动吗?1968 年 5 月,有人曾建议在索邦大学自发形成的众多组别中的一个组别去研究**奴仆乌托邦**——在这一点上,人们显然是想到了傅里叶;对此,所得到的回答是这种表述方式过于'讲究',因此它是'资产阶级的';政治观念①,是排除欲望的东西,除非是以神经官能症的方式进入这种观念之中:政治神经官能症,或更准确地讲是:政治化方面的神经官能症。"②巴特的言辞,将 1968 年的主导话语设定为一种无主体的言语(使用"人们"、"得到的回答是"这样的方式),就像是纯意识形态方面的漂浮话语,从而与这种话语保持着较大的距离。但是,乌托邦可以在无欲望的情况下存在吗?巴特对于革命话语进行了直接的批评,这种话语几乎总是反常的,因为在想压缩其乌托邦维度的时候,最终也会熄灭其欲望。傅里叶所允许做的,是提出其他的彻底改变之形式,那些形式可以充当替换成分(马克思主义和傅里叶主义经常地在这个文本中出现)。

　　萨德、傅里叶和罗耀拉,这三位作家建立了一种抑制性的意识形态机制,但是他们同时也通过巴特名之为写作的一种过分行为来破坏这种机制,因为这种行为将他们的力量都分散在细节之中了。对于这些细小的符号关注,对于作者来讲,是使符号服从于其(对于服装、天气、旅行、疾病、花卉的)想象和使言语活动进入沉默的一种方式。大作家都在摆弄言语活动的无穷变化,这就使得读者可以自由地选择他所喜欢的作家、自由地使某些细节在内心引起共鸣。情感的开放,虽然可能伴随情感而消失,但它较之封闭的世界和将世界封闭在幻觉式理解之中的各种严密的言语活动来说,更受人喜欢。"因为,如果需要借助于一种诡辩的辩证法而在作为任何主体破坏者的

448

---

① 　此处使用的是 le politique 一词,见前面关于"la politique"和"le politique"的注释。——译注
② 　同前,p. 775—776。

文本中有一个叫人喜爱的主体的话,那么,这个主体便像是人死之后撒向大海的骨灰,是分散存在的(与作为坚固及封闭的物件和作为命运之师的骨灰盒及墓碑相对立的,是记忆的光辉和只留下过去生活点点滴滴的蚀痕)。"①因此,生平素,即注定要分散的细节,相对于生平,就是记忆相对于纪念碑或墓碑:是一种脆弱的但却是开放的回忆,它解放幻觉和未来的作品。

　　当巴特写作这三部分著述时,他对于在疗养院经验的意识也不时地显示出来。"他们三人建立了一些隐居的仪礼:对于萨德,是闭门简出;对于傅里叶,是搞法伦斯泰尔;对于罗耀拉,是退守隐居之地。每一次,都在于借助实际的操作来切分新的言语活动,在于将这种言语活动与有可能扰乱新意义的世界进行切分。因此,他们三人创立了一种纯粹的空间,即一种语义空间。"②这一点,早就像是某些极限的一种迟来的、具有能产性的经验显示了出来。那么,在某种意义上,它可以被认为是有益的吗? 这大概就是巴特在五月份之后的感觉:分离、脱开、一种选择的孤独,可以使人摆脱言语和多格扎,可以使他在充实的和无限开放的意义上进行写作。对一些不同的和分离的生活形式感兴趣,就像他在《萨德,傅里叶,罗耀拉》中对于三位作者所做的那样,要求他过问自己的生活形式。作为批评空间的传记写作的力量,也是巴特作品的一个重要特征,它形成于在他看来其先前的场所已经被弃置于过去时之中的时刻。在将他的生平素(疗养院,与金钱和花费的某种关系,圣叙尔皮斯)与三位作者的生平素进行组织的同时,他使"我"离开了社会世界,为的是使其进入文本的无限运动之中,这种文本是在无父亲标记下被解读的③,因此,它就像是政治话语的严格颠倒。同时,文本也构成脆弱记忆的一种艺术,这种艺术便是他试图在随后的几年中为自己而使用的艺术。

各　种　变　化

　　因此,五月危机促使人出行。这是有关萨德的文本的主要动机之

---

① 同前,p. 705—706。
② 《围绕着罗兰·巴特游历》(«Voyage autour de Roland Barthe»), entretien avec Gilles Lapouge, in *La Quinzaine littéraire*, 1ᵉʳ—15 décembre 1971(《全集 III》, p. 1046)。
③ 参阅《从创作到文本》(«De l'œuvre au texte»), in *Revue d'esthétique*, 3ᵉ trimestre 1971(《全集 III》, p. 913):"文本,在无父亲标记下被解读的",因为生活是通过纸张上的"我"来被生产的。

一和书籍的卷首语:"我在萨德的某些小说中游历不止。"①巴特向莫里斯·潘盖抱怨他不能直接返回日本;米歇尔·萨勒泽多去了以色列,要呆较长的时间;巴特不忍心因一次远途旅行而把母亲一人留下,他便决定于 7 月 25 日去丹吉尔,在那里遇到了罗贝尔·莫齐、弗朗索瓦·瓦尔和塞韦罗·萨尔迪。他 11 月份的时候又去了一趟丹吉尔,并在此地度过了整个年末。那个地方可以让他在钱之外毫无限制地满足性欲,除此之外,他还在文学和大学领域建立起了牢固的联系:阿布代勒凯迪尔·卡迪比(Abdelkédir Khatibi)参加过巴特 1964 年举办的研讨班,他遂成了一位朋友(巴特甚至在有关傅里叶的文本的开头重现了一封卡迪比寄给他的有关处理古斯古斯②中变味黄油的长长信件,而 1979 年,巴特在充当《被纹花的回忆》[*Mémoire tatouée*]一书之跋的一篇漂亮的纪念性文章中,说了把他们两人聚拢在一起的全部内容:图像、爱好出游和写信③);诗人扎格鲁勒·摩尔西(Zaghloul Morsy),是巴特 1965 年通过卡迪比在拉巴特认识的,他成了巴特在摩洛哥的多方面的伙伴。巴特很少谈论诗集,但却在《新观察家》杂志上发文介绍了他 1969 年在格拉赛(Grasset)出版社出版的诗集,同时重新采用了"第二语言"这样的说法,不过,这一次完全是这样做的:"诗歌向我们表明,**另一种语言**(即我们的语言)是如何被另一端所理解、所操作的:这一次,轮到我们来面对:**我们根据自己的语言来面对。**"④正是与摩尔西在一起,而且就是在"海格力斯山洞"⑤里,巴特从 1968 年踏入了 1969 年,他承诺很快返回这个国家,并答应了这位朋友的邀请,因为这位朋友曾经在 10 年当中任拉巴特大学法国文学与文明系

450

---

① 《萨德,傅里叶,罗耀拉》,《全集 III》,p. 713。

② 同上,p. 770。译者补注:古斯古斯(couscous),是北非一带居民的一种主食,也是一种美食。它由一种含油粗粉在蒸透后浇上由羊肉、各种蔬菜混煮的汤组成。——译注

③ "卡迪比和我,我们对同一些事物感兴趣:图像、符号、出游、写信、品牌。同时,因为他像我所理解的那样移动这些形式,因为他把我带到远离自我的地方,即带到属于他的地方,不过,也还是在我自身的极限处。卡迪比告诉了我一些新的事物,动摇了我的知识"(《我所欠卡迪比的东西》[« Ce que je dois à Khatibi »],1979,《全集 V》,p. 666)。

④ 《谈扎格鲁勒·摩尔西的〈迟疑的太阳〉》(« D'un soleil réticent de Zaghloul Morsy »),in *Nouvel observateur*,17 juin 1969(《全集 III》,p. 103)。

⑤ "海格力斯山洞"(Grotte d'hercule),距离丹吉尔市约 10 公里,在古希腊神话中是宙斯的儿子大力士海格力斯杀死龙的地方。——译注

的主任[①]。

巴特在为出发做各种准备的时候,正利用 1969 年上半年来完成关于《萨拉辛》的文本的写作工作,这个文本当时还不叫作《S/Z》。但是,他的日常生活过得越来越无生气并且困难。健康问题在 1968 年重新出现,使他对于自己的身体状况真正有了担忧。他经常感到很累,也非常痛苦。他不得不放弃 1969 年年初的比利时之行,不得不放弃本应去波尔多和昂热做的报告,而且虽然他在 2 月份去了英国,但却是一副无精打采的样子。他借在牛津购买大批有关**东方**的书籍来消遣。1969 年,是他出版物最少的年份:当然,他那时正在同时完成《S/Z》和《符号帝国》,因此也应该相对地减少写作,但是人们注意到,他那一年没有怎么接受来自外部的请求,不论这些请求是来自杂志,还是来自展览会或报纸。通过这种事实状况,也可以看出他的变化。

451

他与国民教育部签订了一项从 1970 年 9 月 1 日开始为期 3 年的合同,离开法国去担任拉巴特大学的"法国文学"教授。在这期间,他经过多次犹豫之后才去塞里西参加了关于文学教学的研讨会:会上他宣读了自己有关一套名为《拉加德与米夏尔》[②]的经典教科书的文章,在文中,他为一种反-文学的历史做了辩护,这种反-历史首先便是对文学进行审查的历史[③]。他没有呆足 10 天,而是在 7 月 24 日那天当天往返——在人们知道进入塞里西城堡有多么困难之后,这样做简直就是蠢事一件;他还指出,他并不想与一种集体的思考为伍,他当时很难与这种类型的大学社交活动相协一致。8 月中旬,他去了位于意大利贝拉吉奥城的赛尔贝罗尼(Serbelloni)别墅,参加由罗克费雷(Rockefeller)基金会在那里举办的文

---

① 摩尔西从 1967 年开始先后在纽约和巴黎担任外交官,从 1972 年起在联合国科教文组织任职。他的诗歌创作在很大程度上反映的是教育科学领域。他在 1966 年《吹风》(*Souffles*)杂志创刊过程中起到了一定作用,该杂志后来由他过去的几位学生阿卜戴拉迪夫·拉阿比(Abdellatif Laabi)、塔哈尔·本(Tahaer Ben)以及默罕默德·卡伊尔-艾迪娜(Mouhamed Khaïr-Edidine)主持,在 1969—1972 年间战斗色彩非常浓厚。

② 《拉加德与米夏尔》(Lagarde et Michard):实际上,这是这套教材两位主编者的姓,他们的全名分别为 André Lagarde 和 Laurent Michard;书的名称为《教学大纲中的法国重要作者》(*Les grnds auteurs français du programme*),由博尔达斯(Bordas)出版社自 1948 年开始出版,这是一套作者作品选集,共分 6 册,每一册都有其自己的名称,比如第一部为《中世纪》,随后是《16 世纪》,直至《20 世纪》。——译注

③ 《关于一套教材的思考》(«Réflexions sur un manuel»),in *L'Enseignement de la littérature*,actes du colloque de Cerisy-la-Salle, juillet 1969, Plon, 1971(《全集 III》,p. 945—951)。

学风格研讨会。他的报告题目是《风格与其形象》,在文中,他把风格介绍
为根据集体表达方式或个人习惯语所进行的各种转换接续。他为已经深
入到读者生活中的互文性效果给出了非常个人的表述:"由于我在一段较
长时间里研究巴尔扎克的一个中篇小说,我现在经常突然地把源于巴尔
扎克文本的一些句子片段、一些表达方式用在了生活环境之中。(……)
我借助从一种先前写作继承下来的这些表达方式来书写生活(在我大脑
中确实是如此);或者,更为明确地说,生活甚至就像是已经由一种文学写
作所构成的那样:正在诞生的写作,是一种过去的写作。"①重写的原则,不
再仅仅关系到文学,而且关系到生存的组织本身。这一点确认了《萨拉
辛》对于那一段时间影响——在那一段时间里,只要写作成为他生活的主
要动因,他的生活就与这篇小说的文本混合在了一起。因此,巴尔扎克的
文本构成了一篇文章在"动作接续"方面的基础,因为他为《S/Z》介绍了一
种被分析的编码,即"展述"(proaïrétique)编码,这种编码让人在一种交替
的两个项中做出选择:在叙事选择确保其作为叙事的后来存在项的同时,
人物似乎在选择其未来或其自己的命运②。在这里,文本与生活也是汇合
在一起的,并成为共同的事业。

　　把写作甚至变为生活之意义的具体愿望,在到达摩洛哥之后就显示
出来了,在那里,巴特开始写一种日记,并不坚持采用源于新教的家庭日
账记录方法,而是将对于一天的写作变为一个文本。按照他的习惯,他不
会带着记事簿出行,而是把他的感受写在另外一个本子上。正是根据这
些或粗略或细致和或长或短的记录,产生了后来的《偶遇琐记》。与人们
通常所说的相反,这本书的文本并不完全出自他 1969—1970 年在摩洛哥
长住期间的所记。先前的多次出行早已开启了对于"现场"的标记和记录
实践。直至 1969 年 7 月,就在出发之前,他已经整理好了他的"偶遇琐
记"日记:在这个书名之下的出版计划已经存在,已经成型。记事簿中有
多处文字证明了这一点,而且大卡片库从 1968 年开始以这个名称汇集了
一些印象或所见事物。这一事实也使得在他于摩洛哥的长住与他从 1960

452

① 《风格与其形象》(«Le style et son image»), colloque de bellagion, 1969, in *Literary Style*:*A Symposium*, Seymour Chatman (éd.), Oxford University Press, 1971(《全集 III》, p. 979)。
② 《动作接续》(«Les suites d'actions»)(1969), in Joseph Strelka (dir.), *Patterns of Literary Style*. The Pennsylvania State University Press, 1971(《全集 III》, p. 962—971)。

年初开始在这个国家差不多每年两次的短住之间建立起了连续性,而他去摩洛哥短住一直持续到 1973 年(随后,在 1977 年又恢复了这一习惯)。人们通常将完全以寻欢作乐为目的欢愉以及快意的短住与繁重和不无倦怠的常住对立起来,因为巴特自己也这么做。然而,事物是无法非常清晰地分开的。的确,那一年,巴特有好几项行政和教学任务,这使得他在实际生活的某些方面与他在巴黎的生活别无二致。此外,1970 年,在摩洛哥哈桑二世政权出现极端专制转折之前(而这一政权在 1972 年肯尼塔地区谋杀事件之后变得完全疯狂),是年轻人大规模频频造反的时期,严重地妨碍了大学生活,巴特不可能不知道。他恰恰就处于他两年前在巴黎所处的那种局面之中。他的躲避欲望,由于远离政治动荡,而遭到了强烈指责。因此,他并不拒绝这个国家为他提供的沉溺于寻欢的生活,为的是满足他对于观察、对于诱惑、对于身体多样化的追求。自他到了丹吉尔,他就写道:"69 年 9 月 27 日,星期六;大约 12 点 30 分到达。阳光,热风。住进旅馆,睡觉,在小广场读报。放松。重新唤起了对于这座城市——这座被选择的城市——的爱好。天色阴沉下来,风变成了暴雨,这一切变得叫人不悦。这里的麻烦:绝对的孤独,无法得救。法兰西广场上的咖啡馆。过街通道。不停地购物(爱在这里疯狂地购买)。徒步走向旅馆。睡觉。在旅馆上面露台酒吧间小饮:所见迷人。在 M 家里,眼花缭乱(五个人!)在小广场上短暂歇息(无任何事情),在巴黎咖啡馆吃便餐。木屋,那里有吉吉(Kiki)和常在的阿卜杜拉(Abdulah)。失败。吉吉,疯了或者是醉了,叫我讨厌,也使我不安;他想成为我的'奴隶'。在联欢节时,首先是与阿卜杜拉,随后是被一位叫艾哈默德·杜加(Ahmed d'Oujda)的人纠缠。2 点钟回到旅馆,继续阅读儒勒·凡尔纳的书籍。"惬意与狼狈的交替出现贯穿着他的出游感受,遂使他转向写作。《偶遇琐记》中透露出的明显的忧伤不能只归因于长住带来的限制。这种忧伤也与继兴奋之后出现的回落、与欲望的偶发和写作总是出现在快乐之后并不与之完全同时的情况有联系。

在巴特最后一篇阐述司汤达的文章《人总是无法成功地谈其所爱》中,他曾毫无遮掩地提到过他去摩洛哥逗留的目的;他明确地说出了他远赴异乡原本希望得到的东西,那便是与日常工作的一种真正隔断和使心获得自由。"意大利是这样的一个国家,在那里,司汤达既不完全是旅行者(旅游者),也不完全是当地人,他对于摆脱**公民**的责任觉得快活无比;如果司汤达是意大利公民,那么他会'因深陷忧郁'而死;而作为真心诚意却无正式身份的米兰人,他只须收获他并不承担责任的一种文明的所有效果。我曾亲自感受过这种狡猾辩证法带来的方便:我很喜欢摩洛哥。我经常以旅游者的身份去那里,甚至有不少次是无所事事地在那里长住;于是,我产生了在那里以教授身份过上一年的想法:美梦破灭了;由于面对行政手续和专业上的诸多困难,由于会深陷令人讨厌的对于动机和决心的无数质疑之中,我离开了联欢节,重新回到了**本分方面**。"[1]像司汤达一样,巴特未能摆脱自己的责任,未能找到一个收养性国家,他只可以在那里享受,他可以是他自身而不需要加入一个集体。他被置于一种不确定的境地,面对的是一种伦理上的困境。对于这一情况,他曾在 1970 年于摩洛哥开始写的文章,即那篇应他朋友弗朗克·马里亚·里奇[2]之约为皮埃尔·洛蒂的《阿齐亚德》意大利文版所写的序言中,曾经间接地提到过。巴特将自己当时的存在状况放进了文中:马拉喀什与斯坦布尔[3]之比,洛蒂的漂游与他在摩洛哥产生的无继承人的感觉,他个人的状况与作为旅行者的状况("一百年之后,也就是说我们所在的今天,洛蒂中尉的东方幻觉会是什么呢? 大概就是几个阿拉伯国家,比如埃及或是摩洛哥"[4],巴特在这两个国家都住过),这一切均表明,这是一种明确的和直接的置放。有关同性恋和行为放荡的文字,较为婉转地提到了与同样给人印象深刻的属于另外一种类型的象似性。

从审美上讲,巴特也将洛蒂视同于他自己,而不是相反:把事件确定为记录之轻微褶皱和零度,完全像是在洛蒂作为小说中的人物和洛蒂作为作者之间的区分,洛蒂 I 和洛蒂 II——尽管后者让人预先看到了自画像,他们都是巴特自己提出诗学艺术的方式。认同一致甚至表现在口误或错误方面:他两次提及洛蒂在乡下的著名住房,并将其变为"他在昂岱

454

---

① 《人总是无法成功地谈其所爱》,同前,《全集 V》,p. 909。
② 弗朗克·马里亚·里奇(Franco Maria Ricci,1937—):意大利出版家。——译注
③ 斯坦布尔(Stamboul),即今土耳其的伊斯坦布尔(Istanbul),皮埃尔·洛蒂在《阿齐亚德》一书中描述过这里。——译注
④ 《阿齐亚德》,同前,《阿齐亚德》意大利文版本序,Parme, Franco Maria Ricci, 1971;第一次以法语文本出现,见于 1972 年第 297 期的《批评》杂志,后收入《新文艺批评论集》,同前,Seuil,1972(《全集 IV》,p. 116)。

的住房",然而洛蒂却是在罗什福尔(Rochefort)的住房里让人为他与他的那些异域纪念品照相的①。这种变动是说明问题的,因为它表明,巴特也将洛蒂与其父亲的祖籍地和母亲的祖籍地联系起来:作为像巴特父亲一样的海军军官,洛蒂体现和讲述了自己历史上未能实现的一种可能性;作为像巴特外祖父一样的开拓者和探险家,洛蒂让人为他在装饰有战利品的房子照相(对于班热来说,那便是位于达弗莱城[Ville d'Avray]的住房,而在巴特看来昂岱一直是让他想起母系先祖的一个符号)。特别是,他在这篇文章提出了他有关住宅(résidence)和暂住地(séjour)的首次思考,这比他1980年给出的表述方式更为清晰。他在文中提到了**背井离乡**的三个阶段:出行、住下和入籍。洛蒂有时是旅游者,有时是居住者,有时则是当地国民(就像土耳其海员那样)。在巴特写作这篇文章时,虽然不了解第三阶段,但是他明确地知道从离乡背井第一阶段(旅行)到第二阶段(住下)的过渡。于是,他为"暂住"所特有的困难建立了一种巧妙的定义,在暂住中,主体不再负有"旅游者的无伦理责任",也不负有公民的责任。这种中间的身份提供了成为爱发牢骚的人即无法划类的人的可能性。这恰恰是巴特在其他地方说的中性状态,这种状态一直处于形成之中,并近于中停定型。在住宅空间中,"主体可以**潜入**,也就是说可以入内、可以藏匿、可以溜进、可以当瘾君子、可以晕厥、可以消失、可以不住、可以弃绝一切不是属于他欲望的东西"②。

这种长住经验的理想方面(文章对于洛蒂在这一方面的介绍,已被阿尔都塞所承认,他在《新批评文集》中发现了这一点,认为其是"闪光点"③),亦即被无限希求和人们不懂得害怕的一种绝对隐退,这一方面被更受关注的另一方面——仍然是责任性方面——所动摇。在动身之前,巴特非常仔细地准备他有关普鲁斯特、儒勒·凡尔纳、爱伦·坡的课程,但是,他必须适应一批新的与他先前在高等研究实践学院的听众大不相同的公众。在拉巴特,参加研讨班的,大多数是本科生或部分硕士生。从

① 皮埃尔·洛蒂确实在昂代有一处住房,是为安排他的情妇而用的,那便是位于佩舍尔(Pécheurs)街的巴夏尔-艾治(Bachar-Etchea)住房,但是他几乎从来不去住,因为他很快就将胡安娜·科鲁兹-居安莎(Juana Cruz-Guaiza)安排在罗什福尔镇的一处住房里。
② 《阿齐亚德》,同前,《全集IV》,p. 117。
③ 路易·阿尔都塞1972年10月4日写给罗兰·巴特的信。个人收藏。

2 月份开始，一次又一次的罢工妨碍着课程正常进行。从 7 月至斯基拉特 (Skhirat) 的失败政变，局势仍然是紧张的。大多数大学生的毛主义诉求，由于受到一些摩洛哥教师或法国合作者的支持，再一次确立了在 1968 年曾经妨碍过巴特的那种言语的胜利。1969—1970 年，十几位中国留学生在文学院的出现，使得与某些外国文化中心有联系的不同政治派别之间出现了竞争：因此，苏联文化中心与年轻的中国留学生居住的名为"柑橘树区"(quartier des orangers) 的居民区，成了摩洛哥大学生联盟成员聚集地和进行抗议的中心。苏联文化中心的电影厅，一如法国文化中心的电影厅，也充当着政治与意识形态争论的场所[①]。

巴特无法像司汤达那样自由地利用所选定的国家，其困难大概更多地与历史变化有关，而不在于个人的决定。但是，巴特所感受的忧郁并非是他安身立命和视为负担的唯一事实：这种忧郁也是因死亡对于性格的压力所致；这种忧郁并不把放弃介入看成不对其个体进行否定的利己意志，而是看成中断对于外部世界的兴趣，看成悲伤、看成烦恼。《偶遇琐记》由落入目光中的东西构成，因此它从头到尾都显示着落痕，"面前的黄色痰迹"，"乳白色"裤子上的油污，"一个脏点，一种轻薄的粪迹，有点像是落在其风帽上的鸽子屎"，"一只在落下之后才会烦人的苍蝇"，"跳蚤市场上的泥洼"；也还由带有风帽的各种长袍的颜色、马拉喀什市场上的"放在一堆堆薄荷叶中间的乡野玫瑰"构成。某些文字记录了短时间逗留的情况，都是在一些朋友如罗贝尔·莫齐、弗朗索瓦·瓦尔、塞韦罗·萨尔迪陪同下一起度过的，这些文字大概都写于 1969 年之前，例如："在伊托市 (Ito)，面对着一片开阔、高贵的风景之地，我们当中的一位，出于开个玩笑（非常有必要指出这一点）的意图而装出（像是《花花公子》[*Play-Boy*] 杂志上的）一个赤身裸体女子的样子，给卖宝石的年轻人莫哈 (Moha) 看。莫哈微笑着，克制着，一本正经，保持着小伙子应有的距离"[②]；相反，其他的文字，当涉及法国学生和教师的时候，则提到了为教学而逗留的事情。

---

① 默罕默德·埃勒-阿雅迪 (Mohammed El-Ayadi)：《摩洛哥的青年运动。60 和 70 年代新的政治知识界的出现》(《Les mouvements de la jeunesse au Maroc. L'émergence d'une nouvelle intelligentsia politique dans les années soixante et soixante-dix》), in Didier Le Saout et Marguerite Rollinde (dir.), *Émeutes de mouvements sociaux au Maghreb*, Karthala, 1999, p. 201—230 (p. 221).

② 《偶遇琐记》，同前，《全集 V》，p. 971.

但是,在大多数情况下,那些小小的场面并非因情势所致,而是因人们可称之为他们的**点性**(ponctualité)的东西:那是真实之非常准确的时刻与点,它恰恰是巴特在《明室》中称之为照片之**刺点**(punctum)的东西:"因为**刺点**,也同样是:针眼、小孔、小斑点、小切口,还是碰运气。一张照片的**刺点**,便是偶然,这种偶然在照片上**使我痛苦**(但也是在伤害我、使我痛苦)"①那是人们用目光瞄准而在心目中让人掉转方向的东西:肮脏、贫穷、忧伤、利益、一切使人痛苦和刺痛人(性欲)的东西。《偶遇琐记》,在有某种东西像照片那样于偶遇事件上延续的时候,就是一些快镜照片。这种东西,严格地与享乐相反。它是剩余之物,是真实在一般化的同时脱离现实的时刻。在由摩洛哥打开的这个充满各种可能性的世界里,由于许多年轻人是送上门的(当然是不考虑钱的),巴特便真正疯狂地频于身体上的接触。写作的时刻,还有像一个男孩子对他所说("您还做记载?"②)的"记载"时刻,对应于一种平静的时刻,而在这种时刻,只存在对发生过的事情的清醒认识——有时是有点痛苦的认识。

在拉巴特,巴特住在于车站附近租的一套公寓里。他母亲与弟弟米歇尔·萨勒泽多于 1970 年 1 月也来到了这里。弟弟希望利用这次机会为丰富自己的希伯来语知识而学习点阿拉伯语,于是,巴特将其介绍给了学院里的一位阿拉伯语老师。全家人利用自由的时间参观摩洛哥:巴特带母亲去看萨累(Salé)大闸,带着母亲和弟弟两人去丹吉尔、阿西拉(Asilah)、菲斯(Fez)。米歇尔于 2 月初返回到了巴黎,巴特因学生罢课而摆脱了教学,也短暂地回到了巴黎,参与《S/Z》出版的发布活动和接受在该书出版后众多媒体(《快报》、《文学消息报》[Les Nouvelles littéraires],还有

多家电台的访谈)的访谈。他 2 月 20 日独自回到了摩洛哥,他被要求讲授一门"公共课",这门课比预留的研讨班和范围很窄的本科课程更接近当时的抗议运动。这个时候,巴特已经向院长透露他不希望将合同履行到底的意思。他再一次感觉到自己的职业合法性和作用受到了质疑。他很想离开了。特别是,他关于普鲁斯特的课程没有引起学生们的兴趣,因为那些学生在这位作者身上看到的是法国古典和主流文化的典范。对于

---

① 《明室》,同前,《全集 V》, p. 809。
② 《偶遇琐记》,同前,《全集 V》, p. 974。

他们来说,诸多要求中的一种,便是与他们认为是被一种殖民文化强加的那种语言分离。1971 年,在为《承诺》(*Promesse*)杂志而接受居伊·斯卡佩塔的采访中,巴特重新回到了这个问题上,同时表明面对这种要求还有着很大的距离,他说:"当前,在某些仍然被过去的殖民语言(法语)所困扰的国家,盛行着一种*反潮流而动*的观念,认为可以把语言与'文学'分开,即讲授其一(作为一门外语),而拒绝其二(被认为是'资产阶级的')。"[①]但是,在学生们当中,某些人非常赞同巴特的研讨班:这便是例如阿卜戴里亚·布恩富尔(Abdeliah Bounfour)的情况,他在确信应该在摩洛哥弘扬阿拉伯文学的同时(他今天是伊纳尔科[Inalco]大学教授和非常著名的柏柏尔文学专家),接受着巴特的讲授和分析。

　　2 月底,巴特去摩洛哥南部完成了一次堪称美好的旅行,同去的还有几位朋友:他们是埃尔夫德(Erfoud)、梅尔祖卡(Merzuga)、乌尔扎扎特(Ouazazate);随后,他们又去了图德哈(Todgha)山谷、神鱼泉;他在南方参观了蒂尼黑勒(Tinghir)的峡谷和棕榈树种植园。他一返回,就立即赶回巴黎,去参加继《S/Z》出版刚满一个月之后出版的《符号帝国》,这是这一年出版的第二本书。他到了 4 月 6 日才返回摩洛哥,不过,仍然不能正常地确保他的课程。他便利用这一机会继续去旅行,这一次,是一个人独闯另一个地区——即便他已经是居住者了,也还是迎合了旅游之兴:达胡当(Taroudant)、古勒里米那(Goulimine)、骆驼市场,随后经由埃索维拉(Essaouira)返回,而在埃索维拉,他住进平房旅店里。有几位法国朋友来看望他:茨维坦·托多罗夫是 5 月份来的,弗朗索瓦·瓦尔是 7 月份来的,母亲亨丽埃特·巴特和弟弟米歇尔·萨勒泽多 5 月份再次来到这里。他在当地,除了长久以来建立的摩洛哥方面的关系,他还与当地的法国人建立了联系,这些人或着是在那里教书,或者是承担着外交职责,特别是若赛特·帕卡里(Josette Pakaly)和克洛德·帕拉佐里:前者在默罕默德五世大学里主持法语系工作,后者是法学院的教授——几年后他出版了《政治方面的摩洛哥》一书[②],他还经常组织一些联欢活动,巴特也应邀参

459

---

① 《离题》(«Digressions»),与居伊·斯卡佩塔(Guy Scarpetta)的谈话,in *Promesse*, n°29, printemps 1971(《全集 III》, p. 999)。

② 克洛德·热拉尔·帕拉佐里(Claude Gérard Palazzoli):《政治方面的摩洛哥》(*Le Maroc politique. De l'indépendance à* 1973), Sindhad, 1974。

加;让-克洛德·博内(Jean-Claude Bonnet)是在摩洛哥工作的法国年轻海外协作人员①,巴特 1970 年夏天就住在了他那里——当时,巴特放弃了他在拉巴特的公寓房,打算开学后在卡桑布兰卡的奥玛勒(Aumale)街为母亲和自己再租一套房;贝尔纳·西谢尔(Bernard Sichère)于 1970 年秋天也作为年轻的海外协作人员来到了摩洛哥。巴特还结识了克洛德·奥利耶(Claude ollier),后者已经多次在摩洛哥短住,而在随后的几年中,他长居在此——他已经出版过关于摩洛哥的两本书(1958 年出版的《导演》[*La Mise en scène*],1961 年出版的《保持秩序》[*Maintien de l'ordre*])。克洛德·奥利耶在其《麦地那一样的马拉喀什》(*Marrakch Médine*)(1976)一书中,把阿拉伯语、法语和希伯来语作为他写作的活跃成分,而当他在书中证明曾两次在拉巴特与巴特见面时,他指责巴特没有关注摩洛哥,而尤其是没有关注其语言②。确实,巴特没有像关注日本那样关注摩洛哥,他也没有努力去学习点什么。不过,这种判断有失公正,并为巴特关于摩洛哥作家的多篇文章(我们已经看到过),而且也为《偶遇琐记》和巴特有关多义性的研讨班所推翻,因为他在研讨班上表明了自己对于阿拉伯文化,甚至对于阿拉伯语言的持续重视。他总是依靠文章、依靠他在《S/Z》中建立以及在对爱伦·坡的分析中应用的分析方法,对于总在展开意义的多元化现象表现出了兴趣。关于多义性的研讨班,则非常出色地使用了雅克·贝尔克和让-保罗·沙尔奈(Jean-Panl Charnay)的著作《阿拉伯文化中的双义性》。"于是,多义性逐步在其法国背景和其阿拉伯背景之中得到了考虑"③;例如,那些意义相反的同音异义词(巴特在法语中称之为"对立义素词"[énantiosèmes]的那些阿拉伯语中的 *ad'adâd*,可以根据两种对立的意义来接受,就像单词"hôte"④那样),增加了各种可能性,并

---

① 指法国派往海外工作并以此代替服兵役的年轻人,他们多为教师、医生或技术人员。——译注

② 参阅利达·布拉比(Ridha Boulaâbi):《巴特与东方:解读〈偶遇琐记〉》(«Barthes et l'Orient: lecture d'*Incidents*»),in Ridha Boulaâbi, Claude Coste et Mohamed Lehdahada (dir.), *Roland barthes au Maroc*, Meknès, Publications de l'université Moulay-Ismaïl, 2013, p. 35—51(p. 46)。

③ 克洛德·科斯特:《在摩洛哥的教案》(«Notes de cours pour le Maroc»),in *Roland Barthes au Maroc*, op. cit, p. 9—22(p. 18)。雅克·贝尔克、让-保罗·沙尔奈及其他合著者:《阿拉伯文化中的双义性》(*L'Ambivalence dans la culture arabe*),Anthropos, 1968。

④ 法语单词"hôte"兼有"主人"和"客人"两种意义,要根据上下文来确定。——译注

与稳定性规范和因果规范割断联系,而对于建立在文本的不变性原理基础上的一种书写文化来说,这就不会不存在问题。于是,巴特分析 *azrun* (力量,虚弱)、*baht'nun* (大海,陆地)、*jaunun* (黑色,白色)、*jarun* (老板,顾客)。雅克·德里达曾在古希腊语言中寻找与这些词类似的词,例如 *pharmakon* (药品,毒品)。一如德里达,巴特在这些双义中看到了一种研究方式,该方式可以用来应对完全趋向真实的那种论证逻辑和理性逻辑,而有利于意义的各种可能性的扩展。像在德里达的作品中那样,建立在展开与区别基础上的文本分析,是显示思想的另外一种分散方式。这也是建立微妙性的一种原则,它超越交替释义的做法,它模糊或推迟意义的产生。巴特在性生活中也发现了这种途径:"禁欲已被完全取消,并非有利于一种神秘的'自由'(这种概念对于满足所谓大众社会的脑胰幻觉是完全适合的),而是有利于那些真空的编码,这便从自发论谎言上排除了性欲。"①那些对立关系是被这些两极特征和双义性所破坏的:这也是在烹饪中出现的情况,因为烹饪在这方面提供了各种各样的例证、各种各样"众多的和富有智慧的含混结合体","菲斯的烹饪(极富城市特征):洋葱葡萄干炖鸡(*bstalla*)、洋葱葡萄干炖羊肉(*mrouzia*)(宰牲节[Aïd El-Kebir]的菜肴)、还有一种麻醉和强身食品(*majun*)……"②。

早在双语问题成为后殖民文学显著特点之前,巴特就已在展示根据另一种语言写出的,并且仍然可以消解欧洲主体的法语的力量。他认为"吉拉里的信"很美,《罗兰·巴特自述》中收录了这封信,信中的语言"同时说着真实和欲望";但是,《偶遇琐记》中出现的那些语言上的古怪现象,同样也是吸纳符号的一种方式,它们在巴特作品中产生着一种真正的诱惑力。"我喜爱阿米杜说话时的用词:**梦想**和**奋发**,为的是**全神贯注**和**自我享乐**。奋发是植物性的、分布性的、扩散性的;享乐是精神性的、自恋性的、肥胖性的、封闭性的。""塞拉姆(Selam)是丹吉尔的一个老兵,他大笑了起来,因为他遇到了三个意大利人,而这三个意大利人使他浪费了许多时间:'他们都认为我是女的!'"③在这个文本中,仍然是到处可见的对阿

461

---

① 《离题》,同前,《全集 III》,p.1000。

② 关于"多义性"的教案,由克洛德·科斯特在《在摩洛哥的教案》中援引,见同一文章,p.19。

③ 《偶遇琐记》,同前,《全集 V》,p.967 et 960。

拉伯人姓名的默想就像那些表面一样触及到了一切：拉侯赛因
(Lahoucine)，"阿卜德萨拉姆(Abdessalam)在德土安市(Tétouan)上寄宿
学校"，"穆罕默德(Mohammed)两手柔软""阿兹穆(Azemmour)"……它
们是发音、是节奏、是表达方式，然后才构成重新导向言语活动乌托邦的
一个句子，这个句子是在《符号帝国》中，或者当巴特提到丹吉尔一处广场
立体声时在《文本带来的快乐》中所梦想的。对于符号和语言的这种关
注，很好地证明了巴特对于这个国家并非毫不上心，恰恰相反，这种关注
是对于他与人有别的承认，是对于应该学懂这种区别的承认。

　　但是，在摩洛哥最使他高兴的，大概是那些房子，地中海的房子俨然
是他已将其变为纯粹个人幻觉的老生常谈的东西。当他在摩洛哥的时
候，就在他常住的那一年中最初的几次短住期间，他经常返回位于卡桑布
兰卡以南、距离大海不远而坐落于阿兹穆垂崖(la verticale d'Azemmour)
处的梅伊乌拉(Mehioula)，他的朋友阿兰·本沙雅几乎每个周末都去
那里见他[1]。巴特在《偶遇琐记》中提到了那栋由一位法国女人掌管的家
庭旅馆，"在那里，我们用煤油灯照亮，而冬天，我们觉得非常冷"[2]："在梅
伊乌拉很高兴：厨房宽大，夜间，外面下着大雨，辣粥正煮着，巨大的烷石
灯，小萤虫飞舞着，温暖，他穿着带帽长袍，在阅读拉康的作品！（拉康竟
然进入了这种粗俗的舒适环境之中。）"这纯粹是对于洁净的一种描绘，那
挖苦拉康的讽刺话将这种描绘转换成了构筑设想与欲望的地方。这同一
种愿望，在《明室》中谈及夏尔·克利福(Charles Clifford)一幅照片时，也
得到了表述："一栋老房子，一个黑暗的小门，一些房瓦，一种过时的阿拉
伯装修，一个男人靠墙坐着，一条没有人迹的街道，一棵地中海沿岸树木
（夏尔·克利福的《阿尔罕布拉》[Alhambra]）：这张旧照片(1854)触动了
我：我很想去生活的地方，只不过就是这里。"[3]去居住的欲望，以乌托邦的
方式将他带向了另一种时间的这些地方，在那种时间里，童年时的无记忆

462

----

[1] 《罗兰·巴特自述》开篇就曾向阿兰·本沙雅(Alain Benchaya)致谢，他是书中棕榈树照片的
摄影者，这幅照片重新出现在关于该书的图片档案之中，是在塔夫拉乌(Tafraout)公路上拍
摄的。

[2] 弗朗索瓦·瓦尔：《嚯！》(«Ouf!»), in Marianne Alphant et Nathalie Léger (dir.), R/B, Ro-
land Barthes, catalogue de l'exposition du centre Pompidou, 2002, p.108。

[3] 《明室》，同前，《全集 V》, p.819。这幅照片重又出现在第 820 页，带有这样的说明："这正是我
想去生活的地方……"。

和乌托邦式的、富有幻觉的未来混淆不清。他始终属于地中海的范围,这一范围在其《如何共同生活》中谈到阿索斯山(mont Athos)时也提到了。"实际上,这是一种景致。我处在这里,就在一处阶地的边上,远处是大海,白色的墙皮,我自己有两个房间,几个朋友也是同样的安排。"①跻身乡下,有书有朋友,身处同时可以照顾到孤独与共同生活、疏远与美的一个地方,这恰恰是找到了与母亲的身体相当的东西。巴特以逻辑方式在《明室》中辨认出了这一点:"面对这些叫人倾心的景致,一切都像是我曾确信在这里呆过,或者像是我必须为之一去。然而,弗洛伊德对于母亲的身体这样说过,'根本不存在别的什么地方,人们可以同样确信地说自己已经在那里呆过了',那么,这便是(由欲望所选择的)景致的本质所在:*heimli-ch*,从自我身上唤醒母亲(丝毫不该不安)。"②这肯定也是巴特在这个国家感受到的快乐的一种原因,尽管也出现各种困难。他在这里身处亲密和热情的环境之中。身边有众多朋友,特别是有阿兰·本沙雅,而尤其是有"若埃尔"列维-科尔科(«Joël»Lévy-Corcos)——他是巴特在摩洛哥最重要的联系人,他到拉巴特参加研讨班,并且巴特与他度过了大部分时间。后来,列维-科尔科定居以色列,他的离去也是巴特随后很少去这个国家的原因之一。在这个大家庭的朋友们中,他以一种平和的言语与大家沟通,任何人都不判断、不恐吓或者不为什么大事业去辩护。他高度评价这种气氛和因印度大麻烟末所带来的这种悬停状态,他曾在一篇人们并不期待这种秘闻的、名为《作家,知识分子,教授》的文章中介绍过这一情况。当他自己因呼吸问题也处于无法吞咽烟尘的时候,便喜欢"弥漫在这有人吸印度大麻烟末的、外国人住区的平和气息"。"所有举动、所有(少有的)言语与身体的整个关系(尽管是不动的和有距离的)被疏远了、被缓解了。"③某些生平素便也进入了这些平静的转移之中:烹饪、灯具、多次出现

463

---

① 《如何共同生活》(*Comment vivre ensemble*),p. 37.巴特在1979年写的关于赛伊·通布利(Cy Twombly)的文章中,曾较了反映"地中海的大房间,炎热和光亮耀眼,带有着人想装满的所有成分"的那些油画(《艺术的智慧》,《全集 V》,p. 692)。

② 《明室》,同前,《全集 V》,p. 819。

③ 《作家,知识分子,教授》(«Écrivain, intellectuels, professeurs»), in *Tel Quel*, n°47, automne 1971(《全集 III》,p. 906),在讲解《中性》课程过程中,巴特再一次谈到了这种印度大麻带来的懒洋洋的、友好的和不声不响的平静;他将这种平静与道教的艰难的、旁无所顾的平静对立了起来(《中性》,p. 41)。

在《偶遇琐记》中带风帽的长袍,巴特在晚上经常穿着这样的长袍,他喜欢它的柔软、它的颜色,喜欢它的不箍身和它的符号模糊①;他自感是其中一员的这一组人,他们之间的关系最终逐步淡漠了下来。

切　分

464　　对于不形成中心的需要,也表现在 1970 年的两本出版物方面,那便是《S/Z》和《符号帝国》。这两本书都是在去摩洛哥之前完成的②,但是,巴特也受到了来自这两本书的直接考验。尽管两本书之间有着明显的区别,人们还是可以指出,它们都是在切分的符号名下被介绍的:《S/Z》是对于组合体或词汇进行的切分,这种切分可比之于“对有节拍的声流的切分”③;《符号帝国》开篇很快就将切分观念用在了日本烹饪方面,对于食品,他写道:“那些食品所真正承受的唯一操作,便是被切分”④在这两种情况下,分割并不分开、并不分散,而是突出整体的紧密性。面对作为断裂或截杆的切分有时产生的不舒服,一般来自于我们的分割所属的其他情况。借助属于巴尔扎克中篇小说中心内容的对于阉割的某种传播,巴特将整体性分成小块,为的是把所有东西重新归入更为接近真实的片段化。当他主持关于《萨拉辛》研讨班时,他在这一点上特别警惕:物件、单词已经是一些切分物。应该习惯在不同地看待文本和作为文本的真实时,以另外的方式去思考。而根据其他原则进行切分:“这是所有那些在一种广阔的象似空间寻求某种细微或闪现东西之人的方法”⑤,他们是预言家、考古学家、淘金人。因此,在巴特的著述当中,这两本书代表着一种真正的变化,而它们在今天仍然存在的影响力在很大程度上依赖它们借助分散主体与意义的关系,借助放弃象征和深度而提出的对西方所指的颠覆。

---

① 1970 年 3 月 7 日记事簿:“在埃尔·加迪达[El Jadida]与让-皮埃尔在一起,为自己买了一件带风帽的长袍。”

② 把他在 1968 年 11 月 16 日完成了《符号帝国》文本的写作,但用了 1969 年的相当一部分时间去寻找图片。《S/Z》的撰写一直持续到 1969 年 7 月 22 日,这是他把手稿交给弗朗索瓦·瓦尔的日子。

③ 《S/Z》,《全集 III》,p. 141。

④ 《符号帝国》,同前,《全集 III》,p. 358。

⑤ 《巴尔扎克的〈萨拉辛〉》,同前,p. 176。

《S/Z》拒绝一种模式超越多种文本的观念,坚持每一个文本都有属于自己的使用模式,每一个文本都应该在其区别之中被论述,直至构成其特有事件的最小变化。一如禅宗的**悟性**,"多少有些强烈的(根本不是正式的)地震,它使知识、使主体发生震颤"[①],作为同样的偶然事件,一个文本区域可以根据板块构造学规律动摇人们认为有可能建立的整个意义。

从这种变化角度来看,《S/Z》代表着理论和方法学方面,而《符号帝国》则代表着伦理学方面。巴特承认,前一本书中所进行的理论转折,源于他放弃了设定,随后可以据此衍生出对于任何文本进行结构分析的一种总体结构。《叙事文结构分析导论》一文进行的就是这种探讨。这种变化来自于探讨本身。在改变对于对象的目光、在缓慢地前行的同时,他转换了对象本身:"因此,在一步一步穿行文本的过程中,我改变了对象,并且就在此,我被带向了人们现在谈论的这种理论变化。"[②]巴特承认,这种变化也是来自于对于其他人的阅读:"这是因为在我的周围,有着像德里达、索莱尔斯和克里斯蒂娃(当然总是这些人)这样的研究者、'表述者',他们教懂我一些事物,教我变得聪明,使我变得信服"[③]。我们已经说过,他对于文本多元性的思想和放弃把任何对象都化约为一的做法,应归功于克里斯蒂娃。现在来谈一谈他应该归功于德里达的东西,或者更应该谈一谈使他们两人都成为方法发明者的东西,是重要的。他们两人平行走过的路建立在两种操作基础之上:解构——展开、切分——与分析。特别是,对于德里达来说是置疑形而上学的各种概念,或者对于巴特来说,是置疑有关意义的西方机制,这种置疑借助通过产生这些操作的**阅读**来进行:阅读、全部重新阅读,在脱离学校的和文化的条件制约下,以另外的方式重新联系起来。阅读和写作不再被考虑为两种分离的活动,而是被考虑为在参与语义之变动的过程中一起相互重新确定的活动。确信不应该将两种活动分离,引起了阅读、再次阅读、阅读节奏(根据阅读的更快或更慢而定)的出色发展,一些有可能显得模糊的事物变得闪亮明确了。令人惊奇的是,在巴特更为明确地肯定其古典兴趣和漠视先锋派的时期,他

---

①　《符号帝国》,同前,《全集 III》,p. 352。

②　《离题》,同前,《全集 III》,p. 1010。

③　同上。

在其关于阅读的主张中经常表现为是改革派的。他承认皮埃尔·居约塔《伊甸园,伊甸园,伊甸园》①一书的力量,于是,这种力量便与小说质疑我们的线形阅读的、例如对抗重复性习惯的事实结合了起来。而他的批评方法的力量在于,这种方法反过来导致以另外的方式写作:"阅读,便是发现意义,便是发现一些意义,便是命名那些意义;但是,那些被命名的意义却被带向了其他的名称;名称之间相互称谓,相互聚集,而它们组构在一起又想得到命名:我命名,我取消命名,我重新命名。"②分析,便是这种无止无休操作的名称。条件是,在不关闭综合的情况下去思考这种分析,一如慢慢滑入,也如慢慢变成,这便是德里达称之的**分延**③。在德里达的著述中,阅读也包括写作。赋予写作以特点的东西,便是**文本性**(textualité),它既是文本的闭合,也是文本的非-闭合:"我们不能以没有结束的东西来思考闭合。分延循环的极限,而在这种极限内部——也就是说其游戏空间内部,分延的重复在无限地被重复。这种运动便是作为游戏的世界的运动。"④还需要指出的是,在巴特那里,把自身当作作家的自我肯定,或至少对于一种写作志愿的公开表达,是在文本分析方法将其作为批评者和作为读者的时刻才会介入进来的。**可写的**(scriptible)概念是用来阐述和取笑这种悖论的,因为这种概念使读者变成了文本的生产者。在能指之中工作,便是为自己获得写作的可能性,就是这么简单。

因此,《S/Z》的力量冲击,便构成对于阅读的尚不为人知和不清楚的领域的首次深探,而现有制度一直在尽力地疏通这一领域。"**读者只在文本中说话**"⑤。巴特再一次占用了一个古典文本,该文本就像拉辛那样借

---

① 《伊甸园,伊甸园,伊甸园》(*Éden, éden, éden*),发表于1970年,为皮埃尔·居约塔(Pierre Guyotat,1940—　)所作。讲述的是阿尔及利亚战争期间出现的社会"混乱",出版后即被列为"禁书",1981年解禁。罗兰·巴特曾为其写序。——译注

② 《S/Z》,《全集 III》,p. 127。

③ 分延(différance):雅克·德里达创立的概念。法语动词"différer"有两种截然不同的意义,是具有相同形式而意义不同的两个动词;第一个意义表示"有区别",第二个意义表示将某种东西延展。出于对于名词的需要,德里达便根据第一个意义的名词形式"différence"为第二个意义创造了一个原本不存在的名词形式"différance"来表示依据第二个意义形成的概念。在德里达的术语中,"分延"指"各种要素相互之间建立关系的空间活动"(Derrida J. , *Position*, Paris, Minuit, 1972, p. 38),面对文学文本,"分延"不寻找一种内容或一种统一的主题,而是研究文本的各种关系和修辞格赖以出现意外颠覆或者是出现双重逻辑难点的方式。——译注

④ 雅克·德里达,《论文字学》(*De la grammatologie*),Minuit, 1967, p. 367。

⑤ 《S/Z》,《全集 III》,p. 245。

助中学和大学的阅读而成为操作对象,他抓住这个文本,以便完全颠覆其编码。他打乱巴尔扎克的文本,指出该文本并非只是服从再现的古典规则,即拟真规则。他使这个文本变成了一个自由的和向所有适用场合及所有欲望开放的领域。文本的形式并非是富有结构的,也不是单一的:它的形式消失于无尽的运动与变化之中,这种运动与变化让人想到是已经读过、看过、进行过或经历过。因此,每一种编码都是力量中的一种,这些力量可以独占文本,指出其各种变化、其多元特征和其"闪光波纹"。阅读在尽力破坏陈述和话语的起因。"这样一来,想象古典多元性的最好方式,便是把文本当做多种声音的精彩交汇来听。那些声音被设定是在不同声波之上和在一种突然衰减的时刻被获得的,因此,它们之间的缝隙可以使得陈述活动①从一种观点转移到另一种观点,而不需要提前预告:写作就通过这种声音的不稳定性(而在现代文本中,这种不稳定性达到了无调性的程度)中得到建立,这种不稳定性使写作变成了具有瞬间起因的一种闪光波纹。"②

467

这本书的首批读者理解了这种主张的新颖性,他们通常在书信中将他们的阅读方式补加到巴特提出的阅读方式之中,继续进行着由文本本身所开启的运动,这正像列维-斯特劳斯为撒拉逊人所做的解析那样,或者像波勒·泰福南在其长信中对名为"萨拉辛"的黑麦即荞麦和作为小火腿名称的"桑比那拉"的评论那样③。1969 年 8 月 4 日,真正的首位读者,即作为出版商和朋友的弗朗索瓦·瓦尔对于这部书提出的出色理论立刻就自言"嫉妒":"你成功地做到了:1. 由于词汇和编码的无限性被打开了,人们便产生了获得更多之想往(……);2. 将读者即你的读者吸引到一种

---

① 陈述(énoncé)、陈述活动(énonciation)是语言学和符号学的两个重要概念。前者指在被分析之前具有任何意义的单位,后者指言语活动的行为;前者是后者的结果,后者是前者的过程。——译注

② 《S/Z》,同前,p. 152。

③ 波勒·泰福南(Paule Thévenin)1970 年 5 月 1 日的信。罗兰·巴特遗赠,《Roland Barthes》。译者补注:在巴尔扎克的小说中,Sarrasin 被翻译成"萨拉辛",是一个人物的名称。但是,这同一个词也被翻译成"撒拉逊人",是中世纪时欧洲人对于阿拉伯人的称谓。除此之外,作为普通名词的 sarrasin 指的是"荞麦"。Zambinella 在小说中,也是一个人物,但作为一个普通名词,它指的是一种"小火腿"。这种解读,显然是受了茱莉娅·克里斯蒂娃的"符义分析"(sémanalyse)的影响,即对于语链上每一个意蕴单位所涉及的各个方面的意义均罗列出来,以此呈现文本的可能的多义性,于是,阅读也就变成了一种"生产"活动,而读者同时也就变成了"生产者"即作者。

分析过程之中,在链接的无限性与一种进步的不可战胜之间进行组配:在此,去势在逐渐地(或者最好说,去势人作为状态)破坏一切,而读者(另一位读者,即罗兰·巴特)自己则在其中找到了唱出一支金曲的机会。"信的后面内容,提出了几项合理建议,但巴特似乎在重读文本的时候并没有真正地予以考虑——虽然人们相信他在第一次校样上会做出些改动,瓦尔的结论是:"在阅读你的书时叫人困惑不解的,是对于可写的东西、对于没完没了的东西、对于系统性的耐力所进行的落实活动:网系交织、声音汇集、分解层级,以及推进之步骤……;但是更为甚者,由于你想通过符号、声音减衰、动作序列的伪-经验、肖像的重叠、结论性所指、不可操作的东西、专有名词、杰作、场面(一种出色的分析)和悬停,而最后达到终极目的:这一切,你可能一直都想实现,可是你却以一指之力将其破坏掉了"。他把书稿交给了作为第二读者的菲利普·索莱尔斯,后者也认为书稿十分出色。他推测这部书会带来"绝对主要的颠覆性影响力",他认为,巴特对于"萨拉辛"重新书写,产生了一部他此前不曾有过的一部杰作。该书在 2 月份一出版,就获得了德里达的完全赞许,这并不叫人感到惊讶:他1970 年 3 月 22 日写信给巴特说:"亲爱的朋友,我仅非常简单地向您表示我对于《S/Z》的承认与赞赏。与其他任何文本相比,我都没有像今天这样**完全地赞同、完全地投入**。一切均在书的安排之中,《S/Z》的展示必然构成人们在过去的规则中本该叫做模式或方法或典范参照的东西。不管怎样,它在勾画、增繁'解放'一种新的阅读和写作空间,我确信《S/Z》会做到这样,也会永远这样做下去。"吉尔·德勒兹也赞扬这本书的"全新的方法"和其影响力。按照他当时使用的词语,他承认这本书是一种"新的机器"。雅克利娜·里塞(Jacqueline Risset)认为,所建立的一切均在于使读者直面"自己的虚构欲望",而米歇尔·莱里斯对于迟复信件向巴特表示歉意,在信中也说,他借助于这部书籍而学习了阅读("这种学习是激动人心的,显然也是需要长时间的!")①对于精神分析学家让·勒布尔,巴特从这部书写作伊始,就觉得对他有所歉疚,因为正是这位精神分析学家有关

---

① 弗朗索瓦·瓦尔 1969 年 8 月 4 日的信,菲利普·索莱尔斯 1969 年 8 月 15 日的信,雅克·德里达 1970 年 3 月 22 日的信,吉尔·德勒兹 1970 年 4 月 24 日的信,雅克利娜·里塞 1970 年 4 月 17 日的信,米歇尔·莱里斯 1970 年 7 月 10 日的信。铸造工业标准(BNF)编号为 NAF28630 的文件,《S/Z》。

巴尔扎克这篇小说(是在巴塔耶的启发之下选取这篇小说的)的文章引起
了巴特对于这个文本的注意①;此时,这位让·勒布尔对于巴特的分析也
表现出了极大的兴趣。

相反,在巴尔扎克研究专家那里,评价是不高的,有时直接就是反对
的。这并不是在重复对于《论拉辛》的论战,而是某些说法是非常粗暴的。
在《世界报》上,皮埃尔·西特龙指责这是一种"强调任何阅读的主观特
征"的方法;而作为马克思主义批评家的皮埃尔·巴伯里在《巴尔扎克年》
(L'Année balzacienne)杂志上发文强烈地指责这部书,说巴特给人的印象　　469
是他代表着所有的巴尔扎克研究者。第一种指责涉及对于这样一篇边缘
性中篇小说的选择,因为这种选择遮掩了其余作品;第二种指责是属于方
法论方面的,并指向了巴特倾心为之的印象性阅读;对于历史的罔顾(特
别是不考虑恰好写于 1830 年革命之后的这个中篇小说的社会政治学维
度)是第三种主要批评②。不过,除了巴尔扎克是其研究对象的某些空间
外,《S/Z》借助于发明一位新的读者、借助于将自己的读者再现为另外的
作者,它在整个智力领域得到了一致的赞同。巴特承认,对于此书不仅在
批评界传统刊物内,而且也在收到的其中包括来自那些"扩散我所发现的
意义、同时发现其他意义的"众多无名读者的信件中受到的这种双重接
受,是对他研究工作的真正辩护③。

《符号帝国》表现为像是与意义的另外一种关系的伦理学方面。因
此,日本也成了一种写作性阅读(lecture-écriture)的对象。在这种意义
上,这部作品几乎与《S/Z》同样属于革新的一种举动,同时它也彻底改变
了叙事或旅游感受体裁。巴特在使他的这本书更多地建立在幻觉而不是
经验基础上的同时,使日本这个国家服从于他的想象和欲望的法则。因
为巴特将这个国家变成了原始性、真空性和排除意义的空间,所以,日本
便表现为像是一种可写的文本,同时它也构成对于恐吓人言语的一种真

①　让·勒布尔(Jean Reboul):《萨拉辛或人格化的阉割》(《Sarrasine ou la castration
　　personnifiée»), in Cahiers pour l'analyse, mars-avril 1967(援引自《S/Z》,《全集 III》, p. 131)。
②　皮埃尔·西特龙(Pierre Citron)的文章,见于 1970 年 5 月 9 日《世界报》:该文与莱蒙·让
　　(Raymond Jean)的一篇更受捧的读书笔记同时发表;皮埃尔·巴伯里:《谈罗兰·巴特的《S/
　　Z》。进两步,退一步?》(«À propos de S/Z de Roland Barthes. Deux pas en avant, un pas en
　　arrière?»), in L'Année balzacienne, 1971, p. 111—123。
③　《离题》,同前,《全集 III》, p. 1014。

正的矫正,它还是使日本与崇拜意义和言语恐怖主义一起终结的手段。日本是一种符号,但却是一种空洞的、不可再回收的符号,它使我们的信仰和我们的象征系统出现裂隙。它不可在主体、世界和意义的连接方式上得到思考,却可以在其平稳的物质表现中得到解读。巴特是否完全理解禅宗概念和那些概念在他所发现的日本国里的隐蔽共鸣状况,这并不重要。重要的,是理解日本如何从精神上、从感情上帮助他确保自己的批评立场。可视对象的主导地位,有可能是任何旅行者(游人)参观其所不了解的一些国家的动情起点:人们观看和拍照所不理解的东西。巴特知道这一点,并拒绝让他的目光只听凭于被感动。反过来,他接受被真实所拍摄或所理解,因为真实在围绕着他和他因此而被改变。他在彻底地压缩他在观察之中可能有的补偿性反射的同时,听凭事物、举动、场所(筷子、商店、文字、纸张)来到他面前,而不去解释它们。他认为,他的性格所喜欢的正是这些东西:他对于纸张、墨水、笔记本、钢笔的爱好,是一种并不限于趣闻轶事方面的生平特征;这种特征也在确定着人的行为和与写作工作的关系。他从童年起就酷爱花园。他看重书法,标记任何属于线条、属于裂隙而不是属于目光或心灵的东西。在这一点上,他非常接近于拉康对"日本事物"给出的定义:那是与写作的书法运行相联系的特定的享乐方式,这种方式是被拉康称之为"海岸"且位于知识与享乐之间的一条普通水平线来表现的①。这种线条在《符号帝国》中被两度提及:关于"柏青哥"(Pachinko),在机械性能范围内,它复制了"*底层*油画的原理本身,这种原理所要求的是,线条一次性一劳永逸地成型";而关于以一条线画出的眼皮,一如被一位懂得解剖的书法家所为,"就像在*底层*油画中必须做到的那样","由手的快速一转"②而成。

　　巴特的这本书,在表现为像是一种图片集锦、将所有的图像资料均置于同一层面上(根据斯基拉出版社"创作小路"["Sentiers de la création"]丛书任务书的要求)和将所有文字片段都写成散文(它们通常属于波德莱尔所构想的散文诗,既是对于面前场景的把握,也是小小的寓言故事)的

---

① 参阅伊丽莎白·卢迪内斯库:《雅克·拉康:一种生活的概况,一种思维系统的历史》(*Jacques Lacan. Esquisse d'une vie, histoire d'un système de pensée*), Fayard, 1993, p. 459。
② 《符号帝国》,《全集 III》, p. 372 et p. 428。

同时,在他那时的各种思想关注延长线上,也包含着许多重要的理论想 471
法:关于写作,这在此后当然占据着整个真实之空间,并使他把自己在我
们眼前铺展得就像是一块巨大的印花布;关于身体,特别是关于演员的身
体,这种身体确认了长时间以来因巴特与布莱希特接触(顺便提一下,布
莱希特本人早就对有关中国演员作用的教诲有所了解)所建立的有关无
夸张、无编码展示的诸多主张;关于外语,作为必要的转移,它在激化巴特
的同时,确认了在摩洛哥体会到的分散之重要性的情感,因为这种分散可
以摆脱充实的意义①。巴特也肯定了一种思维和行动之模式的重要性,因
为这种模式既不是偏执狂的(属于理性),也不是歇斯底里的(属于浪漫),
而是不受意义约束和排除意义的。禅宗在拒绝进入聚合体的四个项(A,
非-A,既不是 A 也不是非-A[零度],A 与非-A[复合度])之一的情况
下,它破坏言语活动的机制,为的是在每一种四项上保留其作为事件的价
值,为的是不把事件带入无限的隐喻或象征的螺旋变化之中。但是,表达
一种欲望和告白身体(他自己的身体和日本人的身体),远远超过这些理
论表述,因为这种表达和告白赋予了这部书籍在今天许多读者看来仍然
富含旺盛的魅力,仍然具有美不胜收之处。

　　巴特习惯于旅行时在日记本上(中国之行)或在卡片上(摩洛哥之行、
日本之行②)做些记录,《符号帝国》便是在整理这些记录基础上写成的。
这本书的片段式特征,也源于总是接近日记的一种书写形式:日记上的各 472
条文字,一如那些卡片,大部分都是带有日期和在一种非常扼要的回顾动
作(通常是晚上或第二天清晨)中写就的。但是,巴特习惯于重新回到日
记或卡片内容上来,习惯于对其进行修改或重新安排。于是,他使其脱离
其原先的场景,就像在日本的情况那样,然后再发表它们。《符号帝国》汇
集了他在日本进行的三次连续旅行期间撰写的日记,然而却是 1966 年 5

---

①　这种中心的空缺,在词语之外的言语活动特别是烹饪中得到了验证:"没有任何一道日本菜肴
　　具有一种中心(在我们国家,习俗要求有食物中心,因为这种习俗在于为饭菜排序、在于围着
　　菜肴而坐、在于为菜肴垫上布巾);一切均是另一种装饰的装饰"(《符号帝国》,《全集 III》,p.
　　367)。在《作家索莱尔斯》(Sollers écrivain)的注释中,巴特提出了在主体与陈述活动之间建
　　构关系之可能性的一种基本的全新构想,"同时以我们和我们的母语所不了解的方式来集中
　　或分散这种关系"(《作家索莱尔斯》,《全集 V》,p. 25)。
②　莫里斯·潘盖可以证明:"巴特记录他的想法,根据那些单独的、可变动位置的小卡片来组构
　　句子"(《日本,这个文本》,p. 25)。

月 2 日至 6 月 2 日的第一次旅行提供了整个基础性资料,后来的旅行仅仅是对其进行细化或确认。例如,对于曼谷水上市场的提及①来自第一次旅行期间的一次观看,因为这是他在这座城市里停留过三天的唯一一次旅行。同样,那个小小的约会词语表,一如那些草图,使他不至于在东京迷路,这些都是在他第一次日本之行时由莫里斯·潘盖给他提供的。此外,从整体上讲,它们大部分又是在巴特 1967 年秋天于巴尔地摩短住期间重新整理的,这便解释了与美国进行的重复比较内容②。因此,《符号帝国》是根据一种内心实践来组成的书籍,因而它通常被认为是不具备写作特征的。其他由同样实践所激发写出的书籍(《偶遇琐记》《哀痛日记》《中国之行日记》)都是在去世后发表的。因此,这是一部完全受欲望驱使写成的书籍:首先,因为日本具备可写的东西,它让人可以在无小说而言的情况下发现浪漫的故事,而对于这种浪漫故事,巴特一段时间以来一直赋予其"偶遇"的名称;其次,因为他在日本的感觉完全与自己的欲望相协一致。他在日本尝试一种真正的生活艺术,他与之适应,而这种生活艺术与他在法国一直感受到的距离感和不适感形成了鲜明对比。他全心地梦想着这两个地方相融一体:"刚一到达,我就产生了下面的梦想:我在塞尔旺多尼的房间——正像您所知道的那样,是在高处的,能按照梦的自然变化

（473）

---

① 在曼谷的水上市场里,每一个商家都呆在一只不动的独木舟上"(《符号帝国》,《全集 III》,p. 362)。

② 例如:"在"柏青哥"中,没有任何性表现(在日本,在这个我称之为日本的国家,性欲就在性表现之中;在美国,则相反:性表现到处存在,而在性欲之中却没有)"(《符号帝国》,《全集 III》,p. 372);或者还有,关于纸张:"美国的纸张丰富、用途明确、富有智慧(……)日本纸张的对象就是用于表意文字的书写,在我们看来,这种书写是由绘画派生而来的,其实绘画只是奠定了表意文字"(《符号帝国》)。我们在他从巴尔地摩直到第三次去日本之前写给莫里斯·潘盖的书信中看到了同样的比较。值得注意的是,那第三次是巴特 1967 年 12 月直接从美国飞到日本的:"我在这里的停留是丰富的——烦恼极多,可幸运的是,烦恼也可以被讲述出来(……)这是一个无快乐意识和无惊喜意识的国家(至少就我这种身份而言);的确,这里有着无数可去发现、可去观察的东西,我并不放弃,但是,当人们这么做了,一种判断就会介入进来,而对于我来说,判断毫无困难地就采用了与日本进行比较的形式:相同的技术踪迹,在生活艺术之中,却显示出是截然不同的两个极:在这个过程中,一切均向有利于日本的方向转动。将一个美国酒吧与一个日本酒吧做比较,那便是地狱(晦气的)与天堂之别! 现在我的母亲与我的弟弟和我在一起,给我带来了极大快乐;他们大约 11 月 25 日离开;然后,我将在这里进行三周的旅行与报告。"在他有机会去美国西海岸进行的旅行过程中,巴特写信给莫里斯·潘盖,说他在加利福尼亚感觉稍微好些,"这次旅行多少消除了我对于美国的不好感觉(天气、人群的混合与彬彬有礼——多数是亚洲人!)"(1967 年 11 月 10 日和 12 月 2 日写给莫里斯·潘盖的信。莫里斯·潘盖遗赠,IMEC)。

并借助于一种垂直的阶梯与帕尔(PAL)酒吧所在的涩谷的小街小巷直接地沟通起来。"①他喜欢在交往中关系简单纯朴,包括性关系。他的一部分怀旧心绪来自于他对那些完全和谐时刻的记忆。他在第二次返回后写给莫里斯·潘盖的信中说道:"您知道我是很想念这个国家、想念这个国家的男孩子们的——可您也知道我有时却不怎么去想,为的是不陷入怀恋之中。"②1968 年 1 月 15 日,在其第三次旅日之后,他告诉莫里斯·潘盖,他感觉自己只是因为实际需要才返回法国的:"对于每一处街景、每一天的故事,我都将其代之以日本的街景和故事,我感到抱歉,我身处一种深度怀恋之中。"③总像对待他在世界上之最爱(他的母亲、文学)那样,他赋予了日本以"让人撕心裂肺"那样的品质。因此,巴特在 1967 年 5 月 23 日写给莫里斯·潘盖的信中说:"今年夏天以来,我总有一种返回日本的让人撕心裂肺的疯狂愿望";而在随后的那年 1 月 15 日,他又写道:"例如当我想到小个子的田中(Tanaka)、想到他来到机场、想到他的领带、想到他羞涩地跑掉了,我都感到有些歉意:这一切都是那样无法描述的温柔,都在撕裂我的心。"而《符号帝国》包含着一个完整的可见与可理解的副标题,它空泛地讲述着巴特的欲望、巴特与身体的自有关系。首先,是那个约会词单,通过他自己的手写,展示了他可以与那些恋人沟通的所有词汇:"今晚:*komban*","在几点? *nan ji ni?*","累了:*tsukareta*"等。还有在名片背后用手画出的小小地图,我们已经指出过,上面标有去同性恋约会地"Pinocchio"的路线。但是,这些图像尤其显示了他的欲望。演员舟木一夫的面部照片,一幅在开卷伊始,一幅在书的末尾,第二幅肖像上微笑有变,是属于巴特自己的,同样,还有书中间那些相扑的照片,和歌舞伎演员与两个儿子的照片。我们于是有了巴特为说明他的书籍而作了仔细考虑的证据。他得到了达尼耶尔·科尔迪耶(Daniel Cordier)的帮助(后者允许巴特复制他个人收集的两份资料,而巴特在图片借阅表那一页中对他表示了谢意)、得到了吉美博物馆④的一位保管员的帮助和阿尔贝·斯

474

---

① 1967 年 4 月 8 日写给莫里斯·潘盖的信。巴特是在他第二次返回后立刻写给莫里斯·潘盖的。莫里斯·潘盖遗赠,IMEC。
② 1968 年 8 月 28 日写给莫里斯·潘盖的信。莫里斯·潘盖遗赠,IMEC。
③ 1968 年 1 月 15 日写给莫里斯·潘盖的信。莫里斯·潘盖遗赠,IMEC。
④ 吉美博物馆(Musée de Guimet):位于巴黎十六区,是以收藏亚洲文物著称的一家私人博物馆。——译注

基拉出版社本身的帮助,出版社允许他查阅瑞士的资料收藏(特别是有关尼古拉·布维耶[Nicolas Bouvier]的资料,他的多幅图像出现在书籍之中)①。不过,令人惊讶的是,所有的年轻人照片均为他亲手拍摄。那些照片展示了目光交汇与眼神避让活动(那张相扑手的照片,他正在吃东西,只露出了两只肩膀线条和他笔直的大腿线条)②,展示了一种关系,而摄影者自身也在这种关系之中,他也像摄影能指那样成为摄影所指,并可以达到变为日本人的一种形式。巴特在随后展示的另一资料展现了这种形式:他在《神户新闻》(Kobé Shinbun)上刊出的一幅自己的肖像照,那幅照片使他具有了一幅东方人的面孔,"眼睛有点拉长,瞳眸根据日本的印刷安排而成了黑色"③。

475　　　一心向着东方变化,一直是这位非充实主体的主题,我们已经将其看作是这个时期的主要寻求。通过对于一种缺失的担心重新确定这种趋向,巴特在《S/Z》中借助于阉割母题④以更为暴力的方式展示了这种缺失。因为阉割剥夺了桑比那拉达到任何性高潮,而且由于这一情况是传染性的,所以它也剥夺了萨拉辛的欲望(这不是日本的真空情况)。S[arrasine]被斜杠"/"与Z[ambinella]隔开:Z在其姓名中的消失(这一姓名从逻辑上讲应该写成Sarrazine)使得Z成了表示被阉割的字母,即缺失字母、坏字母。这种母题在那个时代的文本中是循环复现的。当然,在《S/Z》中,"在以惩罚性皮鞭抽打的同时",它在断开、拦截、隔开,它在使自己成为"偏移的字母","缺失之伤口"⑤。在《萨德,傅里叶,罗耀拉》中,说萨德(Sade)这个姓名来源于Saze(Sazo):"为了最终成为一个令人讨厌的名字,但却有着惊人的表达方式(既然他能够产生一个普通名词),起隔开和鞭抽作用的Z在途中便迷失方向,它让位给了最柔和的齿音"⑥。但是,

----

① 尼古拉·布维耶(Nicolas Bouvier)曾于1964年和1965年在日本居住过,出版过名为《日本》(Japon)的著作(Lausanne, Éd. Rencontres,《全集III》,p. 379),巴特有这本书。
② 《符号帝国》,《全集III》,p. 379。
③ 同上,p. 420。
④ 母题(motif):属于多学科的一个概念,先是源于民族文学研究,被确定为"故事的最小要素";在符号学上,"母题"被理解为超越句子的一些不变形象单位,或被理解为是一些形象类型单位。——译注
⑤ 关于在巴尔扎克作品中的这个Z,请参阅《S/Z》,《全集III》,p. 207。
⑥ 《萨德,傅里叶,罗耀拉》,《全集III》,p. 853。

在有关埃尔泰①的"字母-女人"的文本中也是如此,在那篇文章中,巴特把
Z当做以活跃和圆滑体态出现的字母 S 的反相:"Z 难道不是颠倒且有棱
角的,也就是说是**反证的** S 吗?在埃尔泰看来,它是一个痛苦的、衰落的、
蒙着面纱的、带着蓝色光泽的字母,在这个字母身上,女人既标记了她的
顺从,又标记了她的哀求(同样,在巴尔扎克看来,它是一个不好的字
母——正像他在其中篇小说《Z·马尔卡》[Z. Marcas]中所解释的那
样)。"②但是,这个字母的这种负面特征,在其破坏充实方面也会产生正面
效果:性表现没有了,言语活动停止了,而雕塑家的艺术便成不可能的了。
"**充实的文学**,即可读的文学,不再写得出"③。人们进入了与思维有别的
一种秩序之中,这种秩序也是吉尔·德勒兹在 1969 年较早几个月前发表
的《意义之逻辑》(Logique du sens)一书中请大家注意的秩序。他以著名
的"无器官的身体"的表述形式,也把阉割变成了一种思维创伤,即向着与
存在的一种新关系过渡的点。

　　因此,在巴特摒弃二元对立、二分法所走过的轨迹中,《S/Z》一书在萨　　476
拉辛的姓名之中和在桑比内拉的这个人身上通过消除(与巴尔扎克一起)
女性与男性之间的区别而完成了最好的过程。借助于从文字上穷尽文本
的一种分析劳动,对于冲突做这种小变动,在理解这一时期巴特的生活和
明确 1970 年的这两本书是如何总结他的这一时期方面,具有双重的重要
意义。第一种故意以是以一个空洞的谜给出的:它是对于同性恋和同性
恋允许的乌托邦即无对立关系的一种结合的一种辩护。远在**性别研究**的
主要主题出现之前,巴特就分解了性表现与性别的各种概念,指出人们不
能满足于性表现结构的二元对立的制度性结构:这一点,已经在向列维-
斯特劳斯致敬的第一篇文章《男性,女性,中性》中得到过说明。在不能求
助于一种形态中性(因为法语的限制)的情况下,巴尔扎克的文本同时撼
动了男性和女性④。第二种意义涉及到 1968 年"五月风暴"对于作者的影

---

①　埃尔泰(Erté)是一个笔名,其本名为罗曼·德·蒂尔托夫(Romain de Tirtoff,1892—1990),是
　　祖籍为俄罗斯的法国画家和装饰家;这里指的是罗兰·巴特《埃尔泰或字母艺术家》(«Erté ou
　　à la lettre»)一文,第一次发表时,只使用了《埃尔泰》这个名称。——译注

②　《埃尔泰》(Erté), Parme, Franco Maria Ricci, 1971(《全集 III》, p. 943)。

③　《S/Z》,《全集 III》, p. 287。

④　《男性,女性,中性》,同前,《全集 V》, p. 1042。译者补注:经过核实,原作所标页码有误,应为
　　p. 1027。

响:巴特在尽力找到超越由言语所主导的重大论战的解决方法的同时,转向了文字的写作和文字的移动,因为这种移动使得他的活动变得无限,并禁止任何最终的占有结果。

477

巴特 1969 年在摩洛哥

1969 年记事簿，在摩洛哥

La gardienne du marabout est une vieille femme édentée
qui initie les garçons du village pour cinquante francs l'un.
　　(Le tombeau est près d'un cube en torchis du n° 61,qui
est la chambre où on lave les morts; le tombeau est ouvert :
quelques nattes par terre,des étoffes pendues en don au cer-
cueil de bois peint en vert,sous une photo fade de l'ancien
sultan,une paire de sandales traîne sur une natte.)

○

M.,malade,tapi dans un coin ~~mais sans natte~~,cachait ses
pieds nus et brûlants sous sa djellaba brune.

478

Le grand escogriffe édenté (pressant et constant) me dit
à voix basse,d'un ton convaincu et passionné,de la plus plate
des marques de cigarettes : "Pour moi,Marquise,c'est comme
du kif !"

○

Le petit I. m'apporte des fleurs,un vrai bouquet champêtre:
quelques têtes de géranium,une branche d'églantines rouges,
deux roses,quatre brins de jasmin. Ce mouvement qu'il a eu,c'
est à la suite d'un grand plaisir que je lui ai fait : écrire
son nom de plusieurs façons à la machine,sur un papier que je
lui ai donné (des fleurs contre l'écriture).

29

《偶遇琐记》：打字文本（1 页）

在梅伊乌拉（Mehioula）

479

《S/Z》：手迹（第 14 页）

13. 巴特与索莱尔斯

1971 年,是充满意识形态激烈斗争的一年,《原样》杂志把它的第 47 期安排为罗兰·巴特专号。"五月风暴"引起的是分裂,而索莱尔斯的这一杂志选择的是加剧分裂与纷争。这份杂志借助于既是理论上的又是政治上的众多转向,激起了愤怒、火气和不可调和的对立。《原样》在其创办之初,纲领就不是很明确,带着一种常在的、引起不稳定的动因,它似乎在诱使人争吵。于是,巴特与这份杂志之间毫无裂隙的表现,似乎就像是一种矛盾,或者至少显得有点古怪,因为人们已经了解,巴特厌弃言语之战与个人之间的争执。他虽然并不身处最前面,但似乎至少暗地里支持索莱尔斯的所有选择,甚至在他看来是那种也许最受争议的选择——与法国共产党在"五月风暴"中结成联盟。在让-皮埃尔·费伊和革命大学生-作家行动委员会(CAEE:Comité d'action des étudiants-écrivains révolutionnaires)5 月 23 日占领了位于马萨宫(Hôtel de Massa)的法国作家协会之后,《原样》杂志的人员们曾指责左派的激进偏向,号召必须根据一种无产阶级革命观点站在共产党这一边:既然这种观点最终似乎是可以考虑的,那么,团结就应该是优先之举;于是,他们与作家联盟断绝了关系。在"布拉格之春"被镇压之后,费伊和作家联盟明确地表示与捷克人民站在一起,而《原样》杂志成员们的反映则是一种沉默,他们后来解释说,那是他们对于其对立面的一种蔑视,因为一些"清算人"把事件当作反对革命的挡箭牌[①]。的确,巴特没有在《原样》杂志 1968 年秋天第 34 期上发表的《革命,在此和现在》(«Révolution, ici et maintenant»)　

[①]　在 1971 年向毛主义转向的时刻,确切地讲是在为巴特安排的那一期专号中,该杂志提供了他那段历史的一个时间表,其中重新提到了 1968 年夏天的那一段"沉默",并以这样　(转下页注)

那份声明上签字;即便他在 1970 年 11 月于理论研究小组会上做过简短发言,提出过对弗洛伊德的一个文本进行分析,但他只能在远处持续做这项研究工作(他当时在摩洛哥)。他对于法国共产党的反对态度是全面的,而他的政治立场可以说是比较稳定的。不过,他接受他的朋友们可以持有与他不同的观点,索莱尔斯则表现出对于所采用策略之适用性的坚信态度。

　　1971 年,即便《原样》杂志的观点转变公开地表现在被认为是向巴特致敬的那一期中,但是巴特并没有正式地参与"71 年运动"①。他从来没有支持过法国共产党,他不需要怒不可遏地反对法国共产党和该党的革命主张。同样,他也并不公开地赞成毛主义,而且,他似乎与他对小组和杂志的选择始终保持着一定距离。相反,在搅动知识分子领域的理论争执中,因为这些争执要招贤纳士,所以巴特立场非常鲜明。因此,在创办《变换》(Change)杂志的时候(该杂志名称本身就是对《原样》杂志一种真正的嘲笑),当时的争吵(在今天看来可以说是无聊之极)因为是在色伊出版社内部掀起的,所以影响就更大一些。费伊指责《原样》杂志是斯大林主义的,索莱尔斯则讥笑《变换》宣扬的普遍转换论。马拉美和阿尔托这两个名字变成了体现对立观点的名字。雅克·鲁博揭露茱莉娅·克里斯蒂娃的论点的伪科学性,而索莱尔斯则指责《变换》的表现是"伪《原样》"。费伊甚至在发表于《洛桑杂志》(Gazette de Lausanne)上的与让·利斯塔(Jean Ristat)的谈话中明确指出,1960 年围绕着索莱尔斯形成的一组人,当时是赞成阿尔及利亚属于法国的。1970 年,《文学半月刊》同意皮埃尔·布尔亚德(Pierre Bourgeade)与索莱尔斯利用该刊进行论战,那也是一次唇枪舌战、激烈异常的交锋②。在所有这些争执中,巴特都支持他的

（接上页注）的话对其做了评价:"分析是,苏联的介入被右派所利用,更为明确地讲,是被《原样》杂志的对立面所利用(也就是说,在我们的实践领域中为了特定的革命原因而进行的特定研究工作方面,被反对《原样》杂志的人们所利用)。压倒其他一切的斗争,是群体和杂志的内部团结。沉默,'亲密的'立场"(《时间表》[«Chronologie»], in Tel Quel, nº47, 1971, p.142—143)。

①　"71 年运动",亦即"71 年 6 月运动"(«Mouvement du juin 71»),指的是 1971 年 6 月在先锋派杂志《原样》内部掀起的反对法国共产党意识形态的"文化革命"。——译注

②　对于这些激烈的对立情况的详细介绍,请参阅菲利普·福雷斯特所著:《〈原样〉杂志史:1960—1982》(Histoire de Tel Quel, 1960—1982),同前,p. 342—360。对于巴特更为特定的立场,请参阅克洛德·布雷蒙(Claude Brémond)和托马斯·帕维奇所著《从巴特到巴尔扎克:一位批评家的多种虚构,对于一种虚构的多种批评》(De barthes à Balzac. Fictions d'un critique. Critiques d'une fiction),Albain Michel, 1998, p. 17—27。

朋友索莱尔斯。从《原样》杂志第三十四期开始,他就向索莱尔斯表明了自己对其在《原样》杂志上发表的那些政治文章的全然赞同,而在斗争的最激烈时刻,他总是表现为就像是索莱尔斯的一位盟友。在一封致索莱尔斯、但却是在以保罗·弗拉芒为首的色伊出版社领导层方面为索莱尔斯辩护的信中,巴特明确地表明了他与索莱尔斯的团结一致:"我不希望以任何沉默(尽管那些定期反对您杂志的攻击以其胆怯和庸人行为证明了还包藏着别的意义)来掩盖源于费伊的以《原样》杂志为对象的诽谤活动";他又说:"诽谤总是有某种叫人恶心的东西,因此,不管有什么样的沉默和工作欲望,都应该制止诽谤。"①巴特正是以捍卫者身份不再收敛和沉默,而是挺身而出,在这一点上明确地使用了对于那些例外和偶发事件所用的修辞手段。但是,他自感必须这样做,这大概是出于两种原因:第一种是感情和伦理上的(为朋友说话是一种义务),而且巴特始终记着在出现皮卡尔事件时刻的索莱尔斯迅速参加战斗的情境;第二种原因是理论方面的:巴特深信,《原样》杂志所捍卫的研究工作对于思想、文学和他自身的工作是极为重要的。他在这封信中也这么说:"我深信,您的杂志在当前是无可替代的(因此是无可与之竞争的,除非是出于利己考虑而制造混乱),有时让我忧虑的是,如果您不坐镇,在我们当中的某些人看来,某种有活力的东西就可能会熄灭,这一切是明摆着的。"这种用语,既不属于从负面意义上讲的策略考虑,也不属于溜须拍马之谓。巴特曾为协调与写作的一种日趋个体的、难以处理的关系和有利于表达这种关系的一种社会存在性——或者换一种说法——为协调内心和政治,进行过不懈的有时是无望的研究,而在这种研究中,他的态度诚恳可嘉。巴特真真切切地深信,《原样》杂志就是为此而设立的场所。实际上,他围绕着《原样》杂志建立了一个重要的情意网系,而巴特从来没有采取固守象牙塔的立场;他一直与他的时代同步。

484

在他,同时在索莱尔斯看来,文学只有完全是现代的才有意义——即便他有时在先前时代中比在他自己所处时代中能更好地发现这种现代

---

① 1970 年 10 月 25 日《致菲利普·索莱尔斯的信》(«Lettre à Philippe Sollers»)。这封信在色伊出版社于当代版本储存所(IMEC)的存档中被发现。该信由埃里克·马蒂在《全集 V》的附件中发表,p. 1044。见引文中的楷体部分。

性,而且,最终是他个人的兴趣使他更多地关注舒曼或是夏多布里昂作品,而不是去关注梅西昂[1]或罗伯-格里耶的作品。因此,理解罗兰·巴特,便是理解只在表面上是矛盾的两种假设。不过,它们激起过许多误解,甚至激起过许多说他是欺骗的指责。**喜欢文学**,便是喜欢它的现代性,便是喜欢它以新的方式说明世界的方式,即它的表达能力、它的揭示能力和变化能力,而不管文学出现在什么时代,在拉辛时代与在米舍莱时代一样,在波德莱尔时代与在凯罗尔时代一样,在普鲁斯特时代与在索莱尔斯时代一样。再就是,**捍卫现在时的文学**,并非就是满足提醒人们注意古人是如何具有现代性的,而是捍卫使文学走向他处的所有努力,是改变这个世界或换一种说明这个世界的方式:经验并不总被揭示为像人们所希望的那样,是能产性强的(巴特很快就在罗伯-格里耶那里感受到了这一点),但是,它在它能产性强的地方得到了承认。虽然巴特出于喜爱而更愿意阅读普鲁斯特的作品,但他并不想以对它的褒扬来**反对**现时的文学。如果现时文学在现时世界中还有意义的话,那么,它就应该在其潜在能力中被考虑为是在突出《追寻逝去的时光》所支配的那种揭露。因此,在巴特那里,并无古人与今人之间的争执,也不存在其在先锋派与后锋派之间的立场交替变换:这正好是"我是先锋派的后锋派"这一表述方式给我们的启发,即现代派的立场,这种立场并非是一种位置,也不是一种意识形态,而是对于文学具有继续作用于世界之能力的一种确信。这种极为严格的立场大概就是确定他批评政策的立场,但愿这种立场在人们对他的印象中不会既无内心撕裂,也无外部争执,但愿这种立场得到很好的解释。

友　情

巴特与文学之间建立的牢固和无条件的关系,又与对索莱尔斯的关系重合在了一起:索莱尔斯在 1960—1970 年间曾以不同的更为彻底的词语,即以对于言语活动进行革命的符号、以对于文本和疯狂承担解放义务的符号,表达了他们之间的这种关系。在他们各自的"先贤"中,在那个时

---

① 梅西昂(Olivier Messiaen,1908—1992):法国作曲家、钢琴演奏家。——译注

候,除了萨德,他们确实没有其他共同的先贤,而且他们也没有什么相同的原因。但是,他们都喜欢断言,并分享同一种智慧形式,这种形式一方面可以带来抽象和综合,另一方面可以产生感动与快乐。乍一看,在他们的个性里,毫无共同之处。一个是隐蔽的同性恋者、胆怯的知识分子、无超我的孤独者;另一个是光彩照人的异性恋者、造反派头头、扼杀所有父亲的凶手①。尽管索莱尔斯比巴特年轻 20 多岁(他出生于 1936 年),但是,他们也不维持一种父子关系,他们两人之间的代沟问题并不重要,而在巴特的态度中丝毫没有父亲的表现——如果不是这样,索莱尔斯大概很可能会反对他。相对于先前做出的其他比较,巴特既不是启蒙年代的榜样(比如纪德),也不是与之处于对话关系(以隐性对手出现)而是处于疏远关系的同时代重要人物(比如萨特);在索莱尔斯看来,这更属于友好的同时代人关系,巴特与之分享着他和他们对于文学基本领域的看法。尽管很容易招惹烦恼,特别是在社交场合,但是,巴特还是高度评价索莱尔斯的精彩谈话、他的阅读之广泛和他经受任何考验的战斗精神。甚至他制造计谋的歪点子也使巴特感到高兴。索莱尔斯欣赏巴特,欣赏其独立性、无拘无束、意识清醒。从 1965 年开始直至 1980 年,他们经常晚上在穹顶餐厅(Coupole)或蒙帕纳斯的吹牛餐厅(Falstaff)、在花神咖啡馆(Flore)或圣日耳曼大街的帕莱特咖啡馆(Palette)一起用餐,差不多每个月一次,有时两次,从不间断。在用餐过程中,他们谈论各自阅读的书籍,而很多时候,是谈论他们正在进行的研究工作。因此,认为或明说他们的关系只属于结盟或战略一致,是不准确的,而且缺乏许多事实已经确认的他们关系的深刻情感部分,对此需要给予复述。的确,在某些背景下,友谊有时需要一些结盟时刻,而他们一起走过的路程不失时机地使这些时刻存在过;但是,这些结盟时刻并没有减弱他们直到最后所保留的彼此之间的真实情感。他们的祖籍地都是法国西南部,他们都经常回到祖籍地,就好像是为了表明对于他们之间距离或差异的记忆。虽然这不是他们结合在一起的动因,但却提供了一种基础,更可以说是一种说明。"我们俩

486

---

① 弗洛伊德对于俄狄浦斯神话的解释中,父亲是与儿子对立的,是被儿子除掉的对象;在拉康的镜像理论中,父亲是产生超我(le sur-moi)与本我(le ça)的发源地,随后又发展成为社会权威的象征。巴特因为从小丧父,因此家庭里没有来自"超我"的限制;索莱尔斯是"五月风暴"的积极分子,横扫过一切权威强势,因此以此言谓之。——译注

同属一个地区,有着相同的视野:阳光。这构成了我们共同具有的一些固定方面。"①

　　他们第一次见面是 1963 年在位于雅各布街 27 号的色伊出版社。《原样》杂志在那里有一间小办公室,这间办公室成了激烈战斗、相继排斥、战略选择、坐庄主政的舞台。巴特有过两次表明他与杂志不完全一致,第一次是接受回答该杂志的一个问题调查表,这涉及到对于发表在 1961 年 7 月号上的对于"当今文学"进行的调查。但是,正是在准备回答热拉尔·热奈特就批评提出的各种问题的过程中,正是在对于著名的名为《文学与意指》(《Littérature et signification》)(发表于 1961 年该杂志第七期)的思考过程中,巴特与《原样》杂志之间真正的伙伴关系开始了,而他进入编委会根本就不曾是问题②。当然,索莱尔斯看到了,他的运动和他的杂志在《原样》杂志新的丛书中发表巴特的作品可能带来的好处。这位随笔作家的名声为《原样》杂志带来了分量。从巴特这方面来讲,他也不愿意被封闭在他于高等研究实践学院里从事的社会学研究和科学项目之中。与这些大胆的年轻人汇合在一起,给人带来开放和革新的希望;特别是,参与编辑部的工作
487　使他在正在形成的文学中占有一定位置,这一点是不容忽视的。

　　1965 年,他们之间正式确立了合作关系,与此同时,他们之间的联系也变成了真正的友谊。巴特在阅读索莱尔斯第三部小说《戏剧》(Drame)时,为之惊愕不已。他为其做了很长且很有影响力的分析,该分析以《戏剧,诗歌,小说》为题发表在《批评》杂志上。对于这篇文章,作者认为在有生之年可以将其发表三次是确定无疑的:第一次是在杂志上,第二次是增加了许多注释之后出现在索莱尔斯 1968 年主编的集体著述《整体理论》(Théorie d'ensemble)中,而第三次是出现在 1979 年出版的巴特著述《作家索莱尔斯》中③。他将这本书重新与言语的诞生联系了起来,与一定的

---

① 《罗兰·巴特,是这样的》(《Roland Barthes, tel quel》),菲利普·索莱尔斯与热罗姆-亚历山大·尼尔斯贝格(Jérôme-Alexandre Bielsberg)的谈话,in Contrepoint, 2 décembre 2002(连线对话)。在《通灵者》(Médium)一书中,索莱尔斯重述了这种导致差异的原因:"在我的老家,即在被多层遮掩所保护的西南部,海洋、葡萄酒、岛屿,到处是自然潇洒的缓慢怠惰作态。一位吉龙德人相信有法国存在吗? 找不到这样的人"(Gallimard, 2014, p.41)。参阅巴特《西南方的阳光》(《La lumière du Sud-Ouest》)和索莱尔斯《再谈波尔多》(《Encore Bordeaux》)。
② 两个问卷调查后收入在《文艺批评文集》,第二个问卷充调查当该书的结尾篇(《全集 II》, p. 508—525)。
③ 这是巴特赋予其三种不同命运的唯一一篇文章。

时刻联系了起来,因为在这种时刻里"词语与事物无障碍地在它们之间循回",融汇于"像是 *书 籍* 的世界"的神话,"从描绘的文字到大地本身"①,"《戏剧》"也是向着一种鼎盛时期即意识的鼎盛时期、言语的鼎盛时期的追溯。这个时间,是刚刚醒来、尚属全新、尚保持中性、尚未被回忆和意指活动所影响的躯体的时间。在此,便出现了整个躯体的亚当式梦幻,这种梦幻在我们的现代性之初就带有着克尔凯郭尔②的喊叫声:*请给我一个躯体!*③主体作为纯粹的叙述者,他便消失,就像故事变成了对于故事的寻找那样。巴特在此发现了对于现代文学的一种全新的决定性尝试:意义和深度在文学中被排除了,让位给叙述轴和功能的一种逻辑,而这种逻辑则是应该由批评家在阅读的阻力之外需要重新构筑的。梦想一种无休止的能产性,恰好适应于巴特正在建立的有关文本的理论。他所捍卫的文学,是为内行的、清晰的读者解码工作提供关键需要的一种文学,这并不令人惊讶。这种文学在明确地点出先锋派之所在的同时,也在验证批评。在文学领域,巴特与罗伯-格里耶在《原样》杂志上保持的距离和他对于索莱尔斯著述在质量上的肯定(罗伯-格里耶在几年之前也承认了索莱尔斯作品的质量),都是些明确的符号。文学在自身方面已经出现了变化。而写作则存在于《原样》杂志中。这样,人们便从颂扬纯粹的参照性即对象所在之处,过渡到了文学的一种*符号化过程*④,而在这一过程中,符号仅指向它们自身。几个月过后,在关于新批评的争论之中,索莱尔斯坚定地站到了巴特一边,人们都知道他当时表现出的论战热情。于是,两个男人之间的友谊便借助于联盟更加紧密起来,而在后来的 15 年当中,当其中一个受到攻击时,另一个便挺身而出,为其辩护。

　　巴特后来有过两次公开这样做的机会,当然都还是为了文学方面的问题——他并不公然介入到他朋友所采取的政治立场里。第一次是在1973 年,他就索莱尔斯的《H》一书写了一篇文章,那既是对于一本书的分析,也是对于报刊上针对他的攻击的一种激烈答复。巴特在回应非难新

488

---

① 《戏剧,诗歌,小说》(《Drame, poème, roman》),《全集 V》, p. 595。
② 克尔凯郭尔(Søren Kierkegaard,1813—1855):丹麦宗教哲学家。——译注
③ 同上,p. 593。
④ 符号化过程(sémiosis):指在能指与所指之间建立互为前提关系的同时对于符号的操作过程。——译注

批评是"伪一新颖""形式主义""装腔作势"的同时,指责他的对手们就像
此前的皮卡尔,是连他都完全躲避不开的一群"混杂物"。他使他们对立
于一种批评方法,而这种方法在恰恰将评论引导至其极限的一部书籍的
空余之处,拒绝为以片段式出现的评论安排总体的观念。对于索莱尔斯
的著作,他写道:"尽管我长时间以来陪伴着他,但我每一次都是在行走过
程中顺便接过他的工作。这些片断就是这种行走的脚步,这是'同路人'
的活动。"①这种意象是令人惊讶的:首先它像一种口号那样在振响,指向
了巴特从未效忠、远远没有效忠过的某个政党;其次,因为这篇文章仅仅
是在他去中国旅行前几个月写的,而在中国期间,巴特与索莱尔斯实际地
成了同路人。巴特在此使用的这种意象(在他的整个著述中,大概这是仅
有的一例),把文学实践与政治义务密切地混同在了一起,让人看出了某
种含混性。对于菲利普·索莱尔斯的第二次支持机会出现在 1978 年。
当时,索莱尔斯因以分开的版面发表罗伯-格里耶上一年在塞里西研讨会
上所做的发言《我为什么喜欢巴特》(*Pourquoi j'aime Barthes*)而备受攻
击。罗伯-格里耶这位《捍卫新小说》(*Pour un nouveau roman*)一书的作
者在无出路之中奔波了相当长的时间,而《天堂》(*Paradis*)的作者索莱尔
斯也深处这种困境之中,他不得不在《原样》杂志上以连载的方式发表罗
伯-格里耶的作品,因为他清楚罗伯-格里耶已经不再使读者感兴趣,而且
文学,特别是小说也将选择其他道路。只要说过的话都是在一次研讨会
的范围内以及出现在其文件中,一切均可以说的过去;但是,与巴特公开
地展示一种情感联系,则需要借助于质疑属于他的著述来进行,这对于自
感已经很孤立的索莱斯来说是做不到的,因为《原样》杂志在前几年中失
去了许多读者。这种做法就像是在做一些补救。巴特从弗朗索瓦·瓦尔
那里获悉索莱尔斯在阅读过由克里斯蒂昂·布儒瓦(Christian Bourgeois)
出版社出版的罗伯-格里耶的文本之后甚为恼火,他随即便放弃了原定去
戛纳短游的计划,于 11 月 9 日与索莱尔斯会面谈话。于是,他们一起营
造了相互承认和支持的气氛,而巴特立即就对索莱尔斯给予了承认与支
持。正是在索莱尔斯的要求下,巴特分两个步骤为他说了话:巴特在发表

489

---

① 《漠视》(《Par-dessus l'épaule》),in *Critique*,n°318,novembre 1973;后收入《作家索莱尔斯》,
　　《全集 V》,p. 611。

于 1979 年 1 月 6 日《新观察家》的《逸闻杂陈》一文中,与一位想象的对话者做了对话,我们大体上可以将其认为是《为什么我喜欢索莱尔斯》或《为什么我替索莱尔斯说话》;公开地向这份周报的众多读者宣布一种无条件的支持,是一种勇气。几乎与此同时,巴特把他从 1965 年以来写的有关索莱尔斯的文章汇总以书籍形式出版,书中配有他在"中性"研讨班上所讲内容的一段节选,名为《波动》(«l'oscillation»)。这一切是那样的快,那本书籍是在 1 月末付梓的。

在这一方面,也还会经常读到或听到一些说法,说巴特是迫不得已而为了,说他承受着来自一位专制的、易怒的索莱尔斯的压力或恐吓;的确,索莱尔斯曾一再要求巴特出版这本书。但是,说巴特当时致力于美学研究而距离索莱尔斯和《原样》杂志非常之远,以至于实际上不可能支持后者,是不完全正确的。因为,两个人之间的结盟在平行发展,甚至是绝对共同发展的过程中继续维持着——这一次,年龄上的差异起了某种作用。虽然《恋人絮语》与《天堂》相去甚远,但两位作者确信,先锋文学已被甩在身后,正在前进中的文学并不继续这个方向。他们一起谈论夏多布里昂(巴特)和圣西门(索莱尔斯),每个人的抱负都是写出一部可读性强的伟大作品:巴特是写出一直处于计划中的"**新生活**",索莱尔斯是写出《女人们》——我们都知道这本书 1983 年出版后所获得的成功。巴特在《巴黎的夜晚》中,提及在拉·勒东德(La Rotonde)餐馆与索莱尔斯的一次会面:"我们谈到了夏多布里昂,谈到了法国文学,随后又谈到了色伊出版社。与他在一起,总是充满惬意、想法、信任和工作激情。"①巴特在《原样》杂志上发表的最后文章,即他的日记摘录与加评,是他介绍自己有关写作之可能发展方向的非常个人的思考的机会,倒退几年之前在该杂志上发表这样的东西是不可想象的②。作者似乎摆脱了任何理论的、政治的或形式上的束缚。再就是,巴特出于对索莱尔斯的情愫,总会支持他。巴特毫不犹豫地站在少数人一边来维护索莱尔斯。1973 年,他在《批评》上发文,甚至表明他建立友谊是出于验证他的做法与阅读。"我们什么时候才可以建立和实践一种**含情脉脉**的批评而又不使其成为不公正的呢?我们什

490

---

① 《巴黎的夜晚》,见于《偶遇琐记》,《全集 V》,p. 982。
② 《沉思》(«Délibération»),《全集 V》,p. 668—681。

么时候才可以自由地(摆脱虚假的"客观性"观念)在对一个文本的阅读中把我们能从作者那里获得的知识也包括进去呢？为什么(以什么名义和害怕谁)我要把对索莱尔斯一本书的阅读与我对他的友谊割裂开来呢？"[1]在 1979 年 1 月发表于《新观察家》杂志上的文章里，他对于来自罗伯-格里耶的讽刺的反映，是通过构筑索莱尔斯的一副可爱形象进行的，以此来对抗人们对其构建的社会形象。"在我看来，索莱尔斯已经变成了像是一个吉瓦罗人缩小的头像[2]：现在，他仅仅是一个'改变了主意的人'(然而，据我所知，他不是唯一这样的人)。那好吧，我认为，社会形象应该符合一定秩序的时刻正在到来。"而这种形象由孤立和伟大组成。在当索莱尔斯遭受到各个方面的攻击时，其中包括在其地位变得不太稳定和杂志承受威胁时来自色伊出版社的攻击，巴特的态度都是坚定和支持的。他看重友谊，不担心对于自我形象的损害。几天过后，索莱尔斯写信给质疑维系《原样》探索之必要性的米歇尔·肖德吉耶维奇："因此，您昨日的问题是这样的：'《原样》杂志有何用呢？'似乎，我需要考虑把更为个人的答复告诉您(因此，如果您同意的话，这一答复将只限于我们两人知道)。我的答复如下，而且我对我说的话是斟酌过的：'请不要为在一个充满无知和错乱的世界里的失望而死去'"[3]我们看到，战略问题与情感问题是多么深地混淆在了一起。索莱尔斯与巴特之间的关系，正是建立在这一切基础之上的，因为他们都是公众人物和公开人物，但也因为他们从精神上相互支持。

　　在索莱尔斯一侧，他对于巴特的关系不能说不忠诚。1982 年，他向《艺术快报》(Art Press)透露："巴特，是我最不能看着他死去的人。友情。"过了一段时间，在提及福柯的时候，他说他"秉性敏感、嫉妒，在那个时期，如果需要与他或者与巴特交朋友的话……我喜欢巴特，也许以后我会再找福柯……"[4]他在《一部真正的小说——回忆录》中说："巴特，直到他因车祸去世之前，一直是我的一位非常要好的朋友，他的去世是我生命

① 《作家索莱尔斯》，《全集 V》，p. 616。
② 巴特将这次"谈话"放入了他发表在 1979 年 1 月 6 日第 739 期《新观察家》杂志的专栏文章中了，后收入《作家索莱尔斯》，《全集 V》，p. 582。
③ 菲利普·索莱尔斯 1979 年 1 月 19 日写给米歇尔·肖德吉耶维奇的信。色伊出版社档案，IMEC，«Dossier Sollers»。
④ 《艺术快报》(Art Press)，n°44, janvier 1981, p. 10 et 11。

中最大的悲伤之一。"①就像在《巴黎的夜晚》中的巴特那样，索莱尔斯在
《女人们》一书中经常提及蒙帕纳斯的一些夜晚、为晚餐后而准备的雪茄
和一位以韦尔特名字②出现的巴特，"他气派不凡、举止有度、乐见真正喜
欢他和他也真正喜欢的人"。他们两人提及正在写作的东西，梳理发生过
的种种小事或谈论正在阅读的重要作品。"对于嗓音、歌声、汉语诗歌中
的省略、日记、练习册、钢笔、书法、钢琴，我们有着共同的爱好……"③在菲
利普·福雷斯特看来，这种友谊是"最长久和最牢固的友谊，这种友谊在
《原样》杂志编委会之外将索莱尔斯与另一位作家结合了起来"④。我们可
以说，在巴特方面也是同样，他认为，不考虑青年时代的友谊，除了与弗朗
索瓦·瓦尔保持的同样活跃、长久和经常性的但却是远近有别的关系外，
索莱尔斯代表着最为稳定的忠诚。雷诺·加缪曾记录下构成他所了解的
巴特形象的生平素，在那些生平素中，他有这样的记载："他不能承受对于
菲利普·索莱尔斯的任何批评或玩笑。"⑤埃里克·马蒂回想起在"7 号"
即在法布里斯·埃马尔餐厅那里的一次晚餐，当时，巴特向他长时间地谈
论了对于一个只叫"菲利普"的人的友谊：当然，这其中有着对于写作的深
切钟爱，而在作家的寂寞之中，与环境实现团结非常重要。但是，对于索
莱尔斯，又远不止这些，巴特解释说："冒险，即放弃休息"。使埃里克·马
蒂颇有感触的是，在巴特的宇宙之中，有"多个外来星体（至少一个）：力
量、暴力、彻底性、断绝关系的欲望、拒绝承袭、勇气、大笑、无绝望的生
命力。"⑥

　　索莱尔斯也很懂得对巴特表现出慷慨大方，并为成就巴特贡献一份
力量。例如 1971 年，他"发明"了"R. B"这种称谓：这不是指罗兰·巴特，

---

① 菲利普·索莱尔斯：《一部真正的小说——回忆录》(*Un vrai roman. Mémoires*)，Plon，2007，
　　p. 111。
② 韦尔特(Werth)：是索莱尔斯在《女人们》一书中使用的、取代巴特的名字。——译注
③ 菲利普·索莱尔斯：《女人们》，同前，p. 133。
④ 菲利普·福雷斯特：《〈如是〉杂志史：1960—1982》(*Histoire de Tel Quel*，1960—1982)，同前，
　　p. 18。
⑤ 雷诺·加缪：《生平素》(«Biographèmes»)，in *Règle de jeu*，n°1，mai 1990，p. 60。相对于索莱
　　尔斯，巴特对于瓦尔似乎产生了"一种几乎是胆怯的情感，有意思地是，这种情感似乎是子女
　　对于父母的那种情感，尽管瓦尔比他更为年轻"。
⑥ 埃里克·马蒂：《罗兰·巴特的写作职业》(*Roland Barthes*，*le métier d'écrire*)，Seuil，coll.
　　«Fiction & Cie»，2006，p. 94。

而是指在两个起首大写字母之后与之保持距离的人,即在这个名下变成"暴晒在草地上的""R. B"①,这是一种修辞格。在《原样》杂志的那期"罗兰·巴特"专号中,有茱莉娅·克里斯蒂娃就写作发表的文章,有马塞兰·普莱内发表的两首诗,有弗朗索瓦·瓦尔就佛教写的文章,有塞韦罗·萨尔迪回忆他与巴特一起去丹吉尔的情况("小市场""立体声"),而菲利普·索莱尔斯对于"R. B"的描述引起了轰动:不仅仅因为这是对于巴特全部作品——从《米舍莱》和关于布莱希特的所有文章,到《符号帝国》和他关于多元文本的理论,也因为他引入了一些生平的个人动因,而这些动因预示了1976年的自画肖像,包括他的新教徒神态(索莱尔斯说其是"空的,被日本化的"),他的英俊:"他准时到了,能够很快地转换他的着重点,他很快就感到厌烦,从不过分地开玩笑,他像在回忆。"②确实,这个文本也延续着一种策略,这种策略在于揭露整个知识界,即那些穿插于商界的知识人,那些"重复滥用知识余力的人",所有"教条-修正主义者"和"文化公证人员",相对于那些人,"R. B"就像是一种对立面或一种医治方法,不过,正是在这个时期,巴特的最美肖像得到了描绘。索莱尔斯在书中强调了人物没有歇斯底里的症状,强调了后来变成一种顽念的不愿理解的表现;他还提到过一种意象,该意象与巴特1973年在关于索莱尔斯的文章中使用的"同路人"形成对称,索莱尔斯写道:"我们现在处于从《神话》到《符号帝国》即从'法国性'到俳句的轨迹上。换句话说,在R. B看来,一种长时间不耐烦和在超负荷情况下激起的一种长途跋涉的历史,有损于我们的文化。"③还是在此,借助于"长途跋涉"的形象,比如天涯之远的中国行,这位政治家获得了特殊的记录。

就这样,索莱尔斯发明了"R. B",当巴特在塞里西研讨上重新讲述这种形象来历的时候,表示接受了这种称谓④。但是,这并非是索莱尔斯唯

---

① 在这里,索莱尔斯使用了一种同音异义的修辞手段,"Herbé"("暴晒在草地上的")的发音为[ε rbe],与"R. B"的法语发音[ε rbe]完全相同,于读音联想之中,加深了人们对罗兰·巴特的认可。——译注

② 菲利普·索莱尔斯:《R. B》,in *Tel Quel*,n°47,automne 1971,p. 19。

③ 同前,p. 21。

④ "这一表达方式,也就是有人有时称我为 R. B. 的这种情况,丝毫不具备色情起因,是索莱尔斯在发表于《原样》第 47 号上的一篇文章第一次用 R. B. 来称呼我,这并非源于私交,而是源于文学"(继埃弗利娜·巴谢里耶[Éveline Bachellier]发言之后的讨论发言,见于安托万·孔帕尼翁主持的 1977 年 6 月 22—19 日塞里西-拉-塞纳研讨会文件《借口:罗兰·巴特》,同前,p. 165)。

一的一次介入。说他同样也建议了根据巴尔扎克的中篇小说所写的书籍取名为《S/Z》(《H》的这位作者明显地喜欢词头大写字母),并不是不可能的,因为巴特在这部书写作结束之前一直以"萨拉辛"为名来谈他的作品①。但是,与他的讨论对两项计划来说,尤其是决定性的。第一项计划,就是未来的"巴黎的夜晚"计划。1979 年 8 月 24 日:"在接到索莱尔斯的一封信后,产生了讲述我晚间生活的念头。昨天晚间制定了这项计划"②;因为在此前的晚上,索莱尔斯发给他一封信,说他很是喜欢提及某一个巴黎之夜的《深思熟虑》的第二部分。这样一说,让巴特闪过一个想法,该想法似乎可以在他当时无法摆脱的重大写作计划中占有一定分量,那一计划的所有片段均将在《偶遇琐记》中发表:"我能否尝试把我的夜晚生活这样讲述一下呢? 就以一种'难以察觉的'平淡方式而且不去强调意义,这样可以吗? 难道这不正显示出对于那个时代的一种真实描述吗?"③索莱尔斯的另一个建议,是由两个人来共同完成一项计划。索莱尔斯发现两人对于夏多布里昂有着共同的喜爱("我们发现我们两人都疯狂地喜爱夏多布里昂"),所以他想象由两人一起来写作"借助欲望而形成的文学史",该文学史将强调文学中的反资产阶级力量。他们后来几乎没有时间启动这项规划,但是巴特在随后的几个月里一直将其放在心上,有卡片库为证:他为法国文学想象了一种**野蛮的**历史,即一种**敏感的**历史;他尤其考虑将自己的"新生活"计划与这种个人的历史结合起来,因为在两种情况下,这正是需要合而归一的文学。至于索莱尔斯,他在《品味之战,无限颂》(*La Guerre du goût. Éloge de l'infini*)一书中透露,他孤身继续奋斗的差不多就是这项共同事业。随着时间的推移,他们开始相互阅读是对方伙伴的作者们的书籍。于是,此前一直阅读 18 世纪萨德和伏尔泰的巴特,这时在这位朋友的建议下开始阅读狄德罗。索莱尔斯还是他在但丁范围和马尔多罗尔④的奇幻领域内的阅读向导。就在他们的追求和经历相对于他们的写作而言,使其开始转向迥然有别的一些作者的时候,需要

---

① 是克里斯蒂娃在《武士》一书这么说的,同前,p. 38。

② 铸造工业标准局(BNF)1979 年 9 月编号为 NAF28630 的文件,"1976—1979 记事簿"("Agenda 1976—1979")。

③ 铸造工业标准局(BNF)1979 年 9 月编号为 NAF28630 的文件,"大卡片库",enveloppe 5/6。

④ 马尔多罗尔(Maldoror):此处是指代《马尔多罗尔之歌》(*Les chants de Maldoror*)的作者法国诗人洛特雷阿蒙(Comte de Lautréamont,1846—1870)。——译注

指出的是,这时两人最终都就伏尔泰、阿尔托、巴塔耶、通布利等作者写出了文章。

但是,"朋友的朋友"并不仅仅是对方光环的占有者和过去时间的作者;他们同时也是大家看到日趋亲近、彼此难分的同时代人。巴特与索莱尔斯之间维持不断关系原因之一,也在于有茱莉娅·克里斯蒂娃和他们之间形成的三角关系。他们三人经常在塞纳河左岸的餐馆或酒吧见面,或者是经常做客一方的家里。由于克里斯蒂娃的出现,他们之间的关系在开向一些新的智力前景的同时,也表现出更为密切的特点,而这位年轻的女性很快就变成了他们之间关系的纽带。因此,在克里斯蒂娃 1968 年 7 月 3 日通过(在戈尔德曼的指导下关于让·德·圣特雷的)第一次博士论文答辩之后,三个人一起对于她的顺利通过表庆贺。继 1973 年由巴特担任答辩委员会主席在维也纳进行她的第二篇博士论文答辩之后,他们三人对于法国文学的未来发展进行了长时间的交谈。巴特就在那天公开地说,克里斯蒂娃在理论方面的新见解,在他看来,完全适应于小说的场域,索莱尔斯对此评价极为慌乱。索莱尔斯在谈到克里斯蒂娃时说:"她是我遇到的最为聪明智慧的女人"[1],可以肯定的是,巴特同意这样的判断,我们只在他有关《外国女人》的文章里见过这样评价,因为克里斯蒂娃总是在推翻一些已有见解。克里斯蒂娃说话激烈异常;她的每一种想法都推动着她的试验和有所发现。她向法国介绍了巴赫金,但她立即发现了本维尼斯特,转而宣扬后者。她去听巴特的研讨班,但也同时去听拉康的研讨班,拉康的教诲深深地打动了她,也促使她继续发展。三个人在一起的时候,所谈只涉及克里斯蒂娃和索莱尔斯两个人的话题。不过,克里斯蒂娃是一位女性和她与索莱尔斯已是恋人的事实,不能说不重要。巴特被这对在性欲和理论生产之间正式婚姻(当时是多见的[2])的夫妻惯有的色情表现所吸引,两个人无拘无束,他们并不惧怕自己的欲望。每当巴特与他们接触时,他都会对被看作是世界视野的同性恋进行思考,同性恋

---

[1]　菲利普·索莱尔斯:《一部真正的小说——回忆录》,同前,p.102。

[2]　法国自上个 60 年代末开始出现"家庭解体"(déclatement de famille),遂引起了家庭观念和结构的重大变化。现在,年轻人以同居为主,真正结婚的只占 20% 左右,同居多年后,也有正式补办结婚手续的。按照法国统计局的统计,由法定夫妻组成的法国家庭约占总数的 40%。所以,巴特对于索莱尔斯与克里斯蒂娃之间的稳定关系表现出了惊讶。——译注

后来一直缠绕着他,他也以只言片语地探讨过其某些方面。面对他们二人,他并不觉得有来自异性规范性的压力,这种压力曾经常使他感到窒息,因此他尽可能避免接触。于是,这种带有区别、不同教育背景、不同脾气与秉性的关系,便建立在两种相似的、大概也是有联系的关注基础上了:自由与创作。当道德表现成为道德观念的时候,总是有某种东西促使他们在相对的漠视道德表现之中继续前行。伦理与某种形式的非道德表现并行不悖,两者通常对应于对封闭和重复的拒绝。巴特在其于飞机上写的中国行日记中得出的结论是:"似乎应该以我所喜欢的一切为代价来获得革命,这一切便是'自由的'、排斥任何重复和无说教性的。"①

　　巴特在其生命最后时刻透露,既然所有的外部保护混合在了一起,朋友们对于他都是很重要的:于是,他写出了两个人的名字,他们是让-路易·布特和菲利普·索莱尔斯,并配有如下的评论文字,该文字在最后时刻表明了包含在友谊之中的信任部分:"(自从我没有了结构主义、符号学、马克思主义的保护绳以来,我便在吊杠上没有保护绳了);**朋友**便是在下面抓着吊杠保护绳的那个人,他是温情地、注意地、担心地和信任地看着你的那个人。"②

大家在中国

　　虽然在许多方面来看并不是最好的,但作为这种友谊的一个中心时刻,那便是 1974 年的中国之行。此前,已经有过共同参加一些集会的情况,或者更应该说有过一些时候,尽管观点不同,索莱尔斯曾成功地带着巴特参与过几次有点极端的事情:1968 年,便是《整体理论》的情况,那是在马拉美和马克思双重影响之下安排的理论宣言书,其中涉及到确定一种空间、提出一些概念、展开一种历史,而特别是要制定一种政策,即如何构建写作与历史唯物主义之间的关系。巴特与福柯、德里达(以其著名的关于"分延"的文章)、克里斯蒂娃、普莱内、古(Goux)、德尼·罗什排在一起,他在这一论题中第二次发表了他写的关于索莱尔斯《戏剧》的文章。

---

①　《中国之行日记》,p. 215。
②　见铸造工业标准局(BNF)编号为 NAF28630 的文件,"大卡片库",1979 年 8 月 24 日。

为驳斥反对《原样》杂志的多名诽谤者,他完全拒绝使用理论方面的恐怖术语来介绍他的做法:他将他的方法考虑为是对自由主义的一种揭秘以及一种彻底性,"他的彻底性则依靠他在《原样》杂志发表的理论思考的能量,这种能量非常之大,而人们则在对于杂志群体发起的攻击中一般有点低估这种能量"①。1970 年,是对于皮埃尔·居约塔《伊甸园,伊甸园,伊甸园》一书的支持,巴特很愿意介入对于此书的评价,因为他对这部书的赞赏是真实的:他指出,在他看来,书中的句子脱凡不俗。但是,他在评论的其他方面,即对于包括居约塔在内的众星("从萨德到热内,从马拉美到阿尔托")的评论,总体上来说是属于《原样》杂志观点的②。在那几年当中,巴特也与靠近《原样》的一些杂志合作:他为《芒泰雅》(Manteia)杂志写了文章《作者之死》(«La mort de l'auteur»),在《承诺》(Promesse)杂志上接受了长时间的访谈。1971 年,"6 月运动",作为宣传上登峰造极的里程碑,《原样》在为巴特所安排的专号中,声明要为"坚持不懈地宣传我们时代的革命理论与革命实践即毛泽东思想"而努力奋斗。从此以后,这位伟大舵手的思想语录便贴满《原样》杂志办公室的墙上,也出现在杂志的前几页上。不仅体现了依附于中国的戏剧性,而且也表现出了突变的彻底性:"《原样》杂志,尽管有其实践与理论的某些正面结果,但是,它为巩固修正主义的一条右倾机会主义路线做出的牺牲太大了"③当然,巴特不是编辑委员会成员,并不需要实际地依靠其结盟者的语言变化。但是,有三点是解释不清的:他自己的政治坚定性在这些连续的突然变化中的表现;对于索莱尔斯某些立场的极端表现毫无反应(例如,当索莱尔斯为制造慕尼黑惨案的"黑色九月"辩护的时候④,这个事件尤其撼动了巴特,特别是因为他的家庭与以色列有联系)⑤;令人惊异的最后一点,是他听凭像是一种真正的"中国神话"的东西的吸引,这种神话的多方面特征与他个

---

① 《批评与自我批评》(«Critique et autocritique»),与安德烈·布兰(André Bourin)的谈话,见于《文学新闻》(Les Nouvelles littéraires),3 mars 1979(《全集 III》,p. 645)。

② 《突然出现在"能指"上的东西》(«Ce qui advient au Signifiant»),皮埃尔·居约塔《伊甸园,伊甸园,伊甸园》的《序言》,同前(《全集 III》,p. 609—610)。

③ 《对于 71 年 6 月运动的立场》。

④ 使突击队行动合法化的一个文件,是由菲利普·索莱尔斯、马塞兰·普莱内、雅克·昂里克(Jacques Henric)、居伊·斯卡佩塔、让-路易·乌德比纳(Jean-Louis Houdebine)和其他人签字的,不过,主要是由《原样》杂志的编委会成员或其与编委会关系紧密的人签字的。

⑤ 在事件发生的时候,他的弟弟米歇尔和弟媳拉谢尔·萨勒泽多正在以色列。

人的批判性思想是完全矛盾的。

6 月运动,是在禁止马丽娅-安多尼耶塔·马基奥奇的书籍于 4 月份的《人道报》创刊日上宣传之后形成的。刚刚由色伊出版社出版的这位作者的《论中国》法文版,为某些人带来了"文化大革命"合情合理的证据:在另一些人看来,其理由只不过是反对斯大林共产主义的一种斗争工具。马基奥奇作为意大利共产党的积极分子,早在 1954 年就极富热情地去过中国,只是在 1970 年于苏联和中国之间关系冻结 15 年之后才再去中国。她曾长期担任《团结报》(Unità)的对外部负责人,后来在发表了她致阿尔都塞的《党内书信》(Lettres de l'intérieur du parti)之后,最终被开除出意大利共产党,而《论中国》则表现出她完全赞同毛泽东[①]。这本书出版于她从中国返回之后,她当时是《团结报》派去做一系列采访报道的,书中充满了天真的激情,致使人们无法接受。其叙事是在不断累加越来越有吸引力的趣闻,大概就是这种颂扬和稚气的笔调致使某些读者赞同。叙述活动,是依据亲历在毛主席光辉领导下发生巨变的中国男人、女人在日复一日的平常生活中的见证来进行的。马基奥奇并不做政治分析,她并不采访领导人或负责人,她完全信赖她的那些向导和翻译。她转述她所看到的,依据软弱无力的判断表白己见,重复采用惯有的说法。于是,在 570 页连篇累牍的颂词之后,她的结论是:"16 年之后,我所能确认的,那就是中国获得了史无前例的发展。"[②]例如,她指出了老师与学生之间关系发生的变化;她毫无保留地为对干部进行再教育的"五七干校"辩护:"我观察我的周围。那么,是什么东西促成了这种不可思议的友情、这种前人不知的人性? 是什么东西如此深刻影响着这种干校? 肯定有过一种彻底的、但无根本暴力的价值颠覆,它以相同的方式触动了大家。"[③]她相信创新的人。虽然巴特读过此书(既然索莱尔斯在第 47 期上为他安排了位置,他非常可能是全部读过或者至少不只是翻阅过),但是他大概不会不指出该书作者近乎经常使用的俗套语言。不过,尽管他保持距离,既不为自己而

499

---

① 只是到了 70 年代末,她才真正地被开除出党。

② 马丽娅-安多尼耶塔·马基奥齐(Maria-Antonietta Macciocchi):《论中国》(De la Chine), trad. De l'italien par Louis Bonalumi, Gérard Hug, Micheline Pouteau et Gilbert Taïeb, Seuil, 1971, p. 503。

③ 同上,p. 117。

依靠毛主义标签,也不为自己倚仗毛主义教导,他还是在默认中有所赞同。

　　《原样》杂志和几位法国知识分子去中国的想法,源于马丽娅-安多尼耶塔·马基奥奇,后者非常感激索莱尔斯与杂志社给予她的支持。伊丽莎白·卢迪内斯库这样讲述:"拉康也非常高兴:他认为这位女士是'令人惊愕的',他立即决定重新学习汉语。索莱尔斯负责办理一切手续。"①拉康在最后时刻放弃了同去。马基奥奇本人被中国官方拒绝发给签证。因此,一组人减少到了5人:包括自定为领队的索莱尔斯,还有克里斯蒂娃、普莱内和两位同情者——巴特与瓦尔。这次旅行是在《原样》杂志处于严重危机之中组织的:蒂博多与里卡尔杜(Ricardou)因被排挤而辞职;古与德里达因无任何亲中倾向而与他们疏远。索莱尔斯很在意巴特作为朋友表现出的忠诚,他需要他。在巴特方面,他为自己出现在这次出行之中,又不承受任何意识形态和政治方面的牵连而感到十分轻松。此时,他正着迷于阅读佛教书籍,他对于作为日本文化和日语之基础的中文产生了兴趣。通过与《原样》杂志的合作,他发现了李约瑟《中国科学与文明》②(Science et civilisation en Chine)一书所作出的重大研究成果,而且他认为,李约瑟这一名字就像葛兰言③的名字一样,代表着一种不可否认的科学保证。1972年春天,《原样》杂志第四十九期向这两位伟人致以崇高敬意,并建议重视对汉语诗歌与写作的研究。从中国返回后,第五十九期曾发表过对李约瑟所做的热情访谈。对于中国古代文明的这种浓厚兴趣是真实的,应该听凭对于这次旅行的宣传。像拉康一样,克里斯蒂娃提前学习了汉语,而索莱尔斯对于象形表意文字非常感兴趣,他曾在《数字》(Nombre)一书中特别地用过汉字。这其中还有一种智力的、也许还是精神方面的寻求,这种寻求,无须辩白,提供了另外的可满足政治狂热的方向。在发表于1981年3月份《原样》第88期上的自我批评《为什么我曾经是中国人?》的谈话中,菲利普·索莱尔斯强调了对于这一事业所形成的思想之未来的考虑:"此外,大约在1966年和1967年两年间,发现了李

---

① 伊丽莎白·卢迪内斯库:《法国精神分析学史》(Histoire de la psychanalyse en France),Seuil,1986,t. II, p.549。
② 即《中国科学科学史》。——译注
③ 葛兰言(Marcel Granet,1884—1940):法国著名汉学家。——译注

约瑟的重大研究成果,这种发现使得名为《中国科学与文明》这一出色成
果成了百科全书。当时,出现在我们眼前的绝对是某种前所未闻的东西,
因为在我们看来,似乎在我们的知识之中又出现了某种全新的参照曙光。
李约瑟对我们说,他认为,'从今以后,中国进入到知识的历史之中,将来
所起的作用,绝对可比之于古希腊对于西方文艺复兴时期人们的作
用'。"①索莱尔斯的热情,完全像是在对于道教传统方向的一种研究那样,
也在这一点即在那里有着思想和想象之宝库的想法上征服了巴特的信
仰,不是不可能的。

　　不过,在中国的旅行过程中,巴特产生了有点被迫入伙的感觉——尽
管他是自愿的。索莱尔斯自己也承认了这一点:"可怜的巴特! 他58岁
了,我多少有点强迫他参加这次旅行,他正处于享乐主义和纪德主义阶
段,他曾在日本随心所欲,现在突然落入了完全的混乱之中,落入了相反
的细枝末节之中。"②那个时候,巴特正处在竞选入职法兰西公学教授活动
之中(实际上,他第一次尝试进入该公学正是在 1974 年),有些朋友曾极
力挽留他呆在巴黎。他在当年 4 月 4 日的记事簿上这样写道:"商谈放弃
去中国";4 月 6 日,当得知签证已经送到大使馆,他写道:"叫人沮丧"。不
过,他还是准备着出行:他购买了纳热尔导游手册③,看了安东尼奥尼的电
影,这部电影在几周之后激怒了其中国对话者,而他则以自己的记录与该
电影做了对比④。从 1 月份到 3 月份,他拜访了多位研究中国的专家或被
认为是中国研究专家的一些人:1 月 26 日与马丽娅-安多尼耶塔·马基奥
奇见面;他拜访过维维亚娜·阿勒东(Viviane Alleton),她是汉语语法教

① 菲利普·索莱尔斯:《为什么我曾经是中国人?》(«Pourauoi j'ai été chinois»),与高树希(Shuhsi
　　Kao)的译音)的谈话, in *Tel Quel* , n°88, 1981, p.12。
② 菲利普·索莱尔斯:《罗兰·巴特的中国之苦——谈〈中国行日记〉》(«Le supplice chinois de
　　Roland Barthes. Sur les *Carnets de voyage en Chine* »), in *Le Nouvel Observateur* , 29 janvier
　　2009。
③ 《纳热尔导游手册》(*Guides Nagel*):由路易·纳热尔(Louis Nagel, 1908—1996)在 20 世纪 70
　　年代编辑出版的导游手册,于编者去世之前已不再出版。——译注
④ "在重读我这些日记的时候,我认为,如果我就这样发表它们,那正是属于安东尼奥尼式的。
　　但是,不这样,又怎么做呢?"(《中国行日记》,法文版,p.215)。巴特在写于 1974 年、发表在《建
　　立一种自由美学——献给米凯尔·迪弗雷纳的文章汇编》(*Vers une esthétique sans entrave.
　　Mélanges offertes à Mikel Dufrenne* , UGE, 1975)一书的《语言的涓流》(«*Le bruissement de
　　la langue* »)一文中提到过这部电影(《全集 IV》, p.802)。**译注补注**:经查,本书中所引法文书
　　名称不完整,现在的译文是根据完整的名称翻译的。

授,在"我知道什么?"(«Que sais-je?»)丛书中出版关于汉字的书籍;2 月 7 日,他见了中国大使馆的多位官员。在索莱尔斯家,他认识了三位中国留学生;3 月 18 日,他见到了他在高等研究实践学院的经济学同事夏尔·贝特兰(Charles Bettelheim),这位同事极力赞同毛泽东关于工业组织的转换论述。但是,这种加紧的准备在巴特身上产生的重负让他感到疲劳。一切都过于协调一致;"组团"旅行、没有了独处、与个人的时间安排脱节、写作的中断,这些也都让他感到不安。

4 月 11 日,这 5 个法国人登上了飞往北京的飞机。对于在航行过程中感觉到的困扰,巴特是容易动情的:空乘小姐的态度,乏味的饭菜,像是动物一样被限制在座位上的其他乘客。在差不多 3 周的旅行过程中,他无数次地发火动怒。与菲利普·索莱尔斯的关系变得尤其困难。这时的索莱尔斯,在《中国行日记》中已经成为多次不愉快思考的对象:巴特被他待人的热情和劝人的执着搞得不知所措。"[索莱尔斯完全无视对立的左派。所有这一切都是相当个人中心主义的:整个报界都是根据其使《原样》承受的禁令来被人理解的]。"①在巴特看来,索莱尔斯的修辞学都靠近他们的中国对话者极其频繁的修辞学:"[菲利普·索莱尔斯也是通过**发动大家**来进行,这一点令人讨厌:他总是一个时期接一个时期地不停地攻击同一方面,每一次都用有所变化的实际例证、玩笑等。现在,便是攻击作为宗教和唯心论者帮凶的拉康,等等]"②在乘"小面包车"行走的无数行程之中,他总是领唱革命歌曲,领唱《国际歌》等。当然,也有的时候是与他一起分享友情,例如在西安博物馆,当"我们不无赞赏地谈论梅尔维尔的时候"③,但是,他意欲知道一切的倾向和好为人先的表现带来了旅行的疲惫。简言之,"唯一需要我对其有点耐心的人,肯定是菲利普·索莱尔斯"④。

巴特从出发的那一天起,就摆脱不了自始就有的疲倦。他是这一组人中的最年长者,这一点也许使他欠缺灵活性。他不无讽刺地写道:"'我

502

---

① 《中国行日记》,法文版,p. 63。
② 同上,p. 119。
③ 同上,p. 161。译者补注:梅尔维尔(Herman Melville,1819—1891):美国作家与诗人。1841 年,他搭乘一艘捕鲸船到了太平洋,进入了一些岛屿之中。他于 1844 年返回美国波士顿,写作和发表了两部探险小说——《泰皮》(Taipei)和《欧穆》(Omoo),受到了读者的欢迎。
④ 同上,p. 173。

总是(一队人中的)最后一个'。那位可爱的女向导用正确的句子对我说，因为您老了。"①偏头疼几乎每天都袭上身来②，他时不时地感到恶心。他所感受到的，似乎只有各种限制。实际上，那些限制是非常重的。一组人完全由旅行社负责安排，旅行社制定了每一个小时的时间表和参观表，旅行社提供笔译兼口译译员和决定对话对象。很少有休息的时间。从上午9点开始，这一组人通常就开始参观了：印刷厂、医院、大学、博物馆、造船厂等，这些参观都是不断介绍毛主席的改革所带来的恩惠或者是揭露以林彪为首的党内右派路线罪恶的机会。这场为反对林彪和孔夫子而一起进行的运动，使得有关中国的所有问题都被当作反动问题而弃置不顾了。人们安排他们从北京到上海游览，然后又让他们上火车去南京；从南京，他们又去河南省的洛阳，然后去陕西省的西安，最后在北京度过收尾的几天，在北京，他们会见了《世界报》驻北京的记者阿兰·布克(Alain Bouc)以及法国驻北京大使馆的文化专员克里斯蒂安·蒂阿尔(Christian Tual)。必须做记录，工作总是有的。巴特继续关心他们在此行中有点趣味的东西，即连环画，"丁丁在苏维埃"，这便是某些带讽刺意味的评论所指出的东西："《原样》杂志和它的朋友们在中国的工厂里受到了欢迎。"③各种限制妨碍了对于这个国家的理解："由于旅行社领导持续的、寸步不离的在场，禁止、查封和取消了出现惊喜、偶遇事件和俳句的可能性。"④即便这种事情可能在其他情况里出现过——尤其在美国(但不是以这样的程度)，对于他来说，旅行不是对于日常工作重负的解脱，这大概还是第一次。对于写作，他并不给予这样的谨慎，因为所写内容可以由对于古怪性的诱人观察来构成。被巴特称之为意识形态话语之"砖块"⑤的沉重表达

①　同前，p. 132。

②　"[这次旅行中的最大情况之一，肯定是几乎每天都有的严重偏头疼：疲劳，缺少午睡，饮食或更难以察觉的是习惯被打乱，甚至是更严重的抵制情绪。是反感吗?]"(同上，p. 114)。

③　《中国行日记》，p. 32。

④　同上，p. 120。

⑤　巴特借用了控制论的一个术语，来指大堆的俗套。正像他在《那么，这就是中国吗?》(«Alors, c'est la Chine?»)一文中说的那样："因为任何话语似乎都通过陈词滥调的渠道来说出('习惯语'与套语)，就像是控制论称之为'砖块'的亚-程序"(《全集 IV》，p. 518)。他提供了曼德尔布罗(Mandelbrot)在《逻辑、言语活动与信息理论》(Logique, langage et théorie de l'information)一书中给出的定义："'砖块'或'亚-惯例'是被提前编码的一些计算模块，使用时，就像是在任何编码建构中的砖块那样。"(《全集 II》，p. 984)。

方式即化石般的言语活动,十足地禁锢了人、生活与目光,而这些则只要有可能便借助于多梦、一过的念头、绘画的铅笔、瞬间唤起的欲望来逃避开。通常,在旅行时,巴特很看重偶然的相遇、随其欲望所至的场所。"可是,如果不了解性,又靠什么来了解一个国家人民呢?"[1]在使他感受到剥夺的一种强烈的性欲压抑之中,这就是障碍,而他无法去理解。他回到法国后,曾长时间地向他研讨班上的学生们讲起这一点:"身体不像在思考、在计划、在决定这一点或那一点;无任何身体**角色**,无任何歇斯底里。"[2]由此产生的锁闭印象,被完全质疑阐释学的一种观念所推翻:身体在此不是用来表示意味的,区别也不是用来显现的。在没有主要能指即教徒和直接能指即**情欲**的情况下,画面不引人注意和意义出现沉默导致了对于他所见之物的一种纯粹现象学的解读。既然解释是不可能的,那么,就应该依靠行为表现、不起眼的习惯和外表。

504

尽管如此,相对于为其提供了一种形式的著名文章(《那么,这就是中国吗?》)来说,《中国行日记》的价值部分地在于一些脆弱的提示:在于相对于团组来说,对个人即旅行者的促进;在于相对于观念来说,对思想的推动;在于切断烦恼的那些振奋情况;在于人们有时猜想会抵制(穿衣戴帽和行动中的)一致性;在于人们喜欢看到的和人们不想看到的东西。巴特心灰意冷地在寻找能指,但他发现能指不多,而他找到的那些能指,例如开始时的那些儿童,很快就发现其没有价值("这几个孩子首次被放进很少的能指之中,在我看来,他们完全成了令人讨厌的人")[3]。时尚,几乎不存在,也几乎没有色彩,茶水是乏味的。只有那些象形文字和食物留住了他;还有洛阳的牡丹,南京动物园中的老虎。他喜欢丰盛的菜肴、菜肴中的调料、摆设、肉的切分、鱼的烹饪。他高兴地为他吃过的东西开列单子:"晚餐:头菜,是细心地摆成鱼形的红蓝相间的冷盘。各种白酒、啤酒。热炒虾仁,中间有绿色蔬菜。四川菜:肉、辣椒、葱头。味道鲜美,太辣!宫保鸡丁,竹笋。鸭肝馅煎饼。[这一切都非常好吃]。很大的浇汁鱼,上面有面糊和葱丝。"[4]他面对人们向他们介绍的现实主义绘画(《孩子们在砖墙上写大字

---

① 《中国行日记》,p. 117。

② 《作者的词汇》,同前,p. 234。

③ 《中国行日记》,p. 192。

④ 同上,p. 102。

报》《小学老师教写字》)错愕不已,而对一些书法兴趣浓厚,他索要了几幅。在北京,他购买了毛笔、纸张,为自己的素描做了几张拓印。对毛泽东的一幅书法的瞩目,尤其成为他与自己的一幅绘画进行比较的机会:毛泽东的书法"整体上非常漂亮(草书):潦草、急促而富有空间感。我在思考'边框'问题。我自己的绘画:也有些书法板块上的安排,不是画面被切分了,而是板块在移动。"①购物,是他很少表现出的兴高采烈的时刻。从一到达中国,他就建议他的伙伴们都为自己做一身毛式制服,建议他们都为自己量身订做,而当他们返回时,大家都穿着毛式制服出现在巴黎。马塞兰·普莱内在自己的旅行日记中感谢"R. B. 的快乐倡议,使整个团组都去购买中式制服"②。在剩下的时间里,他一直感到疲劳,他无心旁顾:"有时,我很喜欢不流露出感兴趣"③。在这个时候,并不是纯粹的忧伤、背井离乡之情或思想混乱之感触及到了他的生活方式和其语言表达。"所有这些记录,大概都将证明我的写作在这个国家是失败的(与日本相比)。实际上,我找不到任何东西可记、可列举、可划分。"④普莱内在他的旅行记录中曾多次强调巴特所采取的立场总是有点例外。在参观十三陵的那一天,"R. B 留在了车上";在开往南京的火车上,"R. B 躲在一旁独自阅读《布瓦尔与佩居榭》,茱莉娅·克里斯蒂娃在学习汉语,菲利普·索莱尔斯与我们的向导在玩象棋(中国象棋)";在一次由几位观念学者之间展开的争论中,"R. B 似乎远远地关注着我们的讨论,他把我们看成一条鱼、一个苹果"⑤。在 5 月 4 日离开北京的时候,他轻松下来,如释重负,在飞机开始疾跑就要起飞的时候,他对着弗朗索瓦·瓦尔的耳朵说了声:"可结束了!"⑥

---

① 同前,p. 57。正像安娜·爱施伯格·皮埃罗在她整理的版本的注释中所说,"草书"(calligra-phie herbeuse)中的形容词 herbeuse 来源于书法中所谓"草样的"(«d'herbe»)的风格,这种风格就对应于潦草书法。

② 马塞兰·普莱内(Marcelin Pleynet):《中国之行——1974 年 4 月 14—5 月 3 日流水账日记》(Le Voyage en Chine. Chronique du journal ordinaire, 14 avril—3 mai 1974)(extraits),Marciana, 2012, p. 28。

③ 《中国行日记》,p. 140。

④ 同上,p. 73。

⑤ 马塞兰·普莱内:《中国之行——1974 年 4 月 14—5 月 3 日流水日记》,同前,p. 54, p. 46 et p. 38。

⑥ 弗朗索瓦·瓦尔:《哎呀!》(«Ouf!»),见于马丽娅娜·阿尔方(Mariane Alphant)与娜塔莉·莱热(Nathalie Léger)主编:《R/B,罗兰·巴特》(R/B, Roland Barthes),蓬皮杜艺术中心展览目录(catalogue de l'exposition du Centre Pompidou),2002, p. 107。

人们都知道,所有参加这次旅行的人在回去后都为他们在中国之行的经历写过文字的东西。《世界报》1974 年 5 月 24 日刊登了巴特的文章,随后又在 6 月 15 日和 19 日分两次刊登了弗朗索瓦·瓦尔为此行所写的报告。第 59 期《原样》杂志再一次完全地安排给了中国,索莱尔斯、克里斯蒂娃和普莱内都发表了各自的观点。茱莉娅·克里斯蒂娃同一年在妇女出版社(Éditions des Femmes)出版了《中国妇女》(Des Chinoises)一书,在这部书中,她公布了他们中国之行的一些照片。她集中谈到了中国最使她感兴趣的东西、妇女们的日常生活、她们与婚姻、离婚、孩子、哺乳等方面的关系。后来,她又在其小说《武士》中谈了对于那次旅行的个人感受。作为最为个人的资料过了较长时间才出版的,那便是普莱内的日记(第一次是在 1980 年)和 2009 年出版的巴特《中国行日记》。这两部分资料使我们了解到了许多具体细节,但也因缺乏批评而显得不足。普莱内清楚地指出,他认为"人们好意让我们不介入这里发生的事情"[1],而巴特则质疑俗套的和范式的话语,质疑某些神话说法——例如,就在这方面,他质疑林彪死亡的官方通报,但是,在今天看来,他们当时的见证明显地带有着盲目性。《原样》杂志的成员们受到他们过分的意识形态信仰的限制而保持着热情和有失公允的态度,这一点在当时缺乏完全谅解的情况下是可以理解的。相反,罗兰·巴特文章中欠缺批评精神则使人们大为惊异。《那么,这就是中国吗?》并不是对于当时中国的正确描述;在这篇文章 1975 年以单行本出版时增加的后记也没有给出正确的描述[2]。为体现这个国家的特点而两次使用的"平静的"一词,属于一种天真的形式。只有弗朗索瓦·瓦尔一人表现出非常具有批评性,而尤其是在两点上。他在中国看到了苏联模式的延续,这一点在当时毛主义环境下是不好说的。再就是,他抱怨当时中国正在创造的与其过去割裂的过程[3]。这种明确的话,在当时的菲利普·索莱尔斯看来,是难以忍受的,他在第五十九期杂志上严厉地对弗朗索瓦·瓦尔逐一地

---

① 同前,p. 108。

② 西蒙·莱斯(Simon Leys)在谈到巴特主张的"既不肯定,也不否定,还不是中性"的话语时,将其说成是"很小的温水开关"(《巴特文稿再版略注》,«Notule en marge d'une réédition barthienne», in Images brisées, Robert Laffont, 1976, p. 180)。

③ 弗朗索瓦·瓦尔:《没有乌托邦的中国》(«La Chine sans utopie»), in Le Monde, 15—19 juin 1974。

做了批驳("中国从未像现在这样具有自主谈论自己过去的力量")①,并　　507
对其不怀好意进行了挖苦。

今天,对于这几位旅行者的立场做出批评似乎已经很容易,因为其过错已被人所知,而且许多人都先于我们对之做了批评②。在那个年代,知识分子确定立场是非常绝对和鲜明的,以至最终通常是"选择阵营",而不是细致地去思考问题。不过,立场变动也是可能的,就像他们当中的某些人已经表明的那样。有关"文化大革命"的真实情况,已经部分地得到过介绍,而且,数不清的见证很可能已经引起过巴特的注意,并引导他去寻求另一种真实。西蒙·莱斯从 1971 年就出版了《毛主席的服饰》(*Les Habits du président Mao*)一书,作者在书中谈到"文化大革命"已导致数以万计人的死亡。在巴特后来于北京结识的阿兰·布克的文章影响之下,《世界报》早已完全清扫了此前的见证,并且让他的这位作者去充当美国中央情报局的间谍(米歇尔·卢瓦③曾不体面地揭露过他的身份,并站在了马基奥齐一边)。但是,这些众多的异议可以充当警示。1971 年 11 月的《新批评》杂志曾指出过《论中国》一书中的所有错误;当然,是基于一种非常严重的意识形态对立的情况,不过,那个错误单子确实起到了撼动作用。在巴特的文章中,尽管在形式上有所保留,但没有显示出任何威胁,也没有对任何死亡表示抱怨。"另有一个词来到脑海中,更为准确:中国是*平静的*。"④巴特依据长时间思考而确立的一种姿态,选择了认同这个国家,而不是与其疏远或对之进行批评。这是一种伦理选择,但是在当时情况下,这种选择与使中国和其居民产生异化的整个政治不大相符。我们从中解读到使话语服于一种正面价值的意愿,这种意愿有别于赞同。巴特在向其学生们解释,认同"正面地满足对于一种承认的要求,也许甚至满足一种求爱,这也许正是我在那里最为注意的东西(我在关于维纳维　　508大约在 1957 年的一个剧本——《朝鲜人》[*Les Coréens*]——中已经初步谈

① 菲利普·索莱尔斯:《答复弗朗索瓦·瓦尔》(«Réponse à François Wahl»), in *Tel Quel*, automne 1974, p. 8.

② 参阅克里斯托夫·布尔塞耶(Christophe Bourseiller):《毛主义者——法国红卫兵疯狂史》(*Les Maoïstes. La folle histoire des gardes rouges français*), Plon, 1996.

③ 米歇尔·卢瓦(Michelle Loi,1926—2002):法国汉学家,以研究鲁迅著称,曾表态支持中国的"文化大革命"。——译注

④ 《那么,这就是中国吗?》,《全集 IV》, p. 517.

了相关理论"①）。那么,《那么,这就是中国吗?》一文和旅行日记还有什么
用呢? 如何来解读这些文本呢? 与历史作直接对质的时刻,对于巴特来
说,是一种再一次错过的时刻。

关于根据谢阁兰②的小说《勒内·莱斯》(René Leys)改编的名为《在
中国逃亡》的剧本,巴特早在 4 年前发文就谈到了那些陷于无知的人物的
重听与盲目,这种重听与盲目格外地符合他在中国时给予中国的关注:
"这种阅读情景正好是悲剧作家的阅读情景,这是倾听那些分裂讯息的场
所,那些讯息似乎只在帷幕之外才汇合在一起,而我们就在那里;但是,我
们所在之处,仍然是舞台,是戏剧的最后墙壁:言语活动并不停止在这个
黑洞之处,因为在那里,我们就会是在遮掩之下更好地窥视探照灯下'发
生的事情'的垫脚板。"③

---

① 《作者的词汇》,同前,p. 245。巴特的文章提及一个士兵逐渐地接受了他所发现的朝鲜社会,
   并将这种态度命名为"认同"(«assentipment»),以此对立于选择和转化。《今天或朝鲜人》
   («Aujourd'hui ou Les coréens»), in France Observateur, 1ᵉʳ novembre 1956(《全集 I》, p.
   666)。亦请参阅《认同,而不是选择》(«L'assentiment, non le choix»)一节,见《罗兰·巴特自
   述》,《全集 IV》, p. 628。

② 谢阁兰(Victor Segalen,1878—1919):法国医生、小说家、诗人、汉学家,曾在中国上海和天津
   从医,写过不少关于中国的诗歌。——译注

③ 为贝尔纳·米诺雷(Bernard Minoret)和达尼埃勒·韦左勒(Danielle Vezolle)编著的《在中国
   逃亡》(Fuite en Chine)(根据谢阁兰《勒内·莱斯》[René Leys]改编)写的导言,Christian Bour-
   geois, 1970(《全集 III》, p. 608)。

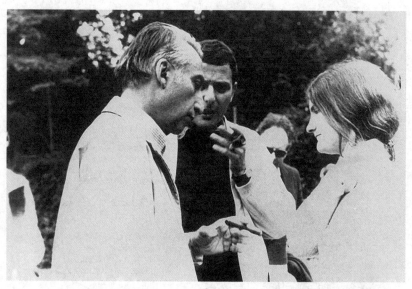

巴特和索莱尔斯 1972 年 7 月在塞里西与
埃迪特·厄尔贡(Édith Heurgon)在一起

509

弗朗索瓦·瓦尔、茱莉娅·克里斯蒂娃、马塞兰·普莱
内、罗兰·巴特与旅行社两位工作人员在天安门广场上

couleurs peignent en par-
ler à leur façon (LS.
Granet etc). Mais pour les
F C n'a qu'un sens
posé d'une façon certi-
crédible de leurs papiers.
Mais ce pluriel même
est de notre côté, signe
de l'intellect. Le pluriel
à l'œuvre.

— 400 visas viennent d'
être refusés *1 L'hôtesse S'
l'âme de notre voyage, elle
dit : vous êtes branchés !
*1 à cause du film de
Yanne.

Arrivée Pékin

— "Alors, la Chine ?..."

— Jeunes soldats : l'imper-
méable de neuf sur leur tunique.
Sourire

— Salon aéroport sobre austère
Cuirs. Suisse il y a 8 ans

— Un grand rectangle rouge *2
support surface
*2 2 artistes vers devant

— Chemin de l'aéroport.
Toute droite bordée de saules
On croise un chien, un
jeune européen faisant la
course en short

— L'interprète : il fait "fris-
quet"

— Objet fétiche : le grand Thermos
d'eau chaude pour le thé-
fleuri de décalcomanie, que
des jeunes filles, des garçons
ont à la main

Samedi 14 Avril
(Pékin)

— Tps voilé - Mal dormi,
oreiller trop haut et dur.
Migraine

— Hier soir : réunion avec les
guides. Petit salon de l'Hôtel.
Gros fauteuils, appui-coude
en crochet

— La "politesse" et les caméras.

— L'austérité : linge non
repassé.

《中国行日记》

511

在波拿巴（Le Bonaparte）咖啡馆，从中可以认出菲利普·索莱尔斯（左起第五）和罗兰·巴特（左起第九）。

14. 身 体

这个词语在他的作品中逐渐出现；它首先被
对于真实（故事的真实）的要求所掩盖，然后又被
对于有效性（系统和结构的有效性）的要求所掩
盖；现在，它充分发展了；这个神力词语，即"身体"
一词。

——《罗兰·巴特自述》

在 70 年代，巴特使身体成了主要能指，这个能指可以占据任何所指
的位置。这是一个矢量词(mot-vecteur)、神力词(mot-mana)（他从莫斯那
里借用了这个词，并非不反常，因为作为精神能力之原则的神力是被幽灵
和神明所承载的）、一个他使其服务于一切的多形式词。神力词并非是一
个珍贵的词，它可以变成一种偶像，它可以替代一切难以命名的东西，例
如替代无场域性(atopie)、额外之意(supplément)和偏移之意(dérive)。于
是，"身体"一词便可以根据与身体本身即自己身体所保持的一种距离来
被理解。从此，这样的身体就可以离开主体、分散主体，就可以不使自我
成为一种中心或一种真实之符号。正是应该本着这种对于身体的一种活
动性和一种区别性的理解，才能来探讨巴特的个人书写。这种理解既不
对应于自传的某一转折时期，也不对应对于一位实在主体的把握（主观性
一直是非常远离其创作的问题），但却对应于在写作各种欲望投入时被自
觉接受的一种移动，因为那些投入同样也是安排身体的方式。

远离政治，对于理论进行最少的精神投入：在巴特看来，这个时期是
重新调整的时期。在写作欲望阶段，走向社会和其他人，成了一种新的方

向。巴特越来越对个人的表现机会感兴趣：1970—1971 年间的课程是关

514 于个人习惯语观念的，因为这种观念可以使一位作家的风格更具特征。
他所关注的那些问题，触及到写作，触及到个人语言与团体语言之间的关
系，触及到作品的制作：这些问题从一开始就是他的问题，但是，他使这些
问题承受了一系列小小的变化，这些变化引导他确定他的位置，亦即他的
作用。第一项变化是过渡到实践的过程。巴特在多个领域进行着从理论
到实践的移动，表现出对于实施、经验和具体的爱好。因为操作方式可以
改变他的某些习惯和某些兴趣中心。因此，对于书法和绘画（他为绘画写
作越来越多重要的文章）的关注，紧密地伴随着他作为绘图员和着色员的
活动。从 1971 年开始，他的时间表中包含着几乎在午餐后的每个下午都
有一定时间的绘画。"放松（休息）一下，可以创作某种不被直接用于言语
活动陷阱、不被直接纳入任何句子之责任性中的东西：总之，是某种天真
的东西，我不需要对其写出点什么。"平常的单词"爱好"（goût）、动词"品
味"（goûter）与"快乐"（plaisir）一词一起，都变成了其谈论用餐和文本的词
汇中的关键词："因此，我在叙事中所品味的，并不直接是其内容，甚至也
不是其结构，而更是我强加给美丽外表的破损：我跑动，我蹦跳，我抬头，
我再一次深入（……），不吞吃，但择草而食、细心咀嚼，为了解读今天的这
些作者而在旧时读物中找出余暇之地。"[1]仍然是在此，"择草而食"
（brouter）一词，此前很少用于米舍莱，这时则表明那种注重细节满足的运
动在表面上是审慎的，同时也是变化的。于是，与阿尔钦博托的绘画或潘
泽拉的嗓音结合在一起的"我喜欢/我不喜欢"的时间便展了开来，这就要
选择一些不确定的表达术语，但这些术语却使人以另外一种方式来听到
一些文化阻抗的形式。一般的情况，便是耗尽 1968 年之后认可的一种政
治理论的激进性。这样做的特殊原因，是合法性、被承认性和因时间所给
予的允许性。巴特在继续进行相同探索的同时，并不禁止自己"变得快

515 乐"。在 70 年代，这甚至就是他的动力，在这种动力之上，也还要加上当
时的一些必为之事，而那个时候的特点便是性欲方面的高涨和释放。在
不把"毫无羁绊地享乐"完全作为自己口号的情况下，他在多个领域使其
为己所用。因此，我们在这里看到，他的个人轨迹是怎样取决于一种历

---

[1] 《文本带来的快乐》(Le plaisire du texte)，《全集 IV》，p.225。

史,而这种历史全然如他所模范地再现的那样。我们也理解了,连续性和移动性在巴特的一生中是怎样得以相行不悖的:巴特并不通过重大的断裂来进行,而是依据邂逅或是特定场合所产生的冲动来进行。在这一方面做一下清点,就可以让我们将其自身变成邂逅的空间。

巴特 1971 年在专为他安排的《原样》特刊写的《作家,知识分子,教授》文章中,使人明确地看到了这种移动。他在文中重复地表明了与身体关系的一种变化:他把作家的不确定的和分离的身体与"教授"或"知识分子"属于社会的和职业的身体对立了起来。与被理论所引导的说话身体相对应的,是被实践所掌控的写作中的身体。在这里,巴特再一次说到他对于言语的憎恨,我们已经看到过这种憎恨因言语在 1968 年的胜利而变得更为强烈①。以演出和歇斯底里为一侧,以压迫和法则为另一侧,这种憎恨使得教授变得僵化,就像与其在同一侧的知识分子那样,因为教授只满足于誊写他的言语。相反,作家则是拒绝这种言语能力的人,他在直面从未被说出的事物、缺少的事物、不可能的事物的同时,使得言语的这种能力处于危机状态。根据从巴塔耶那里继承而来的意义,是词语在说出写作与真实邂逅时的碰撞,这种意思在巴特 70 年代初期的文章中频频出现,尤其是在《文本带来的快乐》一书中②。因此,继续成为教授,继续成为一名批评性知识分子,这就要求将言语移动到不知道言语的一些区域,那些区域贯穿着不确定性、贯穿着对于俗套的拒绝、对于多格扎的反抗。巴特在完全根据自己的方式于一种批评性虚构之中展现教授的虚假外观的时候(这位教授在高等研究实践学院说:"我们想象一下,我就是教授")——教授明白自己的神秘已被揭开,完全像装扮成俄国飞行员的马克斯·布拉泽众兄弟③看到他们自己被拿下的假发时一样④,他同时在准

516

---

① 我们在前面已经介绍了言语活动、语言与言语三者之间的关系。但是,言语在遵循语言的规则被使用的过程中,经常会出现变化,有时是巨大的变化。由于语言是社会性的,因此它又可被称为社会规则的代名词。1968 年"五月风暴"被认为是对当时社会规则的颠覆,所以,它亦被称为是对语言的胜利。——译注

② 见《文本带来的快乐》,《全集 IV》,p. 220。

③ 马克斯·布拉泽众兄弟(Les Marx Brothers)或马克斯众兄弟(Les frères Marx),是活跃在 20 世纪 50 年代由 5 个不同姓氏的男人组成的一个演出团体,他们涉足电影界和电视界。——译注

④ 在电影《歌剧院的一夜》(Une nuit à l'opéra)中,巴特常以这部作品来说明多种文本问题。见《作家,知识分子,教授》(«Écrivain, intellectuels, professeurs»), in *Tel Quel*, n°47, automne 1971(《全集 III》,p. 890)。

备改变自己的身体。在撒谎和欺骗方面是教授,而在真实方面是作家。但是,为了使这种真实赋予习惯上留给言语活动其他用途的空间以知识,就必须在所有事物方面和在所有场合之下,都具备那位不怕失去场所而寻找和制造危机的人的习惯:"为应对各种话语(言语,规范行文①,宗教仪式,社交礼仪,社会象征体系),当前,只有[写作]——尽管以一种奢侈的形式出现——才使言语活动变成某种无场域的东西:即无场所;正是这种分散性即无定位性,是唯物主义的。"②因此,为应对由言语所建立的政治傲慢性,提出一种关于身体的政策,会导致自己变为作家。但是,由于这种自我构成并不能在无障碍情况下进行,也不会在无异常情况下进行,所以,它将包含一些变化多样的实际试验。

《文本带来的快乐》表明了这种位置变动,或者更可以说,表明了把自身确定为正在思考和感觉的个体的变化。这个不长的文本直接以书的形式出版,并且是在没有约稿情况下出版的少有的书籍之一,它在巴特写作历程中占据着转折性的位置。快乐变成了出色的中性空间:巴特在拒绝把快乐与享乐之间的区别当作真正的对立和在使这种区别发生动摇的同时,他在协调——或至少觉得可以这样做——长时间以来就属于他对于两种矛盾的假设:一方面是**现代主义**(Moderne),即暴力、断裂、颠覆(享乐),另一方面是**古典主义**(Classicisme),即舒适、传奇、开阔(快乐)。所用的色情一词带来的好处,便是它不可充当用来按照这一类或那一类来划分文本的标签。它涉及选择其探讨方式和使其方式发生变化的主体:因此,读者可以"根据"对于不论什么文本的"享乐"来侧重一种阅读习惯。于是,他可以关注文本的边缘、文字间隙、书的竖向开本、书脊。"按照快乐"来阅读,这517　反而是呆在阅读时的一种舒适实践之中。在此,巴特已不再伪装使其同时在这两个方面均得到表现的特征——这种特征将其置于了一种反向逻辑之中,他在谈及普鲁斯特式人物时,曾很好地阐释过这种逻辑,因为普鲁斯特式人物可以在不使第一个命题失效的情况下就颠倒一种命题③。他已不

① 规范行文(écrivances):巴特用语。巴特在作家(écrivain)与写家(écrivant)之间做了区分,指出作家写出的是作品,写家写出的是规范行文,而写作(écriture)是作家的活动。——译注
② 见《作家,知识分子,教授》,同前,《全集 III》,p. 905。
③ 按照他的说法,是对立学说(即对立项话语)在赋予普鲁斯特的颠倒以特征,见《一种研究之想法》(«Une idée de recherche»), in *Paragone*, n°261(《全集 III》, p. 917—921)。这篇文章早于《文本带来的快乐》两年发表。

再担心为他从古典作家那里借用而来,同时又为现代作家进行辩护的快乐给予肯定了。他接受把自己确定为**与时代不符的主体**,并在两个方面保持平衡:"然而,这是一位与时代不符的主体,他在其领域之内持有两种文本,而在其手中则握有快乐与享乐的缰绳,因为他同时且矛盾地参与对于任何文化的深刻享乐主义(这种文化以古代书籍所属的一种生活艺术的方式平静地进入到他身上)和对于这种文化的破坏:他享受着**自我**(moi)的稳定性(这便是他的快乐),而寻找着这种稳定性的失去(这便是他的享乐)。这是一位遭受两次分离和两次倒错的主体。"[1]如此宣称,声音洪亮,非常直接。巴特情愿属于多个时代并确认了他的倒错,这种倒错被看作既像是一种变化,也像是一种颠倒。巴特曾在 1973 年 2 月将书寄给了埃莱娜·西克苏(Hélène Cixous),于是,后者庆贺巴特已开始对于自己"解除检查"[2]。《文本带来的快乐》也将其各种主张介绍为对于某种地位降低形式的政治赞同:在一个极端吹捧欲望之话语的社会里,享乐主义被降低为是"大众的",同时赋予该社会一种特殊的、认识论的尊严。巴特将自己确定为最终是无场所的,他后来在《恋人絮语》一书中更为明确地要求获得这种姿态。他也在寻求快乐、于周日小试绘画和作为爱好者弹奏钢琴的同时,接受有时身处当前时代言语活动之外,从而陷入这种态度可能导致的孤独之中。

眼　睛　与　手

518

从 1971 年到 1975 年,巴特在绘画方面的实践更无定时。他的实践活动无法与对于写作的一种思考分离开来,因为这种写作变得越来越激进,甚至发展到难以辨认的程度,就像在居约塔或是在索莱尔斯的作品中那样,无法通过词语进行转述,但却可借助于空洞符号的言语活动即无表面意指的纯粹的书写要素来转述。去除意义,曾在日本使他大为吃惊,这一情况现在又与对书法的学习结合在了一起,这就引起了一种与快乐不

---

[1]　《文本带来的快乐》,《全集 IV》,p. 226。

[2]　埃莱娜·西克苏(Hélène Cixous),1973 年 3 月关于蒙特利尔的卡片。铸造工业标准局(BNF) NAF28630 的文件,《文本带来的快乐》(«Le plaisir du texte»)。

可分割的研究。快乐,首先是对于材料、颜色、漂亮纸张的爱好,是"与书写工具结合而成的一种近乎发狂的关系"①。例如,在《文本带来的快乐》一书出版之际,当我们看到电视台拍摄的巴特位于塞尔旺多尼街的房间时,我们在他身边既无法区分书籍,也无法区分一般表明作家工作的附属用品,如钢笔、打字机,但却可以完全清楚地看到那些色碟、数量极大的画笔、装有各种颜料的绘画小杯。因此,他在巴黎的绘画时间,是早晨刚刚起床,或者是在午睡刚过,即在他的注意力还处于浮动、还没有被那些知识分子问题所完全动员起来的时刻。不过,正是在于尔特——夏天一如春天,或者是圣诞节期间,他画得最多,看来远离意义与他在巴黎没有赘手的工作是联系着的。法国国家图书馆罗兰·巴特遗赠档案中保存有380幅他的素描和绘画,其中3/4都注明有在西南方多次休假期间的日期,在那里,阳光、寂静、天气,一切都竞相提供有利于这种安排的条件。例如热拉尔·热奈特讲述道,他与妻子在1973年的一天来到于尔特与巴特一起用午餐时,巴特就向他们赠送了他的一幅绘画。此外,他很大方地把自己的绘画作品分送给别人,估计他的画作总共大约有700幅。最后有差不多一半留作了个人收藏。可以肯定的是,巴特并不十分看重在这种绘画上的以及书写字体上的探讨;不然,他不会如此随便地把那些素描送给别人,几乎让那些接收者都感到有欠于他。他经常这样说:"没有什么想法,但是很高兴,我在扮演艺术家。"②不过,这种探讨足以值得指出,并且它是有影响的,我们需要在此说一说。

塞韦罗·萨尔迪曾描述过,"每天早晨以画家身份出现的这位作家",他告诉我们,一切都是从日本开始的:"东京夜间街道上的霓虹灯,禅院进门处的边框装饰,秋天樱花染红的花园石阶小径,就好像符号帝国充溢着一种模糊的语言,就好像它在以另外的方式展现自己。"他目睹巴特临摹日本版画:"几位恭敬的艺伎,还有几位僧侣在与一只公鸡对话,一头水牛拉着一辆轿子车,处处荷花和其他花卉,歌川广重③的风景画,对于这些,

---

① 《与书写工具结合而成的一种近乎发狂的关系》(«Un rapport presquemaniaque avec les instruments graphiques», 与让-路易·德·朗比尔[Jean-Louis de Rambures]的谈话,in *Le Monde*, 27 septembre 1973(《全集 IV》, p. 483—487)。

② 《着色的零度》(«Le degré zéro du coloriage»), in *Les Nouvelles littéraires*, 30 mars 1978(《全集 V》, p. 453)。

③ 歌川广重(1797—1858):日本著名浮世绘画家。——译注

他均以一位汉学家的狂热赞口不绝,并将其分门别类,合理地摆放着。还有几枚印章,就像是压印在漆器上似的。如果不是一些月亮……这些复制画简直就像是埃兹拉·庞德的那些象形文字(……),就像是在反向求解一个谜语。"[1]后来,他的风格摆脱了临摹,但却保留着挥之不去的难辨字体。在 9 年的实践当中(其中有 5 年是一种强化实践),我们没有看到他的风格有明显的变化。除了一些形象尝试、一些最终放在字里行间中的小人物画像——它们出现在书页中就像是一些标点符号,或者是一些花卉——它们让人想到波德莱尔对于他非常看重的阿拉伯曲线的爱好,他的尝试在多数情况下都是抽象的,都是由短的曲线、直线和以多变方式结合在一起的点组成的混合图像。

有三个方面引起了我们的注意:一是手,它是短的、轻的、快乐的、让人惊于其自由和其所跟随的路径;二是与写作的近距离,这是当写作忘记了意味、变成了对于初步思考的痕迹和记忆、变成潦草底稿的时候所呈的状态;三是着色的连续性,颜色总是平衡的、和谐的,也可能有点过于听话。影响因素是明显的:它们来自亨利·米肖、杰克逊·波洛克[2]、安德烈·马松、赛伊·通布利,然而却没有一幅达到了这四位画家的真正水平,尤其没有达到最后一位画家的水平。就像艺术史学家塞利弗娜·弗莱舍所说的那样,似乎只有巴特的手是带倾向性的[3]。他并不以全部身体来绘画,甚至也许并不以全部的身心来绘画。他所寻求的,并没有完全包含在那些绘画之作中,那些绘画继续属于练习或快乐的闲暇志趣。巴特在他所喜爱的那些作品的痕迹中,仍然只是一位模仿者,并且它们几乎都属于绝对的表现主义。此外,他的那些素描都仅仅是来源于现场。巴特的读者们会在《罗兰·巴特自述》一书的封面上第一次看到他的这种绘画活动的成果,他们会首先被封面图像的说明文字所吸引,因为这种说明文字正好说明了这本书的最后场合:"1974 年夏天,对朱昂-雷-潘(*Souvenir*

520

---

① 塞韦罗·萨尔迪:《早晨以画家出现的作家》(«Portrait de l'écrivain en peintre, le matin»), in *La Règle du jeu*,n°1, 1990, p.73。

② 杰克逊·波洛克(Jackson Pollock, 1912—1956):美国超现实主义派画家。——译注

③ 《罗兰·巴特的图画》(*Les Dessins de Roland Barthes*)(铸造工业标准局[BNF]NAF28630 的文件),"文字遗产库"组(cycle «Les trésors du patrimoine écrits»),录像带介绍了纪饶姆·福(Guillaume Fau)、玛丽-奥迪勒·日耳曼和塞丽娜·弗莱舍(Céline Flécheux)的评论,见于遗产研究院艺术知识部分(Connaissance des arts/Institut du patrimoine)。

de Juan-les-Pins)的记忆"。在该书的最后,读者们被告知了需要赋予这种实践的意义,因为"无价值的书写"或"无所指的能指"标明了另外两种"糊涂乱写"。当作品没有明确标题的时候,几乎所有的图像都带有着绘画的日期,而且有时注明了地点。这也许是因为我们都是以带倾向性的方式来观看这些图像,将其看作是作家的作品,而不是看作是艺术家的作品(因此,便不被完全看作是作品),所以,我们很难不以转述的方式来思考它们。它们似乎就是以笔法来誊写一种亚词语的感觉,或者就像是对于一种情绪的速记法。这些画面并没有引起巨大反响的雄心,因为它们承担着由艺术史和绘画史已经造成的一些断裂:抽象过程、解构过程。它们允许临时地,在无成熟的言语活动、无预定的思想情况下进入一个世界——是一个稚气的世界还是一个精神的世界? 实践,除了使人放松和在写作工作中需要有这种变动之外,它对于在整体上更涉及写作而不是涉及造型艺术的一种探讨来讲,是试验性的。不过,这并不妨碍赋予这种整体以部分价值,其中包括绘画和书写方面的价值。

　　画画的手,是以另外的方式进行思考的手,它以表现笨拙和矛盾情绪为乐。巴特在《罗兰·巴特自述》中提及,他的左撇子妨碍了他在这方面的学习:因为当下的世界乱象纷呈。物质生活变得有点微妙,使人感到有那么一点边缘化:"一种不大的、后果很小的、被社会所允许的不相容状况,以一种细腻而又持续的习惯标志着青年时代的生活:他在自我调整,他在继续前进。"①但是,在小学老师的逼迫之下,他努力改左为右,带来的是在其童年时期为了与别人一样而对于身体进行的强制性纠正。于是,巴特明确地指出,"我别别扭扭地用右手绘图,但我用左手上色:与冲动相反"。可能的是——甚至极大可能的是,他在后来的实践中,或者至少在他的记忆中保留了这种两手共用的习惯。当他放任他的手糊涂乱写的时候,他重新看到了自己童年时代因身体的特殊性与规范的强制性相遇时所出现的一些不规则特征和对于系统的一些颠倒。巴特在《小说的准备》的中对于慢手与快手做的区分,成了他1973年为一家意大利杂志所写的名为《书写的变化》的文章中第一次表述的对象。"由于某种向着身体的冲动"②,他长时间

---

① 《左撇子》(«Gaucher»),《罗兰·巴特自述》,《全集 IV》, p. 675。
② 《书写的变化》(«Variations sur l'écriture»),《全集 IV》, p. 267。

对于"抄写活动"、对于手与词语之间的各种关系感兴趣。他依据当时对
这一方面的重要著作的阅读(其中某些著作仍然显得像是经典作品,例如
马塞尔·科昂和雅姆·费夫里耶的作品)①,尤其勾勒出有关速度的一种
历史——以古埃及世俗体和苏美尔楔形文字(两种文字都与一些简化联
系着)到论述可以写得更快的连接法。这一切或是为了赢得空间(对于文
字的承载是昂贵的),或是为了赢得时间。快速书写是功能性的,它深刻
地改变着文化:他后来在 1978 年课程中更为激烈地说道,"但愿写作跑动
起来!"。"追求什么呢? 追求时间,追求言语,追求金钱,追求思想,追求
赞赏,追求情感,等等。但愿我的手与我的语言、我的眼睛、我的活生生的
回忆速度一样快:这便是造世之梦;在手不比脑袋内部更为缓慢的情况
下,整个文学、整个文化、整个'心理学',都将是不同的。"②

522

在速度之后,思考的另一方面触及到对于书写的审美和其更为自然
的而非功能的本质(例如在中国的文字历史中)。他说,我们在阅读古代
文字时,要同时提出交流的问题,或更糟糕的是,提出标示③的问题,这
是错误的和被资产阶级意识形态所蒙蔽的。巴特从勒鲁瓦·古朗的作
品中,理解和接受了笔迹与书写之间的区分。史前笔迹,即与最早的颜
料绘画同期出现的笔迹,是以刻在骨头或石头上的线体形式出现的,都
是等距离的小小切口。这些最初的文字,更带有节奏性而非说明性,它
们更适合抽象地去看,而非属于模仿或带有意指④。在面对绘画和一种
更多地属于笔迹的绘画的时候,巴特重新穿越了一种历史,这种历史让
人回溯到身体和起源。他也重新提到了自己的历史(从此,个体发育便
与系统发育合为一体了),这种历史便是使他从不定型的书写即因其左
撇子本性所致的别扭书写,过渡到了正规的和定型的、完全可看清楚的
一种漂亮的书写的历史,这种书写从此之后便成了他自己的书写(即便

---

① 　马塞尔·科昂:《写作的重大发明与其沿革》(*La Grande invention de l'écriture et son*
　　évolution),Klincksieck,1953—1958,3 vol.,雅姆·费夫里耶(James février):《写作的历史》
　　(*Histoire de l'écriture*),Payot,1959。
② 　《小说的准备》,p. 337。
③ 　标示(indice):语言学和符号学术语,另译"指示",指的是只有能指而没有所指或尚不清楚其所
　　指的符号。——译注
④ 　《书写的变化》,《全集 IV》,p. 280。巴特所提安德烈·勒鲁瓦·古朗的书籍是《举止与言语》
　　(*Le geste et la parole*),Albin Michel,1964。

他认为自己有三种书写,一种用于做记录,一种用于写文章,还有一种用于写信)①。有两种产生情况,采用了一种过渡的形式:因此,为了从一种书写类型过渡到另一种书写类型,就必须换一下手。作品可以被定义为"脑袋与手之间的一种运动关系"②,那就需要把这种关系变得尽可能的好。

523　　　观察和理解巴特造型生产活动的益处之一,就在于从中看出有关书写的一种工作和一种思想。巴特经常谈到日本,日本为人们打开了这一领域,同时,可以让人呆在文本之中,就像呆在一种享乐和至高无上的空间里一样。为他自己的作品找到这种空间,最终使他摆脱让其服从的那些规则:即意指和参照。借助难识辨的书写来进行过渡,代表着这种解放阶段,甚至代表着纯化阶段。想象性笔迹既不是词语,也不是图画,而是借助对中性的一种新尝试来实现的两种情况的结合;在由一分为二的两个世界即可读世界和可视世界之间有一种摆动,而两者在此于可眷写之中实现了结合。看得出有符号,却又没有意义。于是,巴特对属于外在于识辨的一种系统的诸多书写方式产生了兴趣。我们一直没有离开《书写的变化》一文,这篇文章对于理解巴特这个时期的作品是有着核心作用的,它提到了在任何艺术意图或艺术职业之外,作为爱好者的一些实践活动,例如对于米尔塔·德尔米萨施③的实践活动,其目的首先是教学方面的,然后才是(只是从 1974 年起,因为巴特在此之前无法认识他)展出这位艺术家的作品和书籍。他还指向安德烈·马松和雷吉肖的无法理解的"书写",这两位艺术家摆脱任何意指,摆脱任何参照借口,这种解放甚至就是文本显示的条件。"然而,令人感兴趣即叫人惊愕的,是没有什么。绝对没有什么可以区分这些真实的书写和这些虚假的书写:在不被识辨的与不可识辨的之间,没有任何区别(除非是语境的区别)。是我们,即我们的文化、我们的法律,在决定着一种书写的参照地位。这意味着什么呢? 这意味着能指是自由的,至高无上的。一种书写为了完全成为一种书写,不需要是'易识辨的'。"④在对于纯粹的能指的这种颂扬之中,怎么

---

① 在阅读其手迹的人看来,巴特的书写的确具有速度上的变化,这种变化可以让人区分出多种场合,但是,他的书写仍然具有鲜明的稳定性,因而是可辨认的。
② 《小说的准备》,p. 339。
③ 米尔塔·德尔米萨施(Mirtha Dermisache,1940—2012):阿根廷一书家,后在巴黎蓬皮杜艺术中心工作过一段时期。——译注
④ 《书写的变化》,《全集 IV》,p. 284。

还会看不出他自己作为绘画爱好者的特定做法呢？在一种书写消失之前,怎么就不可同时解读有关这种书写的一种非凡思考呢？一种题外的说法指出,"在美国,一切都是直接用打字机打出,这包括书信和文学文本,而无需更多的人文关注"①。即便手写的字体只是神秘地涉及到情感的身体,但是,在手工书写时找回对其不可识辨性的记忆,这种能力仍然是应对意指全能法则的一种保障。

　　因此,这个时期的所有文本都带有着这种绘画和笔迹想象物的痕迹和其对于有关书写的一种变革思想的痕迹。1972 年整个夏天写出的《文本带来的快乐》一书,先于《书写的变化》和关于安德烈·马松的文章,紧接在巴特谈论雷吉肖绘画的第一篇文章之后出版。7 月 1 日到 8 月 24 日之间,巴特在于尔特围绕着这一计划阅读(主要是阅读塞尔日·勒克莱尔[Serge Leclaire]的书籍——其《揭示真实》[Démasquer le réel]出版于前一年,阅读弗洛伊德、尼采,但也阅读索莱尔斯和塞韦罗·萨尔迪的几部小说),同时,他也在绘画上用去了许多时间。在《文本带来的快乐》中,不可识辨的原因出现了方向转移,不过这种方向被有关变形和抽象的研究所呼唤,而趋向解放句子的束缚。现代艺术家们为了破坏艺术进行的努力,变成了艺术的模态之一,而巴特为这种模态赋予了三种形式:一是如果作家在变成电影人或画家,或者是画家在变成作家的情况下,那就过渡为一种媒介;二是发展话语,将艺术归入对其批评;三是最终告别书写。为了不必落入第三种结果,巴特在尝试另外两种,同时保持着对于这些颠覆性程序的清醒意识,这些程序就像先锋派那样总是在被弥补。对于这一点,重要的是,脱离颠覆的范式和找到可用于躲避的那些术语,即找到一种意外的交替方式(例如巴塔耶的笑声)。

　　此外,正是由于绘画与写作的相遇,派生出了"文本"的观念,巴特1972 年夏天通过《文本带来的快乐》和同一时期(8 月)为《百科全书》所写的《文本》(«Texte»)一文,真正地使这一观念实现了理论化。在将文本定义为"组织"(«tissus»)的同时,他拒绝使其成为将意义隐藏在其后的面纱。他看重的是材料的交错,即以可能无限的方式相互交织和相互结合的线体概念。在此受到破坏的主体,"就像一只蜘蛛,它化解在自己蛛网

524

525

---

① 　同前,p. 294。

的建筑性分泌物之中了"①。这同一个新词把文本的理论指向了一种*网系学*(*hyphologie*)(*网系*,即是组织、画布、蜘蛛网)。并非只是绘画布(toile)和蜘蛛网(toile)的同音异义情况在拉近文本与绘画的关系,而是解读一种书写的观念在拉近这种关系,因为这种书写并不与其所意味的相宜,而是与其产生符号的能力相配。因此,在不被社会职业的和制度化的等级所纳入的情况下,书写应该是这位"特别的实践者(而且要在一种自由社会之中)即*爱好者*"的练习场所。其次,使得各种艺术失去区别或将各种艺术拉进同一种实践之中的,便是抽象活动,因为抽象活动可以延伸对于《符号帝国》一书中说出的那些不为人知的语言的考虑。书写也完全适应于既被生产性交错也被不连续性(即没有句子)所标志的一些声音混杂情况。一切都是联系着的:涌向身体和手,最终导致的是对被视为实际生产符号的书写的一种思想,而这种思想又将书写置于与其他任何艺术实践相同的平面上。这种被解放了的艺术摆脱了大量的禁锢,尤其摆脱了连续性的禁锢。巴特的著述虽然继续服从于句子,但最终摆脱了连续的和连接的论证。《文本带来的快乐》的形式,重新找回了《米舍莱》的片段式编排,甚至没有求助于带给段落以近似描述的标题。巴特没有为之进行"合理的"排序,而是求助于字母表任意且明显的"愚蠢"顺序(这也经常是他在卡片库里为卡片分类时所要求的顺序):这是《文本的变化》②和《罗兰·巴特自述》中的展示原则。于是,他铸就了个性,同时照顾到了他的爱好和一些小小的具体特殊性。

艺术实践,也伴随着有关艺术的强化写作,对于这种话语,他也是以爱好者身份来进行的,这便赋予了他特殊的品质,因为他并不列位于艺术史、艺术批评或艺术倾向性发展的总体话语之中。他有许多艺术画廊或批评界的朋友:达尼埃尔·科尔迪耶在 1964 年关闭了他的画廊,但是,他保留着大批收藏品并与某些艺术家保持着持续的私人联系,特别是保持着与他引见给巴特的雷吉肖的联系;他也将巴特介绍给了伊冯·朗贝尔(Yvon Lamber),巴特与之在最后的几年中有过许多合作。弗朗索瓦·布

526

---

① 《文本带来的快乐》,《全集 IV》,p. 259;《文本理论》(«Texte (théorie du)»),《全集 IV》,p. 452。除了很轻微改动之外,给出的定义是形同的。
② 《文本理论》,《全集 IV》,p. 456。

伦瑞克和于格·奥特西耶开办了第一家影廊,让他参与分享在摄影历史领域中的发现。值得一提的是,巴特与(通过卡尔维诺介绍的)弗朗哥·马里亚·里奇联系非常密切,后者 1963 年曾在帕尔玛开办了自己的出版社,他经常请巴特为他出版的漂亮的阿尔钦博托肖像集、埃尔泰的字母图像集、吉多·克雷帕克斯(Guido Crepax)根据波利娜·雷阿日(Pauline Réage)的《O 的故事》(Histoire d'O)改编的图像小说写序。在《原样》杂志方面,特别是通过马塞兰·普雷内的介入,也面向当代艺术,尤其面向**载体与表面**①小组的创作工作:在发表第四十七期巴特专号时,该小组最著名的代表人物马克·德瓦德②甚至进入了杂志编辑委员会。于是,巴特越来越多地结识艺术家,他在时间安排上也有了出席艺术展开幕式、参观艺术廊、满足关于艺术家的稿约等多种安排。1972 年,是他在这一领域投入时间最多的一年,在这一年间,他去过卡蒂埃-布雷松女士家,多次拜访达尼埃勒·卡蒂埃、(由波勒·泰弗南介绍他认识的)安德烈·马松,到位于埃绍德(Échaudé)街的伊冯·朗贝尔艺术廊参加**载体/表面**小组的画展开幕式(那是这个小组解体之前的最后一次画展)、参加摄影师布鲁诺·索尔温(Bruno Sauerwein)的影展;他为了撰写相关文章而去装饰艺术博物馆观看《英国张贴画:90 年代》(«L'affiche anglaise:les année 90»)展览,到大皇宫参观当代艺术展,10 月份的时候,又去阿姆斯特丹参观各家博物馆,并出席多场秋季书展开幕式。他这个时期写出的文章之所以尤其重要,不仅因为作为作家,他忠实于自己无预定方法去考虑作品的方式——他像往常一样赋予作品一种特殊的观点,也因为他在作品中发展着与其研究相对应的这种不可识辨的书写概念。

在他一生中为视觉艺术所写的大约 40 篇文章中,有一小半是属于绘画方面的。有关安德烈·马松的文章属于艺术范畴,就像《文本带来的快乐》属于文学思想范畴一样。巴特在文章中发展了有关文本的相同的思

527

---

① 载体与表面(Suports/Surfaces)小组,是 1969 年 6 月在法国勒阿弗尔市博物馆举办的一次绘画展之后形成了一种艺术创作运动,该运动主张素材创作活动与最终作品之间实现一种协调,而主题则退居次位。——译注

② 马克·德瓦德(Marc Devade,1943—1983)的作品中,明显地带有着与《原样》杂志沟通的痕迹,他的某些绘画甚至就是根据索莱尔斯《天堂》一书的开头文字绘画的;其他作品则是根据但丁和乔伊斯的对话创作的。他在该杂志中也发表一些诗歌。普雷内和索莱尔斯都为他写过重要的文章。

考,而这一次却是根据艺术家的象形表意作品思考的。实际上,安德烈·马松在那个时期是把汉字当做笔迹动力来使用的,并非是借助象形表意文字来寓意什么,而是在线条和颜色上进行尝试。对于画家的那一段亚洲时期,巴特将其说成是"文本的"时期,在他看来,这就确认了东方的想象事物与关于文本的理论之间的相互依赖性。这便不再是一种在传播的书写,而是一种"在斗争的身体"。举止优于言语,可以使人接近被不可识辨性限制的一种真实。马松在生产不可识辨性的同时,他"使对想象物的书写冲动脱离(不可识辨性)的传播。这也正是**文本**所希望的。但是,当所写的文本必须继续和不停地以一种表面上说明问题的实质(词语)在挣扎的时候,马松的笔迹符号学由于直接来自一种无一意蕴性的实践(绘画),而在一次性地完成着**文本**的乌托邦"①。这位艺术家将其身体和精神均放进了一种问题之中;他是在开启一种过程,而不是提供一种完成的产品。

　　从对于身体的一种完全投入的意识来看,雷吉肖是最好的典范。他是照亮巴特在绘画生产道路的灯塔。我们在他身上重新看到了不可识辨的书写以及作为爱好者、作为素材、作为身体的关键图案。但是,在当绘画自己变成破坏、变成绘画之终结的时候,雷吉肖便借助于他作品的力量,借助于他顽念的暴力,自己就变成了绘画的名称本身。在他自杀之前两周的时候,即在他 32 岁(在他于 1961 年在达尼埃勒·科尔迪耶画廊进行个人画展的前两天,他从自己位于库尔塞勒[Courcelles]街的住处兼创作室的窗户跳下了楼)那一年,这位画家以难以识辨、纯属个人创造的字体写过 7 篇无法破释的文本,那几篇文本使得这种非-意指活动变成了一种遗书。但是,巴特并没有停留在与其他文本相比有点边缘的这种最后产品之上。巴特在达尼埃勒·科尔迪耶(他曾在 1957 年提出在他的画廊中为雷吉肖这位艺术家举办第一次画展,1961 年又为其举办了第二次画展)的请求下,被这位艺术家作品中素材的叫人难以应对的力量所吸引。他在其作品中看到了对于一种野性言语的表达,看到了对于一种内在的言语活动的表达,这种言语活动让人通过外部看到了内部,让人分不开心

---

① 《马松的书写符号学》(《Sémiographie d'André Masson》),见于 1973 年在图尔(Tours)市雅克·达维德松(Jacques Davidson)画廊举办的马松绘画展目录,(《全集 IV》,p. 347)。

灵与肉体。雷吉肖在他那些"圣骨盒"或其"圣体盒"中,展出的是都是些垃圾(旧鞋、树根、海螺外壳、有油彩的或折叠的画布、在他的朋友达多[Dado]陪同下从屠户那里收敛的骸骨,等等),这些都要求观看者具有耐心。雷吉肖内心是非常"笃信天主教的",以至于巴特必须以极大的耐心与之汇合。他的创作中驱之不散的是一种负罪感,而巴特所接受过的新教教育则使其远离负罪感。相反,巴特了解疾病,了解很容易归于遗骸的肉体机制(作为圣骨的"肋骨"在自画像中是延长雷吉肖圣骨盒的一种方式),了解死亡之惧怕,了解转化之顽念。在《雷吉肖与他的身体》这篇漂亮的文章中,打动我们的,是我们看到巴特超越了他自己而进入了冲动和欲望领域,但这些领域又被推得尽可能的远:自杀、说话的死人(巴特在此重新采用了爱伦·坡的瓦尔德玛尔先生的主题,他将其作为先是在拉巴特、后是在日内瓦授课的对象[①]),垃圾和排泄物,不过,这些对象都具有一种真实的诱惑力。

爱　好

在这篇关于雷吉肖的文章中,巴特不顾任何历史,而赋予绘画两种起源。我们已经看到,第一种起源是书写;第二种起源是烹饪,"也就是说,任何旨在转换材料的实践活动,这种转换是按照材料密实程度的全部等级借助诸如变软、加厚、稀释、成块、上光等多种操作方式来进行的,以便产生在美食上叫做浇汁(le nappé)、串味(le lié)、软嫩(le velouté)、奶油状(le crémeux)、酥脆(le croquant)等的效果"[②]。虽然贝尔纳·雷吉肖指出了人的内心性、内腔性和在消化上的动物性,但在巴特看来,食物最为通常的是有益于健康的外在性。他从他喜欢的几位作者那里,学到了一种叫人喜爱的菜谱或一种偶像食物,这种食物构成了作者与他之间创立的一种联系:傅里叶的油桃,或者是被称作巴旦木奶油馅饼的香气十足的小

529

---

①　这一主题取自美国作家爱伦·坡1845年发表的中篇小说《关于瓦尔德玛尔先生的病情的真实》(*La vérité sur le cas de M.Valdemar*)。小说讲述的是一位学者想在他患肺痨而马上就要死去的朋友瓦尔德玛尔先生身上做磁性试验,在使患者身上产生了完全磁性之后,患者却要求实验者"你让我死去吧"。——译注

②　《雷吉肖和他的身体》(«Réquichaot et son corps»),《全集 IV》,p. 381—382。

面食,歌德的柑橘,萨德的朗姆酒柑橘沙拉,司汤达书中尚蒂伊的奶油"奶酪"。他在这些食物中并不做贪婪的设想,而是享受它们的出现所产生的现实效果,他喜欢它们作为偶像的特征。这种快乐,并不会导致对于破释或解释的一种现实主义,却可以让人记录下某种"曾经是"的情况,这种情况可比之于摄影的"曾经是"。艺术使某种不存在的事物变得可以出现,这说明了人们对于它的喜爱。至于那种固执的细节,巴特在几年之前称之为"真实效果",并将其具体地说成像是躲避结构的东西:例如福楼拜的《纯朴的心》(*Un coeur simple*)中的奥班(Aubain)夫人的气压表。今天,他更好地接受了细节所要求的适合性。更为通常的是,他认为是真实之效果或真实之点的东西,与其自己在空间中的平衡、与其使自身和时间变成的措施有关系。例如,如果我们知道那个气压计对于他来说在他日常生活中是很有意义的标记,知道他在精神出现不正常的时候就直接买回了气压计,知道他在某些时期曾在记事簿上以毫巴(mb)为单位记载着当天的气压,那么,我们就会更好地明白他被福楼拜短篇小说中这个常有细节搞得如此混乱的原因。在他看来,这个细节不值得记录,因为它既不像钢琴、资产阶级那样有内涵,也不在叙事的安排中具有功能。相反,它是他个人生活中的一种标记。因此,出现在 19 世纪讲述一个没有什么重要性的故事的一篇小说中就更有点古怪。同样,他在萨德的书中记下的,并不是那样出现的朗姆酒柑橘沙拉,而是在 1791 年和在今天的高雅饭店中吃沙拉的样子。实际上,对于真实之效果可以给出这样的定义:现在和为自己来实现一种远的"曾经是"与一种"现在是"的合取。因此,我们还没有触及 1968 年就"真实之效果"所写的文章中提出的"客观性"①;相反,我们却更为接近两种主观性的相遇,而巴特则越来越接受这两种主观性带来的惊喜。

气压计这一细节,揭示了巴特与福楼拜之间维持的属于某种非常特殊的关系的东西。福楼拜既不是他占有的古典作家,就像拉辛或巴尔扎克那样,也不是他怀疑其试验性质的现代作家;他是一位伴侣,就像普鲁斯特所是的情况,他是他总可以寄予希望的一种出现。巴特在一张卡片中写道:"我利用福楼拜的方式。我并不写关于他的文章,但

530

---

① 《真实之效果》(«L'effet de réel»)in Communication, mars 1968(《全集 III》, p. 25—32)。

我总在利用他。"①他与福楼拜之间有着一种兄弟情谊的关系:在他勇气不足("泡菜")的时候、在他使生活与写作难以分开的方式中、在他的坚持之中,都可以看到福楼拜的影子。这种密切性致使他给予自己的著作以实际的和具体的关注。他对于福楼拜使用的纸张、对于他的涂抹、对于他所做的各种类型的修改(同时预见了从这部作品开始所进行的不懈的努力)②感兴趣。福楼拜在推翻诗歌对于散文具有优势的同时,使得文学最终脱离开修辞学的束缚,以便使其进入了无限的运动和不确定性之中。这种确认对于巴特来说具有深刻的蕴意,它说明在其生命最后 10 年中《布瓦尔与佩居榭》一书一直不离其左右,并且还是充满兄弟般情谊的。我们从中还读出了从巴特到愚蠢、也许是到其自己的愚蠢的一种模糊的和诱人的关系;大概可以更准确地说,我们从中看到了他认为是典范地(因为是有距离地)体现中性规划的书:在巴特看来,《布瓦尔与佩居榭》就是一部一直不确定的书籍,书中的言语活动没有任何的保障性。没有任何句子优于其他句子,"没有主人一语言,没有可以覆盖另一种语言的语言"③。因此,福楼拜比起他同时代的任何作家都更接近于他有关写作与风格的思想。他阐述了一种时间上的不协调表现,相伴的日期所带来的晕眩不可思议地修复了这种不协调。巴特在他的日记中记载着:"福楼拜的侄女(1931 年 2 月 3 日在安蒂贝)去世的时候,我上初中四年级"④。除此,他可能无法更好地表明他赞同福楼拜的想法了。

531

他对于一切属于物质生活、属于意义的东西都感兴趣,特别是对于烹饪、对于饮食,这种爱好不是偶然的。巴特与身体、审美和快乐保持着三重关系。他的贪欲并不过分,所以,他懂得安排他的味觉快乐:认识他

---

① 铸造工业标准局(BNF)编号为 NAF28630 的文件,"大卡片库",第 5 箱:《语言学,圣西门,布莱希特,扎夫利耶夫》(«Linguistique, St Simon; Brecht, Zavriev»)。这句话回应的是《文本带来的快乐》中"普鲁斯特,便是我想到的"一句话,在这本书中,巴特拉近了两位作家之间的关系:"此外,但是与福楼拜作品中的方式一样,我根据普鲁斯特的作品所读出的,是那些诺曼底的苹果树"(《全集 IV》, p.240)。

② 《福楼拜与句子》(«Flaubert et la phrase»), in *Nouveuax essais critiques*, 《全集 IV》, p.78—85。

③ 《真理之危机》(«La crise de la vérité»),与让-雅克·布罗希耶的谈话,见于 1976 年 1 月《文学杂志》,(《全集 IV》, p.998)。译者补注:这句引文中的"语言",是考虑汉语的习惯而对于"言语活动"(langage)一词的变通译法。

④ 铸造工业标准局(BNF)编号为 NAF28630 的文件,"大卡片库",1979 年 10 月 6 日。译者补注:法国的学制是小学五年、初中四年、高中三年。

的人,都指出过他对于摩尔恭(Morgon)红葡萄酒①和对于某些卷成螺旋形的雪茄有偏好,那些雪茄名为居勒布拉牌(Culebras),价钱昂贵而且很难买到(他每一次到日内瓦,就购买这些雪茄)。有时,他也吸一些更为一般的雪茄和香烟,但是,真正的快乐是在稀少之中获得的。他也喜欢香槟酒和随之而来的乐融融的醉意。他承认葡萄酒可以带给人一种超越。"也许,'有点上头'即'开始上头',就只取决于一点点葡萄酒——毒品。"②他构想葡萄酒,也像在葡萄酒上看到了"对于忘却的记忆,看到了高兴和忧郁"的波德莱尔那样,这样的构想可以让主体在一些"不自在的状态"中移动,而不像布里亚-萨瓦兰③——因为在他那里,葡萄酒并不是助兴的东西,而是平衡和恰到好处地陪伴食物与充当反-毒品的东西④。如果我们把巴特关于烹饪、食物、食品的所有文章放在一起研究的话,我们就会发现,他几乎总是看重反常效果,而不顾功能——当然,除了他写出的有关萨德的文章,因为在那类文章中,功能性被推崇至一种绝对系统性的程度,屠户的食物、受难者的食物都被用于快乐。日本的烹饪对他有很大吸引力,因为那种烹饪几乎对所有的感官——视觉、触觉、味觉等都起作用,并且正好满足他所喜欢的品质:轻盈、漂浮、嫩脆、碎片,而与法国装饰性烹饪的摊铺感相对立,因为法国烹饪为了不成为功能性的,而仍然内含着他在《神话》书中和其他地方讥讽的一种资产阶级神话(他在《符号帝国》中提到了法国烹饪,为的是将日本人的书写性烹饪与《她》杂志中标签式的装饰性烹饪对立起来)。餐桌上的艺术在任何一点上都有别于主导西方烹饪操作的艺术:餐桌上的摆放要在消费者眼前进行,而不是在隔壁厨房里;夹食物的筷子与我们的餐具完全不同,我们的餐具只不过是捕食武器(鱼叉、梭镖和刀)的缩小型。日本的烹饪开启了一种二级的自然性:不是让人想到原始的野蛮性(狩猎,打鱼,采摘),而是想到像是"原始的和具有深在活力的思想",这种思想便是烹饪的视野和乌托邦。"由此产生了这种食物的鲜活特征(这并不意味着:纯天然),

532

---

① 是法国波尔多红葡萄酒中的一个品牌。——译注
② 铸造工业标准局(BNF)编号为 NAF28630 的文件,"大卡片库",1979 年 8 月 2 日。
③ 布里亚-萨瓦兰(Jean Anthelme Brillat-Savarin, 1755—1826):法国美食家和烹饪书籍作者。——译注
④ 《解读布里亚-萨瓦兰》(《Lecture de Brillat-Savarin》),《全集 IV》,p. 811。

这种食物似乎在任何季节都在实现诗人的愿望:'哦!让我们借美味烹饪来庆贺春天……'"①

各种符号的展示方式,一直像是在烹饪里让巴特感兴趣的东西。他在 1975 年为布里亚-萨瓦兰的《美味生理学》②一书写的序言中,制定了一个特别让人垂涎的美食名单。那篇序言写于 1974 年秋天,是在刚刚完成《罗兰·巴特自述》手稿之后,它综合了巴特长时间以来不时使用的"烹饪-符号"的思想。巴特在文中明确了"阈学"③的形象,这种形象是在自我描述中试验过的,它对应于话语领域所承受的各种等级关系(二级和其他等级):对于酒精消费相联系的各种现象的等级排列——激动、惊愕、麻木;关于口味的等级排列:"于是,巴特分解(因为问题不在于进行一种简单的分析)味觉感觉:1. 直接的感觉(当味道仍在影响前面舌位的时候);2. 完整的感觉(当味道过渡到舌后的时候);3. 返回的感觉(在判断的最后时刻)。口味的整个奢华就在这种等级之中。"④这是因为,等级就像言语活动一样,要在有重要的记忆维度基础上于时间中形成;这是因为这种感觉值得人们给予任何关注,也是因为口味快乐与言语活动之快乐在有了感觉之后,就会相遇并混为一体。由此,产生了偶像词语、偶像食物,它们带有着一种社会的和色情的编码、一种味道,并说明一种与身体的关系:"法兰西人(就像其他人"以喜爱女人"而是法兰西人一样):爱吃梨、樱桃、覆盆子;已经不大喜欢柑橘;完全不喜欢异国的水果,如芒果、番石榴、荔枝。"⑤这句话说的是对于一个季节的选择——更像是夏天而不是冬天,说的是一种旧时教育的编码——远不是引进的方式与规则,说的是一种非常简单的食物转换成偶像之对象。他对于严冬时节在圣日耳曼菜市场上买到樱桃不无惊讶,同时也惋惜对于交替和期待的剥夺:"最大的快乐结束了,那便是返回的快乐。今后,不久的将来,菜市场上将无时鲜可言:有

533

---

① 《符号帝国》,《全集 III》,p. 359.

② 该书全名为《美味生理学或对于卓越美食的思考》(*La Physiologie du goût ou Méditations de gastronomie transcendante*)(1825)。——译注

③ 阈(yù)学(bathmologie),这是巴特自己发明的一个词。该词词根"bathmo"指的是有关阈的事物和特性,尾缀"logie"指有关某一方面的科学。两者结合在一起,就是"有关阈的科学"。"阈"在汉语中指"门槛儿、界限、范围"。巴特解释说:"任何话语都处于等级游戏之中。我们可以把这种游戏称之为:阈学"(《罗兰·巴特自述》,Seuil,1975,p. 71)。——译注

④ 《解读布里亚-萨瓦兰》,《全集 IV》,p. 808.

⑤ 《法兰西人》(«Français»),《罗兰·巴特自传》,《全集 IV》,p. 673.

区别存在的时代已经结束了。"①

　　巴特与烹饪的关系，更是一种细心关注的对象，因为我们从他讲述疗养院的生活中已经看到，他与他的身体维持着一种复杂的关系。他一生中都在注意自己的体重，最后在严格的摄食制度中耗尽体魄。50 年代末起，他就采纳了致使他几乎每个晚上都去餐馆用餐的一种生活方式，而这样做并不利于摄食平衡。为了弥补失衡，他在中午只吃点烧烤和沙拉。但是，他的体重很少能实现稳定。于是，他便开始在一年中实行一至二次节食，而在节食过程中，他严格监控自己的饮食，计算吃下的食物热量，在记事簿上记下食物曲线，并求助于一种食物止饿药品(le Tenuate)——这是一种苯丙胺，也带有兴奋作用，他很喜欢其使人惬意的效果，可以使他在两个月内减肥 15 公斤左右。虽然他的体重能维持在 78 公斤左右，但是，他的理想体重是很低的——他在揭露当代社会所特有的对瘦身的强制要求的同时，自己也被接近清瘦的一种个人理想所困扰。因此，根据不同的时期，从 68 公斤到 89 公斤的变化是很大的，因为其特殊性在于，他从曲线的一个端点到另一个端点滑动得太快。在进行严格禁食的过程中，晚上，他只满足于在花神咖啡馆食用一块火腿肉，同时避免再吃脂肪、面包和糖。他经常恰好在出游之前进行节食，为的是使身体感到舒适和更好地享受他所能找到的快乐，其中包括烹饪和味觉方面的快乐，因为他可以在外国于满足其感官各种要求的过程中获得他的喜悦。我们看到，在中国，是各种饭菜提供了叫他高兴地做记录的多数借口。他在法国发现了与其他华人餐馆不同的一种中餐烹饪(一处位于贵人公路附近②，他经常与几位朋友晚上去那里用餐，或者与几位学生去位于图尔农街的小个子华人开的餐馆)。他了解到，米饭只在用餐快结束时才端上桌，色彩在菜肴中起着关键作用，一如成分的均衡、刀法的变化、佐料的妙用——所有这些，当他匆忙在《符号帝国》中将日本烹饪与中餐烹饪对立起来的时候，他一点都不知道。这一切，还与等级有关，因而应该找到词语来说出。在巴特这里，对于阙学的爱好正是以这种方式与新词带来的快乐

① 《樱桃》(《Cerises》)，in 《La chronique》，Le Nouvel observateur，1979(《全集 IV》，p. 673)。
② 贵人公路(Route Mandarine)：是旅法越南人沿用越南 19 世纪习惯，将他们在法国居住的道路也取名为"贵人公路"。但这些越南人大多都有华人血统，他们经营的餐馆也大都做广东粤菜，所以，法国人也称这些餐馆为华人餐馆。——译注

汇合到了一起。关于层级和等级的科学,要求处于语言的内部,才能发明甚至重新发明语言,才能成为"对第二等级感兴趣的人"[①]。食物烹饪与对于语言的烹饪从来就不是相距很远。食物烹饪揭示语言烹饪,一如前者引起后者那样。烹饪拒绝简单,拒绝明指(即便是日本烹饪的简捷性、生食性,也都是细心加工过的),拒绝无意义的重复。烹饪应该像语言那样,表现出一种分散能力或拆解能力:"如果我去掉(理智、科学、道德的)级别,如果我使陈述活动*自由进行*,我就打开了无休止的贬低之路,我就消除了对于*言语活动的清醒意识*。"[②]发明新词,是拆解语言的一种方式,是在颠覆语言的同时对于语言进行思考的一种方式。还有一种方式在于让人特别地听到一些通常的词语,这便是米歇尔·德吉称之的"新词素"(«néologème»)[③]:这不是一种词汇的发明或再发明现象,而是选用术语的一种新方式,例如"乏味"(«fadeur»)一词,人们不再从否定意义上将其内涵理解为没有味道,而是理解为事物之间的平和与等同。

535

听觉与视觉

　　虽然巴特看重快乐并极大地扩大了其作为爱好者的范围,但他总是为音乐、音乐实践和听音乐留下较多的时间。在 70 年代中,巴特曾接近他所欣赏的一位大音乐家——安德烈·布库雷施利耶夫(André Bou-courechliev)。后者为 1970 年的《弦弓》(*L'Arc*)杂志的贝多芬专号《音乐实践》(«Musica Practica»)而向巴特约稿。1974 年,当布库雷施利耶夫根据马拉美的《献给阿纳托勒的一座坟墓》(*Pour un tombeau d'Anatole*)制作一部电子听力作品的时候,他们两人仍在继续交流。他请巴特为这部作品做旁白,请巴特利用这次机会对于演唱做另外一种实践。那一年和随后的一年,他为巴特讲授了多次特殊的钢琴课程,因为巴特在幼年时就没有了钢琴老师,他便鼓励巴特更多地将自己的身体放进钢琴演奏之中。巴特根据他在当时的考虑,已经在关于贝多芬的文章中区分出了手动的

---

① 《第二等级与其他》(«Le second degré et les autres»),《全集 IV》,p. 645。

② 同上。

③ 米歇尔·德吉:《新词的魔变》(«Le démon de la néologie»),见于《R/B,罗兰·巴特》,同前,p. 86—90。

和实践的音乐与有声的和被动的音乐,而后者从文化上讲就是紧随前者的。他因为贝多芬而出现的重大转折,便是为使音乐进入运作的时代而将音乐与演奏分割了开来,便是想象了在资产阶级吸纳了全部音乐之影响的情况下爱好者逐渐消失的情形。然而,作为爱好者的实践的结束,便是嗓音"微粒"的结束,这种不完善和模糊的形式对于某些作品是必要的,按照他的说法,这种形式专用于表达音乐的亲密性——特别是舒曼音乐的亲密性,于是,他在受邀参加电视节目《您是怎么理解的?》(«Comment l'entendez-vous?»)时,接过克洛德·莫波梅(Claude Maupomé)的话筒做了说明。他在其谈论潘泽拉①的著名文章《嗓音的微粒》中写道:"'微粒','声音的微粒',是在歌唱的嗓音之中、在写字的手之中、在做事的胳膊之中的身体。"②这便是导致一种非主观的而是色情的评价的东西,这便是对于"我喜欢"或"我不喜欢"的评价,这种评价超出文化法则。他还说:"一种嗓音的微粒,并非是不可表达的,但是,我认为人们无法去科学地确定它,因为它涉及嗓音与听嗓音的人之间的一种色情关系。"③音乐同样是对于身体的一种书写。巴特在弹奏钢琴时,经常进行录音,因为这正是让他理解音乐的物质性的东西。过了一段时间,巴特在《听》(«Écoute»)(1977年与罗兰·阿瓦一起写的)的文章中(该文曾启发卢西亚诺·贝里约[Luciano Berio]根据卡尔维诺的一本小书创作了他的歌剧《一位在听的国王》[Un re in ascolto]),曾列举了三种不同的听:标记下各种标示,破释听觉符号和当主体将自己内心感受转换成文本时要说出其所听。于是,在音乐上,一如在绘画上,或者也像在书籍上一样:都有一个令人难忍的时刻,在那一时刻,读者、听者、观者,都需要摆脱他们自身,摆脱他们的舒适条件或他们的快乐,以便被作品所充溢。

在此之后,就像在许多主题上一样,巴特被人求稿来谈论音乐和他与音乐的关系。他撰写过介绍潘泽拉一盘唱片的说明,写过多篇关于歌声、关于舒曼的文章,也录制过节目。但是,他不像对待其他主题那样,他和

---

① 潘泽拉(Charles Panzera,1885—1976):瑞士歌唱家。——译注

② 《嗓音的微粒》(«Le grain de la voix»),in *Musique en jeu*,novembre 1972(《全集 IV》,p. 155)。译者补注:译者根据巴特在多篇相关文章中的论述,认为将嗓音"微粒"理解为嗓音"本色"较为接近该词在各种情况中的意义。

③ 《歌剧院的幽灵》(«Les fantômes de l'Opéra»),与艾克托尔·比安齐奥蒂(Hector Bianciotti)的谈话,见于《新观察家》杂志,1973 年 12 月 17 日(《全集 IV》,p. 489)。

音乐摆脱了任何评价义务。他的音乐实践课追溯到童年时代,而且正是
从音乐开始,他形成了对于作为爱好者角色的内在的自信,随后是历史的
自信。因此,他与音乐的密切关系,一直得到了保障,这并非是他为应对
其"教授"或"知识分子"身份而需要赢得的一种姿态。在那些年中,他常
去法兰西音乐电台(France Musique),在那里,他直接地使听众进入他的
爱好、他的快乐和他的不快之中。在 1979 年 10 月 21 日与克洛德·莫波
梅合作转播舒曼歌曲之前,巴特曾与她在 1976 年合作录制过一场"个人
主义音乐会"。1976 年,他参加过对于浪漫歌曲的电视播放,相关文章在
由"载体与表面"小组成员达尼埃勒·德泽兹(Daniel Dezeuze)加入新颖插
图之后出版①。他在重复说他一生中都无法谈论音乐的同时,出色地提及
他与音乐的积极关系、他对于多义性与对位法的爱好、他借助于触觉演绎
音乐的深刻激情。只是听从来就是不够的,而密纹唱片的出现在他看来
则是音乐文化的一种损失,因为这种文化的发展比以前变得更为被动。
这种自由,由于只建立在对于爱好的维度上,便使他产生了对这种艺术的
一种古怪的思想——它不是科学的,然而却是明确的和珍贵的,那便是关
于微粒的思想。他在个人笔迹中这样说:"根据个人的爱好来建立一种理
论,还有比这更冒失和更滥用时间的吗?"②然而,巴特从他的那些对话
者——学生、朋友、听众——那里不断地听到说他有一副好嗓音③,他便以
还礼的方式提出了一种思想,该思想可以将语言与音乐结合起来:这便是
把微粒当作语言的被唱出的书写形式的思想,这种思想甚至沿用在器乐
音乐之中。

　　在最后的几年,巴特的情感联系多以音乐会、歌剧为中介表现出来。
他甚至悄然地对克洛德·莫波梅说他并非是一位歌剧狂,而是被他所喜
爱的和使他分享歌剧这种激情的人们所吸引而来的,因为他在这种激情

537

---

① 《浪漫歌声》(*Chant Romantique*)这种漂亮的出版物,印数为 220 册,是 1977 年 1 月份《格拉
　玛》(Gramma)杂志的一份号外。该文本曾于 1976 年 3 月 12 日在法兰西文化电视台的一次播
　放中被宣读。

② 见铸造工业标准局(BNF)编号为 NAF28630 的文件,"大卡片库"。

③ (他们当中有)路易·阿尔都塞、茱莉娅·克里斯蒂娃、莫里斯·潘盖,他们在这一点上提出过
　诱人的观点(莫里斯·潘盖:《日本文本》[*Le texte Japon*], Seuil, 2009, p. 31);茱莉娅·克里
　斯蒂娃:《巴特的嗓音》(«La voix de Barthes»n in *Communication*, n°36, 1982, p. 119;路易·
　切尔都塞:《致弗朗卡的信(1861—1973)》[*Lettres à Franca* (1961—1973)], Stock/IMRC,
　1998, p. 364)。

中借助于音乐而找到了他所关心的东西。1973 年,他陪同安德烈·泰希内看过《费加罗的婚礼》(是斯特雷勒[Strehler]导演的),他与让-路易·布特去看过格吕克导演的《俄耳甫斯》;他与罗兰·阿瓦去加尼耶宫(Palais Garnier)看过《一天或两天》(*Un jour ou deux*),这是约翰·卡日(John Cage)与梅尔斯·坎宁安(Merce Cunningham)合作演出的歌舞剧(ballet-opéra),他在与比安齐奥蒂的谈话中提到过这次演出,而且这次演出成了那一年中的一个艺术和论战事件。1974 年,他看过马斯内(Massenet)导演的《堂吉诃德》,还看过《图兰朵》、《快乐的牧笛》(*La Flûte enchantée*)、《韦尔泰》(*Werther*)、《托斯卡》(*Tosca*)。直到 1977 年,他一直与他的密友们分享这种快乐:他与罗兰·阿瓦经常在一起弹钢琴,也与罗马里克·叙尔热比埃尔一起唱歌。后者曾于 1976 年夏天陪同巴特到过德国的拜罗伊特,在那里,他们完整地听了由帕特里斯·谢罗(Patrice Chéreau)导演、里夏尔·佩杜齐(Richard Peduzzi)制作布景和布莱指挥的瓦格纳的四联剧:这是那一年夏天最大的约会(福柯也在其中)。巴特在巴黎与安托万·孔帕尼翁再一次观看了《莱茵河的黄金》和《女武神》[①];他也与埃里克·马蒂去阿泰内剧院听音乐会。这个时期的日记卡片库,包含着众多有关音乐主题的记录、分析成果或幽默文字。"绿色卡片库"里装有为自画像所写的笔录,包含着一些有关爱好者的思考:"他是非-英雄;——他是(唯一)与作为能指而出现在*那里*的人相协一致的:'音乐的直接的最终本质'。——他在散板中不是中间状态(人的失去有利于属性!)——他是反资产阶级的艺术家(他丝毫不是'社会主义'的艺术家)。"他也指向爱好者在历史意外情况中的社会习性。他 1972 年写道:"今天,不再有爱好者了",而这种说法也是他对于法兰西音乐电台说的主题。当卡片库在 1976到 1977 年间变成了隐私日记的时候,对于音乐的关注便越来越多。那些关注与电台的播放时间偶合(他一边听音乐一边工作),与有关音乐会的思考偶合。我们选择其中几则:

1976 年 10 月 22 日。内心思忖

---

① 《莱茵河的黄金》(*L'Or du Rhin*)和《女武神》(*La Walkyrie*)均为瓦格纳的歌剧作品。——译注

早晨（76 年 10 月 22 日），看着巴黎灰暗的苍穹，听着文德利希（Wunderlich）演奏的舒伯特的一首浪漫曲，动情、美妙、内心冲动、不满足、缺失、玄奥、欲望，等等。我心里想：我有病了，我患精神官能症了；突然，几乎就在同时：但这就是文学吗？今天我们将其看作是精神官能症的一切东西，不是别的，而仅仅是（过时的）文学。

1978 年 4 月 29 日

无法抗拒的换喻：弗兰克（Franck）的整个音乐和其流派使我想到巴约纳，想到那里的花园，想到 30 年代的那个地区，想到海岸，想到圣-让-德-吕兹（珀蒂太太[Mme Petit]）。

539

1978 年 5 月 30 日

另一天，听歌剧《费加罗婚礼》，我所在的整个乐池散发着难闻的棕榄气味。换喻：带肥皂气味的婚礼。

1979 年 7 月 18 日

电台：获罗马奖的音乐作品（或至少是美第奇别墅资助的音乐人[1]的作品），即菲利普·埃尔桑的作品：不错（因为他没有使作品变得过于现代）。这就再一次提出了关于当前音乐的问题；在电台上争论；满怀良好意愿的听众说他们承认不喜欢这种音乐。有人在旁回答他们（同时提及音乐历史的连续性等）。但是，我不喜欢意味着什么呢？如何与我不喜欢进行斗争呢？这种阻滞的不可自拔的模式：性反感之诱惑。

1979 年 8 月 5 日

音乐：当演唱者使我可以区分手（古尔德[2]）或器乐（托斯卡尼

---

① 罗马法国学院（Académie de France à Rome）每一年都要在世界范围内选拔一定数量的艺术和音乐人才到美第奇别墅进行创作。菲利普·埃尔桑（Philippe Hersant，1948—　）曾于 1978 年进入这里，并创作了获奖作品。

② 古尔德（Gleen Gould，1932—1982）：加拿大作曲家、钢琴家和作家。——译注

尼①)的时候,我就说好。

冲动,确切地是多音的要求。

1979 年 9 月 30 日

昨天下午,与克洛德·莫波梅一起录制舒曼的歌曲。一进录音室,我们就感觉到技术人员满脸不高兴:这是一个周六的下午②,而法国人总是在工作时脸色不好看;他们已经急着要走了,并让人看出他们要走。电插头坏了。女助理员似乎病得很厉害,脸色苍白,呈贫血相,依墙而坐。录音员,有四十岁了,对我说:是舒曼吗?我讨厌这样的说法。在这种条件下还是开始录制了,叫人开心。实际上,由此,产生了这样的问题:我从来不考虑我为谁而决定说话和我决定说服谁。是这位让人无法理解的技术员吗? 如何使他喜欢舒曼呢? 这完全是另外的话题。

1979 年 12 月 18 日

谈论音乐审美

幻觉原理:

≡ 我确定地、明显地听到了一些东西,而其他人听不到,无法达成共识。

例如:费舍尔·迪斯考:我听出了(而且重复听出)他的嗓音的非常不叫人喜欢的区段*,他的嗓音并不漂亮,等等。

＊ 我能确定这些区段的位置③。

540　　　我们看到,唯一的法则,就是关于情感的法则、爱好的法则;但是,记忆同样起着一定作用。听音乐支配着读者的自由④。音乐使巴特重新回

---

① 托斯卡尼尼(Arturo Toscanini,1867—1957):意大利钢琴家。——译注
② 当时,法国尚未采用周末双日休息的制度。——译注
③ 见铸造工业标准局(BNF)编号为 NAF28630 的文件,“大卡片库”。
④ 这就是索莱尔斯在 1977 年写给巴特的信中的理解。在那封信里,他感谢巴特为他的《H》一书写了文章,而在巴特的文章中,巴特提到了写作的“摇摆”(«swing»),提到“读者”占据着与爵士乐听者明显相同的位置,这是一种几乎神圣的位置,它是受支配的和解放性的,是完全传染性的。

到了过去。音乐是他生命非常强烈的延续之一,音乐唤醒了他对巴约纳和姑姑爱丽丝的回忆、对米歇尔·德拉克洛瓦的回忆——他们两人都非常喜欢潘泽拉;从此,人们明白,他并不尽力去建立他与音乐之间的智力关系。由此,人们产生了对于巴特在爱好上有所排他的印象,是舒曼还是潘泽拉? 由此,人们也痛苦地看到,随着时间的推移,音乐对于他是过时的了,并最终离开了他。1979 年 10 月 15 日,他不无留恋地记下了时间给他带来的这种影响:"心灰、意冷,是在潘泽拉唱过富雷①的歌曲后出现的事情:我靠这种绝对价值支撑着自己,但我承认(我必须承认),音乐已不再为人分享、被人延续。→我是唯一喜欢的人。"②尤其是,虽然巴特可以放下他只有过智力投入的观念或事情,但是,他不愿意不再喜欢。

这也是他与戏剧的情况。但是,在 70 年代,还是在某些朋友的影响之下,巴特重新回头去看戏剧,尽管这种艺术早已被弃之不顾。1973 年,他到南特尔③再一次去看《大胆的妈妈》,这部剧辉煌差不多近 20 年了,导演是安托万·维泰(Vitez)。在那里,他再一次遇到了贝尔纳·多尔特,后者大喊道:"我以为你不会再光顾剧院了!"巴特由于对布莱希特《笔谈政治》(*Écrits sur la politique*)一书感兴趣④,1975 年再次写文章谈了布莱希特。他与两位朋友科莱特·费卢和尚塔尔·托马斯(Chantal Thomas)常去伊芙丽的西岱剧院⑤看戏。但是,他无法再重获昔日的热情。他还是经常去看电影,他宁愿被电影院中的音乐和梦魂缭绕的孤独自由地拖带而去。人们常常写道,巴特不大喜欢电影,而更喜欢其他艺术形式。的确,他与电影的关系不同于他与书籍、绘画或摄影的关系。原因在于,他不大认为电影是艺术对象,而更是实践对象。使其感兴趣的,是电影院里的一些习惯、去看电影的原因、人们在现场的行为——例如"深卧的姿态(在电影院里,许多观众都是卧进座椅里,就像躺在床上,大衣或脚都搭在前面的座位上)"⑥。特别是,

541

---

① 富雷(Gabriel Fauré,1845—1924):法国钢琴家、作曲家。——译注
② 见铸造工业标准局(BNF)编号为 NAF28630 的文件,"大卡片库"。
③ 南特尔(Nanterre):位于巴黎市西面的一个小城市,是 92 省省会所在地。——译注
④ 《布莱希特与话语:对于话语性研究的贡献》(«Brecht et le discours: contribution à l'étude de la discursivité»), in *L'Autre Scène*, mai 1975(《全集 IV》, p. 783—792)。
⑤ 伊芙丽(Ivry):巴黎市区东南方向的一个行政区,西岱(Cité)为塞纳河中两座岛屿之一,巴黎圣母院所在地。——译注
⑥ 《走出电影院》(«En sortant du cinéma»), in *Communication*, 2ᵉ trimestre 1975(《全集 IV》, p. 779)。

他喜欢那种开向梦境的昏昏欲睡的中间状态,而人在离开黑暗时仍然保持着这种状态。他可以有一大堆理由走进电影院:烦恼、空闲、对于一部特定影片做文化调查,甚至寻艳;但是,当离开电影院的时候,人们会分享到与在电影厅中面对影片时出现的身体分裂状态有联系的一种无所事事的感觉。于是,巴特把自己变成了几近消失了的实践性人种学家,因为他未能觉察到那些实践竟消失得如此之快。他谈到了他所居住的拉丁区,那里大街小巷的每个角落都有电影院,还有不少色情影院(其中包括龙俱乐部影院,那是一家同性恋影院,巴特经常光顾),这些电影院安排新的影片,也放映保留影片、娱乐影片以及一些犯罪片。从 1980 年起,在巴黎五区和六区已有 14 家电影院倒闭,其中包括克吕尼剧院(le Cluny Palace)、坎泰特·帕泰(le Quintette Pathé)电影院、比布里西斯·圣-日尔曼(le Publicis Saint-German)电影院、波拿巴(le Bonaparte)电影院、圣-叙尔皮斯广场(place Saint-Sulpice)电影院等。例如,当巴特提及"现代色情"即大城市的色情、亦即"产生身体自由"的"城市黑暗"的时候,他描述的是可比之于由电影所打开世界的一种可能的世界。他可以不假思索地走进电影院,因为他可以在里面消磨一个小时或掩盖烦恼(这种习惯可以追溯到少年时期的巴尔扎克),或着借助电影院而进入寻艳所开启的充满许诺的潜行之中,由电影所带来的这种闲散习惯现在几乎已经消失了。随着盒式录像带色情影片的大批出现,随后又是这种影片在互联网上的出现,对于黄色内容的观看都变成个人的了。最后的"专业"电影厅,例如位于圣-米歇尔街的拉丁影院(le Latin),或者是位于斯特拉斯堡街的斯卡拉影院(La Scala)都关了门。

喜欢电影,喜欢其实践,喜欢其用途,喜欢去电影院,喜欢从电影院走出来,非常准确地适合"电影院的常客"——这是让·路易·舍费尔在其一部书籍中的称谓。那部书与《明室》一书同年出版,并且属于同一套丛书。让·路易·舍费尔对于电影的谈论水平不高,但是他习惯常去看电影。像他一样,巴特也提及放映机的光束即"这种穿透黑暗的舞动着的锥体",提及神秘的洞穴即黑暗的影厅,而在这种影厅之中,人们在一束光线之中悬浮着——这与照片机制完全相反,这是时间和记忆的另外一种经验。舍费尔以比较的方式提到了世界在我们身上的临时消失,这种消失出现在电影放映的过程之中,出现在即便是贪睡者也成了活跃之人的这种场所之中,因为他们也被转换成了图像。这种消失也在人们离开大厅的时刻停止:"在走入白天的光亮中的时候,人们不停地因公交车的跑动而惊讶,各种运动仍在进行。只有走出电影院时劈头落下的雨水略微继续着影片中的情境——雨滴唰唰地在延续或扰乱相同的不停止的片面影线,而借助于这种影线,一些东西不断触动着我们。"①

　　虽然巴特谈论电影就像谈论习以为常的事情那样,并且,他从 60 年代初就对大众传播、作为媒介的电影感兴趣,但是,也许除了他在《神话》中对于查洛特②做过有意思的政治解读和在《罗兰·巴特自述》中有过一次伦理解读外③,他没有对电影作品写过特别像样的文章。在巴特看来,在电影院里,似乎有某种东西在抗拒解读,因此也就抗拒占为己有。在影片中,有某种东西抗拒着他的思维或他写作的完全移动。在他身上,没有像在戏剧上的色情力量的具体表现;没有像面对叙事时那种限定幻觉和满足的距离感;也没有照片的那种"曾经是"的意识,因为电影的"曾经是"从来没有同时发生过。关于帕索里尼执导的影片《索多玛的 120 天》的文章是有距离感的,他所说关于萨德的内容,比起他所说影片或其作者的内容更有意思。他为泰希内的电影所写的两篇文章,特别强调剧本,并且仅仅是一种友好的认可表示。关于《勃朗特姐妹》④的文章,只介绍了巴特个人对回想平生唯一一次当演员经验的兴趣,那是 1978 年夏末在英国,他于几天内分享了一个摄制组的日常生活:还是在那一次,经验并不是非常正面的,因为那一经验总唤起他绝望的被欺骗感。他在一年之后用这样的话回忆道:"拍摄安德烈的影片。1978 年 9 月 5—6 日的夜里。等待,下雨,我写不了文章。苦恼。1)在这一方面胡思乱想:难熬之夜;是精神方面的感觉,即便出于友情,也不该接受去做不会做的事情。2)强烈的羞耻

543

①　让-路易·费舍尔:《电影院里的常客》(L'Homme ordinaire du cinéma),Éd. des Cahiers du cinéma, coll. «Petite bibliothèque des Cahiers du cinéma», 1977[1980], p. 111。

②　查洛特(Charlot):为美国电影艺术家卓别林于 1913 年塑造的个喜剧人物,该人物曾出现在他的多部喜剧电影作品中。——译注

③　参阅《全集 I》,p. 700—702,《全集 IV》,p. 634(他在有关斯坦伯格[Steinberg]的文章中重新采用了这些文本的实质)。

④　《勃朗特姐妹》(Les Soeurs Brontë):安德烈·泰希内 1979 年导演制作的关于"勃朗特三姐妹"影片。——译注

感。关于被欺骗的精神官能症主题。噩梦中,化妆行头脱落。在此:冒名顶替当了一会儿演员。"①确实,巴特在那部影片中显得非常不自然,一看就是被借用而来的。只有两个场面(其中一个还是不说话的),两个场面不足以证明演员的起码天才。他出于对泰希内和围绕着泰希内的摄制组的友谊而接受了角色,因为那个摄制组也与帕斯卡尔·格雷戈里(Pascal Greggory)和伊莎贝尔·阿佳妮关系密切。让-路易·布特是陪同他一块儿去的,他扮演的角色是史密斯-埃尔德出版公司(Smith Elder & Co)的校对员威廉斯(Williams)先生,此人是简·爱的无条件支持者。

最终,巴特对于电影的唯一主要理论思考关系到爱森斯坦②,后者使他得以在"显义"(就是被传递的意指)与"晦义"(超出传播的东西)之间确定了区别:尽管他根据摄影素来工作,但这仍然是不考虑影片对象的一种方式③。对于巴特来说,习惯是与通常格外增大的快乐密切相关的一种实践,那么,这种为自己而谈论电影的阻力从何而来呢? 自我肖像描述借提出两种异议给出了答案:充盈(le plein)(片段被定名为"电影的充盈")和连续性(le continu)。在电影上,再现的各种限制很少为片段、为俳句留出位置④。巴特寻求说出的(但没有成功说出,他承认这一点),大概就是让·路易·舍费尔恰当地说过的东西:电影的图像在糟蹋我们,因为它们与我相像,有时迫使我们与之同时变成真实的:"因此,图像使我们思考(这是一种例外,是一种确定的努力),并不真实。"⑤电影的外包装,也许就是巴特称之为"充盈"的东西,这种外包装限制了其智慧,在任何情况下都

① 铸造工业标准局(BNF)编号为 NAF28630 的文件:"大卡片库",1978 年 9 月 5 日。
② 爱森斯坦(Serguï Mikhaïlovitch Eisenstein,1898—1948):前苏联电影艺术家,世界电影界著名导演之一,他有关蒙太奇的理论使电影发生了革命。——译注
③ 《第三层意义——关于爱森斯坦几幅电影剧照的研究笔录》,in *Cahiers du cinéma*,juillet 1970(《全集 III》,p. 485—506)。
④ 《罗兰·巴特自述》,(《全集 IV》,p. 634—635)。译者补注:巴特在自述中的相关论述是:"在电影里,不论有关平面的修辞学怎样,能指自身从本质上讲总是平滑的;这是一种不间断的画面连续动作;胶片(名称起得好:它就是一张无开裂的皮)**接续不断**,就像一种会说话的带子:无法确定这种片断、这种俳句的地位"。巴特很推崇日本诗歌的俳句形式,认为"俳句的各个分句总是:'简单的、日常的、可接受的'(《符号帝国》,法文版第 93 页)"。巴特在这里将"片段"与"连续性"对立起来,实际上是说明了结构论符号学(sémiologie)或结构主义发展的两个不同阶段:初期的结构主义注重对不连续性(即片段)的分析,后结构主义发展了对于连续性(甚至话语)的研究,而巴特对于电影的研究基本上还停留在了结构主义前期阶段。
⑤ 让·路易·舍费尔:《电影院里的普通人》,同前,p. 112。

妨碍这种智慧自由地发挥。但是,这种外包装并不产生对于这种艺术的一种话语,这一情况不至于使巴特放弃电影和不再喜欢去看电影。

一心喜欢

因此,在《文本带来的快乐》一书中建立起的快乐思想,是对于一位主体的显示。这位主体曾一直使他的各种爱好变成一种动力,但是,他却不再以科学印记或一般印记来标志他的爱好,而是在这一方面增加了享受——我们在后面会看到,这种享受关系到职业的正统性。他的职业生涯越来越忙碌,他授课越来越多,1971 年到 1973 年在日内瓦讲学,后来又是在几所美国大学在巴黎的分校。也就是从这个时候开始,他用一切手段来使自己的物质生活变得更为轻松、更为快活和更为温馨。他不再只穿"老英格兰商场"的衣服,而是在爱马仕专卖店购买套装和在朗万专卖店购买衬衣①。此外,他还开始对戒指和半珍贵宝石有了明显兴趣。他还经常为他的"房间"换置家具和灯具,配备了最好的奥利维蒂牌(Olivetti)电子打字机(即便他认为最后买的打字机速度非常之快,他还是作为礼物送给了安托万·孔帕尼翁)。对于自己的任何欲望,他都不感到有什么不对,他经常以其满足为原则。他与钱的关系,一直没有变化:他越有钱,也就越缺钱。年幼时的生活拮据早已远离了他;但是,他使自己的爱好和开销不与其所入脱节,他增加了生活活力,对朋友非常慷慨,现在突然出现了前所未有的对于缺钱的顾虑和担忧。在谈到傅里叶的时候,他提醒说:"钱可带来幸福"②。不过,由于他的生活和家庭生活都得到了保障,所以他使自己的日常安排变得更为轻松,尽管他也还有属于自己的一些必为之事——为此,他借助严格地调整时间安排来平衡。

这种轻松也可从他交往频繁和出行方面看得出来。在摩洛哥之后,他的朋友们不同了。他开始与其研讨班的学员们联系密切起来,而那些学员们自身也越来越被他的影响力和自由的言语表达所感染。从 1972

545

---

① "老英格兰商场"(Old England)是低档服饰商场,爱马仕和朗万都是法国名贵服饰品牌。——译注
② 《萨德,傅里叶,罗耀拉》,《全集 III》,p.776。

年起,他的最近的朋友们,除了常与他一起外出的安德烈·泰希内,都是研讨班学员。学员组群之间并非毫不相干,不过仍然是有区别的:巴特不喜欢友谊方面的"跟风"特征①,他喜欢保持一些不相干的空间。"关于朋友。我喜欢单独地与一位朋友在一起,因为其他人之间的关系比起一个人对于我的关系,几乎更会伤害我。"②1972 年,巴特在他的一位学员亨利·勒菲弗的介绍下,结识了让-路易·布特,后者成了他那几年中最明确和最持久的朋友。这种关系是建立在一种相互诱惑的基础上的,它在习惯的情感词汇中是不容易被理解的,它属于人们所说的是必要的那种关系。它肯定是一种恋情关系,但却不是建立在激情基础之上,也不是建立在性欲基础之上,还不是建立在妒忌基础之上的恋情。这位年轻人坚持在写作中寻找自己的路径。他以一个很美的标题——《破坏强力的人》(*Destructeur d'intensité*)写了一部充满焦虑与晦涩的论著,他曾让巴特很早地看过一些章节,巴特便将该论著的手稿放进了他有关"恋情话语"课程的参考文献之中了,后来他尽力使其在 1979 年于色伊出版社得到了出版——尽管某些读者对其有保留看法。让-路易·布特作为巴黎南特尔大学的哲学助教,他在当时的诸多言语活动中寻求他自己的声音:它们是结构主义、精神分析学(特别是荣格的精神分析学③)、诗学先锋派。他相貌出众,有研讨会的照片为证,特别是巴特放进自我描述的肖像集(其说明文字为"……致亲近朋友")中的那一张,他在其中使场面增光添彩,让人想到了帕索里尼的影片《定理》(*Théorème*)中的特伦斯·斯坦普(Terence Stamp)。巴特为这一美貌所倾倒,这一美貌很快就成了他不可或缺的。他喜欢与让·路易·布特一起出门,愿意在公共场合与其一起露面。于是,布特经常出现在巴特出现的地方。1975 年 10 月,他陪同巴特到了突尼斯,去过内夫塔(Nefta)、撒哈拉剧院,随后去了坐落在拉马尔撒山(La Marsa)上豪华的法国大使官邸内菲利普·勒贝罗尔的家里。他经常去于尔特,成了巴特所写的一切东西的重要对话者。让·路易·布特常

546

---

① 《恋人絮语》的"信息提供者"(«Informateur»)一节,讥讽了由几个区别不大的小宗派构成的群体(《全集 V》, p. 177)。

② "6 号绿色卡片库:取消和/或再看(接续与结尾)"(«Fichier vert 6:Élément et/ou à revoir» (suite et fin))。

③ 他 1990 年在色伊出版社出版了《荣格——幻觉之力量》(*Jung, La puissance de l'illusion*)一书。

到巴特的研讨班上讲课,他还在塞里西研讨会上宣读过一篇名为《惊世宝石》(《Le diamant-foudre》)的古怪文章。他总是匆匆忙忙、古怪迥异、深不可测、不期而至。巴特认为他有点像是德·埃森特①,就像他在日记卡片中记下的一个趣闻中所揭示的那样:"在一个阶段里,J. L. 在餐厅就餐的时候,面对服务生的大不礼貌,他解构套餐菜单。那一天晚上,在杏子树餐馆,他解构的是生蚝与生蚝干酪丝焦皮;昨天在巴尔扎克餐馆,他解构的是蛋羹和生蚝、咖啡冰淇淋和咖啡。"②他在《批评》杂志上发表过一篇评论《罗兰·巴特自述》的晦涩文章③。"让-路易·布特的讲课总是无法预测的,只有不可思议的消极态度才可以允许这种无法预测性,而巴特像我们大家一样,也被那些纯粹是浪费时间的时刻所诱惑,在这一过程中,让-路易·布特冒着极大的风险,在最后关头,终于讲了点类似非常特别的属于诗歌写作的繁琐操作的东西。"④通过让-路易·布特,巴特认识了尤瑟夫·巴库什,巴特与他建立了一种截然不同但也是决定性的关系。这两个年轻人与其他几个同龄伙伴合租了位于奥斯特里茨火车站附近的尼古拉-乌埃勒街的一套公寓房,那里成了无数次晚间激烈争论的场所,有时很晚才结束。他们在那里玩游戏,比如求真游戏"寻找谋杀者"⑤,或者玩弗朗索瓦·弗拉奥(François Flahault)发明的一种游戏,那种游戏有点像是知识分子习惯玩的"垄断社会游戏"(monopoly),大家分成组别试着玩。大麻卷烟在他们之间传来传去⑥。他们利用了尤瑟夫·巴库什的慷慨好客,他家饭菜美味可口,酒水又多。巴特经常去那里。他在那里消遣,也在那里遇到烦恼,他比其他人离开得都早,但是,他喜欢来自朋友们的那

547

---

① 此处应为让·德·埃森特(Jean Des Esseintes),是法国作家和艺术批评家若里-卡尔·于斯曼(Joris-Karl Huysman,其真实姓名为 Charles Marie Georges Huysman,1848—1907)1884 年创作的小说《违愿》(À rebours)中的反面人物,他爱美且性情古怪。——译注

② 铸造工业标准局(BNF)编号为 NAF28630 的文件:"大卡片库",1975 年 1 月 3 日。

③ 让-路易·布特:《错误就像是真理》(《Faux comme vérité》), in Critique, n°341, octobre 1975, p. 1024—1052。

④ 埃里克·马蒂:《罗兰·巴特的写作职业》,同前,p. 53。

⑤ 寻找谋杀者(murder party):是 20 世纪 30 年代首先出现在旅馆行业、随后盛行起来的一种游戏。——译注

⑥ 埃尔韦·阿尔加拉龙多(Hervé Algalarrondo)所著《罗兰·巴特最后的日子》(Les derniers jours de Roland Barthes, Éditions Stock, 2006)一书有这样的记载:"尼古拉·乌埃勒街的人吸食印度大麻。让-路易是最大的消费者。罗兰不能容忍他吸毒。他一直在克制自己,终于有一天,他承认不适应有人吸食毒品",见该书法文版第 5 页。——译注

种热烈的、节日般的、无规则可言的陪伴。

　　他与学员们建立个人关系的情况并不少:绰号为"阿代"(Adé)的埃夫利娜·巴谢里耶(Éveline Bachelier)和她的弟弟,使他重返戏剧的科莱特·费卢和尚塔尔·托马斯,他常在威廉·伯克(William Burke)陪同下拜访的雷诺·加缪,还有埃里克·马蒂和安托万·孔帕尼翁。对于与巴特亲近的那些年,不少人写过动人的介绍:他们是帕特里克·莫里斯、埃里克·马蒂、伊夫·纳瓦尔、雷诺·加缪、南希·于斯通(Nancy Huston)、科莱特·费卢等。他们几乎都承认巴特所起的说情者和解放者的作用:例如南希·于斯通愿意根据巴特带给他的一切在其病逝后写出了第一部小说《哥德堡变奏曲》(*Les Variations Goldberg*)。伊夫·纳瓦尔(Yves Navarre)也承认他对巴特有所歉疚:"我喜欢他,他也喜欢我。我们相互说过这样的话。罗兰从来没有为我辩护过,但是,他曾为我写过这样的几个字,也温情脉脉地为我念过。他是我唯一需要感恩的老师。我谁都可以不想念,但只有一位可想念的老师。他对那些当着他面讥讽我的人说我是'最后一位受人非难的作家'。而当我问他为什么这么说的时候,他回答说'因为你没有被知识分子领域所接纳'。他随后补充说:'这更好'。我最后一次看到他,是一个星期天,在圣-日耳曼-昂-莱伊(Saint-Germain-en Laye)大街上,总还是那些担心的问题,期待着在大街上有所回答,他最终亲吻了我的嘴,还咬了我的上唇。"①巴特对朋友忠诚、慷慨,他经常去看他们,在他能做到的时候,也帮朋友们发表文章,或者写点关于他们的文章和为他们写点文章。但是,他不将这种支持变成一种操作。虽然出现在美第奇奖(Médicis)②评委会上使他可以力挺他所赞同的书籍或作家(例如托尼·迪韦尔[Tony Duvert]、1978 年的乔治·帕雷克),虽然入职色伊出版社允许他为发表让-路易·布特的古怪论著进行说情,但是,他不想让他的情感联系服从于一些威胁,服从于义务和偿还人情债范围。有些人甚至认为他们受到了忽视而指责巴特。这便是佩雷克的情况。人们还记得,他在 60 年代曾随听巴特的研讨班,其创作活动从《事物》(*Choses*)到《我想起的事》(*Je m'en souviens*)再到《在一般之下》(*L'Infra-ord-*

---

① 伊夫·纳瓦尔:《生平,小说》(*Biographie, roman*), Flammarion, 1981, p.53。
② 法国重要文学奖之一。——译注

ianire），非常带有符号学的方式，带有着解密当前社会形象的方式，同时表现出对于对象的真实爱好，即对于列举、对于日常生活内容的一种爱好。巴特曾热情地阅读过他的第一批文章，也多次给他写过信件。1963年巴特给他写信说："我认为看到了您（对您的书籍）所能做（……）、所能再次期待的东西，那就是非细节的一种现实主义，但是，是根据对于情境的最佳布莱希特式传统写的：关于与富足的**形象**难以分辨地混杂在一起的小说或是一个故事，很不错，在今天是非常少见的"①佩雷克承认他欠巴特的情。他在 1967 年于美国沃里克做的报告中，肯定地指出，有四位作家对于写作《事物》是必须提到的，那便是福楼拜、安特尔姆、尼藏（Nizan）和巴特。巴特曾经三次公开答应表明他的赞同态度，但随后却没有写过一篇文章。佩雷克看到他为多位艺术家和作家（索莱尔斯，居约塔）写文章，曾抱怨他没有为自己写什么："读到您最近在《观察家》杂志上发表的为马森（Massin）写的文章，我对于您的沉默再一次感到遗憾（我必须说，是越来越感到痛苦），您通过授课、通过您的书籍和文章，对于我的工作和发展的影响曾经是且将继续是非常之大的，以至在我看来，只有经过您的阅读，我的文字才有意义、有分量和有存在价值。"②确实，这是巴特与他的近友们相处方式的一种特点，埃里克·马蒂在对他的描述中也指出过这一点："老师，他总是不遵常规，他不留下任何没有做完的事情。"③相反，他有时自发地为一些作家写文来支持他们的写作。让-保罗·沙旺（Jean-Paul Chavent）回想起，1977 年，他在其第一部书籍《C》于托里勒出版社（Éditions Toril）出版之后，曾收到过巴特一封热情洋溢的信。他生活在外省，远离文学界，是一位名不见经传的年轻作者，出版社也不为人所知：对于他来说，这封信使他深受鼓舞。

　　尽管巴特获得的友情很多，也都表现得忠诚而炙烈，但这还是招惹了严重的敌意。他激起了一些激情，而这些激情有时甚至发展成为憎恨。

549

---

① 1963 年底写给乔治·佩雷克（Georges Perec）的信，引自达维·贝洛（David Bellos）。

② 乔治·佩雷克 1970 年 6 月 15 日的信件。铸造工业标准局（BNF）编号为 NAF28630 的文件。这种抱怨并没有妨碍佩雷克在巴特去世之后和在他本人也在告别人世几个月之前于 1981 年 11 月仍然肯定地指出："我真正的老师，是罗兰·巴特"（乔治·佩雷克：《对话与报告》[*Entretiens et conférences*]，多米尼克·贝特利[Dominique Bettelli]和米雷耶·里比埃[Mireille Ribière]整理的加评版本，Éd. Joseph K.，2003，t. II，p. 328）。

③ 埃里克·马蒂：《罗兰·巴特的写作职业》，同前，p. 74。

这种憎恨特别表现在"鲁和乔治·拉帕萨德(Geoges Lapassade)事件"上。1972年,多米尼克·德·鲁的书《直截了当》出版之际,《费加罗报》上的一篇文章告诉巴特,书中涉及的是他,而且出言不逊。因为他可以在书中读到下面的话:"拉帕萨德对我说,有一天,与让·热内在一起,我们谈到了巴特;谈到了他将自己的生活一分为二的方式,一是与男同性恋鬼混的巴特,一是作为宗教法典学者的巴特(是我这么说的)。'我说:巴特,他是一位沙龙之人,他是一位牧羊女'。"①巴特对这种辱骂非常懊恼。他要求克里斯蒂安·布儒瓦收回那一卷。事情很是棘手,更何况多米尼克·德·鲁是布儒瓦出版社(Éditions Bourgeois)的合伙人,也是克里斯蒂安·布儒瓦主编的"10/18"丛书的共同主编者。于是,那一页被彻掉了。巴特赶紧转告他在拉丁区所有书店的朋友们用刀片去掉那一页(第一版的第187页)。所有库存中的剩书也都做了这样的处理。于是,德·鲁便决定离开出版社,他在布儒瓦出版社也不再出版任何书籍。他变成了记者,特别是特派非洲的记者。相反,布儒瓦与巴特则越走越近。但是,这件事极大地伤害了巴特,因为他与热内和与在摩洛哥时他不离其左右但又不使他高兴的拉帕萨德联系密切。一连好几天,他心中只有这件事,他去咨询通过安德烈·泰希内刚刚认识的律师乔治·基耶日曼(Georges Kiejman),去询问达尼埃勒·科尔迪耶的看法。人们可以想到,他并不愿意他的同性恋一事被如此公诸于众。当时,这个问题与他对此严格保密的考虑相抵触,除此之外,那本书的言辞非常粗暴,近乎诽谤。不过,这么直接的攻击为数不多,尽管巴特的成功、他对于几代后人的影响会激起某些人的怨恨或报复(例如勒内·波米耶,米歇尔-安托万·比尔尼耶和帕特里克·朗博②)。虽然最终影响不大,但这是对于他的正统性的玷污。

---

① 多米尼克·鲁:《直截了当》(*Immédiatement*),La Table ronde,coll. «La Petite Vermillon»,1995,p. 189。在布儒瓦出版社的第一版是在1972年,第一次无删除的再版版本是1980年在"成人年龄"(Âge d'homme)出版社出版的。

② 勒内·波米耶:《相当离谱!》(*Assez décodé!*),Roblot,1978;米歇尔-安托万·比尔尼耶与帕特里克·朗博:《不费吹灰之力的罗兰·巴特(滑稽模仿)》(*Le Roland Barthes sans peine [parodie]*),Balland,1978。

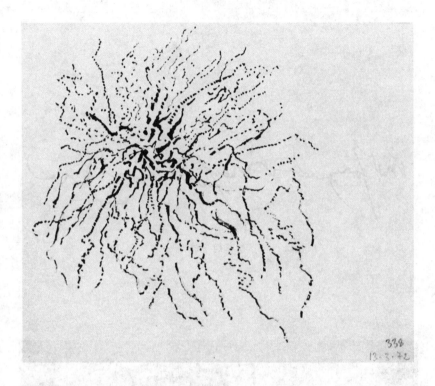

两幅图画

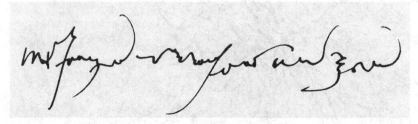

想象的字迹

552

作为书法家的巴特,1978 年

553

在《文本带来的快乐》出版之际，与米谢乐·科塔（Michèle Cotta）在一起

554

从左至右：罗兰·阿瓦、让－路易·布特、罗兰·巴特与尤瑟夫·巴库什

Amis

J'aimerais [?] être seul à un [?]
avec un ami, parce que le
rapport des autres entre eux
risque de me blesser plus
que le rapport d'un à
moi

大卡片库:"朋友"卡片

RB   Amis

Les amis intelligents ne sont
pas ceux qui ont les idées, mais
ceux dont le silence vous en
donne [?].

15. 任职的正统特征

在 70 年代中期,巴特已不仅仅是一位时髦的或被公认的思想家,还是一位很有名望的知识分子。这种接受,在其借助社会上一些确定要素来表明声誉的方面,有别于一般的承认,那些要素是:荣誉、地位、金钱。一如那个时代的其他人物,巴特同时接受着来自多个领域的这些标志。他是一位焦点人物,受一部分人喜爱,却被另一部分人所恨,经常引起争论。他变成了文学界的一个大佬,他坐镇色伊出版社,并从 1973 年开始成为美第奇文学奖评选委员会委员。他在科学领域也有位置,他的话经常被引用,他经常受邀在大学里讲课或参加国际研讨会。他也经常收到来自国外的对他个人的邀请,他的作品被翻译成英文、意大利文、德文、日文。因此,在巴特 60 岁的时候,他有各种理由自我感觉有了名正言顺的职业。不过,大概许多人也是这样的情况,巴特并没有停歇在成功之上,也没有对他所获得的成就感到满足。他还缺少某种东西,这种东西促使他在继续投身写作与思考的同时,到别处去寻找。他接受成为关注的中心、话语的中心、受宠的中心,但是他继续把自己看成是非正统从业的人。人们甚至可以说,他使得从业的不正统性变成了一种生活艺术:它是正统从业的失败,它是验证抱怨、烦恼和验证对于其他事物有欲望的方式。

教　授

从此之后,巴特作为教授的名声得到了扎实的确立。在这个领域,他同样全心投入,成就斐然。在摩洛哥呆了一段时间之后,他在高等研究实践学院的教学几乎不再是单一的。在 1971—1972 年间,他接受了日内瓦

大学客座教授的职务,每周的周一和周二他都要去那里讲课。他在那里
重新见到了多年老友斯塔罗宾斯基和让·鲁塞,是他们发起对他的邀请
的。他重新讲了他在研讨班上讲过的有关爱伦·坡中篇小说《瓦尔德玛
尔案例的真实》的内容,还提出了关于《布瓦尔与佩居榭》的新课程。他使
自己变成了学生们的朋友,特别是成了皮埃尔·普朗特基(Pierre Prent-
ki)的朋友,后者是一位杰出的科学家,他对于巴特的课程非常感兴趣,后
来一直与巴特有联系,还有让-吕克·布儒瓦(Jean-Luc Bourgeois);许多
学生都邀请他晚上到他们在日内瓦的家里或到附近用餐。他也结识了作
为策兰和荷尔德林①研究专家的伯恩哈德·博申施泰因(Bernhard
Böschenstein)。巴特借此机会也去苏黎世的综合理工大学做了报告,他
在瑞士感觉非常好,后来也有时返回瑞士,没有任何的必为义务,而仅仅
是快乐地去看望一些朋友和享受某种生活的温馨。也许他回想起了他在
莱桑的那几年时光:1972年,他利用他在日内瓦的机会又去看了那个
地方。

    同一年,他被邀请参加里尔市让·波拉克(Jean Bollack)的研讨班,他
也去了斯特拉斯堡,进入了让-吕克·南希(Jean-Luc Nancy)和菲利普·
拉库-拉巴尔特的研究小组。他也介入由索莱尔斯在塞里西-拉-萨勒组
织的围绕着巴塔耶和阿尔托展开的研讨会,那次研讨会成果非凡。他的
报告是关于巴塔耶的,但同时也是基于对于尼采著述阅读的"在自我方
面"进行的第一次分析:标题是"*在我看来,我本该写一写的巴塔耶的文本
是什么*"②随后的一年,汤姆·毕晓普(Tom Bishop)请他在巴黎的纽约大
学分校上课,他于在高等研究实践学院授课的同时承担了那里的课程,并
且讲授的是同一主题(《作者的词汇》)。正像每一年一样,他1973年也去
了意大利对其出版物做了了解。在1974年期间,在被中国之行隔断之
后,他继续同时在高等研究实践学院和设在巴黎的纽约州立大学授课,而
在2月份的时候,他受弗兰克·克莫德(Frank Kermode)的邀请到伦敦、
牛津和剑桥多所英国大学做报告。他开始思考这些不同的讲授实践,从

---

① 策兰(Paul Celan, 1920—1970):祖籍为德国的法国诗人和翻译家;荷尔德林(Fridrich
   Hölderlin, 1770—1843),德国古典浪漫时期的诗人和哲学家。——译注
② 这篇文章发表于研讨会的文件汇编,题目是《文本的出路》(«Les sorties du texte»)(《全集
   IV》, p. 366—376)。

中提炼他所喜欢的方式,那便是小型研讨班的方式。在 1974 年学年结束的时候,他与多位高等研究实践学院的听课学员对于作者的词汇做了总结。他比较了同一教学内容在两个不同场所被接受的情况:面对纽约州立大学分校的听众,他也曾建议在一种"术语表"中选择词语,后来在研讨班上,他继续扩展了这一词汇表。他感觉到,美国大学生们都有一些抵触和不理解。他判断,外国学生来到法国一年,更期待对于方法或某种批评类型有所讲解,而不在于知道"有关词语的思想:很少有人想知道作者的身体,即书写的身体"。为应对这种期待,课程在于"介绍与演示对于一位古典作者(仍)被称为先锋派的方法"①。我们可以想象学生们思想分散的感觉,因为他们面对巴特那一年提出的种种技巧,所期待的只是很容易地把结构论分析方法拿来就用,而巴特当时拒绝使研讨班成为重复已知事物或传递一种已知方法的场所,他总是提前谈及一种试验性的做法。

　　巴特在法兰西公学的讲稿在他去世之后都得到了出版,接着,他在高等研究实践学院的某些讲稿也付梓问世,当前的时期已经可以对于他的授课做出判断。他对于"研讨班"的实践,与"所选择的"听众之间的不停对话——从 1972 年开始,他与范围较小的研讨班或小研讨班的听众进行对话,而在扩大的研讨班上只是他一个人面对学员说话——这种做法使他将教学空间变成了他几部书籍的一种真正实验室:(这便是《S/Z》的情况,《罗兰·巴特自述》的情况和《恋人絮语》的情况),这几部书为一种口语试验提供了机会;言语在书写中被重新理解之前,是被分散开来的、零星的,而片段艺术的一部分就源于这种机制。"到现在,15 年以来,研讨班在我的生活中占据着重要位置,加之,我赋予其与写作一种密切的,甚至是神秘的关系。"②除了作为成书的前期安排,讲课还是书籍的准备空间即工作室,老师借此说明这是一个多少属于神话方面的单词,该词在研究方面带有一点无产阶级化和民粹主义特征。但是,这是一个有用的词,因为它让人想到一个"对于一种'杂乱'和零散的工作材料的集体加工场所"。讲课既不是铁匠铺,也不是高级木工房,而更像是一种地毯作坊:

560

① 《作者的词汇》,同前,《1974 年 5 月 30 日授课:词汇表:最后的几点说明》(«Séance du 30 mai 1974:le Glossaire:quelques remarques finales»),p. 217—219。

② 《借口:罗兰·巴特》,塞里西-拉-萨勒研讨班文件,同前,p. 116。

"大家一起做,但又看不到有什么一起做成的东西;大家从背面、从反面工作:不是在自己眼前看到做成什么,而是在向前看会有结果。"①于是,巴特向大家和盘托出了他的工作状况、工作困难和原因,他将这些交由集体讨论,交由嗓音发声和传递开来,从而使其出现变化。对于这些研讨内容,当时不具备音响资料,巴特有充分理由拒绝对研讨班进行录音(与讲课不同)。但是,人们可以猜出嗓音,在某些重复之中、在一些犹豫之中、在一些精神特征之中、在一些返回自身的言谈之中,会在无意中捕捉到这种嗓音。

　　随后,课程是教学关系的一种实验室:他拒绝"圆场—研讨班"(séminaire-cirque)(在这种研讨班上,他一个人面对由学校在拉普大街[avenue Rapp]租用的大厅里越来越多的听众,滔滔不绝地讲个不停),他不仅在想方设法使自己不成为与众不同的人,而且也努力不使自己成为一位父亲——必要时,可成为一名母亲,来伴随学员们的"初期"探索与独立思考。学员们首先都是"朋友"。在实际中,是有区别的:以"你"来称谓是对于某些人的,而不是对于其他人(即便巴特喜欢把"您"这一称谓"留给他认为以你来称谓的人"),他的出现和人们听到的他的言语,都赋予他一种特殊的地位、特殊的位置。但是,按照他的原则,作为发动机的友情可以形成一种小小的乌托邦。组成这种小团体的女性和男性均在其中得到了改变。帕特里克·莫列斯回想起在高等研究实践学院的最后一次研讨班,那是关于涂改的研讨班。每一个人都被要求带一份草稿,都要回到其懊悔的事情方面,都要解释一下自己的选择。"这样的乌托邦是沉重的,难以承载,它通常在其所包含的暴力作用下垮下来。"②在人们根本不谈发生学批评③、在文本脱离作者个性的一个时代,在巴特亲自给出的一种教诲的影响之下,这种做法无不叫人感到惊异,并且它很早就预示了今天被人接受的一些阅读实践。这种做法要求小组每个成员都看自己的文字,不要被个人已有的印象所迷惑,而是着重去发现不足的方面。帕特里

────────────

① 《作者的词汇》,同前,p. 66。

② 帕特里克·莫列斯:《生活的诸多片段》(«Fragments d'une vie»), in *Critique*, n°423—424, août-septembre 1982, p. 753。

③ 发生学批评(critique génétique):是一种文学研究方法,这一称谓最早于1979年出现在对法国作家阿拉贡(Louis Aragon,1897—1982)的作品研究著述之中,该方法不研究现成的作品,而是根据发现的历史资料探讨作品的产生过程。——译注

克·莫列斯也说过,位于图尔农街的学院,楼梯和走廊一片乱象,墙皮剥落,教室狭小,但各个角落都在倾听传出的言语,都在关注巴特对于很想使其具有传递作用的一种空间的确定。"我想到的唯一问题——尽管没有答案,是这样的问题:'教学'(以及其全部的移情性投入)需要能量。这种能量,难道他依靠写作来获得吗?教学(或者接受教学:这是同样的事情)可以与写作同时进行吗?教学需要写作为之付出吗?"在教学与写作的关系上,还要加上第三项,那便是生命,便是生平,便是自我,这种关系是所有课程之中心。巴特依据尼采的论述,捍卫主观性的观点,将其看作是来自解释方面的支持。"对于我来说,这是什么呢?"每一个人都在提出这样的问题。

从外部来讲,这种成为"教授"的方式激起过有时是非常激烈的批评。有人指责巴特过分依从这种机制的集体特征,即这种机制的"**教会**"特征,这种特征重新展现的是"门徒"的形象。有人说这是模仿论,因为模仿论威胁到那些活跃的听众的言语,并导致一组人都说着相同的语言。他不承认权力地位,有人竟然责备巴特是想占有更为稳定的一种权力地位。在上面的这种不怀好意的批评之外,有的说法也不是没有根据。埃里克·马蒂恰当地指出,他与巴特的友谊是如何围绕着老师与弟子的形象形成的,而当他提及例如让-路易·布特的时候,他说其是"被偏爱的弟子",或者说其是他所喜欢的弟子,就像《新约》中谈论约翰那样。有时候,是中世纪的小说在提供绝好的形象:"老师坐在弟子们中间,弟子们在他周围的座次,比起圆桌会议骑士们的座次更有讲究,甚至不排除有一把虚席以待的沙发椅。"[1]这样的一种关系,不可避免地导致效仿。当人们听到电台播放巴特与其六位学员做节目的时候,或者当人们阅读塞里西研讨会某些发言内容的时候,人们便惊讶于这位教授的风格对于其学生们话语的影响力[2]。巴特说过:"研讨班起的作用,俨然一种最佳合谋对象"[3]。不过,这种并非有意的依从是被自由地接受的,而且,每一个人都独自感

562

---

① 埃里克·马蒂:《罗兰·巴特的写作职业》,同前,p. 24。

② 《周一做客嘉宾》(«L'invité du lundi»),《法兰西文化下午谈》(«Les après-midi de France Cul-
ture»)(1976)。研讨班上的发言者为:埃弗利娜·巴谢里耶、让-路易·巴谢里耶、让-路易·
布特、安托万·孔帕尼翁、罗兰·阿瓦和罗马里克·叙尔热-比埃尔。

③ 《借口:罗兰·巴特》,同前,p. 115。

觉到是在体验一种很少的且特有的经验,每个人都把研讨班看作是允许不同意见存在的空间。"这属于一种传统,至少在法国(尽管有人贬低让·波扬),这种传统没有名称;这种传统被同样使用智人(sapiens)双重意义的德昆西①称为'修辞学的',并且他借助于智力论与感觉论的结合、借助于一种分节能力来具体表现这种传统。"②通过自己进行自由思考,依靠的就是同时具有欲望和幻觉的这种机制。埃里克·马蒂这样说,在被接受进入研讨班之前,他曾梦想过这种空间,想象过他可能占据的位置,甚至想象过桌子的安排和墙壁的颜色。"巴特说活不多。他只是呆在那里。注意着学员们说的东西。唯一真叫人想入非非的,是博格达诺夫兄弟俩的在场(……)。他们组成了古怪而又与众不同的一对。巴特被两人相同的美貌所迷住。"③巴特很容易被吸引,他也听凭研讨班参加者被他所吸引。很多学员对于课程都有过一种难以磨灭的记忆;他们把听课当成了一种生存经验,当成了一种特殊的启蒙方式。热罗姆·佩尼奥(Jérôme Peignot)说:"我参加这种研讨班的理由之一,恰恰是巴特让我写东西。"④科莱特·费卢说:"他为几年后进入法兰西公学的生活做着准备,他早就准备写小说,但从来没有能够去写,而他也许认为有一天会去写。"⑤他带着从容与赞同参与了这种研讨班计划,但同时要求出现目瞪口呆(suspension)、意想不到和微妙雅致的效果;埃里克·马蒂以其作为禅宗弟子的身份对于从容状态做了令人叫好的转述:"弟子只有一件事要做。待在那里,借助对于他在场的感觉,告知老师其生活、其些许心灵、其些许肉体,而为换取这些,弟子要稳静地和在老师安排的一种明显从容状态中成熟起来。他在获取老师在场的精神光芒的同时被动地但又通过他在这种光芒之外感受到的忧郁之中,积极地成熟着。"⑥在许多人看来,进入研讨班代替了从前被认为是拜访大作家的仪式。这种做法在社会上的消失,导致人们寻找替代方式,为此,巴特承担了一部分象征的意义。研讨班的空间,就像是一种乌托邦那样安排的,这种空间让人想到了他童年时代住所

---

① 德昆西(Thomas De Quincey,1785—1859):英国作家。——译注
② 帕特里克·莫列斯:《生活的诸多片段》,同前,p. 755。
③ 埃里克·马蒂:《罗兰·巴特的写作职业》,同前,p. 37。
④ 《借口:罗兰·巴特》,同前,p. 118。
⑤ 莱特·费卢:《为生活做准备》(*Préparation de la vie*),Gallimard,2014,p. 43。
⑥ 埃里克·马蒂:《罗兰·巴特的写作职业》,同前,p. 41。

的三元地形状况。他在《在研讨班上》一文开头部分描述的三种空间,他曾在 1973 年 11 月 8 日的研讨班上向学生们介绍过,这三种空间让人想到他在巴约纳市拉纳一地的家舍所在的三个花园。而这篇文章是以出现"悬空的花园"的形象结束,这种花园"将一个平静中的集体放进了一个战争中的世界"①,从而提供了童年时代的某种安全保障。

巴特也越来越被一些博士课题所求。他开始指导攻读第三阶段文凭的学生,而最为通常的是受邀参加评审委员会(在他进入法兰西公学之前,每年有 15—20 次)。埃里克·马蒂第一次见到巴特,正是在其姨妈诺埃勒·沙特莱(Noëlle Chatelet)的博士论文答辩会上。"巴特以自己本打算写作这个博士课题而开始了发言,这使得出席答辩会的人们不禁打了一个小小的寒颤。接着,他持续而耐心地读着,并善意地给以评论。"②档案中保存了大部分巴特非常细心撰写的对于相关博士课题的报告,这说明他花了很多时间来看学生们的研究成果。他觉得自己对请他参加答辩委员会的教授朋友们(巴黎第七大学的克里斯蒂娃或达米施,万塞讷大学的普兰扎[Poulantza]或里夏尔,南特尔大学的拉斯科[Lascault],巴黎第三大学的热奈特)有义务,他也觉得对经常参加他研讨班和他一直关注其研究的学生们有义务。他给出的评语非常宽厚,他也倾听答辩学生的辩词。但是,他首先寻求的是正确,在需要时,他会毫不犹豫地予以批评,例如,当一个答辩生将词与指涉对象混为一谈的时候,当其满足于叠用一些学科知识或者过分玩弄辞藻的时候——在这种情况下,巴特会说他听不懂这样的话,即便是对与他关系很近的学生也是如此。

巴特为学生们博士课题写出的报告,开头文字几乎总是言辞谦逊,说自己不是专家,各种考虑均出于个人性格和临时附会,请答辩委员会其他成员对于某些课题计划的科学恰当性给出评价。面对这样或那样的研究成果,他说所能感受到的是"有一种与己相关的感觉",甚至是"有一种不谋而合的感觉"。通常,他都会明确地说,他不会在大庭广众之下评判一项研究成果,而只是指出该成果与其个人的关注有着某些特殊的接合点。他喜欢在各项成果企望获得社会承认的诉求背后,去标记它们的"隐蔽"

564

---

① 《在研讨班上》(«Au séminaire»), in *L'Arc*, 1974(《全集 IV》, p. 502—511)。

② 埃里克·马蒂:《罗兰·巴特的写作职业》,同前,p. 30

姿态,即欲望和自由的姿态。关于米歇尔·沙尤(Michel Chaillou)研究
《阿斯特雷》①的博士论文,他指出,只在一点上,"这项写作成果与一种制
度方面有联系——很反常的是:文献:包容广泛,种类繁多,出人意料"②。
对于雷蒙德·卡拉斯科(Raymonde Carasco),他说,他欣赏他博士论文的
自由布局,该论文属于"节日安排"。他祝贺尚塔尔·托马斯在其关于萨
德的博士论文中并没有尽力去获得结果,而是去书写一种阅读,祝贺他写
出了一个"非常漂亮的文本,而作为文本则是非常成功的文本"。他也承
认克里斯蒂安·普里让(Christian Prigent)有关蓬热的研究工作的广度、
责任心和力量。对于吕塞特·菲纳(巴特曾在 1977 年 5 月赴埃克斯市担
任她的国家博士论文答辩委员会委员),他说欣赏她充分地应用了结构分
析。对于他那天把阅读速度看作是意义之变动成分的讲话,时隔不久,他
写了一篇文章——《速度问题》(«Questions de tempo»)③。有时——当然
这种时刻很少,他会说出自己的倾向性看法。于是,他 1977 年 6 月出席
德尼·维亚尔(Denis Viart)就安德烈·纪德的早期作品所做博士论文的
答辩会时,就落座于克里斯蒂娃和于贝尔·达米施旁边,他明确地指出:
"无论如何,我必须考虑我个人与纪德的关系,这一点不能被忽视——尽
管是说不清的。在您的方面,既有褒扬和贴近,也间有'小小的不同'。"

这项诱人的工作,尽管也是不大为人看重的,但它表明巴特对于他作
为教师的职业很是认真。他兴趣广泛,使他可以介入许多领域:文学、语
言学、电影、社会学。他甚至参与巴黎笛卡尔大学④一个有关"中国医学"
的博士论文答辩委员会。然而,他面对那些行政任务也不嫌弃,并不借口
外来请求很多而躲避。1972 年,雅克·勒高夫问他是否接受成为高等研
究实践学院第六部办公室成员。那是一个过渡时期,因为这个第六部已
经开始准备自立为社会科学高等学院,为此,国家提供了位于拉斯帕伊

① 《阿斯特雷》(L'Astrée):法国 17 世纪著名"长河小说",发表于 1607 至 1627 年,总共 12 部,共
   计 5399 页,作者是于尔费(Honoré d'Urfé, 1567—1627),埃斯特雷是书中女主人公的名
   字。——译注
② 这一报告,也像这一部分的其他信息一样,在档案上的标题是《博士答辩报告》(«Comptes ren-
   dus de soutenance de thèse»),BRT2A10 04。
③ 《格拉玛》,同前,n°7, 1977(《全集 V》, p.335—339)。巴特的这篇文章后来作为序言放在了吕
   塞特·菲纳的《伊丽丝的声音》(Bruit d'Iris)之中,Flammarion, 1978。
④ 即巴黎第五大学。——译注

(Raspail)大街的一栋新楼,是建筑师马塞尔·洛兹(Marcel Lods)在旧的谢尔什-迷迪(Cherche-Midi)监狱的地盘上刚刚建造的。因此,这项工作既是行政方面的,也是政治方面的。勒高夫确信,历史学科的未来会靠近全部的社会科学,他从巴特在《交流》杂志上发表的两篇文章——《叙事文的结构分析导论》和《古代修辞学——要点》(«L'ancienne rhétorique, aide-mémoire»)看出了一种分析方法,该方式适用于数量众多的资料,其中包括历史学研究工作。他相信巴特的正面挑战性论题可以在学院建制内部树立一种打乱规范的形象。简言之,当他恳请巴特参加为第六部设想未来的五人小组以接任离开的费尔南·布罗代尔的时候,是完全出自信任,而没有想到巴特是否会有时间用于日常的管理任务。相反,雅克·勒高夫在赞扬"行政管理者巴特"的时候,说巴特在处理烦人的琐碎事物时表现出的是谨慎细心。"他与办公室另一位成员特别负责接待那些其第三阶段课题似乎有问题的所有大学生。"①他和蔼可亲,处事极为公平。在他全心致力于这项工作的两年中,很少去国外,几乎每周五都出席例会,他还参加了在雷约蒙(Rayaumont)召开的旨在确定学院一种新风格的重要会议,他一直关心简化章程和使很强的多学科方向变得可理解,即便这种关心后来没有延续下去。他还多次与吉斯卡尔·德斯坦(Giscard d'Estaing)总统时期希拉克政府②的大学国务秘书的让-皮埃尔·苏瓦松(Jean-Pierre Soisson)一起出席在教育部召开的会议。勒高夫说,教育部那些官员对于巴特的说话有时表现出惊异,"有时,他们默不作声地看着他,他们看到的是一位天使在经过。更多时候,他总会找到一个词、一种表达方式来打开局面,富有诗意地推进会议达成共识"。特别是,巴特很清楚学院当时所处的历史状况,清楚学院身上一些潜在的威胁:那便是学院随后几年完全会实际面临的三种危险,即再发展危险、边缘化危险和官僚化危险。

虽然巴特非常认真地完成了任务,但他还是感觉这一职务过于沉重。他向身边的人流露出抱怨情绪,有些人便尽力为他寻找一个更为稳定的

---

① 雅克·勒高夫:《行政管理者巴特》(«Barthes administrateur»), in *Communication*, n° 36, 1982, p. 46.

② 此时,希拉克为法国总理。

岗位,让他可以自由地写作。于是,例如让-伊夫·普尤(Jean-Yves Pouil-loux)(他曾与其他成员创办了巴黎第七大学"科学,文本和资料"系,并在该系开办了"罗兰·巴特"学堂)便建议巴特进入他的小组之中。若是进入这个学院,巴特就会卸掉一切行政职责。但是,由于巴特已经处在进入法兰西公学的候选名单前列并正做着准备,他拒绝了这一建议。相反,他接受第二年新开一门课程,他将讲授他在中国时再次阅读过的《布瓦尔与佩居榭》。他没有放松他的时间安排,而是接受了附加的担子。为了深刻地改变旨在获取殊荣而建立的沉重系统,大概到了需要一种更为重要的标志,即一种更高殊荣的时候了,这种殊荣将会最终使其摆脱为获取承认而进行的斗争。大概,他所希望的,就是接受出现在法兰西公学之中。

法兰西公学

　　是历史在希望米歇尔·福柯第一个去暗示巴特应该进入法兰西公学,确实,是他向各位教授推荐了巴特,并且在 1975 年那一年中他尽了一切努力来使其入选成功。不过,有多种不同的说法在流传,而对于档案的查阅却产生了与事件略有不同的一种关系。迪迪埃·埃里邦认为,是巴特请福柯支持他,而弗朗索瓦·瓦尔则说他非常清楚地记得,巴特对他说过:"米歇尔·福柯希望我进入法兰西公学。"[①]确实,福柯在 1969 年被选入公学并担任"思想体系历史学"讲座教授之后,就一直表现出更新体制和引入全新探索的愿望。正是基于这种目的,他力促皮埃尔·布莱申请进入公学。另外,巴特自己决定提交申请有点不大可能。但是,如果我们看一下此事发展的时间表的话,会发现很有可能是由几位历史学家首先发起的。实际上,在巴特的竞选活动中有两个阶段。第一阶段开始于 1974 年 3 月,当时,雅克·勒高夫大概有意要感谢巴特两年以来在高等研究实践学院对他的帮助,而在公学的两位历史学家同行乔治·迪比(Georges Duby)和埃马纽埃尔·勒华拉杜里(Emmanuel Le Roy Ladurie)那里为此做了点准备。5月 3 日,他们一起共进午餐,根据记事簿所记,当天下午,巴特就为"法兰西

568

①　请见迪迪埃·埃里邦(Didier Eribon)《米歇尔·福柯与其同时代人》(*Michel Foucault et ses comtemporains*),Fayard,1994, p. 217—229。

公学"一事去见了勒华拉杜里。5 月 16 日,他去乔治·迪比位于马塞兰-贝特洛(Marcellin-Berthelot)街的办公室见了他,并且于 5 月 20 日去见了列维-斯特劳斯,后者表面上并没有反对巴特参选的想法。当时,列维-斯特劳斯与巴特关系相对密切,因为有一期重要的关于社会科学的电视节目,列维-斯特劳斯曾希望巴特也参加进来。至此,巴特在去中国之前甚至还写了几段申请参选的说明。有关开设新的授课讲座的争论,是到了来年 11 月的时候才出现的,而在这一竞选的准备阶段中,似乎福柯并未真正地牵扯进去。巴特于 5 月份从中国返回之后,说自己对于听到的来自公学方面的消息感到沮丧,其实那时还没有任何正式确定。即便他继续不断地去看望勒高夫,似乎事情还是被搁置了一段时间。

　　第二阶段始于 1975 年春天。在这一时刻,福柯决定把控竞选一事。实际的情况是,巴特 4 月 23 日收到了勒华拉杜里的一封信,对他说:"我完全同意你的参选,特别是福柯今后会站在你一边。"①这句话证实,福柯先前并没有真正直接结盟的想法,但是在第二阶段他有了这种想法,而这一阶段正好与巴特正式成为候选人的时刻相一致。这两个阶段的情况说明,在这件事情上,有着相矛盾的说法。

　　从这个时刻开始,事情发展很快,巴特在福柯的协助下准备参选,他撰写应该递交给教授审核团的资料,因此,他要一个一个地去见各位教授。资料夹上写着"罗兰·巴特:研究成果与 1975 年计划"。随后,他便预约了初秋时从尔特返回后要见的一些教授,并在 10 月和 11 月的授课期间进行拜访。由于米歇尔·福柯从 10 月 5 日到选举前夕的 11 月末在巴西讲学,巴特对于投票情况很是不安,便多次打电话给福柯(他制作了一个表格,上面有三项:同意,不同意,不确定)。必须说,他当时面对着一位重量级的竞争者。由于该讲座此前已经演变为希腊古典学,而且曾被古希腊研究者路易·罗贝尔(Louis Robert)所占据过,所以有多位古典学学者希望看到这一讲座继续保留在所属学科之内,即便按照公学的规则,所有讲座一旦空缺都要全面地重新确定。雅克利娜·德·罗米伊(Jacqueline de Romilly)已经鼓励让·普尤参选,他是碑铭学学者、考古学

---

① 见铸造工业标准局(BNF)编号为 NAF28630 的文件:"法兰西公学"卷宗:《表格,行政信件和报告》(«Formulaires, lettres administrative et comptes rendus»)。

家(他 1946 年在塞浦路斯建立了撒拉米娜[Salamine]法国考古队),他还是裴洛·尤迪厄斯①的研究专家。多位语文学家竭力为这位非常优秀研究者的候选资格表达赞同:首当其冲的是正式提名他为候选人的朱尔·维耶曼(Jules Vuillemin)(哲学家,曾推荐福柯进入克雷蒙-费朗大学教书,后来又在法兰西公学全体会议上举荐福柯担任"思想系统史"讲座教授),还有印度学家让·菲约扎(Jean Filliozat)、蒙古文明专家路易·昂比斯(Louis Hambis)、佛教研究讲座安德烈·巴罗(André Barreau)、拉丁教会圣师著作研究学者皮埃尔·库塞尔(Pierre Courcelle);而其他人,如赫提语专家埃马纽埃尔·拉罗什(Emmanuel Laroche)、西班牙语特殊表达方式研究者马塞尔·巴塔永(Marcel Bataillon),或者还有艺术史学家安德烈·沙泰尔(André Chastel),他们都极力主张第三种假设,即创建一个古罗马普通语言学讲座。两个阵营对立异常,竞选非常紧张。一侧,是古典的、文本论的传统,与明显属于右倾的法兰西研究学院关系密切;另一侧,是对于人文科学更为开放的一些著名人物。不过,巴特有着可寄希望于相当数量的科学家的运气,因为福柯与弗朗索瓦·雅各布(François Jacob)有私交;但尤其是因为,他在日内瓦讲学时的学生和朋友皮埃尔·普朗特基的父亲、在公学院担任基本粒子理论物理学讲座学者的雅克·普朗特基(Jacques Prent-ki)在同事们面前极力支持他。于是,他便可以肯定地获得一定数量的赞成票:那些科学家,如皮埃尔-吉勒·德·热内(Pierre-Gilles de Genne)、马塞尔·弗鲁瓦萨尔(Marcel Froissart)、弗朗索瓦·雅各布、雅克·普朗特基、雅克·吕菲耶(Jacques Ruffié)、让-皮埃尔·塞尔(Jean-Pierre Serre)、让-皮埃尔·尚热(Jean-Pierre Changeux),都像神经精神病学家朱利安·德·阿朱里雅盖拉(Julian de Ajuriaguerra)一样,对他投了赞成票;几位历史学家也对他投了赞成票:他们是乔治·迪比、让·德吕莫(Jean Delumeau)、勒华拉杜里、让-皮埃尔·韦尔南;也还有几位人种学家和人类学家,他们是雅克·贝尔克、安德烈·勒鲁瓦-古朗、克洛德·列维-斯特劳斯。他们的支持是重要的,但直到最后,福柯与巴特都不确定这些支持是否是足够的。

　　根据传统做法,对于各个讲座的介绍顺序,要通过抽签来决定,结果

① 裴洛·尤迪厄斯(Philon d'Alexandrie,公元前 20 年—公元前 45 年):亦称"亚历山大里亚的裴洛"古希腊哲学家。——译注

是,首先由朱尔·维耶曼极力主张在公学里保留铭文学这一讲座。他很
清楚争论的各种关键所在,所以他强调客观科学的重要性,以此来反对完
全被揭示为仅仅是属于一时话语的东西。米歇尔·福柯随后介绍了名为
符号学(sémiologie)的讲座和在这一名下已经进行和今后可能进行的研
究的重要性。在这第一轮选举中,被认为既没有指明特定候选人,也没有
明确地谈到其研究工作。我们现在有福柯在 1975 年 11 月 30 日晚上为
说服同事们所做发言的文本。他的讲话几乎完全是辩护性的:他重新提
及那些诽谤者们的论点,竭力以可靠的论据予以驳斥。"我一心要为一个
理由辩护,那便是'我乐意'。我希望给大家看一份资料,它有其积极的成
分,也向人们提出了一些问题,某些在我看来是重要的。"福柯先是解释了
提出意指问题的一项计划,该计划与"例如重要的文学例证"相关,并同时
涉及对于任何意蕴体系的分析。他随后又介绍了这项计划的应用领域。
最后,他还表示对所有可能的问题承担责任:例如,这项计划的科学性是
很确定的吗? 该不会是一种时髦(要知道"这种类型的研究会引发一种伪
科学性的膨胀,会带来一种让人难以忍受的词汇浮肿,会招致诸多荒谬的
或误入歧途的形式化泛滥")吧? 福柯对于有人称其具有科学性的属于人
文科学一系列知识的令人失望、无疑也是无益的主张,做了一般性的回
答,并说,这并没有妨碍这些知识在文化史中占据重要的位置。福柯补充
说,应该考虑是否不可赋予所谓科学话语过分多的权力。随后,他一反在
争论中不涉及候选人的传统,在回答问题时特定地谈到了"肯定有能实现
让我们铭记的一项极富文化内涵的计划的那个人"。他的整个创作,甚至 　571
他的影响,远不只是属于时髦,而是在表明一种成果丰硕的事业。"我还
要说,人们不应该将这位候选人与对他的夸张混为一谈。既然他曾有机
会向您介绍他制定的计划,我认为,人们已经发现(这一点通常在他的著
述中看得出来)他是个有追求的人。而对于这种追求,我无法将其理解为
是对因循守旧和规则限制的直接接受,而理解为是对极限既是直觉的、连
接的,也是明确的感知。"①这种赞扬似乎是温和的。但是,福柯是在向那

---

① 《米歇尔·福柯关于创立文学符号学讲座的报告》(«Rapport de Michel Foucault pour la
création d'une chaire de sémiologie littéraire»),1975 年 11 月 30 日法兰西公学会议,为公开发
表资料。

部分更为传统的选举人发话,因为那些人习惯上认为巴特是对现存制度的挑衅者和捣乱者。他机灵地谈到了这位候选人的身高和帅气,因为那些教授们在巴特的拜访过程中可能已经注意到了这些,他以此来稳定这个团体。接着,轮到埃玛纽埃尔·拉罗什来介绍古罗马普通语言学讲座了,到这时就可以进行投票了。在下午 4 点 30 分的时候,福柯打电话给巴特,向他通报了第一轮投票的结果:他获得了 23 票,而让·普尤获得了 22 票。当天晚上,巴特去了米歇尔·福柯位于沃吉拉尔(Vaugirard)街的家里,与迪比、勒华拉杜里和韦尔南一起喝香槟酒。让-路易·布特当时也在场。所谈,便是白天的事情和仅因一票之差而引起的忧虑:曾有一张无效票,随后又进行了第二轮投票(第一轮收回的票数少于选举人人数)。只差一点点,历史就会变成另外一种情况。

在讲座的基本定向确定之后,教授全体会议还要对相关人发表看法。从这时起,选举的风险就很小了,因为只有一位候选人了(尽管有一位几乎是虚设的属于"次位"的、肯定不会当选的候选人也在场,那一次是克洛德·布雷蒙),也因为在对于讲座进行投票的时候,已经明确就是对教授们早先定下的一个姓名的投票。但是,为了使选举做到正式,还需要等到 1976 年 3 月 14 日进行第二次投票。不过,福柯还是对这位候选人的研究工作做了介绍,着重强调了其科学的严密性(是对于形式论的使用,就像对于文本的分析工具那样),他在结论中这样说:"他并不是把符号学更为严格的方法简单地用于不确定的对象即文学作品上。他把文学文本、文学现象与体制置于一系列理论问题的交会之处,因为在那里融汇着言语活动的本质与其社会作用。"[1]他也明确地介绍了这位候选人在他看来是重要的另一方面,因为正是这一方面使他有别于其他人:"巴特属于 20 年来的文学。他赞颂这一时期的文学或者使得对于这种文学的阅读成为可能。是的,但尤其是,他对于文学所说的,已经对文学产生了作用。"这一次,巴特以 28 票轻松当选。不过,还是有 13 票弃权,这说明反对者的力量一直强劲。5 月 11 日,《世界报》正式公布了他的当选。从此以后,他便

① 《米歇尔·福柯关于介绍名为文学符号学讲座候选人的报告》(«Rapport de Michel Foucault pour la présentation des candidats à la chaire intitulée sémiologie littéraire»),援引自迪迪埃·埃里邦所著《福柯与其同时代人》,同前,p. 229。

可以为自己的成功感到高兴了,也可以不慌不忙地准备着迎接变化,更何况他要到下一年年初才上任。从 1974 年 3 月开始启动,到 1977 年 1 月 7 日宣读《开课演说》(«Leçon inaugurale»),过去了几乎 3 年的时间。程序花费高昂,只好相互商议,而且叫人忧心忡忡。这一切,都是为了获得一种结果,而这种结果则可以强有力地唤醒原有的骗人感觉。在 1975 年 12 月 1 日的卡片上,巴特试图说明一下这次选举的不确定性,这种不确定性使他仅以一票之差当选:"这张捉摸不定的、无法探知的一票(它可以是任何人的一票),便是在指明(实现)*无场域*(atopie),即我的*无场域*,它使我*不成功地为某些人而代表了某种东西*:(一个群体的)符号,但却是靠不住的符号。"第二天,他的郁闷仍很强烈,原因是他在这一事情当中看出了一种纯粹的属于强迫症的情节,该情节明显地紧系着"从前有过的对于*欺骗*进行监督的梦想"。一生都在寻找"出言确定的、果断的、作为判定非-欺骗之机构的"大学的他,通过这次一票获选和废票插曲,他看到了自己甚至就在欺骗的边缘。他知道自己是"被不当地当选的",因而担心引起选举争讼。"于是,选举的偶然性便直接成了封锁成功之喜悦的工具。实际上,我并没有享受过成功。大概,这种情况还会继续,因为现在我还会处于偿还人情债和(已经过去的)*被承认状态之中*。"[①]荣誉仍然是一种考验,而被承认的欲望一旦实现,不安便会复生,也许还会是更大的不安。虽然按照布尔迪厄的说法(被超过 80％的应聘人所反对!),公学是"旁门左道学者们的荣誉殿堂",但是,当真正的边缘人士进入其中心的时候,并不是没有痛苦的。

《罗兰·巴特自述》

在这 10 年当中,巴特全力寻找的殊荣终于来到:那便是他被承认属于作家行列了。

《罗兰·巴特自述》一书于 1975 年 2 月出版,"作家"一词几乎出现在该书所做全部阐述之中。2 月 14 日的《世界报》用了两个版面介绍巴特这本书(并在"头版"上有提示),以三篇文章对其做了确切的肯定:雅克·贝

573

---

① 　铸造工业标准局(BNF)编号为 NAF28630 的文件:"大卡片库"。

尔萨尼(Jacques Bersani)的文章对其做了总体介绍("在其于人文科学中经过长时间赎罪的周折之后,巴特重新发现的,并不是作为对于世界之模仿的文学,而是作为命名的写作。[……]是巴特吗? 是的,在任何意义上,他都确定是一位'永世不朽的作家'");罗伯-格里耶的文章对其做了评论("巴特[……],他不是严格意义上的批评家,而是作家");克洛德·鲁瓦(Claude Roy)的文章如此说:"巴特首先是一位诗人"。身份的合法性,由于是通过对姓名的自我肯定,而变得更富喜剧性。实际上,对于《罗兰·巴特自述》的操作,具有特殊的宣告意味,同时也是颠覆性的。巴特严格地采用了丛书的计划("通过自己说明是某某"),他立即发现该计划就像是隐喻性的,他以某种方式完成了有关疯癫(为自己而用)的程序,同时又借助于他在专有名词与大写字母之间和第一人称与第三人称之间建立的二分系统破坏了这种程序。在由罗兰·巴特完成的《米舍莱》出版20年之后,现在是由罗兰·巴特来介绍他自己,并且实际上是由以另一个人身份出现的罗兰·巴特写出的。这种假装,解释了作为题名的那句话:"这一切均应被看作是出自一位小说人物之口。"谨慎是赋予内容以真实的手段:虽然处在陈述中的罗兰·巴特是虚构的,但是,这里所谈的 R. B.却是很真实的,而且正是他的生存过程被如此分散地安排成片段式的。并非是被谈论的人是一位小说人物(因此,巴特并不天真地说"我的一生是一部小说"),而是在陈述的人是小说人物,是陈述的人在将其作品置于自传体写作和参照性写作领域之外,并恰当地将其置于文学的领域之内。

　　巴特通过这种极为明显的动作,决定以有距离感和不无嘲讽的方式来亲自牺牲自己的名字。他把自己的姓名变成了一种反射幻觉的符号、一种领域、一种场所,从而引入了一种诗性的梦幻维度。他开始使他的名字从他定名的东西中脱离出来:既然"罗兰·巴特"这一名字在社会空间中已经变成了现代批评的名称、批评家的同名词,那么,实际做法便在于将其姓名一方面放在小说一侧,另一方面放在个人一侧。由两种参照可确定这种转移。第一种是蒙田《随笔》一书中名为"论姓名"的那一章,开头文字是这样的:"草卉葳蕤多样,都是在沙拉(salade)名下生长着。同样,在考虑名称的时候,我就去做一种大杂烩。"①同一个名字可以变成所

574

---

① 蒙田:《随笔》(*Essais*), Imprimerie nationale, 1998, livre 1,chapitre XLVI, p. 439。

有东西的名称,而在一个名字之下可以汇聚无数思考、无数趣闻、无数回忆或思想火花。巴特并不借用蒙田的这篇文章(他一直说很少阅读蒙田的作品),不过,这种参照在巴特书中的两个方面表现突出:对于名称的深入探讨和按照字母顺序的排列。在蒙田于同一章所说的各点中,我们读到了这样的话:"按照就坐人的姓名来分配桌子,同样是高兴的事,就像盖塔皇帝①根据所用各种肉类名称的第一个字母来安排其菜肴上桌顺序那样:先上以字母 M 开头的肉类菜肴:绵羊肉、小野猪肉、鳕鱼肉、鼠海豚肉,以此类推"。这一次,《罗兰·巴特自述》一书的目录实际上是服从了这种规则,它根据的是一种多年来已经试验过的原则,而这种原则因被重复而在此得以细化:这种目录,因有时其字母顺序是隐藏的,所以便伴随着"标记",而这种标记也是按照索引的规则即根据字母顺序来安排的。这其中奥妙是很多的:例如片段《字母表》(《Alphabet》)是在字母 P 那一部分出现的,原因是它代替的是单词"平面"(《plan》);在所准备的资料中,有一个列有"稀有单词、稀贵单词"的名单,该名单排除所有以 b 和 r 字母即名称字母开头的词项,而是用 j,即"je"的字母。字母表在放弃顺序、放弃逻辑而采用一种没有意义的反常顺序的时候,是惬意的。"不过,这种顺序可以是恶作剧的:它有时产生一些意义效果;而如果这些意义效果并非是所希望的,那就需要破坏字母表,而依随一种更高的规则:那便是断裂(即异常)的规则,这会妨碍一种意义的'产生'"②这便可以让我们重新看到恰恰是在蒙田《随笔》中出现的那种自由的、闲散的形式,而这种形式即是在生活、文学与思想之间的相互保护形式。字母顺序也显示出百科全书式的特点,巴特曾为其不停地实验过他在《布瓦尔与佩居榭》中就发现了其模式的一些嘲讽的和动态的形式。言语活动的百科全书同样是吸引普鲁斯特的东西,但是福楼拜的小说增加了对于愚蠢的真相揭示,这种揭示成了自画像的重大母题之一。这种愚蠢表现的能力,是提供对付愚蠢本身的一种药方:抄用所有的言语活动可消除任何权威言语活动。《布瓦尔与佩居歇》是这种百科全书知识的最终笑剧。依据词源学,知识经常变换,但不停止。科学失去了其重量:不再有所指、上帝、理性、进步

---

① 盖塔皇帝(Emprereur Geta, 189—211):古罗马皇帝。——译注
② 《罗兰·巴特自述》,《全集 IV》, p. 720。巴特利用字母表搞了许多文字游戏。

等。于是,言语活动登场了,一种新的文艺复兴宣告开始了:"今后,将有
言语活动的百科全书,即有关形式、外在形象、语调变化、呼喊、恫吓、笑
话、引言、词语游戏的全部'套数'(mathésis)。"①每一种都是由编码构成
的,不可能完全地越过编码。在《罗兰·巴特自述》中,在展示知识的陈旧
仪式之空虚的同时,无引号地援引是靠近他自己"愚蠢"的一种方式。在
《作为多题材的作品》(«L'œuvre comme polygraphie»)的那个片段中,作者
赋予了作品的紊乱性一种镜子功能,它反照出主体的解体。"作为百科全
书,作品在减弱一种不合规则的对象的单子,并且,这个单子便是作品的
反结构,即其模糊的和疯狂的多题材性。"②

　　自画像的第二种主要参照,是巴特自己在《新文艺批评文集》中的一
篇名为《普鲁斯特与我们》(«Proust et nous»)的文章中提供的。在 1979
年法兰西公学的那次著名报告会之前,这篇(写于 1967 年的)文章已经展
示了生平与小说之间的联系。他尤其提供了属于镜像自画像形式的一篇
短文:"在稚气的写作欲望(自上中学时就形成了)之后,是一段很长的不
可说失败,但充满摸索的时期,就像是真正的和少有的著述在自我探求、
自我放弃、自我重启,但却一直未成型那样。"③巴特在文中谈到了普鲁斯
特,当然也谈论他自己,在随后的文字中,他提到了一种"文学穿越",其中
说到其他一些书籍也吸引他,接着又是他扫兴……虽然作为叙述者通过
借用无意识而发现了写作的可能性,但是,作为作者他必须具有相似的发
现,这种发现可以替代这种写作的可能性,这便是对于专有名词的发现,
这种专有名词可以像对于无意识的借用那样构成小说对象的本质。"专
有名词具有三种特征,叙述者在借用无意识状态时是承认的,它们是:本
质化能力(因为它仅指明一个指称对象)、援引能力(因为可以隐蔽地求助
于在姓名中封闭的本质,同时扩散这种本质)、发掘能力(因为'展述'一个
专有名词,完全就等同于一种回忆)。"④姓名就是某种完整的符号,巴特在
这样说的时候,他把自己放在了类似德勒兹《普鲁斯特与符号》(*Proust et*

---

① 《当前情况》(«Situation»),Tel Quel, 1974, in *Sollers écrivain*, 1979(《全集 V》,p. 617)。

② 《罗兰·巴特自述》,《全集 IV》,p. 722。

③ 《普鲁斯特与姓名》(«Proust et les noms»),in *To honour Romain Jakobson*, La Haye, Mou-
ron, 1962(《全集 IV》,p. 67)。

④ 同上,p. 68—69。

les signes)一书的分析状态之中,因为对这本书的阅读(这种阅读发生在写作那篇文章之后)使他很受感动(而且他 1972 年曾把这种阅读当做参照放进一则笔记中)。姓名作为符号,是向发掘开放的。它是传奇性之储库(它带有一切属于故事、精致、图像的东西)和作品的各种符号之间的一位联系人。因此,写作一部小说,便是在发明一些姓名:《追寻逝去的时光》的叙述者把自己变成了作者找到的这些姓名的读者、解说者和解码者:例如帕尔莫(Parme)、盖尔芒特(Guermantes)或孔布莱(Combray)。当巴特自感身处写作一部小说的准备之中的时候,他所遇到的问题之一,便是他还待在了被其他人姓名所吸引的状态之中,而且他又感到没有能力为自己去发明姓名:"我无法发明专有名词,于是,我便认为小说就在专有名词之中——这里的小说,当然是我在阅读的小说,并且也是因为普鲁斯特我才这样说。眼下,我在抗拒发明姓名,但同时我又非常想发明。也许,当我有一天发明了一部小说的所有姓名的时候,我才是创作这部小说"①。巴特把来自专有名词研究的神秘诱惑力追溯到巴约纳的那些资产阶级家庭的姓名,"它们的读音组合,它们的纯亮的共时发生系统,简直是诗性的,而它们的社会负载则是历史"②:"勒伯夫(Leboeuf)夫人,巴尔贝-马森(Barbet-Massin)夫人,德莱(Delay)夫人,武勒格尔(Voulgres)夫人,波克(Poques)夫人,莱昂(Léon)夫人,弗鲁瓦斯(Froisse)夫人,德·圣-帕斯图(de Saint-Pastou)夫人,皮绍努(Pichoneau)夫人,普瓦米罗(Poymiro)夫人,诺维翁(Novion)夫人,皮许鲁(Puchulu)夫人,尚塔尔(Chantal)夫人,拉卡普(Lacape)夫人,昂里凯(Henriquet)夫人,拉布鲁舍(Labrouche)夫人,德·拉斯博德(de Lasbordes)夫人,迪东(Didon)夫人,德·利涅罗尔(de Ligneroles)夫人,加朗斯(Garance)夫人"③这些姓名中的每一个,有的是童年记忆中的,有的是小说中的,都说明了从能指到意指、到一种欲望之开放的过渡,而这种欲望并不涉及到人称,而是涉及声音、气味、已经不存在的一些陈旧事物。

通过这种由片段组成的万花筒似的自画像描述(加说明的照片和短

---

① 《借口:罗兰·巴特》,同前,p. 281。

② 《罗兰·巴特的 20 个关键词》(《Vingt mot-clés pour Roland Barthes》),in *Magazine littéraire*, février 1975(《全集 IV》,p. 859)。

③ 《罗兰·巴特自述》,同前,《全集 IV》,p. 630—631。

小的文字板块),巴特转移了他的属于社会范围的姓名,而让其进入到了虚构之中,从而使其变成了某种笔名。正是这一点使得他可以根据想象、根据幻觉和在"没有专有名词"的情况下来安排自己。他在名为《我嘛,我》《关于自我的书》两个片段中。做了自我解释:"'我'在动员想象物,动员'您'和'他'、偏执狂。但是,根据读者的情况,一切——就像一种波纹织物的反光那样——也可以很快地返回来"①:于是,"我"与"自我"之间就产生了距离,或者是在说"他"的时候,这种距离就产生了。书中有多个人物,而所有的人物都是小说人物,其中包括在一些句子中使用的 R. B.,在那些句子中,"他"是模糊的(而且,巴特并不希望人们过于看重这种称谓)。这本书交替着前行,并请人们重新确定各种体裁:"随笔几乎自认为是小说,一部无专有名词的小说"②,因此,虽然人们相信巴特,而且尽管罗伯-格里耶也指出过完全可以写出无专有名词的小说,但写出的东西并不完全是小说。

对于这本书的安排是在时间中确定的。一切都开始于 1972 年 9 月 19 日在雅各布街的一次午餐,当时大家谈起了"永垂不朽的作家"丛书,这套丛书的主编德尼·罗什开玩笑说,让一位活着的作家确确实实地"通过自己说明是某某"会是很有意思的。巴特立即说,他认为迎战这种做法是有趣的。于是,他当时就说出了一项包括两个方面的准备和试行计划:1973 年夏天,他将重新阅读他的全部著述,为的是列出一个主题与观念名单(他按照索引列出了这个名单,这使他产生了搞一种词汇汇编的想法),也为的是从已经选出的段落中挑出一些组成节选集(但他最终没有提供这种节选集,即便从习惯上讲,这种内容在丛书的合同任务书中有这一项);1973 年秋天,他开始讲授《作者的词汇》课程,他便要求学生们根据他假期当中在于尔特时完成的词汇汇编来学习。这项独自完成的工作,建立在两种安排之上,目的是在不同的两种时间性上来润饰"罗兰·巴特"这个主体:过去时(这便是重新阅读著述和撰写"生平"的工作,我们在最初的几章援引过)和现在时,为了成功地搞成现在时而又不让人看出其纯粹的主观性,他从 7 月 1 日开始写日记,在整个夏天都坚持写,直到 9

① 《罗兰·巴特自述》,同前,《全集 IV》,p. 741。
② 同上,p. 695。

月份他才把日记放在卡片上。借助于这种多次的实践,目的在于避开这一工作的两种主要风险,一是自命不凡,二是镜像描述。他最终实现了与该计划的愉快同在,"但是一直带有着一种没有解决的错误:1)谈论自己;2)坚持所写是一部'作品'的认知"①。

　　这种规划中的工作的全部内容,单独地保存在名为"绿色卡片"的卡片库中,这个卡片库包含有 2000 多张卡片②。巴特再一次与他做关于时尚的博士课题最初确定的词汇汇编原则结合了起来;但是,做博士课题时的词汇汇编非常难于完成,因为按照字母表排列的词条不是指向单词,而是指向把生命与作品交织在一起的主题和母题。当他 1973 年 11 月 8 日开始上课的时候,已经整理了字母表前三个字母的词条(在字母 A 下有 94 个单词[攻击,喜欢,减肥,无时间性,汽车……]),在 B 下有 35 个词条([包括巴特,巴约纳,愚蠢,生平于《布瓦尔与佩居榭》……],在 C 下有 67 个词条[咖啡,查洛特,援引,编码,身体……])。整理这些名单是极其困难的,因此,在 1973 年秋天,他曾经打算都放弃。于是,在 1973 年 9 月与德尼·罗什和议之后,他决定以片段系统来灵活地处理词汇汇编(这种片段系统可以汇聚多个卡片)。1974 年春天,他开始编写片段,到 1974 年夏天他从 7 月 25 日至 8 月 16 日在他朋友达尼埃尔·科尔迪耶位于茹安-雷-普雷的家里长住的时候,最终确定了它们的形式。也就在那一次与罗什讨论的时候,他放弃了所选定的一些段落,原因是那些段落的组织情况似乎是难以理清的。他曾面对一种简单的计划表现出犹豫不决:侧重文学还是侧重教学;或者是把所有节选都组织在文本之中;或者"只给出一些成功的句子、一些表述方式、一些摘录(但是,在这些情况下,又要重新阅读!)"。为了从这种劳动,因此也就是从其著述的编年史中解放出来,他最终考虑采用一种松散的组织机制。

---

① 《作者的词汇》,同前,p. 91。

② 下面是对于"绿色卡片库"的描述,它之所以被这样命名,是因为各条标题都是用绿色钢笔写的。铸造工业标准局编号为 NAF28630 的文件:"绿色卡片库 1:书籍,所选段落",363 张;"绿色卡片 2:完成的片段",501 张;"绿色卡片 3:完成的卡片(续)",300 张;"绿色卡片库 4:没有被收录的卡片",325 张;"绿色卡片 5:被淘汰的和/或有待再看的卡片",300 张;"绿色卡片库 6:被淘汰的和/或有待再看的卡片(续)",300 张;除了这些卡片库外,还有一个关于摄影的卡片库和一个名为"无日期的笔录"卡片库,大约有 200 张卡片,它们都是"偶遇琐记",是从 1973 年夏天日记中提取的简短文字,或者是从 1973 年秋天到 1974 年春天在巴黎撰写该书期间所写"收获一日记"中提取的简短文字。

重新阅读全部著作,曾经是一种搞乱心绪的经验。他以其作品的读者身份出现,却不能按照自己的愿望来对待其文本。"我的书籍。有时(在阅读某些突然想起的当代著作的时候,例如茱莉亚·克里斯蒂娃的作品),我自己感到是那样的低下('不被—高看')、那样的毫无价值,以至于为了希望显示一点存在价值,我不得不提醒自己,我的那些书已经出版过、已经被人接受,并且我至少了解它们的组成内容。"[1]在同一些被淘汰的或有待再看的卡片中,有这样的记载:"重新阅读。几近长篇大论。为了通过我来写作这本关于我的书,在重新自我阅读的时候,我在两种极端的感觉之中摇摆着:1)我一开始就说出了一些富有智慧的东西、很恰当的东西,这一切都是出色的、巧妙的、连贯的、表述清楚的,等等;简言之,我不被人所知,我没有被看重;2)我是个笨蛋,书中满是漏洞,满是**不大可能**等。尽管是庸俗的,但我也要指出,因为这便是悲剧英雄与上帝的各种符号**不确定性**(价值之神、品质之神并不说话)纠缠在一起的时候的情景,这也是普鲁斯特面对符号急剧变化时的情景。这还是我可以非常慢条斯理地、一步一步地和滔滔不绝地评论时的感觉(一个上午的时间就花在了《写作的零度》的小小一页上)。在我看来,任何一篇文章都是不错的:属于**饶舌人**的才气。"由于他是在说明自己的过程中,所以,重新阅读使他感到害怕,因为写作,"便是消灭、便是清除、便是减少精神投入"[2];或者是失败的(在现在时中),或者是不错的(在过去时中,因此是不可重新进行的)。此外,重新阅读不会不带来疲惫,它会迫使人去注意有时是厌烦的状态。有关书籍的那些卡片,按照顺序阅读,表现为一种自我批评的消费艺术。在"废渣"(«scories»)名下就汇集了许多在《文艺批评文集》中被放弃的段落:例如"作家与写家:除了区别本身,都是不好的、含混的、无用的。"每一本书出版之后,都会产生5个(对于《埃菲尔铁塔》)到足足20个(对于《神话》或《符号帝国》)不等的卡片。我们选出了一些段落:

《论拉辛》。这本书充满智慧、见识非凡——只能是疯子才会说它不正常。

---

① 铸造工业标准局(BNF)编号为 NAF28630 的文件:"绿色卡片库5:淘汰和/或有待再看"。

② 《作者的词汇》,同前,p. 101。

《时尚系统》。古怪,这本书竟然在语言学家和符号学家方面无任何存在价值。难道这是一本被忽视的书、被查禁的书吗?为什么呢?(最终,那些纯粹的、正统的符号学家至少还是要引用它的)。

《S/Z》。似乎从《S/Z》出版之后就出现了风格上的变化:更为细心,更为经常成功。

《符号帝国》。关于俳句的那三篇文章非常好,以至于我不知怎么去说为好——我害怕、非常害怕不会再写成这个样子。

《文本带来的快乐》。**反应性文本**。每一个片段都是相对于另一种态度的一种新态度:没有可抱歉之处;这就是对于那些说您自相矛盾的人的答复,等等。

《文本带来的快乐》中满是未被言明的对话者,不过,他们转瞬间就进入了一个句子的迂回婉转之中。有朋友,也有对立面:列维-斯特劳斯、格雷马斯、托多罗夫、戈尔德曼,等等。

其他一些卡片上,写的都是一些趣闻或能够阐明性格或生存价值的文字。它们通常——但却不是一直——带有与词汇汇编有联系的一个标题:

颠覆。这是重要的想法:不相信"疯癫"(福楼拜:找出话语,而不要使其变得荒谬)。这是一种困难的态度:人们不可以反对疯癫(整个的现代性表现:福柯、德勒兹、索莱尔斯、阿尔托、巴塔耶等),但同时,也要抗拒煽动性的疯癫(疯子都是快乐的,因为他们是现代人!)在这一点的深处:我作为叫人讨厌的人,我害怕疯子。

虚构。一个虚构的例子:我该返回巴黎了,我便决定利用在火车上的时间制定一种节约开销表(因为我花费太多),我到巴黎后就按表消费。

间接性。尽管贪爱言语活动(特别是贪爱单词),要说明一下为什么(这种不合常理的)R. B. 从未与**诗歌**有关系。这是因为他需要的是间接性,也就是说他需要一种包罗广泛的散文(或一种散文诗:例如波德莱尔的散文诗)。

中性。**排除意义**。这个非常遥远和在我身上摆脱不掉的主题

582

（大概是从童年起，我就要求一种**中性权利**），从神经官能症上讲，难道与**拒绝冲突**（即对于冲突说不介入）具有相同的意义吗？

　　害怕。没有父亲 → 不同寻常：害怕，因为得不到保护：母亲：为母亲而害怕。在弗洛伊德的解释中，人之所以害怕，是因为在没有父亲的情况下，也就没有了敌人。

　　先锋派。**阉割**。R. B. 我对于风格、句子、古典作家、片段等的关心，属于同性恋（可以说是：倒错）。（女性的）原则只在较晚的时候才光芒四射。可不要死于同性恋①！

《罗兰·巴特自述》中激动人心的衍生情况，大部分已由安娜·埃施伯格·皮埃罗（Anne Herschberg Pierrot）整理在其《作者的词汇》一书之中了，编者在书中重现了所有被放弃的片段（但并非是全部准备的卡片，也不是全部被淘汰的卡片）。其衍生情况仍然是可供研究的开放领域，因为很少有哪一位作者会完全地重读其作品。由于巴特在使读者变成一位作者的努力之中，对于自我肯定为作家是通过本义的或转义的阅读来进行的，所以，这样做的经验就更叫人感兴趣了。把自己变成一种课程的对象，这就不仅仅是与听众一起攻读文本，而且要研究习惯、追求和嗜好（他喜欢吸雪茄、喜欢以业余爱好者的身份弹奏钢琴），所以，这便一下子就把自己交付给了大家来解读。按照《S/Z》所开启的阅读领域的重大扩展方案，读者与作家属于不可分开的。任何一位读者都是一位强势的作家。任何作家都首先是一位读者。

　　课程可以避开许多暗礁，特别是可以避开"伪批评"的隔空妄言姿态。虽然巴特把自己的形象拆分为 RB¹ 和 RB²，但在整体上不可避免地表现为是滑稽可笑的。曾经有一个时期，他甚至想重拾《米舍莱》的计划，而将其用在自己身上。于是，进行自我仿造的意图曾经一掠而过。由于拆分所造成的错误距离，也还是有某种真正人为的东西。在使姓名变多的同时，便使其整体分散了开来，而不是使其等级分明。于是，他便避开将他的生活转换成命运和为其安排一种经常的、至少是可解释的课程的危险。该书的漫长成熟过程，向他提供了其试验性的特征。巴特接受公开地抑制他的疑

583

---

① 所有这些卡片都是从"绿色卡片库 5"和"绿色卡片库 6"中选出的。

虑、抑制没有明确的计划形象、抑制他的后悔表现,并利用了人们对于他的批评和时间使他的探索所承受的变化,与此同时,他一点一点地塑造他新的对象,而这种新对象在任何体裁和任何既成观念中都是没有的。

1974 年夏季之末,他在结束了对手稿的阅读与修改之后,最后一次将其交给旁听过研讨班课程的让-路易·布特进行批评性阅读,而他则在收到布特的意见之后继续广泛地修改文本,同时放弃了一些尽管已经完成的片段。"在 J.‐L·布特阅读之后,我放弃了下面的片段:隐喻,返回,台面,我仅仅是一个(有野心的)符号,移动,颠覆就像是(有野心的)生产,双重表达,语文学家,镜面,快乐(不,使谁感兴趣呢!),古代(衰弱的)希腊有什么用,(庸俗地)看见,在主题方面的强势(自命不凡的风险),生活就像是文本。"[①]那些有可能像是庸俗的、俗套的、吹捧的或命中预定的东西,都全部被划掉了。就这样,巴特建立了一种全新的自传体裁,这便是提前出现的自我虚构(autofiction)形式——要知道,这一术语是在几年后的 1977 年由赛尔日·杜布罗夫斯基首先提出的。在这种形式中,混合有故事性、模糊的回忆(即我们上面分析过造成其生成的"回想症")、随笔和分析等[②]。他的发明在于,他命名了"生平素学"(«biographématique»),即借助于生平素来推理和写作,这是从《萨德,傅里叶,罗耀拉》就开始建立起来的,俨然某个人的生命可呈现的一种分散的、恰好是解体的形式。巴特的这一主题很是走运(而"生平素"一词从此便出现在了所有词典之中)。长期以来,作家们所关注的,都是分散地体现自我,都是写作作家身份之变化的困难,但是,这个术语在命名作家的生活点滴方面受到了广泛欢迎。生平素并非是换喻性的:它并不像是徽章,那是由一个片段来表达存在的全部。它也不是一种无意蕴的细节。它确定一种追求、一种价值、一种场所,一种欲望:"在我购买颜色的时候,我只看它们的名称";"在他回想他童年时代被剥夺的那些小物件时,找到了他今天所喜爱的东西:例如,冰凉的饮料"[③]。他注意区分,但却是以人种志的方式,而不是以社会

584

---

① 铸造工业标准局(BNF)编号为 NAF28630 的文件:"绿色卡片库"。这些片段均在《作者的词汇》一书附录中发表了。

② 现在,"自我虚构"已成为一种特定的文学体裁,指的是作者既是叙述者也是人物的"三者同一"的一种叙事作品——译注

③ 《罗兰·巴特自述》,《全集 IV》,p.704,673。

学的方式来区别。巴特也首先关注所有结果,为的是在主体的思想方面与考虑新叙述自我的形式的重要性之间寻找一致的道理。在当代文学中,自我虚构、自传叙事所走的道路,都应该归功于在法国已经可以被看作是一种真谛的这个奠基性文本。

生平素与摄影的结合,在《明室》中看得很明显,这在自我描述中是首次展示。第一部分中的那些照片并非是起说明作用的,也不仅仅是为了满足该丛书的任务书要求。图像与说明之间的关系,是产生生平素、产生源于细节的意指活动的另一种方式。他还让人去阅读那些像是速写的片段,它们脱离了叙事的幻觉连续性,可以理解为如同某一身体的一些时刻。巴特很重视这一部分和它的排版印刷,为此,他曾与伊莎贝尔·巴尔代(Isabelle Bardet)在色伊出版社做过处理。说明文字的产生与"被放弃的说明文字"均可在《作者的词汇》中看到,它们就是证明。照片、图画、手稿碎片,但并不具备在《符号帝国》中那样的功能,因为在那部书中,图像仍然像是旅游叙事的碎屑,即便它们并不构成纯粹的插图。它们照样是主体时常或不无瞬间亮点的自我思考的方面。写作和它的动作,去除了深度,因为"文本显示的是言语活动的无限性:无认知、无道理、无智慧";或者是因为"我在写出的作品上、在过去的身体和素材上,于轻轻触及的同时,进行着某种修补工作(patch-work)、进行着一种由编织的方块构成的疯狂布局。我停留在表面,而远没有深入,这是因为这一次关系到的是(我的)'自我',也因为深度属于其他的方面。"①虽然自传举动是关键性的,但是,这并非因为自传举动把过去的主体放在距离之外(俨然萨特在《词语》中的做法),而是因为它通过叙事或意义来妨碍一致性。这种举动有时衍射主体,有时则收缩主体,它把主体建构为一种百科全书式的客体,而这种百科全书是活动的、非整体性的、是不停地重组的,在提供知识的同时却又避开知识。

当代人对于书籍出版后的接受是非常正面的,不过,这种接受并不总是看重自传举动的激进自由特征,或者至少是把这种特征压缩为"通过他自身"而呈现的循环性。由这种举动所组成的采访和肖像描述的风格变化了。人们向其提出了许许多多个人方面的问题,对于这些问题,他都耐

----

① 《罗兰·巴特自述》,《全集 IV》, p. 695, 716。

心且善意地给予了回答。于是，他在社会领域重新写入了一些被写作所吸收的成分：例如个人生平和家庭细节、关于他的活动场所的说明、他个人的喜好等。这样便重新创造了连续性，即便巴特在《文学消息报》的一次采访中对让-路易·埃津(Jean-Louis Ezine)说，他更喜欢万花筒的游戏，而不大喜欢只是单一主体的观念。他不愿意相信这样的感觉，即他的工作生命具有一种沿革、一种意义。但是在谈话当中，他则经常不得不标记出一些阶段、一些平台和一些变化。人们有时试图将巴特的这部作品分解成"一些时间段"的原因之一，却来自《罗兰·巴特自述》本身。因为在这本书中，有一个明确的名为"阶段"的片段把这本书分解成了四种"体裁"，而它们则与四个相续的时代和不同的关联文本相对应：这四个时代是社会神话、符号学、文本性和道德观念。根据自我肖像描述的规划，似乎应该避免以单独的方式来阅读这一片段，似乎应该通过对于这本书的其他考虑来改变它。但是，人们立即就扑向它，就好像它说出了什么最终的真理；那些采访内容扩大了这种过程，直奔切分和沿革的方向。巴特在言语中重新建立了一些连续性：例如"当我还是个孩子的时候""当我还年轻的时候"……1975 年是"罗兰·巴特 20 个关键词"的年份，这些关键词某种程度上重新采用了《罗兰·巴特自述》的词汇表，但是，却无在人物之间和在片段之间建立的关系游戏。虚构的部分消失了。那也是与雅克·尚塞尔在法国国际广播电台"X 光透视"节目中进行长时间对话的年份。在那次对话中，巴特长时间地表白自己。但是，虽然有不少报刊为这种表白增添了不少内情，但也还有一些报刊例如《世界报》依然不发表自己看法。阿兰·罗伯-格里耶、皮埃尔·巴伯里、克洛德·鲁瓦和菲利普·索莱尔斯终于有了机会根据他们自己的看法说出巴特是个怎么样的人：于是，菲利普·索莱尔斯说他"是在巴特的影响下成长的"，他认为与他有机会遇到的那些作家相比，巴特是最不属于右派的人。而阿兰·罗伯-格里耶将巴特看成是接触到的改变语言面貌的人。许多批评家认为认为巴特形成了一种风格：那些批评家不仅仅是由于作者在这本书中显示了个人的声音，而且也因为《罗兰·巴特自述》从开篇伊始就输入了有关风格的一种正面概念，而风格从前在《写作的零度》和《萨德，傅里叶，罗耀拉》中更可以说是负面的。"在他写作的东西中，有两种文本。第一种文本是反应性的，受愤怒、恐惧、内心回应、轻微偏执狂、自卫心理和场面驱使而成。

第二种文本是主动性的,受快乐驱使而成。但在写作、修改和服从于风格的虚构过程中,第一种文本自身也成了主动性的"[1]省略、片段、变化、节奏,这便是可以从直接是反应性的文本中解放出来的风格。风格也是嗓音的各种特性,并能使嗓音的微粒在写作中变得透明。嗓音具有身体的脆弱性,它带有着身体的情绪和情感。它与照片一起表明一种"曾经是"。从此,人们便理解,有关"作者词汇"的研讨班是伴随着有关嗓音的一种研究,而在这种研究中,他让人们听到了夏尔·潘泽拉、埃里茨·文德利希、凯瑟琳·费里尔(Kathleen Fourrier)演唱的浪漫曲:"是身体以即是响亮又是秘密的方式"在演唱一种*高亢的窃窃私语*"[2]。这种不引人注目的内在性,加上嗓音所给予的情感,大概就是使那些在收到寄书后都回复巴特的联络人最受感动的东西。费尔南·布罗代尔喜欢这本书的"简明和诗意";莫里斯·潘盖被其格调高雅所打动:"这是一种没有任何戏作、没有任何不敬、没有任何技巧的高雅。而这一点,正与所期待的智慧、与完美的存在自由相耦合。"让-皮埃尔·里夏尔则提及"这本书几乎是无穷的变化特征",他还谈到这本书的"亲切性""纯洁性""只属于您的一种文字,而在这种文字中,美妙、粗俗和快乐相遇,并毫无分解之可能"。[3]

　　但是,对于这本书最为喜剧性的批评,来自莫里斯·纳多,他为巴特提供了使其继续大谈特谈专有名词的机会。《巴特的三次方》一文发表在1975年3月1日的《文学半月刊》上。作者在他的这篇文章中使用了在《神话》一书中使用的分析方式,同时说明了支持这篇文章的意识形态和陪伴它的意象观念。同时,巴特还在文章中不无讽刺地破坏了他被如此分成若干形象的姓名的合法性。"他大概白白地堆砌了那些声明、谈话或文章,白白地搞了那么多的评论,就像是乌贼逃匿时吐墨的那种情况,什么都不会看清:就像一位想象的和意识形态的主体,他的无知(而不是错误,但却是借助言语活动对于真理的无限拖延)就是他注定的命运,而不管他对于自己写了什么和他使用了什么姓名——尽管他的多个笔名中最

---

① 《罗兰·巴特自述》,《全集 IV》,p. 623。
② 《作者的词汇》,p. 381。
③ 铸造工业标准局编号为 NAF28630 的文件:"罗兰·巴特自述"(«Roland Barthes par Roland Barthes»)。

为可靠的是他自己的姓名或他的**专有名词**。"①巴特决定在他的想象物中保留他的姓名。他指出,这个想象物也可以是一种幻象。于是,他便使任何特殊荣誉的意义均相对化。这就使他得以借用雅克·尚塞尔的话筒说出,"来自社会方面的奖赏可以是很多的,但从来不是长时间的,因为人们会被工作的责任性、被做其他事情和继续进行下去的必要性所限制,于是,人们重新陷入了构成我们生活之正常网系的怀疑、忧虑和苦难之中"②。

塞里西研讨会

在塞里西,"R. B."这一称谓大放异彩,从那时起,便广受争议。最初,这一称谓仅仅是一种"无重要性而言"的定名,是索莱尔斯用来区分某些"il"("他或它")的含混意义的,从此便具有了一种神话——即**被写出的巴特**的神话——的所有特征:在其所写文字中的巴特、在不考虑其个人情况下被书写的巴特、正在写作或正要写作的巴特。在 1977 年的这一次研讨会过程中,用巴特的首字母来称呼巴特,也表明了与他的某种亲热。还是在此,巴特并不打算将这一称谓变成一种"表明熟悉程度的编码";在必要时,他有可能将其变为一个笔名,就像前面的 Erté(埃尔泰)这个笔名那样,但是他会使其带有一个"H",成为 Herbé(是菲利普·罗歇就此写的"小说")。在研讨会结束时,巴特甚至提及他有一种剥离感,是快乐的还是不幸的,我们无法说清:"模仿道教,我们进行了一种**忘名**(Wouang-Ming)即**去除**专有名词的练习,好像这次研讨会的深层功能就是教会我们放弃姓名似的。甚至,在个人的姓名(我的姓名)已经被说出来的时候,在我看来,夜似乎总是借助于间接的做法说出的。"③实际上,那些发言者都是以巴特和其作品为"借口"而被邀请来阐述他们自己思想的:巴特可能感觉到了他要尊每一个人为"偶像"。他看重对于他自己的间接性作用,

①《巴特的三次方》(«Barthes puissance trois»), in *La Quinzaine littéraire*, 1ᵉʳ mars 1975(《全集 IV》,p. 777)。

② 与雅克·尚塞尔的谈话(Entretien avec Jacques Clancel), «Radioscopie», France Inter, 17 février 1975(《全集 IV》,p. 899)。

③《总结》(«Conclusions»), in *Prétexte: Roland barthes*, *op. cit*, p. 487(《全集 V》, p. 520)。

但是却并不必须支持所有的言语活动和成为它们的工具。

还是在 1976 年的时候,厄尔贡-德雅尔丹(Heurgon-Desjardin)夫人告诉巴特,她希望为巴特的著述组织一次塞里西研讨会。她在此前已经对巴特说过这一想法,巴特当时拒绝了。1973 年 1 月 20 日,厄尔贡-德雅尔丹夫人的女儿埃迪特·厄尔贡曾写信给巴特,表示她很愿意在 1974 年 7 月份组织一次塞里西研讨会,巴特做了这样的回答:"我很受感动……但是,说真心话,对于这样的研讨会,我还没有感觉准备好;我感觉(也许是幻觉)我的工作还有许多新的路程要走,并且眼下,也还没有足够的丰富内容面对集体的评论。"[①]这一次,他接受了下来,为的是不使自己成为因围绕着自己的姓名而拒绝研讨会的人,但也许是因为他现在感觉其著述足够丰硕、其工作相当稳定的正统特征已经具备了理由。不过,他提出了一个条件,那就是研讨会各项活动的组织工作交由他所喜欢的一位一年前认识的学生:安托万·孔帕尼翁。这一决定令人惊讶。安托万·孔帕尼翁只有 26 岁,对于这样的活动毫无经验。大概,巴特是想避免在他的那些多年朋友中去做"选择",更何况,在那些朋友之间,存在着过节或对立。他不愿意偏向《原样》杂志的那些近友(索莱尔斯、克里斯蒂娃),也不愿意偏向高等研究实践学院的朋友(热奈特、托多罗夫、布雷蒙)或是万桑大学的熟人(特别是让-皮埃尔·里夏尔)。在他看来,找一位没有人认识的大学生似乎是一种中性选择。这也是一种听从情感的选择。安托万·孔帕尼翁当时是他主要的对话者。他几乎每一周都要与他一起用晚餐,花很多时间向他谈论他的写作工作,而反过来,他的这位朋友则以其年轻气盛、以其对于文学的欲望和个人的多种计划又活跃了他的写作。"在一次无法将一种思想归于这个人或那个人的对话中,巴特在说明着一种困难;两人便谈论这种困难;突然,他停了下来,打开了他的笔记本,潦草地写了几个字。"[②]巴特懂得寄希望于某个完全忠诚的人,就像他的那些学生所是的情况——这是因为他们的生活方式和作品都还没有使他们相互疏远。

589

---

① 1973 年 1 月写给埃迪特·厄尔贡的信。铸造工业标准局编号为 NAF28630 的文件:"对于作品的发掘"(«Exploitation de l'Œuvre»)。

② 安托万·孔帕尼翁:《一个生活准则问题》(*Une qustion de discipline*),与让-巴蒂斯特·阿马迪厄的谈话,Flammarion,2013,p. 78。

　　确实,这一决定让人感到惊讶。研讨会从 1977 年 6 月 22 日开到 29
日,它也因有些人缺席而引人注目。索莱尔斯在最后时刻拒绝到会,而热
奈特和托多罗夫、布雷蒙也决定不参加。克里斯蒂娃也没有露面,但她是
出于一些个人原因:她前不久刚当上了母亲,没有空闲时间到研讨会上消
磨生命。然而,在 60 年代与巴特很近的中间代即 35 岁到 45 岁的那一代
人与会不多(只有于贝尔·达米施和专业有点边缘化的雅克-阿兰·米勒
出席了)。相反,到会的几乎是与巴特同时代的人(例如让-皮埃尔·里夏
尔和阿兰-罗伯·格里耶,他们两人都是 1922 年出生;还有弗朗索瓦·瓦
尔,他出生于 1925 年),而多数为大学生(弗朗索瓦丝·加亚尔、埃里克·
马蒂、帕特里克·莫烈斯、孔塔尔多·卡利加里[Contardo Calligaris]、埃
夫利娜·巴谢利耶、让-鲁普·里维埃[Jean-Loup Rivière]、弗雷德里克·
贝尔泰[Frédéric Berthet]等)。有 100 人左右出于友情报了名,有的是因
其作品而来,有的则仅仅是想认识一位名人。就像往常在塞里西那样,听
众是混杂的,但是,大家都聚集在相连的两个餐厅里,都住在所属范围内
的不同建筑物之中:古堡、旧的农场住房、马厩。一如所有贵客那样,巴特
住在古堡的一个房间里。在整个一周之中,他身边一直陪伴着一位来自
冈城(Caen)的青年大学生。没有任何人认识这位大学生,按照埃里克·
马蒂的讲述,他很像是扬·安德烈亚(Yann Andréa):其实,他就是扬·勒
梅(Yann Lemée)(即后来的扬·安德烈亚),是巴特在两个月之前结识的。
早晨很早的时候,他与安托万·孔帕尼翁一起去村子里喝咖啡,这是每天
如此有利于避开的时刻。每天晚上,他都会打电话给他的母亲,母亲从春
天起就疾病缠身,状况叫他十分担忧。

　　他心情沉重,最担心母亲去世,尽管这种担心以各种方式困扰着研
讨会,但他一再重复着在自己发言开头时说的话,那就是"一切的根源,
是害怕":害怕出丑、害怕受到侮辱、害怕被剥夺了护佑,而从根源上讲,
特别是害怕取代父亲;他还害怕出现观点上的对立,而这却又是他沟通
的目的。罗伯-格里耶的发言成了研讨会的顶峰。他的发言引发了与巴
特的对话和与听众的争吵,因为听众们把他的发言看作是真正的不测事
件(这种事件算得上那个神秘时代的重大传闻,因为那些重要的社会科
学研讨会在当时都是一些角力场)。罗伯-格里耶准确无误地直击存在
于巴特这个姓名之中心的争议难点,同时他并不只是指向作家,还指向

590

591

身体在巴特文本中的泛泛出现:"总之,我曾认为很适合现在继续鼓励的,是一些含混的、可疑的、在任何情况下都被现代性方向所指责的关系。"①在60年代时的纷争,重又被友好地用在了这里,并且是以戏剧性的方式出现的,罗伯-格里耶所起的是批评家的角色,是宣布了作者之死亡的那位批评家②的角色;他还赋予了巴特小说家的角色:"人物在文本中这种非常强力的介入,即我想到一个身体、一些冲动、一些无关的事物时的感觉,或许使得文本趋向于成为这个身体的代言人,对于像我一样参与将作者排除在文本之外的整个事业的某位个人来说,这实际上是丑陋的。"他们的角色出现了颠倒,不过,罗伯-格里耶一直承认巴特比他提前了一段时间。新小说遭遇到了无出路可言的境地,而如果说在小说中出现了某种新的东西,那它就应该来自于"拒绝成为专业小说家的某个人"。"你以《恋人絮语》,不是超越了社会的脚步,而是你自己的脚步迈向了也许在20年之后才会出现的东西,就像80年代才会出现的新新小说。谁知道呢?"③一直有这样的看法,即巴特的智慧将其置于了先行者的地位,他的各种矛盾比起那些权威的断言或关于现代性的那些表现更具有前途。

巴特在回答每一个人提问的时候,都满带宽厚和善意。他并不直接顶撞,但是,他在自己的拒绝态度中表现出了坚定。例如,他在反驳雅克-阿兰·米勒和阿兰·罗伯-格里耶时,坚持说他的身体并不在他的文本之中,而是身体的一种幻影在文本之中。他所关心的是,在听众当中,有没有人会觉得被排斥在外。他对于成为关注的中心即话语的对象,并不感到十分舒服。他希望能过滤转向他的光辉,这种愿望在他于并不叫塞里西-拉-萨勒而是叫布吕姆-苏尔-梅姆阿尔(Brume-sur-mémoire)④的地方发明一个讽喻里看得非常明显。"这是一种思考,它对于写作来讲有可

① 《借口:罗兰·巴特》,同前,p.274。
② 这里指的就是罗兰·巴特,因为他曾在1968年发表了《作者之死亡》一文。——译注
③ 同上,p.283。
④ 按照这个组合词每一个单词的意思,它是"记忆上的雾气"之意。根据《罗兰·巴特最后的日子》(Les derniers jours de Roland Barthes)一书的介绍,罗兰·巴特一行人开车去塞里西参加研讨会,在到达之前,路过一条名为"Mémoire"("记忆")的河流,"由于一直确信回忆不起他的职业生涯的曲折过程,罗兰·巴特在这个地方发现了一种讽喻:他建议为塞里西镇重新起名为'记忆之雾都'"(中国人民大学出版社,怀宇译,2012年6月,第49页)。——译注

能会带来后续结果；写作，就是记忆的雾气领域，而这种记忆的雾气领域，即同样也是一种不完全健忘症的一种不完全记忆，实际上就是主题领域。"①雾气、间接、秘密，都在早一些时间关于司汤达的小说《阿尔芒斯》（*Armance*）的研讨会上提到过（在那次研讨会上，秘密没有被揭示），它们仍然还是可带来有益结果的仙女，它们都在调和"自我"与带有不确定阴影的"为了自我"。

592

　　1977 年上半年，是他获得殊荣的时刻。这一时刻，从 1 月份在法兰西公学发表"开课演讲"，到 3 月份《恋人絮语》的出版，再到 6 月份的塞里西研讨会，是毫无争议的。就在母亲辞世之前不久，他亟不可待地告诉人们，当职业的公开正统特征不再被考虑为构成对于最爱之人的承认的时候，这种正统特征是毫无用处的。内心的灾难一下子就扫除了荣誉带来的所有象征性特权。

---

① 同前，p. 278—279。

在写作《罗兰·巴特自述》
期间于达尼埃尔·科迪耶家

研讨班
第一行左起：罗兰·阿瓦斯、德尼·费拉里斯（Denis Ferraris）、巴特、让－路
易·布特、克里斯蒂娜·德·比宗（Christine de Buzon）、马蒂厄·兰东。第二行：
让－鲁普·里维埃、帕特里斯·居伊、西尔万娜·帕斯凯（Sylvaine Pasquet）、埃夫
利娜·卡扎德（Éveline Cazade）、尚塔尔·托马斯、尤瑟夫·巴库什、柯莱特·费
卢、雷诺·聚潘热（Renaud Zupinger）、若埃尔·法尔热（Joël Farges）© 达尼埃
尔·布迪内（Daniel Boudinet）

16. 巴特与福柯

在塞里西，罗伯-格里耶把巴特与福柯做了比较，说他们两人经常被操纵控制："应该看到，社会是多么高兴地将巴特和福柯把持在自己怀里。当福柯感到极度边缘化而巧妙地发表有关性的谈话时，就应该看到，《快报》甚至《观察家》杂志也会发表文章：'哈哈，我们最终从性专制下解放出来了'。"[1]在互联网或是其他地方也会看到，他们两人都实际地被推崇为是在所有方面的参照人物，当《神话》中各篇文章都被引用来不无怀恋地赞颂那些对象(雪铁龙"DS"型轿车，红葡萄酒或油炸牛排)的时候，其批评维度也就失去了任何有效性，这时，人们便只考虑观察之准确性了。这两位思想家在 1960 至 1970 的那 10 年中的特殊地位，可以部分通过他们的作品在某种形式的多格扎[2]中被吸收的情况来得到解释，不过，他们过去一直与这种多格扎做斗争。他们都了解被巴特所明确揭露的这种倒错的机制。于是，"巴特与福柯"(«Barthes et Foucault»[bar-te-fu-ko])这四个音节便用来指一个时代，指法兰西思想的一种光辉、指社会科学的更新、指理论可以产生"重要姓名"和"重要人物"的时刻。今天，人们不止一次地感叹再也没有大思想家了，而没有在这种说法中看到，这些典范的推出不仅仅取决他们自己的品质，而且也取决于一个社会向他们看齐的选择。无论如何，人们都会怀恋可以使理论家、哲学家及作家成为媒体形象亦即

---

① 《借口：罗兰·巴特》，同前，p. 298。

② 多格扎(doxa)：巴特在《罗兰·巴尔特自述》中做了这样的阐述："多格扎(Doxa 这个词会经常出现)，即公共舆论，即多数人的精神，即小资产阶级的一致意见，即自然性的语态，即偏见之暴力。我们可以把(莱比尼茨的用语)doxologie 一词用来称呼任何与外表、与舆论或与实践相一致的说话方式"(中国人民大学出版社，2010 年 5 月，怀宇译，第 54 页)。——译注

代表性形象和成为向之看齐的对象的一个时代,即便这要以降低他们的作品影响力为代价。

他们两人搭配成对,也还属于另外一种性质。德勒兹也被人广为引用,他的作品充当着一种工具箱的作用,而他本人却不是象征性的:他生前很少在媒体上露面,即便他曾涉足(大概比巴特还直接一些)在拉·博尔德(La Borde)和樊尚(Vincennes)的重大活动①,但他的形象依然是一位个人研究者,因为他的一切努力都放在建立他的概念性成果上了。相反,福柯与巴特的行为表现和介入活动则与他们的智力生产不可分离(即便这种智力生产也多是在科学钻研之中和在有所回避之中建立起来的)。这就部分解释了围绕着他们所展开的生平方面的丰富性,就好像理解了他们的生活就能进入他们的思想那样。一种可以接受的假设是,他们与历史的关系(这种关系在他们的作品中得到了极为不同的表述,但是不论对于福柯还是对于巴特,这种关系都是思考的对象)均激起了对他们在(源自他们和其他人的)历史中的地位的提问。第二种假设在于他们的同性恋取向赋予他们的(相对的)边缘性:他们的关键性智力导致两个人的欲望不脱离他们的研究对象,并导致他们不将同性恋变成一种方向,而是变成向世界发问的一种方式。不论表面如何,对于巴特也好,对于福柯也好,这也许是更为真实的情况。与福柯不同,虽然巴特从未使他的性欲成为诉求或奋斗的空间——这部分地是由于他厌弃任何引人注意的言语,他还是非常深入地探讨了在当时与他的批评规划相适应的某种东西,那便是对于"自然性"即对于顺其自然、对于作为自觉的既定资产阶级秩序的拒绝;但是,他也极大地培养了他对于片段性、对于间接性、对于交替性写作的(不服从逻辑秩序的)选择、对于连续性和渐进性的爱好。我们在一段日记卡片的文字中也读到这样的话:"如果同性恋能在个别方面、在主题上引导人去思考世界,那是很有意思的。虽然它蜕变和转换成其他事物(例如:排斥顺其自然)。"②在这种意义上,如果说福柯在其公共介入方面的态度

---

① 拉·博尔德是一处精神病诊所,万塞讷是万塞讷大学(1968年改为圣德尼大学,亦即巴黎第八大学),它们都曾经是法国教学机制的典范。——译注
② 铸造工业标准局(BNF)1979年7月31日编号为NAF28630的文件,"大卡片库"。

是更为明确的话,那么,巴特则是远离这个问题的关键范围。福柯指责话语秩序的超级强势,但是他在进行这种指责时不脱离话语秩序的法则:这便是连续性与逻辑的论证性;至于巴特,也许是由于他作为作家的自由性,他则竭尽全力破坏话语的法则。

相似的生活经历

在他们两人的友谊中,同性恋起着重要作用。这种友谊的最高表现是,他们在晚上都去那些常去的地方,一起寻艳、一起去摩洛哥作乐、一起看摔跤比赛,这些都是那个时代同性恋文化所独占的大众性表象。这并不意味他们在智力活动方面不去分享很多的东西,但是,他们有关文学或理论的争论更起着像是一种补充的作用,而不是起着像是首要原因的作用。他们是通过当时还享受梯也尔基金的学生罗贝尔·莫齐的介绍而相互认识的,而福柯恰在莫齐之前也是这一基金的享受者。时间倒退到1955 年,当时,福柯在头一年就成了瑞典乌普萨拉大学的法语外教——他是在乔治·迪梅齐的举荐下获得这一任命的。他希望邀请巴特到**法兰西之家**(Maison de France)的文化讲座班做一次报告,这一讲座是由他在承担学校课程的同时来主持的。他经常返回法国,而他与巴特的相识就发生在他在法国停留期间那年的年底。这时,他已经出版了他的第一部书籍——《精神疾病与人格》(*Maladie mentale et personnalité*),于是,他在1954 年成了巴黎高等师范学院的心理学辅导教师。他在那时的智力影响远不如巴特,但是,他们走过的路径在多个方面是交叉的:巴特很了解在国外的法国教师的关系网系;在疗养院失去的时间,将其置于了与福柯的路径相同的一点上,而且他们都在做着博士课题。他们之间相差 10岁,这就使得巴特在声誉方面获得得较早一些,但却不是在职场方面。巴特受到邀请,并在 1956 年春天第一次去了瑞典。福柯高兴异常,他开着他的银灰色美洲豹轿车陪伴巴特,他将巴特的逗留变成了非常快乐的时刻,不过,这一次逗留却没有留下较多的痕迹。巴特都与福柯说了些什么呢? 也许是谈了戏剧——这是他在那个时间主要的报告主题,因为福柯在乌普萨拉大学也主持一个由学生组成的戏剧俱乐部;但也许了谈了神话,因为他那时刚刚完成了《当今神话》一文的写作。

598

福柯具有职场正统性的所有标志:巴黎高等师范学院、哲学资格教师、梯也尔基金享受生,而这些则为巴特所欠缺。福柯还有一位有权有势的父亲,不过,他最初的大部分所走道路是有违父亲所愿的。这些路径上的区别,部分地说明了他与法则的不同关系和在生活里有时是全然对立的行为表现。在研究工作中,福柯面对一项研究自感有点迫不得已,而巴特则放任其欲望驰骋;懒散与福柯是无关的,而巴特则有时为之(在于尔特、在巴黎、在咖啡馆里)。福柯接受一些极端的解决办法(自杀意图、在70年代中对政治的直接介入),而巴特则害怕正面的冲突和对立。前者不知什么是害怕,后者则因害怕而被人所爱。不过,他们两人在三个方面上又聚集在一起:一是对于文学的酷爱,大概巴特表现得更为肯定一些,但是巴特的酷爱也像在福柯身上一样仍然是投影性的和幻觉性的(迪迪埃·埃里邦说,在60年代之初,布朗肖代表了福柯的梦想);二是与法兰西社会的僵化、与其不变的各种体制、与其无生气的语言之间出现了无法调和的困难,从此产生了对于外国的酷爱,而他们各自都有长时间且出色的经验,也都有一个可能的躲避点;三是对于他们的性取向区别的感觉,他们以不同的方式将这种感觉掩而不露(福柯作为主教管区中学的学生有一种犯罪感,而巴特作为新教徒则崇拜秘密),而这种感觉导致他们出现有别的姿态和对于边缘化的激烈意识(并由此导致他们都具有重新调整的特殊战略)。

1960年,福柯在其于乌普萨拉、华沙和汉堡的逗留之后回到法国,在克莱蒙-费朗大学获得一个职位。正是在这里,他们开始了二人之间友好往来最为频繁的时期。从1960年秋天到1963年夏天,他们经常见面,而在1960年的11月至12月间,他们几乎是每天晚上都见面,随后便是每周见面两三次。他们两人与罗贝尔·莫齐和路易·勒帕热一起组成了一个群帮,他们一起出没于圣日耳曼街区的同性恋酒吧:位于谢尔什街(rue du Cherche-Midi)的费雅克(Fiacre)酒馆、位于卡内特街(rue des Canettes)的地下酒吧(Speakeasy),而经常去的则是花神咖啡馆,这些地方的第二层一般更是男同性恋活动的地方。他们也有时去谢丽·拉内(Cherry Lane)夜总会或是歌厅夜总会,或是还去蒙马特街区刚开张的小歌舞厅。巴特也经常一个人去见福柯,谈论他们的研究和各自阅读的书籍。福柯将巴特介绍给让·博弗雷(Jean Beaufret)和路易·阿尔都塞①;巴特把福柯引入文学领域:于是,1963 年,他们与米歇尔·德吉一起进入了《批评》杂志编委会,当时是让·皮埃尔在巴塔耶1962 年去世之后接手了杂志的领导②;福柯写作关于文学的文章,而尤其是跟随着巴特和索莱尔斯为 1963 年悼念巴塔耶的专号写了有关巴塔耶的文章;这也是他写作其有关鲁塞尔的书籍的时期,罗伯-格里耶曾在1963 年 12 月份的《批评》杂志上介绍过这本书。福柯经常去塞尔旺多尼街,因而认识了亨丽埃特·巴特;在巴特方面,当他去尔特的时候,都在靠近普瓦捷市的旺德夫(Vendeuve)停了下来,去福柯位于"皮罗瓦(Piro-ir)"的家,他认识了安娜·福柯(Anne Foucault),而福柯几乎每年的 8 月都来这里。1963 年夏天,是他们在摩洛哥马拉喀什(住在马穆尼亚[Ma-mounia]旅馆)和 7 月份在丹吉尔的日子。正是从这次摩洛哥之行返回之后,他们之间的关系拉开了距离。有可能是,他们在那里时就因为一个男伙伴而产生了不悦。历史更告诉我们,福柯在那时已决定与达尼埃尔·德费一起生活在位于蒙日(Monge)街的一套公寓里,而与他平时出门时的伙伴们拉开了距离。实际的情况似乎是,这种疏远是生活方式改变的结果。某些人还说得更为离谱一些,说是达尼埃尔·德费并不喜欢巴特。无须去明确地证实这一理由,尼埃尔·德费在他的《一种政治生活》中承认了自己的犹豫不决;他不赞成莫齐和巴特与年轻人在一起时的行为表现(他在头一年已经在费雅克酒吧与让-保罗·阿龙一起结识了巴特):"既想诱惑又害怕被耍弄。"由于立即就落入了这一组人的惯例之中(在圣-尔曼大街"晚餐",随后在费雅克酒吧度过一部分夜晚),他对于这首次的晚会记忆很坏:"年龄的差距和社会差距似乎有些过大,这些差距不停地显示出来,特别是在巴特方面。几年之后我对福柯说,那个夜晚于我,是非常艰难的,它几乎成了最后的晚会。"③巴特一下子就以"你"来称呼了

600

① 《写给弗朗卡的信(1961—1973)》(*Lettres à Franca*[1961—1973])证实,福柯、巴特和阿尔都塞曾于 1962 年 10 月 6 日和 11 月 12 日在两次晚餐上见面。

② 只有巴特、德吉和福柯三人留在了编辑部,直到 1965 年皮埃尔·沙尔庞特拉(Pierre Charpen-trat)补充了进来、1968 年罗歇·埃雷拉(Roger Errera)补充了进来和 1969 年米歇尔·塞尔(Michel Serres)补充了进来。福柯于 1977 年正式离开了编委会,但是他从 1970 年就已经不再为杂志写文章了。

③ 达尼埃尔·德费:《一种政治生活》(*Une vie politique*),与菲利普·阿蒂埃(Philippe Artières)和埃里克·法弗罗(Eric Favereau)的谈话,Seuil, 2014, p. 32。

尼埃尔·德费,而这则被后者认为是把他当做男妓来对待了。很可能是,德费对于巴特的这种不悦也导致了福柯对于巴特保持一定距离。

在菲利普·索莱尔斯看来,这种疏远在巴特方面被感知为是一种真正的友情断裂。不过,大概不需要过分夸大这一情节,而是更应该看到,生存的各种情况使得一些情感联系根据每一个人的参与程度而变成跌宕起伏、语句或远或近交替出现的一些故事的方式。除了福柯全身投入①的紧张研究工作,各种情况也并不有利于频繁的见面。从 1966 年起,福柯开始在突尼斯教书,而在那里,达尼埃尔·德费成了他的合作者;他在那里一直呆到了 1968 年。1969 年,轮到巴特去摩洛哥了。不过,福柯在阅读过《S/Z》之后于 1970 年 2 月写给巴特的一封信,说明在他们的关系中依然有着某种热度:"我刚刚一股脑地阅读完你的书籍:真好,它是我阅读过的第一篇最好的文本分析文章"②。直到这时,他们的生活轨迹是相当相似的,不过,从 1968 年起出现了颠倒。巴特去北部非洲,而福柯则返回法国。特别是,巴特远离政治,而福柯则以密集的方式介入政治,他们已不再处于公开的不鲜明态度之中了——而那种态度在他们并不十分清楚的情况下,就可以将他们的著作带到他们所希望去的地方。每个人都在其自认为最好的,并在其最为人所承认的领域里坚持着:对于福柯来说是历史学和哲学,对于巴特来说是文学和写作。于是,福柯在接受雅克·尚塞尔采访谈及与巴特的关系时,这样说道:"我所致力的领域,真正地讲,是非-文学的领域,这一领域与巴特的领域非常不同,以致我现在认为,我们的道路明显地出现了不同,或者是不完全地出现在同一平面了。"③在此,令人惊讶的是,福柯是以否定的方式谈及他所投入的领域的(非-文学),他也强调了他对于过去所希望的东西的放弃。这也还是向巴特表示敬佩的一种方式。他们的社会经历在 1975 年再次交叉,那是在巴特准备

---

① 在达尼埃尔·德费为福柯的《所说与所写》一书开头部分提供的"编年表"中,他在"1963 年 10 月"条目下,有分寸地写到:"紧张的研究工作使他中断了与巴特在圣-日尔曼-德-普雷的晚餐神话。他们之间的关系拉开了距离"(*Dits et écrits*, Gallimard, 1994, t. I, p. 25)。在他的《一种政治生命》一书出版之际所接受的采访中,他透露,在他与福柯在一起的时刻,他对福柯说过,他不愿意再离开。

② 米歇尔·福柯 1970 年 2 月 28 日的信。罗兰·巴特遗赠,铸造工业标准局(BNF)编号为 NAF28630 的文件,"S/Z"。

③ 米歇尔·福柯:《X 光透视》,同前,与雅克·尚塞尔 1975 年 3 月 10 日在法国国际电台的谈话。

竞选进入法兰西公学的时候,我们前面已经看到了从 1970 年开始在公学执教的福柯所做的贡献。他们两人都是在皮蒂耶-萨勒佩特里耶尔医院去世的,巴特是在 1980 年,福柯是在 1984 年,他们的近友在从太平间抬起他们的遗体时重新见了面,而且也都是在同一个阶梯教室里为他们举行的追悼会。还有,他们都是在几个人的陪同下去了家族所在的土地,巴特去了于尔特,福柯去了旺德夫-迪-普瓦图。

一种陪伴

他们之间的关系,其真实情况是建立在对于对方作品信任的基础上的。巴特佩服福柯的智力和在他看来其永不枯竭的工作精力。而福柯则从巴特那里学习到许多批评能力和阅读方式。福柯在 1982 年的一次谈话中,将巴特的名字与布朗肖的名字结合在了一起,试图说明构成他们与书籍的关系之力量的东西。"阅读一本书、谈论一本书,是一种训练,在这一方面,人们会为了自身、为了个人利益、为了转换自己,而全力以赴。认真地谈论一本不喜欢的书,或尝试以足够的距离来谈论一本有点过分喜欢的书,这全部的努力都使得在从写作到写作、从书籍到书籍、从著作到文章过程中,会出现某种东西。布朗肖和巴特引入法兰西思想中的东西,是很多的。"①福柯很清楚,这种关键性动态的力量过去在于废除阅读与写作之间的等级,因此就是取消两者之间惯有的分离状态。这种自由性的政治维度在于,在从一种活动到另一种活动过程中,思想要在同一种运动中展开,同时取消各种区别。不能够一侧是作家,另一侧是读者,就像有富人与穷人之分、男人与女人之分、主导者与被主导者之分那样。因此,这种无区别运动旨在推翻所有的固定命名、旨在根据区别而不是根据本质或范畴来思考问题。在巴特方面,他直接从两个方面来度量福柯的新颖特征。一方面是建立了**另一种**历史话语,它是相对的,从而导致可以无休止地重新解读其本源,这种话语早在费夫尔的作品中就吸引过他。巴特在其就福柯 1961 年在普隆出版社出版的《疯癫与非理性——古典时期

602

---

① 米歇尔·福柯:《与谎言决断》(《Pour en finir avec les mensonges»),in *Le Nouvel Observateur*, 21 juin 1985, p. 76—77。

疯狂史》(*Folie et déraison*, *histoire de la folie à l'âge classique*)(这是对于其博士论文的综合,写作于乌普萨拉,而在乔治·康吉兰和达尼埃尔·拉加什面前通过答辩)一书所写的文章中,以这样的话谈到这本书:"有人想象,吕西安·费夫尔大概喜欢过这部大胆的著述,因为它把'自然'的一个片段还给了历史,并将我们过去一直当作一种医学现象的东西转换成一种文明现象:疯癫。"①在第二个方面上,巴特承认福柯打乱了知识,同时不再将知识变成一种"巴尔扎克将其对立于使人冲动的那种愿望的一种平静的、美好的、令人放心的、调和的行为",而是变成由出现在疯癫与理性之间的运动所产生的一种不安。巴特认为这是一种认识论上的大混乱,这种混乱最终触及了他,而在后来的几年中,每当他谈论"理性与非理性这一连对"和它们的不稳定内容的时候②,他就经常回到由福柯引入的这种"晕眩"上来。

福柯很高兴这种表现为双重举动的承认,因为巴特在他 1964 年的的《文艺批评文集》中重新收录了在《批评杂志》上发表的文章。这篇文章赋予了哲学两种属于现代科学的超前岗位:语言学和人种学——在这一方面,巴特比较了福柯的做法和莫斯的做法,而应用于临近社会的这种"人种学的观点",同样也是他试图用于《神话》一书之中的观点。这就很适合他所希望的在学科之中保持的活动位置。福柯的另一本书是《临床医学的诞生——医学观点考古学》,是 1963 年由法国大学出版社首次出版的。他们的交会点,是这本书阐明了其无限动力的符号。巴特完全地把这本书放进了符号学的计划之中,因为疾病的能指到头来是一个所指,而这个所指一旦被命名,它便转化成能指。于是,福柯具有了提出临床言语活动和言语活动在临床医学诞生问题上的一种方式,而这种方式也属于他的研究。巴特尤其采用症候与符号之间的区别,因为症候是病态事实,是能指的实质,而符号便在一种描述之中采用了这种症候。因此,临床空间可以让人以疑问的方式提出言语活动的问题:"如果疾病领域的符号学本质

① 《彼此》(«De part et d'autre»), in *Critique*, 1961, repris dans *Essais critiques*, 《全集 II》, p. 423.

② 见《彼此》(《全集 II》, p. 427);《我不相信影响》(«Je ne crois pas aux influences»), in *France Observateur*, 16 avril 1964(《全集 II》, p. 618);《大众文化,高级文化》(«Culture de masse, culture supérieure»), in *Communication*, mais 1965(《全集 II》, p. 709).

（而这正是福柯的假设）对应于某种历史,那么符号概念的主导地位、符号
概念的文化,便可能对应于我们的文明的某个意识形态阶段。"①在此,我
们重新看到了巴特对于元语言的关心,这种关心一直出现在他所进行的
批评之中。人们也看到他在预测一种历史时刻的结束,而人们**后来**才看
到了这种结束与知识、政治和意识形态之间的联系。

福柯的第一部《性史——认识的意志》(*Histoire de la sexualité. La
Volonté de savoir*)出版于 1976 年,而巴特的《恋人絮语》出版于 1977 年。　604
福柯在他的书中做了一种著名的颠倒——权力并不是在实施阻止的东
西,而是在禁止说话,这种颠倒来自巴特的用语,特别是来自他的《萨德;
傅里叶,罗耀拉》一书:"社会的检查并不出现在有人阻止的地方,而是出
现在人们约束说话的地方。"②巴特在这两部近乎同时出版的书籍中建
立起了一些联系:在性解放方兴未艾的一个时代,恋情有可能变成当代
哲学家们去考虑的事情。"是否到了进行某种调整的时候了? 福柯也致
力于这种调整。"③相反,迪迪埃·埃里邦则告诉我们,某些证人听到过
福柯嘲笑《恋人絮语》,因为他将其看作是装傻和不要脸的。无论如何,
在巴特进入法兰西公学一事上,两个人重又像他们从前那样有所靠近,
又一次经常在一起用晚餐和一起工作了。例如,1978 年 2 月,他们一起
与皮埃尔·布莱、吉尔·德勒兹和听力与音乐探索研究所(IRCAM)的
成员们去参加音乐分析研讨班,他们还经常在法兰西公学见面。1980
年 3 月,福柯曾多次去医院看望巴特。正是他 1980 年 4 月在公学全体
会议上宣读了对巴特的悼词,他完全沉浸在了对于巴特的深情厚谊之中
了。在提到巴特对于行政院长阿兰·奥罗(Alain Horeau)、对于所有的
行政管理人员和对于公学所有成员的友情之前,福柯先是自己难以控制
地讲述了他与巴特的友情力量:"几年之前,当我向诸位建议欢迎巴特来
到我们之间的时候,在连续 20 年当中形成且颇有成就的一项研究工作
的新颖性和重要性使我未能——当然是为了支持我的要求——提到我

---

① 《符号学与医学》(«Sémiologie et médecine»), in Roger Bastide (dir.) *Les Sciances de la folie*,
La Haye, Mouton,1972(《全集 IV》, p. 183)。
② 《萨德,傅里叶,罗耀拉》(《全集 III》, p. 811)。关于这一主题,请参阅埃里克·马蒂:《为什么
20 世纪严肃对待萨德?》(*Pourquoi le XXᵉ siècle a-t-il pris Sade au sérieuux?*), Seuil, «Fiction
& Cie», 2011, p. 164。
③ 《巴特当面接受采访》(«Barthes sur scène»), in *L'Express*, 17 avril 1978(《全集 V》, p. 545)。

早先对于巴特的友谊。我不需要忘掉这种友谊。我可以简化这种友谊。他的作品在此。今后,唯独他的作品存在。他的作品还会说话;其他人将会使他的作品说话,并将会谈论他的作品。这么一来,今天下午,就让我只谈一谈我们的友谊吧。友谊,与友谊所讨厌的死亡相比,至少应该具备不需多谈的相似性。"①福柯在此几乎是一句话一句话地回复巴特在《开课演说》中向其表示的敬意,巴特说"现在,大家允许我不再考虑严守友情不该明示相关人的做法,米歇尔·福柯,我与他之间有着感情、智力上的互助和感激的联系,因为正是他向教授全体大会介绍了这个讲座课程和其主讲人。"②今天,将这两种感激的表述方式做一下比较,可以建立友谊与沉默之间的联系,这种比较是激动人心的,因为除了那些小小的不悦或主要是与具体情况有关的疏远之外,这两个人之间的联系是感人的,并且创造了历史。他们两人的姓名不只是因为他们都属于思想探索的同一时刻才是密不可分,而且因为他们在相互承认和友谊之中共同打造下了这一时刻的基础。

两 种 风 格

两个人之间的区别,还有他们之间可能的分歧,不在于理论上的不一致,而在于存在的方式。那些认识他们的人——不论是当他们在一起的时候认识他们还是分别认识他们的人,都注意到了他们两人在风格上的对立。例如,与他们二人在日本有过非常密切接触的莫里斯·潘盖(他甚至曾尽力将他们分别弄到日本来长期居住过),他在巴黎高等师范学院时就认识了福柯,就以突出他们的分歧点的方式提到过他们。巴特非常关注他的外表、关注他发展的环境,并且他喜欢音乐,相反,福柯则表现出"对于穿戴、饮食、生活装饰的一种蔑视。他常说他喜欢音乐,但却不大痴迷(他更易受感染,而不是真情去爱),因而对音乐没有需要"③。在这些并列的表象描述中,莫里斯·潘盖不做任何正面的或负面的判断。他只满

---

① 米歇尔·福柯:《看,才过了一点点时间……》(《Voici, en bien peu de temps…》),in *Annuaire du Collège de France*,1980, p. 61—62。

② 《开课演说》(*Leçon*),《全集 V》,p. 430。

③ 莫里斯·潘盖:《日本文本》,Seuil, 2009, p. 47。

足于做大概的描述,人们已经有所感知两种风格上的对立。从 70 年代开始,他们的区别凸显了出来:当时,福柯在其**外出**同性寻艳方面、在其对于监狱的干预方面、在对自己立场的确定方面,都表现出热情满满、慷慨大度;而巴特比任何时候都表现得特殊和对于歇斯底里的拒绝。他的和蔼可亲所有人都感觉得到,但是,这种姿态并不具备福柯式的慷慨能量。这种姿态,在那些不理解姿态的虚构维度的人看来,可以表现为像是对于"自我"的一种反省。在别人看来,在巴特于《为 H. 写的片段》中所写的"依靠文学活着"和依靠通常主导人们之间关系的规范活着,并不总是容易看清楚其区别的。

马蒂厄·兰东在他 18 岁的时候认识了巴特,那是在他父亲家的一次晚餐上,他透露说,所有喜欢福柯与巴特的人,都比较喜欢福柯,说他更为随便、更为宽厚、更为与众不同。他对于与巴特关系的各种情节的说法,与达尼埃尔·德费的叙述而特别是与埃尔韦·吉贝尔的说法完全一样。后者讲述到,为给他写一篇序言,巴特曾强求他一起睡觉[1]:正像巴特后来写给他的信中所说,"我在房间里再一次独自一人,俨然一个事业上失败的龌龊之人的样子。"[2]巴特写给吉贝尔的那些信件提到过他们之间错综复杂的关系,但也不乏甜蜜。吉贝尔的叙述更可以说是含含糊糊,无法正确地说明发生的事情。巴特于 1977 年 4 月开始为吉贝尔的名为《零号死亡宣传》(*La Mort propagande n°0*)一书写序。有可能是,巴特出于开玩笑,提出过在《S/Z》中就《萨拉辛》的结尾处所说的那种"契约",即一篇文章换一夜做爱;但是,似乎是对于母亲疾病的牵挂和由此产生的木然神态,更是这种蜕变的原因。马蒂厄·兰东这样说:"对于我,他更期待一次契约,而不是一些文字,并且,每当我表现出厌烦的时候,我就被无限期地赶出这一范围,就不会再有任何研讨班接受我,在我看来,这样做既合理又粗暴。就好像我突然地变得不存在那样。"[3]应该把这些插曲重新置于它们的背景和它们所属的群体之中。巴特有着以让-路易·布特和尤瑟夫·巴库什为中心的自己的朋友圈,但也还有安德烈·泰希内、弗朗索瓦

---

① 埃尔韦·吉贝尔与迪迪埃·埃里邦的谈话。In *Nouvel Observateur*,18—24 juillet 1991。

② 《为 H. 写的片段》(«Fragment pour H.»),见 1977 年 12 月 19 日写给埃尔韦·吉贝尔的信,in L'Autre journal,19 mars 1986(《全集 V》,p. 1006)。

③ 马蒂厄·兰东:《爱意味着什么》,同前,POL,2011,p. 240。

丝-玛丽·巴尼耶(Françoise-Marie Banier)、雷诺·加缪和研讨班的学生们,如弗雷德里克·贝尔泰、埃里克·马蒂、安托万·孔帕尼翁;而福柯也有自己的朋友圈,其中当然有达尼埃尔·德费,但也有马蒂厄·兰东和埃尔韦·吉贝尔。说法迥异,是正常的。但是,也有时他们的朋友圈是交叉的。当福柯在沃吉拉尔街组织有点专业的晚会的时候,就是这种情况,在那些晚会上,他会邀请他圈内的多位朋友出席。1979 年 10 月 28 日的那次晚会上,他就请了一位日本男舞蹈演员在受邀人面前裸体跳舞。在那次晚会上,马蒂厄·兰东与巴特在中断交往之后第一次再会。按照他的说法,巴特见到他从"同性恋肮脏之地""逃离"后躲在福柯家里很是惊愕。他认为,这一次相遇对于他就像是一种报复。但是,这样一来,他就在两个人之间建立起了一种争夺关系。此外,他还承认:"我对米歇尔从未谈起这件事,他不该猜疑我与巴特认识。"①

风格上的不同在说话方式与写作方式里也看得清楚。有人经常比较巴特与福柯进入法兰西公学的开课演讲和他们开设的研讨班,为的是表明他们的交会点与差异。巴特在介绍他走过的道路时,将其开课演讲直接纳入了与福柯开课演讲《话语的秩序》的对话之中,如此比照两次演讲是有意思的。福柯的开课演讲是 1970 年宣读、1971 年出版的。像福柯一样,巴特也提出了言语与权力的问题。福柯制作了一种方式总汇表,其中谈到"在任何社会里,话语的生产既是被审查的、被选择的、被组织的,也是被一定数量的程序所再分配的,而这些程序的作用则是消除权力和危险、掌控侥幸的事件、躲避沉重和可怕的具体性"②。福柯说过,话语由于一般要服从于一种学说,所以它通常是对于事物实施的一种暴力。巴特围绕着在他看来"坚持一种话语"(从 1 月份到 6 月份公学研讨班的标题)所构成的问题,重拾关于言语、权力和暴力的这三种主题,他说:"正如我所提议的那样,由于这种教诲以在其权力的必然性中考虑的话语为对象,所以,所用方法只能真正地关系到适合破坏、摆脱或至少是减轻这种权力的各种手段。"③这个句子几乎是从文字上重拾了

① 同前,p. 241。
② 米歇尔·福柯:《话语的秩序》(*L'Orde du discours*),Gallimard, 1971, p. 11。
③ 《开课演说》,《全集 V》, p. 444。

福柯在他的开课演讲中为教诲所下的定义:教诲是"对于话语及其权力和知识的分配与获得"①。这种举动所设定的压迫,在巴特的话语中得到了阐释:"说话,更可以说是话语,并不像人们通常所注意到的那样是传播,而是服从。"②

　　尽管每个人在写出开课演讲时所进行的以及被视为是规划中的探索有着很大的不同,但是,他们给自己的定位是明确的,那就是研究与话语、与言语之间被看作是戏剧的不稳定关系。但是,巴特在将暴力的动作延伸到整个语言的同时,比福柯走得更远。"语言,作为对于任何言语活动的应用,既不是反应性的,也不是渐进性的;它仅仅是法西斯主义的;因为,法西斯主义并不阻止去说,而是迫使去说。"这种"不寻常的、有点过分的、耸人听闻的、几乎是发疯的"③说法,无法被理解,因为它是完全站不住脚的。从语言学上讲,它不意味任何东西,因为人们不能混淆语言的语域和言语的或话语的语域④;从逻辑学上讲,它对于说话主体在语言上进行了根本的简约;从意识形态上讲,它抢占了一种时髦的狂言妄语,这种狂言妄语在于把任何权势计谋都说成是"法西斯主义的"。这一说法一下子就语惊四座,并从此引发了众多解释。在一些人看来是愚蠢之为,在另一些人看来是挑衅之举,这句话也被解读为是意在表明略胜福柯一筹⑤,是对于福柯在其研究工作上或多或少有些明显的隐含说法的一种回答形式:例如,在"何谓作者"一节中,当他谈到"空洞地断言作者已经消失"的时候——这直接就是针对巴特的"作者的死亡"的说法,或者是在《话语的秩序》中当他把文学以"[作家]提供给其话语的不及物特征"而从话语领域解放出来说成是幻觉的时候——这显然是在影射巴特的"作家与写家"之划分。可能的情况是,巴特在准备自己的开课演讲稿之前认真阅读过福柯的开课演讲,并想在这样的一点上做出回答,即在文学被看作是书写

609

---

① 米歇尔·福柯:《话语的秩序》,同前,p. 47。

② 《开课演讲》,《全集 V》,p. 431。

③ 埃里克·马蒂:《介绍》,《全集 V》,p. 15。

④ 语域(registre):语言学和符号学术语,指的是根据社会阶层而实现的语言层级,与社会内涵问题相关。——译注

⑤ 这是让-马克·芒多奇奥(Jean-Marc Mandosio)的博士论文:"一个俗套的产生:'语言是法西斯主义的'(罗兰·巴特)",in NRF, n°589, avril 2009, p. 91。对于巴特这句话的深入讨论,请见埃莱娜·梅兰(Hélène Merlin)所著:《语言是法西斯主义的吗? 语言、权力、教诲》(*La langue est-elle fasciste? Langue, pouvoir, enseignement*), Seui, 2003。

的这种有益区分上——因为这种区分抗拒话语,即便不惜以在语言上作假为代价①。他以格言和断言的方式来这样做,属于他的做事方式,他总是以肯定来开始,然后才表明细微区别。最令人惊讶的是,他阻挡不住一种时代的俗套,不过,他一般会迅速地揭示那些俗套。这样的挑衅,大概是深思熟虑过的。再就是,这种挑衅在无安排的情况下进入不了话语之中,它恰恰就属于巴特有时能够为之的即时暴力:这两篇手稿都显示出了这种暴力。说"语言是法西斯主义的",就像过去人们说"CRS, SS"②一样,可以是在言辞的形式之中来表明言辞的一种方式:语言是法西斯主义的,证据就是,我的话语在我说出的同时就是法西斯主义的。

　　换句话说,巴特只是将他的言辞扩张到语言,而他长时间以来就把这种言辞维持在言语上、他的傲慢上、他的控制性意愿上、他的权威特征上。因此,对于了解言语/写作之对立和不停地将这种对立显示在其文本之中的人来说,句子并不是令人惊讶的。表述的激进性,是与回答的激进性相一致的,而对于这种回答,人们可以将其对立于语言,即对立于——如布朗肖已经做的那样——沉默:或者是由克尔凯郭尔对于亚布拉罕的牺牲所做描述的神秘特征,克尔凯郭尔将这种牺牲描述为一种行为,而这种行为"无任何言语,即便是在内部,[这种行为]是为应对言语活动的概括性、群体性,甚至道德性而建立的";或者是"尼采的**阿门**,这种阿门就像是赋予语言的卑屈性、赋予德勒兹称之为他的反应性外套一种兴奋的冲击。"③这些高尚的举动,是以巴特所不具备的信仰为前提的。相对于这些高尚举动,文学表现为像是语言能够扩展到权力之外的唯一场所。正是在此,巴特明确地回答了福柯:"文学中的自由力量,并不取决于作家的公民个人和他的政治义务——因为作家最终仅仅是与其他人一样的某位'先生',甚至不取决于其作品的学说内容,但是却取决于他在语言上进行的移动工作。"他重新采用自《写作的零度》以来是首要的"形式的责任性"之

610

---

① 巴特在《写作的零度》中,将"写作"(或"书写")对立于"风格",这实际上是索绪尔的"语言"与"言语"的对立在文学上的具体应用,而"话语"被看作是"言语"的发展与结果,所以,文学一定程度上抗拒话语。——译注
② "CRS, SS"分别是"法国共和国保安部队,德国纳粹党卫军"的意思。把两者放在一起,最早出现在 1947 年法国罢工工人对于前来镇压的法国保安部队的称谓。1968 年"五月风暴"中被学生们用它来指当时的警察部队。——译注
③ 《开课演讲》,《全集 V》,p. 433。

观念,来阐明这样的一种"取消权力"的意义。《开课演讲》开始于法兰西公学被公认是"外在于权力之地",而到涉及文学规划时结束,这种规划便是拒绝语言的所有卑屈性。如果我们想到福柯在那个时期有关权力问题的所有课程(1976 年的《必须捍卫社会》[*Il faut défendre la société*]、1978年的《安全、领土与人口》[*Sécurité, territoire, population*]、1979 年的《生平政治的诞生》[*Naissance de la biopolitique*])的话,那么明确的是,一种对话的那些基本要素就建立在最少之形式上。

　　一种提供了一种探索而不是一些知识或提供了一种固定言语活动的教诲,也是建立在摆脱之基础上的。为应对盛气凌人的言语的戏剧特点(福柯在《话语的秩序》中对其也做了揭露),就必须提出一种"不稳定的言语"①,这种言语保留着其过渡性的和不确定的特征,对于自己和对自1968 年以来处于危机中的**大学**所遇到的烦恼有着清醒的意识。由此,出现了巴特与福柯对于法兰西公学报告会的"社交"机制的抵制,因为在那些报告会上,音响设备调制得不好,一部分听众必须在看不到人的情况下去听,这就把教师变成了马戏团的动物。由此,两位思想家在面对出版他们授课内容的想法时,都表现出了犹豫:福柯的著名遗言("不存在出版遗作的事情");巴特拒绝出版其关于"中性"的课程("我认为,在一种生命的活动中,总应该在**瞬间**留下一部分:一旦出现,就立即消失,这便是**被拒绝的纪念碑**所必须的部分"②)。尽管有着这些预防性的想法,但是他们两人的课程还是都出版了:因此,应该以摸索的意识(即便他们都曾非常认真地提前准备了它们的课程,而对于巴特来说通常是在头一年的夏天在于尔特就准备了)、重温的意识、改正的意识、嗓音的声调和微粒的意识去阅读它们。阅读授课内容或者是听课程的讲授,也可以使人感知风格的不同。福柯说话声调激烈、有时顿挫明显;巴特则语速较缓,嗓音既明亮又深沉。福柯的话语建立在回溯举动、考古方法的基础之上,经常回到先前的命题上,同时在改正或强化其在新的阅读和新的对话的作用下出现的思想。相反,巴特的讲授完全是前瞻性的,并依靠一种虚构或一种幻觉。对于重

611

---

① 《一种不稳定的言语》(*Une parole inquiète*),是纪尧姆·贝隆(Guillaume Bellon)为交叉阅读巴特与福柯在法兰西公学所授课程而做的研究题目,Grenoble, Ellug, 2012。

② 《小说的准备》,p. 31。

温的担心与对于欲望的担心,并不属于相同的本质。前者是深化,它与产生知识密不可分;后者是一种超越,它通过"为了自我"而开始移动知识。这两种不同的担心,借助于一种很有别的拒绝系统的方式表现在他们书籍的书写之中。当福柯通过解构这些系统来破坏它们的时候,巴特则通过将其散放进片段之中来拒绝它们。使两人接近的,仍然是对于主观化过程的分析,这种分析在福柯一侧是显性的,而在巴特一侧是隐性的。

612

开课演讲,法兰西公学,第八厅

613

《开课演讲》第一次手稿（第一张）

17. 痛　苦

> 成为局外人,是不可避免的,是必要的,但这
> 不包括每当夜晚来临的时候。
>
> ——《如何共同生活》

1977 年

就像 1955 年或 1966 年一样,1977 年开始于 1 月 7 日的《开课演讲》,结束于 10 月 25 日的亨丽埃特·巴特的去世,这一年是巴特生活中的转折年:继最大的殊荣之后,随之而来的最彻底的、最痛苦的裂痕,即在其之后使一切均改变了的伤痕。这也是《恋人絮语》的出版年份,这是获得广大读者认可的重要时刻,而这一时刻把另一种类型的痛苦推出了台面,这便是爱的激情使主体承受折磨的痛苦。

巴特的母亲落座于第八报告厅的第一排椅子上,大厅里满是受邀来听开课演讲的客人。与向所有人开放的课程不同,法兰西公学的开课演讲是根据邀请来出席的。母亲的出现在那一年可以说是有点象征性的,因为在那一年中,出席后来转变成了缺席,圆满转变成了缺憾。巴特没有说出母亲的名字,但是他在提及与母亲在一起的愿望和放弃就是唯一法则的时候,间接地向母亲送去了敬仰。"因此,我很希望,在这里交织在一起的言语与听,就像是一个在母亲身边玩耍的小孩子在来回跑动,他一会离开了,一会又回来了,为母亲带来一颗石子、一段毛线,就这样围绕着一个快乐中心画出一个完整的游戏空间,而在这个空间里,石子、毛线最终都变得不如满是由此产生的热情赠

品更重要。"①巴特祈愿由感情所构建的一种空间,可以替代通常是由课程带来的控制场所:毛线让人想到弗洛伊德小外孙的线圈游戏(fort-da),借助于此,孩子带回来远处的东西。这也让人想到温尼科特的一个文本,巴特曾在《恋人絮语》中多次引用过,并且在那个时期,这个文本是他的重要参照文本:"我向母亲解释说,他的儿子害怕与母亲分开,他尽力在玩线圈游戏的时候不与母亲分开,同样,在求助于电话的情况下,也可以不与一位朋友分开。"②求助于参照精神分析学,旨在不去给出一种解释,而是在于针对这种空间的完全性,因为在这种空间中,赠与是可能的,而无需什么形式。在巴特"开课演讲"的第一次手稿中,他补充有这样的话:"我真诚地认为,在任何讲授开始的时候,必须接受安排一种情感。"他在最终的文本中用"幻觉"代替了"情感"一词,大概是为了不使他的感情变得更为明显,是为了把他的愿望投射到未来。最后剩下的是一副画境、一种属于"平静的"场面,它代表着一个孩子平心静气地在母亲身边玩着。

　　开课演讲,是一个重大事件。《世界报》在两天之后做了报道,同时选载了巴特的话,评论了当时的气氛:"虽然开课演讲确认了所有开课演讲的上流社会传统,但是,出席的人还是让报告人撒了一点谎,因为按照他的说法,法兰西公学是'外在于权力'的,而作家们,由于并不是高级价值的占有者,所以他们不再可以'炫耀自己'。"③罗伯-格里耶、纳多、克洛索夫斯基、索莱尔斯、克里斯蒂娃、泰希内、科迪耶,研讨班的大多数学生:所有的近友都在场,公学的大部分教授也都在场。当晚,所有朋友们都聚会在位于尼古拉-乌埃勒街(rue Nicolas-Houël)的尤瑟夫·巴库什的家里,欢快庆祝④。尽管仍有挥之不去的欺骗感觉,尽管人们因他敢于说出"语言是法西斯主义的"而对他发出的批评在触动着他,巴特还是看好这一庄重的、友好的对他认可的时刻。

617

---

① 《开课演讲》,《全集 V》,p. 445。

② 温尼科特(Winnicott):《游戏与真实——潜在的空间》(*Jeu et réalité. L'espace potentiel*),trad. C. Monod et J.-B. Pontalis,Gallimard, 1975, p. 29;在《恋人絮语》中谈到电话时被引用过,《全集 V》,p. 148。

③ 《以艺术家出现的符号学家的肖像》(«Portrait du sémiologue en artiste»), in *Le Monde*, 9—10 janvier 1977。

④ 正像寄给弗雷德里克·贝尔泰的一封信所证明的那样:"弗雷德里克,在开课演讲之后,请您务必来一位朋友尤瑟夫·巴库什位于尼古拉·乌埃勒 7 号(原文如此)的家里参加一次小型聚会,A3 电梯,9 层左侧,从 20 点开始"(私人档案)。

几天之后,即 1 月 12 日,他根据头一年确定的题目"如何共同生活:某些日常空间的故事性模仿"开始上第一堂课。他的授课每周三在 6 号大厅,从 11 点开始,总共为 13 周。根据学校的习惯,他还要在同一天开设一次研讨班,其题目是"坚持一种话语",并且,在研讨班上,他要与"开课演讲"保持一致,挖掘语言中傲慢的各种模态表现。他邀请了多位报告人:弗朗索瓦·弗拉奥、雅克-阿兰·米勒、路易·马兰(Louis Marin)等。在课堂上,他对于学生之间较为平静的交际方式感兴趣,对于直面社会、组织机构、言语活动的恐吓所表现出的抗拒行为感兴趣。他在自己的私生活中也是这样,他尝试组织小范围的集体活动,尝试在同一个地方组织友好团体。让-路易·布特、尤瑟夫·巴库什和保罗·勒热璐(Paul Le Jéloux)居住的公寓房就具有这种使人安心的功能。在安德烈·泰希内身边,也有一个私密的、气氛热烈的朋友圈,这就使得大家在某些夜晚可以度过快乐的时刻。但是,在那一年,快乐维持很短,因为亨丽埃特·巴特在冬季的时候已经感到疲惫,而到了春天就在《恋人絮语》出版之际病倒了⋯⋯3 月 28 日,巴特将这本书送给了埃里克·马蒂、阿兰·罗伯-格里耶和让-路易·布特,就在当天晚上亨丽埃特突感不适,巴特赶紧扶她上床休息。她的健康状况进入 4 月份后日趋严重,巴特和弟弟不得不给她办了家庭病房,由皮蒂耶-萨勒佩特里耶尔医院负责医治。巴特在这本书瞬间走红、频繁接受采访和录制节目的同时,仍然尽可能地守候在母亲身边,并放慢他的各项活动,大大减少了晚间外出。4 月 29 日,在电视台的《书讯》(«Apostrophe»)节目上,贝尔纳·皮沃第一次接待了他,同时与他一起被接待的还有弗朗索瓦丝·萨冈和安娜·戈隆(Anne Golon),后者是爱情主题小说《女天使——天使们的娇贵女人》(Angélique, marquise des anges)的作者。在这一节目上,他神情专注,亲切可爱;不过,他仍然牵挂着母亲的健康状况。在那个晚上,他把浪漫之爱、激情之爱和痛苦之爱与强烈和无私的母爱做了对立谈论。在后来的几周内,他外出了几次:为 5 月 7 日吕塞特·菲纳的博士论文答辩去了埃克斯,5 月 20 日去了罗马(去参加关于音乐的一次研讨会,会上他谈了潘泽拉),但是,他都尽可能缩短逗留时间,例如只在罗马呆了一夜。在那段时间里,他一直忙于照顾母亲和应付媒体的狂热。亨丽埃特的身体状况缓慢地得到了好转。6 月 13 日,家庭病房已无需要。她仍然虚弱,但危险是过去了。

618

恋　情

　　为了理解这本曾是巴特生前最为成功的书籍(《恋人絮语》在出版后的那一年售出了 7 万册[①])创作的起因和动机,必须回溯到几年前其作者在高等研究实践学院讲授"恋人话语"的时刻。还必须考虑到在那个时期巴特私生活的发展情况,这种发展在该书的形成过程中起着重要作用。那些发展情况并非是趣闻性的,因为他几年前就决定把写作与他的情感、与他在相同主题上的锲而不舍的探索结合起来。自从他倡导小范围的研讨班以来,特别是他把"作者的词汇"作为研究对象的那一年,一个小小的(在教师与学生之间和在学生内部的)欲望互通群体形成了。选择恋情话语作为课程主题,显然是把玩这种事态、突出这种事态和使其产生新的外在特征的方式。巴特在将自己的部分习惯和追求用在了自我肖像描述的准备性授课之后,这一次完全可以走得更远,直至最为隐私的内容,同时阐述主体不再分散、不再难以捕捉、不再模糊但却完全是由激情构成的所有时刻。从这时起,一种浑浊的空间已经形成了,他紧密地将教学关系、文学实验和恋情生活混合在了一起,这是一种实实在在的自传虚构的空间:在这一时期,即处在同时伴有群体的意图和在这个时期特有的性解放的阶段,巴特进行了真正的政治发明。那便是为反对现有的组织机制而建立一种新的集体生活的场所,而在这种场所中,各种言语活动都可以得到分析和解放。有关恋人话语的这本书,涉及到了这种特殊经历的痕迹。作为书籍素材的各种文本与巴特和这位或那位朋友的对话交织在一起,他在书的边缘处用这些朋友姓名的首字母来代表他们。但是,这种匿名做法完全是相对的,因为书中最后的致谢表中首先出现了被他看重的这些对话者们的完整姓名,不过,弗朗索瓦·瓦尔、塞韦罗·萨尔迪和菲利普·索莱尔斯成了例外,而他们都是研讨班的听众。有关书的形成的档案,显然更具说服力(我们不掌握全部,因为有些资料还属于私人占有):就在巴特向出版社交付了《罗兰·巴特自述》最终手稿之后,他就开始了对于一种心得日记的撰写——在这一方面,他安排和列出了对于他的恋

619

----

① 根据色伊出版社最近提供给译者的信息,该书的销售量已经达到 66 万册。——译注

情生活的叙事顺序:他有规律地展示了那些相续的情节,使其对应于话语的类型和可从中获得的评论(日记的每一页纸正反面都被分成四个栏目,上面标明"日期""事件""外在形象""标记")。例如,1974 年 9 月 20 日,是开始记这种特殊日记的日子,在巴特看来,它立即就变成了带有时间表和索引的工作资料:在"叙事"一栏下记有"在于尔特等待 R. H. 的电话",在"外在形象"一栏下有"依恋"一词,在"标记"一栏下有"我因害怕而不敢出门……"。在出版的书中,名为"依恋"的外在形象重新取用了日记中的两段主要内容:等待电话就如同绝对从属,假期就像是加重欲望和等待的因素①。

从 1973—1974 学年起,巴特除了与让-路易·布特及其群体的友情外,还建立了与由他特别喜爱的几个学生组成的"小群体"的友情,他们是埃夫利娜·卡扎德、罗兰·阿瓦和帕特里斯·居伊。他们三人居住在位于巴黎十六区的乔治桑街的一套公寓房里,他们的关系非常密切,但也极为复杂。最初,即使巴特已经看到罗兰·阿瓦是独自一人(他们两人一起弹奏钢琴,一起去听音乐会),他还是保持着与整个小群体的友好关系,而这种关系在中国之行那个时期变得牢不可破:在动身前夕,巴特与他们三人一起度过了那个夜晚,而在 5 月 5 日回到巴黎当天,他去了乔治桑街,并在其出行日记中有所提及。他似乎对两个小伙子都有了感情,但尤其逐渐地形成和确定了对于罗兰·阿瓦的激情,后者当时是学医的寄宿生,正在主攻精神病学专业。这位年轻人酷爱音乐,他对于巴特所产生的极大诱惑力也许与他的祖籍罗马尼亚有关——他曾在罗马尼亚呆到 15 岁:这次相遇强化了巴特对于早在 1948—1949 年于罗马尼亚时建立起的深情厚谊的怀念,这种怀念跨越了逝去的时间和将他们分开的代沟。在1974 年夏天,巴特在达尼埃尔·科迪耶的家里完成其肖像描述的书籍期间,曾多次在夜晚去当时由卡西米尔·艾斯泰纳②担任经理的位于儒昂湾(Golf-Juan)的"漂亮堤岸"(Belles Rives)旅馆,而罗兰·阿瓦则到那里与

620

---

① 《恋人絮语》(*Fragments d'un discours amoureux*),《全集 V》,p. 113—114。

② 卡西米尔·艾斯泰纳(Casimir Estène),作为当时蓝色海岸(la Côte d'Azur)一地的同性恋人群和乘喷气飞机出行的团体之聚会的杰出组织者,曾在一部以真人真事为基础、以雷米·桑泰尔(Rémi Santerre)为笔名发表的小说《差异》(*L'Écart*)中,部分地讲述了这种放纵的和引人注目的生活。

巴特呆上几天,随后才轻松地去马赛找埃夫利娜·卡扎尔,足可见巴特对他施加的压力之大。他从不向巴特隐瞒自 1971 年以来他与这位年轻姑娘建立的关系(这位姑娘后来成为了他的妻子)。但是,巴特心绪不无矛盾,他担心阿瓦受到伤害,担心人们在看到像他这样年纪和他这样声誉的一位知识分子竟如此看重一个年轻人而表现出惊讶,这些情况也许最终导致了他希望有一个美满的结局。

在随后的一年当中,事情在巴特一侧变得非常难以控制,使得巴特痛苦万分。正是在这种背景之下,巴特按照恋人话语的各种外在形象开始了写他的心得日记(他称之为"R 文本"或"为 R 写的小说"),并决定为这个主题安排一个研讨班。他们两人在 1974 年末一起去了瑞士,到过日内瓦和苏黎世,而在苏黎世,他们一起观看了普契尼的歌剧《托斯卡》(Tosca),又于 1975 年 8 月去了威尼斯。巴特并不寻求一种夫妻生活,也不想建立一种排他的关系(他在那个时候已经有多位情人)——但是,罗兰·阿瓦基于他的情感本性和他少言寡语的暧昧态度,加快了他们之间激情关系的结束:巴特嫉妒、失望、期待。他们之间的争吵和分而不聚,越来越多。罗兰·阿瓦曾经多次想摆脱已经真正异化的这种关系,但他无法实现。巴特自己也承认,他只是在《恋人絮语》发表之后才获得自由。一如在疗养院那些年与罗贝尔·达维德那样(他对达维德的情感发泄近似于疯狂冲动),巴特一旦遇到一位不能满足他恋情的男人,就靠书写长长的信件来表达他的失望,靠写上几百页纸来引起男友的注意。这些信件也许有一天会发表:它们会以一种特殊的光亮让人看到巴特的人格——一种被公认为含蓄,但在这种情况、这种感情充沛、这种展示表现之中却是无不能够为之的人格。巴特的记事簿表明,他有时连续几个整天都在给罗兰·阿瓦写信:1975 年 2 月 6 日,4 月 1 日,5 月 14 日——"给 RH 写长信(因为昨天晚上的一次小小的纷争:关于写作的社会性)",还有在 7 月19 日,他连写了三封长信,这种情势也导致他决定将关于"恋人话语"的课程变成一本书出版。从那一时刻开始,他便让他的故事所启发给他的那些外在形象和思考服务于这本书的构成,同时利用了研讨班和"文本R"。下面显示的文字,告诉了我们 1975 年 4 月 10 日上课所谈关于"罗兰文本"的情况:赋予理论化处理,既像是一种前-文本,也像是一种个人的和讲求方法的文本(超越主体性),其价值在于在同一层面上安排经典文本(维特,或"W 文本"[①])和自己的真实情况——巴特照样对于自己的情况做语文学的分析。

　　这个时期在激情方面的纠结和这种纠结带来的痛苦,致使巴特去找雅克·拉康做了精神分析。他这样做,是有多重原因的。茱莉亚·克里斯蒂娃(因中国之行而远离了政治,也更靠近了精神分析学,长期以来一直参加他的研讨班)鼓励他去做这种分析,从而延续了弗朗索瓦·瓦尔很久前就向他提出的建议。他与罗兰·阿瓦之间的对话,有许多都涉及到精神分析学。后者已经准备好去接受这种分析。巴特除了阅读拉康的《文集》(他早在该书 1966 年出版后就阅读过),还阅读其第一次研讨班的授课内容(《弗洛伊德的技术文论》[*Les Écrits techniques de Freud*])和第十一次研讨班内容(《精神分析学四种基础概念》[*Les QuatreConcepts fondamentaux de la psychanalyse*]),这是当年出版的两种。他的研究主题引导他比此前任何时刻都更为系统地对精神分析学话语感兴趣:他还阅读温尼科特和赛尔日·勒克莱尔的书、特奥多尔·赖克(Theodor Reik)的书和《奥尔尼卡尔》[②]杂志,这些书和杂志在《恋人絮语》的参考书目中占有突出位置。精神分析学家于贝尔·里卡尔还把他参加拉康研讨班时做的有关小写的"autre"、有关理想的自我和自我的理想和有关恋情的笔记给了巴特[③]。这一资料成了巴特准备课程的参考文献之一,他曾在授课过程中多次引用。

622

---

① 此处的"维特"(Werther),应该是指歌德《少年维特之烦恼》一书。——译注

② 《奥尔尼卡尔》(Ornicar):是属于弗洛伊德学派的一本法国精神分析学杂志,原为"or,ni,car"三个法语连词,来自帮助记忆 7 个法语连词的续写方式:"mais, ou, et, donc, or, ni, car",但从读音上,这种续写又可以让人听成"mais où est donc Oscar?"("可是,奥斯卡尔在哪里?"),似乎在说明可以从无意义到有意义,以此喻精神分析学的作用。——译注

③ 于贝尔·里卡尔(Hubert Ricard)有关拉康的 9 页手稿,铸造工业标准局(BNF)编号为 NAF28630 的文件,"恋人絮语"(«Fragments d'un discours amoureux»)。译者补注:这里涉及到了拉康有关"镜面期"(stade du miroir)理论。根据这一理论,幼儿在生长到 6—18 个月期间,能从镜子中辨认出自身即"自我",拉康将其命名为以小写字母"a"开头的"autre"(另一个),指的是幼儿与镜子中"另一个"之间的相似性;但是,拉康也指出,在这种"同一识辨"过程中,也会逐渐地有"象征"作用介入进来,拉康以大写的字母"A"开头的"Autre"("他者")来表示,"他者"最初表现为父母在自己身旁的形象和影响,但最终表现为言语活动,并且与"无意识"建立联系,所以拉康有"无意识是*他者*的言语活动"的著名论断。所谓"理想的自我"(Moi idéal)是拉康为弗洛伊德确定的"自我的理想"(Idéal du moi)相对立而提出的,前者属于"想象域",指的是由主体自己身体构成的最初的自恋图像(相似性),后者指的是主体参照父母和社会而试图与之同一的愿望和努力。

　　他第一次接受精神分析学分析是在 1975 年 6 月 28 日;第二次,就在 7 月 3 日给罗兰·阿瓦书写长信的前几天,大概与这封长信不无关系;第三次也是最后一次,即 9 月 15 日,随后便有了一封写给罗兰·阿瓦的有关精神分析学的信。拉康在他位于里尔街 5 号的公寓房里接待了他,在那个时期,拉康身边都是问诊患者。"从 1970 年到 1980 年,在 10 年的时间中,他在每个月平均 20 天的工作日中,每小时平均接待 10 位患者,他每天做 8 个小时分析,每年工作 10 个月。"[1]我们不知道巴特是否在那里尝试过那个时期拉康这位大师名声大噪的问诊的"零度"[2];大概没有尝试过:情况是他们两人已经有过相遇,当然他们也可以做[3],巴特在人文科学领域重要性突出,他们所去之处相同,这些情况大概都迫使他去听。相反,我们尤其通过茱莉亚·克里斯蒂娃的话所知道的是,他们的相遇并不是十分有结果的:巴特在其几次约会之后似乎说过这样的话:"一个老笨蛋与一个老傻瓜在一起"。

　　这已经不是巴特在写作一本书的时候第一次求助精神分析学的陪伴了,可是他在求助之后立即又为其增加了一种抗拒形式。《S/Z》就是在这种对于分析的"不确定"(这是他使用的词)关系中写成的。他虽然经常平白无故地取笑"精神分析学的'圣经'",可是,又通常求助于精神分析学,经常求助于精神分析学来为"幻觉"(fantasme)一词提供定义。在 1975 年前后,巴特依靠他独自的治疗经验(和他的失败)以及其更为深度的阅读,更为直接地在对话中把精神分析学当做言语活动来看待。他想理解精神分析学于性欲话语之外而在恋情方面承担话语的方式。特别是,他把自己的话语与当代全部的言语活动对立起来,而这些言语活动则使浪漫的恋情和激情奔放的恋情言语活动变成了非现时的。它在《恋人絮语》的简短前言中说道:"今天,恋人话语属于一种简短的孤独";"恋人话语完全地从周围的言语活动中被放弃了:或者说是为这些言语互动所不知、所贬低、所取笑,它不仅远离了权力,而且远离了其各

①　伊丽莎白·卢迪内斯库:《雅克·拉康》(*Jacques Lacan*), Fayard, 1992, p. 514。

②　"零度"是巴特发明的概念。根据查阅,拉康的临床分析的"零度",就是让前来问诊的"精神病患者"躺在软垫子上进行。——译注

③　去中国之前,他们在拉·卡莱什(La Calèche)饭店见过面。并且,他们在 1976 年 1 月 13 日一起看过小范围放映的日本导演大岛渚(Nagisa Oshima)执导的《感官王国》(*L'Empire des sens*)电影。

种机制(科学、知识、艺术)"①。在此,巴特的挑衅举动在于为这种孤独的话语进行辩护,直至为其使用了第一人称——在并非是自己的一个"我"后面,自然是一种模拟,也可以说是一种虚构、一种加倍的肯定,但是继"我"之后,又不能不看到*也有*自己。在此,他还表现出选择边缘、选择无场所的态度:对于现时的前沿思想(拉康,德勒兹)的承担,与他保持距离的做法同时并行。巴特可能承认精神分析学在情感描述方面的有效性,但是,他摆脱被看作是必须给予治疗的那种激烈恋情的思想……"因此,我在这本书中与精神分析学的关系,是非常模糊的;与往常一样,这种关系,它使用描述,使用精神分析学概念,但是它有点像是使用一些虚构要素那样来使用它们,它并非一定是可靠的。"②不过,他在那个时期所写的文章都贯穿着精神分析学,而特别是贯穿着拉康的术语:《离开电影院》也是在 1975 年写的,那篇文章在将一个人离开一处黑暗大厅时的状态与催眠相结合的同时,参照了拉康的两个主要概念:一是"真实-象征-想象"(Réel,Symbolique,Imaginaire)三支点,二是镜面期。"*真实只与距离有关,象征只与面具有关;唯独形象(想象)是靠近的,唯独形象是'真的'*(可以产生真理之回响)。"③在同一时期,他对克里斯蒂安·梅斯的书籍写过评述——梅斯曾将精神分析学引入了他为《本我》(Ça)杂志写的关于电影符号学的文章之中。还是在 1975 年,他与罗兰·阿瓦一起写了《听》一文,第三部分完全是介绍精神分析学之听的,完全是介绍自由滑翔式注意即在循环和变化的听用以改变观念的方式,而这种观念是我们在作为有意愿的和被引导的听力行为的听的方面可以产生的④。因此,与罗兰·阿

624

① 《恋人絮语》,《全集 V》,p. 27。

② 与雅克·昂里克的谈话(Entretien avec Jacques Henric), in *Art Press*, mai 1977(《全集 V》,p. 403)。

③ 《走出电影院》(«En sortant du cinéma»), *Communication*, 2ᵉ trimestre 1975(《全集 IV》, p. 781)。译者补注:拉康自 1953 年"返回弗洛伊德"之后,用了 20 多年时间根据结构语言学理论重新解释弗洛伊德的理论——虽说是解释,但也因此建立起了他自己的结构精神分析学体系,而"真实""象征"和"想象"三个支点(或三个"语域"或三个"界")则是其体系的重要内容。按照拉康的理论,"真实"并非是现实,"真实界"是处在错觉之外、镜子的映像之外,然而却是永远在场的"不可能的"东西;"想象界"仅仅是"真实"之预先动作的结果;"象征界"则参照"能指"和"言语活动",但也参照象征功能。

④ 《学习与讲授》(«Apprendre et enseigner»)(谈克里斯蒂安·梅斯的《论电影的意指》[*Essais sur la signification au cinéma*], Klincksieck, 1975), in *Ça*, 1975(《全集 IV》, p. 793—795);《听》(«Écoute»), in *Encyclopédie Einaudi*, 1977, vol. 1[1975 年与罗兰·阿瓦合写](《全集 V》, p. 340—352)。

瓦的接近,在很大程度上说明了拉康词汇在 1974—1977 年那几年中对于巴特话语的深刻影响,说明了他在这一领域中所进行的阅读的多样性和对于这些概念在使用上毫不放松的严格性。不过。巴特拒绝将这些概念当作是规则。按照他的习惯,他会把一些观念变为自己的观念,并使之成为其个人写作的动机。于是,例如他在《S/Z》和在《走出电影院》中使用的"引诱"(«leurre»)概念,都是先参照了其精神分析学的定义,随后又将这一定义整个重新归于通常的幻觉意义;或者还有《恋人絮语》中的"猥亵"(«obscène»)概念:第一次出现就伴随着对于拉康的指向;随后,巴特重新按照这个无意识意义采用了它:"没有哪一位巴塔耶会为这种猥亵写什么东西。"①巴特在单独使用一种模式或一个术语的时候,会有意识地予以改变。从 1977 年开始,他完全地投入到了想象域,他首先把这种想象域指向拉康,但是他随即就转向萨特的《想象》(L'Imaginaire)一书。

在《恋人絮语》中,除了精神分析学方面的支持素材外,还有另外一种素材,即一方面是古典哲学(柏拉图,莱布尼茨,尼采)、另一方面也是神秘学的素材:例如吕斯布罗埃克的神秘学思想②(巴特曾引述内斯特·埃洛③翻译的他的作品,该译文同样是瓦莱里或纪德早先阅读过的译文),但也还引述过让·德·拉·克洛瓦④的神秘学思想。神秘学词汇占据着重要的位置,例如:坠入深渊、废止、猥亵、霁霞女神⑤、信奉、无知、诱拐、升天、神人合体。他补充了浪漫主义的言语活动,主要是从《少年维特之烦恼》一书中挖掘的;他在某种程度上使浪漫主义去除性欲特征,同时使之摆脱歌德作品中显示的男人和女人之间的关系;而且他赋予浪漫主义完整的神秘意义,也就是说,巴特使这种意义脱离信仰系统,脱离其不可见部分。他在《罗兰·巴特自述》中写道:"应该转向神秘的东西,以便获得对于因此可以使主题偏离的好的表达方式"⑥。得意忘形,既是一种失去,

① 《恋人絮语》,《全集 V》,p. 220。
② 吕斯布罗克(Van Ruysbroek 或者 Van Ruysbroec,1293—1381):为现在的比利时布拉邦省人,神学家和文学家,其神秘文学作品构成了荷兰最早的文学作品。——译注
③ 埃内斯特·埃洛(Ernest Hello, 1828—1885):法国神秘体裁作家,曾将吕斯布罗埃克的作品翻译成法文。——译注
④ 让·德·拉·克洛瓦(Jean de La Croix, 1542—1591):西班牙神秘体裁作家。——译注
⑤ 霁霞女神(Laetitia):古罗马神话中快乐的占卜女神。——译注
⑥ 《作为享乐的悖论》(«Le paradoxe comme jouissance»),《罗兰·巴特自述》,《全集 IV》,p. 688—689。

也是一种过分;它超越和增加欲望早先模糊地看到的所有可能性。

相对于研讨班来说,1977 年的这本书无论如何都更为集中在激情式恋情方面,而不是更多地集中在幸福与满意。巴特区别出两种恋情:一种是饱满和快乐的恋情,即神秘学者在上帝那里找到的恋情,这种恋情可以在母爱之中找到其世俗的等值对象;另一种是浪漫的、激情式的恋情。如果说巴特曾空泛地建议把某些发展放在母爱方面(例如他承受来自所爱之人不公正对待的能力、他总是表现出满足感的性格)的话,那么,他则将全部的发展都用在了第二种恋情上。该书显示了一位施爱的主体(我)和一位被爱的对象(他)。被爱之人对于施爱之人表示的爱的答复,并不明显地对应于后者的期待,亦即不能符合那些期待。于是,所表达的情感便是非常暴力性的:例如失望、排斥、可笑、不耐烦、暴躁、急迫。恋人是烦恼、嫉妒、痛苦、蠢相百露的。由于他不能承受断绝往来,便总是觉得自己受到了伤害和不知所措。他知道他不会得到完全满足,他便怀有这种希望,并且使尽一切手段来最终实现融合。他的疯癫在于无法摆脱自己的状态,在于毫不松懈地依附其自身:"100 年以来,(文学上的)疯癫被认为是在这一点上有考虑的:'我是另一个':疯癫是一种取消人称的经验。对于作为恋人的我来说,完全是另一种情况:那便是变成一位**主体**,便是不能阻止我是这样的主体,即把我变成疯子的主体。**但我并不是另一个**:这便是我不无惧怕地注意到的东西。"①

至今,只有小说曾经展示过激情式恋情的混乱与痛苦。巴特所引入的新颖性,是将这种恋情变成一种条约、一种片段的和自反的尝试。这种机制赋予了这本书以抒情特征,但却并不因此废除所使用的"我"的哲学维度。这本书的独特性,在于将巴特到那时使用过的各种方法都组合在了一起:结构分析(恋人与被恋之人这一连对构成了一种总的结构,而恋人话语则是被当作全部结构来展现的)、符号学(正像德勒兹在普鲁斯特的作品中所看到的那样,恋情把一切都转换成符号)——除了这两个方面,他又为之增加了想象维度(将其幻觉投射到其写作之中)。写作计划确实属于认识范畴,尽管为了产生这种认识,巴特并不通过实证科学的程序来实现。特别是,并不存在向着主体性和自恋式满意方面的放纵发展,

626

① 《恋人絮语》,《全集 V》,p. 156。

就像某些人所说或所认为的那样。虽然作者是在求助他个人的经验，但却又仅仅是与其经验保持着距离，并且是在这种经验可以服务于展示各种结构的情况下。在这个文本中，我们可以找出许多自传生平的细节，例如洛桑火车站的自助餐厅、作为礼物赠送的箱盒、打电话的顽念、情书、收到匿名人的鲜花，但是这些细节均包含在了条约的方法论的和组合式的写作之中了，它们都变成了每一个人的实际行为，变成了一种被分享的艳遇的各种集结点。在巴特的作品中，《恋人絮语》在任何一点上都与一种自我放弃没有关系。他是在借助模拟和变化手段来写作，这些手段一直都是他在任何科学之外拉近事物之间区别的最可能细致的方式。那么，

627 如何来说出接触呢？"两只手在不停地压捏——真是无限而浪漫的主题——，那是手心的微弱动作，手腕也不离开，胳臂沿着长沙发的靠背无阻碍地伸开，而另一个人的头则在靠背上一点一点地移靠了过来，那是绝妙而隐蔽的表示的极乐境地：这并非是所有感官的快乐，而是特定感官的快乐。"①意义并非总是整个地即完全地出现，但却始终是在符号的逐步展开中出现的。由自己展示他在书籍之中和在某些朋友那里搜集到的经验，为符号学分析增添了一种属于现象学的描述。于是，巴特建议对于这样的一种恋情进行思考，该恋情无最近的先例，它表明它并非是为被蔑视的空间所保留的一种主题，但却可以成为一种思考之对象。

读者是不会受骗的，他们多数认可这部书籍，承认书中的一些实践，但也认为这是将他们置之度外的一种方式。在巴特看来，这本书的概括性来自于他为每一个人都提到了所有人的经验；这种力量，不同于概念论据所给予的普遍化的结果，它在于依靠片段式的写作和认真的特征描述。每一个人的接受都是非常有别的。巴特的朋友们从来没有听到过他也公开地谈论他自己。他们只在所安排的"我"中认识了这个男人。埃夫利娜·巴谢利耶的一封长信表明她不无为难之态："在研讨班上，您不曾说过第一人称——我，或者很少见您说过。"②在这本书中，对于痛苦的想象是非常明显的，以至于这种痛苦不可避免地将想象物与她认为是可怕的

---

① 《恋人絮语》，《全集 V》，p. 97。
② 埃夫利娜·巴谢利耶 1974 年 [4 月] 的信件。铸造工业标准局（BNF）1979 年 9 月编号为 NAF28630 的文件，"恋人絮语"。

巴特的痛苦联系起来。菲利普·索莱尔斯在这本书出版之前就阅读过手稿,在他看来,这种明显表白恰恰是产生《恋人絮语》之力量的东西,"这是一本奇特的书,阅读它,不可能不产生抑郁、不产生情绪;正如您所希望的那样,相对于今后建构轰动机制或轰动研究院的任何东西来说,这就是一本引起轰动的书……亲爱的罗兰,您绝对具有反潮流的天才"①。巴特的终生朋友菲利普·勒贝罗尔写长信评论了这本书,让他感受到了巨大力量:"片段系统赋予了该书有时是难以承受的密度,我慢慢地阅读,15 天之后,我因获得过多营养而觉得不适。同性恋把我勒得难以喘息。这种主题对于异性恋的人来说是危险的,特别是当他们具有双重性取向的时候。对于那些没有被分析过、却整天摆脱不了既往症的人来说,谈论精神分析学也是困难的。在阅读他这本书的过程中,我曾觉得自己被带入了一种半封闭的社会之中,那是一种启蒙过程。即便恋情是单一且永恒的。"他以这样的话作为结束:"它所适应的,是你:是另一个熟悉—不熟悉的罗兰,是被揭示为比假想的面孔更为光彩、更为痛苦的一副被掩盖的面孔。"②但是,最引人注目的信件大概来自于乔治·佩罗斯,他在写给巴特的信中这样说:"一如我有着绝好的'耳朵',我的记忆力也非常好,我对于我们之间的见面、对话记得非常清楚。当然,这不是在无痛苦的情况下得到的。……因为曾经有过成为恋人的这种痛苦,我深信不疑。可以说,没有比友情更为色情的。我经历过、忍受过这些痛苦。"③在那个时候,佩罗斯已经不能说话:他的咽喉癌使他丢了声带,他于几个月后的 1978 年 1月 24 日去世。他的秘情即是痛苦的,也是令人不安的。

　　索莱尔斯提到的一点(轰动事件)和勒贝罗尔提到的一点,以及佩罗斯以他的方式提到的一点(同性恋),大概就是在该书出版时被隐瞒了的东西——这种东西今天还广泛存在,但是它构成了这部书所维护的最根本的和先锋派的特征。巴特非常强调他的对象的非现时性:激情式恋情即浪漫式恋情并没有被当时的知识所承担。这种恋情被留给了过去时间的小说,留给了短暂的爱情,留给了妇女杂志。因此,第一步努力在于把

①　菲利普·索莱尔斯 1976 年 12 月 18 日的信,同前。
②　菲利普·勒贝罗尔 1977 年 5 月 1 日的信。菲利普·勒贝罗尔遗赠,IMEC。
③　乔治·普洛(乔治·佩罗斯)1977 年 4 月的信。铸造工业标准局(BNF)1979 年 9 月编号为 NAF28630 的文件,"恋人絮语"。

这种恋情达到认识的对象的尊严高度,第二步是更为高贵的:巴特实际上把恋情从有关性欲的话语中提取了出来(而这种话语属于当代的言语活动),而特别是,他从性别的区别方面取消了这种恋情。他在同性恋的空间中重新活跃了有关浪漫恋情的思考力量,因为在同性恋中,区别是偶然的,而非根本性的,这就后悔造成一种缺陷:"同性恋难以像意义、像可理解性那样自然生成。"由此,产生了这样的情况,即同性恋可以在其被资产阶级占有之前,通过非连续性在浪漫恋情的痛苦机制中得到解释。

　　巴特之所以曾足够地关注他的人称代词的抽象化,以便使他对于恋情的描述成为每一个男人、每一个女人都可以与之划一(尽管人们在这里、那里都可以看出作者个人情境的痕迹)①的一种话语,这是因为恋人话语的某些结构超越了性别不同的问题。但是,这本书的力量还在于这样的情况,那就是它关系到了同性恋和同性恋与激情式恋情有关系的东西,而在性欲言语活动中同性恋是被考虑最多的(甚至在普鲁斯特的作品中)。

　　1977 年的课程延长了个人生活与思考的交错,它不再与恋情(其最终目的是两个人的结合)有关,而是与"共同生活"有关。巴特个人的社会生活,是由几个小圈子、不同的"群帮"构成的,他这时想要思考的,是这些领域有可能允许的政治-社会的或乌托邦式的前景。这就要再一次审视他所厌恶的那些秩序:异性配对——社会将这种配对变成了一种分离论规则(婚姻,他对于在圣叙尔皮斯广场举办的婚礼的结尾感到惊讶,那就"像被排斥的人本身突然地受到了打击一样"②)、就位(sistemat),即"得到安置"(«casés»)(被带入与结构同样的舒适之中,但却与欲望分离③);家庭就如同资产阶级法则再生的一种工具。面对这两种被拒绝的关系系统,巴特提出了两种对立的系统:在小群体中共同生活(这种生活方式可以包含由他和母亲与弟弟组成的"无家庭中心论关系的家庭",还包含某些"成功的"④家庭)和独自生活。这两种系统可能显得矛盾,但它们不会出现矛

---

① 书中的"他"(«il»)有时指恋情的对象,有时指一位男性人物。

② 《罗兰·巴特自述》,《全集 IV》,p.662。

③ 《恋人絮语》,《全集 V》,p.75—77。

④ 在课上,巴特在一个括号中这样说道:"如果没有某些家庭的成功,就不会有家庭!"(《如何共同生活片》,p.35)。

盾,原因是每一种系统都是另一种系统的梦境。共同生活的模式,是由
《魔山》中的疗养院所提供的,比起他从莱森疗养院返回后不久写的《一个
疗养院社会的概述》中展述的模式更为虚幻。因为在那个疗养院里,生活
圈子无异于"大家庭"或处于上升时期的一种封建主义。正像在《如何共
同生活》中介绍的那样,这种模式允许向每个人提供享有节奏自由的一种
社会存在——在死亡不找上门儿来的情况下,这种社会就近似于田园牧
歌。这种独居修道院式的社会,可以让人与两种过分的形式作斗争:一是
借助孤独即对于群体的拒绝和过隐居生活而对于自身的过分保护;二是
对于大型群体的过分整合,那些群体一直是根据一种权利建筑术而被赋
予结构的(然而,权利总是伴随着节奏异常即相异节奏)。这样的社会,会
是一种"中间的、乌托邦式的、亚当式的、田园牧歌式的形式",这就说明,
它仍然是古怪的和边缘性的。

　　这种思考是建立在幻觉基础上的,这种幻觉恰恰是在共居式修道院
中建立的独居修道生活:那些修道士既是独立生活,也是在结构的内部相
互有联系的;每一个人都有各自的节奏,而又不影响群体。具体来说,令
人产生幻觉的场所就是阿索斯山(Athos),巴特从未去过那里,但他听弗
朗索瓦·瓦尔说过,并且他也读过雅克·拉卡里埃 1976 年发表的《希腊
的夏天》(*L'Été grec*)一书中的描述:"地中海、阶地、山脉(在幻觉中,人们
在消磨;而在这里,是积垢、是信仰)。实际上,这是一种景致。我处在这
里,就在一处阶地的边上,远处是大海,白色的墙皮,我自己有两个房间,
几个朋友也有同样的安排,不远。"[①]我们在其关于摩洛哥的模糊的梦境
中,重新看到了这种地中海的房屋;而在《开课演讲》中提出的这同一种方
法,就在于在按照其意愿来规范现实的一种欲望驱使之下来工作。在此,
重要的神秘学素材,由于继续延展前些年的阅读,所以被解读为并没有考
虑所指,这有点过分,因为上帝在某种程度上就是绝对的所指,就是他自
己的能指。除了修道制度,文学素材可以让我们浏览共同生活的一些反
衬空间:纪德的《普瓦捷被非法监禁的女人》(*La Séquestrée de Poitiers*)让
人看到了斗室房间;《鲁滨逊漂流记》(*Vie et aventures de Robinson*)展示
的是兽穴;帕拉德(Pallade)的《修道院的故事》(*Histoire lausiaque*)讲述的

---

① 《如何共同生活》,同前,p. 37—38。

是埃及、巴勒斯坦和叙利亚修道士的趣闻轶事,以及荒漠;克劳斯·曼
631 (Klaus Mann)的《魔山》描绘的是疗养院;最后,《家常菜》(Pot-Bouille)中
出现的是楼房,即资产阶级的共同生活方式。巴特的主张是有意思的:文
学一般越是像在构筑自己的模式储库,人们就越通常会忘记它在共同生
活方面提出的建议。阅读方面的孤独情境部分地对此做了解释;所有小
说中都有"关于共同生活的一种分散的素材"①,而研讨班的背景情况让人
们分担阅读,这必然更适合成为发掘其他模式的场所。

　　这些模式中的大部分都会在其建立的各种矛盾中使人产生焦虑情
绪。虽然有疗养院的例子(巴特在口头上将其与个人的经验联系了起来,
因此也就谈得更多),但它是一个以延缓死亡为最终目的的一个集体驻
地,因此还是涉及某些寄宿者的一种绝对孤独之地。由此出现了我们已
经看到的情况,那就是巴特将这种情况与痛苦之人的范畴结合在了一起:
"群体(共同生活)的功能:关于死亡之危险的统计学上的表象;灭除邻居
的偶然性领域,因为这有可能就是您自己。这就不是间接的了,而是隐性
的。"②在巴特身上,焦虑尤其产生于时而是正面的,时而是负面的有关自
给自足和禁区观念的矛盾情绪。在其关于《巴黎圣母院》的文章中,卡西
莫多体现了对于禁区的非常正面的表述③,特别是因为他以山洞或洞穴取
代了阳台、悬空的花园;我们也在其关于儒勒·凡尔纳的文章或课程以及
在《如何共同生活》中看到这种情况。但是,自给自足也有可能在其自身
退却,成为资产阶级空间的胜利,"[这种空间]四周不通,没有一处暗藏出
口可以让人逃出、让人发抖或产生梦想"④;消费社会的胜利(在这种社会
里,金钱更为珍贵),那是自足的世界(以负面的禁区为例,不过,这种禁区
632 也可以比成一艘船或一个肚子,它们就是牧羊女剧院——巴特在1953年
曾为其写了第二篇神话⑤)。

　　建立在尊重每一位个人基础上的共同生活的乌托邦,似乎注定以失

---

①　《如何共同生活》,同前,p.44。

②　同上,p.80—81。

③　《小说中的大教堂》(«La cathédrale des romans»), in Bulletin de la Guilde du livre, mars
　　1957(《全集Ⅰ》, p.873—876)。

④　《阿维尼翁的冬天》(«Avignon, l'hiver»), in France Observateur (《全集Ⅰ》, p.473)。

⑤　《牧羊女剧院》(«Folies-Bergères»), in Esprit, février 1953[未收入《神话集》](《全集Ⅰ》, p.
　　234—244)。

败告终。只可能有对于集体生活的乌托邦,也就是说,要服从于为所有个人制定的规矩和所有个人的潇洒。"这大概是共同生活最为重要的问题:找到和调整临界距离,而超出这个距离或小于这个距离,则会产生危机。"①巴特继续说,在今天,这一问题变得更为尖锐,因为"珍贵的东西,即绝对的利益,那就是位置"。这么一来,需要发明的乌托邦,就该是有关*位置之赠与*的乌托邦。但是,关于"如何"的问题,在论证的每一个阶段,其出路都是死胡同。于是,便应该听凭这种公开的否定性(它有可能就是伤感)即那些从未封闭、从未确定的概念带来的否定性的驱使,因为那些概念延伸了写作的无限领域,而在那些领域中,一切均应该被重新采用,就像生活和白天那样不可或缺。"共同体充满勇气来对付深夜(设想身处边远的农村,没有灯光,夜的降临真是黑暗的威胁)。→共同生活:也许就仅仅是为了集体应对夜晚的悲伤。成为局外人,是不可避免的,是必要的,但这不包括每当夜晚来临的时候。"②

以勇气来对付深夜:这句话是 1977 年 4 月 27 日授课结束时说出的,那是亨丽埃特·巴特病情严重的时刻,这些词语在表明一种巨大的痛苦。1977 年的课程贯穿着对于失去母亲的担心:死亡的幽灵曾模糊地出现在疗养院里,后来又通过隐喻手法将肚子和船只说成是来自母亲的保护而重新提到了死亡,裹尸布这一形象让人联想到一段关于母亲的童年回忆——当时母亲用窗帘布将自己与巴特裹在一起轰赶一只蝙蝠……现在又感觉到裹尸布的幽灵出现了。

母亲的去世

633

继疗养院之后,罗兰·巴特生命中的第二次重大停顿也还是与死亡的相遇。但是,这一次相遇更为直接地是对着自己而来的,而不是广泛地涉及大家的。他曾一直徒然地担心母亲去世,也曾徒然地采取了某种预防措施,但当母亲去世的可怕事件突然来临时,他还是撕心裂肺地痛苦。没有了母亲,怎么生活呢?

----

① 《如何共同生活》,p. 178。

② 同上,p. 176。

在于尔特的整个夏天,母亲都忍受着病痛折磨。她此前摔倒了,呼吸感到困难,因此必须经常请勒普瓦夫尔大夫来看病。巴特的弟弟米歇尔·萨尔泽多因为妻子拉谢尔在 8 月份时做过一次困难的手术而不能像往常那样常在母亲身边。巴特为准备"中性"课程已经阅读过迈特尔·埃卡尔特、德尼·拉雷奥帕吉特①和斯韦登伯格②的著作,但是他没有怎么去研究。他只关照了一下花园,种上了一些西红柿,但除此之外,几乎他所有时间都花在看护母亲身上了。8 月 26 日,他与母亲一起乘飞机回到了巴黎,让-路易·布特通过火车托运了它们的汽车。亨丽埃特·巴特这时的体重只剩下 43 公斤。巴特重新见到了几位朋友(雷诺·卡缪、帕斯卡尔·格雷戈里、安托万·孔帕尼翁、米歇尔·克雷索勒[Michel Cressole]等),他尝试为准备课程再阅读一些书籍,但是他不做研究。他在这个时期写的唯一文章,是为达尼埃尔·布迪内的摄影作品和其尽力保持平静的叫人不安的风景摄影作品所写的文章。一条弯曲的公路把人带回到了童年;一处果园把人带到了一片没有压迫感的田野;一匹白马叫人快乐无比。"D. B 的摄影作品极富音乐感。它们叫人心绪平静,起着某种巧妙的净化作用,从来不是暴力式的:身体可以更好地呼吸。"③

每一次歇息都很短。亨丽埃特·巴特的身体日渐一日地让人感到担心。每当她试图吞咽点东西的时候,都会出现呛着的危险和呼吸上的无力,就好像她不再喜欢进食那样。巴特只购买她最喜欢的东西,他有时还能让母亲咽下一点点鱼肉和几粒蓝莓。于是,他便决定在家里再一次办理家庭病房,一位女护士从 10 月 5 日开始每天来两次。10 月 23 日,母亲的状况极为严重,以致巴特可以说无法睡觉了。人们不得不为他注射安眠药剂。几个朋友前来负责一些具体任务(采买食品和药物),巴特不再离开母亲的床头了。后面的时间是不可抗拒的:除了待在她的身边,什么都不能做,只能以中性和模糊的方式记下发生的事情:

634

---

① 德尼·拉雷奥帕吉特(Denys l'Aréopagite):《使徒行传》(*Actes des Apôtres*)第十七章中出现的雅典主教。——译注
② 斯韦登伯格(Swedenborg):此处该是指瑞典科学家和神学家伊曼纽尔·斯韦登伯(Emanuel Swedenborg)。——译注
③ 《谈达尼埃尔·布迪内的摄影作品》(«Sur les photographies de Daniel Boudinet»), in *Créati*, 1977(《全集 V》, p. 327)。

10 月 24 日:夜间平静,直到凌晨 4 时,但是我经常起身看看她。从 4 时开始,她呼吸有些困难、疼痛,她让我靠近她呆着,她抓住我的手。一会儿之后,她便喘气,对我重复着说:我的罗兰,我罗兰,我不行了。

妈妈睡不了觉。她在与米歇尔说话。大家已经听不清她在说什么。"我要睡会儿觉了。"布莱特里(Blétry)来看望。JL 来看望。很早就睡觉了。

10 月 25 日:这一夜非常平静,几乎没有动弹。在镇静药吡沙啶(Dolosal)的作用下,呼吸正常。7 点的时候,她又开始疼痛,感觉不好,可是她表达不出来。对于我来说,夜间醒了。偏头疼。

妈妈有点激动不安、呼吸艰难、呻吟不断,都是无意识的。有一个时刻,她认出我来了,摸着我的胳膊,露出一丝微笑,两眼无反射意识:"呆在这儿",在我的胳膊上手动了几动,有了更多的意识。"你不舒服"(因为我是坐在板凳上为她扇风,是说"你没有坐好"的意思)。

医生来了。注射。

下午:妈妈睡觉,一动也不动。呼吸平稳。她的头慢慢地倒向了一侧,她的脸部也变色了。我叫来了米歇尔·萨尔多泽。最后的几次呼吸。她缓缓地逝去了,在 15 点 30 分时再也没有醒过来[1]。

他的母亲去世了,享年 84 岁。就在 15 点刚刚过后:巴特将这一时间点解释成为一种象征,在《小说的准备》的一次授课时,他说过这样的一句离题话:"下午 3 点半(这是我母亲去世的时间——似乎我一直预感到就该在这个时间,这正是基督去世的时间[2])。"这是最为悲怆的哀痛时刻,不过,这一时刻还在稳住着一切,因为事件刚刚出现,而且涉及一些宗教仪式。巴特立即通知他的朋友们,让他们前来做最后的告别和按照习俗守候遗体:让-路易·布特、尤瑟夫·巴库什、维奥莱特·莫兰、埃里克·马蒂、菲利普·索莱尔斯等,都到了。埃里克·马蒂回忆说:"一进她所在的房间,看到她躺直的遗体,我不知如何做才好,就'扑通'跪地做了一次祈

---

① 铸造工业标准局(BNF)编号为 NAF28630 的文件,"1977 年记事簿"(«Agenda 1977»)。
② 《小说的准备》,p.76。授课的录音显示,巴特并没有在口头上转述这句话。

涛,这好像并没有使他吃惊。随后,我们去了他的房间。他开始哭泣。随着门铃一次次的响声,我理解,整个一天,都会有一些人和朋友前来,而我刚才经历的场面会重复到夜里。"①下葬是 10 月 28 日在于尔特公墓里进行的,很多镇上的人都到场了。让-路易·布特陪着罗兰·巴特与灵车同行。他们在靠近图尔市的索里尼(Sorigny)镇停了下来,在一家"路边便餐店"里吃了午饭。米歇尔·萨尔泽多与他的妻子拉谢尔一起乘火车赶来的。一位巴约纳的牧师也到了。他认识亨丽埃特·巴特已经很长时间了,向她做了痛苦的最后告别。巴特在第二天晚上就乘火车返回了巴黎。"返回的时候,我们和尤瑟夫一起在火车站等了他,随后到了尤瑟夫的家里,当晚甚至有一顿服丧晚餐。实际上,尤瑟夫因其文化和阿拉伯传统比我们都更接近巴特。我们变成了丧事领域的外行人,而这正是我们的空缺"②。

在母亲去世后,巴特记下的首批事情之一,是母亲的去世情景:"她松了口气说:夜终于结束了(她在夜里独自忍受痛苦,真是残忍)"在他看来,另一种形式的夜在开始。当他一个人呆在第三层房间的时候,他身边没有了母亲,几近真空边缘。没有任何东西再有意义,甚至是"再也没有意义了",因为总有一天,他将不再会在此去思考或说出意义。母亲的去世使他面对最为痛苦的损失,切断了他与他最爱和过分地爱他的那个人的关系。母亲使她自己的死亡变成了某种真实的东西。巴特在 11 月 4 日的日记中写道:"从此以后,而且相伴永远我都是我自己的母亲":这是转移他与母亲形成的融合和同时将他的可能死亡与他自己整合在一起的方式。

《哀痛日记》

从母亲辞世的那一时刻起,巴特就停止了像往常那样来打理他的日常生活。在整整一年当中,他在记事簿里不再写上那些占据他日常生活的各种活动或约会。从今以后,是哀痛在构成他的存在。1978 年的记事

---

① 埃里克·马蒂:《罗兰·巴特的写作职业》,同前,p. 64。
② 《哀痛日记》,同前,p. 15。

簿一直到 10 月 25 日前无任何记载,而就从那一天起,他决定重新写记事簿,"妈姆①去世一周年的日子——开始记录我的工作"。他从于尔特返回后的当天就动笔,那一天,他去了在于尔特的母亲坟前做了追思。在头一年中,他不记载任何外在于母亲去世的东西,不记载任何与他的悲痛无关的东西。1977 至 1978 的这一年当中,他所写的日记(这些日记后来变成了《哀痛日记》)都带有不完整、未完成的标记。其片段式的特征说明,有某种事情正在发生,也还没有完结,而且写作和形式都不能被用来结束它。这一特征在哀痛的时刻尤其令人伤心,因为它完全地对应于悲伤的无形式。但是,记录也同样是一种现在时的艺术,因为在这种艺术里,人们阅读对于一个即时时刻的记载,这是将事件变为记忆的初步转换——尽管是微乎其微的。在此,人们记录下了一种偶然性,是完整的句子尚未去除的一种偶然性。在此,我们看到了细微差异、本性的分离、个体性、一种可比之于摄影效果的现实效果。

　　《哀痛日记》可解读为是对于某种找不到的和不完整的东西的寻找(一如"妈姆"这个词,他在此后便这样来提及母亲②)。它在读者方面产生的惊慌力量,并不仅仅依赖在自身运动的它的对象或主体,而是依赖这样的情况,即在对象或主体不消失的情况下,这些记录就**不能够**变成为书籍。"彻底地清除妨碍我写妈姆、不要我写妈姆的东西:主动地脱离悲伤:让悲伤转为主动。"③当现在时刻最终不能被记入时间之中、当其不连续性使其真正不存在的时候,现在时的强度就更为突出。这本书的真实,依靠它反映和思考一种不协调的时间的方式,而这种时间即为不再是一种被割断的现在时的现在时。今后,当想念母亲的时候,这便同时是母亲的现在时:"在'她不再忍受痛苦了'这句话中,'她'(elle)指什么、指的又是谁呢? 这种现在时意味着什么呢?"这同时也是儿子的现在时,因为他"绝对

637

---

① 妈姆(Mam):巴特没有称妈妈为"maman",而是省略了"an"的音,这是巴特在《哀痛日记》中对母亲的昵称。——译注

② 省略即放弃词尾的"an",在那个时期是普遍的,而在此前却很少见到,因为此前,巴特既写"maman",也写"mam"。不过,也应避免使这种"mam"的叫法偶像化,因为自《哀痛日记》发表以来,某些批评家就经常这么用。当然,这种简写让人听到的是不完整性和断裂;但是,它还是符合日记卡片所共有的简写系统的(M 代替 Michel,R 代替 Roland,JLB 代替 Jean-Louis Bouttes 代替等)。尤其是,这并非是巴特用来称呼他的母亲,而是用来称呼他的"妈妈"。

③ 《哀痛日记》,p. 218。

地害怕"哀痛的"混乱的"和"不连续"的特征。与母亲的分离触及这种分离所带来的痛苦深处。死亡在破坏全部联系的同时，也剥夺了任何连续性，其中包括悲痛的连续性。这绝对是内心的，而且对于每一个人来说都是真实的。悲伤既不是一种延续，也不是一种浪潮，而是一种割断。

巴特在这种个人写作行为中，在这种内省的举动中，尽力理解他在没有母亲的情况下的变化。在日记卡片中，其他一些记载内容补足了《哀痛日记》："我的母亲使我变成了成年人，而不再是孩子。她没有了，我重新变成了孩子。无母亲、无指引、无价值的孩子。妈姆的特殊性，是她在没有取消强烈的母亲关爱的情况下让我成了成年人（强烈吗？证据就是，在她故去之后，我没有在实际生活方面出现问题：我懂得'自我解决'）。"①他不仅失去了自己的母亲，他还失去了自己的孩子（由此，当他面对被找出的母亲还是小姑娘时的照片时，情绪激动不已）②。母亲的去世并不在"事物的秩序"之中，因为他与母亲之间的爱已经建立起了某种不考虑血缘关系的家庭整体，在这个整体中，每一个人都可以占据所有的位置："11 月 19 日［身份的混乱］。有几个月，我曾经是她的母亲。就好像我失去了我的女儿（是不是更痛苦呢？我不曾想过）。"③精神分析学话语的软弱无力、对于一项工作或一种哀痛节奏之想法的反抗，就来自于这样的地方：时间兴许可以平复一种"自然的"失去，但当其面对一种被减速的极大痛苦的时候则无能为力。因为他的母亲在某种程度上也是他的妻子。他与她早已形成了一对。他经常把她比作玛德莱娜·纪德，而他想为她做出的举动应该可以与纪德在《现在她靠你活着》中的举动相比。他在思考哀痛的第一夜与"新婚第一夜"之间的关系④。1977 年 10 月 27 日，《哀痛日记》第二张卡片上就写有这样短促的想象中的对话："您并不了解女人的身体！——我了解患病之中、弥留之际的母亲的身体。"在这些话中，我们很容易看出这是提前对于杜拉斯后来说的话作出的回答，因为杜拉斯这样

---

① 铸造工业标准局（BNF）编号为 NAF28630 的文件，1978 年 8 月 22 日"大卡片库"（«Grand fichier»）。

② 在巴特 1974 年录下的布库雷施利耶夫的《哀歌》（*Thrène*）中，他朗读了马拉美在《阿纳托尔的坟墓》诗集中关于哀悼孩子的句子。

③ 《哀痛日记》，p. 66。

④ 《哀痛日记》中第一天（10 月 26 日）的日记就这样写道："新婚之第一夜。但哀痛之第一夜呢？"——译注

说过:"我无法将罗兰·巴特看作是一位大作家:他一直受到某种东西的限制,就好像他缺乏对于生活的最古老的经验,即缺乏对于一位女人的性认识"①针对在常识和挑衅话语方面的这种愚蠢行为,巴特以一种完全的恋情与之直接对立——这种恋情可以让人明白一切和说出一切,即便是最为难说出的:那就是身体与其堕落的整合性。在此,不需要有什么出轨行为就可以接近母亲的身体。正像埃里克·马蒂在其关于《哀痛日记》的一篇精彩的文章中指出的那样,巴特提出了与热内或巴塔耶的话语不同的另一种话语,即一种"充满阳光"的话语,"在这种意义上,这种话语比起展现出轨行为更具挑衅性"②。

　　巴特极力反对"哀痛"一词,因为该词让人看出了一种错误的距离。较之这个词,他更喜欢"悲伤"一词,因为这个词更好地表达了他的情绪和他感受到的别离痛苦。他对于那些蹩脚地试图安慰他、同时又把他的经验降低至某种一般性的人们,大为恼火。他非常强调悲伤与哀痛之间的区别,因为悲伤不会听从于连续的时间,因此也就不会听从于变化,更不听从于一般化的话语或书籍以及句子的形式。"在一种独白之中,我向AC解释说,我的悲伤如何是混乱的、无秩序的。正是在这一点上,我的悲伤不属服从时间的一种哀痛之通常的观念,即精神分析学的观念,因为这种哀痛自我思辨、自我损耗、'自我安排'。"③悲伤没有立即导致损失任何东西,但是它也并不自我消耗。唯独普鲁斯特(埃里克·马蒂为巴特引述了普鲁斯特,或者巴特在[法国]国家图书馆阅读过普鲁斯特的通讯集

──────────

① 见玛格丽特·杜拉斯的《中断的激情》(*Passion suspendue*),与雷奥波尔蒂娜·帕罗塔·德拉·托尔纳(Leopoldina Pallotta dela Terne)的对话,Seuil, 2014, p. 141。我们在《物质生活》(*La Vie matérielle*)中会看到一段与之可比的文字:"一位没有接触过女人身体的男人不会从事过文学职业",也"不会成为一位'思想大师'"。巴特去世之后,杜拉斯从与扬·安德烈亚的结识开始,就对巴特出言尖刻无比。她在一篇既无理又强烈的文章中提到了巴特的"错误":"您谈到了罗兰·巴特。我提醒过您注意我对于他的感觉。我对您说过,我曾把他的书籍一股脑儿地都换成去缅甸森林路上喝茶、去恒河看红太阳和去看因贫困而死去的孩子们的费用了。您已经知道这一点。我还对您说过,我完全没有办法阅读他的东西。在我看来,他的书籍是错误百出的写作,而且正是因为错误他才死去"(《扬·安德烈亚·斯坦纳》[*Yann Andréa Steiner*], POL, 1992, p. 19)。她提醒扬·安德烈亚注意巴特可能或者已经对于他的诱惑。她大概已经知道了他与巴特在1977年的短暂关系。

② 埃里克·马蒂:《罗兰·巴特:文学与死亡权利》(*Roland Barthes, la littérature et le droit à la mort*), Seuil,2019, p. 33。

③ 《哀痛日记》,p. 81。

和写作编年史)能够准确地说出他所感觉到的东西:"如果这种想法不能一直让我感到心碎,那我便会在回忆之中、在后来的生活之中、在我们过去共同经历的融洽气氛之中,找到一种我难以名状的温馨。"①

　　组成《哀痛日记》的 330 张卡片,细致地描述了刚刚失去至爱之人的一个人的举止、节奏和思想。这些卡片构成了有关哀痛日常表现的小教科书,它也适用于回想他与所有哀痛之人都有的一些行为。在这些"悲伤实践"之中,列举了对于他身边的东西、他听到所有的东西的一种超敏感性,这种敏感性总是将他带回到他的所失;他出现了爱整理的癖好,就好像他在准备自己离开前而必须把一切都安排得井然有序那样;自杀的想法也有时闪过,因为自愿的死亡可以远离悲伤,但这种死亡被认为是一种背叛;他突然发现自己出现了某些意外举动和易于遗忘;他在大街上有时想到他此前说过的一些话,有时模模糊糊地看到他认为是自己母亲的身影。他根据对于自己的这些行为表现所做的几乎是临床的分析,建立起了对于哀痛的一种思想,这种思想可以被解读为对于求助一种长时间"工作"的精神分析学话语的唯一替代办法。从坐上灵车开往于尔特那时起,他就不断地悲伤,而且这种悲伤不时地被那些"空白"时刻即非常短暂的"遗忘"时刻所打乱,于是,他产生了"多发性哀痛——就像多发性硬化症一样"②的想法,这便是那些碎裂和爆裂声音的结果(动词"断裂"[«craquer»]一词多次回到巴特的日记当中)。可以表述他经验的一个中心词是"摇摆"(«oscillation»)。这个词出现在日记中:"在黑暗之中,我摇摆于确认(但准确地说:这确切吗?)我只是有时候、断断续续、零零星星地是不幸的(即便这种痉挛状态是紧凑的)与深信从根本上、实际上自从妈妈去世以来我就一直、每时每刻地都是不幸的之间。"③这种交替出现的状况,相当准确地符合巴特因母亲去世而产生的心痛,巴特则将这种状况变成了有关"中性"的首要理论阐述:犹豫和不确定,由于总是既在这一侧也在那一侧,因此可以是一种话语或一种屏幕,但它们尤其显示了一种"摇摆"时间的存在,而在这段时间里,一切都是根据交替方式而不是根据连续方式

---

①　见《哀痛日记》中的引述,p. 183。
②　《哀痛日记》,p. 38。
③　同上,"1978 年 5 月 12 日",p. 136。

来运行的。他在 1978 年谈到索莱尔斯的时候重新使用了这个词,当时是为说明社会如何抗拒固定的即定格的形象的①。同样,一般的话语是希望哀痛经历一些阶段,而在此之后,它将逐渐地减弱和稳定住。巴特不相信有关哀痛的逻辑。相反,对于哀痛深在的混乱本质的考虑,可以完善和终结对于有关中性的一种生活的思考:在主体与死亡的关系中,"交替,就像是主体的一种'失望的'策略",就像是"对于生命力的一种已经被澄清的生活愿望"②

在他体验到的东西与大家的安慰话语之间存在着差距,对于这种差异的感觉导致他试图尽可能少地使他的悲伤外在化。有时,他在朋友们面前哭泣,但在家里哭泣最为经常——那是当他听到一位售货员以母亲惯有的变声说出"好啦"之后回到家里时③或是当听到热拉尔·苏泽(不过,他并不怎么喜欢他)唱出"我心中备受煎熬"时,就是这样。巴特感觉到,他只能在内心中体验痛苦,他只能与他的弟弟、也有时与他的弟媳真正地分担这种痛苦——因为他不时地在弟媳身上看到了母亲的身影。"我的哀痛并不是歇斯底里的,只是别人刚刚看得出(这也许是因为我无法承受对于母亲的去世"做像演戏那样去处理"的想法)。"1978 年 5 月 18 日的这则日记,为多数证人所不认可:在巴特的近友看来,他母亲的去世对于他是一个毁灭性的事件,已经改变了他的人生和行为表现。他表述痛苦的方式确实不是"歇斯底里的",不过,在所有人看来,他的痛苦是很明显的。今天,让人看到的作品也与这种保守说法相悖:巴特公开地在1978 年 2 月 18 日法兰西公学的众多听众面前提及使他遭受沉重打击的母亲之死:"有些人知道,在我的生活中,出现过一次严重事件,即亲人去世。"他在 1977 年 10 月 25 日之后写的文本中,都以某种方式带有这痛苦的标记。相反,巴特没有让大家看到的东西,是他的悲伤的不可简约特征、是他使这种痛苦衰减的方式。埃里克·马蒂引述了他的话:"我至今

641

---

① 《中性》,p. 170;《作家索莱尔斯》,《全集 V》,p. 619—620。

② 同上,p. 39—40。

③ 《哀痛日记》中有这样的日记:"下午,悲痛。短时间出门买了点东西。我去甜点店(并不十分必须)买了一块松糕。那位小个子的女售货员正为一位女顾客拿东西,说了声:**好啦**。在我照顾妈妈时,每当我送给她一样东西时,我都会这么说。在她弥留之际,有一次,她于半清醒之中回了我一声:**好了**(即我还在这儿,这是我们一生中相互间常说的话)。女售货员的这句话,一时使我热泪盈眶。我(回到隔音的家里)痛哭了很长时间"。——译注

仍不明白的事情,是到头来我并没有意识到我的忧郁消失了。我根本没有想到!"①巴特在《哀痛日记》中把这种忧郁定名为"漫不经心"(«acédie»),即漠视一切的一种形式,亦即一种精神疾病的形式,该疾病可以使不再爱和不自爱的痛苦与被爱之人的消失一致起来;"内心的沙漠"表明了恋情在生活中的出路②。

642　　　　他在尽力赋予他的生活一种正常的外表。他的节奏强迫症帮了他的忙,为他圈定了一个范围。他甚至惊奇地看到自己毫无变化地保持了某些习惯,其中包括调情,还有社交。他开始出游(1977 年 11 月 27 日去了突尼斯看望菲利普·勒贝罗尔,随后于 1978 年 2 月去了摩洛哥,同一年春天和 7 月份两次再去),但他立即又感觉到必须返回:"对于多个地方和多种旅行的失望。我现在不在任何一处。很快,就会出现这种喊声:*我想回家!*(可是,我家在哪里呢? 因为她也不在任何一处了,而她那个时候*在我可以回去的地方*)。"③他出席了他朋友法布里斯·埃马尔 1978 年 3 月 1 日开业的帕拉斯剧院夜总会。他在随后的那个月里对《男士时尚》杂志俱乐部的描述提供了他面对一切所持有的距离观念:"我独自一人,或只须呆在一旁,我就可以'梦想'。在这个人性化的空间里,我可以在某个时刻喊叫一声:'这太怪了!'"④在有时候覆盖舞池的烟雾之中,舞者们神态古怪,一边跳舞,一边离开了热拉尔·加鲁斯特(Gérard Garouste)画的豪华装饰画。在他看来,一切都像是显示在水族馆玻璃的后面,普鲁斯特将其说成是在一个孩子的惊呆双眼下看到的歌剧院的花坛。

　　母亲对于巴特不做"任何观察"。她不让他服从任何指令。母亲和蔼、漂亮(巴特曾提及当他小的时候吸引他的那种"米粉",他记得起香味,埃里克·马蒂记得母亲美丽的双眼,与巴特的眼睛有着相同的颜色,她有着似乎不会变老的美丽嗓音)、温柔、无歇斯底里表现,她就是维尼科特所说的足够善良的那种母亲,她会考虑到一切,但却会留有余地,让孩子在

---

① 埃里克·马蒂:《罗兰·巴特的写作职业》,同前,p. 74。

② "哀痛之可怕的形象表现:漫不经心,即内心的冷漠:易激怒,无能力去爱。忧郁,因为我不知道如何在我的生活中恢复宽容,或恢复爱。如何去爱呢?"(《哀痛日记》,1978 年 8 月 1 日,p. 190)。

③ 《哀痛日记》,p. 189;亦请参阅这同一主题在 p. 303 和 p. 207 的变化。

④ 这里指巴特 1978 年 5 月发表在《男人时尚》(*Vogue-hommes*)杂志上的《今晚在帕拉斯剧院》(«Au Place ce soir…»)一文中的描述。——译注

她之外去安排自己喜欢的东西。巴特在 1980 年 1 月 22 日的日记中写道:"写作是我从母亲那里获得的部分"①。这种解放,由于它不会引起任何犯罪感,所以更为自由和成功。儿子确信她的爱,确信他对于母亲的爱,直至在梦中经受考验:"又一次梦见了妈姆。她对我说我不是很爱她——这是多么残忍啊。但是,我很平静,因为我知道这不是真的。"②以文字写出这一梦境,可以让我们理解这种爱的形式:平静、完全,但毫无占有欲。

643

亨丽埃特·巴特的去世,使他明确了写作的欲望:必须让母亲依然活着,必须回忆她。为她留下一座纪念碑的顽念贯穿着他在这个时期的全部日记;这里说的,并不是树起一座永久的石碑,而是制定一种感恩文件。虽然巴特不再感觉到自己对于以后有什么想法,但是,他"不能承受对于妈妈也是这样(也许因为她不曾写过东西,也许因为对于她的记忆完全取决于我)"③。一种等值情况在母亲与文学之间形成了:在这两者那里,一种共同的高贵性值得人们为之付出其生存价值。因此,在巴特看来,最后的两年成了写作变成了一种心愿(按照该词的宗教意义)的两年:一种义务、一种承诺,这是完成一部作品即这种纪念碑的内心想法(这大概就是最后的幻想)。

---

① 铸造工业标准局(BNF)编号为 NAF28630 的文件,"大卡片库"。
② 《哀痛日记》,1978 年 7 月 18 日,p. 174。
③ 《哀痛日记》,1979 年 3 月 29 日,p. 246。

巴特与勒贝罗尔在突尼斯

644

《哀痛日记》卡片

亨丽埃特·巴特

645

亨丽埃特·巴特与让－路
易·布特和保罗·勒热璐
（Paul Le Jéloux）在于尔特

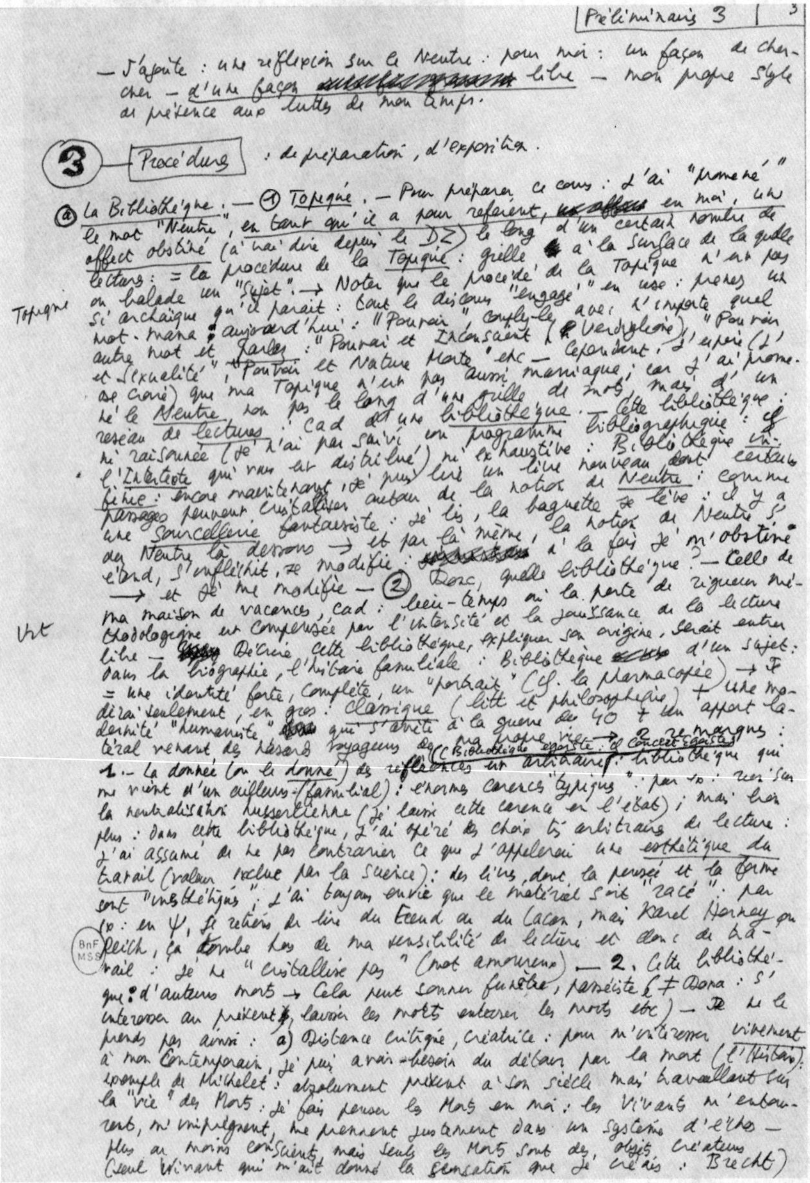

Préliminaires 3 | 3

— J'ajoute : une réflexion sur le Neutre : pour moi : une façon de chercher — d'une façon libre — mon propre style de présence aux luttes de mon temps.

③ Procédures : de préparation, d'exposition.

ⓐ La Bibliothèque. — ① Topique. — Pour préparer ce cours : j'ai "promené" le mot "Neutre", en tant qu'il a pour référent, en moi, un affect obstiné (à vrai dire depuis le DZ) le long d'un certain nombre de lectures : = la procédure de la Topique : grille à la surface de laquelle on balade un "sujet". → Noter que le procédé de la Topique n'est pas si archaïque qu'il paraît : tout le discours "engagé" en use : prenez un mot-mana aujourd'hui : "Pouvoir", couplez-le avec n'importe quel autre mot et parlez : "Pouvoir et Inconscient" (≠ Verdiglione), "Pouvoir et Sexualité", "Pouvoir et Nature Morte" etc — Cependant, j'espère (j'ai cru) que ma Topique n'est pas aussi maniaque, car j'ai promené le Neutre, non pas le long d'une grille de mots, mais d'un réseau de lectures, cad d'une bibliothèque. — Cette bibliothèque : ni raisonnée (je n'ai pas suivi un programme bibliographique : cf l'Intertexte qui vous est distribué) ni exhaustive : Bibliothèque infinie : encore maintenant je puis lire un livre nouveau, dont certains passages peuvent cristalliser autour de la notion de Neutre : comme une sorcellerie fantaisiste : je lis, la baguette se lève : il y a du Neutre là dessous → et par là même, la notion de Neutre s'étend, s'infléchit, se modifie : à la fois je m'obstine → et je me modifie — ② Donc, quelle bibliothèque ? — Celle de ma maison de vacances, cad : lieu-temps où la perte de rigueur méthodologique est compensée par l'intensité et la jouissance de la lecture libre — Décrire cette bibliothèque, expliquer son origine, serait entrer dans la biographie, l'histoire familiale : Bibliothèque d'un sujet = une identité forte, complète, un "portrait" (cf. la pharmacopée) → Je dirai seulement, en gros : classique (litt et philosophie) + une modernité "humaniste" qui s'arrête à la guerre de 40 + un apport latéral venant des hasards voyageurs de ma propre vie. → Je remarque : (Bibliothèque égoïste : cf concept égoïste) 1. — La donnée (ou le donné) de référence est arbitraire : bibliothèque qui me vient d'un ailleurs (familial) : énormes carences typiques : par ex : rien sur la neutralisation husserlienne (je laisse cette carence en l'état) ; mais bien plus : dans cette bibliothèque, j'ai opéré des choix très arbitraires de lecture : j'ai assumé de ne pas contrarier ce que j'appellerai une esthétique du travail (valeur exclue par la science) : des livres dont la pensée et la forme sont "inesthétiques", j'ai toujours envie que le matériel soit "racé" : par ex : en ψ, je retiens de lire du Freud ou du Lacan, mais Karen Horney ou Reich, ça tombe hors de ma sensibilité de lecture et donc de travail : je ne "cristallise pas" (mot amoureux) — 2. Cette bibliothèque : d'auteurs morts → Cela peut sonner funèbre, passéiste (≠ Dona : s'intéresser au présent, laisser les morts enterrer les morts etc) — Je ne le prends pas ainsi : a) Distance critique, créatrice : pour m'intéresser vivement à mon contemporain, je puis avoir besoin du détour par la mort (l'Histoire) : exemple de Michelet : absolument présent à son siècle mais travaillant sur la "vie" des Morts : je fais penser les Morts en moi : les Vivants m'embarrassent, m'imprègnent, me prennent justement dans un système d'échos — plus ou moins conscient, mais seuls les Morts sont des objets créateurs (seul écrivant qui m'ait donné la sensation que je créais : Brecht)

646

《中性》：一张卡片

10 X 79

Καιρος

Huit Heures Vingt du matin . Par
hasard, de mon bureau, je regarde
~~le ciel~~ le ciel ; très en haut,
une moitié de lune très pâlie,
aux contours légers dans le bleu
lisse du ciel . Or un menu

→

647

776

fragment de nuage, une floculation
légère , petite comme une voiture d'
enfant , passe doucement devant et
s'en va . Théâtre .

大卡片库：1979 年 10 月 10 日卡片

18. "新生活"

1978 年 4 月 15 日

亨丽埃特·巴特去世几个月之后,巴特一结束他在法兰西公学的课程,就去了摩洛哥,住在阿兰·本萨沙在卡萨布兰卡的家里。这是他从1978 年年初以来第二次去摩洛哥。2 月份的时候,他曾在拉巴特和非斯两所大学举办过关于阅读的一次研讨班。4 月份的时候,他在几位朋友的陪伴下休假。4 月 15 日是个星期六,天气晴朗,他决定与大伙儿一块儿去卡斯卡德(Cascade)饭店,那是位于一处山谷中的饭店,就在拉巴特公路上的迪特-梅里(Tit-Mellil)和安-哈鲁达(Ain-Harrouda)两个小镇之间,他们是坐两辆小车去的。尽管这个地方令人愉悦,曼弗雷尼(Manfrenni)夫妇的接待热情洋溢,还有瀑布的流水就落在下面的小湖泊之中,但是,巴特还是再一次感到了自从亲人去世就有的从未中断的忧愁,这种忧愁正妨碍他享受现在。返回后,他独自一人待在朋友的住房里,他痛苦不已,什么都不想做。于是,一个想法产生了,那就是进行"文学的转化":"两句很陈旧的话进入了我的大脑中:进入文学之中,进入写作之中;写作,就好像我以前从未写过那样:不干别的,只搞写作。"①面对法兰西公学听众所做的初步的回顾性叙事,并不说明一切。巴特将他的说明比作普鲁斯特在《找回的时间》(Le Temps retrouvé)中的叙述者的说明,这种说明不仅仅是对于想要-写作或对于文学作为存在价值的全部视野的说明。这种说明来自于未来的作品与一种内容的相遇:要写的小说,应该满足母爱的绝对性。于是,这种要写的小说便被考虑为一种爱的契约,它就

是爱的纪念碑。在构成《哀痛日记》的关于母亲的日记中，巴特更多地关
注这种和蔼、这种无限的慈善的本质。每一次当他回想母亲最后对他说
的话——"我的罗兰，我的罗兰，你坐的不正"时，他都不无震撼。在《哀痛
日记》中，在"我的 R.，我的 R."的缩写形式之下，对于"痛苦之抽象的和
难以忍受的起因"的回忆出现过三次。每一次，他无法自抑的悲伤都归向
人们称之为怜爱和他想为此写作一本书的一种爱的形式。有一次，他听
到有人说起要写一本"我的小说"(«mon roman»)，他立即就将其与"我的
罗兰"(«mon Roland»)这种几乎是同音的情况联系了起来，从而将母亲的
这句话与生活中抓住他的东西即他的小说永远地结合在了一起。"我在
写作我的课程，最终写成了*我的*小说。我非常难过地想到了妈妈最后的
一句话：*我的罗兰！我的罗兰！*我真想哭出来。"巴特紧接着在括号中补
充说："[我大概会很难过，只要我不能*根据她*(照片，或别的什么)写出点
什么来。]"①

　　这项计划满满地占去了巴特最后的两年时间，我们有什么资料来了
解这项计划的性质和目的呢？公开发表的内容出现于在法兰西公学的最
后课程——"小说的准备"之中，也出现在巴特 1979 年夏天在其未来著述
里所考虑的、作为《全集》附件的对于连续计划的誊写之中。那些未发表
的档案更为重要。首先，它们以"大卡片库"为名汇集在一起，共 1064 张
卡片，人们知道巴特是想将其放进自己作品中的。这些档案对应于巴特
在其计划中所称的"片段"，并且他通常都会细心地将之按照捆来分门别
类，为的是将之用到文章的布局之中。他将那些档案按照主题作出标注：
同性恋、哀痛、音乐、闲逸等。其中某些卡片是对于正在写作的作品的思
考，于是，它们都带有"VN"即"新生活"(«Vit Nova»)作为类别名称："我
把'小说'理解为一种里程碑式的作品、一种总和，它与 RTP(《追寻逝去的
时光》)或 G&P(《战争与和平》)一样属于小说体裁，而不是一种微不足道
的作品(尽管微不足道也可以成为一种成熟的体裁，参阅博尔赫斯的作
品②)：既是宇宙进化论的，又是首创的作品，是智慧的总和"。③ 还有哪些

① 《小说的准备》，同前，p.32。
② 博尔赫斯(一般署名为"Jorge Luis Borges"，全名 Jorge Francisco Luis Borges Acevedo，1899—
　1986)：阿根廷著名作家、诗人、翻译家。——译注
③ 铸造工业标准局(BNF)编号为 NAF28630 的文件，"大卡片库"，1979 年 7 月 20 日。

日记没有出版,1974 年的日记,1977 年的日记——这两部分日记都是在于尔特写的,也还有一些旅行日记(不包括已经用在《偶遇琐记》中的日记,因为巴特早已在 1969 年就对其做了整理,并且他经常让朋友们阅读,为的是征求他们对于他出版这些日记的看法①)。如果说,《偶遇琐记》是一本就已经准备好出版的书的话,那么,其他后来发现的文字——例如"巴黎的夜晚"或《哀痛日记》,它们大概就该在"新生活"中找到其位置了。巴特告诉我们,索莱尔斯由于对发表在 1979 年春天《原样》杂志上的《深思熟虑》(«Délibération»)一文中叙述的一次巴黎夜晚的"悲惨的失败"感到极度震惊,而可能建议他继续进行在这种情况下开始的描述和讲述他夜间的无聊闲逛,即描述和讲述他一个夜晚连着一个夜晚所做的和发生在他身上的事情。"1979 年 8 月 24 日。索莱尔斯的来信,很欣赏摘选的日记(《深思熟虑》)。我是否就可以这样讲述我夜晚的生活呢?是否可以以一种'巧妙地'平淡、无须指出意义的方式来讲述呢?难道就不需要对于特定时代找出一种描绘方式吗?"巴特从当天就开始了这项工作,并确定了从 1979 年 8 月 24 日到 9 月 17 日进行这种无聊的闲逛。在"无用的夜晚"的名下,他使那些夜晚变成了其计划的一个重要部分,就像与真正的恋情(母爱)别无二致那样。这些日记放在了《偶遇琐记》之后以"巴黎的夜晚"为名而不是以巴特早已给出的名称一并发表,它们失去了大部分力量,而它们的力量恰恰依赖于对在一项更为宽阔和富有雄心的小说计划背景下的这种空虚表现的思考。

　　这部小说性作品的辍笔或失败,不必去解释。因为那些未发表的文字让人读到的,是制作这部作品的思想,而这种思想远远超出了要写的书籍或未来的小说的问题。巴特面前(或其身后)有着大量惊人的片段不曾发表,其中大部分均已有了标记并得到了分类,它们与巴特的内心活动、观察和思考交会融合,巴特自己也在考虑是否可以将其变成一部作品。他已经根据现存的一定数量的卡片的可变情况分类,编撰出了此前的书籍(《罗兰自述》《恋人絮语》),并写出了不少怪异的超文本对象,预测了通

652

---

① 安托万·孔帕尼翁在其《一种学科》一书中说道,他曾不主张出版;埃里克·马蒂在其《罗兰·巴特的写作职业》中透露他在阅读后给予过正面的意见;雷诺·加缪、让-路易·布特、弗朗索瓦·瓦尔和多数朋友都阅读过,但是,巴特最终放弃了出版。

过互联网而获得的素材和知识的全新展现与组织方式。他借助于"新的生活"计划，赋予了这种想法更为诱人的扩张，揭示了从书籍过渡到其他事物的强烈意识。由于没有更恰当的名称，他在《小说的准备》中将这种想法称之为"影集"。这种想法已经不再借助于连续性或相续性，而是借助于安排、分出层次、多种重组手段来产生整体性（或作品）了。并不是他对于连续性、对于成片状态的厌弃使他放弃了小说，而是范式的变化使然，因为这种范式不再使卷宗、书籍当作对象，当作所说的意义—形式，当作今天与有关世界的知识的一种关系和作品与文学及生活的联系。在上游，当然有马拉美为写作"书籍"而编汇在一起的日记和草稿卷宗为榜样，然而其分散的和片段式的素材与他所幻想的纯粹书籍相反；但是在下游，也有一种结合规则的前景，而只需 10 年之后，由万维网（*World Wide Web*）提供的超文本机制就会与这种前景相汇合。

巴特注意到了书籍在逐渐消失，因为它失去了任何神圣的特征：它已不再是一种特殊注意的对象，也不再得到保护，对图书的喜爱变成了为某些原版书籍预留的偏好，通常已经不再制作精装本书籍了（"这是我少年时母亲从事的勉强养活我们的生计"①）……作为对象的书籍的世俗化，从书籍上去除了神秘特征，而在从前，这种神秘性成了写作的一种起因、一种指南或一种体现（唯独愚蠢还可以让人相信这一点：例如《布瓦尔与佩居榭》仍然具有着关于书籍的一种绝对观念）；世俗化导致对立的形式，那便是"影集"。影集的特征是其异质性、其随遇性和其无序表现："一张照片都是随机地摆放或是增加"。影集的安排是狂想型的，其标志就是可变化与不稳定。"有一些伟大的创作者，他们就属于影集一侧：例如舒曼。"这种形式并不表现为一种比书籍更卑微或更不重要的思想；相反，这种形式再现着一个不同的世界："影集：也许正是对于**非本质**世界的再现。"②应该对巴特的这种偶发观点，在将其与有关超文本的当代普遍化结合在一起的同时，对其做出判断：由于事物或观念已经被无中心化、被分散化、被无限化，它们便无法再依据本质的方式来得以构想，但是，它们却可以根据减速、不稳定性和交换的方式来得到构想。对于狂想的求助，表明了世

---

① 《小说的准备》，p. 242。
② 同上，p. 251。

界的一种真实,那便是关于其深在的无组织机制的真实:不论是使世界细碎化(尼采),还是像约翰·凯奇那样使组织机制多系统化,"不管怎样,整体都将会是一种解体状态"①。

在需要给予"新生活"的形式方面,狂想式构成也必然要求考虑一种计算机处理方法(对此,巴特曾长时间地尝试根据卡片来进行),这种处理方法这一次可以进行创作,同时一点不少地设想了对于记忆的一种新的艺术。这种计划在于把分散的卡片缝缀在一起,就像普鲁斯特在《追寻逝去的时光》中所做的那样:"狂想曲,缝制品(普鲁斯特:作品就像是由缝衣女缝制而成的)→狂想曲使对象远离、美化倾向、美化写作。"②在此,我们再一次看到了巴特对于写作的重视,他将其看作是对于固定化、对于言语活动的所有恐惧的抗拒。但愿,巴特寻找带有这种无限动力的一种形式的努力,不会让我们感到惊奇。这种形式并不存在于原样呈现的片段之中,而是存在于根据片段所发现的组织机制或安排之中。巴特在 1979 年7 月 16 日的卡片上指出了这一点:"(似乎是)我清楚地看到了这一点:我的(日记)文字以其原有的样子,是不足够的(对其有所偏好,但实际上是失败的)。应该做的,是补做的一次拧紧丝扣即转动一下'钥匙',使这些**日记文字**变成了可连续构建和写作的一项工作的普通文字:实际上,写日记、写卡片:为其分类、打捆,就像我习惯上所做的那样,*撰写*的时候就是在用过一捆之后再拿出另外一捆。"③发表在《全集》后面以附件形式出现的各项写作计划,表明了这种考虑摆脱不开的特征:必须一起考虑"片段、日记、小说",甚至还要考虑"已经做成的事情:随笔、片段、日记、小说、[喜剧手法]、怀恋"④。

对于这种未来的形式,巴特为自己规定了两种主要模式:一是依据帕斯卡尔的《思想录》,二是依据诺瓦里斯⑤关于浪漫小说的主张——后者以希腊形容词"*poikilos*"("纷杂变化")的方式将文学的所有形式都结

654

---

① 巴特在《小说的准备》中参照的是约翰·凯奇的《保护鸟类》(*Pour les oiseaux*,[Belfond, 1976, p.45])。

② 《小说的写作》,p. 203。

③ 铸造工业标准局(BNF)编号为 NAF28630 的文件,"大卡片库"。

④ 《对于〈新生活〉的誊写》(《*Transcription de Vita Nova*》),《全集 V》,p. 1010 和 p. 1008。

⑤ 诺瓦里斯(Novalis,其真实姓名为 Friedrich Leopold, baron von Hardenberg,1771—1801):德国诗人、小说家,重要的德国浪漫主义代表作家。——译注

合了起来,而该形容词则意味着改变、色彩斑斓、混杂纷呈。"小说的艺术:在以不同的方式与共同精神相联系的一种接续之中,小说难道不应该包容所有的风格类别吗? 小说的艺术排除任何连续性。小说应该是在其每一时段中分节链接的一种建筑术。每一个小块都应该是某种被切分——被限定——的东西,一个整体被其自身赋予价值。"[①]因此,"新生活"可以将对于一种智力研究的叙事、夜晚的联系、一部重要作品的那些突出点(帕斯卡尔的"思想",或那些片段,即对于某种事物的"赞赏"词[②]——巴特经常把"赞赏"一词与"新生活"一起使用,来指他的计划)、那些展示政治言语的虚假对话等结合在一起。有另外一种参照也逐渐地显现了出来,旨在指明这样的困难形式:"绒绣"(«Stromates»),这个术语是夏多布里昂从亚历山大城的革利免[③](后者用该词做他的"三部曲"中的第三部的书名)借用来的,为的是定名他自己由分散碎片构成的写作。在古希腊语中,该词指混合织法中的一种杂色织物;在文学上,该词最终用来命名由不同主题在混合的风格与体裁中形成的一种组合式汇编。夏多布里昂经常将该词与缝纫、与编织、与刺绣联系起来[④]:多亏了该词,巴特可以将普鲁斯特的缝缀、浪漫主义的纷杂变化概念与思想的色彩多样性结合在一起,同时又将它们与自己把文本看作编织术(hyphologie)、织物和蜘蛛网的概念连接了起来。8 月 31 日,在于尔特,他提

655

---

① 诺瓦里斯:《百科全书》(*L'Encyclopédie*), Maurice de Gandillac (éd.), Minuit, 1966, p. 322 此段在《小说的准备》中被引用。

② 在帕斯卡尔去世之后被汇在一起的文字,取名为《思想录》(*Pensées*),当时是用于"赞扬基督教"的。卡片与巴特在"新生活"名下的日记文字之间的关系,与帕斯卡尔在"赞扬"名下的"思想"是对应一致的。

③ 亚历山大城的革利免(Clément d'Alexandrie,150—215):古希腊文人,他试图把古希腊思想与基督教教义结合为一体。——译注

④ 巴特对于这个术语的注意,有可能是受了当时茨维坦·托多罗夫刚出版的《象征理论》(*Théorie du symbole*, Seuil, 1977)一书的影响,托多罗夫在他的书中提到了亚历山大城的革利免的互文性理论。巴特在《巴黎的夜晚》中连续几个夜晚都提及 1979 年 9 月初对于夏多布里昂《墓畔回忆录》(*Mémoire d'outre-tombe*。译者补注:也有译者将其翻译成《墓内回忆录》)的重新阅读,大概就是受到这种启发的结果。巴特在最后时期的一次谈话中证实了这一点:1979 年 12 月,他对让-保罗·昂托旺(Jean-Paul Enthoven)说,他在几个月之前才真正阅读了《墓畔回忆录》。"而这一次,就是一种耀眼辉煌"(《为一位纸质夏多布里昂说话》, «Pour un Chateaubriand de papier», in *Le Nouvel observateur*, 10 décembre 1979:《全集 V》, p. 767)。请参阅阿涅丝·韦尔莱(Agnès Verlet)所著《夏多布里昂的虚荣》(*Les Vanités de Chateaubriand*)一书, Droz, 2001, p. 81—92。

及这项"新的绒绣计划(夏多布里昂用语)。绒织地毯,即借助片段组成书籍,我将其称为绒绣。"于是,巴特便在一些现有的文学形式中进行实践,并且不停留在一种形式上,他不等待在因袭布瓦尔和佩居榭的同时形成别的东西,就返回到他童年时的作业练习和听写上,《罗兰·巴特自述》中曾两次提到过这种听写①:"为了结束,只剩下:抄写、重新抄写。"②1979 年的日记卡片上就显示出这种迟疑和泄气;巴特看不出如何从小说准备的阶段中解脱出来:

1979 年 7 月 10 日:正在写作的小说计划

零级:绝对悄悄地进行:我想写的实际作品,但裸露其全部搭建结构、堆砌机制、特技处理 = 以后出版的作品;

一级:作品的堆砌机制(机制和出发点):**新生活**,讲述要做的事情。

二级:所考虑的虚构(将不会形成);

分开零级和一级的东西:

0:我知道小说是不可能的,我将不会写作它;

1:有人认为小说会得到写作,我便大胆和带有希望地尽力去写;

但是,零级有可能变成一种欺骗,因此,开始虚构,并因此变为一级,同时以一种屏幕的方式使其他退后。

7 月 14 日。小说的至高利益:4 月份时(在卡萨布兰卡)当面会谈,但我最终摆脱——因为哀痛、悲伤、抑郁——漫不经心。

7 月 18 日。确认无法进行,——在这种情况下,就等于确认无法开始写小说。这就意味着,很可惜,无法创造他者。

循环结束了:我很早就把小说构想为恋情行为(卡萨布兰卡,78 年 4 月 15 日);现在,我确认,以我指向我的自私主义、指向我对于想象的乏力、指向去爱他者,——即指向蒙田和瓦莱里的自私形象的这

656

---

① 《罗兰·巴特自述》,《全集 IV》,p. 625 et p. 710。

② 铸造工业标准局(BNF)编号为 NAF28630 的文件,"大卡片库",1979 年 7 月 21 日。

些日记片段,我对于这种行为是无能为力的。

11月30日。作品(新生活)。这一切,这整本书,都意味着全部时间:我不懂得死亡。

选择/我的问题在此:

1978年4月15日,我曾构想因我的生活断裂所决定的一部重要的著作,旨在抵消这种断裂,但与这种突变的时期无内容上的关系;

逐渐地,这种突变就成为了这部书(新生活)的对象本身;因此,在我面前,我只需加工一种标有日期的、有局限的、直接的一种素材(我在最近几个月写的日记)①。

这些评注文字解释了某种精神惶惑的形式:巴特感觉到已被自己的计划所抛弃,而尤其是被1978年4月15日的变化带给他的力量所抛弃。它们也告诉了我们所考虑的计划的本质:一部爱情作品、一种爱情行为。还是在此,在内容平面上所启用的模式(不同于可以让人思考形式的那些模式)有助于根据其出发点找到一种可靠的观念,但是这种观念随着时间的发展变得越来越不确定。巴特的所有参照为我们明确了他所理解的"爱情"。《战争与和平》和《追寻逝去的时光》(以及勉强地讲还有《神曲》和《新爱洛绮斯》)都是他的模式。人们理解普鲁斯特的模式,因为这种模式一直陪伴着普鲁斯特的生活与作品。但丁是因为作品的隐蔽主线(还有母亲贝亚特丽斯[Béatrice]的作用)而在此出现。在巴特的书中,《新爱洛绮斯》比起《一个孤独散步者的遐想》来出现较少,前者的出现至少有两点理由:一是这是一部谈论"怜悯"的小说,二是这是他在《新生活》中尽力掌握其范围的一种爱情形式。卢梭的这部小说,大概也证明一部加尔文教义式②的小说是可能的。1979年7月13日的日记确认了这一点。巴特在考虑他对于小说、对于谎言的抵制:"可以将其与某种加尔文教义道德的注入联系起来吗? 有没有加尔文教义派的小说家呢? (卢梭的《新爱洛

657

---

① 铸造工业标准局(BNF)编号为 NAF28630 的文件,"大卡片库",1979 年 7 月 10 日、14 日、18日和 1979 年 11 月 30 日。

② 加尔文教义(calvinisme),是由约翰·加尔文创立的一种基督教改革学说。——译注

绮斯》?)难道我真的有一种加尔文教义的道德基础吗？不管怎样，并不是通过加尔文教义之路，而是通过难以确定的妈姆的道德。(一种'神情'、一种'姿态')"[1]。巴特在寻求准确地描述母亲的伦理观的同时，将其与卢梭的哲学作品和哲学思想结合在了一起。

　　巴特深信，所有伟大小说均是爱情小说。1978年4月15日的发现使得他可以生产迄今尚缺的小说，即关于母爱的小说。照此去做，他意识到需要保持他的非现时的言语活动，就像在《恋人絮语》中那样。但是，既然怀恋是一种情感，而这种情感关系到母亲的宽容和仁慈之爱的主体，这种位差、这种非现时特征都变成了主体的一部分。这两者也增强了这样的确信，这部如他所梦想的是一部里程碑式的、决定性的小说，在今天是不可能的，并且它本身就指的是一种怀恋：因此，"在描述怀恋的名下，即将被描述的就是现时世界"[2]。1978年4月15日的决定，是写出"一部伟大的爱情作品，为的是入列那些伟大的文学模式(《战争与和平》)"。他在课程开始时，是以另外的方式说出这种话的：小说只有"说出人们所爱的人们"、正确地表达人们所认识和所爱的人们才有意义，也就是说，为他们作证和使他们永存。或者，在10月19日的报告会上他还这样说："我希望，在说出人们所爱的那些人，便是证明他们并没有'毫无价值'地生活过(并通常是忍受过痛苦)的情况下，小说能成为对于自私论的某种超越。"[3]

　　作证维度是最基本的。这种维度表明了巴特当时所赞同的小说的某种神秘性，这种神秘性不仅使他身边的人感到惊讶，而且也使课上的听众不无诧异。"因母亲去世而在巴特身上引起的变化，是古怪的激情，是他感觉到必须写作一部小说的古怪使命。"[4]他的几位近友很是不悦，认为他还是停留在准备阶段："我们无法弄懂他想做什么。有一天，尤瑟夫耍了点儿社交手腕，成功地将弗朗索瓦斯-玛丽·巴尼耶吸引到了巴特的那些夜晚之中，巴尼耶对于巴特的情况说了这样的话：'他根本讲不出什么……'"[5]热拉尔·热奈特曾惊讶地看到巴特到处宣称他以后要写一部小

658

---

[1]　铸造工业标准局(BNF)编号为NAF28630的文件，"大卡片库"，1979年7月13日。
[2]　铸造工业标准局(BNF)编号为NAF28630的文件，"大卡片库"，1979年7月10日、14日、18日和1979年11月30日。
[3]　《长时间以来我睡得很早》，《全集V》，p.469。
[4]　埃里克·马蒂：《罗兰·巴特的写作职业》，同前，p.65。
[5]　同上，p.66。

说,记得对他说过这样的话:"您确确实实不迷信吧!",巴特对他只是做了
这样简单的回答:"'我有信心',这就等于是一种确认。"①至今,一些批评
家或旧日朋友还在猜想巴特的授课就是按照小说的形式来进行的。安托
万·孔帕尼翁在此看到的更是对于诗歌的一种较晚的投入,因为在此之
前他一直与诗歌保持着距离,只是因为诗歌在俳句中的相伴出现而被巴
特重新看到②。某些人更愿意在其中看到一种纯粹的思辨对象;还有一些
人认为他对于故事性的爱好就表现在他最为个人的文字当中,这是唯一
可以接受的与小说有关的部分。不过,通过对与"新生活"相关的全部资
料的认真阅读,我们似乎可以说绝非如此。当然,小说巨作,不同于他所
梦想的另类小说,属于幻觉:实际上,他所选择的小说,并非不伦不类,而
是上千部小说中的两部,那就是《追寻逝去的时光》和《战争与和平》。但
是,正像我们已经看到的那样,巴特的每一部作品都会从一开始时就提出
659　　一种幻觉,这一点反而不该导致去猜疑不可为性。他之所以选择这两部
作品,并不是为了将它们的形式或它们的重要性等同视之(在这一方面,
他并不被《战争与和平》所吸引)③,而是因为它们是至死都在表白炙热的
精神之爱的仅有的两部小说,而这种爱正是他主题的真实所在。在托尔
斯泰的作品中,是安德烈·保尔康斯基(André Bolkonski)在去世之前对
他女儿玛丽说的最后几句话:他回忆了他对女儿的绝无仅有的爱,正是这
种爱支撑着他与死神抗争。在普鲁斯特的作品中,是祖母的去世,而特别
是她的女儿(叙述者的母亲)在先前那些时刻表现出的悲伤、敬重和孝顺
吸引了巴特的注意:"是那种认为不配去抚摸自知是更为珍贵之物的人的
卑恭",她的面颊贴向母亲的面颊,说出最后几句话("不,我的爱妈,我们
不会让你这样去死,我们会找到办法,再坚持一会儿")④,这一切都使巴特
回到了他个人的哀痛方面,因为它们已经预示其会在变化后重现。这两

---

① 热拉尔·热奈特《万宝囊》(*Bardadrac*), Seuil, 2006, p. 386。译者补注:法文 bardadrac 原本
　　无意义,是作者童年时的一位小女友给他的书包起的想象名称,意思是里面装的东西无所不
　　包,作者以此来称谓这部晚年的回忆录作品,用意明确。
② 安托万·孔帕尼翁:《反现代派作家:从尤瑟夫·德·迈斯特到罗兰·巴特》(Les Antimod-
　　ernes, de Joseph de Maistre à Roland Barthes), Gallimard, p. 436—440。
③ 1977 年 8 月 8 日的记事簿,写有这样的说明:"到月底,就可以看完《战争与和平》了。突然觉
　　得足够了。"在《小说的准备》(p. 277)巴特透露他更喜欢托尔斯泰的《日记》,而不是其小说。
④ 马赛尔·普鲁斯特:《追寻逝去的时光》,第二卷《在盖尔芒特那边》, Gallimard, «Pléiade»,
　　1958, p. 619。

种场面如此相近,明确而有力地告诉了我们,他的小说计划所涉及的恰恰是满足最充实之爱的"孝顺"。"准确地找到了激动'起因':是《战争与和平》,而更准确地讲,是托尔斯泰的'孝顺'。然而,也还有一种普鲁斯特的孝顺。因此,不要丢掉孝顺。"①

《新生活》的力量,在于对这种感人法即这种伤感时刻的彻底认同,因为这种认同使得巴特的计划变成了一种美不可言的雄心。是这种计划使人得以理解书中容纳各种素材的原因:那些朋友,那些无益的夜晚,那些不可见人的爱恋,那些需要制造的困难,那种唠叨不休,那种"带有羞耻感、'故作姿态'和笨拙可笑的感觉",那种"无聊闲逛"("电影院、男娼街、桑拿浴,大概还要算是远处可能有的性欲快感——但是,也还有一定量的观察和偷懒")、偶遇事件、摩洛哥孩子表现出的慈善本性,等等②。为了驳斥否定同情而只歌颂"无感人法"③的文学的公众舆论,巴特再一次肯定了忍受痛苦所引起的情绪之力量。借助于这种力量,非-意义④在无止境地自我维系着,而悲剧则将其对立于为痛苦(Mal)和暴力所给定的意义:即哀痛的嗓音发出的不可减缩的喊叫声。现代小说,如果它还讲求真实和功能的话,它应该重新采用关于同情心的这种悲剧原则。巴特把感人法的这种真实看作是阅读之力量,看作是文学的绝对必然性:"必须接受,无须再说,要写的作品(……)再现着我曾确定的、但却是我难于命名的一种感情,因为我无法摆脱包罗众多旧词的范围,非常怀疑它们已经被随意地用过。我所能说的,我只能说的,是这种必须喜欢作品的感情属于爱情一侧:什么? 是慈悲? 是慷慨? 是善举? 大概仅仅是因为卢梭为其赋予了一种'哲学素'的尊严:怜悯(或同情)。"⑤在他看来,这种明确的表述完全来自于母亲最后的话。他在 1979 年 8 月 26 日的日记中再一次提到了母亲的话,同时将该事与对奥森·韦尔斯电影中"玫瑰花蕾"(«rosebud»)一

660

---

① 铸造工业标准局(BNF)编号为 NAF28630 的文件,"大卡片库",1979 年 7 月 14 日。

② 《偶遇琐记》,《全集 V》,p. 971。

③ 福楼拜的《庸见词典》(*Le Dictionnaire des idées reçues*)将其记入了文学批评的俗套之中:"感人法:痛斥、反抗、高傲地宣布真正的文学不用此法。祝贺一位作者已经懂得在其小说中避开感人法暗礁。写上:这是一部漂亮的书、重要的书。却立即又补充道:但没有感人法。"

④ 非-意义(non-sens),从上下文看,这里应该是指法国符号学家让-克洛德·科凯(Jean-Claude Coquet)确定的"非-主体"(non-sujet)即"情感主体"阶段的激情描述。——译注

⑤ 《长时间以来我睡得很早》,《全集 V》,p. 468。

词之含义的揭示联系了起来①：“最后，发现来自于深在的秘密——就像《公民凯恩》中孩子的滑雪板那样：妈姆不停地对我说'我的R，我的R'。”

因此，如果不是母亲的辞世打断了他的工作与思考的话，想到巴特有可能最终找到了为其数量众多且置放分散的素材（卡片、记事簿、旧报纸和新报纸、现时的随记、未来的叙事、计划中的对于同性恋的思考，等等）给出一定的形式，也并非过分。这样的作品肯定不会符合把小说看作是对于一种情节的叙述与展开的通常定义，但是，有关形式的历史告诉我们，“小说”一词曾经指非常不同的一些对象。尽管从记事簿看出它曾经有过一些不可避免的泄气时刻②，但是，正像他对热奈特说的那样，他还是有“信心”的，而且他有关感人法和爱的思考在思想与情绪方面的负责精神，使我们都愿意与他分担。1979年12月10日的四页未公开的卡片，似乎确认了这种直觉。他在“辩解”（这是帕斯卡尔式的承袭标志）名下，介绍了他利用日记、以偶遇事件和随记来代替全部日记可能带来的好处，同时也使他自己成了他特有的素材。“构想具有两个方面的一种话语：即日记和对于日记的超越，由此产生出价值；这是真正的自我批评，但却是一种超越和不是对价值而是对设定价值的一种方式的发现。”剩下的，便是要了解是否还需要为这些片段赋予一种意义。但是，这些片段的文本价值是不容否定的：“日记在无目的考虑的情况下被利用了起来。之后，日记变成了带有评论的素材。”③对于哀痛的叙事，随后又对于*新生活*的叙事，有可能限于对各个片段的中性展示，而对它们的解释则随后跟来。这项计划写于出车祸前一个月的时候，它很清楚地表明了巴特写作其作品和考虑其作品的恒心。

是新的生活吗？

写作*新生活*的动因与但丁和生命进入了中途有联系，这种动因在巴特

①　这里指的是美国电影演员和导演奥森·韦尔斯1941年的电影《公民凯恩》（*Citizen Kane*）。——译注

②　例如：“我放弃写小说的想法”（1979年7月12日）；“感觉好了起来。我再一次浮现新生活计划”（7月19日）；“在新生活上泄气了”（7月21日）；“也许就是作品X（*新生活*）的真正起步；将多种计划的卡片整合到一种计划之中”（8月17日）等。

③　铸造工业标准局（BNF）编号为NAF28630的文件，“大卡片库”，信封3，“辩解”。

的生命行程中曾多次出现。我们从他青少年时期的书信中,以及经常在他
生命存在的各个阶段中,都会看到这种动因。1978 年,他意识到,留给他活
着的时间已经将他置于他生命的一半之外,不过,他又说,这一点丝毫不是
一种算数意义的信息(但丁是在 35 岁时意识到了这一点,可是他继续活了
21 年),而是一种临界、一种凹凸、一种震颤,它使他得以确定了"我称为'生
活之场域'的这种景致的突变与颠覆"①。像普鲁斯特在 1905 年那样,母亲
的去世标志出了这种"生活之场域",而从这一场域开始,任何东西都不会再
像从前那样,因为他要面对自己死亡的确定性。因此,必须充分地利用余下
的生命,即最后的生命,并摆脱使他深陷哀痛之中的悲伤。米舍莱在 51 岁
时娶了一位 20 岁的年轻姑娘,当时他正准备撰写关于自然历史的几本新
书,他这样说过:"'新生活',(⋯⋯)对于写作的人即决定写作的人来说,我
认为,他似乎只有在发现一种新的写作实践的时候,才会有'新的生活'。"②

　　在巴特解脱不开的小说计划之外,具体的生活在这种突然的灵感和对
于"最后的生活"的这种选择作用之下并没有明显变化。尽管母亲的去世
留下了真空,但他继续住在塞尔旺多尼街第三层的单元房里,比从前更少
去位于七层他自己的"房间",因为爬楼对于他来说更为艰难了。但是,他
习惯上的消遣活动、他的远游、他的出门,都不再有与此前相同的兴趣。从
1977 年 11 月到 1978 年 6 月,他去过北非三次,为的是与他在前几年有点
疏远的摩洛哥重新建立联系,不过,正像我们们前面说过的那样,每一次,
他都时刻"想着返回"。从 11 月 5 日到 12 日,他接受了汤姆·毕晓普和理
查德·霍华德的邀请,到纽约大学做了一次报告和主持了两次研讨班:他
在那里受到了高规格的接待,这表明他已经变成了一位很有威望的人物。
他乘的是一等舱。在机场,一位祖籍为法国里穆赞大区的女士前来迎接了
他,而他的返程坐的是协和客机③。他在那里做了关于普鲁斯特和他个人
小说愿望的著名报告,而这一报告内容在 2 个月前于法兰西公学介绍过。
11 月 21 日,色伊出版社为庆祝他与该社合作 25 周年举办了一次盛大的鸡
尾酒会,在这次酒会上,他被一些尊贵的人士所祝贺、赞誉和包围。不过,

---

① 《长时间以来,我睡得很早》,《全集 V》,p. 466。
② 同上,p. 467。亦请参阅第一堂《小说的准备》课程,p. 25—32。
③ 协和客机(Le Concorde):法国与英国在 20 世纪 70 年代中期联合研制的一种超音速飞机,
　2003 年停飞。——译注

663　　他在各个方面都不大露面了。"任何'社交活动'都在加强这个世界的虚荣,而她已不在这个世界。"①在色伊出版社,是拉谢尔·萨尔泽多也就是巴特弟弟妻子的出现触动了他,因为拉谢尔那一天占有了他母亲应获得的尊贵与敬重。热拉尔·热奈特曾与巴特同机去纽约做过稍长一些时间的逗留,他对巴特在飞机上的情况做过这样的回忆:"我们当时不在一个机舱,每次我都要去他那里与他说话。他睡得很熟,头歪着,嘴张开着,有一刻,我看到他像是死了似的,一如《单旋圣歌》节目②中没有戴面具的木乃伊。"③

　　在他母亲去世之后,有人经常痛苦,甚至是恶意地谈起巴特的狂乱性欲。《巴黎的夜晚》的发表扩大了这种倾向性看法,不过,不应该去信。巴特通常寻找直接的满足,因此出入桑拿、色情电影院、专门的夜总会。在他身上,这并非是一种新的表现,但也不是一种不幸的品行。除了与他各个小群帮中的恋人有着可以说是正常性的往来外,他还一直喜欢邂逅一些男妓,他从与他们的进行的目光交会之中、有时也是从言语的交谈之中寻找色情感受。之所以晚上常去帕拉斯剧院夜总会,并不是因为他突然忘却了悲伤竟沉湎于享乐之中,而是因为习惯去那里。那里有他认识了快30年的埃马尔,他直呼其名"法布里斯",后者则称他为"我的哲学家"④。只是场所在更换,因为夜很快地在变。大概是年纪的变长使得正常习惯变得有点更为哀婉动人了,但是仅此而已。年纪在限制往常的寻艳,巴特一段时间以来已经认识到了这一点:"对于老年(或接近老年的)人来说,只剩下找男妓寻乐了(幸运的是,这种寻乐有其魅力,且很简

664单)。"⑤这也是一种历史现象。在性活动已经成为私有和戒律严格的今天,这种通常的实践就像是一些过分的或出轨的行为表现。在那个时期,艾滋病病毒尚未被发现:在男性同性恋中,伙伴众多几乎是规则。只需阅读一下巴特同时代的几位作者的书籍,就足可以知道当时的那些通习:托尼·迪韦尔、埃尔韦·吉贝尔、雷诺·加缪,都是巴特遇到过和当时认识

---

① 《哀痛日记》,1978 年 11 月 22 日,p. 226。

② 《单旋圣歌》(*Plaint-Chant*):上世纪 70 年代法国电视台播放的一档文学专题节目。——译注

③ 热拉尔·热奈特:《万宝囊》,p. 338。

④ 参阅他在 1979 年 12 月 31 日《巴黎日报》(*Le Quotidien de Paris*)上发表的向其致敬的有关帕拉斯剧院夜总会的一篇短文(《全集 V》,p. 779):"法布里斯是一位艺术家,因为他对于他的所为具有智慧:智慧,也就是说,最终是替别人考虑的艺术。"

⑤ 铸造工业标准局(BNF)编号为 NAF28630 的文件,"大卡片库",1975 年 11 月 23 日。

的作者;他甚至曾被他们所吸引,或者临时地成为过恋人。

这一点曾经构成了他想在同性恋方面写点东西的一个时期。他最为关心的,是不想在这方面高谈阔论,不想对同性恋的特性做本质的揭示。一想到"我就是这样的""他就是这样的",他就感到恐惧;在他看来,构成这一主题的力量,恰恰涉及到一种非-懂得(non-savoir)。他既不接受(他在尤瑟夫和让-路易家认识的)居伊·奥康让和革命行动同性恋阵线所宣扬的那种战斗论,也不接受多米尼克·费尔南德斯所主张的那种稳健的**出来自由论**(coming out)——即便巴特曾为费尔南德斯获得 1974 年美第奇奖而竭力争取过。写作有关同性恋的东西,并不等于自我解释对于性选择的偏好,而是说明同性恋可以区别性和边缘性,以方便做另外的思考。不过,当他选定公开谈论同性恋的时候,他正在为雷诺·加缪的《技巧》(*Tricks*)一书写序言,很难说是不知道,很难避开性欲主调——甚至说色情主调。雷诺·加缪与巴特非常要好。即便《技巧》一书的作者现表现出的偏移与巴特对于他的信任和在文字中的介绍格格不入,但是必须承认,他对于巴特的评价通常是不错的。他在《杂陈日记》(*Journal de travers*)不断地提到巴特,通常都是温情脉脉和对于巴特的智慧表现出真切的钦佩。雷诺·加缪直到最后都参与研讨班,几乎不缺席地参加习惯上在每个周六组织的午餐。他邀请巴特参加他组织的一些晚会,让巴特认识了安迪·沃霍尔(Andy Warhol)。巴特在其 1979 年写的关于赛·通布利的文章上题词献给雷诺·加缪,也献给威廉·伯克和伊冯·朗贝尔(«A Yvon, à Renault et à William»)。确实,巴特出于友情曾帮忙为他的书写了序言,确保了他的名声。但是,这种举动也还有另外一层意义。巴特在重提俗套性的和"模式固定的"社会话语与能够"直率地"说出事物、能够表现事物存在状况和巧妙传播其意义的文学话语之间的区别的同时,借机再一次肯定了他长时间以来和在何种主题上说话的场所。这一点一旦设定之后,他便也可以谈论他自己:"不过,我在《技巧》一书中所喜欢的,是那些'准备工作':闲逛、惊恐感、木马转盘、靠近、会话、动身回房间、安排上的有序(或无序)。"①在场面离开其过程的范围而变成小说、变

665

---

① 《为雷诺·加缪的〈技巧〉作序》(«Préface à *Tricks* de Renaudi Camus»),1979(《全集 V》,p. 686)。

成可能之空间和关系之空间的时刻,也是他在生活中更喜欢的时刻,因此,他在夜晚出门,为找寻一种惊喜、一位新人、一些互相勾引的目光、一些串通,但也有时什么都找不到。

他一直出没于同一些圈子。在他看来,尤瑟夫·巴库什成了某种快乐组织者,他为他组织晚会,尽力使他消遣,有一天晚上将他带到了帕拉斯剧院夜总会参加欢迎诺列夫①的盛大晚宴上,几个月后又与贝雅尔②一起经常陪着巴特去伯夫(Bœuf)先生的餐馆,在那里,他遇见了阿拉贡,他在日记文字中对阿拉贡做过令人激动的描述:"老态龙钟的阿拉贡,他几乎每个晚上都去伯夫餐馆,有时候是一个人去:他在那里睡觉,他在撤掉餐具后、只剩下一根蜡烛火苗的餐桌前艰难地挪动。昨天晚上,我一直沉浸在衰老景象带给我的极度痛心之中,为这个人的**没有出现**所强烈地触动,这种情况近似于一种癫疯(大厅的现代装饰叫人感觉受到了侵犯,因为它是享乐型的和表面化的),几乎近于**纯洁**,因为有时,这位老人抬起头,却紧闭着双眼,似在激情满怀地表达一种**童年时代的至福感**(他作为一个更可以说是不好的人,看到了一切,也说出了一切)。"③他也经常在弗朗索瓦-马里·巴尼耶的陪同下夜晚去帕拉斯剧院夜总会或者去巴黎附近的浴场。他去看望菲利普·梅泽斯卡斯(Philippe Mezescaze)、埃尔韦·吉贝尔、让-保罗·曼加内罗(Jean-Paul Manganaro)、罗马里克·舒尔热-比埃尔、弗雷德里克·贝尔泰、让-诺埃尔·潘克拉西(Jean-Noël Pancrazi)、雅克·达马德(Jacques Damade)。他与这些人中的多人——但不是与所有的人——有过恋情。他参加由安德烈·泰希内在其位于图奈尔(Tournelle)街的新公寓房里组织的晚会。他在那里重新见到了他参与拍摄的《勃朗特姐妹》的演员们。1979 年 7 月,他去了卡布尔镇(Cabourg),为在那里的一处海滨帕拉斯剧场夜总会揭幕。他在那里遭受到两个男同性恋者的激烈指责(靠近他的是帕索里尼);幸亏,罗贝尔·莫齐当时陪伴着他,把他拖到了其他地方。与其他几位朋友,他的夜晚过得比较平静。他经常见到法兰西音乐电台的女音乐制作人克洛德·莫波梅,

---

① 诺列夫(Rudolf Noureef,1939—1993):祖籍为前苏联的法国舞蹈演员和编舞。——译注
② 贝雅尔(Maurice Béjart,1927—2007):法国舞蹈演员和编舞。——译注
③ 铸造工业标准局(BNF)编号为 NAF28630 的文件,"大卡片库",1978 年 5 月 7 日。

那时,他确确实实地与她建立了友谊(这是与他同时代的女性建立的很少的友谊之一);围绕着音乐而有的朋友,还有埃里克·马蒂——他与马蒂一起预定了阿泰内剧院每一场的“周一音乐会”,这种说法意味着“可以在一般的与平静的条件下去听音乐会”[1];他还经常见到安托万·孔帕尼翁:他见马蒂和孔帕尼翁,通常都是在花神咖啡馆、波拿巴饭店,或是在音乐会上以另外一种社会适应方式分别见面。巴特对于所有这些朋友,都表现出慷慨大方。他喜欢邀人吃晚饭,喜欢购买花束,喜欢赠送小礼物。无论如何,他都让近友们感觉到他一直处于一种确定的孤独之中,并附加有一种厌倦情绪。

巴特自己也意识到在变老,他为此而产生了一定的抑郁。年纪在强化他与别人的区别和他自己的边缘性。变老带来的困难在他的多个文本中都得到了表述,他越来越多谈及年纪差异的问题,越来越多地涉及社会与年纪之间的关系。他在“恋人话语”的课程中,对于一些模糊的形象感兴趣:老年孩童(puer senilis)即孩童老人(senex puerilis),带来的是混乱。他喜欢这些难以分开和可换向称谓的人,这些人在以自己的方式对抗着强加给他们的差异,而年纪上的差异在此则覆盖了性别的差异。但是,社会还表现出其他的形象。“‘老’是相对于一位‘年轻人’而言的年纪,因为这位年轻人据此就认为自己‘年轻’。这种运动开启了种族论:我主动撤出我提出的排斥论。因此,现在轮到我来排斥和我来在乎了。”[2]他在发表于《新观察家》杂志上的逸闻杂陈中,明确地写出“老年比童年更使我动情”[3],他不喜欢肉体的退化,不喜欢日渐增加的疲倦。他继续节制饮食,还注册上了一家健身房。但是,他已经 63 岁,却干着超出其年纪的事情。一位 1979 年曾经与他有过言语沟通的女士,把他描述成一位“头发斑白、步履谨慎的人”[4]……他从未感觉到自己魅力不凡,而是不顾身体,将疲劳

667

---

[1] 《罗兰·巴特周》(«La semaine de Roland Barthes»), in Le Nouvel Observateur, 8 octobre 1978(《全集 V》, p. 556)。

[2] 《老年孩童,孩童老人》(节选自“恋人话语”课程), NDLR, novembre 1978(《全集 V》, p. 481—483)。

[3] 《全集 V》, p. 638。

[4] 《与罗兰·巴特的邂逅》(«Rencontre avec Roland Barthes»)与纳迪娜·多尔穆瓦·萨瓦日(Nadine Dormoy Savage)的谈话,见于 1979 年 2 月号的《法兰西新闻》(The French Review)(《全集 V》, p. 735)。

严密地包裹掩盖起来。这一切,均说明了许多人都以追溯以往的方式把对于一种悲伤、一种舍弃的感觉看作是对于一种末日之预感的原因。与《恋人絮语》中提到的"不一想一理解"和在课程中使用的解脱活动在一起的,是对于一种放弃态度的更为否定的表述。1978 年秋天,法兰西公学秘书处向巴特转递了认为他的课程让人失望和乏味的一些学生的抗议信件。他对此感到不安,有心要离开教学。他有一种感觉(已部分地得到了验证),一代人在尽力把他挤出去。这种负面的感觉,大概也解释了 1977 年围绕着一些"新哲学家"所展开论战时他的态度的模糊:他不想明确地支持这些哲学家,尤其不想反对他的朋友吉尔·德勒兹,但是,他也不想完全地被弃置于过去时的模糊状态之中。他给贝尔纳-亨利·莱维写了一封个人信件(后者曾与巴特一起为《新观察家》杂志做了一次精彩的长谈)①,证实了他对于其工作的喜欢。贝尔纳-亨利·莱维擅自做主于 1977 年 5 月 26 日在《文学消息报》上部分发表了这一信件。巴特责备莱维置德勒兹的哲学于难堪地步,因为在他看来,德勒兹的哲学思想是"错误的",不过他承认德勒兹的某些观念的有效性,而特别是其与历史超越危机有关的那些观念。"在有关历史'进步'的乐观意识形态与有关言语活动的工具性构想之间,有无某种一致呢?反过来说,在任何与历史建立的临界距离与借助于写作而对知识分子的言语活动的颠覆之间,有无一种相同的关系呢"②于是,巴特重新将《带有人类面孔的野蛮性》(*Barbarie à visage humain*)与他的写作伦理学联系了起来,这是他表白自己赞同的一种方式。信件的发表(巴特并不希望发表此信)激怒了德勒兹,后者把巴特叫了去,进行了当面的友好询问,让他解释是怎么回事。巴特感觉到对方的请求过于恳切,有时他也觉得被难以相容的友情所分裂,他虽然很少在应该保持的行为方面表现出犹豫,但也有时在面对一些反常的情势或一些矛盾要求的时候不知所措。他越来越难以承受总是听从于其他人的良好愿望。"我并不拒绝接受要求(我大概需要有人向我提出要求),但是,我所不能承受的是,那些要求是随意发来的,而且是按照发送者的时

668

---

① 《知识分子有何用?》(«À quoi sert un intellectuel?»), in *Le Nouvel Observateur*, 26 mai 1977 (《全集 V》, p.364—382)。

② 写给贝尔纳-亨利·莱维的信,发表于 1977 年 5 月 26 日《文学消息报》(《全集 V》, p.315)。

间安排发来的,根本不考虑我个人的时间条件:一个电话打断了我正在写的句子,一个求文要求中断了我正在做的工作。我很想严格地、几乎是疯狂地把我的时间分成为我自己的那些周和为别人的那些周。"①

当巴特以"清除"一语来谈他的小说计划时,他便是确认他有着完成,甚至是了结某件事的一种愿望。在他的一张卡片上,贴有他从费里尼(Fellini)1979 年在《解放报》上的谈话中摘下的几行字:"我不曾多次出游,我读书也少,我不属于在街上构筑街垒的革命者。我低成本拍摄电影。我清除仓库积压。"他也以某种距离感来看待他自己的重新加工事业;难道他的回忆艺术不就是一种纯粹的利己主义唠叨吗?在他的那些悲观时期,倾向于放弃就是一种意图,他感觉是在闲逛,就好像他的整个生命已无法再有可为那样;无聊的夜晚、分散的片段、泄气,这便是"腌渍",这是他从福楼拜的作品中借用而来的,长时间以来他以此定名他的那些特定的抑郁表现:"每当深重的悲痛出现,福楼拜就卧进长沙发里:这便是'腌渍',即很模糊的情势,因为失败的标志同样是幻觉的场所,从这时起,工作渐渐地重新启动。"② 由于腌渍与孤独、与悲伤、与舍弃和再启动之间的这种中间状态有联系,所以,它不再是一种临时的泄气——就像他过去所经历过的那样,而是一种连续的安排,是它在使日子变得暗淡。

669

明 确 性

照片……是对于过去事物的明确显示③。

---

① 铸造工业标准局(BNF)编号为 NAF28630 的文件,"大卡片库","语言学,圣西门,布莱希特,扎夫列夫"(«Linguistique, St Simon, Brecht, Zavriev»),1980 年 1 月 20 日。

② 《福楼拜与句子》(«Flaubert et la phrase»), in *Nouveaux essais critiques*,《全集 IV》, p. 78—79。名词"腌渍"(«la marinade»)并未出现在福楼拜的作品中,而是在他 1846 年 8 月 12 日写给埃内斯特·舍瓦利耶(Ernest Chevallier)的一封信中见到了其动词"mariner":"我写作,我阅读,我学习一点古希腊语,我反复思考维吉尔或贺拉斯的作品,我悠闲地躺卧在我让人最近加工好的绿色摩洛哥皮革长沙发里。为了就地自我腌渍,我便任意地填满我的胃,便像一只生蚝那样活着"(居斯塔夫·福楼拜:《书信集》[*Correspondance*], éd. Par Jean Bruneau, Gallimard, «Pléiade», 1973, t. I, p. 293)。

③ 《从爱好到忘我》(«Du goût à l'extase»),与洛朗·迪斯波的谈话,见于 1980 年 2 月 22 日《晨报》(*Le Matin*)(《全集 V》, p. 930)。

不过,在巴特晚年的生命中,有一部分是明亮耀眼的。对于根据幻觉而一直被精心加工的一部作品来说,就在一尊里程碑尚未完成、一部伟大的作品尚呈碎片状态之际,死亡的突然降临的确是说明问题的。不过,关于母亲的书籍——《明室》——借助于将他的回忆记入了一本书之中而部分地完成了他的计划。实际上,巴特于不露声色、也毫无意识的情况下,通过两种有力的举动在完成着他作品的部分内容,这两种举动,借助赋予意义和提供未来在补充着他的这部作品。第一种举动是有关"中性"的课程,是在母亲去世的冲击之中讲授的,这一课程明确和命名了他自《写作的零度》以来的思想历程;第二种举动是写作和发表关于摄影的书籍——摄影为内心情感与思考的多种共鸣和交会提供了一种极佳形式。

1979 年 6 月 18 日的希腊之行,是完全在这种重要的明确性标志之下进行的,在那个时候,巴特刚刚结束了对于《明室》的撰写(从 1979 年 4 月 15 日至 6 月 3 日),而他在书中形成的有关光线的论点在地中海的光亮强度之中找到了回应。再就是,有关这次出行的日记卡片重新采用了他为摄影所想象的一些术语:兴趣(*studium*),是对于他谓之的言语活动、人种社会图解层次的关注;击点(*punctum*)指的是情绪和惊异范畴。例如,他 6 月 11 日进入比雷埃夫斯港(Pirée)的一个教堂,偶尔出席了一次东正教的洗礼:他被嘈杂声音、活跃气氛、毫无静思、热闹异常、相互对歌所打动;有许多偶发小事使场面生动不减(裸身的小女孩,当被放进圣洗堂的时候,她哭叫了起来,圣油就装在一个茴芹利口酒[ouzo]瓶子中,神甫卷起他的双袖,一如女厨师那样穿上围裙,随后做浸水礼);这个场面很是一般,却在通常的明显之中不无精彩,既无至圣仪式,也无虔诚祈祷。巴特曾多次回到这一时刻所激发给他的感觉之中。在萨洛尼卡(Salonique),他注意观察在公园里一边聊天一边刺绣的妇女们,注意观察只有男人们坐在一张桌子周围,面前是香烟、打火机、黑色眼睛,几张桌子之间有孩子们在玩耍。他欣赏那些露天酒吧、各种水果、炎热、清凉的水、在港口吃到的桂香味希腊糕点(bougatsa)。也还有与年轻的莱夫特里(Lefteris)相遇所带来的惊喜,因为这位年轻人也加入到了"新生活"之中,担当纯粹的"相遇之喜"的形象。

幸运的是,这种明确源于那些暗淡的时期,它赋予了那些时期以发现和快乐成分。对于这种明确,似乎巴特也尽力将其放在自己身上,放在完成其各项计划、解释其思想、使其对话者产生强烈印象的做法之中:"巴特的特殊明确性由何而来的呢? 它为何来到他身上呢? 因为他也必须接受这种明确性。这种明确性,在无须简化、无须强力破坏皱褶或保留的情况下,一直就来源于某个点,这个点不是一个整体,而在自己的方式上是不可见的……"①这种明确化维度在 1978 年的"中性"课程中得到了完全的显示。他在课程中深入阐释了这一概念的力量和形成历程,这一概念作为理论命题(中性就如同"零度")变成了(批驳傲慢的)一种真正伦理学,最后归入一种(有关评注、偶遇性的)美学。尽管巴特像任何一位西方白人那样摆脱不掉二元对立和理性的对立范式,但是,他的幻想也还总是在考虑能够破坏这些对立的一些力量。他在写作之中、在阅读的安排之中,但也在道德行为之中,找到了一些说话与做事的方式,这些方式可以不让意义停留在范畴之中、不让言语活动停留在限定词之中、不让让人停留在稳定的同一性之中。在语法上,既不是阳性也不是阴性;既不分主动性也不分被动性。在政治上:不在两种对立力量中选边站……中性,尤其是一种乌托邦,它既可以确定巴特的深刻人格,也可以确定贯穿言语活动②、身体、举动的一种方式,以便从它们上面去除源于其本质或不变定义的权威论。由此,产生了巴特对于门槛、前厅、中间部分这些过渡性场所的偏好,因为在这些场所里,他不真正地处在什么地方,他可以通过而不停留。当然,不论在政治方面还是在伦理方面,中性也有其负面形象;但是,选定中性作为一种乌托邦,即是看重他借以打破任何事物之稳定性同时又拒绝现成的东西、已知的东西、明显的东西的活动。中性所推动的道德价值,譬如善意、关切、温柔,虽然有时因其女性化特征而被取笑,但它们正是巴特所接受和构想的真正母亲般的女性在毫不施展权威的情况下,所体现的道德价值。这也是在《萨德,傅里叶,罗耀拉》中援引的萨德在其写给妻子的信中所宣称的个人快乐:享受微小、享受微不足道、享受边缘,所有的个体均可借此真正地在其真实之中,也就是在其脆弱的时刻之中表白自

---

① 雅克·德里达:《罗兰·巴特的多次死亡》(«Les morts de Roland Barthes»),见于《精神现象:对于他者的发现》(*Psyché, invention de l'autre*),Gallimard,2003,p. 274。

② 请参阅日记卡片上的这一诱人记录:"1979 年 11 月 12 日:今天是我的生日纪念日,我连续 10次出现了同样的笔误:我置身于形容词和分词之中,是以阴性出现的:我抱歉(je suis désolée)等",铸造工业标准局(BNF)编号为 NAF28630 的文件,"大卡片库"。译者补注:这句法语中的"désolée"是阴性形式,巴特应该使用阳性形式"désolé"。

己。"我通常会以机敏的、意外的、非范式的行为,例如面对教条主义时的巧妙和不引人注意的逃脱,来称谓对于简化要求的非暴力拒绝、对于概括性要求的回避,简言之,对于关切之原则,我最后称其为:温柔。"① 与布朗肖所主张的不同,巴特的中性既不是否定,也不是难以描述的,更不是蒙昧。它的正面力量在于降低各种情况引起的恐吓:例如傲慢、整体一致性、男性权威、最终判断。它可以在不废除的情况下减弱、在不完全入睡的情况下静心,可以使表达更为巧妙而不是徒劳无益。正是在此,中性体现了其可以明确化的特殊能力。在阐述思想时,中性不依靠对于一种虚假可理解性的生硬认识,而是在让思想迸发出火花的情况下使其熠熠闪耀,同时安排好避开意义的一些空缺和悬念、场所和时刻。

《明室》的核心闪亮之处,也在于中性。它的闪光,既不是地中海太阳的强烈明亮度,也不是光辉无比的解释,还不是对于事件和事实的充实和完全的理解,而是某种程度的弱光,它更为神秘、更为中性(意即更为多变),因为它不是来自于生活,而是来自于死亡。有两种情况,在光学意义上也是在精神意义上,促使了对于摄影的这种揭示。第一种情况是一种约稿:1978 年,伽里玛出版社曾建议让·纳尔博尼(Jean Narboni)与其一起围绕图像艺术搞一套丛书,并由该出版社与《电影手册》(*Cahiers du cinéma*)杂志共同出版。这种想法,是不求助于专业人员,而求助于一些思想家、一些知识分子,让这些人以其智慧、以其能力和其作为爱好者的兴趣来谈论形象艺术。纳尔博尼通过克里斯蒂安·梅斯认识了巴特,也通过巴特发表的有关报刊摄影或艺术照片(布迪内、贝尔纳·福孔[Bernard Faucon]、威廉·冯·格洛登[Wilhelm von Gloeden])的文章了解了巴特,因此便出于友情首先向巴特约稿。巴特为之所动,因为向他索要的并不是理论话语:他当时并不被认为擅长于有关摄影和其历史的写作(即便在纽约他曾去见过苏珊·桑塔格,后者曾让巴特阅读其有关主体的论著,这部论著使巴特激动不已,他随即请克里斯蒂安·布儒瓦出版社出版其译本)②。他的话很符合他的愿望。像许多处在哀痛之中的人一样,那

---

① 《中性》,p. 66。
② 苏珊·桑塔格:《论摄影》(*Sur la photographie*)[1978], trd. De l'anglais par Philippe Blanchard, Christian Bourgeois,1982。

时,他正沉浸在选择和思考那些旧照片之中,这一机会也构成了《明室》的第二种情况。1978 年 12 月,他去了贝尔维尔①一地的一家照相馆,复拍他母亲的一些非常陈旧和破损严重的照片。当让·纳尔博尼 1979 年 3 月在这一计划上重新求助于他的时候,他把母亲还是小女孩时期的那张照片摆放在他面前的办公桌上,他知道他在这种研究之中会有所发现:有某种既非常内在又非常一般的东西为这一计划提供了意义。于是,他立即在于内(Hune)书店和德尔皮尔(Delpire)书店购买了基础摄影方面的书籍,而尤其是买了德尔皮尔出版社出版的《新观察家》杂志的几期"摄影"专刊,他向达尼埃尔·布迪内征求意见,去看了几处摄影艺术廊,并且在于尔特从 4 月份开始,他便投身于写作一部论著,这部论著很快就呈现出一种调研的形式,并带有着指向、进展和揭示。

673

直到这时,巴特对于作为符号的摄影兴致不减,但他也一直怀疑自己在这一领域的适应能力和其实际可以做到的程度。由于是为了分析,或者是为了某种情感上的保留(有关布迪内的文章证实了这一点,尽管文章只做到了恰如其分),照片(尤其是时尚照片或报刊照片)始终是被置于一定距离之外的。对于母亲在其出生地谢纳维埃-苏尔-马恩的家内冬季花园里的照片的发现,使他在看法上产生了一种真正的颠倒:他甚至也可以在此谈论"转化",就像 1978 年 4 月 15 日的揭示内容那样。1978 年 6 月 13 日,他在看到这幅照片时哭了。1978 年 12 月 29 日,巴特在收到由贝尔维尔照相馆重拍的这幅照片后,他写道:"这张照片与我生活中所有毫无意义、毫无高贵可言的渺小奋斗发生了冲突。照片确实是一种度量、一位法官(我现在理解了,一张照片是如何可以变得神圣、如何可以引导——并非是引导这里一再提到的个人身份而是在这种身份中——引导一种罕见的**表达方式**、一种'美德')。"②所使用的词语明显地将有关爱的计划与这种形象所产生的惊愕感觉联系在了一起。巴特依靠这幅照片,做了一次实在意义上的尝试,这种尝试改变了他与摄影之间的关系,标志着他体验哀痛方式的一种转折。这种发现,使他的思想从对于图像意义的思考转移到了对于摄影的存在性——"就是这个"和"这个"——的思

---

① 贝尔维尔(Belleville):界于巴黎十九区和二十区之间的一片居民区。——译注
② 《哀痛日记》,p.231。译者补注:原文标注的是 232 页,经核,改为 p.231。

考,因为人们就是通过这种存在性而在言语活动中笨拙地定名摄影所假定的指称对象。"摄影属于一类叶片状对象,对于这类对象,人们无法在不破坏两张叶片的情况下而将它们分开:玻璃窗与景致,没有道理不包括:好与坏,欲望与其对象:我们可以构想二元对立,但无法感受二元对立(我还不知道,我一直在寻找的本质,就产生于一直存在的**指称对象**的固执表现中)。"①

《明室》展示了这种颠覆的经验。其第一部分是通过由某些选定的照片所引起的感受和情绪来循序发展的。它在**兴趣**(文化,照片的主题)与**击点**(情绪——在这本书中,这一点成了有时是不同的定义对象,它有时被定义为哀痛方面的偶发事件、刺点,有时被定义为幻觉的扩张力量、感人法和中性特征)之间建立起了著名的区分。一些出色的、"公众性的"照片,其拍摄过程可以让人感受欲望是怎样运作的,但是却说不出摄影的任何本质。它甚至排除对于摄影本质进行主要的整体思考,而这种思考涉及到操作、摄影师、其意图、其工作。照片,只因有**观看者**,即看照片并因此完成《神话》一书中从"照片—震惊"起就被表白幻觉的人,才有存在价值:但愿图像只为观看它们的人所描述②。"我必须更多地下降到我自身,以便发现摄影的明显性,这样东西可以被任何观看照片的人看到,而且在他看来,这种东西将照片与其他任何图像区分了开来。"③照片中的母亲还是个小女孩,她呆在哥哥菲利普·班热身边,站立在通向暖房的小桥上,而这个暖房就充当班热家族在谢纳维埃的漂亮住房的冬季花园。她的这一形象,产生着一种揭示作用,与对普鲁斯特下意识回忆的揭示如出一辙:这一形象并不仅仅重新提供过去时,而是在其现在时即当下之中提供这种过去时的真实。因此,这幅照片并非是亨丽埃特·巴特当其还是小孩子时的形象,而是变成了属于他这位老年男人以"他小孙女"形象出现的他的母亲的形象。"她是那样的坚强,她曾经是我的内心**法则**,最后我却觉得她是我的小女孩。我就这样以我的方式解答了死亡。"④这种出现,

---

① 《明室》,《全集 V》,p. 793。
② 在于奥赛博物馆进行的《照片—震惊》(«Photos-chocs»)展览上所感觉到的无兴趣,源于摄影师和其意图在摄影中的广泛出现。"摄影师在其主题的形成之中过分慷慨地取代了我们"(«Photos-chocs», in Mythologies,《全集 I》, p 752)。
③ 《明室》,《全集 V》,p. 836。
④ 同上,p. 848。

在时间上破坏了习惯编年排列或顺序,巴特为了表达这种出现的特殊本 675
质,转移了他的试点,从暗室的俗套过渡到了明室的形象。他不再用机
械的或物理学的术语来说话,而是采用化学的术语,同时强调光线对于
某些物质的影响①。与照片提供的所爱之人的相遇,并不消除死亡;这种
相遇是一种安慰,可比之于那些相信神灵的人们见到的幽魂显灵。不
过,这种显影(按照化学意义)产生着一种复活(按照宗教意义),它允许
人与逝去的人有了真实的接触。"逝去的人的照片,就像是一颗星迟迟
不逝的光触动着我。某种脐带式的接合将所摄影的物件的身体与我的
目光联系了起来:光线,虽然是不可触知的,但恰恰在此,它是一种肉体
的场域,是我与被摄影的他或她在分享的一种皮肤。"②这种关系可比之
于尤里西斯与他的母亲在影子王国中维持的关系。它触及死亡的一种
真实,即死亡并非是一种纯粹的消失。正像传说中所言,巴特在由亚历
山大·加德纳拍摄的刘易斯·佩恩③的照片上又增加了这样的话:"他已
经死了,他马上就去死",死亡既意味着过去时,也意味着将来时。这种
魔术就依赖于这种真实之考验,巴特将这种真实命名为**不可能性**:因为
死亡既是伤害性的也是盲目性的痛苦。在具备这种启示之后,巴特在他
书籍的结尾处,便可以使他对于摄影的思考与他对于导向**新生活**的转化
汇合在了一起。这种结合是围绕着词语"怜悯"来进行的,因为该词同时
汇聚了照片的**击点**和来自母亲的爱。"我在最后的思考之中,将伤害过
我(就像**击点**的动作那样)的那些图像都放在了一起,例如戴着细项链、 676
穿着系带鞋子的那个女黑人图像。通过它们中的每一张照片,我必然不
顾所再现的事物的不真实性,而疯狂地进入到场面之中、形象之中,同时
拥抱死亡的东西,拥抱将要死亡的东西,一如尼采所做的那样,1889 年 1

---

① "因此,在《明室》中,也可能像是有一种'化学虚构',它来平衡死亡所带来的绝对痛苦心情,这
   种心情是由于相信或希望在照片的跃动之中有一种可能的复活所引起的"(贝尔纳·科芒:
   《罗兰·巴特走向中性》,同前,p. 127)。1979 年 12 月,巴特参加吕西安·克莱格(Lucien Cler-
   gue)在埃克斯-马赛大学进行的有关摄影学的博士论文答辩:当时接待他的实验室属于化
   学系。

② 《明室》,《全集 V》,p. 854。

③ 亚历山大·加德纳(Alexander Gardner,1821—1865):美国南北战争期间南部联邦军队的士
   兵,曾参与暗杀美国国务秘书威廉·H.苏厄德(William H. Seward)而被处以绞刑;刘易斯·
   佩恩(Lewis Payne,1821—1882):摄影师,曾为亚历山大·加德纳留下过绞刑前的照片。——
   译注

月3日,当时,他哭着扑向了因殉教而死的马,抱住了它的脖子:他因怜悯而变成了疯子。"①

尾　声

1980年2月13日,巴特为《明室》一书的新闻发布会在出版社新闻处为赠出的书籍签了名。他送给了几位密友一些样书,对于这本书可能的接受情况有点担心。他在书中第二部分所写的内容比在《罗兰·巴特自述》或《恋人絮语》等书中都更为隐晦。他并没有滥用曾一直是他的特有方式和保护他的有关等级的科学。他对于某些近友对照片进行有选择的评论有点恼火,指出他们本不该做相同的挑选,他们本不该都选择摄影师马普尔索普②的照片……幸运的是,另外一些人做得就比较巧妙。埃里克·马蒂就对巴特说,这是其最为现代的书籍,是其调和现代性与死亡的书籍。茱莉亚·克里斯蒂娃则被一种推理过程的明确性所吸引,因为这种推理使照片重新建立在"'超常的爱'和您的母亲留给您的影像"③基础上了。玛尔特·罗贝尔在2月22日写给他的一封信(这大概是他出车祸之前最后见到的信件之一)中对他说,这本书"融汇了痛苦与异样的温柔",而巴特的书不停地使她陷入其中她在几个月前也失去了自己的母亲,她也在寻找有可能包含所有其他照片的母亲的照片④。

　　尽管这本书在出版之前有过潜在思考环境,但是他的日常生活并没有什么改变。他与索莱尔斯在这个晚上一起用餐,而在另一个晚上则与瓦尔和萨尔迪一起用晚餐。他与埃里克·马蒂一起去阿泰纳剧院听让-菲利普·科拉尔(Jean-Philippe Collard)的钢琴演奏会;他还去接待过布库雷施利耶夫的特里林(Trilling)家弹钢琴,他与弗朗索瓦·布伦瑞克去蒂比尔斯(Tiburce)餐馆吃晚饭,与尤瑟夫·巴库什和帕斯卡尔·博尼策(Pascal Bonitzer)去帕拉斯剧院夜总会,下午的时候去佩雷尔浴场或敖德

677

---

① 《明室》,《全集 V》, p. 883。
② 马普尔索普(Robert Mapplethorpe,1946—1989):美国著名摄影师。——译注
③ 茱莉亚·克里斯蒂娃1980年2月16日的信。铸造工业标准局(BNF)编号为 NAF28630 的文件。
④ 玛尔特·罗贝尔1980年2月22日的信。私人保存。

萨(Odessa)浴场。他继续节食。他准备去博洛尼亚参加有关安东尼奥尼的会议的发言稿,与让-弗朗索瓦·利奥塔尔(Jean-François Lyotard)一起参加在巴黎南特尔大学举办的博士答辩会,回复有关法国人的怀恋之情和照片的一些采访。2月10日,米歇尔与拉谢尔·萨尔多泽去了拉谢尔在以色列的家,那里靠近黎巴嫩边界。在母亲亨丽埃特·巴特去世之后,巴特与弟弟和弟媳走得很近。他与他们一起组织犹太人节庆,1979年12月出席住在克雷泰伊①的拉谢尔妹妹的男婴包皮割礼仪式。前一年的夏天,他们三人一起去贝杜②朝圣,兄弟俩不无激动地回想起1934年的那一年,那时巴特刚刚患病,并最终地使他结束了青少年时代。他在每个周六上午,照旧去法兰西公学上两节课,随后与研讨班上关系密切的学员一起去图尔农街吃午饭。自从他的课程从周三改在了周六,灯光、话筒和电力的问题,在那个时期的公学里都增多了,因为值班人员经常不在。此外,大概正因为如此,1980年2月25日,巴特在与弗朗索瓦·密特朗用过午餐之后,他希望重新检查一下为讲授普鲁斯特和摄影课所准备的器材安装事宜:实际上,他是想投影一下纳达尔的那些照片,并且由于整个课程都建立在对于照片的评论基础上,他想尽力避免出现不测故障。

　　2月22日,他重新看过了他的备课记录,申报了应缴税收。下午,电视台的几个人来为他录制了准备在法国电视一台上做的关于摄影的节目。他去达尼埃尔-杜阿迪中心(Centre Daniel-Gouady)的一次招待会,在那里,他总是会遇到过去在疗养院的一些伙伴:但是那一次,他发现气氛不佳,所以,一开始就离开了。他与克洛德·莫波梅对喝了一杯,随后与克洛德·让泰(Claude Jeantet)在公学附近的一家餐馆吃了晚饭。23日,是星期六,他去上他那一年的第11次课,随后与一组人去了华人餐馆吃了午饭。下午的时候,他在蒙马特一地转了转。他去了尤瑟夫·巴库什家吃了晚饭,并在弗朗索瓦·弗拉奥组织的晚会上呆了一会儿。星期天,他去了早市,用了白天的一部分时间看了看几篇博士论文,随后去了奥利机场,接从耶路撒冷回来的米歇尔·萨尔泽多。他把弟弟送到博分热(Bofinger)家,在那里,他再次见到了几位朋友。25日,是星期一,他很晚

678

---

① 克雷泰伊(Créteil):位于巴黎市郊区,是94省省会。——译注
② 贝杜(Bedous):位于法国西南部比利牛斯山区的一处世俗修道院。——译注

起的床。他用打字机打了关于司汤达的文章,随后去布朗-芒托(Blancs-Manteau)街去吃午饭。下午,他就被一辆小卡车在学院街撞倒在了地上。

他出发之前,在记事簿上写道,这是"寒冷、天色发黄的"一天。他继续活了一个月。许多朋友去看她,但是,他已不再与任何人有联系。他没有再做任何事情,也没有再写任何东西。1980 年 3 月 26 日 13 时 40 分,他在皮蒂耶-萨勒佩特里耶尔医院溘然辞世。

Rendre dialectique
plan trop édifiant
schéma trop édifiant not accepté

Vita Nova
Méditation Bilan
Morale sans espoir d'application

22 VIII 79
Ⓘ
9ᵃ

Prologue — Deuil
— le problème vital de l'**Agir** (pertinence de ce qui suit ; que faire? Comment faire?)

I. L'acédie amoureuse
— Suite de RH
— Quête relentante

II Que les "plaisirs" sont insusceptibles de force | La Drogue
— la Musique
— Abandon de la peinture
— Dérisions : le Tricot, le kobolov |

III Le Monde comme objet contradictoire de spectacle et d'indifférence. Examen et Typologie des Discours. le "Mal"? le Militant. la mauvaise foi

IV La décision du 15 Avril 1978. La littérature comme substitut, succédané d'amour

V Imagination d'une V.N.
Régimes

VI Littérature : il ne s'agit que d'une initiation? Déceptions, impuissances?
— le Déjà fait : l'Essai
— le Fragment. le Journal. le Roman
— le Complexe
— la Nostalgie

VII L'Oisiveté pure : le "rien faire philosophique" (le Neutre, le Tao) le Tao
— les Amis (Fantasme de ne s'occuper que d'eux)
— le Retour aux places antérieures. Continuer. Pas de VN

Epilogue : la Rencontre

679

《新生活》的一页手稿

10 XII 79 | Reprenant

INCIDENTS APOLOGIE

mes notes - Journal
(début depuis que vers 1978)

Types de notes
qui se rapport
à ce Note J Journal :

— Mythologies
— Coenesthésiques
— Observations

le Martinet
Temps à Urt
Petites choses vues
Incidents

✱ Apol : il faut tout de même une pertinence :
une Valeur (Pascal = Religion) ?

— Observations morales   pour s/les Français

Apol   — les Français (La Bêtise)
            — les Femmes

La plupart de mes observations sont discutables, récusables, — au bénéfice précisément d'une plus grande intelligence, générosité.

→ Concevoir un discours à 2 volets : la note et son dépassement, d'où surgit la valeur véritable auto-critique, mais comme dépassement et découverte non de la valeur mais d'une manière de la poser 27 Déc 69 la Caricature du Flore

↳ Je me fais moi-même mon propre matériel, mes citations.

↳ INCIDENTS

Je reviens (peut-être parce que premiers fichés 1969-79) à la très vieille idée des INCIDENTS. Cela, à une autre tour de la Spirale :

✛ 1) Auto-commentaire Aufheben
    2) Classement par liasses (Cf Pascal)
    3) Apologie d'une Valeur (et non plus simple de la mystification)
    4) Soin extrême de la forme (aussi ferme et intelligent que du Pascal)

《辩解》的一页手稿

[28]

25

RTP
III 856

Valéry

681

ma mère

《明室》：手稿

[29]

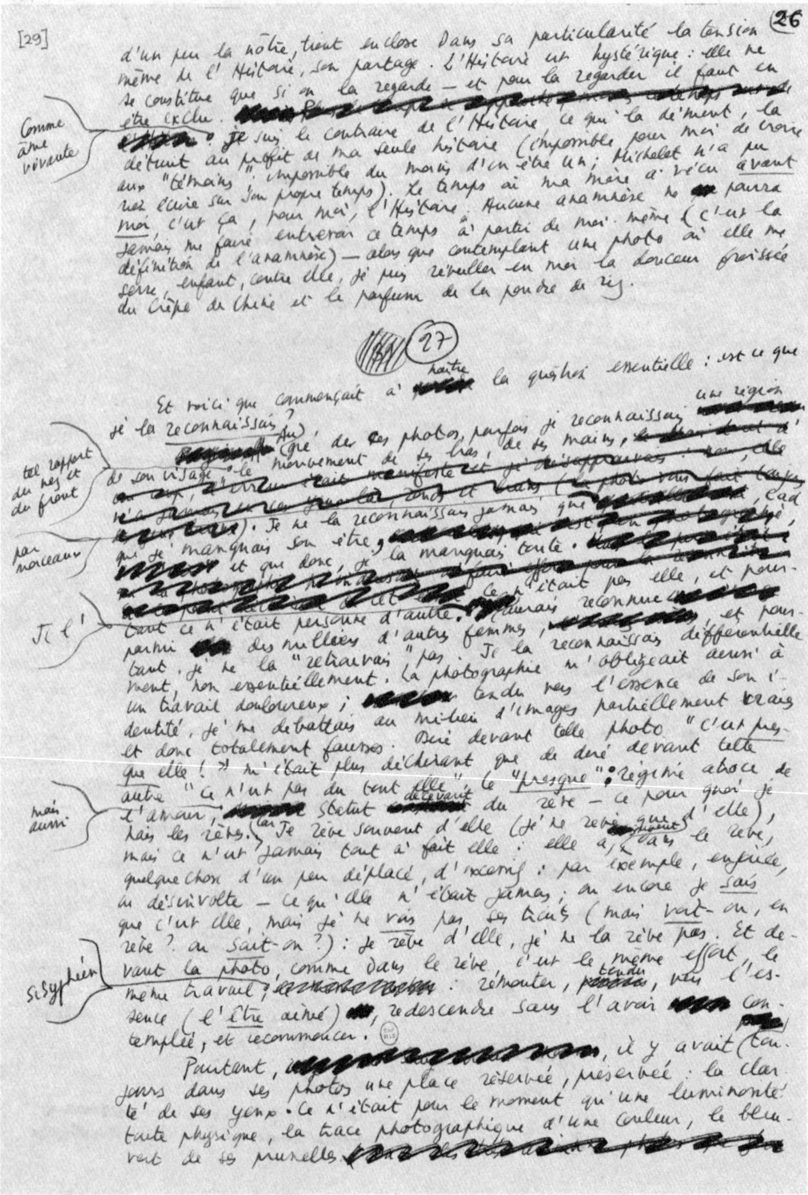

(26)

Comme
âme vivante

tel rapport
du nez et
du front

par
morceaux

682

Je l'

mais
aussi

Sisyphien

(27)

《明室》: 手稿

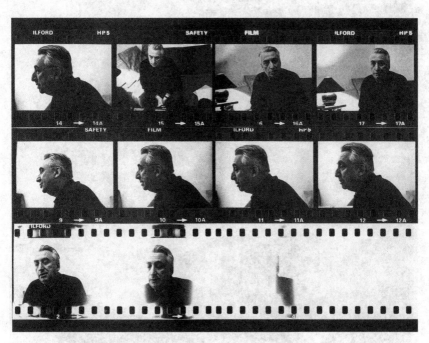

米歇尔·德拉博德(Michel Delaborde)为《文化与传播》(*Culture et communication*)杂志拍摄的巴特系列照片,完成于巴特去世之前50天。

684

巴特在于尔特的办公桌

FEVRIER

25 LUNDI S. Roméo   **56-310**

levé tard

*Froid
jaune*

m

= *Préparation
Thèse Blanchot,
(dérangé)*

BnF
MSS

685

9me Semaine

1980 年 2 月 25 日的记事簿

巴特被引用作品索引

（原书页码）

A

D

J

L

M

Q

R

S

T

U

V

图片出借方

（原书页码）

大学生论文保管所档案(www. cme. fr):p. 294。

外交部档案:p. 249 上侧。

国家海外档案馆/© ANOM 有条件地属于作者和代理人:p. 73 上面左侧;p. 73 下面左侧。

旧明信片(www. delcampe. net):p. 25 上面。

菲利普·勒贝罗尔遗赠/IMEC Image:p. 122, p. 175 下面, p. 251 上面和中间。

罗兰·巴特遗赠/铸造工业标准局(BNF)手稿部:p. 73 右侧,p. 74,p. 75, p. 76, p. 77, p. 98; p. 99, p. 123 上面, p. 144, p. 145, p. 173, p. 174, p. 175 上面, p. 203, p. 205, p. 250, p. 251 下面, p. 273, p. 322, p. 323, p. 324, p. 325 下面, p. 375, p. 425, p. 426, p. 427, p. 477 下面, p. 478, p. 479, p. 519, p. 551, p. 552 上面, p. 554, p. 555, p. 556 上面, p. 613, p. 644, p. 646, p. 647, p. 679, p. 680, p. 681, p. 682, p. 685。

*

© Alain Dodeler(阿兰·多德莱尔): p. 29。

© Collection particulière faille Rebeyrol(勒贝罗尔家族私藏):p. 121, p. 123 下面, p. 249 下面。

© Alain Benchaya(阿兰·本沙雅): p. 477 上面。

© Stanislas Ivankow(斯坦尼斯拉斯·伊万科夫): p. 509 上面。

© Marcelin Pleynet(马塞兰·普莱内),根据由 Éditions Marcina 出版

社 2012 年再版的《中国行日记》中的照片重印。p.509 下面。

© Mario Dondero/Leemage, 1978：p.511。

© Sophie Baddouls/Sygma/Corbis：p.552 下面。

© André perlstein/L'Express：p.553。

© RMn-Grand Palais Gestion droit d'auteur, Daniel Boudinet(版权归 RMn-Grand Palais 管理,达尼埃尔·布迪内摄影)：p.593 下面。

© Jacques Palvlowsky/Sygma/Corbis：p.612。

© Marcel Delaborde, extraits des pages 82—83 de la revue Les Cahiers de la photographien°25 intitulé «Roland Barthes et la photo：le pire des signes»(马塞尔·德拉博德,节选自《摄影手册》第 25 期"罗兰·巴特与摄影：最不佳符号")：p.683。

© Anne Gide(安娜·纪德)：p.684。

姓名译名对照表

A

Abgrall，François（阿布格拉尔，弗朗索瓦）

Abraham，Marcel（亚伯拉罕，马塞尔）

Adamov，Arthur（阿达莫夫，阿蒂尔）

Adjani，Isabelle（阿佳妮，伊萨贝尔）

Ajchenbaum，Yves-Marc（阿琛博姆，伊夫-马克）

Ajuriaguerra，Julian de（阿朱里雅盖拉，朱利安·德）

Alain（Émile-Auguste Chartier，dit）（阿兰［埃米尔-奥古斯特·沙尔捷]）

Albérès，René Marill（阿尔贝雷斯，勒内·马里伊）

Algalarrondo，Hervé（阿尔加拉多，埃尔韦）

Alleton，Viviane（阿勒东，维维亚娜）

Alphant，Marianne（阿尔方，马丽娅娜）

Althusser，Louis（阿尔都塞，路易）

Amadieu，Jean-Baptiste（阿马迪厄，让-巴蒂斯特）

Andréa，Yann（安德烈亚，扬）

Antelme，Robert（安泰尔姆，罗贝尔）

Antonioni，Michelangelo（安东尼奥尼,米开朗基罗）

Apter，Emily（阿普泰尔,埃米尔）

Aragon，Louis（阿拉贡,路易）

Arban，Dominique（阿尔班,多米尼克）

Arcimboldo，Giuseppe（阿尔钦博托,朱塞佩）

Aristote（亚里士多德）

Arland，Marcel（阿尔朗,马塞尔）

Aron，Jean-Paul（阿龙,让-保罗）

Arrivé，Michel（阿里韦,米歇尔）

Artaud，Antonin（阿尔托,安托南）

Artières，Philippe（阿蒂埃,菲利普）

Arvengas，Gilbert（阿旺加,吉尔贝）

Asllani，Persida（阿斯拉尼,裴西达）

Auboin，Claude（奥布安,克洛德）

Audry，Colette（奥德里,柯莱特）

Auerbach，Erich（奥尔巴克,埃里什）

Autexier，Hugus（奥特西耶,于格）

Auzias，Jean-Marie（奥奇亚,让-马里）

Axelos，Kostas（阿克塞洛,卡斯塔）

Bergson, Henri（伯格森，亨利）

Berio, Luciano（贝利奥，卢西亚诺）

Berlot, Pierre（贝洛，皮埃尔）

Bernard, Yvonne（贝尔纳，伊冯娜）

Berque, Jacques（贝尔克，雅克）

Bersani, Jacques（贝尔萨尼，雅克）

Berthet, Frédéric（贝尔泰，弗雷德里克）

Bertrand, Louis, pasteur（贝特朗，路易，牧师）

Bettelheim, Charles（贝特兰，夏尔）

Betz, Maurice（本斯，莫里斯）

Bianciotti, Hector（比安齐奥蒂，艾克托尔）

Bident, Christophe（比当，克里斯多夫）

Binger, Henriette (voir Barthes, Henriette)（班热，亨丽埃特）（见巴特，亨丽埃特）

Binger, Jacques（班热，雅克）

Binger, Louis-Gustave, capitaine（班热，雅克，船长）

Binger, Marie (née Hubert)（班热，玛丽[（乳姓:班热）]）

Binger, Philippe（班热，菲利普）

Biron, Normand（比龙，诺尔曼）

Bishop, Tom（毕晓普，汤姆）

Blanchard, Philippe（布朗沙尔，菲利普）

Blanchot, Maurice（布朗肖，莫里斯）

Blanqui, Auguste（布朗基，奥古斯特）

Blecher, Maxr（布莱谢，马克斯）

Blin, Roger（布兰，罗歇）

Bloch, Marc（布洛赫，马克）

Blondin, Antoine（布隆丹，安托万）

Blum, Léon（布卢姆，莱）

Blyth, Reginald Horace（布莱思，雷金纳德·霍勒斯）

Bodin, Paul（博丹，保罗）

Bogdanov, Igor et Grichka（博格达诺夫，伊戈尔与格里切卡）

Boisrouvray, Fernand de Jacquelot du（布瓦鲁夫雷，费尔南·德·迪）

Bollack, Jean（波拉克，让）

Boltanski, Luc（博尔坦斯基，吕克）

Bonalumi, Louis（博纳吕米，路易）

Bon, Antoine（邦，安托万）

Boncenne, Pierre（邦赛纳，皮埃尔）

Bonitzer, Pascal（博尼策，帕斯卡尔）

Bonnard, Pierre（博纳尔，皮埃尔）

Bonnefoy, Claude（博纳富瓦，克洛德）

Bonnet, Jean-Claude（博内，让-克洛德）

Bonnot, Gérard（博诺，热拉尔）

Bonomi, Andrea（博诺米，安德烈）

Boon, Ian（博恩，伊恩）

Bordeaux, Henri（博尔多，亨利）

Borel, Émile（博雷尔，埃米尔）

Borges, Jorge Louis（博尔赫斯，豪尔赫·路易斯）

Bory, Jean-Louis（博里，让-路易）

Böschenstein, Bernhard（伯申施泰因，伯恩哈德）

Boschetti, Anna（博谢蒂，安娜）

Bossuet, Jacques Bénigne（波舒哀，雅克·贝尼涅）

Bouc, Alain（布克，阿兰）

Boucourechliev, André（布库雷施利耶夫，安德烈）

Boudinet, Daniel（布迪内，达尼埃尔）

Bougnoux, Daniel（布纽，达尼埃尔）

Boulaâbi, Ridha（布拉比，利达）

C

Calvet, Louis-Jean (卡尔韦,路易-让)

Calle-Gruber, Mireille (卡勒-格吕贝,米雷耶)

Calvino, Italo (卡尔维诺,伊塔罗)

Camus, Albert (加缪,阿尔贝)

Camus, Renaud (加缪,雷诺)

Canetti, Elias (卡内蒂,埃利亚斯)

Canetti, Georges (卡内蒂,乔治)

Canguilhem, Georges (康吉扬,乔治)

Carasco, Raymonde (卡拉斯科,雷蒙德)

Carol II (roi de Roumanie) (卡罗尔二世[罗马尼亚国王])

Carrel, Armand (卡雷尔,阿尔芒)

Cartier-Bresson, Mme (卡蒂埃-布雷松女士)

Caunes, Georges de (科纳,乔治·德)

Cavalcanti, Alberto (卡瓦勒康蒂,阿尔贝托)

Cayrol, Jean (凯罗尔,让)

Cayroux, inspecteur d'académie (凯鲁,督学)

Cazade, Évelyne (卡扎德,埃夫利娜)

Celan, Paul (策兰,保罗)

Certeau, Michel de (塞尔托,米歇尔·德)

Césaire, Aimé (塞泽尔,艾梅)

Chabaud, Marie (沙博,玛丽)

Chabaud, Raymond (沙博,雷蒙)

Chack, Pau (夏克,保罗)

Chailley, Jacques (沙耶,雅克)

Chaillou, Michel (沙尤,米歇尔)

Chancel, Jacques (尚塞尔,雅克)

Changeux, Jean-Pierre (尚热,让-皮埃尔)

Chaplin, Charlie (卓别林,查尔斯)

Chapouthier, Fernand (沙普捷,费尔南)

Charnay, Jean-Paul (沙尔奈,让-保罗)

Charpentrat, Pierre (沙尔庞特拉,皮埃尔)

Char, René (沙尔,勒内)

Chartier, Roger (沙捷,罗歇)

Chastel, André (沙泰尔,安德烈)

Chateaubriand, François-René de (夏多布里昂,弗朗索瓦-勒内·德)

Châtelet, Noëlle (沙特莱,诺埃勒)

Chéreau, Patrice (谢罗,帕特里斯)

Chesseix, famille (切塞科斯,家族)

Chevalier, Jean-Claude (舍瓦利耶,让-克洛德)

Chevalier, Maurice (舍瓦利耶,莫里斯)

Chklovski, Victor (什克洛夫斯基,维克托)

Chodkiewicz, Michel (肖德吉耶维奇,米歇尔)

Chomsky, Noam, (乔姆斯基,诺姆)

Chopin, Frédéric (肖邦,弗雷德里克)

Citron, Pierre (西特龙,皮埃尔)

Cixous, Hélène (西克苏,埃莱娜)

Clarac, Pierre (克拉克,皮埃尔)

Claudel, Paul (克洛代尔,保罗)

Clément d'Alexandrie (亚历山大城的革利免)

Clerc, Thomas (克莱尔,托玛斯)

Clergerie, Bernard (克莱热里,贝尔纳)

Clergue, Lucien (克莱格,吕西安)

Clifford, Charles (克利福,夏尔)

Cocteau, Jean (科克托,让)

Dezeuze, Daniel (德泽兹,达尼埃勒)

Diderot, Denis (狄德罗,德尼)

Dienesch, Marie (迪内施,玛丽)

Dillan, Pierre (迪朗,皮埃尔)

Dispot, Laurent (迪斯波,洛朗)

Domenach, Jean-Marie (多梅纳克,
让-玛丽)

Donato, Eugenio (多纳托,尤金尼奥)

Donda, Ellis (唐达,埃利斯)

Dorgelès, Roland (多热莱斯,罗兰)

Dormoy Savage, Nadine (多尔穆瓦·
萨瓦日,纳迪娜)

Dort, Bernard (多尔特,贝尔纳)

Dosse, François (多斯,弗朗索瓦)

Dostoïevski, Fiodor (陀思妥耶夫斯
基,费奥多尔)

Douady, Dr Daniel (杜阿迪,达尼埃尔
医生)

Doubrovski, Serge (杜布罗夫斯基,塞
尔日)

Doumet, Christian (杜梅,克里斯蒂
安)

Dreyfus, Alfred, (德雷福斯,阿尔弗
莱德)

Dubois, Jean (迪布瓦,让)

Duby, Georges (迪比,乔治)

Duclos, Jacques (杜克洛,雅克)

Ducrot, Oswald (迪克罗,奥斯瓦尔
德)

Dufrenne, Mikel (迪弗雷纳,米凯尔)

Duhamel, Georges (迪阿梅尔,乔治)

Dullin, Charles (迪兰,夏尔)

Dumarsais, César Chesneau (迪马赛,
塞萨尔·谢诺)

Dumas Alexandre (大仲马)

Dumayet, Françoise (迪马耶,弗朗索
瓦丝)

Dumayet, Pierre (迪马耶,皮埃尔)

Dumézil, Georges (迪梅齐,乔治)

Dumur, Guy (迪米尔,居伊)

Duparc, Henri (迪帕尔,亨利)

Dupront, Alphonse (迪普龙,阿方斯)

Durand, Jacques (迪朗,雅克)

Duras, Marguerite (杜拉斯,玛格丽
特)

Durkheim, Émile (涂尔干,埃米尔)

Durosay, Daniel (迪罗赛,达尼埃尔)

Duruy, Victor (迪吕伊,维克托)

Dussane, Béatrix (迪萨纳,贝娅特丽
克丝)

Duvert, Tony (迪韦尔,托尼)

Duvignaud, Jean (迪维尼奥,让)

E

Eckhart, Maître (艾卡尔特,迈特尔)

Eco, Umberto (埃柯,翁贝托)

Eisenstein, Sergueï (爱森斯坦,谢尔
盖)

El-Ayadi, Mohammed (埃勒-阿雅迪,
默罕默德)

Élisséeff, Nikita (埃利谢耶夫,尼基
塔)

Emaer, Fabrice (埃马尔,法布里斯)

Emmanuel, Pierre (埃马纽埃尔,皮埃
尔)

Encrevé, Pierre (昂克勒韦,皮埃尔)

Enthoven, Jean-Paul (昂托旺,让-保
罗)

Enzensberger, Hans Magnus (恩岑斯
贝格尔,汉斯·马格努斯)

Éribon, Didier, (埃利邦,迪迪埃)

Jacquemont, Maurice（雅克蒙,莫里斯）

Jakobson, Roman（雅各布森,罗曼）

Jankélévitch, Vladimir（让凯雷维奇,弗拉迪米尔）

Jaques-Wajeman, Brigitte（雅克-瓦热曼,布丽吉特）

Jarrety, Michel（雅勒蒂,米歇尔）

Jaurès, Jean（若莱斯,让）

Jeanson, Francis（让松,弗朗西斯）

Jeantet, Claude（让泰,克洛德）

Johnson, Phyllis（约翰逊,菲莉丝）

Johnson, Uwe（约翰逊,乌韦）

Joussain, André（茹桑,安德烈）

Jouvet, Louis（茹韦,路易）

Jouve, Vincent（茹夫,万桑）

Joxe, Louis（若克斯,路易）

Joyce, James（乔伊斯,詹姆斯）

K

Kafka, Franz（卡夫卡,弗朗茨）

Kao, Shuhsi M.（高树齐·M）

Kemp, Robert（肯普,罗贝尔）

Kermode, Frank（克莫德,弗兰克）

Khaïr-Eddine, Mohammed（卡伊尔-艾迪娜,默罕默德）

Khatibi, Abdelkhébir（卡蒂比,阿布戴尔凯比尔）

Kiejman, Georges（基耶日曼,乔治）

Kierkegaard, Søren（克尔凯郭尔,索伦）

Klossowski, Denise (née Morin)（科罗索夫斯基,丹妮丝[父姓:莫兰]）

Klossowski, Pierre（科罗索夫斯基,皮埃尔）

Knight, Diana（克尼特,蒂亚娜）

Koch, Robert（科赫,罗伯特）

Kravtchenko, Victor（克拉夫琴科,维克多）

Kristeva, Julia（克里斯蒂娃,茱莉娅）

Kruse, Caroline（克吕兹,卡罗琳）

L

Laâbi, Abdellatif（拉阿比,阿卜戴拉迪夫）

La Bruyère, Jean de（拉布吕耶尔,让·德）

Lacan, Jacques（拉康,雅克）

Lacarrière, Jacques（拉卡里耶尔,雅克）

Lacoue-Labarthe, Philippe（拉库-拉巴特,菲利普）

Lacouture, Jean（拉库蒂尔,让）

Lacretelle, Jacques de（拉克雷泰勒,雅克·德）

Lacroix, Jean（拉克洛瓦,让）

Laforgue, Jules（拉福格,朱尔）

Lagache, Daniel（拉加什,达尼埃尔）

Lalou, René（拉鲁,勒内）

Lambert, Yvon（朗贝,伊冯）

Lamy, Bernard（拉米,贝尔纳）

Langevin, Paul（朗热万,保罗）

Lang, Jack（朗,雅克）

Langlois, Henri（朗格卢瓦,亨利）

Lanson, Gustave（朗松,居斯塔夫）

Lao-tseu（老子）

Lapassade, Georges（拉帕萨德,乔治）

Laporte, Roger（拉波特,罗歇）

Lapouge, Gilles（拉普热,吉尔）

Laroche, Emmanuel（拉罗什,埃马纽

Loti, Gustave (洛蒂,居斯塔夫)

Loti, Pierre (洛蒂,皮埃尔)

Loyola, Ignace de (罗耀拉,伊尼亚斯·德)

Lubac, Henri de (吕巴克,亨利·德)

Lucet, Jean-Louis (吕塞,让-路易)

Lukács, Georg (卢卡奇,格奥尔格)

Lunn, Harry (伦恩,哈里)

Lyotard, Jean-François (利奥塔尔,让-弗朗索瓦)

M

Macciocchi, Maria-Antonietta (马基奥齐,马丽娅-安多尼耶塔)

Macé, Marielle (马塞,马里耶勒)

Macherey, Pierre (马舍雷,皮埃尔)

Macksey, Richard (麦克西,理查德)

Magnan, Henri (马尼昂,亨利)

Magny, Claude-Edmonde (马尼,克洛德-埃德蒙德)

Mainguet, Serge (曼盖,塞尔日)

Majault, Joseph (马若,尤瑟夫)

Mallarmé, Stéphane (马拉美,斯特凡)

Mallet, Robert (马莱,罗贝尔)

Malraux, André (马尔罗,安德烈)

Mandelbrot, Benoît (曼德尔布,伯努瓦)

Mandosio, Jean-Marc (芒多奇奥,让-马克)

Manganelli, Giorgio (芒加内利,乔治)

Manganoro, Jean-Pau (芒多奇奥,让-马克)

Mann, Klaus (曼,克劳斯)

Mann, Thomas (曼,托玛斯)

Man, Paul de (曼,保罗·德)

Mansfield, Katherine (曼斯菲尔德,凯瑟琳)

Marchand, Jean-José (马尔尚,让-若泽)

Margot-Duclos, Jean (马戈·杜克洛,让)

Marin, Louis (马兰,路易)

Maroun, Mgr Jean (马鲁安,格雷·让)

Martin, André (马丁,安德烈)

Martin, Henri-Jean (马丁,亨利-让)

Martin, Jean-Pierre (马丁,让-皮埃尔)

Martinet, André (马丁内,安德烈)

Marty, Éric (马蒂,埃里克)

Marx, Karl (马克思,卡尔)

Mascolo, Dionys (马斯克洛,迪奥尼)

Massenet, Jules (马斯内,朱尔)

Massin (Robert Massin, dit) (马森 [罗贝尔·马森,笔名])

Masson, André (马松,安德烈)

Matei, Alexandru (马泰,亚历山德吕)

Matignon, Renaud (马提翁,雷诺)

Matonti, Frédérique (马东蒂,弗雷德里克)

Matoré, Georges (马托雷,乔治)

Maturin, Charles Robert (马蒂兰,夏尔·罗贝尔)

Maulnier, Thierry (莫尼耶,蒂埃里)

Maupassant, Guy de (莫泊桑,居伊·德)

Maupomé, Claude (莫波梅,克洛德)

Mauriac, François (莫里亚克,弗朗索瓦)

Mauriès, Patrick (莫列斯,帕特里克)

Mauron, Charles (莫龙,夏尔)

N

Narboni, Jean (纳尔博尼,让)

Navarre, Yves (纳瓦尔,伊夫)

Naville, Pierre (纳维尔,皮埃尔)

Needham, Joseph (李约瑟)

Neel, François (内尔,弗朗索瓦)

Nerval, Gérard de (内瓦尔,热拉尔·德)

Nielsberg, Jérôme-Alexandre (尼尔斯贝,热罗姆-亚历山大)

Nietzsch Friedrich (尼采,弗里德里克)

Nimier, Roger (尼米耶,罗歇)

Noël, Eugène (诺埃勒,欧仁)

Nogaret, Joseph (诺加雷,尤瑟夫)

Noguez, Dominique (诺盖,多米尼克)

Nora, Olivier (诺拉,奥利维耶)

Noudelmann, François (努戴尔曼,弗朗索瓦)

Noureev, Rudolf (诺列夫,鲁道夫)

Novalis (诺瓦里斯)

O

Ollier, Claude (奥利耶,克洛德)

Opresco, Georges (奥普莱斯库,乔治)

Oualid, Sadia (瓦里德,萨迪亚)

P

Pacaly, Josette (帕卡里,若赛特)

Padova, Maria-Teresa (帕多瓦,马丽娅-泰雷萨)

Painter, George D. (佩因特,乔治·D.)

Palazzoli, Claude Gérard (帕拉佐里,克洛德·热拉尔)

Pallade d'Hélénopolis (帕拉德,戴雷诺珀里)

Pallotta Della Torre, Leopoldina (帕罗塔·德拉·托尔纳,雷奥波尔蒂娜) Pancrazi, Jean-Noël (潘克拉西,让-诺埃尔)

Panzéra, Charles (庞泽拉,夏尔)

Parinaud, André (帕里诺,安德烈)

Paris, Jean (帕里斯,让)

Parmelin, Hélène (帕姆兰,埃莱娜)

Parnet, Claire (帕尔内,克莱尔)

Pasolini, Pier Paolo (帕索里尼,比尔·保罗)

Patron, Sylvie (帕特龙,西尔维)

Paulhan, Jean (波扬,让)

Pauly, August (保利,奥古斯特)

Pauwels, Louis (保韦尔斯,路易)

Pavel, Thomas (帕维尔,托玛斯)

Payne, Lewis (佩恩,刘易斯)

Peduzzi, Richard (佩杜齐,里夏尔)

Péguy, Charles (佩吉,夏尔)

Peignot, Jérôme (佩尼奥,热罗姆)

Peirce, Charles Sanders (皮尔斯,查尔斯·桑德斯)

Péju, Pierre (佩瑞,皮埃尔)

Péninou, Georges (佩尼努,乔治)

Perec, Georges (佩雷克,乔治)

Pereire, Émile et Isaac (佩雷尔,埃米尔与伊萨克)

Perrin, Jean (佩兰,让)

Perros, Georges (GeorgesPoulot, dit) (佩罗斯,乔治·普洛,笔名)

Person, Yves (佩尔松,伊夫)

Petrescu, Margareta (佩特莱斯库,玛格丽特)

瓦)

Racine, Jean (拉辛,让)

Rădulescu, Mihai (勒杜列斯库,米哈)

Raillard, Georges (拉亚尔,乔治)

Rambaud, Patrick (朗博,帕特里克)

Rambures,Jean-Louisde (朗比尔,让-
　路易·德)

Rancière, Jacques (朗西埃,雅克)

Ravel, Maurice (拉威尔,莫里斯)

Réage, Pauline (Dominique Aury,
　dite), (雷阿日,波利娜·雷阿日
　[多米尼克·奥里,笔名])

Rebeyrol, Mme (勒贝罗尔,太太)

Rebeyrol, Philippe (勒贝罗尔,菲利
　普)

Rebeyrol, Pierre (勒贝罗尔,皮埃尔)

Reboul, Jean (勒布勒,让)

Reboux, Paul (勒布,保罗)

Regnauld, Paul (勒尼奥,保罗)

Régnier, Yves (雷尼耶,伊夫)

Reik, Theodor (赖克,特奥多尔)

Renan, Ernest (勒南,埃内斯特)

Réquichot,Bernard (雷基绍,贝尔纳)

Resnais, Alain (雷奈,阿兰)

Révelin, Étienne (雷韦兰,艾蒂安)

Révelin, Louis (雷韦兰,路易)

Révelin,Noémie (née Lepet,épouse Lou-
　is-Gustave Binger, puis épouse Louis
　Réve-lin) (雷韦兰,诺埃米[父姓:勒
　佩,路易-居斯塔夫·班热之妻,后是
　路易·雷韦兰之妻])

Revel, Jacques (雷维尔,雅克)

Revel, Jean-François (雷维尔,让-弗
　朗索瓦)

Ribot, Théodule (里博,泰奥迪勒)

Ricard, Hubert (里卡尔,于贝尔)

Ricci, François (里奇,弗朗索瓦)

Ricci, Franco Maria (里奇,弗朗克·
　马里亚)

Richard,Jean-Pierre (里夏尔,让-皮埃
　尔)

Richard,Lucie (née Febvre) (里夏尔,
　露西[父姓:费夫尔])

Ricœur, Paul (利科,保罗)

Risset, Jacqueline (里塞,雅克利娜)

Ristat, Jean (利斯塔,让)

Ritz, Jean (里茨,让)

Rivière, Jean-Loup (里维埃,让-鲁普)

Robbe-Grillet, Alain (罗伯-格里耶,
　阿兰)

Robert, Louis (罗贝尔,路易)

Robert, Marthe (罗贝尔,玛尔特)

Robin, Jacqueline (罗班,雅克利娜)

Roche, Denis (罗什,德尼)

Roger, Philippe (罗歇,菲利普)

Rollinde, Marguerite (罗兰德,玛格丽
　特)

Romains, Jules (罗曼,朱尔)

Romano, Lalla (罗马诺,拉拉)

Romilly,Jacqueline de (罗米伊,雅克
　利娜)

Roques, Mario (洛克,马里奥)

Roubaud, Jacques (鲁博,雅克)

Rouch, Jean (鲁什,让)

Roudaut, Jean (鲁多,让)

Roudinesco, Élisabeth (卢迪内斯库,
　伊丽莎白)

Rousseau, Jean-Jacques (卢梭,让-雅
　克)

Rousselot, Jean (鲁斯洛,让)

Roussel, Raymond (鲁塞尔,雷蒙)

Rousset, Jean (鲁塞,让)

Soisson, Jean-Pierre (苏瓦松,让-皮埃尔)

Söjberg, Henri (苏吉伯格,亨利)

Sollers, Philippe (索莱尔斯,菲利普)

Sontag, Susan (桑塔格,苏珊)

Sophocle (索福克勒斯)

Sora, Marianne (索拉,马丽安娜)

Sorel, Georges (索莱尔,乔治)

Sorlot, Fernand (索洛,费尔南)

Souday, Paul (苏代,保罗)

Souzay, Gérard (苏泽,热拉尔)

Spengler, Oswald (斯彭格勒,奥斯瓦德)

Stamp, Terence (斯坦普,特伦斯)

Stanislavski, Constantin (斯坦尼斯拉夫斯基,康斯坦丁)

Starobinski, Jean (斯塔洛宾斯基,让)

Steinbeck, John (斯坦贝克,约翰)

Stendhal (Henri Beyle, dit) (司汤达 [亨利·贝尔,笔名])

Stil, André (斯蒂尔,安德烈)

Stoedzel, Jean (施特策尔,让)

Strehler, Giorgio (斯特雷勒,乔治)

Strelka, Joseph (斯特列尔卡,尤瑟夫)

Sue, Eugène (苏,欧仁)

Sulger-Büel, Romaric (叙尔热-比埃尔,马里克)

Suzuki, Daisetz Teitaro (铃木大拙)

T

Tadié, Jean-Yves (塔迪耶,让-伊夫)

Taïeb, Gilbert (塔伊布,吉尔贝)

Tardy, Michel (塔迪,米歇尔)

Tati, Jacques (塔蒂,雅克)

Téchiné, André (泰希内,安德烈)

Thévenin, Paule (泰弗南,波勒)

Thibaudeau, Jean (蒂博多,让)

Thomas, Chantal (托玛斯,尚塔尔)

Tissier, Gustave (蒂西耶,居斯塔夫)

Todorov, Tzvetan (托多罗夫,茨维坦)

Tolstoï, Léon (托尔斯泰,列夫)

Toscanini, Arturo (托斯卡尼尼,阿图罗)

Touraine, Alain (图雷纳,阿兰)

Tran Duc Thao (特朗·迪克·陶)

Trenet, Charles (特雷内,夏尔)

Trotignon, Pierre (特罗蒂尼翁,皮埃尔)

Troubetzkoy, Nikolaï (特鲁别茨柯依,尼古拉)

Tual, Christian (蒂阿尔,克里斯蒂安)

Tucoo-Chala, Suzanne (第科-沙拉,苏珊)

Twombly, Cy (通布利,赛伊)

U

Ungar, Steven (昂加尔,史蒂文)

V

Valéry, Paul (瓦莱里,保罗)

Vaneigem, Raou (瓦奈热姆,拉乌)

Vannier, Jean (瓦尼耶,让)

Veil, Hélène (韦伊,埃莱娜)

Veil, Jacques (韦伊,雅克)

Verlaine, Paul (魏尔伦,保罗)

Verlet, Agnès (韦尔莱,阿涅丝)

Vernant, Jean-Pierre (韦尔南,让-皮埃尔)

图书在版编目(CIP)数据

　　罗兰·巴特传/(法)蒂菲娜·萨莫瓦约著;怀宇译. --上海:华东师范大学
出版社,2018

　　ISBN 978-7-5675-8182-1

　　Ⅰ.①罗…　Ⅱ.①蒂…　②怀…　Ⅲ.①巴特(Roland Barthes 1915—
1980)—传记　Ⅳ.①K835.655.6

　　中国版本图书馆 CIP 数据核字(2018)第 198102 号

华东师范大学出版社六点分社
企划人 倪为国

Roland Barthes:Biographie
by Tiphaine SAMOYAULT
Copyright © Editions du Seuil, 2015
Published by arrangement with Editions du Seuil
Simplified Chinese Translation Copyright © 2018 by East China Normal University Press Ltd.
ALL RIGHTS RESERVED.
上海市版权局著作权合同登记　图字:09-2015-1056 号

罗兰·巴特传

作　　者　(法)蒂费娜·萨莫瓦约
译　　者　怀　宇
责任编辑　王莹兮
封面设计　吴元瑛
出版发行　华东师范大学出版社
社　　址　上海市中山北路 3663 号　邮编　200062
网　　址　www.ecnupress.com.cn
电　　话　021-60821666　行政传真　021-62572105
客服电话　021-62865537
门市(邮购)电话　021-62869887
地　　址　上海市中山北路 3663 号华东师范大学校内先锋路口
网　　店　http://hdsdcbs.tmall.com
印　刷　者　上海盛隆印务有限公司
开　　本　700×1000　1/16
印　　张　42
字　　数　670 千字
版　　次　2018 年 9 月第 1 版
印　　次　2018 年 9 月第 1 次
书　　号　ISBN 978-7-5675-8182-1/K·513
定　　价　138.00 元
出　版　人　王　焰

　　(如发现本版图书有印订质量问题,请寄回本社客服中心调换或电话 021-62865537 联系)